Lizenzketten im Urheberrecht

Schriften zum Medien-, Urheber- und Wirtschaftsrecht

Herausgegeben von Prof. Dr. Georgios Gounalakis

Band 22

PL ACADEMIC RESEARCH

Kristin Grimm

Lizenzketten im Urheberrecht

Zum Schicksal der Unterlizenz nach Beendigung des Hauptlizenzvertrages

PL ACADEMIC RESEARCH

Bibliografische Information der Deutschen Nationalbibliothek
Die Deutsche Nationalbibliothek verzeichnet diese Publikation in der Deutschen Nationalbibliografie; detaillierte bibliografische Daten sind im Internet über http://dnb.d-nb.de abrufbar.

Zugl.: Siegen, Univ., Diss., 2015

Dissertation zur Erlangung des Grades des Doktors des Rechts der Fakultät Wirtschaftswissenschaften, Wirtschaftsinformatik und Wirtschaftsrecht der Universität Siegen, Fachrichtung Deutsches und Europäisches Wirtschaftsrecht

Tag der Promotion: 23.04.2015
Dekan: Univ.-Prof. Dr. Volker Wulf
Erstgutachter: Univ.-Prof. Dr. Nadine Klass, LL.M. (Wellington)
Zweitgutachter: Univ.-Prof. Dr. Peter Krebs

D 467
ISSN 1867-1012
ISBN 978-3-631-66638-8 (Print)
E-ISBN 978-3-653-05979-3 (E-Book)
DOI 10.3726/978-3-653-05979-3

PL Academic Research ist ein Imprint der Peter Lang GmbH.
Peter Lang – Frankfurt am Main · Bern · Bruxelles · New York · Oxford · Warszawa · Wien

Diese Publikation wurde begutachtet.

www.peterlang.com

Inhaltsverzeichnis

Abkürzungsverzeichnis

a.A.	anderer Ansicht
a.E.	am Ende
Abschn.	Abschnitt
AcP	Archiv für die civilistische Praxis
AfP	Zeitschrift für Medien- und Kommunikationsrecht
AGB	Allgemeine Geschäftsbedingungen
AH	Anwalts-Handbuch
Alt.	Alternative
amtl. Begr.	amtliche Begründung
Anh.	Anhang
ArbnErfG	Arbeitnehmererfindergesetz
Art.	Artikel
AT	Allgemeiner Teil
Aufl.	Auflage
Az.	Aktenzeichen
BAG	Bundesarbeitsgericht
BB	Der Betriebs-Berater
Bd.	Band
BeckRS	Beck-Rechtsprechung
BGB	Bürgerliches Gesetzbuch
BGBl.	Bundesgesetzblatt
BGH	Bundesgerichtshof
BGHZ	Entscheidungen des Bundesgerichtshof in Zivilsachen
BITKOM	Bundesverband Informationswirtschaft, Telekommunikation und neue Medien e.V.
BMJ	Bundesministerium der Justiz
BPatG	Bundespatentgericht
BR-Drucks.	Bundesratsdrucksache
bspw.	beispielsweise
BT-Drucks.	Bundestagsdrucksache
BVerfG	Bundesverfassungsgericht
bzgl.	bezüglich
bzw.	beziehungsweise
CR	Computer und Recht
d. h.	das heißt
DB	Der Betrieb
ders.	derselbe
dies.	dieselbe, dieselben
DRWiss	Deutsche Rechtswissenschaft
DtZ	Deutsch-Deutsche Rechts-Zeitschrift

DZWIR	Deutsche Zeitschrift für Wirtschafts- und Insolvenzrecht
Ed.	Edition
Einf.	Einführung
Ergl.	Ergänzungslieferung
etc.	et cetera
EU	Europäische Union
EuGH	Europäischer Gerichtshof
EWiR	Entscheidungen zum Wirtschaftsrecht
f.; ff.	folgende
FD-InsR	Fachdienst Insolvenzrecht
FK	Frankfurter Kommentar
Fn.	Fußnote
FS	Festschrift
FuR	Film und Recht
GebrMG	Gebrauchsmustergesetz
GebrMR	Gebrauchsmusterrecht
gem.	gemäß
GEMA	Gesellschaft für musikalische Aufführungs- und mechanische Vervielfältigungsrechte
GeschmMG	Geschmacksmustergesetz
GewRS	Gewerblicher Rechtsschutz
GG	Grundgesetz
ggf.	gegebenenfalls
GRUR	Gewerblicher Rechtsschutz und Urheberrecht
GRUR Int.	Gewerblicher Rechtsschutz und Urheberrecht Internationaler Teil
GRUR-Prax	Gewerblicher Rechtsschutz und Urheberrecht, Praxis im Immaterialgüter- und Wettbewerbsrecht
GRUR-RR	Gewerblicher Rechtsschutz und Urheberrecht, Rechtsprechungs-Report
GS	Gedächtnisschrift
GÜFA	Gesellschaft zur Übernahme und Wahrnehmung von Filmaufführungsrechten mbH
GVL	Gesellschaft zur Verwertung von Leistungsschutzrechten mbH
h.L.	herrschende Lehre
h.M.	herrschende Meinung
HalbLSchG	Halbleiterschutzgesetz
HambKomm	Hamburger Kommentar
Hdb.	Handbuch
Hrsg.	Herausgeber
i.d.R.	in der Regel
i.d.S.	in dem/diesem Sinn
i.S.	im Sinne
i.S.v.	im Sinne von
i.V.m.	in Verbindung mit

insb.	insbesondere
InsO	Insolvenzordnung
InsR	Insolvenzrecht
InstGE	Entscheidungen der Instanzgerichte zum Recht des geistigen Eigentums
InsVZ	Zeitschrift für Insolvenzverwaltung und Sanierungsberatung
ITRB	IT-Rechts-Berater
JR	Juristische Rundschau
jurisPR-WettbR	Juris Praxis Report Wettbewerbs- und Immaterialgüterrecht
JurPC	Internet-Zeitschrift für Rechtsinformatik und Informationsrecht
JuS	Juristische Schulung
JW	Juristische Wochenschrift
JZ	Juristen Zeitung
Kap.	Kapitel
KG	Kammergericht
KO	Konkursordnung
K&R	Kommunikation und Recht
krit.	kritisch
lat.	lateinisch
LS	Leitsatz
LG	Landgericht
LUG	Gesetz betreffend das Urheberrecht an Werken der Literatur und der Tonkunst
m.a.W.	mit anderen Worten
m.w.Bsp.	mit weiteren Beispielen
m.w.N.	mit weiteren Nachweisen
MAH	Münchner Anwaltshandbuch
MarkenG	Markengesetz
MarkenR	Markenrecht
MDR	Monatsschrift für Deutsches Recht
MedienR	Medienrecht
MittdtPatA	Mitteilung der deutschen Patentanwälte
MMR	Multimedia und Recht
MüKo	Münchner Kommentar
Mrd.	Milliarden
n.F.	neue Fassung
Nachw.	Nachweis(e)
NDR	Norddeutscher Rundfunk
NJOZ	Neue Juristische Online-Zeitschrift
NJW	Neue Juristische Wochenschrift
NJW-RR	Neue Juristische Wochenschrift, Rechtsprechungsreport
Nr.	Nummer
NVwZ	Neue Zeitschrift für Verwaltungsrecht
NZI	Neue Zeitschrift für das Recht der Insolvenz und Sanierung

NZM	Neue Zeitschrift für Miet- und Wohnungsrecht
OLG	Oberlandesgericht
OLGZ	Entscheidungssammlung der Oberlandesgerichte in Zivilsachen
ÖPatG	Patentgesetz (Österreich)
PatG	Patentgesetz
PatR	Patentrecht
RabelsZ	Zeitschrift für ausländisches und internationales Privatrecht
RefE	Referentenentwurf
RegE	Regierungsentwurf
RG	Reichsgericht
RGZ	Entscheidungen des Reichsgerichts in Zivilsachen
RL	Richtlinie
Rn.	Randnummer(n)
RS	Rechtssache(n)
Rspr.	Rechtsprechung
RzU	Rechtsprechung zum Urheberrecht
S.	Seite
SJZ	Süddeutsche Juristenzeitung
sog.	sogenannte(r)
SortSchG	Sortenschutzgesetz
SortSchR	Sortenschutzrecht
st.Rspr.	ständige Rechtsprechung
u. a.	unter anderem
u.U.	unter Umständen
UFITA	Archiv für Urheber- und Medienrecht (ab 1954)/Archiv für Urheber, Film- und Theaterrecht
UrhG	Urheberrechtsgesetz
UrhR	Urheberrecht
usw.	und so weiter
VerlG	Verlagsgesetz
VerlR	Verlagsrecht
VFF	Verwertungsgesellschaft der Film- und Fernsehproduzenten mbH
VG	Verwertungsgesellschaft
vgl.	vergleiche
Vor.	Vorbemerkungen
WM	Wertpapiermitteilungen, Zeitschrift für Wirtschafts- und Bankrecht
WRP	Wettbewerb in Recht und Praxis
z.B.	zum Beispiel
ZDF	Zweites Deutsches Fernsehen
ZInsO	Zeitschrift für das gesamte Insolvenzrecht
ZIP	Zeitschrift für Wirtschaftsrecht

ZPO	Zivilprozessordnung
ZRP	Zeitschrift für Rechtspolitik
ZUM	Zeitschrift für Urheber- und Medienrecht
zust.	zustimmend

Einführung

A. Problemaufriss: Rechtssicherheit innerhalb der Lizenzkette – eine Forderung an den Gesetzgeber, erfüllt durch den Bundesgerichtshof?

Wir befinden uns in einem Zeitalter, in dem immaterielle Güter in unserer gesellschaftlichen und wirtschaftlichen Ordnung einen besonderen Stellenwert für sich in Anspruch nehmen, zum einen bedingt durch sich fortsetzende Technologiesprünge, zum anderen beeinflusst durch die voranschreitende Globalisierung.[1] Die ökonomische Bedeutung immaterieller Güter, als wesentliche Produktionsfaktoren unserer heutigen Wissenswirtschaft und als die Ressourcen, die ein Bestehen im globalen Wettbewerb erst ermöglichen, ist unbestritten.[2] Dabei stellen nicht nur technische und gewerbliche Immaterialgüter, wie Erfindungen, Gebrauchsmuster oder Marken, zentrale Schlüsselressourcen dar. Auch die Verwertung kreativer Schöpfungen hat – bedingt durch die Ausbreitung der Neuen Medien[3] in den letzten Jahrzehnten – an signifikanter wirtschaftlicher Bedeutung gewonnen.[4] Da der wirtschaftliche Wert immaterieller Güter in weitaus größeren Maßen als bei Sachen von ihrer ausschließlichen personalen Zuordnung abhängt,[5] erwies sich die Schaffung monopolisierender Ausschließlichkeitsrechte als unverzichtbare Grundlage für eine umfassende Verwertbarkeit.[6] Dieses immense wirtschaftliche Potential kann aber oftmals durch eigene Nutzungshandlungen des originären Rechtsinhabers nicht oder nicht vollständig realisiert werden.[7] Im technisch-gewerblichen Bereich stellt die Übertragung von

1 *Pierson* in: Pierson/Ahrens/Fischer, Recht des geistigen Eigentums, S. 2 f. sowie S. 10 ff.; *Wandtke* in: FS Rehbinder, S. 389, 390 ff.

2 Vgl. *Blind u. a.*, Forschungsbericht zur volkswirtschaftlichen Bedeutung geistigen Eigentums, abrufbar unter: http://www.bmwi.de/BMWi/Redaktion/PDF/Publikationen/Dokumentationen/forschungsbericht-579,property=pdf,bereich=bmwi,sprache=de,rwb=true.pdf; *Peukert* in: FS Schricker II, S. 149 ff.

3 *Seifert* in: Rehbinder, Schutz von Kultur und geistigem Eigentum, S. 35, 41 ff., zum Begriff der „Neuen Medien".

4 *Fechner*, Geistiges Eigentum und Verfassung, S. 2; *Pahlow*, Lizenz, S. 1; *ders.*, WM 2008, 2041.

5 *Kraßer*, GRUR Int. 1973, 230, 231.

6 Vgl. *Dreier*, CR 2000, 45: Erst die Ausschließlichkeitsgarantie setzt den Anreiz für Produktion und Verbreitung neuer innovativer immaterieller Güter.

7 *Kraßer*, GRUR Int. 1973, 230, 231; *Forkel*, Gebundene Rechtsübertragungen, S. 72; *Loewenheim/J.B. Nordemann* in: Loewenheim, Hdb. UrhR, § 24 Rn. 1; *Nabrotzki*, Lizenzen als Mittel der Kapitalaufbringung, Rn. 24.

Schutzrechten an Dritte zwar eine mögliche Verwertungsform dar;[8] eine Schutzrechtsveräußerung bleibt jedoch die Seltenheit.[9] Denn wer langfristig an den Ertragsperspektiven teilhaben und die Verwertung auch weiterhin lenken und überwachen will, wird sich für eine Lizenzierung entscheiden.[10] Im geistig-schöpferischen Bereich ist die Möglichkeit der Einräumung von Nutzungsrechten gegen Entgelt sogar die einzig mögliche Verwertungsform (vgl. § 29 I, II UrhG). Die Auswertung immaterieller Güter im Wege der Lizenzierung hat sich daher im Wirtschaftsverkehr als zentrales und wirtschaftlich bedeutendes Verwertungsinstrument etabliert.[11] Lizenzrechte können dabei nicht nur vom Schutzrechtsinhaber eingeräumt werden. In der Praxis ist es notwendig und weit verbreitet, Verträge auch auf nachfolgenden Stufen, sog. Unterlizenzverträge, abzuschließen. So können Rechteketten über mehrere Lizenzstufen hinweg entstehen, die als Lizenzketten[12] bezeichnet werden.

Umso erstaunlicher erscheint es, dass der Gesetzgeber den Lizenzvertrag als Vertragstypus mit enorm wirtschaftlicher und rechtspraktischer Bedeutung bis heute weitgehend ungeregelt belassen hat und dem Bedürfnis nach einem Immaterialgütervertragsrecht mit einheitlichen und klaren gesetzlichen Wertungen nicht nachgekommen ist.[13] Lediglich der Verlagsvertrag als Urheberrechtsverwertungsvertrag hat durch den Gesetzgeber eine fragmentarische Regelung durch das Verlagsgesetz von 1901 erfahren.[14] Vor allem fehlen allgemeine dogmatische Grundsatzentscheidungen zum Rechtsverkehr, speziell auch zur Rechtsnatur der eingeräumten Rechte. Das Urheberrechtsgesetz und auch alle anderen Sondergesetze der Immaterialgüterrechte bieten hier keine oder lediglich lückenhafte und der Auslegung kaum zugängliche

8 Zur Abgrenzung der Übertragung von der Lizenzierung: *Fehrenbacher*, JR 2001, 309, 310.

9 *Nabrotzki*, Lizenzen als Mittel der Kapitalaufbringung, Rn. 25, m.w.N.

10 *Forkel*, Gebundene Rechtsübertragungen, S. 72; *Dammler/Melullis*, GRUR 2013, 781.

11 *Schmoll* in: Büscher/Dittmer/Schiwy, GewRS/UrhR/MedienR, Kap. 12, Rn. 1; *Knap*, GRUR Int. 1973, 226, 227; *Forkel*, NJW 1983, 1764; *Fehrenbacher*, JR 2001, 309; *McGuire*, GRUR 2012, 657, spricht von einer „ungebrochenen wirtschaftlichen Bedeutung".

12 *v. Frentz/Masch*, ZUM 2009, 354 f., Abb. 1, zum Begriff der Rechtekette sowie ein anschauliches Beispiel zu einer Lizenzkette darstellend; *Dammler/Melullis*, GRUR 2013, 781.

13 *Kraßer/Schmid*, GRUR Int. 1982, 324; *Ahrens*, GRUR 2006, 617, 623, beschreibt das Fehlen gesetzlicher Bestimmungen über Lizenzverträge als „besonders schmerzliche Gesetzeslücke" und plädiert für die Schaffung von Sonderregeln über den Transfer unkörperlicher Güter in einem neuen Gesetzbuch über Geistiges Eigentum; siehe auch *Sosnitza* in: FS Schricker II, S. 183, 191; *ders.* in: Forkel/Sosnitza, Recht der Persönlichkeit und ihre schöpferischen Leistungen, S. 33 ff., der die Frage nach einem möglichen Allgemeinen Teil des Immaterialgüterrechts aufwirft; so auch *Ohly*, JZ 2003, 545 ff.; *ders.* in: Leistner, Europäische Perspektiven des Geistigen Eigentums, S. 190 ff., der gleichfalls das Ziel verfolgt, einen „Allgemeinen Teil des geistigen Eigentums" herauszuarbeiten; vgl. auch *Peukert/Hilty*, Europäisches Immaterialgütervertragsrecht, abrufbar unter: http://www.mpg.de/470413/pdf.pdf.

14 *Schricker*, Verlagsrecht, § 1 Rn. 5.

Regelungen.[15] Obwohl die Lizenz in der gängigen Praxis als handelbares Wirtschaftsgut gilt, ist deren Konstruktion in der Rechtstheorie in verschiedenster Hinsicht umstritten.[16] Bei ihrer rechtlichen Einordnung und Behandlung ergeben sich immer wieder Unsicherheiten in der Rechtsanwendung,[17] die zulasten aller Beteiligten gehen. Die Ursache hierfür ist in der Rechtshistorie zu suchen. Unser heutiges Lizenzrecht ist das Ergebnis einer jahrzehntelangen Übung der Rechtspraxis, das sich in Abhängigkeit des jeweiligen Schutzrechts teilweise unterschiedlich, in wenigen Bereichen aber auch schutzrechtsübergreifend entwickelt hat.[18] Soweit es sinnvoll und notwendig erscheint oder sich ein Ausblick anbietet, soll daher im Verlauf der Arbeit auch auf das Patentrecht Bezug genommen werden, um auf Parallelen und Unterschiede zum Urheberrecht aufmerksam zu machen und damit die Denkweise zu verschärfen, ohne jedoch eine Vollständigkeit der Darbietung gewährleisten zu wollen.

Dabei ist gerade der Lizenzverkehr aufgrund der besonderen strukturellen Abhängigkeit der Lizenzparteien zueinander auf Rechtssicherheit angewiesen. So ist es Zweck der Schaffung praktisch aller Werke, sie der Allgemeinheit zugänglich zu machen.[19] Hierzu ist ein erheblicher Kapitaleinsatz erforderlich, den der Schöpfer oftmals allein nicht aufbringen kann, sodass er auf professionelle Verwerter wie Verlage, Medienunternehmen, Produzenten, Vermarkter etc. angewiesen ist. Diese Investitionen würden jedoch nicht getätigt werden, wenn ihre Rentabilität oder zumindest die Amortisation während der Vertragslaufzeit nicht zu erwarten wäre.[20] Weitläufige Industriezweige sind heutzutage von der Verwertung immaterieller Güter abhängig und mithin in erheblichem Maße von der Bestandssicherheit der Lizenz, insbesondere vor dem Hintergrund der nicht substituierbaren Leistung des Lizenzgebers.[21] Das wirtschaftliche Risiko, das mit möglichen Störungen innerhalb von Vertragsverhältnissen einhergeht, muss daher für den Lizenznehmer transparent und einschätzbar sein. Auf diese Problematik wurde bereits im Rahmen der durch die Verfasserin erstellten Diplomarbeit zum speziellen Thema „Die Lizenzen in der Insolvenz" vom 24.07.2009 hingewiesen.[22] Vor allem Lizenzketten, die in der

---

15 *Kraßer*, GRUR Int. 1973, 230, 231.

16 Siehe hierzu den Meinungsstreit um die dingliche Rechtsnatur der Lizenz (zum Streitstand: *Adolphsen/Tabrizi*, GRUR 2011, 384, 387 f.; *Scholz*, GRUR 2009, 1107, 1108 f.; *McGuire*, GRUR 2009, 13, 16) oder auch die umstrittene Frage, unter welchen zivilrechtlichen Vertragstypus der Lizenzvertrag zu subsumieren ist.

17 *McGuire/v. Zumbusch/Joachim*, GRUR Int. 2006, 682; *Adolphsen/Tabrizi*, GRUR 2011, 384 ff.; *McGuire*, GRUR 2012, 657 ff., hinsichtlich der Behandlung der Lizenzen in der Insolvenz.

18 *Pahlow*, WM 2008, 2041; vgl. *Ahrens*, GRUR 2006, 617 ff.; hierzu ausführlich *McGuire/v. Zumbusch/Joachim*, GRUR Int. 2006, 682 ff. sowie *Ohly*, JZ 2003, 545, 550 ff., die das Fehlen einer ausprägten allgemeinen Lehre des geistigen Eigentums bemängeln.

19 BT-Drucks. IV/270, S. 28; *Dittrich* in: Dittrich, Urheberrecht, S. 214.

20 *Dittrich* in: Dittrich, Urheberrecht, S. 214; *McGuire*, GRUR 2012, 657, 658.

21 *McGuire*, GRUR 2012, 657, 658.

22 *Grimm*, Die Lizenzen in der Insolvenz, S. 1–4. Die Diplomarbeit ist unveröffentlicht.

vorangehenden Arbeit nicht vordergründig behandelt wurden, erweisen sich als besonders risikobehaftet. Erfolgt ein Bruch in der Rechtekette auf übergeordneter Lizenzstufe, hat derjenige Verwerter, der am Ende der Lizenzkette steht, keinerlei Einfluss auf das Verhältnis zwischen Hauptlizenzgeber und Hauptlizenznehmer.

Die Frage, was mit den lizenzierten Rechten auf den untersten Stufen der Lizenzkette – den sog. Enkelrechten – passiert, wenn es in der Rechtekette zu einer vorzeitigen bzw. unerwarteten Beendigung des Hauptlizenzvertrages kommt, war bislang in Rechtsprechung und Literatur umstritten. Besteht die Nutzungsberechtigung des Unterlizenznehmers fort? Oder fallen die Enkelrechte an den Inhaber des sog. Mutterrechts zurück? Das Urheberrechtsgesetz und auch alle anderen Sondergesetze der Immaterialgüterrechte bieten auf die Frage des Fortbestands der Enkelrechte nach Beendigung des Hauptlizenzvertrages keine eindeutige Antwort. Auch der Gesetzgeber ließ sich bei der Urheberrechtsreform 2002 nicht zu einer gesetzlichen Lösung bewegen. Die Frage sollte „nicht präjudiziert", sondern durch die Rechtsprechung entschieden werden.[23] Hier offenbart sich ein bedeutender Meinungsstreit,[24] der vielfältige dogmatische Grundsatzfragen aufwirft.

Aus Sicht des Unterlizenznehmers stellt diese Rechtsunsicherheit eine unbefriedigende Rechtslage dar. Für diesen ist die Bestandssicherheit seiner Lizenz vor allem dann von Bedeutung, wenn er bereits notwendige Investitionen für die Auswertung getätigt hat. Schlimmsten Falls könnte der Lizenznehmer bei Wegfall seiner Nutzungsberechtigung in wirtschaftliche Bedrängnis geraten. So vor allem dann, wenn das gesamte Geschäftsmodell oder ein wesentlicher Teil hiervon und mithin die wirtschaftliche Existenz ausschließlich auf dem lizenzierten Immaterialgüterrecht aufbaut, was aus praktischer Sicht immer häufiger der Fall ist. Denn immaterielles Kapital stellt mittlerweile eines der bedeutendsten Vermögenswerte vieler der weltweit größten und mächtigsten Unternehmen dar. Bei Technologieunternehmen macht es nicht selten den wesentlichen, wenn nicht sogar den alleinigen Unternehmenswert aus.[25] Der Bestand der Lizenz kann für das Unternehmen des Lizenznehmers von existentieller Bedeutung sein.[26]

Zieht man in Betracht, welchen Umfang die Wertschöpfungen der jeweiligen lizenznehmenden Industrien derweil erreichen, könnte diese Unsicherheit nicht nur auf Unternehmerseite, sondern auch auf volkswirtschaftlicher Ebene weitreichende negative Folgen für den Wirtschaftsstandort Deutschland haben, z.B. in Form von Investitionsrückgängen, Arbeitsplatzverlust und einem verminderten Wirtschaftswachstum.

---

23 BT-Drucks. 14/6433, S. 16.

24 *Adolphsen/Tabrizi*, GRUR 2011, 384 ff.; *Scholz*, GRUR 2009, 1107 ff.; *Reber*, ZUM 2009, 855 ff.; *Schricker/Loewenheim* in: Schricker/Loewenheim, UrhR, § 35 Rn. 22 ff., m.w.N.

25 *Klawitter/Hombrecher*, WM 2004, 1213.

26 *Marotzke*, ZGE 2 (2010), 233; *McGuire*, GRUR 2012, 657, 658.

Es handelt sich damit um eine Rechtsfrage von erheblicher wirtschaftlicher und rechtspraktischer Bedeutung, zu deren Lösung diese Arbeit beitragen soll.

Die h.M. vertrat bislang die Auffassung, dass die Unterlizenz vom Bestand der Hauptlizenz abhängig sei, sodass mit Beendigung bzw. Unwirksamkeit des Hauptlizenzvertrages die Nutzungsberechtigung erlischt bzw. das Enkelrecht wieder automatisch dem Mutterrecht zufällt und somit das Stammrecht wieder komplettiert wird.[27] Nur die Mindermeinung sprach sich für einen Fortbestand der Enkelrechte aus.[28]

---

27 Zum Urheberrecht: OLG München, UFITA 90 (1981), 166, 167 ff. – „So frei wie der Wind"; OLG München, FuR 1983, 605, 606 ff. – „Alexis Sorbas"; OLG Stuttgart, FuR 1984, 393, 397 – „Puzo-Bestseller", für den Fall der vorzeitigen unfreiwilligen Beendigung des urheberrechtlichen Nutzungsrechts; OLG München ZUM-RD 1997, 551, 553 – „Das Piano", ohne nähere Erläuterung; OLG Hamburg, GRUR Int. 1998, 431, 435 – „Feliksas Bajoras"; OLG Hamburg, GRUR 2002, 335, 336 f. – „Kinderfernseh-Sendereihe", mit zust. Anm. *Wandtke*, EWiR 2001, 643 f.; so bereits auch die Vorinstanz, LG Hamburg, ZUM 1999, 858, 859 f. – „Sesamstraße", mit zust. Anm. *Schricker*, EWiR 1999, 275 f.; OLG Karlsruhe, ZUM-RD 2007, 76, 78 f. – „Popmusiker"; vgl. auch LG München I, ZUM-RD 1997, 510 ff. – „Living Buddha"; *Nordemann*, GRUR 1970, 174, 176; *Katzenberger*, GRUR Int. 1983, 410, 421; *Wente/Härle*, GRUR 1997, 96, 99; *v. Frentz/Marrder*, ZUM 2003, 94, 101; *Brauer/Sopp*, ZUM 2004, 112, 117 f.; *Wallner*, ZIP 2004, 2073, 2080; *Scherenberg*, CR 2007, 7, 10; *Hahn*, Verbotsrecht des Lizenznehmers, S. 49; *Picot*, Abstraktion und Kausalabhängigkeit, S. 151; *Lisch*, Abstraktionsprinzip im UrhR, S. 67 f.; *Fink*, Beendigung von Dauerschuldverhältnissen, S. 56; *Kohnen*, Beendigung von Nutzungsrechten, S. 186; *Scheuermann*, Videoauswertung, S. 160 ff.; *Nolden*, Abstraktionsprinzip im UrhR, S. 80 f.; *Schack*, Urheber- und Urhebervertragsrecht, Rn. 629; *Schricker/Loewenheim* in: Schricker/Loewenheim, UrhR, § 35 Rn. 23; ebenso schon in der Vorauflage *Schricker* in: Schricker, UrhR, § 35 Rn. 11; *J.B. Nordemann* in: Fromm/Nordemann, UrhR, § 31 Rn. 34, § 35 Rn. 7, § 41 Rn. 40; *Schulze* in: Dreier/Schulze, UrhG, 3. Aufl. 2008, § 33 Rn. 10, § 35 Rn. 16, § 41 Rn. 37; *Spautz* in: Möhring/Nicolini, UrhG, § 35 Rn. 6; *Wandtke/Grunert* in: Wandtke/Bullinger, UrhR, § 34 Rn. 7 f., § 35 Rn. 7; *Loewenheim/J.B. Nordemann* in: *Loewenheim*, Hdb. UrhR, § 26 Rn. 31; *Schricker*, Verlagsrecht, § 28 Rn. 27; *Abel* in: Berger/Wündisch, Urhebervertragsrecht, § 13 Rn. 171; *Kotthoff* in: *Dreyer/Kotthoff/Meckel*, UrhR, § 35 Rn. 8; speziell zur Verlagslizenz: *Ulmer*, Urheber- und Verlagsrecht, S. 467; *Lößl*, Rechtsnachfolge in Verlagsverträge, S. 173 ff.
Zum Patentrecht: RGZ 142, 168, 170 f. – „Loseblätterbuch"; *Schumann*, GRUR 1932, 539, 540; *Ohl*, GRUR 1992, 77, 81; *Reimer* in: Reimer, PatG/GebrMG, § 9 PatG Rn. 91; *Ahrens*, Gewerblicher Rechtsschutz, Rn. 287; *Henn*, Patent- und Know-how-Lizenzvertrag, Rn. 166; *Osterrieth*, Patentrecht, Rn. 399; *Groß*, Lizenzvertrag, Rn. 233; *Bartenbach*, Patentlizenz- und Know-how-Vertrag, Rn. 148; *Ullmann* in: Benkard, PatG, § 15 Rn. 107.
Allgemein zur Lizenz: *Pahlow*, Lizenz, S. 460 ff.; *Schmoll* in: Büscher/Dittmer/Schiwy, GewRS/UrhR/MedienR, Kap. 12, Rn. 86; *Scholz*, Lizenzen in der Insolvenz, S. 42; *Plassmeier/Steden*, Lizenzverträge, § 1 Rn. 36.

28 Zum Urheberrecht: OLG Köln, GRUR-RR 2007, 33, 34 – „Computerprogramm für Reifenhändler" (krit. hierzu *Haupt*, jurisPR-WettbR 12/2006, Anm. 6); LG Stuttgart, FuR

Der Bundesgerichtshof äußerte sich nunmehr erstmals zu dieser Frage in seiner Leitsatzentscheidung „Reifen Progressiv" vom 26.03.2009.[29] Der zuständige I. Zivilsenat beurteilte die beschriebene Situation für den Unterlizenznehmer als nicht hinnehmbar und erteilte der h.M. auch in den nachfolgenden Entscheidungen „M2Trade"[30] und „Take Five"[31] vom 19.07.2012 eine Absage.

Offensichtlich ist, dass die Entscheidungen des BGH einerseits eine Stärkung der Rechtsposition der lizenznehmenden Verwerter in jeder Hinsicht sowie der Verkehrsfähigkeit von Lizenzen im Allgemeinen bedeuten. Auf der anderen Seite stellt sich die Frage, welche Einschränkungen damit für den Schutzrechtsinhaber verbunden und ob diese überhaupt hinnehmbar sind.

Zu klären ist, ob sich die richterliche Entscheidung im Einzelfall als tragfähige Lösung für die Problematik des Fortbestands der Enkelrechte bei Beendigung des Hauptlizenzvertrages erweist.

1983, 608, 611 – „Puzo-Bestseller"; *Goldschmidt*, UFITA 2 (1929), 1, 18, hinsichtlich der mit dinglicher Wirkung bestellten Lizenz; *Sieger*, FuR 1983, 580, 585 ff.; *Schwarz/Klinger*, GRUR 1998, 103, 110 ff.; *dies.*, UFITA 138 (1999) 29, 47 f.; zust. *Straßer*, ZUM 1999, 928, 933; *Schmidt*, WM 2003, 461, 472; *Schwarz/Reber* in: Loewenheim, Hdb. UrhR, § 74 Rn. 249; *Hoeren*, CR 2005, 773, 775; *v. Hartlieb* in: FS Schwarz I, S. 121, 129 f.; *Hausmann* in: FS Schwarz II, S. 81, 96 ff.; *ders.*, ZUM 1999, 914, 921; *Berger* in: Berger/Wündisch, Urhebervertragsrecht, § 1 Rn. 195; *Wohlfarth*, Taschenbuchrecht, S. 153; *Obergfell*, Filmverträge, S. 86 f.; *Roth*, Filmrechte in der Insolvenz, S. 209; *Schwarz/U. Reber* in: v. Hartlieb/Schwarz, Hdb. Film-, Fernseh-, Videorecht, Kap. 171 Rn. 5; *Beck*, Lizenzvertrag im Verlagswesen, S. 82 ff., allerdings eine Ausnahme hinsichtlich der Gefährdung ideeller Interessen des Urhebers machend.

Differenzierend zwischen ordentlicher und außerordentlicher Beendigung des Hauptlizenzverhältnisses: *Haberstumpf* in: Büscher/Dittmer/Schiwy, GewRS/UrhR/MedienR, Kap. 10, § 35 UrhG Rn. 4, § 41 UrhG Rn. 7; *ders.* in: FS Hubmann, S. 127, 140 ff.; *ders.*, Hdb. UrhR, Rn. 418; *Haberstumpf/Hintermeier*, Einf. Verlagsrecht, S. 201 f.; *v. Hase*, Musikverlagsvertrag, S. 44 ff.; *Karow*, Rechtsstellung des Subverlegers, S. 82 ff.; *Lange*, Lizenzvertrag im Verlagswesen, S. 96; ähnlich auch *Esser*, Urheberrechtliche Lizenzen in der Insolvenz, S. 117 ff., differenzierend zwischen willensabhängigen und willensunabhängigen Vertragsbeendigungen; vgl. auch *Wandtke/Grunert* in: Wandtke/Bullinger, § 35 UrhG Rn. 9; darüber hinaus unterscheidet *Platho*, FuR 1984, 135, 138 f., ob persönlichkeitsrechtliche Gründe zur Vertragsbeendigung geführt haben, die nach seiner Auffassung grundsätzlich einen Rechterückfall begründen.

Zum Patentrecht: *Behrendt*, GRUR 1933, 199, 200.

29 BGH, GRUR 2009, 946 – „Reifen Progressiv".

30 BGH, GRUR 2012, 916 – „M2Trade".

31 BGH, GRUR 2012, 914 – „Take Five".

B. Gang der Untersuchung

Im ersten Teil der Arbeit werden zunächst dogmatische Grundlagen des Lizenzverkehrs dargestellt. Insbesondere soll geklärt werden, inwieweit die Systemprinzipien von Trennung und Abstraktion auf das Lizenzgeschäft anzuwenden sind.

Daran anschließend erfolgt im zweiten Teil eine Einordnung der Unterlizenz in das Lizenzsystem, eine Erörterung der Voraussetzungen der Vergabe einer Unterlizenz und eine Darstellung möglicher Gestaltungsformen. Auch auf die wirtschaftliche Bedeutung der Unterlizenz in der Praxis soll eingegangen werden.

Im dritten Teil der Arbeit wird die Forschungsfrage nochmals aufgeworfen. Die rechtlichen Folgen von Störungen innerhalb von Lizenzketten in unterschiedlichen Konstellationen, die Auffassungen von Schrifttum und Rechtsprechung zum Meinungsstreit, insbesondere die Argumentationslinie des BGH, sowie eine Gesamtbetrachtung der Interessenlage im Konfliktfall sind Gegenstand der Darstellung.

Ausgangspunkt der nachfolgenden Untersuchung wird der Bruch im Rechtsverhältnis zwischen dem Schutzrechtsinhaber und dem Hauptlizenznehmer sein; allerdings wird sich zeigen, dass sich die gewonnen Erkenntnisse in verschiedenster Hinsicht auch auf Störungsfälle auf untergeordneter Ebene der Lizenzkette übertragen lassen. An gegebener Stelle soll darauf hingewiesen werden.

Die Konsequenzen der Streitentscheidung für den Unterlizenznehmer wurden bereits angedeutet. Welche Folgen die Annahme eines Fortbestands der Enkelrechte für den originären Rechtsinhaber, der regelmäßig den Rückfall aller eingeräumten Rechte begehrt, mit sich bringt, bedarf einer Klärung. Fraglich ist, inwieweit kommerzielle und ideelle Interessen des Rechtsinhabers betroffen sein könnten.

Die Entscheidung des BGH wirft in diesem Zusammenhang verfassungsrechtliche Bedenken auf. Im vierten Teil der Arbeit soll untersucht werden, ob durch die richterliche Entscheidung ein interessengerechter Ausgleich für den gegebenen Fall geschaffen wurde und sich hieraus eine Tendenz für andere Fallkonstellationen entnehmen lässt.

Daran anschließend wird im fünften Teil der Arbeit untersucht, welche dogmatischen Lösungsansätze sich für die Frage des Fortbestands der Unterlizenz auf zivilrechtliche Ebene bieten und welcher für die Rechtspraxis als geeignet erscheint.

Kernproblematik wird dabei sein, ob ein uneingeschränkter Rückgriff auf sachenrechtliche Grundsätze des Zivilrechts[32] überhaupt möglich ist. Als *casus cnactus* wird sich die Frage erweisen, ob es sich bei der Lizenz lediglich um ein obligatorisches Recht handelt oder inwieweit man es bei der Lizenzeinräumung mit dinglich wirkenden Vorgängen zu tun hat. Literatur und Rechtsprechung waren bislang

32 Bereits *Kurt Biedenkopf* hat die Frage aufgeworfen, ob sich die Logik des Sacheigentums auf das geistige Eigentum übertragen lässt oder darin eine Gefahr der Entgrenzung zu sehen ist, vgl. *Ohly* in: Depenheuer/Peifer, Geistiges Eigentum, S. 141, 154.

uneinig über die dogmatische Konstruktion der Rechtsnatur der Lizenz.[33] Diese Rechtsunsicherheit stellte die Praxis in vielen Bereichen vor erhebliche Probleme[34] und führte vor allem zu einer Schwächung der Verkehrsfähigkeit von Lizenzen. Ein weiterer Streitpunkt wird sein, ob die differenzierte Anwendung des Abstraktionsprinzips oder des Kausalitätsprinzips gem. § 9 VerlG direkt bzw. analog eine Antwort auf die Frage des Fortbestands der Unterlizenz bietet. Im Wesentlichen soll die Argumentationslinie der „Reifen Progressiv"-Entscheidung nachgezeichnet und untersucht werden. Eine aus dogmatischen Grundsätzen abgeleitete Lösung könnte jedenfalls zu mehr Rechtssicherheit führen. Vieles deutet darauf hin, dass der BGH die Frage, ob beim Erlöschen einer vom Mutterrecht abgespaltenen Lizenz die davon abgeleiteten Unterlizenzen gleichfalls erlöschen, nicht abschließend beantwortet hat – vielmehr scheint eine Einzelfallbeurteilung für den besonderen Fall des wirksamen Rückrufs nach § 41 UrhG vorzuliegen.[35] Bereits an dieser Stelle soll die These aufgestellt werden, dass sich eine allgemeingültige Aussage nicht treffen lässt, sondern die Umstände des Einzelfalls zu berücksichtigen sind. Diese Annahme wird sich bestätigen. Die Begründung des BGH lässt aber zumindest Rückschlüsse zu, wie die Frage des Fortbestands von Enkelrechten in anderen Fällen des Wegfalls des Tochterrechts zu beurteilen ist.[36] Wo das dogmatische Einfallstor für solch eine Abwägungsentscheidung zu verorten ist, bedarf es zu klären.

Im sechsten Teil der Arbeit sollen wesentliche Kriterien aufgestellt werden, bei deren Vorliegen ein Bestand der Unterlizenz gerechtfertigt erscheint. Es wird sich zeigen, dass dem Grund der Beendigung des Hauptlizenzvertrages eine erhebliche Entscheidungsrelevanz zukommt. Die Bandbreite der unterschiedlichen Störungsfälle erfordert eine differenzierende Betrachtung. Ausgangspunkt der Untersuchung sollen daher Sachverhalte sein, die zu einem Bruch im Hauptlizenzverhältnis führen. Die zu Fallgruppen zusammengefassten Beendigungstatbestände, d. h. alle potentiellen Störfaktoren im Verhältnis zwischen dem Inhaber des Immaterialgüterrechts und dem Lizenznehmer, sind daraufhin zu untersuchen, inwieweit ein Fortbestand der Enkelrechte gerechtfertigt erscheint.

Im Hinblick auf die Konsequenzen der Streitentscheidung drängen sich schließlich auch Fragen der Rechtsdurchsetzung sowohl auf Seiten des originären Rechtsinhabers als auch auf Seiten des Inhabers des Enkelrechts auf, die im siebenten Teil der

---

33 Zu dieser Frage bereits *Forkel*, NJW 1983, 1764, als Reaktion auf BGH, GRUR 1982, 411 – „Verankerungsteil"; siehe nunmehr BGH, GRUR 2009, 946, 948 – „Reifen Progressiv"; zum Streitstand: *Schricker/Loewenheim* in: Schricker/Loewenheim, UrhR, § 31 Rn. 13 f. sowie Vor. §§ 28 ff. Rn. 83.

34 *Chrocziel* in: GS Blomeyer, S. 303, 306, siehe hierzu z. B. den Streit um die Insolvenzfestigkeit der Lizenz.

35 Ebenso LG München I, InstGE 12, 154, 158 – „Take Five"; *v. Ungern-Sternberg*, GRUR 2010, 273, 281; *Scholz*, GRUR 2009, 1107, 1111 f.; *Schmid/Kampshoff*, GRUR-Prax 2009, 50; *Reinhard*, K&R 2009, 712, 716 f.

36 *Scholz*, GRUR 2009, 1107, 1111 f.; *Reber*, ZUM 2009, 855, 857; *Dieselhorst*, CR 2010, 69, 70 f.

Arbeit geklärt werden sollen; so z.B. ob bei einem Fortbestand der Unterlizenz ein Anspruch auf Zahlung der Lizenzgebühr gegenüber dem Inhaber des Enkelrechts besteht, ob der Unterlizenznehmer einen Anspruch auf Aufrechterhaltung und Verteidigung des Schutzrechts hat und ob sich der Schutzrechtsinhaber ggf. gegen weitere Nutzungshandlungen durch den Unterlizenznehmer zur Wehr setzen kann.

1. Teil: Rechtliche Grundlagen des Lizenzverkehrs

Unter der Lizenzierung versteht man allgemein, dass der originäre Rechtsinhaber (Lizenzgeber) mit seinem Vertragspartner (Lizenznehmer) eine Vereinbarung über die Nutzung des immateriellen Gutes trifft.[37] Inhalt und Umfang der Befugnis bestimmen die Vertragsparteien. Hierbei ergeben sich vielfältige Möglichkeiten der Ausgestaltung.[38] Grundlage und unentbehrliche Bedingung für die Lizenzvergabe bildet das ausschließliche Recht des Lizenzgebers, über das betreffende immaterielle Gut verfügen zu können.[39] Sowohl das Urheberrecht als auch das Patentrecht gewähren ihren Inhabern ein solches subjektives Ausschließlichkeitsrecht, das ihnen die Befugnis zur Benutzung und Verwertung des Schutzgegenstands zuordnet (positive Seite) und ihnen das Recht gibt, jeden Dritten davon auszuschließen (negative Seite).[40]

Die Möglichkeit zur Einräumung urheberrechtlicher Nutzungsrechte ist in §§ 29 II, 31 UrhG geregelt.[41]

Wie der Lizenzvertrag und die durch ihn begründeten Lizenzen, insbesondere deren Konstruktionen und Gefüge, in den Sondergesetzen des Immaterialgüterrechts sowie im Bürgerlichen Recht erfasst werden, soll nachfolgend erörtert werden. Zunächst erscheint eine begriffliche Klarstellung notwendig.

A. Begrifflichkeiten – Lizenz und Lizenzvertrag im Immaterialgüterrechtsverkehr

Obwohl die Lizenz auf allen Gebieten des Gewerblichen Rechtsschutzes gesetzliche Anerkennung gefunden hat (vgl. § 15 II, III PatG, § 22 II, III GebrMG, § 11 II HalbLSchG i.V.m. § 22 GebrMG, § 30 MarkenG, § 31 GeschmMG), wurden durch den Gesetzgeber bislang weder Gesetzesdefinitionen geschaffen, noch konkrete Aussagen über die rechtliche Konstruktion von Lizenz und Lizenzvertrag getroffen. Die

---

37 *Knap*, GRUR Int. 1973, 226, 228; *Plassmeier/Steden*, Lizenzverträge, § 1 Rn. 3; *Henn*, Patentlizenz- und Know-how-Lizenzvertrag, Rn. 9: Lizenzen sind Erlaubniserteilungen; *Mes*, PatG/GebrMG, § 15 PatG Rn. 32; *Soppe* in: Ahlberg/Götting, BeckOK UrhG, § 31 Rn. 61.

38 *Schmoll* in: Büscher/Dittmer/Schiwy, GewRS/UrhR/MedienR, Kap. 12, Rn. 18.

39 *Knap*, GRUR Int. 1973, 226, 228; *Scharen* in: Benkard, PatG, § 9 Rn. 4; *Bartenbach*, Patentlizenz- und Know-how-Vertrag, Rn. 188.

40 *Jänich*, Geistiges Eigentum, S. 201; *McGuire/v. Zumbusch/Joachim*, GRUR Int. 2006, 682, 683; *Beier*, GRUR 1998, 185, 186.

41 Für das Patentrecht existiert eine vergleichbare Regelung in § 15 II PatG, der die Lizenz als Gegenstand des Rechtsverkehrs ausdrücklich nennt.

bestehenden Regelungen beschränken sich auf die bloße Anerkennung der Lizenz als ein vom Gesetz vorausgesetzter Begriff.[42]

Die etymologische Auslegung des Wortes „Lizenz“ (aus dem lat. *licere* = erlaubt sein) ergibt, dass Wesensinhalt eines Lizenzvertrages die Erlaubnis ist, etwas zu tun. In dem Lizenzvertrag ist also ein Vertrag zu sehen, durch welchen ein Rechtssubjekt einem anderen die Nutzung des Rechtsobjekts, also des Lizenzgegenstands, gestattet,[43] ohne jedoch seine Befugnisse vollständig auf den Lizenznehmer zu übertragen.[44] Die h.M. begreift die Lizenz heute allgemein als positives Benutzungsrecht.[45]

Davon terminologisch zu unterscheiden ist der im Urheberrecht in §§ 29 II, 31 ff. UrhG verwendete Begriff „Nutzungsrecht“.[46] In Anlehnung an die gewerblichen Schutzrechte wird in der Praxis hierfür häufig der Terminus „Lizenz“ verwendet.[47] Über die Verwendung der Begrifflichkeit herrscht jedoch Unklarheit. Im Verlagsrecht werden darunter Nutzungsrechte zweiter Stufe verstanden und unter dem Begriff der „Verlagslizenz“ erfasst;[48] nach a.A. sollte die Begrifflichkeit im Urheberrecht vermieden werden.[49] Dass der Gesetzgeber nicht streng an der Bezeichnung „Nutzungsrecht“ festhält, zeigen u. a. § 32a II 1 UrhG (Verwendung des Begriffs „Lizenzkette“) und § 69e I Nr. 1 UrhG (stellt auf den „Lizenznehmer“ ab).[50] In inhaltlicher und funktionaler Hinsicht ist beiden Begriffen jedenfalls eine übereinstimmende

42 *Pahlow*, Lizenz, S. 181; *ders.*, WM 2008, 2041; *Bartenbach*, Patentlizenz- und Know-how-Vertrag, Rn. 31.

43 *Knap*, GRUR Int. 1973, 226; *Goldschmidt*, UFITA 2 (1929), 1, 3; *Petzold*, UFITA 12 (1939), 114, 116; *Breuer*, rechtliche Natur der Patentlizenz, S. 14.

44 *Beck*, Lizenzvertrag im Verlagswesen, S. 19.

45 BGH, GRUR 1966, 629, 630 – „Curt Götz-Filme“; BGH, GRUR 1982, 411, 412 – „Verankerungsteil“; OLG Düsseldorf, BeckRS 2010, 22208; LG München I, GRUR-RR 2012, 142, 144 – „Insolvenzfestigkeit“; *Osterrieth*, Patentrecht, Rn. 366; *Scharen* in: Benkard, PatG, § 9 Rn. 6; *Loewenheim/J.B. Nordemann* in: Loewenheim, Hdb. UrhR, § 25 Rn. 4; *Wiebe* in: Spindler/Schuster, Recht der elektronischen Medien, § 31 UrhG Rn. 5; *Lüdecke*, NJW 1966, 815, 816; *Kraßer/Schmid*, GRUR Int. 1982, 324, 328; *Knap*, GRUR Int. 1973, 226; *Frey/Rudolph*, ZUM 2007, 13, 14; *Pahlow*, ZUM 2005, 865, m.w.N.

46 Der Begriff „Nutzungsrecht“ wird ebenso in § 11 I, II SortSchG verwendet.

47 *Pierson* in: Pierson/Ahrens/Fischer, Recht des geistigen Eigentums, S. 324. Häufig werden in der Rechtspraxis die Begriffe „Filmlizenz“ (z.B. BGH, GRUR 2010, 418 – „Neues vom Wixxer“; *Wente/Härle*, GRUR 1997, 96; *Schwarz/Klinger*, GRUR 1998, 103; *Abel*, NZI 2003, 121), „Taschenbuchlizenz“ (z.B. BGH, ZUM 1986, 278 – „Alexis Sorbas“) oder auch „Softwarelizenz“ (z.B. BGH, ZUM 2011, 397 – „UsedSoft“; *Berger*, NZI 2006, 380; *Weber/Hötzel*, NZI 2011, 432) verwendet.

48 *Schricker*, Verlagsrecht, § 28 Rn. 22; *Möller*, Unübertragbarkeit des Urheberrechts, S. 20; *Beck*, Lizenzvertrag im Verlagswesen, S. 19, 21 f.

49 *Schricker/Loewenheim* in: Schricker/Loewenheim, UrhR, Vor. §§ 28 ff. Rn. 49.

50 Vgl. BT-Drucks. IV/3401, S. 5: Auch der Rechtsausschuss spricht in seiner Stellungnahme zum Entwurf des UrhG von „Lizenzen“ und zieht eine Parallele zum Patentrecht.

Bedeutung beizumessen.[51] Es erscheint daher sinnvoll, einheitlich den Lizenzbegriff zu verwenden, anstatt für sprachliche Verwirrung zu sorgen.[52] Lizenzen an gewerblichen Schutzrechten und Nutzungsrechte an urheberrechtlichen Befugnissen sollen daher gleichbedeutend, als die durch den Schutzrechtsinhaber an einen Dritten eingeräumten positiven Rechte zur Benutzung des immateriellen Rechtsgutes, verstanden werden.[53] Dieser Ansatz entspricht auch der Idee vom „Geistigen Eigentum", dessen Ziel es ist, gemeinsame Strukturgrundsätze herauszuarbeiten.[54] Nachfolgend sollen i.S. eines einheitlichen Verständnisses die Begriffe „Lizenz" und „Lizenzvertrag" gebraucht werden.

Hiervon zu unterscheiden ist die sog. gesetzliche Lizenz i.S. einer Nutzungsbefugnis gem. §§ 44a ff. UrhG, mit der der Gesetzgeber das Ausschließlichkeitsrecht des Urhebers zugunsten bestimmter Zugangs-, Nutzungs- und Wettbewerbsinteressen Dritter einschränkt.[55] Die Nutzungsberechtigung entsteht hier nicht durch ein Rechtsgeschäft, sondern kraft Gesetzes durch den Realakt der Werknutzung.[56] Diese Lizenzform soll unberücksichtigt bleiben.

B. Verpflichtungen und Verfügungen im Lizenzverkehr

Die immaterialgüterrechtlichen Sondergesetze enthalten zwar Vorschriften, wonach bestimmte Rechte vererblich, unbeschränkt oder beschränkt übertragbar und in ausschließlicher oder nicht ausschließlicher Weise lizenzierbar sind (vgl. §§ 29 ff. UrhG, § 15 PatG, § 22 GebrMG, §§ 29 ff. GeschmMG, §§ 27 ff. MarkenG). Diese beschränken sich jedoch auf die bloße Anerkennung der Möglichkeit. Auf welche Art und Weise sie vererbt, übertragen oder lizenziert werden, ist nicht geregelt. Ebenso wenig existieren Regelungen über die Rechtsnatur der gewährten Rechte. Der deutsche Gesetzgeber ist vielmehr davon ausgegangen, dass die notwendigen Ergänzungen im Bürgerlichen Recht zu finden sind.[57] Somit blieb es der Lehre und Rechtsprechung überlassen, das Recht der Lizenzen auf der Grundlage der vom

---

51 *Pahlow*, Lizenz, S. 182, 189, m.w.N.; *Soppe* in: Ahlberg/Götting, BeckOK UrhG, § 31 Rn. 61; vgl. auch *Knap*, GRUR Int. 1973, 226, 229; *Forkel*, Gebundene Rechtsübertragungen, S. 49.

52 So auch *Beck*, Lizenzvertrag im Verlagswesen, S. 21; *Esser*, Urheberrechtliche Lizenzen in der Insolvenz, S. 19; vgl. *Schack*, Urheber- und Urhebervertragsrecht, Rn. 603.

53 So auch *Pahlow*, Lizenz, S. 191; *Heimberg*, Lizenzen in der Insolvenz, S. 48; *Kirchhof* in: FS Merz, S. 283, 285.

54 Vgl. *Ohly*, JZ 2003, 545, 550 ff.; *ders.* in: Ohly/Klippel, Geistiges Eigentum und Gemeinfreiheit, S. 1, 13; *Wandtke*, UFITA 121 (1993), 5, 6; *Peukert/Hilty*, Europäisches Immaterialgütervertragsrecht, abrufbar unter: http://www.mpg.de/470413/pdf.pdf.

55 *Dreier* in: Dreier/Schulze, UrhG, Vor. §§ 44a ff. Rn. 1.

56 *Götting* in: Loewenheim, Hdb. UrhR, § 30 Rn. 17.

57 *Kraßer*, GRUR Int. 1973, 230, 231; *ders.*, Patentrecht, § 2 IV. b) 1; *McGuire/v. Zumbusch/Joachim*, GRUR Int. 2006, 682.

Gesetz für zulässig erklärten konstitutiven Rechtsübertragung zu entwickeln.[58] Ausgangspunkt hierfür ist das grundlegende, das deutsche Zivilrechtssystem prägende Prinzip der Trennung zwischen Verpflichtungs- und Verfügungsgeschäft.[59]

Die Anwendbarkeit des Trennungsprinzips auf den Rechtsverkehr mit Lizenzen wird bereits durch die klare terminologische Unterscheidung zwischen den Begriffen „Lizenz“ und „Lizenzvertrag“ indiziert. Dafür spricht auch der Wortlaut des § 29 II UrhG, der die Einräumung von Nutzungsrechten ausdrücklich der schuldrechtlichen Einwilligung gegenüberstellt; ähnlich auch § 32 I 1 UrhG, der zwischen der Einräumung von Nutzungsrechten und der Erlaubnis zur Werknutzung unterscheidet. Ebenso differenziert der Gesetzgeber in § 40 UrhG zwischen der Verpflichtung zur Einräumung von Nutzungsrechten (§ 40 I 1 UrhG) und der Verfügung (§ 40 III UrhG). Aus den Sondergesetzen der gewerblichen Schutzrechte lässt sich die Geltung des Trennungsprinzips zwar nicht unmittelbar ableiten. Dennoch spricht sich die h.M. für eine uneingeschränkte Geltung des Trennungsprinzips sowohl im Urheberrecht als auch im Bereich des Gewerblichen Rechtsschutzes aus,[60] und zwar unabhängig davon, welche Rechtsnatur der Lizenz beizulegen ist. Das Trennungsprinzip erweist sich sowohl im allgemeinen Zivilrecht als auch im Immaterialgüterrecht als dogmatisch sinnvollste Konstruktion, um die faktischen Abläufe und Bedürfnisse im Rechtsverkehr zu erfassen. Andernfalls ließe sich auch nicht die Möglichkeit der Einräumung von Nutzungsrechten an künftigen Werken (vgl. § 40 I 1 UrhG) dogmatisch konsequent begründen.[61]

---

58 *Kraßer/Schmid*, GRUR Int. 1982, 324, 325; zum „konstitutiven Erwerb“ vgl. *Enneccerus/Nipperdey*, BGB AT/Bd. 2, S. 872.

59 Zum Trennungsprinzip: *Chr. Berger* in: Jauernig, BGB, Vor. §§ 854 ff. Rn. 12; *Gaier* in: MüKo, BGB/Bd. 6/2013, Einl. Rn. 15; *Picot*, Abstraktion und Kausalabhängigkeit, S. 19 f.

60 Bereits in RGZ 54, 272, 274, stellte das RG fest, dass sich aus dem Lizenzvertrag die Verpflichtung zur Rechtseinräumung ergibt; BGH, GRUR 1958, 504 ff. – „Die Privatsekretärin“; BGH, GRUR 2012, 916, 917 – „M2Trade“; OLG Brandenburg, NJW-RR 1999, 839, 840 – „Blauäugig“; *Pahlow*, Lizenz, S. 207; *Forkel*, Gebundene Rechtsübertragungen, S. 56; *Jänich*, Geistiges Eigentum, S. 266; *Ulmer*, Urheber- und Verlagsrecht, S. 390; *Rehbinder*, Urheberrecht, Rn. 600 f.; *Schack*, Urheber- und Urhebervertragsrecht, Rn. 591; *Ahrens*, Gewerblicher Rechtsschutz, Rn. 276; *Kraßer*, GRUR Int. 1973, 230 ff.; *Ohl*, GRUR 1992, 78; *Wente/Härle*, GRUR 1997, 96; *Ahrens*, GRUR 2006, 617, 622; *Berger*, GRUR 2013, 321, 323; *Hausmann* in: FS Schwarz II, S. 81, 84; *Schricker*, Verlagsrecht, § 8 Rn. 2, § 9 Rn. 3; *Kreuzer* in: Loewenheim, Hdb. UrhR, § 95 Rn. 3; *Schricker/Loewenheim* in: Schricker/Loewenheim, UrhG, Vor. §§ 28 ff. Rn. 100; *Wandtke/Grunert* in: Wandtke/Bullinger, UrhR, Vor. §§ 31 ff. Rn. 6; *Keukenschrijver* in: Busse, PatG, § 15 Rn. 51; *Ullmann* in: Benkard, PatG, § 15 Rn. 82; *Fezer/Koos* in: Staudinger, BGB/EGBGB,IPR/Internationales Wirtschaftsrecht/2010, Rn. 969; so auch im schweizerischen Privatrecht: *Weinmann*, Rechtsnatur der Lizenz, S. 36 f., 45 ff.; a.A. *Cebulla*, Pacht nichtsächlicher Gegenstände, S. 141 f.

61 *Picot*, Abstraktion und Kausalabhängigkeit, S. 54.

In Anwendung des Trennungsprinzips verpflichtet sich der Lizenzgeber mit Abschluss des kausalen Rechtsgeschäfts (Lizenzvertrag), dem Lizenznehmer die Befugnis zur Nutzung des Lizenzgegenstands einzuräumen; für den Lizenznehmer wird regelmäßig die Hauptpflicht begründet, die vereinbarte Lizenzgebühr zu zahlen.[62] Der Lizenzvertrag ist ein rein obligatorisches Rechtsverhältnis.[63] Erst das Verfügungsgeschäft bewirkt die Erfüllung der gegenseitigen Pflichten.[64] Die Einräumung des Nutzungsrechts an dem Lizenzgegenstand erfolgt somit erst durch das dingliche Rechtsgeschäft.[65] Der Lizenzvertrag bildet damit die *causa* für die Bestellung einer Lizenz.[66] Inhalt und Umfang einer Lizenz werden durch die vertraglichen Vereinbarungen der Parteien sowie durch die gesetzlichen Inhaltsbestimmungen des jeweiligen Immaterialgüterrechts bestimmt. Insoweit dient der Lizenzvertrag der Begründung einer individuell mit den Interessen der Parteien abgestimmten Lizenz.[67]

Obwohl in der Lizenzierungspraxis Verpflichtungs- und Verfügungsgeschäft regelmäßig zeitlich zusammenfallen und diese meist als wirtschaftliche Einheit erscheinen, muss trotzdem trennscharf zwischen dem Lizenzvertrag und der aufgrund des Lizenzvertrages eingeräumten Lizenz unterschieden werden.[68] Es existiert keine rechtliche Geschäftseinheit.[69] Wichtig ist dies für Fälle, in denen die Parteien ein Auseinanderfallen der Geschäfte vereinbaren; so z.B. wenn die Einräumung der Lizenz unter der aufschiebenden Bedingung der vollständigen Entrichtung der vereinbarten Lizenzgebühr stehen soll.[70]

Ob die Lizenzeinräumung uneingeschränkt als Verfügungsakt aufgefasst werden kann, ist damit noch nicht geklärt.

Unter Verfügungen versteht man Rechtsgeschäfte, die unmittelbar auf ein bestehendes Recht einwirken, indem sie es ganz oder teilweise übertragen, belasten,

---

62 *Bartenbach*, Patentlizenz- und Know-how-Vertrag, Rn. 35; *Groß*, Lizenzvertrag, Rn. 243, 98; *Pahlow*, Lizenz, S. 256.

63 *Henn*, Patentlizenz- und Know-how-Lizenzvertrag, Rn. 54; *v. Gamm*, UrhG, Einf. Rn. 70.

64 *Gaier* in: MüKo, BGB/Bd. 6/2013, Einl. Rn. 15; *Chr. Berger* in: Jauernig, BGB, Vor. §§ 854 ff. Rn. 12.

65 *Götting* in: FS Schricker I, S. 53, 63; *Wandtke/Grunert* in: Wandtke/Bullinger, UrhR, Vor. §§ 31 ff. Rn. 6.

66 So bereits *Hoffmann*, JW 1938, 1576, 1579.

67 *Bartenbach*, Patentlizenz- und Know-how-Vertrag, Rn. 31; *Schricker/Loewenheim* in: Schricker/Loewenheim, UrhR, Vor. §§ 28 ff. Rn. 96; *Pahlow*, Lizenz, S. 187, 213; *Knap*, GRUR Int. 1973, 226, 228.

68 OLG Brandenburg, NJW-RR 1999, 839, 840 – „Blauäugig"; *Bartenbach*, Patentlizenz- und Know-how-Vertrag, Rn. 35; *Rehbinder*, Urheberrecht, Rn. 600; *Hahn*, Verbotsrecht des Lizenznehmers, S. 45; *Völp*, GRUR 1983, 45, 50; vgl. auch *Hoffmann*, JW 1938, 1576, 1579, der darauf hinweist, dass das Verpflichtungs- und das Ausführungsgeschäft so eng miteinander verbunden sind, dass sie sich voneinander nur begrifflich trennen lassen.

69 *Schricker/Loewenheim* in: Schricker/Loewenheim, UrhR, Vor. §§ 28 ff. Rn. 98.

70 *Picot*, Abstraktion und Kausalabhängigkeit, S. 54.

inhaltlich verändern oder aufheben.[71] Objekt der Verfügung kann grundsätzlich auch ein Recht sein.[72]

Bei der Rechtsübertragung erwirbt der Rechtsnachfolger dasselbe Recht, das dem bisherigen Rechtsinhaber zustand. Letzterer erleidet einen vollständigen Rechtsverlust. Man spricht hierbei von einem „translativen Erwerb".[73] Die Möglichkeit einer solchen Übertragung ist in § 29 I UrhG und § 15 I PatG normiert, mit der Einschränkung, dass das Urheberrecht nicht unter Lebenden, sondern nur im Rahmen der Erbrechtsnachfolge übertragen werden kann.

Auf der Verfügungsebene ist die translative Rechtsübertragung von der Lizenzierung streng zu unterscheiden. Dies zeigt die differenzierende Verwendung der Begriffe „Einräumung" in §§ 29 II, 31, 35 UrhG (§ 15 III PatG spricht von einer „Erteilung") und der „Übertragung" in §§ 29 I, 34 UrhG bzw. § 15 I 2 PatG. Auch aus den Gesetzgebungsmaterialien geht eindeutig hervor, dass der Gesetzgeber diesen Begrifflichkeiten eine unterschiedliche Bedeutung beilegt.[74]

Mit der Einräumung einer Lizenz erhält der Lizenznehmer ein vom Mutterrecht abgeleitetes positives Benutzungsrecht, während das Mutterrecht in beschränkter Form bestehen bleibt. *v. Thur* hat hierfür den Begriff der konstitutiven Rechtsnachfolge geprägt.[75] Der konstitutive Rechtserwerb ist eine besondere Erscheinungsform der Rechtsübertragung. Dabei wird ein Recht anderen – schwächeren, aber das Mutterrecht beeinträchtigenden – Inhalts geschaffen.[76]

Unbestritten wendet die h.L. heute diese dogmatische Konstruktion auf das dingliche Lizenzgeschäft an: Ähnlich wie die Einräumung eines Nießbrauchs an einem Recht nach § 1068 II i.V.m. § 1030 I BGB[77] erfolgt die Verfügung als Belastung des Mutterrechts.[78] Die Belastung ist eine besondere Form der Teilübertragung.[79] Durch

---

71 *Enneccerus/Nipperdey*, BGB AT/Bd. 2, S. 882; *Larenz/Wolf*, BGB AT, § 23 Rn. 35; *Kraßer*, GRUR Int. 1973, 230, 232.

72 *Bayreuther* in: MüKo, BGB/Bd. 1/2012, § 185 Rn. 6; *Gursky* in: Staudinger, BGB/Buch 1/2009, § 185 Rn. 6; *Peukert* in: Leible/Lehmann/Zech, Unkörperliche Güter im Zivilrecht, S. 95, 100, m.w.N.

73 *Leßmann*, Übertragbarkeit urheberrechtlicher Befugnisse, S. 27 f.; vgl. auch *Enneccerus/Nipperdey*, BGB AT/Bd. 2, S. 872.

74 BT-Drucks. IV/270, S. 30, 55. Bei der Diskussion um den Gesetzesentwurf zum Urheberrecht ließen die Verfasser allerdings unberücksichtigt, dass die beschränkte Übertragung gleichfalls eine Verfügung darstellt.

75 *v. Thur*, BGB AT, Bd. II/1, S. 62 ff.

76 Vgl. *Enneccerus/Nipperdey*, BGB AT/Bd. 2, S. 872.

77 Vgl. *Baur/Stürner*, Sachenrecht, § 60 Rn. 8; *Chr. Berger* in: Jauernig, BGB, § 1068 Rn. 1.

78 *Pahlow*, WM 2008, 2041, 2043; *ders.*, Lizenz, S. 406; *Schack*, Urheber- und Urhebervertragsrecht, Rn. 593 f.; *Ulmer*, Urheber- und Verlagsrecht, S. 358 f.; *Haberstumpf*, Hdb. UrhR, Rn. 384; *Rehbinder*, Urheberrecht, Rn. 554; *Beck*, Lizenzvertrag im Verlagswesen, S. 3; *Hirte/Knof*, JZ 2011, 889, 890; vgl. auch BT-Drucks. IV/270, S. 30, zum Urheberrecht.

79 *Forkel*, Gebundene Rechtsübertragungen, S. 23 ff., weist nach, dass sich die Teilungslehre in der Literatur durchgesetzt hat.

die Lizenzeinräumung wird das Mutterrecht jedoch weder ganz noch teilweise übertragen.[80] Vielmehr werden einzelne, in dem Recht enthaltene, qualitative Teile in der Gestalt von Befugnissen abgespalten und auf denjenigen übertragen, zu dessen Gunsten die Belastung erfolgt.[81] Es entsteht der Eindruck, als werde dadurch ein neues originäres Recht geschaffen (konstituiert), was insoweit nicht der Fall ist, da der Begünstigte nichts erhält, was nicht der Verfügende schon hatte. Vielmehr ist dies so zu verstehen: Das Tochterrecht entsteht durch die Einräumung der Teilbefugnisse als reine Begrifflichkeit neu.[82]

Ob man nun in der Verfügung die Übertragung eines abgespaltenen Teilrechts erblicken will oder die konstitutive Begründung eines neuen Nutzungsrechts, ist für die gebotene rechtliche Einordnung letztendlich unerheblich.[83] Vielmehr kommt es auf eine Besonderheit dieser Übertragungsform an, die in der ständigen Gebundenheit des Rechtsinhalts des Tochterrechts an das Mutterrecht begründet liegt; d. h. der Erwerber des abgeleiteten Rechts darf seine Befugnisse grundsätzlich nur unter Respektierung der noch im Mutterrecht anerkannten Interessen ausüben.[84] Der Übertragende bleibt in unzerstörbarer rechtlicher Beziehung zu den übertragenen Befugnissen.[85] *Forkel* hielt daher den durch ihn geprägten Begriff „gebundene Rechtsübertragung", der speziell auf die Lizenzierung urheberrechtlicher Befugnisse und gewerblicher Schutzrechte Anwendung finden soll, für vorzugswürdiger.[86]

Fraglich ist, ob mit Blick auf die Rechtsnatur der Lizenz überhaupt von einer Verfügungswirkung gesprochen werden kann, denn teilweise wird für eine solche die

---

80 *Knap*, GRUR Int. 1973, 226, 228; *Sosnitza* in: FS Schricker II, S. 183, 189.

81 *Leßmann*, Übertragbarkeit urheberrechtlicher Befugnisse, S. 29; *v. Thur*, BGB AT, Bd. II/1, S. 63; *Sosnitza* in: FS Schricker II, S. 183, 189; *Möller*, Unübertragbarkeit des Urheberrechts, S. 19; *Haberstumpf*, Hdb. UrhR, Rn. 384; *Forkel*, Gebundene Rechtsübertragungen, S. 33 f., 42, der allerdings von einer „Teilung nach dem Interessengehalt" spricht, um eine klare Abgrenzung zum translativen Rechtsübergang zu schaffen. Zur Anerkennung der dinglichen Abspaltungslehre vgl. BGH, GRUR 1987, 37, 39 – „Videolizenzvertrag"; BGH, GRUR 1992, 310, 311 – „Taschenbuchlizenz"; BGH, GRUR 2006, 435, 437 – „Softwarenutzungsrecht".

82 *Leßmann*, Übertragbarkeit urheberrechtlicher Befugnisse, S. 29 f.; *Forkel*, Gebundene Rechtsübertragungen, S. 44 f., lehnt daher den Begriff der „konstitutiven Übertragung" ab; a.A. *Knap*, GRUR Int. 1973, 226, 228, der streng an der Theorie der konstitutiven Rechtseinräumung festhält.

83 *Ullmann* in: Benkard, PatG, § 15 Rn. 82.

84 *Forkel*, NJW 1983, 1764, 1765; *ders.*, Gebundene Rechtsübertragungen, S. 45, führt weiterhin die konsolidierende Wirkung des Mutterrechts als Charakteristik der Gebundenheit der Stellung des Erwerbers an. Das Vorliegen einer solchen soll jedoch nachfolgend erst untersucht werden. So auch *Ulmer*, Urheber- und Verlagsrecht, S. 359; *Sosnitza* in: FS Schricker II, S. 183, 190; *Knap*, GRUR Int. 1973, 226, 228.

85 *Leßmann*, Übertragbarkeit urheberrechtlicher Befugnisse, S. 31.

86 Begriff der „gebundenen Rechtsübertragung" geprägt durch *Forkel*, Gebundene Rechtsübertragungen, S. 44 ff., 74 f., 110, 165, 220, 225; *ders.*, NJW 1983, 1764, 1765; *ders.*, NJW 1993, 3181, 3182.

Übertragung einer dinglichen Rechtsposition gefordert, d. h. der Rechtsnachfolger müsse ein Recht erlangen, das im gleichen Sinne dinglich bzw. gegenständlich ist wie das von der Verfügung betroffene Recht.[87]

Diese Vorstellung ist unzutreffend, was sich anhand der Forderungszession nachweisen lässt. Die Regelungen der §§ 398 ff. BGB sind gem. § 413 BGB auf die Einräumung von Lizenzen entsprechend anzuwenden, soweit die Sondergesetze der Immaterialgüterrechte keine Lösung bieten.[88] Anerkannt ist, dass die Abtretung der nur relativ wirkenden Forderung gem. § 398 BGB eine Verfügung von gleicher Art – wie die Verfügungen über absolute Rechte – darstellt.[89] Man spricht auch von einer „Verdinglichung" der Forderung.[90] Hierbei ist jedoch streng zu unterscheiden zwischen dem „dinglichen Rechtsgeschäft" und dem „dinglichen Recht". Die Auffassung über einen notwendigen Zusammenhang wird nicht geteilt.[91] Die Erzielung einer dinglichen Wirkung sollte kein notwendiges Kriterium für eine Verfügung sein.[92] Entscheidend muss vielmehr sein, dass der Verfügende seine Verfügungsmacht über das Verfügungsobjekt ganz oder teilweise verbraucht hat, was in Bezug auf das Lizenzgeschäft zu bejahen ist.[93]

Im Ergebnis ist festzuhalten, dass die Einräumung einer Lizenz grundsätzlich ein Verfügungsgeschäft erfordert.[94] Hierfür spricht auch die Verwendung des Verfügungsbegriffs in § 40 III UrhG.

---

87 Vgl. *Pahlow*, Lizenz, S. 406, 291, keine konstitutive Rechtsübertragung bei der rein obligatorisch wirkenden relativen Lizenz annehmend; ebenso *Schricker/Loewenheim* in: Schricker/Loewenheim, UrhR, Vor. §§ 28 ff. Rn. 47; a.A. *Kraßer*, GRUR Int. 1983, 537, 539 ff., im Ergebnis feststellend, dass eine Verfügungswirkung auch auftritt, ohne dass der Begünstigte ein dingliches Recht erlangt; *ders.*, Patentrecht, § 40 V. c) bb) 2. (Auch der Erteilung einer obligatorisch wirkenden Lizenz kann Verfügungswirkung zukommen.); ebenso *Hilty*, Lizenzvertragsrecht, S. 292 f.

88 OLG Brandenburg, NJW-RR 1999, 839, 840 – „Blauäugig"; *Roth* in: MüKo, BGB/Bd. 2/2012, § 413 Rn. 6; *Jänich*, Geistiges Eigentum, S. 210 f.; *Ulmer*, Urheber- und Verlagsrecht, S. 360; *Frey/Rudolph*, ZUM 2007, 13, 14; *Pahlow*, Lizenz, S. 407: Obwohl § 413 BGB von einer „Übertragung" spricht, erklärt das BGB auch bei der Belastung von Rechten (so z. B. nach § 1069 I BGB) die Vorschriften der §§ 398 ff. BGB für anwendbar.

89 *Roth* in: MüKo, BGB/Bd. 2/2012, § 398 Rn. 2; *Busche* in: Staudinger, BGB/Buch 2/2012, § 398 Rn. 1; *Stürner* in: Jauernig, BGB, § 398 Rn. 1.

90 Vgl. *Dörner*, Dynamische Relativität, S. 81. Siehe auch die Diskussion über die systematische Einordnung der Forderungsabtretung und über ein „Recht der dinglichen Vermögenszuordnung" (vgl. *Larenz*, Schuldrecht Bd. I, S. 571, im Anschluss an *Wieacker*, DRWiss 1941, 49, 51 f., 61 ff.).

91 So auch *Kraßer*, GRUR Int. 1973, 230, Fn. 40; *Götting* in: FS Schricker I, S. 53, 67 f.; anders dagegen: *McGuire*, Lizenz, S. 161; *Haedicke*, ZGE 3 (2011), 377, 381.

92 *Picot*, Abstraktion und Kausalabhängigkeit, S. 56.

93 Hierzu ausführlich: *Kraßer*, GRUR Int. 1973, 230, 232 ff.; *Picot*, Abstraktion und Kausalabhängigkeit, S. 55 ff.; *Srocke*, Abstraktionsprinzip im UrhR, S. 50 f.

94 So auch *Schricker/Loewenheim* in: Schricker/Loewenheim, UrhR, Vor. §§ 28 ff. Rn. 54, 98; *Schulze* in: Dreier/Schulze, UrhG, § 35 Rn. 7; *Ulmer*, Urheber- und Verlagsrecht,

Für die Einräumung einer Lizenz bedarf es allerdings keiner gesonderten Übertragungshandlung i.S. eines Realaktes, sodass regelmäßig mit Abschluss des Lizenzvertrages das Lizenzrecht auf den Erwerber übergeht.[95] Auch erfordert die dingliche Einigung grundsätzlich keine ausdrückliche Erklärung. Ein dahingehender Parteiwille kann zumeist aus einem schlüssigen Verhalten der Vertragsparteien unter Berücksichtigung der gesamten Begleitumstände entnommen werden.[96] Dies ergibt sich oftmals schon aus der Einigung der Lizenzparteien über die schuldrechtlichen Komponenten des Lizenzgeschäfts, sodass diese gleichzeitig als Einigung hinsichtlich des dinglichen Rechtsgeschäfts zu werten ist.[97] Die (konkludente) Willenserklärung, mit der der Lizenzgeber einem Dritten eine Lizenz einräumt, muss jedoch grundsätzlich den Anforderungen an eine dingliche Verfügung genügen; d.h. nach dem objektiven Inhalt der Erklärung muss unzweideutig zum Ausdruck kommen, der Erklärende wolle über sein Schutzrecht in der Weise verfügen, dass er einem Dritten daran eine bestimmte Nutzungsbefugnis einräume.[98]

Zu klären bleibt, ob bei der Einräumung einer Unterlizenz gleichfalls eine Verfügung i.S. einer „Teilübertragung eines Teilrechts" vorliegt.

Der Inhaber der Hauptlizenz, der seinerseits nur eine vom Mutterrecht qualitativ abgespaltene Befugnis innehält, kann dieses Tochterrecht ebenfalls belasten, indem er von seiner Rechtsstellung einen qualitativen Teil abspaltet und an den Unterlizenznehmer überträgt. Diese zugunsten des Unterlizenznehmers abgespaltene Teilbefugnis bildet das Enkelrecht. Auch hier findet ein Wechsel in der Person des Rechtsinhabers nicht statt. Hierzu fehlt es an einem vollständigen Rechtsverlust, denn der Inhaber des Tochterrechts behält auch nach Abspaltung eines qualitativen Teils einen Rest an Befugnissen,[99] die je nach Ausgestaltung in ihrem Umfang mehr

S. 368; *Rehbinder*, Urheberrecht, Rn. 600; *Schack*, Urheber- und Urhebervertragsrecht, Rn. 594; *Knap*, GRUR Int. 1973, 225, 228; *Hirte/Knof*, JZ 2011, 889, 890; *Forkel*, Gebundene Rechtsübertragungen, S. 49, 100 (zum Patentrecht), S. 165 (zum Urheberrecht); *Ullmann* in: Benkard, PatG, § 15 Rn. 82; *Ohl*, GRUR 1992, 78.

95 OLG Brandenburg, NJW-RR 1999, 839, 840 – „Blauäugig": „Die Einräumung von Nutzungsrechten erfolgt (...) regelmäßig im Nutzungsvertrag, der damit sogleich eine Verfügung über das Recht mit unmittelbarer dinglicher Wirkung enthält."; LG Hamburg, ZUM 1999, 858, 859 – „Sesamstraße": „Die enge Verbindung von Verpflichtungs- und Verfügungsgeschäft im Urhebervertragsrecht manifestiert sich auch in ihrem regelmäßigen Zusammenfallen in einem Vertragszweck."; *Reimer* in: Reimer, PatG/GerbrMG, § 9 Rn. 2; *Möhring* in: FS Wilde, S. 99, 102.

96 BGH, GRUR 1971, 362, 363 – „Kandinsky II"; BGH, GRUR 2010, 628, 631 – „Vorschaubilder I".

97 OLG Brandenburg, NJW-RR 1999, 839, 840 – „Blauäugig"; *v. Gamm*, UrhG, Einf. Rn. 70; *Schulze* in: Dreier/Schulze, UrhG, § 31 Rn. 20.

98 BGH, GRUR 1971, 362, 363 – „Kandinsky II"; BGH, GRUR 2010, 628, 631 – „Vorschaubilder I".

99 So auch *Forkel*, Gebundene Rechtsübertragungen, S. 113; *Beck*, Lizenzvertrag im Verlagswesen, S. 42.

oder weniger sein können. In dieser Weise ist auch eine Übertragung von Teilbefugnissen auf nachgelagerten Ebenen denkbar, sodass Ur-Enkelrechte entstehen.

Die Unterlizenzierung ist damit gleichermaßen eine Form des konstitutiven Rechtserwerbs bzw. der gebundenen Rechtsübertragung. Durch Verfügung ändert sich die Rechtslage unmittelbar. Die Einräumung einer Unterlizenz ist als Verfügung zu qualifizieren.[100]

Diese Feststellung soll jedoch keinesfalls einen Hinweis auf den Rechtsgehalt des übertragenen Teilrechts geben. Denn die Frage, ob ein Rechtsgeschäft Verfügungswirkung hat, ist prinzipiell von derjenigen zu unterscheiden, ob einem subjektiven Recht ein dinglicher Charakter zukommt.[101]

C. Das Verhältnis von Verpflichtungs- und Verfügungsgeschäft im Lizenzverkehr

Das Trennungsprinzip bildet die strukturelle Grundlage eines nahezu unumstößlichen Systemgrundsatzes des deutschen Zivilrechts: dem Abstraktionsprinzip.[102] Diesem zufolge ist das dingliche Verfügungsgeschäft in seiner Wirkung grundsätzlich unabhängig von der Wirksamkeit des kausalen Verpflichtungsgeschäfts. Durchbrechungen dieses Prinzips beschränken sich auf wenige anerkannte Ausnahmen.[103]

Weder das Urheberrechtsgesetz noch die Sondergesetze des Gewerblichen Rechtsschutzes enthalten ausdrückliche Bestimmungen zu dieser grundlegenden Systemfrage. Ein Rückgriff auf die Regelungen der § 413 BGB i.V.m. §§ 398 ff. BGB könnte Aufschluss bringen.

Auf die Abtretung findet grundsätzlich das Abstraktionsprinzip Anwendung, sodass die Verfügung über eine Forderung von dem schuldrechtlichen Übertragungsgeschäft abstrakt zu beurteilen ist.[104] Gem. § 413 BGB ist der Abstraktionsgrundsatz auf die Übertragung anderer Rechte entsprechend anwendbar. Demnach müssten auch Verfügungen über immaterialgüterrechtliche Befugnisse abstrakt vom Verpflichtungsgeschäft sein. Dies gilt jedoch nur, soweit die gesetzlichen Sonderbestimmungen eine abweichende Regelung nicht treffen. Der Vorbehalt des § 413 BGB trifft auf § 9 I VerlG zu.[105] Demnach endet bzw. erlischt das Verlagsrecht (vgl. § 1 VerlG) mit der Beendigung des kausalen Verlagsvertrages automatisch. Einer gesonderten Rückübertragung der Befugnisse an den Urheber bedarf es nicht. Das Verlagsrecht

---

100 So auch *Picot*, Abstraktion und Kausalabhängigkeit, S. 63.

101 So auch *Kraßer*, GRUR Int. 1983, 537; *Hirte/Knof*, JZ 2011, 889, 891.

102 *Olzen* in: Staudinger, BGB/Buch 2/2009, Einl. §§ 241 ff. Rn. 26 ff.

103 *Gaier* in: MüKo, BGB/Bd. 6/2013, Einl. Rn. 16 ff.; *Chr. Berger* in: Jauernig, BGB, Vor. §§ 854 ff. Rn. 13 ff.; *Picot*, Abstraktion und Kausalabhängigkeit, S. 20 f.; *Srocke*, Abstraktionsprinzip im UrhR, S. 19 ff.

104 BGH, NJW 1991, 1414, 1415; *Busche* in: Staudinger, BGB/Buch 2/2012, Einl. §§ 398 ff. Rn. 15; *Stürner* in: Jauernig, BGB, § 398, Rn. 1.

105 Im Urheberrechtsgesetz existieren allerdings noch weitere Vorschriften, die eine Durchbrechung des Abstraktionsprinzips anordnen, vgl. §§ 40 III, 41 V, 42 V UrhG.

ist in seiner Gültigkeit und in seinem Bestand von dem schuldrechtlichen Vertragsverhältnis kausal abhängig. Die Ausschaltung des Abstraktionsprinzips dient hier dem besonderen Schutz des Urhebers.[106]

Ob der Abstraktionsgrundsatz oder das Kausalitätsprinzip entsprechend einer analogen Anwendung des § 9 VerlG auf den sonstigen Lizenzverkehr Anwendung findet, ist bislang umstritten.[107] Rechtsprechung und Literatur diskutieren regelmäßig die Frage, ob nicht bei anderen Urheberrechtsverträgen, möglicherweise auch bei Verträgen über andere Immaterialgüterrechte, eine analoge Interessenwertung die Ausschaltung oder Einschränkung des Abstraktionsgrundsatzes verlangt[108] – bislang jedoch ohne einheitliches Ergebnis. Ob sich das Kausalitätsprinzip als notwendiges Korrektiv unerwünschter Rechtsfolgen eignet, bleibt damit fraglich. Mit Blick auf die Frage nach dem Fortbestand der Unterlizenz soll eine umfassende Untersuchung im fünften Teil der Arbeit unter Punkt C. II. erfolgen.

106 Hierzu ausführlich: *Schricker*, Verlagsrecht, § 9 Rn. 6 ff.; *Ulmer*, Urheber- und Verlagsrecht, S. 390; *Schricker/Loewenheim* in: Schricker/Loewenheim, UrhR, Vor. §§ 28 ff. Rn. 99.

107 Zum Meinungsstand: *Kraßer*, GRUR Int. 1973, 230, 236 ff.; *Schricker/Loewenheim* in: Schricker/Loewenheim, UrhR, Vor. §§ 28 ff. Rn. 100; *Srocke*, Abstraktionsprinzip im UrhR, S. 82 ff. (zur Entwicklung der Rechtsprechung), S. 120 ff. (zum Meinungstand in der Literatur); *ders.*, GRUR 2008, 867 ff.

108 Vgl. BGH, GRUR 1958, 504, 506 – „Die Privatsekretärin“, sich für eine grundsätzliche Geltung des Abstraktionsprinzips im Urheberrecht aussprechend, jedoch eine analoge Anwendung von § 9 VerlG im Einzelfall für nicht ausgeschlossen haltend; anders wohl BGH, GRUR 1966, 567, 569 – „GELU“ sowie BGH, GRUR 1982, 308, 309 – „Kunsthändler“, für den Fall der Beendigung von Wahrnehmungsverträgen; eine Geltung des Abstraktionsprinzips im Urheberrecht grundsätzlich ablehnend: OLG Hamburg, GRUR Int. 1998, 431, 435 – „Feliksas Bajoras“ sowie OLG Hamburg, GRUR 2002, 335, 336 – „Kinderfernseh-Sendereihe“; eine Übertragbarkeit des Grundgedankens des § 9 VerlG auf andere urheberrechtliche Verträge für möglich haltend: OLG Brandenburg, NJW-RR 1999, 839, 840 – „Blauäugig“ sowie OLG Karlsruhe, ZUM-RD 2007, 76, 78 f. – „Popmusiker“; *Rehbinder*, Urheberrecht, Rn. 602, tritt dagegen für eine Abschwächung des Abstraktionsprinzips ein; *Kraßer*, GRUR Int. 1973, 230, 236 ff., differenziert nach einfacher und ausschließlicher Lizenz; *ders.*, Patentrecht, § 41, I.; für einen automatischen Rechterückfall bei Beendigung des patentrechtlichen Lizenzvertrages: *Schmoll/Hölder*, GRUR 2004, 743, 747; *Ulmer*, Urheber- und Verlagsrecht, S. 390 f., spricht sich dafür aus, § 9 VerlG analog auf solche Urheberrechtsverträge anzuwenden, bei denen eine ähnliche Zweckbindung der Verfügung wie beim Verlagsrecht besteht; dagegen eine Analogiefähigkeit dieser speziellen Vorschrift ablehnend: *Schack*, Urheber- und Urhebervertragsrecht, Rn. 590; *Schwarz/Klinger*, GRUR 1998, 103 ff.; *Koehler/Ludwig*, NZI 2007, 79, 84; *Schricker/Loewenheim* in: Schricker/Loewenheim, UrhR, Vor. §§ 28 ff. Rn. 100, das Abstraktionsprinzip im Urheberrecht prinzipiell ablehnend.

D. Zusammenfassung

1. Das Lizenzgeschäft fügt sich nahtlos in das zivilrechtliche System der Trennung von Verpflichtungs- und Verfügungsgeschäft ein. Hierbei ist zwischen dem schuldrechtlichen Lizenzvertrag, durch den beiderseitige Rechte und Pflichten begründet werden, und dem dinglichen Verfügungsgeschäft, der Lizenzeinräumung, zu unterscheiden. (S. 13 f.)
2. Die Einräumung einer Lizenz, auf welcher Stufe auch immer sie erfolgt, ist grundsätzlich als Verfügung konstitutiver bzw. gebundener Art zu qualifizieren (S. 18). Ein Hinweis auf die Rechtsnatur der Lizenz lässt sich dieser Feststellung allerdings nicht entnehmen (S. 20).
3. Dagegen ist eine Anwendbarkeit des Abstraktionsprinzips auf den Lizenzverkehr weitestgehend umstritten (S. 21). Lediglich für den Vertrag zwischen Verfasser und Verleger ordnet § 9 VerlG das Kausalitätsprinzip ausdrücklich an.

2. Teil: Die Einordnung der Unterlizenz in das Lizenzsystem – Vertragsarten, Typisierung und wirtschaftliche Bedeutung in der Praxis

Besonderes Merkmal der Unterlizenz ist, dass sie nicht durch den Schutzrechtsinhaber selbst, sondern von einem (Haupt-) Lizenznehmer erteilt wird. Ob dieser berechtigt ist, eine Unterlizenz zu gewähren, ist grundsätzlich abhängig von der Reichweite der ihm eingeräumten Befugnisse. Die Rechtspraxis unterscheidet zwischen verschiedenen Lizenztypen, anhand derer eine systematische Einordnung und zugleich eine Festlegung des Umfangs der eingeräumten Rechte vorgenommen wird.

A. Die unterschiedlichen Lizenztypen

Nach dem Umfang der Rechtseinräumung werden heute verschiedene Stufen der Lizenzgewährung unterschieden.[109] Versuche zur Systematisierung gingen einher mit der historischen Entstehungsgeschichte der Lizenz. Wesentliches Ziel war dabei, mehr Rechtssicherheit für die Parteien im Lizenzverkehr zu schaffen, indem ähnlich wie im Sachenrecht starre Typen festgelegt wurden. Fraglich ist, ob solche Differenzierungen in Bezug auf die Frage, ob daraus die Befugnis zur Unterlizenzierung abgeleitet werden kann, als praktikabel erscheinen.[110] Zunächst soll ein kurzer historischer Aufriss dargeboten werden, um sodann auf Gemeinsamkeiten und Unterschiede der beiden wesentlichen Lizenztypen, die sich in der Rechtspraxis durchgesetzt haben, näher einzugehen.

I. Die historische Entwicklung der Lizenztypen

Während frühere reichsgerichtliche Entscheidungen in der Lizenz lediglich den negativen Inhalt eines schuldrechtlichen Verbotsverzichts sahen, sodass sich die Pflicht des Lizenzgebers darin erschöpfte, von seinem Ausschließungsrecht gegenüber dem

---

109 Vgl. *Pahlow*, Lizenz, S. 247 f.; *McGuire*, Lizenz, S. 92 ff.; *Ohly*, GRUR 2012, 983, 986 f.; vgl. auch BGH, GRUR 2010 628, 631 f. – „Vorschaubilder I" sowie BGH, GRUR 2012, 602, 603 ff. – „Vorschaubilder II": Der BGH differenziert in neuester Rspr. zwischen drei „Gestattungskonzepten" hinsichtlich der Verwertung urheberrechtlicher Befugnisse: die Einräumung eines (einfachen oder ausschließlichen) Nutzungsrechts mit dinglichem Charakter, die (bloß) schuldrechtliche Gestattung der Werknutzung und die (schlichte) Einwilligung in die Nutzungshandlung.

110 Vgl. *Ahrens*, GRUR 2006, 617, 623, der es für bedenkenswert hält, „...ob nicht die scharfe vertragstypologische Zäsur zwischen ausschließlichen und einfachen Lizenzen zu Gunsten eines einheitlichen Lizenzvertragsrechts aufgegeben werden sollte."

Lizenznehmer keinen Gebrauch zu machen,[111] erkannte die Lehre frühzeitig, dass die Bedürfnisse des wirtschaftlichen Lebens eine weitreichendere Konstruktion der Lizenz erforderten.[112] Das RG erkannte diese missliche Lage und stellte zunächst fest, dass es in der überwiegenden Zahl der Fälle der Intention der Parteien und den von ihnen beabsichtigten wirtschaftlichen Zielen entspricht, dass dem Lizenznehmer ein positives Recht eingeräumt wird.[113] In späteren Entscheidungen begann das RG zwischen einfacher und ausschließlicher Lizenz zu differenzieren und verabschiedete sich damit teilweise von der negativen Verzichtstheorie:[114] Der negative Rechtscharakter sollte sich nunmehr auf die einfache Lizenz beschränken; der ausschließlichen Lizenz maß das RG dagegen einen positiven Rechtsinhalt bei. Erst unter dem Einfluss der Arbeit von *Munk*[115] sowie weiterführend durch die Arbeit von *Kohler*, der für eine Stärkung der Position des Lizenznehmers plädierte,[116] gab das RG diese Unterscheidung auf, erkannte ein positives Benutzungsrecht auch im Fall der einfachen Lizenz an und verabschiedete sich damit von der negativen Verzichtstheorie.[117]

Der BGH führte die Rechtsprechungslinie des RG im Bereich des Gewerblichen Rechtsschutzes fort.[118] Zum Urheberrecht äußerte sich der BGH zunächst nur hinsichtlich der positiven Nutzungsbefugnis des ausschließlichen Lizenznehmers.[119]

Gesetzliche Anhaltspunkte für das Konzept der „positiven Nutzungsbefugnis" finden sich im heutigen UrhG an verschiedenen Stellen: § 29 II UrhG regelt die zulässigen Rechtsgeschäfte über das Urheberrecht und differenziert dabei zwischen der Einräumung von Nutzungsrechten und der schuldrechtlichen Einwilligung. Daran anknüpfend wird in § 31 I S. 1 UrhG der Begriff des Nutzungsrechts, als das Recht, das Werk auf einzelne oder alle Nutzungsarten zu nutzen, legaldefiniert. Dem Wortlaut der Norm folgend, ist die schlichte Einwilligung hiervon streng zu unterscheiden. Es erscheint daher naheliegend, der Lizenz allgemein eine positive

111 In Bezug auf die Patentlizenz: RGZ 17, 53, 54; RGZ 33, 103 f.

112 *Munk*, patentrechtliche Lizenz, S. 18; *Kohler*, Hdb. des deutschen Patentrechts, S. 508 f.; *Kraus*, patentrechtlicher Lizenzvertrag, S. 18; *Breuer*, rechtliche Natur der Patentlizenz, S. 31.

113 RGZ 57, 38, 40; angedeutet bereits durch RG, JW 1901, 649, 656.

114 RGZ 75, 400, 404 f.; RGZ 76, 235, 236; ausdrücklich in RGZ 106, 362, 366 – „Tausend und eine Frau", für einen urheberrechtlichen Filmverleihvertrag.

115 *Munk*, patentrechtliche Lizenz, S. 18.

116 *Kohler*, Hdb. des deutschen Patentrechts, S. 508 f.

117 RGZ 155, 306, 310: Die einfache Lizenz ist nicht auf einen bloßen Verbietungsverzicht des Schutzrechtsinhabers beschränkt, sondern auf ein positives Benutzungsrecht gerichtet.

118 BGH, GRUR 1963, 563, 565 – „Aufhängevorrichtung"; BGH, GRUR 1965, 591, 595 – „Wellplatten"; BGH, GRUR 1982, 411, 412 – „Verankerungsteil"; BGH, GRUR 1983, 237, 238 – „Brückenlegepanzer".

119 Vgl. BGH, GRUR 1953, 299, 301 – „Lied der Wildbahn"; BGH, GRUR 1992, 697, 698 – „ALF"; BGH, GRUR 1992, 310, 311 – „Taschenbuch-Lizenz".

Natur beizulegen. Der Gesetzgeber beabsichtigte jedoch mit der Formulierung in § 29 II UrhG keine Stellungnahme. Die Klärung der Problematik sollte der Rechtsprechung und Lehre überlassen bleiben.[120]

Nach heute herrschender Auffassung ist die Verpflichtung des Lizenzgebers nicht lediglich auf eine Unterlassung gerichtet i.S. einer Deutung der Lizenz als Verzicht auf die Geltendmachung von Verbietungsrechten[121] oder als schlichter *pactum de non petendo*[122], sondern die Lizenz ist als die Einräumung eines positiven Benutzungsrechts zu verstehen.[123] Ausgehend von der heute allgemein vertretenen Definition der Lizenz als positives Benutzungsrecht, werden sowohl im Urheberrecht als auch auf dem Gebiet des Gewerblichen Rechtsschutzes nach dem Umfang der Rechtseinräumung zwei Formen der Lizenzgewährung unterschieden: die ausschließliche und die nicht ausschließliche, die sog. einfache Lizenz.[124] Der Gesetzgeber wendet diese Systematik für die urheberrechtlichen Nutzungsrechte in § 31 I 2 UrhG.[125]

Daneben findet in Literatur und Rechtsprechung die „Negativlizenz" vielfach Erwähnung.[126] Bei diesem Lizenztyp beschränkt sich die Verpflichtung des Lizenzgebers darauf, auf seinen umfassenden Klageschutz, also auf etwaige Verbietungs- und Ersatzansprüche gegenüber dem Lizenznehmer zu verzichten.[127] Es handelt sich

---

120 BT-Drucks. 14/7564, S. 11: „Nach Auffassung der Bundesregierung empfiehlt es sich nicht, die Rechtsnatur einfacher Nutzungsrechte gesetzlich klarzustellen. Die Klärung sollte der Rechtswissenschaft und der Rechtsprechung vorbehalten bleiben."

121 Vgl. *Ohly*, Einwilligung im Privatrecht, S. 184; *Forkel*, Gebundene Rechtsübertragungen, S. 79 f.

122 *Kraßer*, GRUR Int. 1983, 537, 547; *Weinmann*, Rechtsnatur der Lizenz, S. 588; *Henn*, Patent- und Know-how-Lizenzvertrag, Rn. 53.

123 Zum Urheberrecht: BGH, GRUR 1966, 629, 630 – „Curt Götz-Filme"; *Schack*, Urheber- und Urhebervertragsrecht, Rn. 603; *Loewenheim/J.B. Nordemann* in: Loewenheim, Hdb. UrhR, § 25 Rn. 4, 8; *Wiebe* in: Spindler/Schuster, Recht der elektronischen Medien, § 31 UrhG Rn. 5; *Schricker*, Verlagsrecht, § 28 Rn. 23; zum Patentrecht: BGH, GRUR 1965, 591, 595 – „Wellplatten"; *Schwarz*, Lizenzvertrag im Patentrecht, S. 16; *Henn*, Patent- und Know-how-Lizenzvertrag, Rn. 41; *Ullmann* in: Benkard, PatG, § 15 Rn. 89, 100; *Lüdecke*, NJW 1966, 815, 816; *Knap*, GRUR Int. 1973, 226; *Kraßer/Schmid*, GRUR Int. 1982, 324, 328; *Haedicke*, ZGE 3 (2011), 377, 387; allg. zur Lizenz: *Stöckel/Brandi-Dohrn*, CR 2011, 553, 555.

124 *Wandtke/Grunert* in: Wandtke/Bullinger, UrhR, § 31 Rn. 27 ff.; *Schricker/Loewenheim* in: Schricker/Loewenheim, UrhR, § 31 Rn. 10 ff.; *Mes*, PatG/GebrMG, § 15 PatG Rn. 39 ff.; *Kraßer*, Patentrecht, § 40 V.; *Götting*, Gewerblicher Rechtsschutz, § 26 Rn. 9; vgl. *Pahlow*, Lizenz, S. 247 f., der aus der Untersuchung der geschichtlichen Entwicklung der Lizenz fünf Möglichkeiten ableitet, dabei jedoch von der Begriffsdefinition der Lizenz abweicht.

125 Ebenso hinsichtlich der Rechte aus dem Patent in § 15 II PatG.

126 Überwiegend im Bereich der gewerblichen Schutzrechte.

127 RG, GRUR 1939, 963, 964 – „Damenbinde"; BGH, GRUR 1982, 411, 412 – „Verankerungsteil"; OLG Jena, BeckRS 2007, 10493 – „Negativlizenz"; *Pahlow*, Lizenz, S. 216; *Mes*, PatG/GebrMG, § 15 PatG Rn. 43; *Bartenbach*, Patentlizenz- und

dabei nicht um eine Einräumung eines positiven Benutzungsrechts, sondern um eine bloße faktische Duldung der Nutzung des Immaterialgüterrechts.[128] Ähnlich dieser dogmatischen Konstruktion wird im Urheberrecht in unterschiedlichen Fallkonstellationen das Rechtsinstitut der schlichten einseitigen Einwilligung herangezogen,[129] um dem Urheberrechtseingriff die Rechtswidrigkeit zu nehmen.[130] In der Praxis wird die Werknutzung jedoch i.d.R. nicht auf dieses Konzept gestützt.[131] Nachfolgend sollen diese Typen unberücksichtigt bleiben.

II. Die einfache und die ausschließliche Lizenz – Gemeinsamkeiten und Unterschiede

Sowohl die einfache als auch die ausschließliche Lizenz begründen für den Lizenzgeber die Hauptpflicht, dem Lizenznehmer die vertraglich bedungene Lizenz einzuräumen.[132] Für das Verlagsrecht ist die Rechtsverschaffungspflicht des Verfassers ausdrücklich in § 1 S. 1 VerlG geregelt.[133] Der Lizenznehmer ist typischerweise zur Entrichtung einer Gegenleistung i.S. einer Entgeltzahlung verpflichtet.[134] Zur

---

Know-how-Vertrag, Rn. 130; *Trimborn* in: Büscher/Dittmer/Schiwy, GewRS/UrhR/MedienR, Kap. 1, § 15 PatG Rn. 28; *Henn*, Patent- und Know-how-Lizenzvertrag, Rn. 40; vgl. *Bartenbach*, Die Patentlizenz als negative Lizenz, S. 127 ff., zum Bedürfnis und zur Anwendbarkeit der negativen Lizenz in der Patentlizenz-Praxis.

128 *Marotzke*, ZGE 2 (2010), 233, 241; *Pahlow*, Lizenz, S. 250 ff.; *ders.*, WM 2008, 2041, 2042.

129 Zur Zulässigkeit von Vorschaubildern in Suchmaschinen vgl. BGH, GRUR 2010 628, 631 f. – „Vorschaubilder I" sowie BGH, GRUR 2012, 602, 603 ff. – „Vorschaubilder II"; hinsichtlich (digitaler) Kopien von Werken im Internet vgl. BGH, GRUR 2008, 245, 247 – „Drucker und Plotter I" sowie BGH, GRUR 2009, 53, 55 – „PC I"; zur Linksetzung vgl. BGH, GRUR 2003, 958, 962 – „Paperboy" sowie LG Hamburg, MMR 2000, 761 f. – „Roche-Lexikon".

130 BGH, GRUR 2010, 628, 631 – „Vorschaubilder I"; BGH, GRUR 2012, 602, 604 – „Vorschaubilder II"; *Schricker/Loewenheim* in: Schricker/Loewenheim, UrhR, Vor. §§ 28 ff. Rn. 57, § 31 Rn. 2; *Spindler*, GRUR 2010, 785, 789; *Bullinger/Garbers-von Boehm*, GRUR-Prax 2010, 257; a.A. *Ohly*, Einwilligung, S. 139 f., 466 f.: Die Einwilligung schließt bereits die Tatbestandsmäßigkeit des Handelns aus.

131 *Schricker/Loewenheim* in: Schricker/Loewenheim, UrhR, § 32 Rn. 2.

132 *Ilzhöfer/Engels*, PatR/MarkenR/UrhR, Rn. 1513; *Osterrieth*, Patentrecht, Rn. 366; *Bartenbach*, Patentlizenz- und Know-how-Vertrag, Rn. 76; *Schack*, Urheber- und Urhebervertragsrecht, Rn. 1072; *McGuire*, Lizenz, S. 698.

133 *Beck*, Lizenzvertrag im Verlagswesen, S. 5.

134 *Osterrieth*, Patentrecht, Rn. 379; *Kraßer/Schmid*, GRUR Int. 1982, 324, 332; *Mes*, PatG/GebrMG, § 15 PatG Rn. 55; *McGuire*, Lizenz, S. 705. Für den urheberrechtlichen Nutzungsrechtsvertrag ist der Anspruch des Urhebers auf eine angemessene Vergütung ausdrücklich in § 32 I UrhG geregelt (*Schulze* in: Dreier/Schulze, UrhG, § 32 Rn. 1; *Czychowski* in: Fromm/Nordemann, UrhR, § 32 Rn. 12). Auch der Verleger ist zur Zahlung der vereinbarten Vergütung verpflichtet (*Beck*, Lizenzvertrag im Verlagswesen, S. 5).

Sicherung einer ordnungsgemäßen Erfüllung der Hauptpflicht obliegen den Vertragsparteien Nebenpflichten, die den Umfang der Berechtigung des Lizenznehmers weitestgehend definieren. Hinsichtlich einzelner Ausprägungen ist zwischen ausschließlicher und einfacher Lizenz zu differenzieren.[135]

Die Besonderheit der einfachen Lizenz liegt darin, dass der Lizenzgeber weiterhin berechtigt ist, das lizenzierte Recht selbst zu benutzen sowie weitere Lizenzen daran zu erteilen.[136] Der Lizenznehmer muss die gleichartige berechtigte Nutzung durch andere dulden.[137] Dies ordnet der Gesetzgeber für die urheberrechtliche einfache Lizenz ausdrücklich in § 31 II UrhG an. Für die patentrechtliche einfache Lizenz ist dies allgemein anerkannt.[138] Die Grenze ist jedoch an dem Punkt zu ziehen, wo eine angemessene Ausnutzung der Lizenz durch den Lizenznehmer nicht mehr möglich ist.[139] Darüber hinaus können den Lizenzgeber Nebenpflichten treffen, wie z. B. die Pflicht zur Verteidigung des Schutzrechts.[140] Den Lizenznehmer können je nach Vertragsinhalt und Sachlage Nebenpflichten, wie etwa die Pflicht zur Auskunft und Rechnungslegung,[141] eine Nichtangriffspflicht sowie eine Ausübungspflicht[142], treffen.[143] Im Urheberrecht ergibt sich letztere Obliegenheit aus dem Rückrufsrecht des Urhebers bei unzureichender Ausübung nach § 41 UrhG. Für den Verleger ist

---

135 Hierzu ausführlich *Kraßer/Schmid*, GRUR Int. 1982, 324, 330 ff., die eine systematische Einteilung der Nebenpflichten in Unterlassungs-, Schutz- und Förderungspflichten vorschlagen.

136 *McGuire*, Lizenz, S. 698; hinsichtlich des einheitlichen Verständnisses siehe auch *Büren/Marbach/Ducrey*, Immaterialgüter- und Wettbewerbsrecht, Rn. 871.

137 Vgl. BGH, GRUR 1965, 591, 595 – „Wellplatten", bzgl. der unberechtigten Nutzung durch Dritte.

138 *Mes*, PatG/GebrMG, § 15 PatG Rn. 42; *Kraßer*, Patentrecht, § 40 V. a) 3.; *Ullmann* in: Benkard, PatG, § 15 Rn. 99; *Ahrens*, Gewerblicher Rechtsschutz, Rn. 285; *Bartenbach*, Patentlizenz- und Know-how-Vertrag, Rn. 120.

139 *Kraßer/Schmid*, GRUR Int. 1982, 324, 330. Auch im Urheberrecht ist eine Enthaltungspflicht geboten, soweit die Verwertungshandlung des Urhebers geeignet ist, dem Lizenznehmer ernsthafte Konkurrenz zu bereiten (*Schack*, Urheber- und Urhebervertragsrecht, Rn. 1073).

140 Insbesondere zum Patentrecht: BGH, GRUR 1965, 591, 595 – „Wellplatten", hinsichtlich der Verpflichtung des Lizenzgebers zur Verfolgung von Patentverletzungen; *Kraßer/Schmid*, GRUR Int. 1982, 324, 330 f.; *Ilzhöfer/Engels*, PatR/MarkenR/UrhR, Rn. 1513; *Osterrieth*, Patentrecht, Rn. 367 ff.; *McGuire*, Lizenz, S. 699 ff.

141 So z. B. wenn eine nutzungsabhängige Vergütung vereinbart wurde, hierzu *Osterrieth*, Patentrecht, Rn. 388 f.

142 *McGuire*, Lizenz, S. 708 ff.; *Ilzhöfer/Engels*, PatR/MarkenR/UrhR, Rn. 1512; *Osterrieth*, Patentrecht, Rn. 390; *Schack*, Urheber- und Urhebervertragsrecht, Rn. 1074: Im Urheberrecht ergibt sich eine solche Ausübungslast für den ausschließlichen Nutzungsrechtsinhaber aus dem Rückrufsrechts wegen Nichtausübung nach § 41 UrhG.

143 *Kraßer/Schmid*, GRUR Int. 1982, 324, 333; *Osterrieth*, Patentrecht, Rn. 398; *McGuire*, Lizenz, S. 711 ff.

diese Pflicht sogar gesetzlich in § 1 S. 2 VerlG verankert (vgl. auch §§ 30, 32 VerlG). Eine Ausnahme hiervon gilt für den Sicherungsnehmer. Nach dem Vertragszweck trifft diesen i.d.R. keine Pflicht zur Ausübung.[144] Im Patentrecht lässt sich eine Ausübungspflicht zwar nicht aus dem Gesetz ableitet. Eine solche kann aber vorliegen, wenn die Rechtstellung des Unterlizenznehmers exklusiv oder wenn die Vergütung von der Ausübung der Lizenz abhängig ist.[145]

Für die ausschließliche Lizenz ist allgemein anerkannt, dass der Lizenznehmer ein alleiniges und gegen jedermann wirkendes Verwertungs- und Verbietungsrecht erhält.[146] Für urheberrechtliche Lizenzverträge folgt die Möglichkeit der Einräumung ausschließlicher Nutzungsrechte direkt aus dem Wortlaut des § 31 III 1 UrhG.[147] Ebenso begründet der Verlagsvertrag entsprechend dem Wortlaut des § 8 VerlG ein ausschließliches Recht zur Vervielfältigung und Verbreitung.[148] Dem Patentgesetz ist eine derartige Wirkung zwar nicht zu entnehmen, jedoch wurde in ständiger Rechtsfortbildung die ausschließliche Lizenz mit eben diesen umfassenden Rechten konstruiert.[149] Besonderheiten sind in Bezug auf das ausschließliche Verlagsrecht zu berücksichtigen: Den Verleger trifft die Pflicht, das Werk des Verfassers zu vervielfältigen und zu verbreiten (§ 1 S. 2 VerlG). Weitere Pflichten beziehen sich auf die Art und Weise der Ausübung (vgl. §§ 12, 14, 20 ff. VerlG).[150] Ebenso wie bei der einfachen Lizenz können die Parteien des ausschließlichen Lizenzvertrages je nach Sachlage und Ausgestaltung Nebenpflichten treffen.

Um begriffliche Klarheit zu schaffen, ist anzumerken, dass in Anlehnung an den englischen Sprachraum je nach Umfang der Rechtseinräumung in der Literatur teilweise unterschiedliche Termini verwendet werden.[151] Verpflichtet sich der Lizenzgeber, keine weiteren Lizenzen zu vergeben, behält er sich aber die Eigennutzung vor, spricht man von einer Alleinlizenz.[152] Verpflichtet er sich zudem, sich der Nutzung zu enthalten, liegt eine Exklusivlizenz vor, die dem in der deutschen Rechtspraxis

144 *Schmidt*, WM 2003, 461, 471 f. Dies gilt im Unterlizenzverhältnis aber nur, soweit der Urheber der Übertragung zu Sicherungszwecken zugestimmt hat.

145 Vgl. *Keukenschrijver* in: Busse, PatG, § 15 Rn. 129.

146 *McGuire*, Lizenz, S. 698; *Bartenbach*, Patentlizenz- und Know-how-Vertrag, Rn. 78, 94; *Ahrens*, Gewerblicher Rechtsschutz, Rn. 283; *Pahlow*, Lizenz, S. 358 f.; *J.B. Nordemann* in: Fromm/Nordemann, UrhR, § 31 Rn. 91; zur Regelungssystematik des ausschließlichen Nutzungsrecht nach § 31 III UrhG: *Schricker/Loewenheim* in: Schricker/Loewenheim, UrhR, § 31 Rn. 11.

147 *Schulze* in: Dreier/Schulze, UrhG, § 31 Rn. 56 ff.; *Wandtke/Grunert* in: Wandtke/Bullinger, UrhR, § 31 Rn. 27, 29.

148 *Schricker*, Verlagsrecht, § 8 Rn. 9 ff.; *Beck*, Lizenzvertrag im Verlagswesen, S. 2.

149 Hierzu ausführlich *Pahlow*, Lizenz, S. 340 ff., zusammenfassend S. 373 f.

150 Hierzu ausführlich *Beck*, Lizenzvertrag im Verlagswesen, S. 5 f.

151 Vgl. *Groß*, Lizenzvertrag, Rn. 38, zur Unterscheidung zwischen „exclusive licence" und „sole licence".

152 *Pahlow*, Lizenz, S. 216; *Büren/Marbach/Ducrey*, Immaterialgüter- und Wettbewerbsrecht, Rn. 873; *Haedicke*, ZGE 3 (2011), 377, 380.

verwendeten Begriff der ausschließlichen Lizenz entspricht.[153] Die h.L. vertritt die Auffassung, dass – mangels anderweitiger Parteivereinbarung – der Lizenzgeber grundsätzlich nicht zur Eigennutzung berechtigt sein soll.[154] Dafür spricht auch der Wortlaut des § 31 III UrhG: Gem. S. 1 ist der Rechtsinhaber zur Nutzung „unter Ausschluss aller anderen Personen" berechtigt (volle Ausschließlichkeit); eine solche Nutzung kann aber entsprechend S. 2 vereinbart werden (eingeschränkte Ausschließlichkeit).[155]

III. Inhaltliche, räumliche und zeitliche Beschränkungen der Lizenz

Neben der klassischen Zweiteilung zwischen einfacher und ausschließlicher Lizenz können Lizenztypen nach ihren inhaltlichen, räumlichen und zeitlichen Beschränkungen typisiert werden. Dass solche vertraglichen Beschränkungen durch die Lizenzparteien möglich sind, ergibt sich im Urheberrecht ausdrücklich aus § 31 I 2 UrhG. Gleiches ist für die patentrechtliche Lizenz anerkannt.[156] Derartige Beschränkungsmöglichkeiten sollen es dem Schutzrechtsinhaber erlauben, soweit wie möglich am wirtschaftlichen Erfolg der Verwertung seines immateriellen Gutes teilzuhaben,[157] durch eine Vielzahl möglicher individueller Zuschnitte einzelner Berechtigungen, die nebeneinander oder nacheinander ausgeübt werden können.

Inhaltliche Beschränkungen beziehen sich regelmäßig auf die vereinbarte Nutzungshandlung. Im Urheberrecht ergibt sich die inhaltliche Reichweite der Lizenz aus der Vereinbarung über die jeweilige Nutzungsart. Diese beschreibt die besondere Verwertungsform und nimmt Bezug auf die in §§ 15 ff. UrhG geregelten Verwertungsrechte des Urhebers. Weitere Beschränkungen sind in der Praxis möglich. Rein schuldrechtlich wirkende Vereinbarungen der Lizenzparteien sind i.d.R. unproblematisch. Der Möglichkeit einer dinglichen Aufspaltung der Nutzungsrechte sind dagegen im Interesse der Rechts- und Verkehrssicherheit Grenzen zu setzen, die allerdings zugunsten des Bedürfnisses des Urhebers nach optimaler Gestaltung

---

153 *Bartenbach*, Patentlizenz- und Know-how-Vertrag, Rn. 79; *Paul* in: Hoeren/Sieber, Multimedia-Recht, Teil 7.4 Rn. 18; *Büren/Marbach/Ducrey*, Immaterialgüter- und Wettbewerbsrecht, Rn. 872.

154 Vgl. OLG Karlsruhe, GRUR 1980, 784 – „Laminiermaschine"; *Henn*, Patent- und Know-how-Lizenzvertrag, Rn. 144; *Bartenbach*, Patentlizenz- und Know-how-Vertrag, Rn. 80; *Fehrenbacher*, JR 2001, 309, 310; zur Enthaltungspflicht des Urhebers: *Schack*, Urheber- und Urhebervertragsrecht, Rn. 1073; siehe auch BGH, GRUR 1992, 310, 311 – „Taschenbuch-Lizenz".

155 *Soppe* in: Ahlberg/Götting, BeckOK UrhG, § 31 Rn. 66.

156 *Ullmann* in: Benkard, PatG, § 15 Rn. 63 ff.; *Kraßer*, Patentrecht, § 40 VI.; *Mes*, PatG/GebrMG, § 15 PatG Rn. 44 ff.

157 *Schindler*, Grenzen der „dinglichen Aufspaltbarkeit", S. 3 f.

der Verwertung seiner Rechte offen verlaufen.[158] Die h.M. fordert lediglich „nach der Verkehrsauffassung als solche hinreichend klar abgrenzbare, wirtschaftlich-technisch als einheitlich und selbstständig sich abzeichnende Nutzungsarten".[159] Ferner können auch – unter Beachtung der besonderen Voraussetzungen des § 31a UrhG – Verträge über Nutzungsarten abgeschlossen werden, die im Zeitpunkt des Vertragsschlusses unbekannt sind.[160]

Ausgehend von den in § 9 PatG genannten Benutzungsarten können in Bezug auf das Patentrecht die Herstellungs-, Vertriebs- und Gebrauchslizenzen sowie die Import- bzw. Exportlizenz unterschieden werden.[161] Hinsichtlich des Umfangs sind Vereinbarungen als Produktions- und Absatz- oder auch sog. Field-of-Use-Beschränkungen denkbar.[162]

Auch quantitative Beschränkungen sind möglich, so z.B. für die Auflagenzahl eines Buches, die Zahl der Aufführungen eines musikalischen Bühnenwerkes[163] oder die Anzahl produzierter Stücke.

In Bezug auf die Art der Lizenzabrechnung besteht die Möglichkeit der Erteilung einer Mindestlizenz, Stücklizenz oder Pauschallizenz;[164] im Urheberrecht sind auch sog. Buy-out-Lizenzen[165] nicht unüblich.

Inhaltliche Beschränkungen können auch die Person des Lizenznehmers betreffen. Beispielsweise kann eine persönliche Lizenz, eine Betriebs- oder Konzernlizenz vereinbart werden.[166]

---

158 Hierzu ausführlich *Schricker/Loewenheim* in: Schricker/Loewenheim, UrhR, Vor. §§ 28 ff. Rn. 87 ff.; zu den Grenzen der Aufspaltung hinsichtlich des Verlagsrechts: *Beck*, Lizenzvertrag im Verlagswesen, S. 50 ff.

159 BGH, GRUR 1992, 310, 311 – „Taschenbuch-Lizenz"; BGH, NJW 2000, 3571, 3572 – „OEM Version"; BGH, GRUR 2003, 416, 418 – „CPU-Klausel"; BGH, GRUR 2005, 48, 49 – „man spricht deutsh"; BGH, GRUR 2005, 937, 939 – „Der Zauberberg"; BGH, GRUR 2011, 810, 812 – „World's End"; *Schindler*, Grenzen der „dinglichen Aufspaltbarkeit", S. 47 ff., hierzu ausführlich; *Lange*, Lizenzvertrag im Verlagswesen, S. 63 f.; *Kitz*, GRUR 2006, 548 f.; *J.B. Nordemann* in: Fromm/Nordemann, UrhR, § 31 Rn. 11; *Schulze* in: Dreier/Schulze, UrhG, § 31 Rn. 28; *Schricker/Loewenheim* in: Schricker/Loewenheim, UrhR, Vor. §§ 28 ff. Rn. 87.

160 *Schack*, Urheber- und Urhebervertragsrecht, Rn. 1106 ff.

161 *Kraßer/Schmid*, GRUR Int. 1982, 324, 326; ausführlich zu den einzelnen Lizenzarten: *Groß*, Lizenzvertrag, Rn. 26 ff.; *Götting*, Gewerblicher Rechtsschutz, § 26 Rn. 12.

162 *Schmoll* in: Büscher/Dittmer/Schiwy, GewRS/UrhR/MedienR, Kap. 12, Rn. 113 f.

163 *Schricker/Loewenheim* in: Schricker/Loewenheim, UrhR, Vor. §§ 28 ff. Rn. 89, m.w.Bsp.

164 Vgl. *Schack*, Urheber- und Urhebervertragsrecht, Rn. 1075.

165 Der Buy-out-Vertrag ist durch eine umfassende Nutzungsrechtseinräumung gekennzeichnet, für die der Urheber ein einmaliges pauschales Honorar erhält. Hierzu ausführlich *Jani*, Buy-Out-Vertrag, S. 40 ff.

166 Hierzu ausführlich: *Groß*, Lizenzvertrag, Rn. 40 ff.; *Kraßer/Schmid*, GRUR Int. 1982, 324, 326; *Götting*, Gewerblicher Rechtsschutz, § 26 Rn. 11.

Räumliche Beschränkungen sind in Form von Bezirks- oder Gebietslizenzen[167] oder auch für ein politisches Gebiet oder einen bestimmten Sprachraum möglich.[168] Sie können sich z.B. auf ganz Deutschland oder nur auf einzelne Regionen oder auch auf das Gebiet der EU beziehen.

In zeitlicher Hinsicht besteht die Möglichkeit, eine Zeitlizenz für die Dauer des Schutzrechts oder nur für einen bestimmten Zeitabschnitt zu vereinbaren.[169]

Derartige Beschränkungen sind beliebig modifizierbar, miteinander kombinierbar und gehen weit über die erwähnten Möglichkeiten hinaus. Es erscheint daher nahezu unmöglich, feste Typen anhand inhaltlicher, räumlicher und zeitlicher Kriterien zu konstruieren. Sofern solche Typenbeschreibungen in der Praxis auftauchen, können diese keinesfalls verlässliche, allgemeingültige Aussagen über die rechtliche Reichweite geben. Einen festen Typenzwang, wie er im Sachenrecht existiert, gibt es für die Lizenzen nicht.[170] Gestaltung und Umfang jeder einzelnen Lizenz sind variabel und ergeben sich als individuelle Vereinbarungen der Lizenzparteien aus dem Lizenzvertrag.[171]

B. Die Unterlizenz als besonderer Typus

Nicht nur das Schutzrecht selbst, sondern auch die davon abgeleiteten ausschließlichen und einfachen Lizenzen sind vermögenswerte, verwertungsfähige Rechte, die Gegenstand weiterer Verfügungen sein können.[172] Die Unterlizenzierung ist eine mögliche Form der Weiterverwertung von Lizenzen. Davon zu unterscheiden ist die Weiterübertragung einer Lizenz, die nur unter besonderen Voraussetzungen möglich ist.[173] Aus Sicht des veräußernden Lizenznehmers stellt diese Form der Übertragung eine translative Verfügung dar, denn der erste Lizenznehmer verliert seine Rechtsposition vollständig; dagegen erhält der Erwerber eine nach wie vor an den Schutzrechtsinhaber gebundene Lizenz.[174] Während bei der Übertragung der Lizenz die Rechtsposition des ursprünglichen Lizenznehmers vollständig auf eine neue, dritte Person übergeht, behält im Fall der Unterlizenzierung der Hauptlizenznehmer

167 *Plassmeier/Steden*, Lizenzverträge, § 1 Rn. 37.

168 *Wandtke/Grunert* in: Wandtke/Bullinger, UrhR, § 31 Rn. 9.

169 *Ullmann* in: Benkard, PatG, § 15 Rn. 64 f.; *Soppe* in: Ahlberg/Götting, BeckOK UrhG, § 31 Rn. 71.

170 *Jänich*, Geistiges Eigentum, S. 240; weitere Nachw. siehe Fn. 1091.

171 *Forkel*, Gebundene Rechtsübertragungen, S. 111.

172 *Pahlow*, Lizenz, S. 426; *Schack*, Urheber- und Urhebervertragsrecht, Rn. 627.

173 Zu den einzelnen Voraussetzungen einer Weiterübertragung einer Lizenz im Patent- und Urheberrecht: *McGuire/v. Zumbusch/Joachim*, GRUR Int. 2006, 682, 687 f.

174 *Schack*, Urheber- und Urhebervertragsrecht, Rn. 628; *Schulze* in: Dreier/Schulze, UrhG, § 34 Rn. 1; zur Abgrenzung von der Unterlizenzierung nach § 35 UrhG: *Wandtke/Grunert* in: Wandtke/Bullinger, UrhR, § 34 Rn. 4; *Brauer/Sopp*, ZUM 2004, 112, 113.

seine Vertrags- und Rechtsposition gegenüber dem originären Rechtsinhaber.[175] Der Lizenznehmer ist gleichzeitig Lizenzgeber in Bezug auf weitere Unterlizenznehmer.[176] Auch eine Mehrstufigkeit ist allgemein möglich.[177]

Zur Unterlizenzierung bedarf es eines rechtlich selbstständigen Vertrages des Unterlizenzgebers mit seinem Vertragspartner.[178] Bei der Einräumung einer Unterlizenz handelt es sich, wie bereits festgestellt, gleichsam um eine Verfügung,[179] bei der von dem Tochterrecht Befugnisse abgespalten und auf den Unterlizenznehmer übertragen werden. Das Enkelrecht entsteht. Die Verfügung erfolgt in Form der konstitutiven Rechtseinräumung bzw. gebundenen Rechtsübertragung. Der rechtliche Umfang der einzuräumenden Unterlizenz wird durch die Lizenzparteien erstmals durch den Lizenzvertrag definiert. Die so abgespaltenen Befugnisse werden auf den Unterlizenznehmer übertragen. Der Unterlizenzgeber begibt sich seiner Rechtsstellung allerdings nicht völlig, denn das „Mantelrecht", von dem sich das neue Lizenzrecht ableitet, verbleibt beim Lizenzgeber.[180]

Ist in der Praxis dem Lizenzvertrag nicht eindeutig zu entnehmen, ob eine translative oder konstitutive Rechtsverschaffung stattfinden soll, muss auf die Zweckübertragungslehre zurückgegriffen werden (vgl. § 31 V UrhG). Demnach will der Hauptlizenznehmer i.d.R. nur so viele Rechte einräumen, wie zur Erfüllung des Vertragszwecks erforderlich sind.[181] Ergeben sich Zweifel hinsichtlich des Umfangs der Übertragung, ist regelmäßig davon auszugehen, dass die Vertragsparteien nur eine konstitutive bzw. gebundene und keine translative Rechtsübertragung wollten.[182] Vorteil einer solchen Rechtsstellung ist für den Lizenzgeber, dass dieser die Kontrolle über die Unterlizenz behält:[183] So besteht allgemein die Möglichkeit, das „Mantelrecht" wieder zu vervollständigen. Auch kann er weiterhin aktive Verteidigungsmöglichkeiten gegen vermeintliche Verletzer vornehmen. Er behält ein Restrecht in seinem Vermögen, dass er beispielsweise als Kreditsicherheit anbieten kann.

I. Die Voraussetzungen der Unterlizenzgewährung

Da die Lizenz lediglich eine abgeleitete Rechtsposition darstellt, ist die Berechtigung zur Einräumung einer Unterlizenz an besondere Voraussetzungen geknüpft. In der Literatur herrscht allgemein die Auffassung, dass diese zum einen vom Lizenztyp

---

175 Zur Unterscheidung zwischen Rechtsübertragung und Rechtseinräumung ausführlich: *v. Frentz/Masch*, ZUM 2009, 354, 357 f., Abb. 2; *Schulze* in: Dreier/Schulze, UrhG, § 35 Rn. 1.

176 *McGuire/v. Zumbusch/Joachim*, GRUR Int. 2006, 682, 687.

177 Vgl. *Kreuzer* in: Loewenheim, Hdb. UrhR, § 94 Rn. 2.

178 *Bartenbach*, Patentlizenz- und Know-how-Vertrag, Rn. 145.

179 Siehe hierzu bereits die Ausführungen unter 1. Teil, B.

180 *Schricker/Loewenheim* in: Schricker/Loewenheim, UrhR, § 35 Rn. 1; *Brauer/Sopp*, ZUM 2004, 112, 113.

181 *Pahlow*, Lizenz, S. 450.

182 *Brauer/Sopp*, ZUM 2004, 112, 113.

183 *Brauer/Sopp*, ZUM 2004, 112, 113.

(einfache oder ausschließliche Lizenz), zum anderen von Sonderregelungen des jeweils lizenzierten Schutzrechts und ggf. von Vereinbarungen der Vertragsparteien auf der ersten Lizenzstufe abhängig sind.[184] Grund hierfür ist, dass die Unterlizenzierung sowohl persönlichkeitsrechtliche als auch verwertungsrechtliche Interessen des originären Rechtsinhabers berührt.[185] Denn der Lizenzgeber hat ein fortwährendes berechtigtes materielles sowie – in Abhängigkeit des lizenzierten Schutzrechts unterschiedlich stark ausgeprägtes – ideelles Interesse an der Kontrolle der Verwertung seines geistigen Eigentums.[186] Daraus folgt eine besondere Bindung der Lizenz an die Person des Lizenznehmers: Der Schutzrechtsinhaber soll sich nicht einer Person ausgesetzt sehen, zu der mangels vertraglicher Bindung kein Vertrauensverhältnis besteht.[187]

Die Unterlizenzierung ist vor allem dann eine Sache persönlichen Vertrauens, wenn der Lizenzgeber eine Verletzung persönlichkeitsrechtlicher Belange befürchten muss; z. B. wenn die Nutzung eine Werkbearbeitung voraussetzt. Die Individualität des Urhebers spiegelt sich in seinem geschaffenen Werk wieder, sodass die Art und Qualität der Verwertung den Urheber in seinen geistigen und persönlichen Interessen berühren kann.[188]

Daneben können wirtschaftliche Interessen beeinträchtig sein, wenn das Schutzrecht nicht interessengerecht verwertet wird, und zwar nicht nur durch eine potentielle Minderung des Ansehens, sondern auch durch die Beeinträchtigung der späteren Verwertungsaussichten.[189] Dies ist insbesondere anzunehmen, wenn es entscheidend auf die Leistungsfähigkeit und Zuverlässigkeit des Lizenznehmers ankommt.[190] Zudem muss der Lizenzgeber vor einer Schlechterstellung durch die Vergabe zu vieler Unterlizenzen geschützt werden, denn er könnte Gefahr laufen, gegenüber seinen unmittelbaren Vertragspartnern seine Pflichten zu verletzen.[191] Zudem könnten durch die Einräumung weiterer Unterlizenzen auch die eigenen Nutzungsmöglichkeiten beeinträchtigt sein.[192]

Der besonderen Verbindung des Urhebers mit seinem Werk trug der Gesetzgeber Rechnung, indem er die Vergabe urheberrechtlicher Unterlizenzen in § 35 I 1 UrhG ausdrücklich an die Zustimmung des Urhebers knüpft. Hierdurch

---

184 *Pahlow*, Lizenz, S. 426 ff. sowie *McGuire*, Lizenz, S. 732 ff., einen Überblick über die Diskussion zur Frage der Zulässigkeit der Unterlizenzierung gebend.

185 OLG Frankfurt, CR 1997, 525, 526 – „Software-Unterlizenz".

186 *Knap*, GRUR Int. 1973, 226, 228.

187 *Held*, GRUR 1983, 161, 162; *Pahlow*, Lizenz, S. 427; *Haberstumpf* in: FS Hubmann, S. 127; *Berger* in: FS Schricker II, S. 223, 224.

188 *Forkel*, Gebundene Rechtsübertragungen, S. 147; speziell zu den Interessen des Verfassers im Verlagswesen: *Beck*, Lizenzvertrag im Verlagswesen, S. 8.

189 *Forkel*, Gebundene Rechtsübertragungen, S. 147; *Fink*, Beendigung von Dauerschuldverhältnissen, S. 28.

190 Vgl. BGH, GRUR 1959, 147, 149 – „Bad auf der Tenne".

191 *Pahlow*, Lizenz, S. 453.

192 BGH, GRUR 1974, 463, 464 – „Anlagengeschäft".

soll verhindert werden, dass ohne das Wissen und gegen den Willen des Urhebers Nutzungsrechte weiterer Stufen geschaffen werden.[193] Eine Unterlizenzierung ohne die erforderliche Zustimmung ist unwirksam.[194] Gem. §§ 34 V 2, 35 UrhG sollen jedoch abweichende Parteivereinbarung möglich sein. Die Regelung ist damit dispositiv.[195]

Problematisch erscheint, dass der Wortlaut des § 35 I 1 UrhG die Vergabe weiterer Lizenzen allein durch den ausschließlichen Lizenzgeber vorsieht. Zum Teil wird die Auffassung vertreten, dass die Einräumung einer Unterlizenz durch einen einfachen Lizenznehmer unzulässig sei.[196] Jedoch ist der Norm auch kein ausdrückliches Verbot der Vergabe von Unterlizenzen durch den einfachen Lizenznehmer zu entnehmen. Im Gegensatz dazu unterscheidet § 34 I 1 UrhG nicht zwischen einfacher und ausschließlicher Lizenz: Die translative Übertragung einer einfachen Lizenz ist mit Zustimmung des Urhebers grundsätzlich zulässig.[197] In tatsächlicher Hinsicht kann es jedenfalls keinen Unterschied machen, ob eine einfache Unterlizenz eingeräumt oder ob eine einfache Lizenz übertragen wird. Der Umfang der positiven Nutzungsbefugnis ist gleich, mit dem Unterschied, dass bei der ersten Variante ein Zwischenglied die Rechtsposition vermittelt. Im Schrifttum wird daher die Auffassung vertreten, dass die Einräumung von Nutzungsrechten durch den einfachen Lizenznehmer mit Zustimmung des Urhebers möglich sei. Der zu enge Wortlaut der Norm stehe einer entsprechenden Anwendung nicht entgegen.[198] Eine analoge Übertragung der Regelung auf den wertungsmäßig gleich zu erachtenden Fall[199] erscheint vor allem zugunsten einer autonomen Gestaltung privater Rechtsverhältnisse interessengerecht. Dem Inhaber einer einfachen Lizenz wird die Möglichkeit einer Unterlizenzierung somit nicht vorweg verwehrt. Dies bedingt aber zugleich, dass der Zustimmungsvorbehalt des § 35 I 1 UrhG uneingeschränkt Anwendung findet. Damit bleiben schließlich auch die Interessen des Urhebers hinreichend gewahrt.

---

193 Vgl. LG München I, ZUM 2003, 73, 76 – „Pumuckl"; *Schricker/Loewenheim* in: Schricker/Loewenheim, UrhR, § 34 Rn. 1; *J.B. Nordemann* in: Fromm/Nordemann, UrhR, § 34 Rn. 2.

194 LG Hamburg, ZUM-RD 2009, 403, 406 – „Schreibtischunterlage".

195 *Schricker/Loewenheim* in: Schricker/Loewenheim, UrhR, § 35 Rn. 14; *J.B. Nordemann* in: Fromm/Nordemann, UrhR, § 35 Rn. 14.

196 LG Berlin, AfP 2000, 197, 201; *Ulmer*, Urheber- und Verlagsrecht, S. 371; *v. Gamm*, UrhG, § 35 Rn. 1; *Schack*, Urheber- und Urhebervertragsrecht, Rn. 629; *Schricker/Loewenheim* in: Schricker/Loewenheim, UrhR, § 35 Rn. 2.

197 *Schricker/Loewenheim* in: Schricker/Loewenheim, UrhR, § 34 Rn. 11; *J.B. Nordemann* in: Fromm/Nordemann, UrhR, § 34 Rn. 8; *Rehbinder*, Urheberrecht, Rn. 573.

198 *Schulze* in: Dreier/Schulze, UrhG, § 35 Rn. 5, plädiert für eine analoge Anwendung von § 35 I UrhG; *Pahlow*, Lizenz, S. 454; *McGuire/v. Zumbusch/Joachim*, GRUR Int. 2006, 682, 688; *Haberstumpf* in: FS Hubmann, S. 127, 136; *J.B. Nordemann* in: Fromm/Nordemann, UrhR, § 35 Rn. 5; *Scholz*, GRUR 2009, 1107, 1112.

199 *Larenz*, Methodenlehre, S. 204.

Die Frage, ob ein Lizenznehmer zur Unterlizenzierung berechtigt ist, ergibt sich damit vordergründig aus der Parteivereinbarung und kann nicht allein anhand des Lizenztyps beantwortet werden.[200]

Im Urheberrecht sind Ausnahmen vom Zustimmungserfordernis zu berücksichtigen. Für Verwertungsgesellschaften sowie für Verträge, die im Kern die Ausübung von Nutzungsrechten durch Dritte zur Vermarktung im Interesse des Urhebers zum Gegenstand haben, ist die Zustimmung des Urhebers gem. § 35 I 2 UrhG entbehrlich.[201] Darüber hinaus macht der Gesetzgeber eine Ausnahme vom Zustimmungsvorbehalt des Urhebers bei den Filmnutzungsrechten. Gem. § 90 S. 1 UrhG ist § 35 UrhG nicht anwendbar, sodass die Zustimmung des Filmurhebers (vgl. § 89 I UrhG) und des Urhebers vorbestehender Werke (vgl. § 88 UrhG) nicht erforderlich ist.[202] Eine weitere Einschränkung ist im Rahmen von Arbeits- und Dienstverhältnissen anerkannt, für die § 43 UrhG als Generalklausel Anwendung findet, soweit konkrete Parteivereinbarung über das im Abhängigkeitsverhältnis geschaffene urheberrechtlich geschützte Werk fehlen.[203] Hier wird eine stillschweigende Zustimmung angenommen, soweit die Unterlizenzierung an Dritte noch vom Betriebszweck selbst erfasst ist.[204] Handelt es sich dagegen bei dem geschaffenen Werk um Computersoftware, ist die Sonderregelung des § 69b UrhG vorrangig, die entsprechend dem Normwortlaut eine weitergehende Rechtseinräumung vorsieht. Die h.L. nimmt von einem Zustimmungserfordernis hier generell Abstand.[205]

Für die patentrechtliche Lizenz hat der Gesetzgeber keine vergleichbaren Regelungen geschaffen. Bezüglich der einfachen Lizenz vertritt die h.M. die Auffassung, dass die Unterlizenzierung grundsätzlich von der Zustimmung des Patentinhabers

---

200 Ähnlich bereits auch schon RGZ 76, 235, 237.

201 *Wandtke/Grunert* in: Wandtke/Bullinger, UrhR, § 35 Rn. 12 f.; *Schulze* in: Dreier/Schulze, UrhG, § 35 Rn. 14 f.; *Schricker/Loewenheim* in: Schricker/Loewenheim, UrhR, § 35 Rn. 17.

202 *Manegold* in: Wandtke/Bullinger, UrhR, § 88 Rn. 5 f.; *v. Frentz/Masch*, ZUM 2009, 354, 359; *Brauer/Sopp*, ZUM 2004, 112, 113. Dies gilt jedoch nicht hinsichtlich der mit der Filmnutzung verbundenen Rechte, wie z. B. für Fortsetzungen, Computerspiele zum Film und das Merchandising-Recht, also das Recht, Charaktere, Figuren oder Bilder aus dem Filmwerk gesondert zu verwerten.

203 *Spautz* in: Möhring/Nicolini, UrhG, § 43 Rn. 1.

204 BGH, GRUR 2005, 860, 862 – „Fash 2000“; OLG Jena, GRUR-RR 2002, 379, 380 – „Rudolstädter Vogelschießen“; *Sack*, BB 1991, 2165, 2169; *Rojahn* in: Schricker/Loewenheim, UrhR, § 43 Rn. 57; *Wandtke* in: Wandtke/Bullinger, UrhR, § 43 Rn. 81; *A. Nordemann* in: Fromm/Nordemann, UrhR, § 43 Rn. 47; *Kraßer* in: FS Schricker I, S. 77, 92.

205 *Grützmacher* in: Wandtke/Bullinger, UrhR, § 69b Rn. 18; *Czychowski* in: Fromm/Nordemann, UrhR, § 69b Rn. 14; *Loewenheim* in: Schricker/Loewenheim, UrhR, § 69b Rn. 12; *Sack*, UFITA 121 (1993), 15, 24; *Wallner*, ZIP 2004, 2073, 2080; vgl. auch OLG Frankfurt, CR 1998, 525, 526 – „Software-Unterlizenz“.

abhängig sei.[206] Hinsichtlich der ausschließlichen Lizenz wird dagegen überwiegend die Meinung vertreten, dass der ausschließliche Lizenznehmer im Geltungsbereich seiner Lizenz regelmäßig zur Vergabe von Unterlizenzen berechtigt sei, ohne dass es einer besonderen Zustimmung bedarf.[207] Die hierzu führende Erwägung, dass durch eine Unterlizenzierung die eingeräumte Lizenz nicht erweitert werde,[208] erscheint mit Blick auf die anfangs dargelegte Interessenlage wenig überzeugend. Zwar gilt es zu berücksichtigen, dass eine derart enge Gebundenheit der Lizenz an das Schutzrecht, vergleichbar den Bindungswirkungen im Urheberrecht, hier nicht aufgrund ideeller Belange des Rechtsinhabers konstruiert werden kann. Nichtsdestotrotz ist ein materielles Kontrollinteresse des Patentinhabers anzuerkennen, dessen Schutzes es bedarf.[209]

Aufgrund fehlender Regelung im Patentgesetz könnte ein Rückgriff auf § 413 BGB i.V.m. §§ 398 ff. BGB weiterhelfen: Gem. § 399 BGB kann eine Forderung nicht übertragen werden, wenn die Abtretung durch Vereinbarung zwischen Schuldner und Gläubiger ausgeschlossen ist oder wenn die Leistung an einen anderen als den ursprünglichen Gläubiger nicht ohne Veränderung des Inhalts der Forderung erfolgen kann. Von Relevanz ist hier der zweite Fall der Unabtretbarkeit kraft Leistungsinhalts. Anerkannte Fallgruppen stellen neben der eigentlichen Inhaltsänderung, die Gewährung höchstpersönlicher Rechte sowie die unselbstständigen Ansprüche bzw. Nebenrechte dar.[210] Im Rahmen des Lizenzverhältnisses muss dementsprechend das besondere Verhältnis der Parteien zueinander, die Funktion des Schutzrechts und der damit erteilten Lizenz in die Betrachtung einbezogen werden. Daraus wird geschlussfolgert, dass bei der persönlichen Lizenz sowie bei der Betriebs- und Konzernlizenz grundsätzlich von einem Zustimmungserfordernis auszugehen sei, da

---

206 BGH, GRUR 1974, 463, 464 – „Anlagengeschäft"; *McGuire/v. Zumbusch/Joachim*, GRUR Int. 2006, 682, 687; *Mes*, PatG/GebrMG, § 15 PatG Rn. 42; *Kühnen/Geschke*, Durchsetzung von Patenten, Rn. 530; *Bartenbach*, Patentlizenz- und Know-how-Vertrag, Rn. 146; *Pahlow*, Lizenz, S. 454, verweist – mit gleichem Ergebnis – auf die Regelung des § 35 I 1 UrhG.

207 RGZ 142, 168, 170 – „Loseblätterbuch"; BGH, GRUR 1955, 338, 340 – „Brillengläser", jedoch nicht ausnahmslos; *Kraßer*, Patentrecht, § 40 V. d) 2.; *Ullmann* in: Benkard, PatG, § 15 Rn. 105; *Mes*, PatG/GebrMG, § 15 PatG Rn. 40; *Bartenbach*, Patentlizenz- und Know-how-Vertrag, Rn. 101, 146; *Ahrens*, Gewerblicher Rechtsschutz, Rn. 287, sich allerdings auf die dingliche Lizenz beschränkend; differenzierend nach der Bedeutung der Person des Lizenznehmers: *Götting*, Gewerblicher Rechtsschutz, § 26 Rn. 18.

208 *McGuire/v. Zumbusch/Joachim*, GRUR Int. 2006, 682, 688.

209 *Merkel*, Zweckübertragungstheorie im Erfinderrecht, S. 75; *Reimer* in: Reimer, PatG/GerbrMG, § 9 Rn. 89.

210 *Grüneberg* in: Palandt, BGB, § 399 Rn. 4 ff.; *Busche* in: Staudinger, BGB/Buch 2/2012, § 399 Rn. 4.

es entscheidend auf die Person des Lizenznehmers ankomme.[211] Dies sei auch für sachlich stark beschränkte Lizenzen anzunehmen.[212]

Die Herangehensweise über die Bildung besonderer Fallgruppen überzeugt nicht, da sie zu einer wenig verlässlichen Lösung und damit zu Rechtsunsicherheit führt.

Auch ein Blick auf scheinbar ähnliche Konstellationen im Sachenrecht führt zu keiner Lösung des Problems: Der Nießbrauch an Rechten, der zwar einer ähnlich dogmatischen Konstruktion unterliegt wie die Lizenz, kann im Unterschied nicht übertragen, sondern nur zur Ausübung einem anderen überlassen werden (§ 1068 II BGB i.V.m. § 1059 BGB).[213] Dabei erlangt der Dritte gegen den Nießbraucher lediglich einen schuldrechtlichen Anspruch auf Duldung der Ausübung.[214] Eine Ausnahme lässt zwar § 1059a BGB für die Gesamtrechtsnachfolge juristischer Personen und den Betriebsübergang zu. Allerdings handelt es sich hier um translativ wirkende Formen der Übertragung (vgl. § 1059c BGB). Die Möglichkeit der Abspaltung von Teilbefugnissen, ähnlich einer Unterlizenzierung, ist prinzipiell ausgeschlossen. Die rechtliche Konstruktion von Lizenzketten ist dem Sachenrecht allgemein fremd.

Einen anderen Lösungsweg zeigt *Pahlow* auf: Er schlägt eine analoge Anwendung des § 35 I 1 UrhG vor, sodass Unterlizenzvereinbarungen erst mit der Zustimmung des Patentinhabers wirksam werden. Damit werde sowohl dem Kontrollinteresse des Lizenzgebers als auch dem Verwertungsinteresse des Lizenznehmers genüge getan.[215] Das Ergebnis überzeugt in seiner Begründung. Die methodische Schließung der hier *prima facie* vorliegenden offenen Gesetzeslücke[216] über eine Analogie sollte dagegen hinterfragt werden, da einer Erstreckung des Urheberrechtsgesetzes auf patentrechtliche Sachverhalte die absolute Interessengleichheit i.d.R. entgegensteht.

Eine gesetzesimmanente Rechtsfortbildung[217] erscheint jedenfalls geboten. Zumindest kann an ein auch im Patentgesetz angelegtes Prinzip angeknüpft werden,[218] die gebundene Rechtsübertragung, die dem zuvor skizzierten Kontrollinteresse des originären Rechtsinhabers besonders Rechnung trägt. Aus dieser unauflöslichen Gebundenheit folgt, dass auch der Patentinhaber sich mit der Lizenzierung seiner

211 *Götting*, Gewerblicher Rechtsschutz, § 26 Rn. 18; vgl. auch *Bühling*, GRUR 1998, 196, 199, bzgl. der ausschließlichen Markenlizenz von einem grds. Einwilligungserfordernis ausgehend mit dem Hinweis, dass mit der Marke eine besondere Qualitätsfunktion verbunden sei, sodass es entscheidend auf die Person des Lizenznehmers ankommt.

212 BGH, GRUR 1955, 338, 340 – „Brillengläser“: Die ausschließliche Lizenz bezog sich im vorliegenden Fall auf ein Geheimverfahren.

213 *Frank* in: Staudinger, BGB/Buch 3/2009, § 1068 Rn. 16.

214 BGH, NJW 1971, 422; *Chr. Berger* in: Jauernig, BGB, § 1059 Rn. 2; *Pohlmann* in: MüKo, BGB/Bd. 6/2013, § 1059 Rn. 7.

215 *Pahlow*, Lizenz, S. 452.

216 *Larenz*, Methodenlehre, S. 198.

217 *Larenz*, Methodenlehre, S. 191 ff.

218 *Larenz*, Methodenlehre, S. 202: Die Auslegung offener Lücken kann auch im Wege des Rückgangs auf ein im Gesetz angelegtes Prinzip erfolgen.

Rechtsstellung nicht gänzlich entäußert hat. Jede sein Schutzrecht betreffende Verwertungshandlung berührt seine Interessensphäre. Daher soll auch der Patentinhaber frei darüber entscheiden können, ob er seinem Lizenzgeber mit der Lizenz auch die Befugnis überträgt, weitere Unterlizenzen zu erteilen. Nicht der vereinbarte Lizenztyp sollte hierfür entscheidend sein, sondern der konkrete Parteiwille. Gerade bei der Patentlizenzierung entspricht es der üblichen Praxis, abzuschließende Lizenzverträge hinsichtlich ihrer inhaltlichen Reichweite äußerst detaillierten Regelungen durch die Vertragsparteien zu unterziehen. Es erscheint daher geradezu unmöglich, die Frage der Unterlizenzierung in den Vertragsverhandlungen bzw. in der Vertragsgestaltung auszublenden. Da das Zustimmungserfordernis dem konkreten Schutz des originären Rechtsinhabers zu dienen bestimmt ist, muss zwingend einem Regel-Ausnahme-Prinzip gefolgt werden: Soweit die Parteien keine Vereinbarung über die Befugnis zur Lizenzeinräumung getroffen haben, ist prinzipiell für die Wirksamkeit der Unterlizenz die Zustimmung des Schutzrechtsinhabers einzuholen. Denn dieser soll selbstständig und bewusst darüber entscheiden können, ob er sich eines solchen Schutzes begeben will.

Neben dem Kontrollinteresse des Schutzrechtsinhabers spricht ein weiterer Aspekt für die Annahme eines grundsätzlichen Zustimmungserfordernisses: Der dinglichen Aufspaltung des Immaterialgüterrechts sind im Interesse des Verkehrsschutzes Grenzen zu setzen. Bei der Vergabe weiterer Lizenzen auf untergeordneten Stufen an verschiedene Lizenznehmer muss eine eindeutige Zuordnung der Rechte gewährleistet sein, damit sich die einzelnen Berechtigten bei der Ausübung ihrer Rechte nicht gegenseitig behindern oder überschneiden. In diesem Kontext sind an die vielfältigen Möglichkeiten der inhaltlichen, räumlichen und zeitlichen Aufspaltbarkeit zu denken. Das Zustimmungserfordernis dient damit auch als Kontrollinstanz zur Aufspaltung weiterer dinglicher Berechtigungen.[219]

Die Unterlizenzierung ist somit grundsätzlich vom Zustimmungserfordernis des Schutzrechtsinhabers abhängig.

Dem Schutz des originären Rechtsinhabers sind jedoch im Interesse der Privatautonomie Grenzen zu setzen, d. h. individualvertragliche Regelungen zwischen den Parteien, die das Erfordernis abbedingen, sind vorrangig zu berücksichtigen (vgl. § 35 II UrhG i.V.m. § 34 V 2 UrhG).[220] Hierzu bedarf es einer ausdrücklichen Vereinbarung oder es muss sich aus den Umständen des Vertragsschlusses eindeutig ergeben, dass dem Lizenznehmer eine derartig weitreichende Verfügungsbefugnis eingeräumt werden soll. Im Zweifelsfall ist der Lizenzvertrag gem. §§ 133, 157 BGB auszulegen.[221] Bei der Vergabe einer ausschließlichen Lizenz könnte z. B. eine stillschweigende Zustimmung zur Unterlizenzierung angenommen werden, soweit die

219 Vgl. auch *Beck*, Lizenzvertrag im Verlagswesen, S. 46 f.

220 *Schulze* in: Dreier/Schulze, UrhG, § 35 Rn. 1; *Wiebe* in: Spindler/Schuster, Recht der elektronischen Medien, § 35 UrhG Rn. 7; *Scheuermann*, Videoauswertung, S. 148.

221 OLG Jena, GRUR-RR 2002, 379, 380 – „Rudolstädter Vogelschießen“; LG Leipzig, ZUM 2007, 671, 672 – „Unterlizenzierung von Fotografien“.

Vergabe von Unterlizenzen nicht ausdrücklich verboten wurde; hierfür spräche die dem Lizenznehmer eingeräumte weitreichende Dispositionsbefugnis.[222] Eine solche Annahme kann jedoch nicht getroffen werden, sofern die Unterlizenzierung spürbar das Kontrollinteresse des Schutzrechtsinhabers berührt. Dies gilt insbesondere für den Urheber, zum Schutz seiner persönlichkeitsrechtlichen Belange. Eine ausdrückliche Zustimmung ist hier grundsätzlich erforderlich.[223] Bei der ausschließlichen Patentlizenz könnte dagegen – je nach Ausgestaltung der Lizenzvereinbarung im Einzelfall – die Zustimmung konkludent enthalten sein.[224]

Problematisch sind in diesem Zusammenhang AGB-Klauseln, die die Zustimmung des Lizenzgebers fingieren. Diese könnten möglicherweise gem. § 308 Nr. 5 BGB bzw. gem. § 307 II Nr. 2 BGB unwirksam sein. Da sich das Zustimmungserfordernis aus der Natur des Lizenzvertrages ergibt, könnte eine Umgehung den Lizenzgeber unangemessen benachteiligen. Eine Prüfung der Vorschriften der §§ 305 ff. BGB müsste auf den Einzelfall bezogen erfolgen und soll noch an anderer Stelle thematisiert werden.[225] Ein Ausschluss der Zustimmungspflicht könnte ggf. auch nach § 138 BGB unzulässig sein.

Zu berücksichtigen ist, dass der Ausschluss des Rechts zur Vergabe von Unterlizenzen grundsätzlich dinglich und nicht schuldrechtlich wirkt. Ohne Zustimmung ist eine Unterlizenzierung unmöglich. Es handelt sich um eine inhaltliche Beschränkung der Lizenz, die absolut, d.h. gegenüber jedermann, wirkt.[226] Das bedeutet, dass sich die Zustimmung auf das dingliche Verfügungsgeschäft und nicht auf den zugrunde liegenden schuldrechtlichen Verpflichtungsvertrag bezieht.[227]

Die erforderliche Zustimmung des Schutzrechtsinhabers kann als vorherige Einwilligung (§ 183 S. 1 BGB) oder als nachträgliche Genehmigung (§ 184 I BGB) erteilt werden.[228] Eine ohne Einwilligung eingeräumte Unterlizenz ist daher gem. § 185 I BGB (schwebend) unwirksam. Die Zustimmung kann aber nachträglich

---

222 So auch *Scholz*, Lizenzen in der Insolvenz, S. 15; *Plassmeier/Steden*, Lizenzverträge, § 1 Rn. 36.

223 LG Leipzig, ZUM 2007, 671, 672 – „Unterlizenzierung von Fotografien".

224 *Klawitter*, GRUR-Prax 2012, 425, 427.

225 Siehe hierzu 6. Teil, B. III. 1. f.

226 BGH, GRUR 1987, 37, 39 – „Videolizenzvertrag", bzgl. Urheber- und Patentlizenzen; BGH, GRUR 2005, 48, 50 – „man spricht deutsh"; OLG München, GRUR 1984, 524, 525 – „Nachtblende", spricht von einer dinglichen Wirkung; OLG Frankfurt, CR 1998, 525, 526 – „Software-Unterlizenz"; OLG Karlsruhe, GRUR-RR 2012, 98, 101 – „Aufspaltungsverbot"; *Schricker/Loewenheim* in: Schricker/Loewenheim, UrhR, § 35 Rn. 16; *Schulze* in: Dreier/Schulze, UrhG, § 35 Rn. 10; *J.B. Nordemann* in: Fromm/Nordemann, UrhR, § 35 Rn. 9; *Keukenschrijver* in: Busse, PatG, § 15 Rn. 76, 72; a.A. *Dammler/Melullis*, GRUR 2013, 781, 785, eine lediglich schuldrechtlich wirkende Verpflichtung des Hauptlizenznehmers annehmend.

227 *Schricker/Loewenheim* in: Schricker/Loewenheim, UrhR, § 35 Rn. 13; *Schulze* in: Dreier/Schulze, UrhG, § 35 Rn. 7.

228 *Wandtke/Grunert* in: Wandtke/Bullinger, UrhR, § 35 Rn. 10.

erteilt werden (§ 185 II 1, 1. Alt. BGB).[229] Von der Unwirksamkeit betroffen ist lediglich das Verfügungsgeschäft – der schuldrechtliche Vertrag bleibt in seiner Wirksamkeit hiervon unberührt.[230]

Sollte der Lizenzgeber seine Zustimmung verweigern, könnte § 242 BGB ein gewisses Korrektiv bieten, sofern die Verweigerung ohne sachlich gerechtfertigten Grund erklärt wurde.[231] Im Einzelfall wäre eine Interessenabwägung zwischen dem Vollrechtsinhaber und dem Nutzungsrechtsinhaber erforderlich.

Soweit keine andere Vereinbarung getroffen wurde, gilt das Zustimmungserfordernis auch für die Vergabe jeder einzelnen Unterlizenz, unabhängig davon, auf welcher Stufe der Lizenzkette die Rechtseinräumung erfolgt.[232] Dem Zustimmungsvorbehalt ist im Unterlizenzverhältnis gleichermaßen eine dinglich beschränkende Wirkung beizumessen.[233]

Ob die Unterlizenzierung auf nachfolgenden Lizenzstufen (Vergabe von Ur-Enkelrechten) zudem der Zustimmung des vorgelagerten Lizenznehmers bedarf, ist dagegen unklar.[234] Der Gesetzgeber ordnet ein solches Erfordernis nicht ausdrücklich an. In der Praxis sind derartige Regelungen allerdings üblich.[235] Dagegen wird eingewandt, dass das Zustimmungserfordernis allein den Schutzrechtsinhaber in seinen persönlichkeitsrechtlichen Belangen schützen soll.[236] Folgt man dem Prinzip der gebunden Rechtsübertragung, muss auch in dieser Konstellation der Grundsatz des Zustimmungserfordernisses Anwendung finden.[237] Nach a.A. soll hierfür eine konkrete Parteivereinbarung notwendig sein.[238] Eine vermittelnde Lösung könnte

---

229 *Schricker/Loewenheim* in: Schricker/Loewenheim, UrhR, Vor. §§ 28 ff. Rn. 98; *Beck*, Lizenzvertrag im Verlagswesen, S. 11; *Schricker*, Verlagsrecht, § 9 Rn. 3.

230 *Beck*, Lizenzvertrag im Verlagswesen, S. 47.

231 Ein direkter Verweis für die urheberrechtliche Lizenz ist in §§ 34 I 2, 35 II UrhG zu finden, hierzu ausführlich: *Wandtke/Grunert* in: Wandtke/Bullinger, UrhR, § 34 Rn. 11 ff.; *Schricker/Loewenheim* in: Schricker/Loewenheim, UrhR, § 35 Rn. 15; vgl. auch *Beck*, Lizenzvertrag im Verlagswesen, S. 11 f.

232 *J.B. Nordemann* in: Fromm/Nordemann, UrhR, § 35 Rn. 6; *Beck*, Lizenzvertrag im Verlagswesen, S. 80.

233 BGH, GRUR 1987, 37, 39 – „Videolizenzvertrag"; *Wandte/Grunert* in: Wandtke/Bullinger, § 35 Rn. 11; *Schricker/Loewenheim* in: Schricker/Loewenheim, UrhR, § 35 Rn. 16; *Schulze* in: Dreier/Schulze, UrhG, § 35 Rn. 11; a.A. *Scheuermann*, Videoauswertung, S. 151 ff.

234 Zum Meinungsstreit: *Scheuermann*, Videoauswertung, S. 150 ff.

235 BGH, GRUR 1987, 37, 38 – „Videolizenzvertrag": Es ist die „übliche Praxis" sowohl im Urheberrecht als auch im Gewerblichen Rechtsschutz.

236 *Scheuermann*, Videoauswertung, S. 152 f.; *Esser*, Urheberrechtliche Lizenzen in der Insolvenz, S. 116.

237 Vgl. *Beck*, Lizenzvertrag im Verlagswesen, S. 79.

238 *Schricker/Loewenheim* in: Schricker/Loewenheim, UrhR, § 35 Rn. 16; *Schulze* in: Dreier/Schulze, UrhG, § 35 Rn. 11.

erzielt werden, indem man von der Notwendigkeit einer ausdrücklichen Erklärung absieht und je nach Vertragsgestaltung eine stillschweigende Zustimmung des vorgelagerten Lizenznehmers annimmt.

II. Gestaltungsformen der Unterlizenz

Ist der Inhaber einer Lizenz zur Unterlizenzierung berechtigt, kann er Dritten sowohl eine einfache als auch eine ausschließliche Unterlizenz einräumen, und zwar unabhängig davon, auf welcher Lizenzstufe er sich befindet.[239] Durch die Vereinbarung der Exklusivität der Unterlizenz verliert der Unterlizenzgeber allerdings seine eigene Nutzungsberechtigung und zugleich die Verfügungsmacht über das Nutzungsrecht.[240] Gleiche Gestaltungsfreiheit gilt auch für inhaltliche, räumliche und zeitliche Beschränkungen, jedoch unter der Einschränkung, dass die Berechtigung des Unterlizenzgebers zur Einräumung von Unterlizenzen nur in dem Umfang besteht, in dem ihm selbst Nutzungsrechte eingeräumt wurden.[241] Die Unterlizenz kann also niemals weiter reichen als die Hauptlizenz; die Befugnisse des Unterlizenzgebers sind durch die ihm selbst zustehenden Rechte begrenzt.[242] So kann beispielsweise eine nach Zeit, Gebiet oder Nutzungsart begrenzte Lizenz auch nur in diesem Umfang weiterlizenziert werden.[243] Dies folgt aus dem Grundsatz, dass der Lizenznehmer nicht mehr Rechte vergeben kann, als ihm selbst zustehen.[244]

III. Die einzelnen Rechte und Pflichten im Unterlizenzverhältnis

Der Unterlizenzgeber ist mit Abschluss des Unterlizenzvertrages zur Rechtseinräumung verpflichtet.[245] Bei der ausschließlichen Unterlizenz muss der Lizenzgeber außerdem gewährleisten, dass der Unterlizenznehmer in seinem Bereich alleiniger

---

239 Vgl. BGH, GRUR 1987, 37 – „Videolizenzvertrag"; in Bezug auf die Verlagslizenz: *Beck*, Lizenzvertrag im Verlagswesen, S. 43 f.; *Schricker*, Verlagsrecht, § 28 Rn. 23; zum Patentrecht: *Ullmann* in: Benkard, PatG, § 15 Rn. 107.

240 *v. Frentz/Masch*, ZUM 2009, 354, 357.

241 Zum Urheberrecht: BGH, GRUR 1992, 310, 311 – „Taschenbuch-Lizenz"; zum Patentrecht: RG, GRUR 1937, 627, 630 – „Dichtungsvorrichtung"; RGZ 142, 168, 170 – „Loseblätterbuch".

242 Zum Urheberrecht: vgl. BGH, GRUR 1987, 37, 39 – „Videolizenzvertrag"; *Schricker*, Verlagsrecht, § 28 Rn. 23; *Beck*, Lizenzvertrag im Verlagswesen, S. 42 f.; zum Patentrecht: *Ullmann* in: Benkard, PatG, § 15 Rn. 105.

243 *Schmoll* in: Büscher/Dittmer/Schiwy, GewRS/UrhR/MedienR, Kap. 12, Rn. 96.

244 BGH, GRUR 1987, 37, 39 – „Videolizenzvertrag"; *Bartenbach*, Patentlizenz- und Know-how-Vertrag, Rn. 101; *Schmoll* in: Büscher/Dittmer/Schiwy, GewRS/UrhR/MedienR, Kap. 12, Rn. 96, spricht von einer „Akzessorietät zwischen Haupt- und Unterlizenz".

245 *Beck*, Lizenzvertrag im Verlagswesen, S. 31 f.

Nutzungsberechtigter ist.[246] Der Unterlizenznehmer ist im Gegenzug zur Zahlung der vereinbarten Vergütung verpflichtet.[247] Daneben können den Unterlizenznehmer Nebenpflichten wie z. B. eine Ausübungspflicht treffen.[248] Darüber hinaus trifft den Unterlizenznehmer die Verpflichtung, Beschränkungen im Hinblick auf die Art und Weise der Ausübung der Lizenzberechtigung einzuhalten.[249] Weitere Nebenleistungspflichten der Lizenzparteien sind denkbar und ergeben sich insbesondere aus den vertraglichen Regelungen im Einzelfall.

C. Die wirtschaftliche Bedeutung der Unterlizenz in der Praxis

In der Praxis ist die Möglichkeit zur Vergabe von Unterlizenzen in den unterschiedlichsten Bereichen unerlässliches Instrument zur Verwertung immaterieller Güter. Die Entscheidung, ob und in welchem Umfang wirtschaftlich verwertbare Schutzrechte selbst in Benutzung genommen werden oder ob einem anderen eine Lizenz erteilt wird, hängt von verschiedenen Faktoren ab. Die Motive zum Abschluss eines Lizenzvertrages sind vielseitig, variieren in Abhängigkeit des lizenzierten Rechts[250] und sind gleichermaßen ein Indikator für die wirtschaftliche Bedeutung in der Praxis.

Urheberrechtliche Lizenzen sind traditionell von Bedeutung für den Bereich des Kulturschaffens. Die gegenwärtige Größe der urheberrechtsrelevanten Industrien und deren Wachstumsraten verdeutlichen den signifikanten wirtschaftlichen Wert der schöpferischen Leistungen der Urheber.[251] Die Kunst- und Kreativbranche trägt einen wesentlichen Teil zum Bruttoinlandsprodukt in Deutschland bei.[252] Insbesondere die Softwareindustrie konnte in den letzten Jahren Rekordumsätze verzeichnen.[253] Die Wirtschaftszweige, in denen urheberrechtlich geschützte Werke

---

246 *Beck*, Lizenzvertrag im Verlagswesen, S. 33.

247 *Beck*, Lizenzvertrag im Verlagswesen, S. 34.

248 Siehe hierzu die Ausführungen unter 2. Teil, A., II.

249 *Beck*, Lizenzvertrag im Verlagswesen, S. 37 f.

250 *Schmoll* in: Büscher/Dittmer/Schiwy, GewRS/UrhR/MedienR, Kap. 12, Rn. 5.

251 *Schack*, Urheber- und Urhebervertragsrecht, Rn. 30; ebenso die wirtschaftliche Bedeutung hervorhebend: *Fechner*, Geistiges Eigentum und Verfassung, S. 2; *Pahlow*, WM 2008, 2041; *ders.*, Lizenz, S. 1; *Loewenheim* in: Loewenheim, Hdb. UrhR, § 1 Rn. 10.

252 *Söndermann u. a.*, Forschungsbericht, Gesamtgesellschaftliche Perspektiven der Kultur- und Kreativwirtschaft in Deutschland, S. 4, abrufbar unter: http://www.kultur-kreativ-wirtschaft.de/Dateien/KuK/PDF/doku-577-gesamtwirtschaftliche-perspektiven-kultur-und-kreativwirtschaft-kurzfassung,property=pdf,bereich=kuk,sprache=de,rwb=true.pdf: Demnach leistete die Kultur- und Kreativwirtschaft zur gesamtwirtschaftlichen Wertschöpfung in Deutschland im Jahr 2006 einen Beitrag in Höhe von 61 Mrd. Euro. Das entspricht einem Anteil von 2,6 Prozent am Bruttoinlandsprodukt.

253 Vgl. BITKOM, Presseinformation v. 02.03.2012, abrufbar unter: http://www.bitkom.org/de/presse/8477_71369.aspx: Der Umsatz mit Software stieg in 2012 auf 17 Mrd. Euro.

verwertet werden, sind zahlreich und vielfältig; klassische Sektoren bilden z. B. das Verlagswesen, die Musik-, die Film- und die Softwareindustrie oder auch der Bereich der Werbung, Fotografie und des Designs.[254]

Der Schöpfer eines Werkes der Literatur, Wissenschaft, Kunst oder eines verwandten Schutzrechts ist regelmäßig daran interessiert, dieses durch Veröffentlichungen einem möglichst breiten Publikum bekannt zu machen und dadurch gewinnbringend zu verwerten.[255] Der Gesamtprozess des Kulturgüterverkehrs, von der Schaffung über die wirtschaftliche Verwertung bis hin zum Konsum der Werke, gestaltet sich dabei äußerst komplex. Lizenzketten über mehrere Stufen haben sich hier in den unterschiedlichsten Bereichen fest etabliert.[256]

Ursache hierfür ist, dass der Urheber als Schöpfer des Werkes oftmals selbst nicht dazu in der Lage ist, sein Werk dem Rezipienten zugänglich zu machen und somit umfangreich zu verwerten. Ihm fehlt es i.d.R. an der technischen, personell-organisatorischen und finanziellen Ausstattung, um seine Werke zu vervielfältigen, zu verbreiten oder öffentlich wiederzugeben.[257] Er ist dann auf die Hilfe kommerzieller Verwerter angewiesen. Er bedient sich daher der Kulturwirtschaft, also solcher Unternehmungen, die sich darauf spezialisiert haben, urheberrechtlich geschützte Werke zu verwerten. Werkverwerter erfüllen dabei die wichtige kulturvermittelnde Aufgabe, Werke für die Kulturverbraucher[258] verfügbar und erfahrbar zu machen.[259] Deren Geschäftsmodell besteht darin, aus der Vermittlung des Werkgenusses Gewinne zu erzielen. Größe und Bedeutung der existierenden Urheberrechtsindustrien sind enorm und kaum abschätzbar ist der Umfang der Wertschöpfung der daran anknüpfenden Folgeindustrien.[260] Um ein Werk zu veröffentlichen, zu verbreiten oder anderweitig der Allgemeinheit zugänglich zu machen, nehmen die Verwerter oftmals ein erhebliches wirtschaftliches Risiko auf sich. Um die hierfür notwendigen Investitionen abzusichern, lassen sich die Verwerter eine gesicherte Rechtsposition

---

254 M.w.Bsp. *Schack*, Urheber- und Urhebervertragsrecht, Rn. 31; *Pierson* in: Pierson/Ahrens/Fischer, Recht des geistigen Eigentums, S. 44.

255 Der Urheber verfolgt mit seiner schöpferischen Leistung damit sowohl ideelle als auch materielle Interessen (vgl. § 11 S. 1 UrhG).

256 Hierzu z. B. *v. Frentz/Masch*, ZUM 2009, 354.

257 *Schweikart*, Interessenlage im Urheberrecht, S. 25, 35; *Beier*, GRUR 1998, 185, 186; *Haberstumpf*, Hdb. UrhR, Rn. 59.

258 Zum Begriff „Kulturverbraucher“ vgl. *Schack*, Urheber- und Urhebervertragsrecht, Rn. 15.

259 *Schindler*, Grenzen der „dinglichen Aufspaltbarkeit“, S. 105; *Schack*, Urheber- und Urhebervertragsrecht, Rn. 13.

260 *Park*, Journal of International Affairs 2010, Vol. 64, No. 1, S. 54 ff., einen Überblick hierüber gebend.

einräumen: die Nutzungsrechte an dem Werk.[261] Ferner werden Lizenzen in der Praxis auch als Sicherungsmittel für notwendige Fremdfinanzierungen eingesetzt.[262]

Als Zwischen- oder auch als Endglied in der Lizenzkette treten in der Praxis häufig die sog. ökonomisch-organisatorischen Werkvermittler[263] in Erscheinung. Zu diesen zählen Verlage und Ausleiheinrichtungen, die mechanische Industrie, die mit der Herstellung von Ton-, Bild- und Datenträgern betraut ist, Rundfunkanstalten im Bereich Hörfunk und TV, Theater- und Konzertveranstalter, die kunstgewerbliche Industrie und andere.[264] Deren Intention ist in erster Linie rein ökonomischer Natur: Sie übernehmen häufig den größten Anteil des wirtschaftlichen Risikos[265] und wollen daher – vergleichbar den Herstellern herkömmlicher Produkte – aus marktwirtschaftlicher Sicht möglichst kostengünstige und qualitativ hochwertige „Rohstoffe“ – im übertragenen Sinne eine sichere Rechtsposition – erwerben, den Produktionsprozess möglichst effizient und kostenoptimiert gestalten und das Endprodukt gewinnorientiert absetzen.[266]

Ein Beispiel für Lizenzketten in diesem Bereich ist die Filmbranche. Die Verwertung von Filmen gestaltet sich in der Praxis als mehrstufiges System.[267] Ausgehend von den Urhebern des Filmwerkes, den Urhebern vorbestehender Werke sowie den Leistungsschutzberechtigten werden Nutzungsrechte zunächst ausschließlich auf den Filmhersteller übertragen.[268] Der Filmhersteller ist somit Lizenznehmer. Gleichzeitig ist er Inhaber eines originären Leistungsschutzrechts nach § 94 UrhG. I.d.R. wird er die Verwertung des Films nicht selbst vornehmen, sondern Distributoren einschalten, die sich auf die Filmverwertung spezialisiert haben. Die Lizenzkette vom Filmhersteller bis zum Endverbraucher kann durchaus sechs bis sieben Lizenzstufen aufweisen.[269] Nutzungsrechte werden so z. B. vom Filmhersteller an ein Filmverwertungsunternehmen übertragen, das sodann Unterlizenzen

---

261 *Rehbinder*, Urheberrecht, Rn. 82; *Bing*, Verwertung von Urheberrechten, S. 71; vgl. *Beier*, GRUR 1998, 185, der in diesem Zusammenhang von „Erstverwertern“ spricht.

262 Vgl. *Brauer/Sopp*, ZUM 2004, 112, 114 f.; *Brehm*, Filmrecht, S. 203; *Schmidt*, WM 2003, 461, 464 ff., zu den Voraussetzungen im Einzelnen.

263 Vgl. *Schweikart*, Interessenlage im Urheberrecht, S. 35 ff., zur Definition und Untergliederung.

264 *Pierson* in: Pierson/Ahrens/Fischer, Recht des geistigen Eigentums, S. 44.

265 Diese Tatsache kann allerdings nicht in allen Bereichen Geltung beanspruchen. Zu denken sei nur an die z.T. durch den Urheber selbstfinanzierte Wissenschaftspublikation. Aufgrund der geringen wirtschaftlichen Bedeutung solcher Verwertungsstrategien insgesamt sollen derartige Konstellationen im Rahmen dieser Untersuchung keine Berücksichtigung finden.

266 *Hilty*, ZUM 2003, 983, 988 f.

267 *Manegold* in: Wandtke/Bullinger, UrhR, Vor. §§ 88 ff. Rn. 35; *Picot*, Abstraktion und Kausalabhängigkeit, S. 86; *Oeter/Ruttig*, ZUM 2003, 611, 613.

268 *Brehm*, Filmrecht, S. 73 ff.; vgl. insb. die Regeln der Übertragungsvermutung nach §§ 88, 89, 92 UrhG.

269 *Brauer/Sopp*, ZUM 2004, 112, 113.

an Videoproduktionsfirmen, Verleihfirmen, Vertriebsfirmen sowie Sendeanstalten vergibt, bis das Filmwerk vor das Publikum gelangt.[270]

Von besonderer Bedeutung sind Lizenzketten auch im Bereich der Verlagsbranche: Verleger von Werken der Literatur oder Tonkunst (vgl. § 1 VerlG) nehmen die ihnen übertragenen Nutzungsrechte oftmals nur zu einem Teil wahr; üblicherweise werden Unterlizenzverträge mit Dritten geschlossen, so z. B. mit den Herstellern von Taschenbüchern, CDs etc.[271] oder auch verstärkt im Bereich der Online-Nutzung von Publikationen, zu denken ist hier z. B. an Datenbanken wie *beck-online.de*, Musikportale wie *napster.de* oder Cloud-Music-Services wie *Apple*, *Amazon* und *Google*.

Ein weiteres Beispiel für Lizenzketten sind die Internet-Bilddatenbanken.[272] Auf solchen Plattformen können die Urheber von Lichtbildwerken ihre Werke hochladen und schließen damit einen Lizenzvertrag mit dem Betreiber der Bilddatenbank. Die Nutzer dieser Datenbanken können vom Betreiber eine Unterlizenz für die Nutzung der Bilder erwerben. Neben solchen Microstock-Agenturen[273] sind auch die klassischen Fotoagenturen zu erwähnen, die als Zwischenhändler Unterlizenzverträge mit den Verwertern abschließen.[274]

Auch bei der Verwertung von Software, die als Ergebnis persönlicher geistiger Schöpfung urheberrechtlichen Werkschutz genießen kann,[275] ist der Urheber regelmäßig auf die Hilfe kommerzieller Verwerter angewiesen, die Unterlizenzverträge mit den Softwarenutzern schließen.[276]

270 *Schwarz/Klinger*, GRUR 1998, 103; vgl. auch BGH, GRUR 1958, 504 – „Die Privatsekretärin“, zur Übertragung eines Wiederverfilmungsrechts; BGH, GRUR 1987, 37 – „Videolizenzvertrag, zur Übertragung von Nutzungsrechten an diversen Filmwerken über mehrere Lizenzstufen; LG München I, ZUM-RD 2009, 619 – „Filmauswertung“, zur Vergabe von Unterlizenzen durch ein Filmverleihunternehmen an eine Gesellschaft für TV-Auswertung und eine Gesellschaft für Videogrammauswertung.

271 So bereits auch schon *Nordemann*, GRUR 1970, 174.

272 Vgl. z. B. LG Hamburg, ZUM-RD 2009, 403 – „Schreibtischunterlage“: Hier hatte der Urheber einer Fotografie der New Yorker Skyline diese in einer Internet-Bilddatenbank hochgeladen. Die Inhaberin einer Kette von Lebensmittelmärkten hatte sich von der Betreiberin der Bilddatenbank vermeintlich eine Unterlizenz für die Nutzung des Bildes für Schreibtischunterlagen einräumen lassen.

273 Microstock-Agenturen zeichnen sich durch ihr niedriges Preisniveau und den ausschließlichen Vertriebskanal über das Internet aus, der zudem eine Zugänglichkeit für jedermann, also für Anbieter und Nutzer, ermöglicht. Bekannte Beispiele sind *Fotolia* und *iStockphoto*.

274 Vgl. z. B. LG Leipzig, ZUM 2007, 671 – „Unterlizenzierung von Fotografien“.

275 Ausdrücklich erwähnt sind die Computerprogramme als schutzfähige Werkkategorie in § 2 I Nr. 1 UrhG.

276 Vgl. BGH, GRUR 2009, 946 – „Reifen Progressiv“.

Insgesamt zeigt sich, dass das Einschieben von sog. Zwischenhändlern in der Rechtekette im urheberrechtlichen Bereich gängige Praxis ist.[277]

Darüber hinaus spielen Lizenzketten in einem weiteren Sachverhalt eine bedeutende Rolle: Da der Urheber oftmals nicht in der Lage ist, seine Rechte selbst hinreichend wahrzunehmen, bedient er sich sog. Wahrnehmungsgesellschaften, die mit der kollektiven Verwertung der Urheberrechte betraut werden. Grund hierfür ist die Problematik der Rechtewahrnehmung und Kontrolle der Verwertungsvorgänge, deren Ursache in der Natur des Urheberrechts als immaterielles Gut begründet liegt. Das Werk an sich ist nicht an Raum und Zeit gebunden, sondern an verschiedenen Orten gleichzeitig reproduzierbar. Die potentielle Ubiquität macht geistige Schöpfungen daher zu einem schwer zu verwaltenden und leicht zu verletzenden immateriellen Gut.[278] Dazu kommen die vielen Nutzungsarten und der unüberschaubare Benutzerkreis, die es dem Urheber nahezu unmöglich machen, seine Rechte selbst wahrzunehmen.[279] Im Rahmen solcher Wahrnehmungsverhältnisse hat der Urheber die Möglichkeit, Nutzungsrechte an seinem Werk an eine Verwertungsgesellschaft, wie z. B. die *GEMA*, die *VG-Bild* oder die *VG Wort*, zu lizenzieren, die ggf. dann nicht nur Vergütungsansprüche der Urheber gegenüber den Verwertern und Nutzern kollektiv wahrnimmt, sondern auch berechtigt sein kann, Unterlizenzverträge abzuschließen.[280] Wahrnehmungsgesellschaften können somit in der Praxis ebenfalls als zwischengeschaltetes Glied in einer Lizenzkette in Erscheinung treten.[281]

Die wirtschaftliche Relevanz der patentrechtlichen Lizenz ist vergleichbar. Eine unüberschaubare Zahl von Industrien und Folgeindustrien ist heutzutage davon abhängig, Produkte auf der Grundlage von Patenten zu produzieren. Die strategische Entscheidung zur Auslagerung von Produktionsprozessen, insbesondere bei fehlender finanzieller, personeller und/oder technischer Ausstattung zur eigenständigen

---

277 Vgl. z.B. auch LG Hamburg, ZUM 1999, 858 – „Sesamstraße"; nachfolgend OLG Hamburg, GRUR 2002, 335 – „Kinderfernseh-Sendereihe", die Entscheidung der Vorinstanz bestätigend: Hier ging es um die musikalische Bearbeitung der Kinderserie *Sesamstraße*. Der *NDR* beauftragte ein drittes Unternehmen, welches daraufhin einen Komponisten und Musikproduzenten mit der musikalischen Bearbeitung der Serie beauftragte.

278 *Schweikart*, Interessenlage im Urheberrecht, S. 26.

279 *Beier*, GRUR 1998, 185, 186; *Haberstumpf*, Hdb. UrhR, Rn. 61.

280 Vgl. z.B. BGH, GRUR 2010, 920 – „Klingeltöne für Mobiltelefone II": Hier hatte der Komponist eines Musikstücks einen Lizenzvertrag mit der *GEMA* abgeschlossen. Die *GEMA* schloss sodann mit dem Betreiber eines Mobilfunknetzes, der auf seiner Internetseite Klingeltöne und Freizeichenuntermalungsmelodien zum Abruf anbot, einen Unterlizenzvertrag. Zur „Klingeltonpraxis" vgl. *Schulze*, GRUR 2009, 395, 401 f., Anm. zu BGH, Urteil v. 18.12.2008, Az. I ZR 23/06.

281 Vgl. z.B. BGH, GRUR 1966, 567 – „GELU": Gegenstand des Verfahrens war die Übertragung von Verwertungsbefugnissen an Sprach- und Schriftwerken an eine Wahrnehmungsgesellschaft, die befugt war, mit Dritten Verträge über bestimmte urheberrechtliche Nutzungen der Schriftwerke abzuschließen.

Produktion[282] oder auch zur Ausnutzung von betriebswirtschaftlichen Standortvorteilen[283] und auch der Technologieaustausch im Rahmen von Forschungs- und Entwicklungsprojekten[284] oder innerhalb von Unternehmensgruppen[285] gehen einher mit dafür notwendigen Lizenzierungen. Im modernen Wirtschaftsleben haben sich in technologisch komplexen Bereichen Geflechte von Lizenzverträgen über mehrere Stufen hinweg herausgebildet, zur Erreichung eines technisch bzw. wirtschaftlich vorteilhaften Ergebnisses.[286] Die Unterlizenzierung ist auch hier gängiges Geschäftsmodell.

D. Zusammenfassung

1. Obwohl sich das Lizenzrecht einer gänzlichen Typisierung grundsätzlich entzieht, unterscheidet sich die Unterlizenz als besonderer Lizenztyp durch einige wesentliche Merkmale von der unmittelbaren Lizenzerteilung auf der primären Ebene zwischen Schutzrechtsinhaber und Lizenznehmer. Die Unterlizenz lässt sich kurzum als dreiseitiges Rechtskonstrukt beschreiben. Die primären Vertragspflichten treffen zwar unmittelbar die Vertragsparteien, wobei der Lizenzgeber hier nicht Schutzrechtsinhaber ist, sondern lediglich Verfügungsberechtigter über einen Teilausschnitt des Schutzrechts, seine eigene Lizenz. Mittelbar trifft die Verfügung jedoch auch den Schutzrechtsinhaber, sodass dessen Zustimmung zur Unterlizenzierung als Primat der Zulässigkeit Geltung beansprucht, unabhängig davon auf welcher Lizenzstufe eine Unterlizenz erteilt wird. (S. 31 ff.)
2. Die Befugnis zur Vergabe von Unterlizenzen kann damit nicht von einer Beschreibung der Lizenztypen „einfach“ und „ausschließlich“ abhängig gemacht werden (S. 35).
3. Die inhaltliche Ausgestaltung der Unterlizenz ergibt sich aus der individuellen Parteivereinbarung, wobei die Unterlizenz in ihrer rechtlichen Reichweite durch den Umfang der Hauptlizenz vorbestimmt ist (S. 41).

---

282 *Groß*, Lizenzvertrag, Rn. 2.

283 Vgl. *Fehrenbacher*, JR 2001, 309; *Groß*, Lizenzvertrag, Rn. 3; *Bartenbach*, Patentlizenz- und Know-how-Vertrag, Rn. 9.

284 *Schmoll* in: Büscher/Dittmer/Schiwy, GewRS/UrhR/MedienR, Kap. 12, Rn. 5; vgl. *Osterrieth*, Patentrecht, Rn. 311 (zur Bedeutung des Lizenzvertrages), Rn. 314 (zu Lizenzstrategien).

285 Zumeist wird das finanzstarke Mutterunternehmen Inhaber des Schutzrechts sein. Eine Verwertung durch das Tochterunternehmen bedarf dann einer Lizenzerteilung. Somit wird der Gefahr begegnet, das Schutzrecht ggf. durch eine finanzielle Schieflage des Tochterunternehmens zu verlieren.

286 Vgl. *Kraßer*, Patentrecht, 6. Abschn., Einf.; *Haedicke*, ZGE 3 (2011), 377, 378.

4. Die Lizenz hat sich zu einem bedeutenden Verwertungsinstrument im rechtsgeschäftlichen Verkehr mit immateriellen Gütern entwickelt. In den unterschiedlichsten Bereichen haben sich Lizenzkettenkonstruktionen über mehrere Stufen fest etabliert. Der Einsatz der Unterlizenz in der urheberrechtlichen Praxis ist von erheblicher wirtschaftlicher Bedeutung (S. 42 ff.). Umso wichtiger erscheint es für die Beteiligten, sich auf gesicherte Rechtspositionen im Rechtsverkehr verlassen zu können, insbesondere wenn Störungen innerhalb der Lizenzkette auftreten.

3. Teil: Die Problematik des Fortbestands der Unterlizenz nach Beendigung des Hauptlizenzvertrages: Rechtsfolgen, Meinungsstand und Interessen im Konfliktfall

Störungsfälle in zivilen Rechtsverhältnissen treten in der Praxis in verschiedenster Hinsicht auf und sind durch das Bürgerliche Gesetzbuch nahezu in jedem Fall einer Lösung zugänglich. Solche umfassenden Regelungen entbehren die Sondergesetze der Immaterialgüterrechte. Auch soweit man die Regelung des Bürgerlichen Gesetzbuches auf Lizenzverhältnisse anwenden will, können diese oftmals keine hinreichenden Antworten auf die besonderen Probleme des immaterialgüterrechtlichen Lizenzverkehrs bieten. Eine solche Regelungslücke soll hier nochmals und in aller Deutlichkeit und Konsequenz in Bezug auf Störungsfälle innerhalb der Lizenzkette aufgezeigt werden.

Zu der umstrittenen Frage, welche Auswirkung die Beendigung des Hauptlizenzvertrages auf den Bestand der Unterlizenz hat,[287] nahm der BGH erstmals in der Entscheidung „Reifen Progressiv" vom 26.03.2009[288] ausführlich Stellung. Die Argumentationslinie des I. Zivilsenats sowie die darauf folgenden Reaktionen in Literatur und Rechtsprechung sollen zunächst dargestellt werden.

Mit der Streitentscheidung gehen weitreichende Folgen einher, die in ihrem Ausmaß nur schwer abschätzbar sind. Anhand einer Eruierung der involvierten Interessen im Konfliktfall soll daher gezeigt werden, dass die Frage des Fortbestands nach Beendigung des Hauptlizenzvertrages notwendiger Weise einer interessengerechten und praxistauglichen Lösung bedarf.

A. Die rechtlichen Folgen von Störungen in der Lizenzkette

Störungsfälle in der Lizenzkette, die zu einer Beendigung des Lizenzvertrages führen, können vielfältiger Natur sein. Zu denken ist an eine Kündigung wegen Zahlungsverzugs, unwirksame AGB, die Insolvenz des Schutzrechtsinhabers usw. Die Abwicklung des schuldrechtlichen Verhältnisses ist oftmals weniger problematisch und soll im Rahmen dieser Arbeit auch nur am Rande erwähnt werden. Ungeklärt ist dagegen die Frage, was in solchen Fällen mit den eingeräumten Rechten geschieht.

287 Zum Meinungsbild siehe Nachw. Fn. 27 und Fn. 28.
288 BGH, GRUR 2009, 946 – „Reifen Progressiv".

Solche Fälle können entweder den Hauptlizenzvertrag zwischen dem originären Rechtsinhaber und dem Hauptlizenzgeber oder den Unterlizenzvertrag auf jeder beliebigen Stufe betreffen.

I. Die Rechtsfolgen der Beendigung des Hauptlizenzvertrages

Erfolgt ein Bruch in der Rechtekette zwischen Lizenzgeber und Hauptlizenznehmer, stellt sich zum einen die Frage, was im Verhältnis zwischen Lizenzgeber und Hauptlizenznehmer auf der dinglichen Ebene passiert, und zum anderen, wie sich dies auf den Bestand der Unterlizenz auswirkt.

1. Das Rechtsverhältnis zwischen Lizenzgeber und Hauptlizenznehmer

Wird der Vertrag zwischen dem Lizenzgeber und dem Hauptlizenznehmer wirksam beendet, entfällt unstreitig die schuldrechtliche Berechtigung des Lizenznehmers.[289]

Unklar und in Literatur und Rechtsprechung viel diskutiert ist dagegen, ob damit auch die Tochterrechte erlöschen bzw. automatisch an den Inhaber des Schutzrechts zurückfallen[290] oder ob die Beendigung entsprechend dem Abstraktionsprinzip lediglich zu Rückübertragungsansprüchen führt.[291] Ursprung dieser Diskussion ist die Grundsatzfrage, ob das Abstraktionsprinzip oder das Kausalitätsprinzip in direkter bzw. analoger Anwendung des § 9 VerlG auf den Rechtsverkehr mit Lizenzen Anwendung findet.[292] Von Relevanz könnte dieser Meinungsstreit sein, sofern unterschiedliche Rechtsfolgen mit der Anwendung der jeweiligen Konzeption verbunden sind.

a. Die Rechtsfolgen unter Anwendung des Kausalitätsprinzips

Unter Anwendung des Kausalitätsprinzips führt die Beendigung des schuldrechtlichen Lizenzvertrages auch zur Nichtigkeit des dinglichen Rechtsgeschäfts.[293] Nach

---

289 *Soppe* in: Ahlberg/Götting, BeckOK UrhG, § 31 Rn. 58; *Schricker*, Verlagsrecht, § 28 Rn. 26.

290 OLG Hamburg, GRUR Int. 1998, 431, 435 – „Feliksas Bajoras“; OLG Hamburg, GRUR 2002, 335, 336 – „Kinderfernseh-Sendereihe“ sowie in der Vorinstanz LG Hamburg, ZUM 1999, 858, 859 – „Sesamstraße“; OLG Karlsruhe, ZUM-RD 2007, 76, 78 f. – „Popmusiker“; LG Mannheim, DZWIR 2003, 479, 482 – „Softwarelizenzvertrag“; LG Köln, ZUM 2006, 149, 152 – „Reifen Progressiv“; *Forkel*, Gebundene Rechtsübertragungen, S. 165; *Ulmer*, Urheber- und Verlagsrecht, S. 391; *Beck*, Lizenzvertrag im Verlagswesen, S. 3; *v. Frentz/Marrder*, ZUM 2003, 94, 100 f.; *Wente/Härle*, GRUR 1997, 96, 96 ff.; die Frage dagegen offen lassend: BGH, GRUR 2009, 946, 948 – „Reifen Progressiv“.

291 *Schwarz/Klinger*, GRUR 1998, 103, 104 ff., diese Frage für den Filmlizenzvertrag diskutierend.

292 Hierzu ausführlich *Lisch*, Abstraktionsprinzip im UrhR, S. 43 ff.

293 *Adolphsen/Tabrizi*, GRUR 2011, 384, 385; vgl. *Baur/Stürner*, Sachenrecht, § 5 Rn. 50.

einheitlicher Auffassung im Urheberrecht ist die besondere Rechtsfolge einer kausalen Beziehung im Lizenzverkehr ein automatischer Rückfall der Lizenz an den Inhaber des Mutterrechts.[294] Die Beendigung des kausalen Rechtsgeschäfts trifft damit zeitlich mit dem Rechterückfall zusammen. Gleichbedeutend wird hierfür auch der Begriff des „Erlöschens“ verwendet.[295] Eines dinglichen Rückübertragungsgeschäfts bedarf es nach einheitlichem Verständnis grundsätzlich nicht. Die Rechtswirkung beider Begrifflichkeiten ist mithin dieselbe. Jedoch ist der abstrakte Vorgang, also ob der Verlust der Lizenz auf Seiten des Lizenznehmers durch ein Erlöschen oder einen Rückfall stattfindet, zu unterscheiden, weshalb die Frage, ob nach der Konzeption des Kausalitätsprinzips die abgeleiteten Rechte erlöschen oder zurückfallen, kurz untersucht werden muss.

Die §§ 41 V, 42 V UrhG sehen als gesetzliche Rechtsfolge des Rückrufs das Erlöschen der Nutzungsrechte vor. Ebenso spricht § 9 VerlG von einem Erlöschen des Verlagsrechts mit Beendigung des Vertragsverhältnisses. Dagegen ist in § 40 III UrhG von einer Unwirksamkeit der Verfügung die Rede. Der Gesetzgeber benennt hnliche Vorgänge im Urheberrecht uneinheitlich, weshalb eine allgemein gültige Aussage anhand des Gesetzeswortlautes nicht getroffen werden kann.

Ähnliche Vorgänge lassen sich im Sachenrecht verorten, etwa bei den Grunddienstbarkeiten (§§ 875, 1064, 1072 BGB) bei der Hypothek und der Grundschuld (§§ 1183, 1192 BGB) oder beim Pfandrecht (§ 1255 BGB). Der Gesetzwortlaut spricht in all diesen Fällen von einer „Aufhebung“ des jeweiligen Rechts durch die einseitige empfangsbedürftige Erklärung des Rechtsinhabers, das betreffende Recht aufgeben zu wollen. Hierbei handelt es sich um eine rechtsgeschäftliche Verfügung. Ein Erlöschen von abgeleiteten Rechten kennt insoweit nur der Nießbrauch. Dieser erlischt gem. § 1061 BGB mit dem Tode des Nießbrauchers, woraufhin eine Löschung im Grundbuch erfolgt.[296] Anders verhält es sich mit den Lizenzen: Diese erlöschen grundsätzlich nicht im Todesfall, sondern gehen im Wege der Gesamtrechtsnachfolge nach §§ 1922 ff. BGB auf die Erben über.[297] Auch die sachenrechtlichen Regelungen bieten damit keine Antwort auf die Frage.

Aus systematischer Sicht ist der Vorgang im Zusammenhang mit der gebundenen Rechtsübertragung in Form der Abspaltung von Teilbefugnissen zu betrachten. Richtigerweise können Rechte, die gebunden übertragen werden, nicht einfach

294 BGH, GRUR 2012, 916, 917 – „M2Trade“; LG Köln, ZUM 2006, 149, 152 – „Reifen Progressiv“; *Srocke*, Abstraktionsprinzip im UrhR, S. 59; *Schulze* in: Dreier/Schulze, UrhG, § 31 Rn. 18; *Wente/Härle*, GRUR 1997, 96, 97.

295 Z.B. BGH, GRUR 1958, 504, 506 – „Die Privatsekretärin“; OLG Hamburg, GRUR 2002, 335, 336 – „Kinderfernseh-Sendereihe“; LG Mannheim, DZWIR 2003, 479, 482 – „Softwarelizenzvertrag“; *Schricker/Loewenheim* in: Schricker/Loewenheim, UrhR, Vor. §§ 28 ff. Rn. 100; *Schack*, Urheber- und Urhebervertragsrecht, Rn. 595.

296 *Pohlmann* in: MüKo, BGB/Bd. 6/2013, § 1061 Rn. 11.

297 *Schack*, Urheber- und Urhebervertragsrecht, Rn. 627; *Rehbinder*, Urheberrecht, Rn. 579; *Ullmann* in: Benkard, PatG, § 15 Rn. 4.

erlöschen.[298] Vielmehr fällt mit Beendigung der Lizenzeinräumung das Tochterrecht an den Inhaber des Mutterrechts zurück und verbindet sich wieder mit dem Stammrecht, das so komplettiert wird, und zwar ohne, dass es eines Rückübertragungsgeschäfts der Beteiligten bedarf.[299] D.h. eine rechtsgeschäftliche Verfügung ist nicht erforderlich. Ein Verfügungsakt ist darin trotzdem zu sehen. Mit der Konstruktion des Rückfalls der Lizenz unter Anwendung des Kausalitätsprinzips wird das Erfordernis einer dinglichen Einigung, wie sie etwa die Aufhebung eines das Grundstück belastenden Rechts erfordert, überwunden. Die Möglichkeit, ohne rechtsgeschäftliche Rückübertragungshandlung die vollen Befugnisse wiederzuerlangen, wird durch die h.L. im Urheberrecht auch unter dem Grundsatz des (automatischen) „Heimfalls" zusammengefasst.[300] Dieser Vorgang sei Ausdruck dessen, dass der Inhaber des Urheberrechts sich nicht einzelner seiner Befugnisse gänzlich entäußern kann.[301] Die Verfügung stehe schließlich unter einer Zweckbindung.[302]

Im Patentrecht wird die Anwendbarkeit des Kausalitätsprinzips bislang kaum diskutiert. Eine Analogie zum Verlagsrecht scheidet aus, denn die Schutzbedürftigkeit des Patentinhabers ist typischerweise nicht so ausgeprägt wie die des Urhebers.[303] Dies kann aber nur hinsichtlich persönlichkeitsrechtlicher Belange gelten. Aus verwertungsrechtlicher Sicht sind sowohl der Urheber als auch der Patentinhaber in ihrer Schutzbedürftigkeit gleichwertig, sodass eine Anwendbarkeit des Kausalitätsprinzips nicht von vornherein ausgeschlossen werden kann. Unter Anwendung des Kausalitätsprinzips und mit Blick auf den Grundsatz der gebundenen Rechtsübertragung würde also gleichermaßen ein automatischer Rückfall des Tochterrechts eintreten, als unbedingte Folge des dauernden Bandes zwischen dem Lizenzrecht und dem Mutterrecht.

---

298 *Forkel*, Gebundene Rechtsübertragungen, S. 37; a.A. *Knap*, GRUR Int. 1973, 226, 228, der streng an der konstitutiven Theorie festhält.

299 Bereits die amtl. Begr. zum UrhG, BT-Drucks. IV/270, S. 30, 55, spricht hier vom „Grundsatz des Heimfalls"; BGH, GRUR 1966, 567, 569 – „GELU"; *Schricker/Loewenheim* in: Schricker/Loewenheim, UrhR, § 30 Rn. 28; *Rehbinder*, Urheberrecht, Rn. 554; *J.B. Nordemann* in: Fromm/Nordemann, UrhR, Vor. §§ 31 ff. Rn. 111; *Ulmer*, Urheber- und Verlagsrecht, S. 116, 391; *Schulze* in: Dreier/Schulze, UrhG, § 29 Rn. 16; *Block* in: Wandtke/Bullinger, UrhR, § 29 Rn. 23; *Beck*, Lizenzvertrag im Verlagswesen, S. 3; *Forkel*, Gebundene Rechtsübertragungen, S. 55; *ders.*, NJW 1983, 1764, 1765.

300 *Leßmann*, Übertragbarkeit urheberrechtlicher Befugnisse, S. 84; *Schricker/Loewenheim* in: Schricker/Loewenheim, UrhR, § 30 Rn. 28; *Block* in: Wandtke/Bullinger, UrhR, § 29 Rn. 23; *J.B. Nordemann* in: Fromm/Nordemann, UrhR, § 29 Rn. 23; *Schulze* in: Dreier/Schulze, UrhG, § 29 Rn. 16.

301 *Haberstumpf* in: FS Hubmann, S. 127, 142; *Block* in: Wandtke/Bullinger, UrhR, § 29 UrhG Rn. 23.

302 OLG Hamburg, GRUR 2002, 335, 336 – „Kinderfernseh-Sendereihe"; *Ulmer*, Urheber- und Verlagsrecht, S. 391; *Leßmann*, Übertragbarkeit urheberrechtlicher Befugnisse, S. 83 f.

303 *Kraßer*, GRUR Int. 1973, 230, 237.

Im Ergebnis ist festzuhalten, dass unter Anwendung des Kausalitätsprinzips nach Beendigung des Hauptlizenzvertrages ein Rückfall bzw. ein automatischer Heimfall der Tochterrechte eintritt.

b. Die Rechtsfolgen unter Anwendung des Abstraktionsprinzips

Der Regelfall des deutschen Zivilrechts folgt dem Abstraktionsprinzip, wonach Veränderungen auf der Verpflichtungsebene das dingliche Verfügungsgeschäft nicht berühren.[304] Der Inhaber des Mutterrechts müsste folglich Rückgewähransprüche geltend machen, um sein Recht, das nur noch als „leere Hülle" existiert, wieder zu komplettieren.[305]

Derartige Ansprüche sind sowohl dem Urheberrecht als auch dem Patentrecht fremd. Konflikte bei Vertragsbeendigung werden in der Praxis regelmäßig über die deliktischen Ansprüche der §§ 97 ff. UrhG bzw. §§ 139 ff. PatG gelöst. Lediglich die Gegenleistung wird über bereicherungsrechtliche Ansprüche nach §§ 812 ff. BGB rückabgewickelt. So kann z. B. der Lizenznehmer bereits im Voraus gezahlte Lizenzgebühren unter den Voraussetzungen der §§ 812 ff. BGB kondizieren, wenn der Lizenzvertrag vorzeitig aufgelöst wird.[306] Für die Zahlung der Lizenzgebühr gilt das Abstraktionsprinzip, da eine Geldleistung kein spezifischer immaterialgüterrechtlicher Vorgang ist, sondern den allgemeinen zivilrechtlichen Regeln folgt.[307] Unter strikter Anwendung des Abstraktionsprinzips würden aber keine deliktischen Ansprüche entstehen; an deren Stelle würden Rückabwicklungsansprüche treten, insbesondere ein Anspruch auf Rückgewähr der Lizenz.[308] Die Rückabwicklung führt dann zum gegenläufigen dinglichen Akt.[309] Ob ein solcher Anspruch aus dem Lizenzvertrag oder aus dem Gesetz, z. B. § 812 I 1, 1. Alt. BGB bzw. § 812 I 2, 1. Alt. BGB, folgt, ist weitgehend ungeklärt.[310]

Die Forderung nach einer Rückabwicklung verkennt jedenfalls, dass Rechte ihrer Natur nach nicht herausgegeben werden können. Herausgabeansprüche im zivilrechtlichen System beziehen sich prinzipiell auf die körperliche Substanz eines Rechtsobjekts; z. B. nach § 985 BGB auf die Herausgabe der Sache, also eines körperlichen Gegenstands (§ 90 BGB). Auch im Kontext des Bereicherungsausgleichs

---

304 *Larenz/Wolf*, BGB AT, § 23 Rn. 78 f.; hierzu ausführlich *Baur/Stürner*, Sachenrecht, § 5 Rn. 45 ff.

305 *Adolphsen/Tabrizi*, GRUR 2011, 384, 385; *Srocke*, Abstraktionsprinzip im UrhR, S. 59; *Fink*, Beendigung von Dauerschuldverhältnissen, S. 13.

306 LG München I, GRUR 1956, 413, 414.

307 *Picot*, Abstraktion und Kausalabhängigkeit, S. 73.

308 *Lisch*, Abstraktionsprinzip im UrhR, S. 77, 79; *Abel*, NZI 2003, 121, 126; *Hausmann* in: FS Schwarz II, S. 81, 95; vgl. auch *Esser*, Urheberrechtliche Lizenzen in der Insolvenz, S. 110, der bei einer außerordentlichen Vertragsbeendigung eine Rückabwicklung über § 812 I 2, 1. Alt. BGB als Lösung anbietet.

309 *Baur/Stürner*, Sachenrecht, § 5 Rn. 44.

310 Vgl. *Picot*, Abstraktion und Kausalabhängigkeit, S. 72 ff. sowie *Lisch*, Abstraktionsprinzip im UrhR, S. 79 ff., einen Überblick über mögliche Ansprüche gebend.

bei mangelndem Verschulden des Verletzers nach § 812 I 1, 1. Alt. BGB[311] erkennt der BGH an, dass der Gebrauch des immateriellen Schutzgegenstands als Erlangtes i.S. der Norm anzusehen ist, welcher jedoch seiner Natur nach nicht herausgegeben werden kann. Daher sei Wertersatz nach § 818 II BGB zu leisten.[312] Ein bereicherungsrechtlicher Ausgleich dient somit nicht dem Zweck, Nutzungsrechte herauszuverlangen, sondern Wertersatz zu erhalten, wenn ein fremdes Immaterialgüterrecht widerrechtlich, d.h. entgegen seinem Zuweisungsgehalt, genutzt wurde.[313] Faktisches Ziel des Bereicherungsausgleichs ist es, einen angemessenen Ausgleich hinsichtlich der Gegenleistung zu gewährleisten, in Form der Rückabwicklung zu viel gezahlter Gebühren oder durch die Herausgabe des Wertersatzes für die Nutzung der Lizenz.

Dies ist jedoch nicht Kern des aufgezeigten Meinungsstreits. Tatsächlich wird unter Heranziehung des Abstraktionsprinzips der Versuch unternommen, die dingliche Rechtslage „auf sichere Füße zu stellen", solange zwischen den Vertragsparteien noch nicht geklärt ist, ob das schuldrechtliche Rechtsgeschäft wirksam beendet wurde. Der Rechtsinhaber soll nicht aus deliktischen Ansprüchen gegen den Lizenznehmer vorgehen können, bis der Lizenzvertrag unstreitig beendet ist. Dem Lizenznehmer muss in bestimmten Fällen billigerweise eine gewisse Auslaufzeit verbleiben (vgl. § 242 BGB).[314] Eine dogmatische Herleitung über einen Herausgabeanspruch erscheint jedoch nicht als praktikable Lösung, da dieser lediglich einen finanziellen Ausgleich herbeiführen kann.

Grundsätzlich sollte nicht verkannt werden, dass es sich bei der Einräumung einer Lizenz um ein von tatsächlichen Gegebenheiten völlig losgelöstes Rechtsgeschäft handelt. Der Begriff der Verfügung ist lediglich eine Abstraktion, der alle Rechtsgeschäfte erfasst, die unmittelbar auf ein bestehendes Recht einwirken.[315] Die Abtretung als dingliches Verfügungsgeschäft[316] setzt für ihre Wirksamkeit keinen Realakt voraus.[317] Es genügt das Einigsein der Vertragsparteien über den Übergang

311 Anerkannt durch BGH, GRUR 1977, 250, 255 –„Kunststoffhohlprofil"; siehe hierzu auch *Lorenz* in: Staudinger, BGB/Buch 2/2007, Vor. §§ 812 ff. Rn. 65.

312 BGH, GRUR 1982, 301, 303 – „Kunststoffhohlprofil II"; BGH, GRUR 2000, 685, 686 – „Formunwirksamer Lizenzvertrag"; *Mes*, PatG/GebrMG, § 139 PatG Rn. 186; *Lisch*, Abstraktionsprinzip im UrhR, S. 47; *v. Wolff* in: Wandtke/Bullinger, UrhR, § 97 Rn. 92.

313 *Lorenz* in: Staudinger, BGB/Buch 2/2007, Vor. §§ 812 ff. Rn. 65; *Mes*, PatG/GebrMG, § 139 PatG Rn. 185.

314 LG Hamburg, ZUM 2012, 345, 347; *Pahlow*, Lizenz, S. 746: Ein Aufbrauchrecht ist dem Lizenznehmer zuzubilligen, „...sofern dem Inhaber dadurch keine unzumutbare Beeinträchtigung droht und andererseits ein sofortiges Verbot unverhältnismäßige Nachteile für den Lizenznehmer mit sich bringen würde." Vgl. auch BGH, GRUR 1974, 474, 476 – „Großhandelshaus".

315 *Larenz/Wolf*, BGB AT, § 23 Rn. 35.

316 *Baur/Stürner*, Sachenrecht, § 5 Rn. 58.

317 So auch *Zech* in: Leible/Lehmann/Zech, Unkörperliche Güter im Zivilrecht, S. 1, 4.

der rechtlichen Befugnisse. Nach herrschender Auffassung ist der Abschluss des Lizenzvertrages zugleich als (konkludente) Einigung der Parteien über den Übergang der Lizenz als Teilrecht zu werten, soweit der Umfang des zu übertragenden Rechts hinreichend bestimmt ist. Es bedarf also keines separaten Abschlusses eines dinglichen Rechtsgeschäfts. Die Verfügung vollzieht sich quasi zeitgleich mit Abschluss des obligatorischen Rechtsgeschäfts.[318] Fraglich ist daher, warum es eines gesonderten Rückübertragungsgeschäfts nach Beendigung des Lizenzvertrages bedürfen sollte. Auch in diesem Fall muss vielmehr der Parteiwille maßgeblich sein. Ist es der gleichgerichtete Wille der Vertragspartner, dass das Lizenzverhältnis beendet sein soll, so bedarf es keines separaten Abtretungsvertrages. Das Verfügungsgeschäft vollzieht sich vielmehr abstrakt durch das Einigsein der Parteien über das Ende der geschäftlichen Beziehung.[319]

Eine Parallele lässt sich zum strukturell ähnlichen Nießbrauch an Rechten ziehen. Der Nießbrauch wird durch Aufhebung des belasteten Rechts beendet (vgl. § 1071 BGB). Die Aufhebung ist Verfügungsgeschäft. Sie bedarf grundsätzlich der Zustimmung des Nießbrauchers.[320] Auch hier ist ein beiderseitiger übereinstimmender Parteiwille notwendig.

Schwieriger sind Fälle zu beurteilen, in denen Lizenznehmer und Lizenzgeber diesbezüglich uneinig sind. Der Lizenzgeber ist dann auf die Geltendmachung seiner rechtlichen Ansprüche angewiesen. Ausschließlich in diesem Kontext stellt sich die Frage, ob der Beendigungsgrund auch auf das dingliche Rechtsgeschäft durchschlägt oder ob die Lizenz abstrakt von dem Schuldverhältnis fortbesteht. Von Relevanz ist der Streit um die Anwendung des Abstraktionsprinzips also nur, wenn zwischen den Parteien strittig ist, ob der schuldrechtliche Vertrag wirksam beendet wurde.[321] Dabei handelt es sich oftmals um Fälle der außerordentlichen Beendigung des Lizenzvertrages, in denen der Beendigungsgrund auf einer Pflichtverletzung oder auf einem unvorhersehbaren Umstand beruht, die Parteien also den Grund entweder nicht wollten oder nicht kannten. Regelmäßig existiert dann kein gemeinsamer Parteiwille über die daraus resultierenden Rechtsfolgen.[322]

Der Vorteil einer Lösung über den bereicherungsrechtlichen Ausgleich wird darin gesehen, dass hierdurch eine teils dringend notwendige „Auslaufzeit" zugunsten des Lizenznehmers geschaffen wird, bis der Lizenzgeber einen Anspruch auf Herausgabe der ungerechtfertigten Bereicherung zwangsweise durchgesetzt

---

318 *Ulmer*, Urheber- und Verlagsrecht, S. 393; zur Trennung und zur wirtschaftlichen Einheit von Verpflichtungs- und Verfügungsgeschäft im Lizenzverkehr siehe bereits die Ausführungen unter 1. Teil, B.

319 Vgl. BGH, ZUM 1986, 278, 279 – „Alexis Sorbas", spricht von einer „einverständlichen Vertragsauflösung" und Rückübertragung der Verlagsrechte.

320 *Pohlmann* in: MüKo, BGB/Bd. 6/2013, § 1071 Rn. 3; *Baur/Stürner*, Sachenrecht, § 61 Rn. 10.

321 *Lisch*, Abstraktionsprinzip im UrhR, S. 112.

322 *Esser*, Urheberrechtliche Lizenzen in der Insolvenz, S. 110.

hat,[323] ohne dass deliktische Konsequenzen drohen. Vorzugswürdiger wäre es jedoch, eine rechtsgeschäftliche Lösung auf dinglicher Ebene zu suchen; d. h. solange eine Einigung über die Beendigung des Lizenzvertrages nicht eingetreten ist, muss eine Rechtsverletzung i.S. der jeweils einschlägigen deliktischen Anspruchsnormen verneint werden. Sind sich die Lizenzparteien einig, dass der Lizenzvertrag wirksam beendet sein soll, ist darin zugleich eine dingliche Einigung über den gegenläufigen dinglichen Akt zu sehen.

Damit ist festzuhalten, dass die Konzeption des Abstraktionsprinzips im Fall der Beendigung des Hauptlizenzvertrages eine Rückübertragung der Tochterrechte bedingt, die nach der hier vertretenen Auffassung nicht über bereicherungsrechtliche Ansprüche, sondern auf vertraglicher Ebene zu realisieren ist.

c. *Fazit*

Die vorangehende Untersuchung verdeutlicht, dass der Meinungsstreit um die Anwendung des Kausalitäts- oder des Abstraktionsprinzips im Zweipersonenverhältnis weniger ergebnisorientiert ist, sondern vielmehr an dogmatischen Grundsätzen aufbricht, zumal sowohl die wirksame Beendigung des Lizenzvertrages als auch ein Wegfall der Berechtigung des Lizenznehmers zunächst rechtskräftig festgestellt werden müssen, bevor die jeweilige Rechtsfolge droht. Die Rechtsfolgen beider Konzeptionen sind jedenfalls als gleichwertig anzusehen.[324] Der Streit soll daher nicht entschieden werden.

Im Ergebnis ist festzuhalten, dass mit der wirksamen Beendigung des Hauptlizenzvertrages die Nutzungsberechtigung des Hauptlizenznehmers entfällt. Die Tochterrechte fallen an den Inhaber des Vollrechts zurück, unabhängig davon, ob dies automatisch oder durch Rückübertragung – ggf. im Rahmen bereicherungsrechtlicher Ansprüche – geschieht.

2. *Das Rechtsverhältnis zwischen Unterlizenzgeber und Unterlizenznehmer*

Von größerer Tragweite ist der Meinungsstreit über die Anwendbarkeit des Abstraktions- oder des Kausalitätsprinzips[325] in Bezug auf Lizenzketten. Uneinigkeit herrscht über die Frage, was im Verhältnis zwischen Unterlizenzgeber und Unterlizenznehmer auf der Verfügungsebene passiert, wenn der Hauptlizenzvertrag beendet wurde.[326] Die h.M. vertrat sowohl im Urheberrecht als auch im Patentrecht bislang die Auffassung, dass ein Rechterückfall auf der ersten Stufe auf den

---

323 Vgl. *Esser*, Urheberrechtliche Lizenzen in der Insolvenz, S. 111, der z.B. einen Zeitraum von einem Monat für die rechtliche Prüfung vorschlägt.

324 So auch *Lisch*, Abstraktionsprinzip im UrhR, S. 112.

325 Hierzu ausführlich *Lisch*, Abstraktionsprinzip im UrhR, S. 43 ff.

326 Die Frage bereits aufwerfend *Nordemann*, GRUR 1970, 174; zum Meinungsstreit *Schwarz/Klinger*, GRUR 1998, 103, 110 ff.

Bestand der Unterlizenz durchschlägt, sodass die Enkelrechte automatisch an den Schutzrechtsinhaber zurückfallen.[327] Für einen Fortbestand der abgeleiteten Nutzungsrechte nach Wegfall der Hauptlizenz – zumindest bei einer außerordentlichen Beendigung des Hauptlizenzvertrages – sprach sich bislang nur eine Mindermeinung aus.[328]

Problematisch erscheint, dass eine direkte Vertragsbeziehung zwischen Schutzrechtsinhaber und Unterlizenznehmer weder auf dinglicher noch auf schuldrechtlicher Ebene existiert.[329] Lediglich der abgeleitete Rechtserwerb über den Inhaber des Tochterrechts verbindet beide Parteien miteinander. Auch wenn mit der Beendigung des Hauptlizenzvertrages das Tochterrecht wieder an den Schutzrechtsinhaber zurückfällt, ist damit noch nicht entschieden, ob die Enkelrechte das gleiche Schicksal trifft und das Mutterrecht damit wieder zum unbeschränkten Vollrecht erstarkt.

Untersucht werden muss, ob die Unterlizenz als vollkommen verselbstständigte Rechtsposition fortbestehen kann, ohne dass diese durch ein zwischengeschaltetes Glied vermittelt werden muss.[330] Zentraler Konflikt ist die Frage, ob der Lizenz eine dingliche oder lediglich eine schuldrechtliche Rechtsstellung im Gesamtgefüge des Lizenzsystems zukommt. Insoweit der Unterlizenz eine dingliche Rechtsnatur beizumessen ist, gilt es zu untersuchen, ob eine Störung im schuldrechtlichen Hauptvertragsverhältnis sich kausal auf die dingliche Beziehung zwischen dem Inhaber des Mutterrechts und dem Unterlizenznehmer auswirken kann. Auf zivilrechtlicher Ebene sind weitere dogmatische Grundsätze zu diskutieren, die für oder gegen einen Fortbestand der Enkelrechte sprechen könnten und die auch der BGH seiner „Reifen Progressiv"-Entscheidung[331] zugrunde gelegt hat.

II. Die Rechtsfolgen der Beendigung des Unterlizenzvertrages

Erfolgt ein Bruch in der Rechtekette zwischen dem Unterlizenzgeber und seinem Unterlizenznehmer, ist die Rechtsfolge weitestgehend unumstritten: Mit Beendigung des schuldrechtlichen Rechtsgeschäfts – unabhängig vom Beendigungsgrund – entfällt die Nutzungsberechtigung des Unterlizenznehmers.[332]

Allerdings ist auch im sekundären Rechtsverhältnis unklar, ob das Kausalitätsprinzip Anwendung findet und mithin die Enkelrechte automatisch an den

---

327 Siehe Nachw. Fn. 27.

328 Siehe Nachw. Fn. 28.

329 Ähnlich BGH, GRUR 2009, 946, 948 – „Reifen Progressiv".

330 Vgl. *Schindler*, Grenzen der „dinglichen Aufspaltbarkeit", S. 29: Nutzungsrechte behalten stets eine Verbindung zum Mutterrecht und bestehen niemals als vollkommen selbstständige Rechtspositionen.

331 BGH, GRUR 2009, 946 – „Reifen Progressiv".

332 *Schwarz/Klinger*, GRUR 1998, 103, 104, m.w.N.

Unterlizenzgeber zurückfallen[333] oder ob dieser darauf angewiesen ist, Rückübertragungsansprüche geltend zu machen.[334] Wie bereits dargelegt, ist dieser Meinungsstreit ausschließlich von Bedeutung für all jene Fallkonstellationen, in denen die Vertragsparteien über die wirksame Beendigung des Schuldverhältnisses uneinig sind. Insoweit sei auf die vorherigen Ausführungen verwiesen.

B. Das Urteil „Reifen Progressiv" des Bundesgerichtshofs vom 26.03.2009

Das Urteil „Reifen Progressiv" des BGH vom 26.03.2009[335] bildet den zentralen Ausgangspunkt dieser Untersuchung. Der für das Urheberrecht zuständige I. Zivilsenat äußerte sich in der Leitsatzentscheidung nicht nur zur Problematik des Fortbestands der Enkelrechte, sondern auch erstmals zu bedeutenden Grundsatzfragen des Lizenzverkehrs. Da der BGH der bislang h.M.[336] eine Absage erteilte, blieben entsprechende Reaktionen in Rechtsprechung[337] und Literatur[338] nicht aus. Trotz Kritik bestätigte der Senat seine Auffassung zum Fortbestand der Unterlizenzen beim Erlöschen der Hauptlizenz in den Entscheidungen „M2Trade" und „Take Five" vom 19.07.2012.[339]

I. Darstellung der Rechtsprechung

Im vorliegenden Fall klagte der Urheber eines Computerprogramms, das speziell für Reifenhändler entwickelt wurde, gegen eine Reifenhändlerin auf Unterlassung der Nutzung der Software und Schadensersatz. Der Kläger hatte zunächst der A. GmbH

---

333 *Ulmer*, Urheber- und Verlagsrecht, S. 392; *Schricker/Loewenheim* in: Schricker/Loewenheim, UrhR, Vor. §§ 28 ff. Rn. 101; *Hahn*, Verbotsrecht des Lizenznehmers, S. 50; *Beck*, Lizenzvertrag im Verlagswesen, S. 48.

334 *Esser*, Urheberrechtliche Lizenzen in der Insolvenz, S. 112 f.; *Wente/Härle*, GRUR 1997, 96, 98.

335 BGH, GRUR 2009, 946 – „Reifen Progressiv".

336 Siehe Nachw. Fn. 27.

337 BGH, GRUR 2010, 628 – „Vorschaubilder I"; OLG Brandenburg, Urteil v. 30.03.2010, Az. 6 U76/06 – „M2Trade"; OLG München, BeckRS 2012, 05500 – „Take Five" sowie LG München I, InstGE 12, 154 – „Take Five", in der Vorinstanz; OLG München, GRUR-RR 2011, 303 – „Blu-ray Disc"; LG Mannheim, BeckRS 2011, 04156 – „Handylizenz"; LG Mannheim, BeckRS 2012, 11804 – „Dekodiervorrichtung"; LG München I, GRUR-RR 2012, 142 – „Insolvenzfestigkeit".

338 *Haupt*, jurisPR-WettbR 11/2009, Anm. 3; *Musiol*, FD-GewRS 2009, 290122; *Reber*, ZUM 2009, 855; *Reinhard*, K&R 2009, 712; *Scholz*, GRUR 2009, 1107; *Pahlow*, GRUR 2010, 112; *v. Ungern-Sternberg*, GRUR 2010, 273; *Dieselhorst*, CR 2010, 69; *Malitz/Coumont*, InsVZ 2010, 83; *Adolphsen/Tabrizi*, GRUR 2011, 384; *Haedicke*, ZGE 3 (2011), 377; *Czychowski/Nordemann*, GRUR-RR 2012, 233; *Dammler/Melullis*, GRUR 2013, 781.

339 BGH, GRUR 2012, 916 – „M2Trade"; BGH, GRUR 2012, 914 – „Take Five".

das ausschließliche Nutzungsrecht an der Unternehmenssoftware eingeräumt. Diese erteilte sodann der Reifenhändlerin ein einfaches Nutzungsrecht gegen Einmalzahlung. Nachdem die A. GmbH ihren Geschäftsbetrieb einstellte und später Insolvenzantrag gestellt hatte, erklärte der Urheber gegenüber der A. GmbH den Rückruf gem. § 41 UrhG.

Der Urheber vertrat die Ansicht, dass mit dem wirksamen Rückruf des ausschließlichen Nutzungsrechts der A. GmbH auch das einfache Nutzungsrecht der Reifenhändlerin erloschen sei, denn der Heimfall des Tochterrechts umfasse auch die Enkelrechte.

Der BGH widersprach der Auffassung, dass durch den Rückruf der Hauptlizenz die Unterlizenz automatisch heimfalle und führte aus, dass die Interessenlage einen Schutz des Unterlizenznehmers gebiete:

„Der Sublizenznehmer werde durch ein vorzeitiges Erlöschen seines Nutzungsrechts regelmäßig empfindlich getroffen, weil er das Recht nicht bis zum vorgesehenen Ablauf der Nutzungsfrist verwerten könne. Er könne daher möglicherweise nicht einmal die Aufwendungen ausgleichen, die er für den Erwerb und zur Vorbereitung der Verwertung des Nutzungsrechts gehabt habe. Der Sublizenznehmer könne zudem die Ursache für die außerordentliche Auflösung des zwischen dem Urheber und dem Lizenznehmer geschlossenen Vertrages und die vorzeitige Beendigung des früheren Nutzungsrechts regelmäßig weder beeinflussen noch vorhersehen. Es wäre unbillig, wenn er auf Grund von Umständen, die er nicht zu verantworten habe und auf die er sich nicht einstellen könne, sein Nutzungsrecht verlöre und erhebliche wirtschaftliche Nachteile erlitte."[340]

Der dogmatische Begründungsansatz stützte sich zentral auf die Feststellung, dass das einfache Nutzungsrecht – wie auch das ausschließliche Nutzungsrecht – keinen schuldrechtlichen, sondern dinglichen Charakter habe. Dementsprechend müsse der Lizenzgeber, dem Lizenznehmer das Nutzungsrecht nicht während der Dauer des Lizenzverhältnisses fortwährend in seinem Bestand vermitteln. Das Enkelrecht sei nach seiner Abspaltung vom Tochterrecht von dessen Fortbestand unabhängig. Das Enkelrecht erlösche daher nicht, wenn das Tochterrecht aufgrund eines wirksamen Rückrufs wegen Nichtausübung nach § 41 UrhG erlischt.[341]

II. Der dogmatische Begründungsansatz im Einzelnen

1. Der Zweckbindungsgedanke des § 31 V UrhG

Als erstes Negativargument für den Fortbestand der Unterlizenz führt der BGH den im Urheberrecht vertretenen Zweckbindungsgedanken ins Feld.[342]

Dieser Rechtsgedanke leitet sich aus der engen Bindung des Rechtsinhabers zu seinem Werk ab. Die Zweckübertragungsregel ist eines der grundlegendsten Prinzipien des Urhebervertragsrechts. Sie hat ihren gesetzlichen Niederschlag in

340 BGH, GRUR 2009, 946, 947 – „Reifen Progressiv".
341 BGH, GRUR 2009, 946, 947 – „Reifen Progressiv".
342 BGH, GRUR 2009, 946, Rn. 18 – „Reifen Progressiv".

§ 31 V UrhG gefunden. Dabei handelt es sich im Kern um eine Auslegungsregel,[343] die hinsichtlich der Einräumung von Nutzungsrechten Anwendung findet.[344] Ergibt sich der Umfang des eingeräumten Rechts nicht eindeutig und klar aus dem Wortlaut des Vertrages, bestimmt sich der Inhalt nach dem mit dem Abschluss gerade dieses Vertrages verfolgten Zwecks.[345]

Überdies ist dem Zweckbindungsgedanken folgender Inhalt zu entnehmen: Der Rechtsinhaber will i.d.R. von seinen Rechten so wenig wie möglich aufgeben, sodass im Zweifel eine Verpflichtung zur Einräumung von Rechten nur in dem Umfang angenommen werden kann, der nach den feststellbaren Umständen zur Erfüllung des Vertrages erforderlich ist und den der Lizenznehmer zur Ausübung des vertragsbedingten Zwecks benötigt.[346] Damit wird zum Ausdruck gebracht, dass das Urheberrecht gleichsam die Tendenz hat, soweit wie möglich beim Urheber zu verbleiben, damit dieser die Möglichkeit hat, an den wirtschaftlichen Erträgen aus der Nutzung seines Werkes tunlichst beteiligt zu werden und darüber hinaus jede ins Gewicht fallende Nutzung kontrollieren zu können, zumindest aber ein angemessenes Entgelt für sie zu erhalten.[347]

---

343 *Schricker/Loewenheim* in: Schricker/Loewenheim, UrhR, § 31 Rn. 64; *Wandtke/Grunert* in: Wandtke/Bullinger, UrhR, § 31 Rn. 39; *Spautz* in: Möhring/Nicolini, UrhG, § 31 Rn. 47; *Genthe*, Zweckübertragungstheorie, S. 47; *Schweyer*, Zweckübertragungstheorie, S. 72; *Katzenberger*, GRUR Int. 1983, 410, 411; *Schulze*, GRUR 2012, 993; a.A. *Donle*, Bedeutung des § 31 V UrhG, S. 90.

344 *Schricker/Loewenheim* in: Schricker/Loewenheim, UrhR, § 31 Rn. 77; vgl. *v. Gamm*, UrhG, § 31 Rn. 19.

345 *Hoffmann*, JW 1938, 1576, 1579; *v. Gamm*, UrhG, § 31 Rn. 19.

346 RGZ 123, 312, 317 f. – „Wilhelm Busch"; RGZ 134, 198, 201 – „Mechanische Musik"; RGZ 140, 231, 244 – „Tonfilm" (Im Einzelfall ist zu prüfen, welcher Zweck nach dem übereinstimmenden Willen der Beteiligten mit der Rechtsübertragung verfolgt wurde. Danach bestimmt sich deren Umfang.); BGH, GRUR 1977, 42, 45 – „Schmalfilmrechte"; BGH, GRUR 1979, 637, 638 f. – „White Christmas"; BGH, GRUR 1984, 119, 121 – „Synchronisationssprecher"; BGH, GRUR 1996, 121, 122 – „Pauschale Rechtseinräumung"; BGH, GRUR 1998, 680, 682 – „Comic-Übersetzungen"; BGH, GRUR 2003, 234, 236 – „EROC III" (Anwendbarkeit auf die Einwilligung der Inhaber von Leistungsschutzrechten); *Ulmer*, Urheber- und Verlagsrecht, S. 364; *Rehbinder*, Urheberrecht, Rn. 569; *Schricker/Loewenheim* in: Schricker/Loewenheim, UrhR, § 31 Rn. 64; *Wandtke/Grunert* in: Wandtke/Bullinger, UrhR, § 31 Rn. 39; *Spautz* in: Möhring/Nicolini, UrhG, § 31, Rn. 47.

347 Formulierung geprägt durch *Ulmer*, Urheber- und Verlagsrecht, S. 365; durch die h.M. bestätigt: vgl. u.a. BGH, GRUR 1979, 637, 639 – „White Christmas; BGH, GRUR 1998, 680, 682 – „Comic-Übersetzungen"; LG München I, ZUM 2003, 73, 76 – „Pumuckl"; LG München I, InstGE 12, 154, 158 – „Take Five"; *Schricker/Loewenheim* in: Schricker/Loewenheim, UrhR, § 31 Rn. 64; *Schulze*, GRUR 2012, 993.

Die im Urheberrecht verankerte Zweckübertragungsregel findet grundsätzlich auch auf Lizenzverträge über gewerbliche Schutzrechte Anwendung.[348]

Der entscheidende Senat vertrat die Auffassung, dass der urheberrechtliche Zweckbindungsgedanke einem Fortbestand der Enkelrechte nicht entgegenstehe. Dieser werde zwar immer wieder als Argument für einen Rechterückfall angeführt. Allerdings findet der Zweckbindungsgedanke ausschließlich auf rechtsgeschäftliche Vereinbarungen Anwendung. Zwischen dem Urheber und dem Unterlizenznehmer gibt es jedoch keine solche Vereinbarung, auf die der Rechtsgedanke der Zweckbindung angewendet werden könnte.[349] Der Anwendungsbereich der Norm wäre folglich gar nicht erst eröffnet.

2. Kein gutgläubiger Erwerb von Urheberrechten, § 413 BGB i.V.m. §§ 398 ff. BGB

Als weiteres Negativargument nennt der BGH den Grundsatz, dass niemand mehr Rechte vergeben kann, als er selbst besitzt.[350]

Nach Auffassung des Gerichts könne hieraus ein Rechterückfall nicht hergeleitet werden. Denn auch hier sei der zu beurteilende Sachverhalt dem Anwendungsbereich der Grundsätze über den Gutglaubenserwerb entzogen. Der entscheidende Senat stellt dabei maßgeblich auf den Zeitpunkt der Beendigung des Hauptlizenzvertrages und des Erlöschens des Nutzungsrechts des Hauptlizenznehmers ab. Zwar sei dieser ab diesem Zeitpunkt nicht mehr berechtigt, weitere Nutzungsrechte einzuräumen. Der spätere Wegfall der Berechtigung des Verfügenden lasse jedoch die Wirksamkeit seiner früheren Verfügungen unberührt. Die wirksam eingeräumten Enkelrechte seien rechtlich selbstständig und vom Fortbestand des Tochterrechts unabhängig.[351]

3. Der Sukzessionsschutz nach § 33 S. 2 UrhG

Der BGH führt in seiner Begründung als erstes positives Argument für einen Fortbestand der Unterlizenz den in § 33 UrhG geregelten Sukzessionsschutz an.[352]

§ 33 UrhG schützt sowohl den Inhaber einer ausschließlichen als auch den einer einfachen Lizenz vor Beeinträchtigungen seines Nutzungsrechts durch spätere Verfügungen des Urhebers, den Wechsel in der Inhaberschaft des Urheberrechts oder den Verzicht. Verfügt der Urheber über sein Recht durch Einräumung weiterer

348 RG, GRUR 1943, 355; BGH, GRUR 2000, 788, 789 – „Gleichstromsteuerschaltung"; *Ullmann* in: Benkard, PatG, § 15 Rn. 26, 117; *Mes*, PatG/GebrMG, § 15 PatG Rn. 47; *Bartenbach*, Patentlizenz- und Know-how-Vertrag, Rn. 87; *Heussen*, GRUR 1987, 779, 783; a.A. *Kraßer*, GRUR Int. 1973, 230, 237.

349 BGH, GRUR 2009, 946, Rn. 18 – „Reifen Progressiv".

350 BGH, GRUR 2009, 946, Rn. 19 – „Reifen Progressiv".

351 BGH, GRUR 2009, 946, Rn. 19 – „Reifen Progressiv".

352 BGH, GRUR 2009, 946, Rn. 19 – „Reifen Progressiv".

Lizenzen, wozu er gem. § 29 II UrhG, § 137 S. 1 BGB berechtigt ist, und kommt es zu einer Interessenkollision zwischen Lizenznehmern früherer und späterer Lizenzen, ordnet § 33 S. 1 UrhG entsprechend dem Prioritätsprinzip eine Weiterwirkung der zuerst erteilten Lizenzen an. Der Lizenznehmer der prioritäts-früheren Lizenz soll darauf vertrauen können, dass er gegenüber späteren Lizenznehmern im Umfang der von ihm erworbenen Rechte weiterhin zur Nutzung des Werkes befugt bleibt.[353] Ferner bietet § 33 S. 2 UrhG Sukzessionsschutz beim Wechsel der Rechtsinhaberschaft des Lizenzgebers und im Fall des Verzichts.[354] § 33 UrhG garantiert somit einen Bestandsschutz für den Lizenznehmer hinsichtlich seiner Investitionen.[355]

In seiner Begründung wies das Gericht darauf hin, dass die Regelung des § 33 S. 2 UrhG erkennen lasse, dass der Verlust eines Nutzungsrechts nach der Vorstellung des Gesetzgebers nicht zum Entfallen der daraus abgeleiteten Nutzungsrechte führen muss,[356] und verdeutlichte mit dieser Analogie, dass es keinen Unterschied machen könne, ob der Hauptlizenzgeber auf seine Rechtsposition verzichtet oder diese anderweitig in Verfall gerät. Der Bestand der Unterlizenz müsse davon unberührt bleiben.

4. Die dingliche Rechtsnatur der Unterlizenz

Die Feststellung des BGH, dass der Lizenz ein dinglicher Charakter beizumessen ist,[357] war für die Begründung des Fortbestands des Enkelrechts entscheidungserheblich. Denn somit müsse der Lizenzgeber dem Lizenznehmer das Nutzungsrecht nicht während der Dauer des Lizenzverhältnisses fortwährend in seinem Bestand vermitteln. Vielmehr sei das Enkelrecht nach seiner Abspaltung vom Tochterrecht in dessen Fortbestand unabhängig.[358]

5. Die Wertung des § 41 UrhG

Weiterhin begründet der BGH seine Entscheidung für den Fortbestand der Enkelrechte anhand einer Auslegung des § 41 UrhG.[359] Demnach sei die einfache Unterlizenz weder vom Wortlaut noch vom Sinn und Zweck der Norm erfasst. Wenn die Enkelrechte wirksam bleiben, hindere dies den Urheber grundsätzlich nicht, sein

---

353 Hierzu ausführlich: *Schricker/Loewenheim* in: Schricker/Loewenheim, UrhR, § 33 Rn. 9 ff.; *Wandtke/Grunert* in: Wandtke/Bullinger, UrhR, § 33 Rn. 3 ff.; *Schulze* in: Dreier/Schulze, UrhG, § 33 Rn. 4 ff.

354 Hierzu ausführlich: *Schricker/Loewenheim* in: Schricker/Loewenheim, UrhR, § 33 Rn. 15 ff.; *Wandtke/Grunert* in: Wandtke/Bullinger, UrhR, § 33 Rn. 6 f.

355 BT-Drucks. IV/270, S. 56; *Schulze* in: Dreier/Schulze, UrhG, § 33 Rn. 1; *Loewenheim/J.B. Nordemann* in: Loewenheim, Hdb. UrhR, § 26 Rn. 32; *Soppe* in: Ahlberg/Götting, BeckOK UrhG, § 33 Rn. 1.

356 BGH, GRUR 2009, 946, Rn. 19 – „Reifen Progressiv".

357 BGH, GRUR 2009, 946, Rn. 20 – „Reifen Progressiv".

358 BGH, GRUR 2009, 946, Rn. 20 – „Reifen Progressiv".

359 BGH, GRUR 2009, 946, 948 – „Reifen Progressiv".

Werk anderweitig wirtschaftlich zu verwerten.[360] Dem Schutzziel des § 41 UrhG werde damit genüge getan. Ein Interessenkonflikt entstehe somit nicht.

6. Das Erfordernis der Zustimmung zur Unterlizenzierung nach § 35 I 1 UrhG

Eine letzte Überlegung, die der entscheidende Senat anstellt, betrifft das Erfordernis der Zustimmung des Urhebers zur Unterlizenzierung gem. § 35 I 1 UrhG,[361] das bereits im zweiten Teil der Arbeit erörtert wurde.[362] Nach Auffassung des Senats müsse der Urheber, der einer Unterlizenzierung einmal zugestimmt hat, es insoweit hinnehmen, wenn sein ausschließliches Recht nach dem Rückruf weiterhin durch einfache Nutzungsrechte belastet bleibe.[363]

III. Reaktionen auf die Entscheidung

Die Resonanz auf die Entscheidung in Rechtsprechung[364] und Literatur[365] war bislang nicht durchweg zustimmend, sowohl in Bezug auf grundsätzliche dogmatische Aussagen als auch hinsichtlich der allgemeinen Problematik des Fortbestands der Enkelrechte.

Der I. Zivilsenat bestätigte seine Auffassung zur dinglichen Rechtsqualität der ausschließlichen als auch einfachen Lizenz in der Entscheidung „Vorschaubilder I" vom 29.04.2010.[366] Die bisher ergangene unterinstanzliche Rechtsprechung schloss sich – soweit ersichtlich – der Auffassung des I. Senats an und qualifiziert nunmehr die Lizenz allgemein als dingliche Rechtsposition.[367]

Zur Frage des Verbleibs der Enkelrechte im Fall einer Störung im Hauptlizenzverhältnis hatten bislang das LG München I[368], das OLG München[369] und das OLG Brandenburg[370] die Möglichkeit, im Anschluss an die „Reifen Progressiv"-Entscheidung des BGH Stellung zu nehmen:

360 BGH, GRUR 2009, 946, 948 – „Reifen Progressiv".
361 BGH, GRUR 2009, 946, Rn. 24 – „Reifen Progressiv".
362 Siehe hierzu die Ausführungen unter 2. Teil, B. I.
363 BGH, GRUR 2009, 946, Rn. 24 – „Reifen Progressiv".
364 Siehe Nachw. Fn. 337.
365 Siehe Nachw. Fn. 338.
366 BGH, GRUR 2010, 628, Rn. 29 – „Vorschaubilder I".
367 LG Mannheim, BeckRS 2011, 04156 – „Handylizenz"; LG Mannheim, BeckRS 2012, 11804 – „Dekodiervorrichtung"; LG München I, GRUR-RR 2012, 142, 143 f. – „Insolvenzfestigkeit".
368 LG München I, InstGE 12, 154, Rn. 29 – „Take Five".
369 OLG München, BeckRS 2012, 05500 – „Take Five"; OLG München, GRUR-RR 2011, 303 – „Blu-ray Disc".
370 OLG Brandenburg, Urteil v. 30.03.2010, Az. 6 U76/06 – „M2Trade".

Das LG München I stellte im Urteil „Take Five“ vom 17.03.2010[371] klar, dass in der Entscheidung des BGH keine Statuierung der allgemeinen Rechtsbeständigkeit der Unterlizenz zu erblicken ist,[372] und urteilte für den betreffenden Fall, dass mit dem Tochterrecht auch die Enkelrechte erloschen sind.[373] Das OLG München gab dagegen der Berufung statt und schloss sich der Auffassung des BGH an.[374]

Auch in der Entscheidung „Blu-ray Disc“ vom 20.01.2011[375] knüpfte das OLG München ausdrücklich an die „Reifen Progressiv“-Entscheidung des BGH an und urteilte wie folgt: „Abgeleitete – einfache wie auch ausschließliche – Nutzungsrechte können die vorzeitige Beendigung des ihnen vorgelagerten Nutzungsrechts überdauern. Das beruht auf dem dinglichen Charakter der Unterlizenzierung und auf dem Umstand, dass für die Wirksamkeit der Einräumung einer Unterlizenz die zum Zeitpunkt der Verfügung vorliegende Verfügungsberechtigung maßgeblich ist. Der spätere Wegfall der Berechtigung des Verfügenden lässt die Wirksamkeit seiner früheren Verfügungen unberührt; die wirksam eingeräumten Enkelrechte sind rechtlich selbstständig und vom Fortbestand des Tochterrechts unabhängig.“[376]

Ebenso bezog sich das OLG Brandenburg in der Entscheidung „M2Trade“ vom 30.03.2010[377] auf die durch den BGH entwickelten Grundsätze, unter ausdrücklicher Aufgabe der bisherigen Auffassung zur Rechtsbeständigkeit abgeleiteter Lizenzen.[378]

Die Literatur äußerte sich soweit ersichtlich bislang kritisch: Zwar wird die Entscheidung allgemein für interessengerecht gehalten.[379] Nach überwiegender

---

371 LG München I, InstGE 12, 154 – „Take Five“. Zum Sachverhalt siehe nachfolgend die ausführliche Darstellung der BGH Entscheidung „Take Five” v. 19.07.2012 unter 3. Teil, B. IV.

372 LG München I, InstGE 12, 154, Rn. 29 – „Take Five“.

373 LG München I, InstGE 12, 154, Rn. 25 – „Take Five“.

374 OLG München, BeckRS 2012, 05500 – „Take Five“.

375 OLG München, GRUR-RR 2011, 303 – „Blu-ray Disc“: Im vorliegenden Sachverhalt ging es um eine klassische Lizenzkette im Bereich der Filmverwertung. Die Filmherstellerin (Ast.) hatte ein deutsches Filmverleihunternehmen ausschließlich und exklusiv mit dem Verleih und der Auswertung des Films „Der Name der Rose“ von *Umberto Eco* betraut. Das Recht zur Auswertung des Films auf Videokassetten- und Videoplatten-Systemen wurde im Jahr 1985 auf das Unternehmen T. übertragen und durch Zusatzvereinbarung im Jahr 1997 auf das Recht zur DVD-Auswertung erweitert. 1999 unterlizenzierte T. seine Auswertungsrechte an einen Anbieter von Filmen auf DVD (Ag.). Über die Rechtsnachfolgerin der T. wurde 2002 das Insolvenzverfahren eröffnet. 2010 erklärte die Filmverleihgesellschaft die Kündigung gegenüber der Rechtsnachfolgerin und beantragte, der Ag. zu verbieten, den Film „Der Name der Rose” in Form von Blu-ray Discs zu vervielfältigen oder zu verbreiten oder durch Dritte vervielfältigen bzw. verbreiten zu lassen.

376 OLG München, GRUR-RR 2011, 303, 304 – „Blu-ray Disc“.

377 OLG Brandenburg, Urteil v. 30.03.2010, Az. 6 U76/06 – „M2Trade“.

378 OLG Brandenburg, Urteil v. 30.03.2010, Az. 6 U76/06, S. 20 – „M2Trade“.

379 *Reinhard*, K&R 2009, 712, 717; *Reber*, ZUM 2009, 855, 856 f.; *Musiol*, FD-GewRS 2009, 290122; *Dieselhorst*, CR 2010, 69, 70; a.A. *Pahlow*, GRUR 2010, 112, 119, der

Auffassung könne darin jedoch nicht mehr als eine Einzelfallentscheidung erblickt werden.[380] So wird vertreten, dass die Frage des Fortbestands durch die Entscheidung des BGH noch nicht geklärt sei, aber speziell vor dem Hintergrund des § 11 S. 2 UrhG „gewisse Argumente“ für einen automatischen Heimfall der Enkelrechte zu sehen seien.[381] Auch wird eingeräumt, dass die Frage des Fortbestands damit zwar noch nicht abschließend beantwortet sei, die Entscheidung des BGH allerdings gewisse Rückschlüsse im Hinblick auf andere Störungsfälle zulasse.[382] Andere lehnen dagegen einen Rückschluss auf andere Konstellationen prinzipiell ab.[383] Insbesondere können aus der Rechtsprechung des I. Zivilsenats keine Schlüsse auf die insolvenzrechtliche Behandlung von Lizenzen gezogen werden.[384] Auch wird davor gewarnt, der Entscheidung eine weitreichendere Bedeutung beizumessen; schließlich läge hier eine besondere Interessenlage vor, sodass der BGH nur einen Ausnahmefall vom Grundsatz der Abhängigkeit der Lizenzen in der Lizenzkette etablieren wollte.[385] Ähnlich wird für einen „engen Anwendungsbereich“ der Entscheidung plädiert.[386]

Nach a.A. habe der BGH mit dieser Entscheidung die Argumentationsgrundlage geschaffen, auch in künftigen Fällen den Rechtsbestand von Unterlizenzen zu statuieren.[387] Vor allem *Haedicke* wertet die Entscheidung als durchweg plausibel und interessengerecht und überträgt die gewonnen Erkenntnisse auf die Patentlizenz.[388] Ferner wird versucht, die gewonnenen Erkenntnisse auf den Fall der Insolvenz des Urhebers zu übertragen und eine Insolvenzfestigkeit der Unterlizenz zu statuieren.[389]

---

im Ergebnis sowohl für den Urheber als auch für den Verwerter eine Verschlechterung ihrer Rechtspositionen erkennen will.

380 *Reinhard*, K&R 2009, 712, 716 f.; *v. Ungern-Sternberg*, GRUR 2010, 273, 281; *Wündisch/Bauer*, GRUR Int. 2010, 641, 647; *Adolphsen/Tabrizi*, GRUR 2011, 384, 389; *Brinkmann*, NZI 2012, 735, 737 f.; *Czychowski/Nordemann*, GRUR-RR 2012, 233, 234; *McGuire*, GRUR 2012, 657, 659; *Bullinger/Hermes*, NZI 2012, 492, 495; *Schulze* in: Dreier/Schulze, UrhG, § 33 Rn. 10, § 35 Rn. 16, § 41 Rn. 37, hält eine Interessenabwägung im Einzelfall für notwendig.

381 *Czychowski/Nordemann*, GRUR-RR 2012, 233, 234.

382 *v. Ungern-Sternberg*, GRUR 2010, 273, 281.

383 *Adolphsen/Tabrizi*, GRUR 2011, 384, 389; *McGuire*, GRUR 2012, 657, 659.

384 *Wündisch/Bauer*, GRUR Int. 2010, 641, 647; *Brinkmann*, NZI 2012, 735, 737 f.; *Berger*, GRUR 2013, 321, 329.

385 *Reinhard*, K&R 2009, 712, 716 f.

386 *Bullinger/Hermes*, NZI 2012, 492, 495.

387 *Reber*, ZUM 2009, 855, 857; *Scholz*, GRUR 2009, 1107, 1112; ähnlich auch *Musiol*, FD-GewRS 2009, 290122; *Dieselhorst*, CR 2010, 69, 70 f.; *Schmidt*, WM 2012, 721, 730; vgl. auch *Haupt*, jurisPR-WettbR 11/2009, Anm. 3; *Malitz/Coumont*, InsVZ 2010, 83, 87; *Soppe* in: Ahlberg/Götting, BeckOK UrhG, § 31 Rn. 59.

388 *Haedicke*, ZGE 3 (2011), 377 ff.; a.A. *Dammler/Melullis*, GRUR 2013, 781, 783 ff.

389 *Malitz/Coumont*, InsVZ 2010, 83, 86; *Koch* in: Hoeren/Sieber, Multimedia-Recht, Teil 26.1 Rn. 69; *Schaumann* in: Nerlich/Kreplin, MAH Sanierung und Insolvenz, § 36 Rn. 514; a.A. *Slopek*, WRP 2010, 616, 619.

IV. Die Folgeentscheidungen „M2Trade“ und „Take Five“ des Bundesgerichtshofs vom 19.07.2012

Der I. Senat des BGH bestätigte seine Linie in Folge und entschied in zwei Verfahren vom 19.07.2012, in denen der Fortbestand der Enkelrechte nach Beendigung des Hauptlizenzvertrages Streitpunkt der Auseinandersetzung war, gleichfalls zugunsten des Unterlizenznehmers.[390] Auf Anfrage teilte der X. Senat mit, dass er gegen diese Beurteilung keine Bedenken habe.[391]

Im Fall „M2Trade“[392] war Streitgegenstand die Nutzungsbefugnis an einer Unternehmenssoftware. Die Klägerin, ein Softwareunternehmen und ausschließliche Rechtsinhaberin der Software „M2Trade“, hatte einem anderen Unternehmen gegen die fortlaufende Zahlung von Lizenzgebühren Nutzungsrechte an der Software eingeräumt. Die Hauptlizenznehmerin hatte ihrerseits einem dritten Unternehmen eine einfache Unterlizenz an dem Programm erteilt. Als die Hauptlizenznehmerin keine Lizenzgebühren mehr zahlte, kündigte die Klägerin den Lizenzvertrag fristlos. Die Klägerin verlangte vom Beklagten, dem Insolvenzverwalter über das Vermögen der Unterlizenznehmerin, u. a. Schadensersatz für die unbefugte Nutzung ab dem Zeitpunkt der Kündigung. Strittig war in diesem Fall, ob durch die außerordentliche Kündigung nicht nur die ausschließliche Hauptlizenz, sondern auch die abgeleitete Unterlizenz an den Rechtsinhaber zurückgefallen ist und die Nutzung mithin unberechtigt war. Nachdem die Klage vom LG Potsdam abgewiesen wurde[393] und die Berufung vor dem OLG Brandenburg ohne Erfolg blieb[394], urteilte der BGH, dass das schutzwürdige Interesse des Unterlizenznehmers am Fortbestand seines Rechts auch in den Fällen das Interesse des Hauptlizenzgebers überwiegt, in denen eine einfache Unterlizenz gegen fortlaufende Zahlungen eingeräumt wurde und ein sonstiger Grund zum Erlöschen der Hauptlizenz geführt hat,[395] und bestätigte damit seine „Reifen Progressiv“-Entscheidung.

Der zweite Fall[396] betraf das Verlagsrecht an der Komposition „Take Five“ des Jazz-Musikers *Paul Desmond*. Die Klägerin ist Inhaberin der weltweiten Nutzungsrechte an der Komposition und hatte zunächst dem Musikverlag B. die ausschließlichen

---

390 BGH, GRUR 2012, 916 – „M2Trade“; BGH, GRUR 2012, 914 – „Take Five“.

391 BGH, GRUR 2012, 916, Rn. 23 – „M2Trade“; BGH, GRUR 2012, 914, Rn. 15 – „Take Five“.

392 BGH, GRUR 2012, 916 – „M2Trade“; siehe hierzu auch die Urteilsanmerkung von *Becker*, ZUM 2012, 786 ff.; *Dietrich/Szalai*, MMR 2012, 684, 687 ff.; *Marotzke*, ZInsO 2012, 1737 ff.

393 LG Potsdam, Urteil v. 20.07.2006, Az. 2 O 120/05 – „M2Trade“.

394 OLG Brandenburg, Urteil v. 30.03.2010, Az. 6 U 76/06, S. 19 ff. – „M2Trade“, unter Heranziehung der durch den BGH in der „Reifen Progressiv“-Entscheidung aufgestellten Grundsätze.

395 BGH, GRUR 2012, 916, Rn. 25 – „M2Trade“.

396 BGH, GRUR 2012, 914 – „Take Five“; siehe hierzu auch die Urteilsanmerkungen von *Rauer/Ettig*, WRP 2012, 1198 ff. und *Szalai*, ZUM 2012, 790.

Musikverlagsrechte für Europa erteilt. Der Verlag hatte sodann die ausschließlichen Subverlagsrechte für Deutschland und Österreich der Rechtsvorgängerin des Beklagten eingeräumt. Die Inhaberin der Weltrechte und die Lizenznehmerin für Europa vereinbarten bereits im Jahr 1986 einvernehmlich, dass das Vertragsverhältnis beendet sei. Die Klageparteien stritten nunmehr darum, ob die Unterlizenz für Deutschland und Österreich mithin erloschen sei. Während das LG München I entschied, dass mit der Auflösung des Hauptlizenzvertrages die Subverlagsrechte entfallen sind,[397] erteilte der BGH dieser Auffassung eine Absage: Auch in den Fällen, in denen dem Unterlizenznehmer ein ausschließliches Nutzungsrecht gegen Beteiligung an den Lizenzerlösen eingeräumt wurde und die Hauptlizenz aus anderen Gründen erloschen ist, überwiege das schutzwürdige Interesse des Unterlizenznehmers an einem Fortbestand seiner Nutzungsberechtigung.[398]

Bedeutend erscheint, dass der BGH seine Entscheidung für den Fortbestand der Enkelrechte nicht nur auf den Rückruf wegen Nichtausübung beschränkt, sondern auch auf andere Beendigungsgründe – speziell hier die Kündigung wegen Zahlungsverzugs („M2Trade") und die Vereinbarung über die Aufhebung des Lizenzvertrages („Take Five") – ausgeweitet und damit seinen Kritikern eine Absage erteilt hat. Ob damit der Grundsatz manifestiert wurde, dass der Wegfall der Hauptlizenz keine Auswirkungen auf den Bestand der Unterlizenz hat,[399] oder ob die Entscheidungen lediglich Rückschlüsse auf weitere Gründe der Beendigung des Hauptlizenzvertrages zulassen, also mithin grundsätzlich eine Interessenabwägung notwendig ist[400], bedarf einer Klärung.

In beiden Urteilen stützte der I. Zivilsenat seine Entscheidung zentral auf den Grundsatz des Sukzessionsschutzes, der nach seiner Auffassung darauf schließen lässt, dass „...das Erlöschen eines Nutzungsrechts nach den Vorstellungen des Gesetzgebers nicht zum Entfallen der daraus abgeleiteten Nutzungsrechte führen muss"[401], sowie auf eine Abwägung der typischerweise betroffenen Interessen[402]. Insbesondere die vorgenommene Interessenabwägung wird in der Literatur erheblich kritisiert.[403]

Weiterhin nahm der BGH auch zu der Frage Stellung, ob der Fortbestand der Unterlizenz bei Wegfall der Hauptlizenz zu der unbilligen Konsequenz führt, dass der nicht mehr berechtigte Hauptlizenznehmer von Lizenzzahlungen des

---

397 LG München I, InstGE 12, 154, 157 ff. – „Take Five"; a.A. OLG München, BeckRS 2012, 05500 – „Take Five", das Ersturteil im Berufungsverfahren aufhebend.

398 BGH, GRUR 2012, 914, Rn. 18 – „Take Five".

399 So jedenfalls *Cepl*, GRUR-Prax 2012, 393; *Rauer/Ettig*, WRP 2012, 1198, 1201.

400 So etwa *Becker*, ZUM, 786, 787; *Meyer-van Raay*, NJW 2012, 3691, 3692.

401 BGH, GRUR 2012, 916, Rn. 24 – „M2Trade"; BGH, GRUR 2012, 914, Rn. 16 – „Take Five".

402 BGH, GRUR 2012, 916, Rn. 25 ff. – „M2Trade"; BGH, GRUR 2012, 914, Rn. 18 ff. – „Take Five".

403 *Esser*, FD-InsR 2012, 336622; *Szalai*, ZUM 2012, 790, 792.

Unterlizenznehmers profitiert und der Hauptlizenzgeber mithin leer ausgeht.[404] Das Gericht zeigte in beiden Entscheidungen auf, dass zur Vermeidung eines solchen Ergebnisses eine Lösung über das zivilrechtliche Ausgleichssystem zu suchen ist und favorisierte in der Entscheidung „M2Trade" den Weg über § 812 I 1, 2. Alt. BGB: Der ehemalige Hauptlizenznehmer sei dem Hauptlizenzgeber zur Abtretung des gegen den Unterlizenznehmer bestehenden Anspruchs auf Zahlung noch ausstehender Lizenzgebühren verpflichtet.[405]

V. Fazit

Ob der BGH ein endgültiges Machtwort zur Frage des Fortbestands der Enkelrechte nach Beendigung des Hauptlizenzvertrages gesprochen hat, bleibt offen im Hinblick auf die vielfältigen Störfaktoren, die innerhalb der Lizenzkette auftreten können. Auf der Wertungsebene erscheint es zunächst begrüßenswert, dem Unterlizenznehmer innerhalb der Lizenzkette eine sichere Rechtsposition einzuräumen, die auch den Wegfall der Hauptlizenz überdauert. Eine Reihe von rechtspraktischen Fragen, u. a. an wen der Unterlizenznehmer fortlaufende Lizenzgebühren zu entrichten hat, bleiben aber ungeklärt. Die vorgegebene Tendenz hin zu einer abwägenden Entscheidung erscheint zwar im ersten Moment interessengerecht. Ob jedoch die Belange des Schutzrechtsinhabers angemessen berücksichtigt wurden, bleibt fraglich. Eine Betrachtung der einzelnen Positionen und Interessen im Konfliktfall ist daher notwendig.

C. Die Positionen und Interessen im Konfliktfall

Welche praktischen Folgen mit der Streitentscheidung verbunden sind, zeigt sich anhand der widerstreitendenden Positionen und Interessen im Konfliktfall. Hier stehen sich vordergründig die Interessen des Schutzrechtsinhabers und des Unterlizenznehmers gegenüber. Ob darüber hinaus der Allgemeinheit eine zu berücksichtigende Interessenposition in dieser Debatte einzuräumen ist, muss geklärt werden.

I. Das Interesse des Schutzrechtsinhabers an einem Fortfall

Wird der Hauptlizenzvertrag beendet, begehrt der Schutzrechtsinhaber regelmäßig den Rückfall aller eingeräumten Rechte. Die dahinterstehenden Motive können sowohl ideeller als auch wirtschaftlicher Natur sein.

Urheberrechte sind nicht nur als Vermögenswerte von Bedeutung, sondern im tiefsten Kern zugleich Ausdruck der Persönlichkeit.[406] Bei der Einräumung von Nutzungsrechten können auch ideelle Belange betroffen sein. Dies zeigen vor allem

---

404 BGH, GRUR 2012, 916, Rn. 26 f. – „M2Trade"; BGH, GRUR 2012, 914, Rn. 20 – „Take Five".

405 BGH, GRUR 2012, 916, Rn. 27 – „M2Trade".

406 Vgl. *Wandtke* in: Wandtke/Bullinger, Einl. Rn. 4.

jene Beendigungsgründe, die sich auf die Verletzung persönlichkeitsrechtlicher Interessen stützen (vgl. u. a. §§ 41, 42 UrhG, §§ 17, 35 VerlG).

Wirtschaftliche Interessen des Schutzrechtsinhabers könnten insbesondere dann verletzt sein, wenn die Möglichkeit besteht, das Schutzrecht anderweitig gewinnbringender zu verwerten. Das Fortbestehen von Lizenzen Dritter könnte den wirtschaftlichen Wert des Immaterialgüterrechts erheblich mindern. Der Inhaber des Mutterrechts wäre nämlich darin eingeschränkt, weitere Lizenzen zu vergeben.[407] So wäre die Erteilung einer ausschließlichen Lizenz – in dem wenn auch inhaltlich, zeitlich oder räumlich beschränkten Bereich der Unterlizenz – *de facto* nicht mehr möglich (vgl. § 33 S. 1 UrhG). Der Inhaber könnte nur noch einfache Lizenzen einräumen. Die Lizenzeinräumung wäre somit beschränkt durch die bestehende Unterlizenz. Würde der Schutzrechtsinhaber trotzdem eine Verpflichtung zur Einräumung einer exklusiven Rechtsposition begründen, könnte er sich Schadensersatzansprüchen gegenüber seinem direkten Vertragspartner ausgesetzt sehen. Die bestehende Konkurrenz durch den Unterlizenznehmer ließe sich nicht mehr ausschalten. Wahrscheinlich ist, dass dadurch die Einkommenserwartungen aus Lizenzeinnahmen erheblich geschmälert werden. Die wirtschaftliche Verwertbarkeit des Schutzrechts wäre mithin erheblich beeinträchtigt. Im Fall einer bestehenden exklusiven Unterlizenz, ist die Vergabe weiterer Lizenzen sogar grundsätzlich ausgeschlossen. Weitere Verwertungsmöglichkeiten stehen dem Inhaber des Mutterrechts dann nicht mehr offen. Schlimmsten Falls könnte der Inhaber einer fortbestehenden Unterlizenz den Vollrechtsinhaber durch strategisch geschicktes Verhalten schädigen, ohne dass dieser eine rechtliche Handhabe dagegen hätte;[408] so z. B. durch Kooperation mit Wettbewerbern oder auch durch ein gezieltes Nichtausüben.[409] Ein Wertverlust könnte auch durch die unkontrollierte Vergabe weiterer Lizenzen an Wettbewerber durch den Unterlizenznehmer eintreten – sofern dieser dazu berechtigt ist.

Hier stellt sich die Frage, ob sich das Enkelrecht mithin gänzlich der Kontrollmöglichkeit des Inhabers des Mutterrechts entzieht. Der Schutzrechtsinhaber hat jedenfalls ein grundsätzliches Interesse daran, die Kontrolle darüber zu behalten, von wem sein immaterielles Rechtsgut ausgewertet wird. Nutzungsrechte sollen nicht in die Hand von Personen gelangen, die sein Vertrauen nicht besitzen und von denen er befürchten muss, dass sie von den Rechten einen seinen Absichten zuwiderlaufenden Gebrauch machen werden.[410] Mit seiner Zustimmung zur Unterlizenzierung hat der Schutzrechtsinhaber zwar insoweit darauf verzichtet, über die Person des Ausübenden zu bestimmen. Aber nicht nur das „Ob" der Nutzung, sondern auch das „Wie" soll im Rahmen des Vereinbarten einer Kontrolle zugänglich

407 Vgl. LG München I, InstGE 12, 154, Rn. 34 – „Take Five"; *Scholz*, Lizenzen in der Insolvenz, S. 43.

408 *Picot*, Abstraktion und Kausalabhängigkeit, S. 142.

409 Insbesondere bei Patenten könnte die mangelnde Benutzung zu einer Wertminderung oder gar zum Verfall des Patentrechts führen.

410 *Haberstumpf* in: FS Hubmann, S. 127; *Held*, GRUR 1983, 161.

sein. Im Fall des Fortbestands der Unterlizenz stehen dem Hauptlizenzgeber etwaige Druckmittel in Form von vertraglichen Sekundäransprüchen aufgrund fehlender vertraglicher Beziehung dann jedoch nicht zur Verfügung. Das Interesse, den Lizenznehmer in der Nutzung des Teilrechts zu kontrollieren, könnte bei Fortbestand der Unterlizenz also erheblich eingeschränkt sein.

Fraglich ist zudem, wem die Lizenzzahlungen des Unterlizenznehmers zufallen. Dieser ist nicht schuldrechtlich Verpflichteter gegenüber dem Hauptlizenzgeber, der schlimmsten Falls mit einem Zahlungsausfall rechnen muss, trotz Nutzung seines Schutzrechts durch einen Dritten, zu dem er in keiner vertraglichen Beziehung steht. Dies widerspräche dem Verwertungsinteresse des Schutzrechtsinhabers und dem sich aus diesem ableitenden Monopolisierungsgedanken, den der Gesetzgeber in den einzelnen Sondergesetzen der Immaterialgüterrechte verwirklicht hat. Für die Erlaubnis zur Nutzung des Immaterialgüterrechts soll dem Inhaber prinzipiell ein Anspruch auf Vergütung zustehen.[411]

Schließlich bleibt auch unklar, inwieweit dem Schutzrechtsinhaber im Fall des Fortbestands der Unterlizenz eine Verpflichtung zukommt, das Schutzrecht vor Angriffen Dritter zu verteidigen, bzw. ob der Unterlizenznehmer aktivlegitimiert ist, gegen Verletzungen selbstständig vorzugehen.

Aus zivilrechtlicher Sicht drängen sich damit Fragen der Rechtsdurchsetzung auf, insbesondere ob ein Anspruch auf Zahlung der Lizenzgebühr gegenüber dem Unterlizenznehmer besteht und inwieweit Nebenpflichten im Rahmen des Anspruchssystems durchgesetzt werden können, deren Klärung es bedarf.

Das aufgezeigte Szenario verdeutlicht, dass finanzielle Beeinträchtigungen des Schutzrechtsinhabers nicht von der Hand zu weisen sind. Diese sind umso gravierender, je größer das finanzielle Risiko des geistig Schaffenden ist. Von der Schaffung bis hin zur Vermarktung eines Werkes sind ähnlich wie im Bereich der patentierten Erfindung oftmals erhebliche finanzielle, personelle und zeitliche Investitionskosten erforderlich. Als Beispiel eines besonders komplexen Medienprodukts sei hier der Film genannt: Die Filmproduktion und -vermarktung gestaltet sich als risikoreiches Geschäft. Die Produktion ist mit immensen Kosten verbunden, die bei Blockbustern oftmals im dreistelligen Millionenbereich liegen.[412] Der Filmhersteller übernimmt ein erhebliches finanzielles Risiko. Dieses wird natürlich nur dann eingegangen, wenn die Chance besteht, durch die exklusive und umfassende Vermarktung Gewinne zu erzielen.[413] Hätte dieser nunmehr bestehende Unterlizenzverträge trotz Beendigung des Hauptlizenzvertrages zu dulden, wäre sein materielles Interesse an einer umfassenden Auswertung erheblich betroffen.

---

411 Vgl. *Pahlow*, Lizenz, S. 327, der in diesem Kontext den synallagmatischen Charakter des Lizenzvertrages betont; siehe auch Nachw. Fn. 134.

412 So beliefen sich z.B. die Produktionskosten für den Film „Avatar" laut Angaben der Produktionsfirma auf 237 Mio. US Dollar, siehe hierzu vergleichend *Dickey*, „Avatar's" True Cost, abrufbar unter: http://www.thewrap.com/movies/article/avatars-true-cost-and-consequences-11206.

413 *Schweikart*, Interessenlage im Urheberrecht, S. 36 f.

II. Das Interesse des Unterlizenznehmers an einem Fortbestand

Aus Sicht des Verwerters stellt die Unsicherheit über den Fortbestand der Unterlizenz nach Beendigung des Hauptlizenzvertrages eine unbefriedigende Rechtslage dar. Für ihn ist die Bestandssicherheit der Lizenz von erheblicher Bedeutung, vor allem wenn bereits notwendige finanzielle, zeitliche und personelle Vorleistungen für die Auswertung getätigt und damit ein erhebliches wirtschaftliches Risiko in Kauf genommen wurde.[414] All diese Investitionen sind für ihn nur dann wirtschaftlich sinnvoll, wenn die ungestörte Nutzung des Schutzrechts während der Vertragslaufzeit zu erwarten ist.[415]

Gleiches gilt, wenn die Lizenz als Sicherungsgegenstand für Finanzierungsgeschäfte eingesetzt werden soll; z. B. um die zum Lizenzerwerb oder auch zur Verwertung in Form der Produktion, Distribution etc. erforderlichen Bankkredite oder Sicherungsabtretungen abzusichern.[416] Insbesondere Unternehmen der Filmwirtschaft sichern ihre Kredite oftmals mit den durch die Finanzierung erworbenen Filmrechten ab.[417] Derartige Lizenzen sind für den Gläubiger vor allem dann als Sicherungsmittel besonders werthaltig, wenn diese für den Geschäftsprozess zwingend erforderlich sind; so speziell im Fall der Filmrechte, die quasi den wirtschaftlichen Gegenwert des Films darstellen.[418]

Diese Unsicherheit wird verstärkt durch die Tatsache, dass die Leistung des Lizenzgebers i.d.R. nicht subsituiert werden kann.[419] Häufig bleibt dem Unterlizenznehmer auch keine Alternative zum Lizenzerwerb von einem übergeordneten Lizenznehmer in der Lizenzkette, da in der urheberrechtlichen Verwertungspraxis solche Rechteketten i.d.R. fest etabliert sind, insbesondere wenn die Lizenzierung im Wege kollektiver Rechtewahrnehmung durch Verwertungsgesellschaften erfolgt.[420]

Je größer die Abhängigkeit des unternehmerischen Konzepts von der Lizenz ist, umso höher ist auch die Wahrscheinlichkeit, bei Wegfall der Lizenz in eine wirtschaftliche Schieflage zu geraten. Schlimmsten Falls könnte sogar die Insolvenz drohen.[421] Ein solches Risiko trifft sowohl die Kulturindustrien, die mit erheblichem finanziellen Aufwand Bücher, Bild- und Tonträger, Computerprogramme etc.

---

414 *Wente/Härle*, GRUR 1997, 96; vgl. *Hilty*, ZUM 2003, 983, 988 f.; *Malitz/Coumont*, InsVZ 2010, 83, 86; *Beck*, Lizenzvertrag im Verlagswesen, S. 84; *v. Hase*, Musikverlagsvertrag, S. 46; *Haberstumpf/Hintermeier*, Einf. Verlagsrecht, S. 201; *Fink*, Beendigung von Dauerschuldverhältnissen, S. 33; *Picot*, Abstraktion und Kausalabhängigkeit, S. 141; *Haedicke*, ZGE 3 (2011), 377, 378.

415 *McGuire*, GRUR 2012, 657, 658.

416 Hierzu ausführlich: *Brauer/Sopp*, ZUM 2004, 112 ff.; *Schwarz/Klingner*, GRUR 1998, 103; vgl. auch *Wente/Härle*, GRUR 1997, 96.

417 *Brehm*, Filmrecht, S. 203; *Brauer/Sopp*, ZUM 2004, 112; *Schwarz/Klinger*, UFITA 138 (1999) 29 ff.

418 *Brauer/Sopp*, ZUM 2004, 112, 114.

419 *McGuire*, GRUR 2012, 657, 658.

420 *Picot*, Abstraktion und Kausalabhängigkeit, S. 142.

421 So auch *Witz* in: FS Schilling, S. 393.

herstellen und vermarkten, als auch die Lizenzenznehmer patentrechtlich geschützter Erfindungen, die auf Lizenzen angewiesen sind, um Produkte auf Basis des lizenzierten Schutzrechts zu entwickeln, herzustellen und zu vertreiben.

Von erheblicher wirtschaftlicher Bedeutung ist die Frage des Fortbestands insbesondere für die gewerblichen Softwarenutzer.[422] Ein wesentlicher Teil aller Unternehmenssoftware wird als Unterlizenz im Rahmen einer Lizenzkette vom Urheber abgeleitet. Die Anschaffung und Implementierung derartiger Software stellt häufig eine erhebliche Investitionsentscheidung für die betreffenden Unternehmen dar. Das Risiko, das Recht zur Nutzung der Software durch einen Bruch in der Rechtekette vollständig zu verlieren, ist dementsprechend beträchtlich.[423]

Auch sei auf den Komplexitätsgrad einzelner lizenzabhängiger Produkte und die damit verbundene erhebliche Anzahl benötigter Lizenzen hingewiesen: Ob es sich nun um ein Multimediaprodukt, wie den Spielfilm, oder um ein eher technisches Produkt, wie den Laptop, handelt, der Lizenzerwerb gestaltet sich i.d.R. als zeit- und kostenintensiv. Der Einsatz dieser Ressourcen wäre vergeblich, wenn sich der Fortfall einer von vielen Unterlizenzen als Sperrblockade zur Weiterverwertung erweisen würde.

Zusammenfassend ist festzuhalten, dass das Interesse des Unterlizenznehmers primär darauf ausgerichtet ist, durch die Auswertung der Lizenz den darin enthaltenen Vermögenswert zu realisieren und die getätigten Investitionskosten zu amortisieren. Finanzielle Belange stehen im Vordergrund.

III. Die Interessen der Allgemeinheit im Konfliktfall

Mit Blick auf die wirtschaftliche und kulturelle Bedeutung immaterieller Güter für unsere Gesellschaft insgesamt könnte im vorliegenden Konfliktfall auch ein gleichgerichtetes Interesse der Allgemeinheit bestehen, welches im Rahmen eines notwendigen Ausgleichs zu berücksichtigen wäre. Ein solches lässt sich freilich nicht konkret feststellen, sondern kann ausschließlich anhand von komplexen, rein hypothetischen Wirkungsketten erörtert werden.

So könnte durch die Streitentscheidung der Wettbewerb, als der Motor einer freien Gesellschaft[424], beeinflusst werden. Denn durch den Fortbestand der Unterlizenz erhöht sich *de facto* die Leistungskonkurrenz. Selbst durch die geringfügige Ausschaltung der Ausschlusswirkung des Immaterialgüterrechts, hätte zumindest ein zusätzlicher Marktteilnehmer die Möglichkeit, am Wettbewerb auf dem Markt des lizenzierten Rechts teilzunehmen. Ein größerer Wettbewerbsdruck könnte Anreize schaffen, um in Innovationsaktivitäten zu investieren. Die stetige Entwicklung von innovativen, kreativen Produkten auf der Basis immaterieller Güter ist wiederum der Garant für Arbeitsplätze und stetiges Wirtschaftswachstum in einer modernen

422 Vgl. BGH, GRUR 2009, 946 ff. – „Reifen Progressiv“; BGH, GRUR 2012, 916 – „M2Trade“.
423 Vgl. *Grützmacher*, CR 2006, 289, für den Fall der Insolvenz des Softwareherstellers.
424 *Di Fabio* in: Maunz/Dürig, GG, Art. 2 Rn. 116.

Industriegesellschaft.[425] Sie sind einer der wichtigsten Faktoren für technologischen Fortschritt und ökonomische Entwicklung.[426]

Die Unsicherheit der bestehenden Rechtslage könnte zudem die Transaktionskosten erhöhen und die Investitionsbereitschaft schmälern, zulasten der Attraktivität des Wirtschaftsstandortes Deutschland. Die moderne Industriegesellschaft basiert wesentlich auf der Lizenzierung immaterieller Güter. Zahlreiche Unternehmen in verschiedenen Wirtschaftszweigen sind auf den Bestand von Lizenzen angewiesen. Sie sichern sowohl Wirtschaftswachstum als auch Arbeitsplätze. Zwingt der Lizenzverlust ein Unternehmen zu Entlassungen oder gar in die Insolvenz, könnte die mangelnde Bestandskräftigkeit der Lizenz auch die ökonomische Entwicklung beeinflussen.

Ein letzter Aspekt betrifft die Zugangsmöglichkeit zu geschützten immateriellen Gütern innerhalb der durch die Lizenznehmer geschaffenen Verwertungsstrukturen. Denn zu berücksichtigen ist, dass immateriellen Gütern in unserer Gesellschaft ein ganz besonderer Stellenwert einzuräumen ist. So sind Kunst und Kultur der Ursprungskern der geistigen Entwicklung einer Gesellschaft und im Interesse einer freien geistigen Auseinandersetzung ist die Teilhabe an einem reichhaltigen Kulturleben unverzichtbar.[427] Mit gleicher Bedeutsamkeit tragen auch technische Neuerungen zum Entwicklungsfortschritt einer Gesellschaft bei, denn erst die Teilhabe an einem umfangreichen Wissenspool schafft die Grundlage, um immer wieder neue, verbesserte Ideen zu entwickeln, Innovationen zu schaffen, neue Kulturgüter hervorzubringen und somit neues Wissen zu generieren. Dies ist der Treiber gesellschaftlichen und wirtschaftlichen Wachstums und Fortschritts in hochindustrialisierten Ländern wie Deutschland.[428] Ein breiter Zugang zu geschützten Wissensinhalten steht damit allgemein im Interesse der Gesellschaft, dessen Befriedigung einen untrennbaren Bestandteil der Funktion eines Lizenzvertrages bildet.[429] Da dies die essentielle Grundlage jedes innovativen und kreativen Schaffens ist, dürfen Tatsachen, Informationen, Ideen, Forschungsergebnisse und künstlerische Stilmittel im Interesse einer freien Meinungsbildung und Informationsbeschaffung

---

425 *Biedenkopf* in: Depenheuer/Peifer, Geistiges Eigentum, S. 23.

426 Vgl. *Park*, Journal of International Affairs 2010, Vol. 64, No. 1, S. 53.

427 BT-Drucks. 14/6433, S. 7: „Das kreative Schaffen der Urheber ist unverzichtbar für die Kultur in unserem Land und für seine kulturelle Identität. Künstler und andere Kulturschaffende tragen darüber hinaus mit ihrer Arbeit nicht nur in vielfältiger Weise zur demokratischen Meinungsbildung bei; sie leisten vielmehr längst auch einen bedeutenden ökonomischen Beitrag zu unserer Volkswirtschaft."; vgl. auch *Wandtke*, UFITA 121 (1993), 5, 6.

428 *Pierson* in: Pierson/Ahrens/Fischer, Recht des geistigen Eigentums, S. 41; *Schack*, Urheber- und Urhebervertragsrecht, Rn. 17 f.

429 *Knap*, GRUR Int. 1973, 226, 228, weist zutreffend darauf hin, dass der Inhalt eines Lizenzverhältnisses immer auch aus der Sicht der gesellschaftlichen Interessen betrachtet werden muss.

sowie im Interesse der Kunst- und Wissenschaftsfreiheit nicht künstlich monopolisiert und verteuert werden.[430]

Die Entscheidung für eine bestandskräftige Lizenz könnte zu einer Einschränkung der Monopolrechte der Schutzrechtsinhaber und im Gegenzug zu einer Stärkung der Interessenposition der Verwerter führen. Dadurch könnten Anreize für Investitionen in Verwertungsstrukturen geschaffen werden, die bestenfalls die potentiellen Zugangsmöglichkeiten zugunsten der Allgemeinheit verbessern.

IV. Fazit

Der dargebotene Aufriss verdeutlicht die angespannte Interessenlage in Bezug auf die Bestandskräftigkeit der Lizenz im Rechtsverkehr, wenn eine Störung innerhalb der Lizenzkette auftritt. Das Schutzbedürfnis des Inhabers des Immaterialgüterrechts steht dann einem nicht minder erforderlichen Schutz des Unterlizenznehmers gegenüber. Es ist zwingend notwendig, für dieses Problem eine gerechte und praxistaugliche Lösung zu finden, die die Interessen der Beteiligten umfassend würdigt und allgemein Rechtssicherheit schafft. Ob die „Reifen Progressiv"-Entscheidung des BGH eine solche darstellt, bleibt fraglich. Aus verfassungsrechtlicher Sicht wirft die Entscheidung die Frage auf, ob hierin eine ungerechtfertigte Verkürzung des grundrechtlich gewährleisteten Schutzbereichs des Urhebers zu sehen ist. Die nachfolgende materiell verfassungsrechtliche Untersuchung im vierten Teil der Arbeit soll es ermöglichen, die beschriebenen Interessen auf ihre Berechtigung hin zu überprüfen, umfassend zu würdigen und einer Abwägung zu unterziehen.

D. Zusammenfassung

1. Vertragsstörungen innerhalb von Lizenzketten sind insbesondere dann problematisch, wenn die Rechtsfolgen in wirtschaftlicher Hinsicht den nicht am Lizenzvertrag beteiligten Unterlizenznehmer treffen. Die umstrittene Frage des Fortbestands der Unterlizenz nach Beendigung des Hauptlizenzvertrages beschäftigt die Literatur und Rechtsprechung schon seit vielen Jahren. Eine zufriedenstellende Lösung konnte bisher nicht erarbeitet werden. (S. 56 f.)
2. Der BGH hat sich in der Entscheidung „Reifen Progressiv" (S. 58 ff.) und in den darauf folgenden Urteilen „M2Trade" und „Take Five" (S. 66 ff.) für einen Fortbestand der Enkelrechte nach Beendigung des Hauptlizenzvertrages ausgesprochen. In Anbetracht der Tatsache, dass der entscheidende Senat seiner Urteilsfindung jeweils die verschiedenen Umstände des Einzelfalls und eine Abwägung der Interessen der Beteiligten zugrunde legte, scheint eine endgültige Lösung damit noch nicht erzielt zu sein (S. 68).

430 *Schack*, Urheber- und Urhebervertragsrecht, Rn. 17 f.; *Fechner*, Geistiges Eigentum und Verfassung, S. 9.

3. Aufgrund der widerstreitenden Interessenlage – der Schutzrechtsinhaber begehrt regelmäßig einen Rückfall der abgeleiteten Rechte (S. 68 ff.) und der Unterlizenznehmer einen Fortbestand der Unterlizenz (S. 71 f.) – muss die durch den BGH vorgenommene Interessenabwägung auf den Prüfstand gestellt werden, um zu klären, ob die Entscheidung des BGH für einen Fortbestand der Unterlizenz auch auf der verfassungsrechtlichen Wertungsebene überzeugen kann.
4. Daran anschließend muss untersucht werden, wie sich der Lösungsansatz methodisch in unser Zivilrechtssystem einfügt, ob hieraus Schlussfolgerungen für andere Fälle gezogen werden können und welche Konsequenzen auf der Rechtsfolgenseite zu erwarten sind.

4. Teil: Verfassungsrechtliche Betrachtung – Bewertung der BGH-Entscheidung „Reifen Progressiv"

Aus verfassungsrechtlicher Sicht wirft die „Reifen Progressiv"-Entscheidung des BGH[431] die Frage auf, ob der Fortbestand der Unterlizenz nach Beendigung des Hauptlizenzvertrages im konkreten Fall aber auch in Bezug auf andere Fallkonstellationen einen nicht gerechtfertigten Eingriff in die geschützten Interessen des Urhebers darstellt.

Geklärt werden muss zunächst, welche Grundrechte des Urhebers durch die Entscheidung des BGH beschränkt sein könnten. Eine mögliche Beeinträchtigung ideeller und kommerzieller Interessen konnte bereits im Rahmen der Interessenbetrachtung festgestellt werden.[432] Aus Sicht des betroffenen Urhebers stellen sich vordergründig Fragen nach einem ausreichenden Schutz der Urheberpersönlichkeit als Ausdruck des verfassungsrechtlich geschützten allgemeinen Persönlichkeitsrechts[433] und der Gewährleistung des grundrechtlichen Eigentumsschutzes. Ein Einschnitt in die privatautonome Entscheidungsfreiheit des Urhebers bedarf jedenfalls einer substanziellen Begründung,[434] die anhand einer Abwägung der kollidierenden verfassungsrechtlich geschützten Interessen vorzunehmen ist. Ob auf Seiten des Unterlizenznehmers eine in der Interessenabwägung zu berücksichtigende Grundrechtsposition existiert – insbesondere mit Blick auf die Anerkennung einer dinglichen Rechtsposition –, bedarf einer Klärung.

A. Die Verletzung verfassungsrechtlich gewährleisteter Grundrechte des Urhebers

Der geistig Schaffende genießt einen durch die Verfassung gewährleisteten Schutz in seinen persönlichen und wirtschaftlichen Interessen.[435] Eine Einschränkung dieser Rechte bedarf grundsätzlich einer abwägenden Entscheidung, auch soweit es sich um einen Akt der Judikative handelt. Denn die Gerichte sind bei der Anwendung und Auslegung des einfachen Rechts unmittelbar an die Grundrechte gebunden (Art. 1 III GG) und haben dabei die verfassungsrechtlich geschützten

431 BGH, GRUR 2009, 946 – „Reifen Progressiv".
432 Siehe hierzu 3. Teil, C. I.
433 BVerfG, NJW 2000, 2416, 2417 – „Anwaltsschriftsatz"; BVerfG, GRUR 2010, 332, 335 – „Filmurheberrecht"; weitere Nachw. siehe Fn. 465.
434 So die Forderung von *Marotzke*, ZInsO 2012, 1737, 1747.
435 BVerfG, NJW 2000, 2416, 2417 – „Anwaltsschriftsatz"; *Pierson* in: Pierson/Ahrens/Fischer, Recht des geistigen Eigentums, S. 39 f.

Rechtspositionen der Beteiligten in einen interessengerechten Ausgleich zu bringen.[436] Der Schutzauftrag der Verfassung richtet sich unmittelbar an den Richter, der den objektiven Wertscheidungen der Grundrechte Geltung zu verschaffen hat.[437] Die vorliegende letztinstanzliche Entscheidung der Zivilgerichte unterliegt damit der verfassungsrechtlichen Kontrolle und ist auf die Verletzung spezifischen Verfassungsrechts zu überprüfen.[438]

I. Die potentiell betroffenen Grundrechte des Urhebers im Überblick

Die Werkverwertung im Rahmen von in der Wirtschaftspraxis etablierten Lizenzketten wird vordergründig unter der Prämisse vorgenommen, einen angemessenen materiellen Nutzen zu ziehen. Wird das Werk durch einen Lizenznehmer verwertet, will der Urheber freilich auch seine ideellen Interessen geschützt sehen. Beide Interessenpositionen könnten – wie bereits dargelegt – durch einen ungewollten Fortbestand der Unterlizenz in Frage stehen, wenn sich die abgespaltene Rechtsposition gänzlich der Kontrollmöglichkeit des Schutzrechtsinhabers entzieht.[439] Denn zum einen könnte der Urheber in der Nutzung und Verwertung des schöpferisch hervorgebrachten Werkes in unangemessener Weise eingeschränkt sein. Zum anderen muss untersucht werden, ob die geistige und persönliche Verbindung des Urhebers zu seinem Werk noch hinreichend geschützt ist. Der Urheber bedarf hinsichtlich seiner schöpferischen Leistung sowohl eines ideellen als auch materiellen Schutzes, der auf zivilrechtlicher Ebene in § 11 S. 1 UrhG verwirklicht ist.[440] Zum Schutz beider Interessensphären gewährt das Gesetz einzelne Urheberpersönlichkeitsrechte (§§ 12 ff. UrhG) und wirtschaftliche Verwertungsrechte (§§ 15 ff. UrhG).[441] Diese Regelungen sind allgemeiner Ausdruck des durch die Verfassung gewährleisteten persönlichkeitsrechtlichen und eigentumsrechtlichen Schutzes des Urhebers, der in ideeller Hinsicht durch das Urheberpersönlichkeitsrecht nach Art. 2 I GG i.V.m.

436 BVerfG, GRUR 1958, 254, 255 – „Lüth"; BVerfG, NJW 2001, 957, 958; BVerfG, NJW 2009, 3357 f.; BVerfG, NJW 2013, 3086, 3087; *Hillgruber* in: Epping/Hillgruber, BeckOK GG, Art. 1 Rn. 73.

437 BVerfG, NJW 1990, 1469, 1470 – „Handelsvertreter"; BVerfG, NJW 2013, 3086, 3087.

438 Vgl. BVerfG, GRUR 1964, 554, 556 – „Bräunungsmittel"; BVerfG, NJW 1990, 1469 – „Handelsvertreter"; BVerfG, NJW 2002, 3619, 3622 ff.; BVerfG, NJW 2012, 669, 670: Die Auslegung des einfachen Rechts ist nicht Gegenstand der verfassungsrechtlichen Überprüfung.

439 Siehe hierzu 3. Teil, C.

440 BT-Drucks. IV/270, S. 43; *Loewenheim* in: Schricker/Loewenheim, UrhR, § 11 Rn. 1.

441 *Bullinger* in: Wandtke/Bullinger, UrhR, § 11 Rn. 1 f.; hierzu ausführlich *Pierson* in: Pierson/Ahrens/Fischer, Recht des geistigen Eigentums, S. 291 ff.

Art. 1 I GG[442] und in Bezug auf materielle Interessen durch die Eigentumsfreiheit nach Art. 14 GG[443] gewährleistet wird.

Eine Beeinträchtigung weiterer Grundrechtspositionen kann dagegen in Abgrenzung zu Art. 14 GG ausgeschlossen werden:

Zwar fällt in den Schutzbereich der durch Art. 5 III GG geschützten Kunstfreiheit neben dem Werkbereich auch der Wirkbereich i.S. einer Freiheit der Verbreitung von Kunst,[444] der folglich eine uneingeschränkte Lizenzierbarkeit erfassen könnte. Hierbei handelt es sich jedoch um eine rein ideell geprägte Freiheit, die im vorliegenden Fall nicht betroffen ist. Denn wie der BGH richtig festgestellt hat, ist der Urheber grundsätzlich nicht daran gehindert, weitere Lizenzgeschäfte abzuschließen,[445] und damit sein Werk zu verbreiten. Die Kunstfreiheitsgarantie des Art. 5 III GG scheidet als Prüfungsnorm für die im konkreten Fall betroffenen vermögenswerten Befugnisse des Urhebers grundsätzlich aus.[446]

Ebenso muss die durch Art. 12 I GG geschützte Freiheit, bestimmte Berufe frei wählen und ausüben zu können, zu Art. 14 GG abgegrenzt werden. Während die Eigentumsfreiheit das Erworbene, also das Ergebnis der Betätigung, schützt, ist vom Schutzbereich des Art. 12 GG ausschließlich der Erwerb, d.h. die Betätigung selbst, erfasst.[447] Der betroffene Urheber ist hier aber nicht daran gehindert, weiterhin schöpferisch tätig zu sein, sodass eine Beeinträchtigung der Berufsfreiheit im vorliegenden Konfliktfall nicht gegeben ist.

Auch eine Verletzung des Rechts am Gewerbebetrieb ist nicht anzunehmen. Ob ein solches eigenständiges Schutzgut der Eigentumsgarantie zum Schutz der wirtschaftlichen Betätigungsfreiheit überhaupt existiert, ist bislang nicht geklärt.[448] Nach

---

442 BVerfG, NJW 2000, 2416, 2417 – „Anwaltsschriftsatz"; BVerfG, GRUR 2010, 332, 335 – „Filmurheberrecht"; weitere Nachw. Fn. 465.

443 BVerfG, GRUR 1972, 481, 483 – „Kirchen- und Schulgebrauch"; BVerfG, NJW 2012, 1205 – „AnyDVD"; weitere Nachw. Fn. 516.

444 BVerfG, GRUR 1971, 461, 463 – „Mephisto"; *Jarass* in: Jarass/Pieroth, GG, Art. 5 Rn. 107; *Sodan* in: Sodan, GG, Art. 5 Rn. 39, m.w.N.

445 BGH, GRUR 2009, 946, 948 – „Reifen Progressiv".

446 Vgl. BVerfG, GRUR 1972, 481, 483 – „Kirchen- und Schulgebrauch"; BVerfG, GRUR 1980, 44, 46 – „Kirchenmusik"; zur Abgrenzung der Kunst- zur Eigentumsfreiheit ausführlich: *Fechner*, Geistiges Eigentum und Verfassung, S. 195 ff.; *Jarass* in: Jarass/Pieroth, GG, Art. 5 Rn. 107; *Sodan* in: Sodan, GG, Art. 5 Rn. 40.

447 Zur Abgrenzung von Art. 12 GG zu Art. 14 GG: BVerfG, NJW 1971, 1255, 1260 – „Erdölerzeugnisse"; BVerfG, NJW 1993, 2599 – „Tierzucht"; BGH, NJW 1996, 2422, 2423 – „Kassenarzt"; *Jarass* in: Jarass/Pieroth, GG, Art. 12 Rn. 3; *Sodan* in: Sodan, GG, Art. 12 Rn. 15; *Scholz* in: Maunz/Dürig, GG, Art. 12 Rn. 130 ff.

448 Das BVerfG hat bislang offen gelassen, ob der eingerichtete und ausgeübte Gewerbebetrieb die konstituierenden Merkmale des verfassungsrechtlichen Eigentumsbegriffs aufweist: BVerfG, NJW 2002, 2621, 2625 – „Glykolwein"; BVerfG, NVwZ 2009, 1426, 1428 – „Omnibusunternehmen"; BVerfG, NJW 2010, 3501, 3502 – „Gen-Milch".

überzeugender Auffassung kann das Recht am Gewerbebetrieb jedenfalls nicht als Vehikel zur Sicherung erlangter Marktpositionen dienen.[449]

In Abgrenzung zu den genannten Grundrechten wird deutlich, dass es im konkreten Konfliktfall nicht um den Tätigkeitsbereich des Urhebers an sich geht – das Werk existiert bereits. Von Relevanz ist vielmehr der Schutz des Erworbenen, als das Ergebnis der Betätigung, der ausschließlich durch Art. 14 GG gewährleistet wird[450] und dessen spezifische Schutzrichtung auf eine „Sicherung des in vermögenswerten Rechten verkörperten Ergebnisses der beruflichen, künstlerischen oder sonstigen Betätigung, des Innehabens und der Verwendung vorhandener Vermögensgüter" abzielt.[451]

Die nachfolgende Untersuchung beschränkt sich somit auf eine mögliche Beeinträchtigung des durch Art. 2 I GG i.V.m. Art. 1 I GG geschützten Urheberpersönlichkeitsrechts und der nach Art. 14 GG geschützten Eigentumsfreiheit des Urhebers. Einer Anwendbarkeit beider Grundrechte nebeneinander steht aus dogmatischer Sicht nichts entgegen.[452]

II. Die Vereinbarkeit des Fortbestands der Unterlizenz mit Art. 2 I GG i.V.m. Art. 1 I GG

Eingang in die zivilrechtliche Konstellation findet Art. 2 I GG i.V.m. Art. 1 I GG mittels Ausstrahlungswirkung und ist damit bei der Anwendung und Auslegung zivilrechtlicher Normen zu beachten.[453] Dies gilt nach dem von *Canaris* entwickelten Konzept staatlicher Schutzpflichten unmittelbar für die rechtsprechende Gewalt, der aufgrund der Grundrechtsbindung nach Art. 1 III GG die Pflicht obliegt, durch eine verfassungskonforme Auslegung und ggf. Fortbildung des einfachen Rechts Schutz zu gewähren.[454] Das einfache Recht ist grundsätzlich so auszulegen, dass im

449 *Peukert* in: Hilty/Jäger/Kitz, Geistiges Eigentum, S. 47, 71.

450 BVerfG, GRUR 1972, 481, 483 – „Kirchen- und Schulgebrauch"; BVerfG, NJW-RR 2001, 751, 752; BGH, NJW 1996, 2422, 2423 – „Kassenarzt".

451 *Badura*, ZUM 1984, 552, 557; vgl. auch BVerfG GRUR 1972, 481, 483 – „Kirchen- und Schulgebrauch".

452 *Fechner*, Geistiges Eigentum und Verfassung, S. 186.

453 Entscheidend hierzu BVerfG, GRUR 1958, 254, 255 – „Lüth"; speziell zum allgemeinen Persönlichkeitsrecht: BVerfG, GRUR 1973, 541, 544 – „Lebach"; BVerfG, NJW 1991, 2411 f. – „Entmündigung"; *Di Fabio* in: Maunz/Dürig, GG, Art. 2 Rn. 138; *Jarass* in: Jarass/Pieroth, GG, Art. 2 Rn. 57.

454 *Canaris*, AcP 184 (1984), 201, 225 ff.; *ders.*, Grundrechte und Privatrecht, S. 30 ff. I.d.S. auch BVerfG, NJW 1990, 1469, 1470 – „Handelsvertreter"; BVerfG, NJW 1994, 36, 38 – „Inhaltskontrolle"; BVerfG, NJW 1998, 1475 – „Kleinbetriebsklausel"; BVerfG, NJW 2013, 3086, 3087.

Fall mehrerer möglicher Interpretationen diejenige vorzuziehen ist, die den Wertentscheidungen der Verfassung besser entspricht.[455]

Für den konkreten Fall stellt sich mithin die Frage, ob der BGH als letzte zivilrechtliche Instanz bei seiner Urteilsfindung die umfassende Wirkung der persönlichkeitsrechtlichen Aspekte des Urheberrechts in verfassungswidriger Weise verkannt hat.

1. Die persönlichkeitsrechtlichen Aspekte des Urheberrechts

Das Urheberpersönlichkeitsrecht ist durch den Gesetzgeber ausdrücklich als das Recht des Urhebers an seinen geistigen und persönlichen Beziehungen zu dem geschaffenen Werk in § 11 S. 1 UrhG anerkannt.[456] Das Urheberrecht erfüllt in dieser Sphäre die Aufgabe, das „geistige Band", das den Urheber mit seinem Werk als manifestierter Teil seiner Persönlichkeit verbindet, zu schützen.[457] Der Urheber bringt durch das Werk seine Persönlichkeit zum Ausdruck und das Werk spiegelt oftmals seine persönlichen Erfahrungen, Ideen, Empfindungen und Gefühle wieder.[458] Das Werk ist damit das Ergebnis und der Ausdruck einer besonders wertvollen, geistigen und schöpferischen Leistung.[459]

Das Bedürfnis des Urhebers ist zum einen darauf gerichtet, sein „geistiges Kind" hinreichend vor Verletzungen zu schützen (geistiges Urheberinteresse); zum anderen hat der Urheber als Schöpfer des Werkes ein persönliches Interesse daran, sein Ansehen und seine Ehre vor Eingriffen in das Werk zu bewahren (persönliches Urheberinteresse).[460] Das ideelle Urheberinteresse äußert sich z. B. in dem Wunsch, durch Veröffentlichungen einen weitreichenden, guten Ruf zu erlangen oder auch durch häufiges Zitiertwerden einen gewissen Bekanntheitsgrad zu erreichen.[461]

---

455 BVerfG, GRUR 1958, 254, 255 – „Lüth"; BVerfG, NJW 1990, 1469 – „Handelsvertreter"; BVerfG, NJW 2013, 3086, 3087; *Jarass* in: Jarass/Pieroth, GG, Art. 1 Rn. 54, m.w.N.

456 BT-Brucks. IV/270, S. 43 f.; durch die Rspr. ist das Urheberpersönlichkeitsrecht bereits seit 1912 anerkannt, vgl. RGZ 79, 397, 399 – „Felseneiland mit Sirenen".

457 *Ulmer*, Urheber- und Verlagsrecht, S. 209; *Schack*, Urheber- und Urhebervertragsrecht, Rn. 339, 353; *Schweikart*, Interessenlage im Urheberrecht, S. 24; *Fabiani* in: FS Hubmann, S. 87, 92, m.a.W.: das Persönlichkeitsrecht schützt ausschließlich die ideelle Verbindung zwischen Urheber und Werk.

458 *Fabiani* in: FS Hubmann, S. 87, 88.

459 *Fabiani* in: FS Hubmann, S. 87, 91.

460 *Ulmer*, Urheber- und Verlagsrecht, S. 209; *Leßmann*, Übertragbarkeit urheberrechtlicher Befugnisse, S. 9; *Schack*, Urheber- und Urhebervertragsrecht, Rn. 353; *Rehbinder*, Urheberrecht, Rn. 78; hierzu ausführlich *Schweikart*, Interessenlage im Urheberrecht, S. 24, 30 ff.

461 *Leßmann*, Übertragbarkeit urheberrechtlicher Befugnisse, S. 8; *Bing*, Verwertung von Urheberrechten, S. 56; *Marwitz*, UFITA 1928, 389, 401.

Die ideellen Belange können je nach persönlicher Prägung des Werkes in ihrer Intensität variieren.[462]

In seiner gesetzlichen Ausgestaltung gewährt das Urheberpersönlichkeitsrecht Autonomie über die Veröffentlichung des Werkes (§ 12 UrhG), die Anerkennung der Urheberschaft (§ 13 UrhG) sowie Schutz vor Entstellung oder sonstiger Beeinträchtigung (§ 14 UrhG). Diese Vorschriften enthalten eine Reihe einzelner Befugnisse, die den ideellen Interessen des Urhebers zu dienen bestimmt sind.[463] Daneben existieren im Urheberrechtsgesetz Vorschriften, die gleichzeitig über einen verwertungsrechtlichen und persönlichkeitsrechtlichen Einschlag verfügen; so z. B. das Rückrufsrecht wegen Nichtausübung (§ 41 UrhG), welches im vorliegenden Fall durch den Urheber ausgeübt wurde.

Das Urheberpersönlichkeitsrecht ist als besondere Erscheinungsform des allgemeinen Persönlichkeitsrechts anerkannt.[464] Der Schutz der persönlichkeitsrechtlichen Interessen des Urhebers findet seine verfassungsrechtliche Stütze in Art. 2 I GG i.V.m. Art. 1 I GG und wurzelt insofern im Schutz der Menschenwürde und im Grundrecht auf freie Entfaltung der Persönlichkeit.[465] Dessen Eigenart besteht darin, dem Werkschöpfer ein unbedingtes Selbstbestimmungsrecht über die Beziehung zu seinem Werk einzuräumen.[466] Es wahrt damit hauptsächlich die Ehre, Geltung und das Ansehen des Urhebers. Sein Werk soll vor Missachtung, unberechtigten Herabsetzungen, Kränkungen und Schmälerungen bewahrt bleiben.[467] Ziel ist es, die engere persönliche Lebenssphäre und die Erhaltung ihrer Grundbedingungen zu gewährleisten, die sich durch die traditionellen konkreten Freiheitsgarantien nicht abschließend erfassen lassen.[468]

---

462 *Schweikart*, Interessenlage im Urheberrecht, S. 34.

463 Zu den ideellen Interessen des Urhebers siehe 4. Teil, A. I.

464 BT-Drucks. IV/270, S. 44; BVerfG, NJW 2000, 2416, 2417 – „Anwaltsschriftsatz"; BVerfG, GRUR 2010, 332, 335 – „Filmurheberrecht"; BGH, GRUR 1955, 197, 198 – Leserbrief; BGH, GRUR 1971, 525, 526 – „Petite Jacqueline"; *Klass* in: Erman, BGB, Anh. § 12 Rn. 15; *Schulze* in: Dreier/Schulze, UrhG, Vor. §§ 12 ff. Rn. 5; *Bamberger* in: Bamberger/Roth, BeckOK BGB, § 12 Rn. 104; *Dietz/Peukert* in: Schricker/Loewenheim, UrhR, Vor. §§ 12 ff. Rn. 14.

465 BVerfG, GRUR 1973, 541, 544 – „Lebach"; BVerfG, NJW 1986, 1859, 1860 – „Erbengemeinschaft"; BVerfG, NJW 2000, 2416, 2417 – „Anwaltsschriftsatz"; BGH, GRUR 1955, 197, 198 – „Leserbrief"; BGH, GRUR 1958, 408, 409 – „Herrenreiter"; *Di Fabio* in: Maunz/Dürig, GG, Art. 2 Rn. 128; *Dreier* in: Dreier, GG/Bd. 1, Art. 2 I Rn. 68; *Rehbinder*, Urheberrecht, Rn. 136; *Schack*, Urheber- und Urhebervertragsrecht, Rn. 90.

466 Vgl. *Wandtke* in: Wandtke/Bullinger, UrhR, Einl. Rn. 6.

467 *Bußmann* in: FS Haff, S. 247, 261.

468 BVerfG, NJW 1980, 2070 – „Eppler"; BVerfG, NJW 1986, 1859, 1860 – „Erbengemeinschaft".

2. *Verkürzung des Schutzbereichs des Art. 2 I GG i.V.m. Art. 1 I GG durch den Fortbestand der Unterlizenz?*

Einschränkungen in den geschützten Bereich des Art. 2 I GG i.V.m. Art. 1 I GG sind nur unter engen Voraussetzungen möglich. So kann ein Eingriff in den Kernbereich des Persönlichkeitsrechts als zutiefster Ausdruck der Menschenwürde unter keinem Aspekt gerechtfertigt werden.[469] Dieser Bereich wird jedoch nicht primär durch das Urheberpersönlichkeitsrecht abgedeckt. Geschützt wird vielmehr die periphere Wirkung des Persönlichkeitsrechts als Ausdruck des aus Art. 2 I GG fließenden Selbstbestimmungsrechts. Je tiefer ein belastender Eingriff in den engeren persönlichen Bereich des Betroffenen eindringt, desto größer wird der Rechtfertigungsbedarf.[470] Das verfassungsrechtlich geschützte Urheberpersönlichkeitsrecht umfasst i.d.S. unterschiedliche Fallgruppen:

Zum einen wird die Geheimsphäre oder zumindest die Privatsphäre des Urhebers geschützt, und zwar im Rahmen einer möglichen Betroffenheit des Veröffentlichungsrechts nach § 12 UrhG. Da der Urheber in seinen Werken seine Anschauungen und geistigen Vorstellungen preisgibt und er hieran von der Öffentlichkeit gemessen wird, ist der Schritt aus der Geheimsphäre in die Öffentlichkeit für ihn von besonderer Bedeutung. Es soll daher einzig und allein seiner Entscheidung obliegen, wann, wo und in welcher Form er sein Werk und damit sich selbst der Öffentlichkeit offenbaren will.[471] Dieses Recht umfasst aber grundsätzlich nur die Zustimmung zur Erstveröffentlichung.[472]

Hieraus ergeben sich folgende Implikationen für die vorliegende Konfliktsituation: Auch wenn der Unterlizenznehmer noch keine Verwertungshandlungen vorgenommen hat, ist trotzdem von einem Verbrauch des Erstveröffentlichungsrechts auszugehen. Denn durch eine Lizenzierung hat sich der Urheber bewusst dafür entschieden, sein Werk zu verwerten und es auf diese Weise in die Öffentlichkeit zu entlassen. Eine Zustimmung des Urhebers, das Werk zu veröffentlichen, ist somit bereits in der ersten Lizenzabrede bzw. zumindest in der Zustimmung zur Unterlizenzierung zu erblicken. Ein Eingriff kann daher von vornherein ausgeschlossen werden.

Schutzinhalt des verfassungsrechtlichen Urheberpersönlichkeitsrechts ist zum anderen die Wahrung des sozialen Geltungsanspruchs des Urhebers.[473] Ausdruck hat

---

469 Vgl. BVerfG, NJW 1973, 1643 – „Briefkontrolle“; *Di Fabio* in: Maunz/Dürig, GG, Art. 2 Rn. 130; *Dreier* in: Dreier, GG/Bd. 1, Art. 2 Rn. 87, m.w.N.

470 *Di Fabio* in: Maunz/Dürig, GG, Art. 2 Rn. 130.

471 KG, ZUM 2008, 329, 331 – „Günter Grass Briefe“; *Schulze* in: Dreier/Schulze, UrhG, § 12 Rn. 1; *Dietz/Peukert* in: Schricker/Loewenheim, UrhR, § 12 Rn.1.

472 *Dustmann* in: Fromm/Nordemann, UrhR, § 12 Rn. 9; *Dietz/Peukert* in: Schricker/Loewenheim, UrhR, § 12 Rn.7.

473 *Schack*, Urheber- und Urhebervertragsrecht, Rn. 90.

dieser Schutz in dem Recht auf Anerkennung der Urheberschaft i.S. eines Anspruchs auf Urheberbenennung nach § 13 S. 1 UrhG und in dem Entstellungs- und Beeinträchtigungsverbot nach § 14 UrhG gefunden.

Dass dem Urheber diese Ansprüche durch die Entscheidung des BGH aberkannt werden sollen, ist allgemein nicht ersichtlich. Ob ihm jedoch im konkreten Fall eine Verletzungsgefahr seitens des Unterlizenznehmers droht, kann nicht ausgeschlossen werden. Sollte sich eine Interessenverletzung durch den Unterlizenznehmer tatsächlich realisieren, wäre der Urheber prinzipiell nicht schutzlos gestellt. Ihm stehen insbesondere die Verteidigungsmöglichkeiten nach § 97 I, II UrhG zur Verfügung. Eine unmittelbare Verkürzung des verfassungsrechtlichen Schutzbereichs durch Aberkennung des sozialen Geltungsanspruchs des Urhebers i.S.v. §§ 13, 14 UrhG ist damit nicht ersichtlich.

Im Hinblick auf anders gelagerte Fälle könnte ein solcher Eingriff sogar noch weitaus ferner liegen. Zu berücksichtigen sind die Besonderheiten der unternehmerischen Praxis. In wirtschaftlich relevanten Bereichen findet das Werkschaffen oftmals in großen Teams oder sogar unternehmensübergreifend statt, sodass sich das Ergebnis der schöpferischen Leistung nicht mehr einem Einzelnen zuordnen lässt. Hier lässt sich ein Prozess der „Entindividualisierung“ erkennen,[474] der eine zunehmende Einschränkung der persönlichkeitsrechtlichen Befugnisse einzelner Miturheber zugunsten einer angemessenen Verwertbarkeit des schöpferischen Gesamtwerkes erfordert.[475] In diesem Kontext wird deutlich, dass das ursprüngliche Ziel des Urheberpersönlichkeitsrechts, die individuelle Schöpferpersönlichkeit zu schützen,[476] in der Wirtschaftspraxis nur noch selten umzusetzen ist. Das geschilderte Phänomen zeigt sich vor allem bei den abhängigen Werkschöpfern. Dass zugunsten der Verwerter hier Einschränkungen vorzunehmen sind, hat auch der Gesetzgeber erkannt. Regelungen wie die des § 43 UrhG und speziell für die Softwareentwicklung § 69b UrhG sowie die Übertragungsvermutungen nach §§ 88, 89, 92 UrhG zugunsten des Filmherstellers bringen zum Ausdruck, dass Werke, die in Abhängigkeitsverhältnissen geschaffen werden, aus ökonomischer Sicht ein dem Arbeitgeber zuzurechnendes Wirtschaftsgut darstellen.[477] Durch diese Regelungen sollen zwar keinesfalls urheberpersönlichkeitsrechtliche Befugnisse eingeschränkt werden – Gegenstand ist grundsätzlich ein derivativer Rechtserwerb, der das

---

474 *Fechner*, Geistiges Eigentum und Verfassung, S. 7; vgl. auch *Peifer*, Individualität im Zivilrecht, S. 87 ff., der davor warnt, an eine solche Entwicklung rechtliche Konsequenzen zulasten des Urhebers zu knüpfen.

475 Vgl. BVerfG, NJW 2001, 600 – „Regievertrag“.

476 *Möller*, Unübertragbarkeit des Urheberrechts, S. 23: Das Urheberpersönlichkeitsrecht will in seinem Kern „...den einsam in seiner Kammer sitzenden Künstler schützen, der mit Feder und Tusche ein Schriftwerk mit dem Innersten seiner Persönlichkeit anfüllt und das wertvolle Manuskript anschließend eigenhändig zu seinem Verleger trägt.“

477 *Grützmacher* in: Wandtke/Bullinger, UrhR, § 69b Rn. 1.

unumstößliche Schöpferprinzip nach § 7 UrhG[478] anerkennt und unberührt lässt.[479] Allerdings treten die persönlichkeitsrechtlichen Aspekte in den Hintergrund. Der Urheber hat Einschränkungen hinzunehmen, die sich aus dem Zweck der Zuordnung der vermögensrechtlichen Befugnisse an den Arbeitgeber ergeben.[480] Auch im Filmbereich existieren zugunsten des Filmherstellers Einschränkungen nach § 93 UrhG, deren Ziel es ist, (auch im Interesse der an der Filmherstellung beteiligten Urheber, Miturheber und Inhaber verwandter Schutzrechte) eine möglichst ungehinderte Verwertbarkeit des Filmwerkes sicherzustellen und damit dem finanziellen Aufwand des Filmherstellers Rechnung zu tragen.[481]

Der Urheber könnte allerdings durch den Fortbestand der Unterlizenz in seinem Anspruch auf soziale Geltung durch einen gesteigerten Bekanntheitsgrad eingeschränkt sein. Dies wäre z. B. dann der Fall, wenn der Unterlizenznehmer das Werk nicht hinreichend verwertet oder sich die Unterlizenz als Sperrblockade für andere Verwertungsmöglichkeiten erweist.

Dem schutzwürdigen Interesse des Urhebers daran, dass sein Werk bekannt werde, wird auf zivilrechtlicher Ebene durch das Rückrufsrecht nach § 41 UrhG Rechnung getragen.[482] In der vorliegenden Entscheidung hat der Urheber dieses Recht sogar geltend gemacht. Erfolgreich war der Rückruf jedoch nur gegenüber dem Hauptlizenznehmer. Gegenüber dem Unterlizenznehmer lief der Rückruf dagegen ins Leere. Der BGH begründete diese Entscheidung anhand einer Auslegung der Norm,[483] deren Ergebnis einer Überprüfung auf ihre Verfassungskonformität i.S. der durch Schutzpflichten vermittelten Drittwirkung[484] bedarf:

Problematisch erscheint, dass der Wortlaut der Norm einen Rückruf lediglich gegenüber einem ausschließlichen Lizenznehmer zulässt, und zwar unabhängig davon, ob der Urheber das ausschließliche Nutzungsrecht selbst vergeben hat oder ob es als

---

478 Zum Schöpferprinzip: *Hunziker*, UFITA 101 (1986), 49, 52 f.

479 BT-Drucks. IV/270, S. 61; *Sack*, BB 1991, 2165, 2167; *Haberstumpf*, ZUM 2001, 819, 825; *Schack*, Urheber- und Urhebervertragsrecht, Rn. 1115; *Grützmacher* in: Wandtke/Bullinger, UrhR, § 69b Rn. 1, 26; *Rojahn* in: Schricker/Loewenheim, UrhR, § 43 Rn. 5 f.

480 Zur Einschränkung der Urheberpersönlichkeitsrechte nach § 43 UrhG: *Sack*, BB 1991, 2165, 2170 f.; *Rojahn* in: Schricker/Loewenheim, UrhR, § 43 Rn. 73 ff.; *Wandtke* in: Wandtke/Bullinger, UrhR, § 43 Rn. 84 ff.; *Dreier* in: Dreier/Schulze, UrhG, § 43 Rn. 34 ff.; speziell zur Software: *Loewenheim* in: Schricker/Loewenheim, UrhR, § 69b Rn. 14; *Dreier* in: Dreier/Schulze, UrhG, § 69b Rn. 3; *Wiebe* in: Spindler/Schuster, Recht der elektronischen Medien, § 69b UrhG Rn. 5.

481 Hierzu ausführlich: *Dietz/Peukert* in: Schricker/Loewenheim, UrhR, § 91 Rn. 1; *Schack*, Urheber- und Urhebervertragsrecht, Rn. 401 ff.; vgl. auch BVerfG, NJW 2001, 600 – „Regievertrag", das Urteil des OLG München, NJW 2001, 618 – „Regievertrag", bestätigend.

482 BT-Drucks. IV/270, S. 60.

483 Siehe 3. Teil, B. II. 5.

484 Siehe hierzu bereits 4. Teil, A. I.

Lizenz auf zweiter oder nachfolgender Stufe eingeräumt oder übertragen wurde.[485] Im konkreten Fall war nur der Hauptlizenznehmer Inhaber eines ausschließlichen Nutzungsrechts. Der Unterlizenznehmer hatte dagegen eine einfache Nutzungsberechtigung inne. Ob diese Einschränkung durch den Gesetzgeber interessengerecht erscheint, ist fraglich.

Der Gesetzgeber argumentiert in der amtlichen Begründung zu § 41 UrhG, dass durch die Nichtausübung eines vom Urheber vergebenen ausschließlichen Nutzungsrechts das Bekanntwerden verhindert werden kann, denn neben dem Inhaber des ausschließlichen Nutzungsrechts darf kein anderer, auch nicht der Urheber selbst, das Werk verwerten.[486] Ein Gefahrenpotential ist demnach nur dann gegeben, wenn absolut keine Verwertung mehr durch den Urheber selbst vorgenommen werden kann. Die vorliegende Konstellation rechtfertigt damit eine Ausdehnung des Interessenschutzes des Urhebers nicht, denn durch die Ausübung des Rückrufsrechts gegenüber dem ausschließlichen Hauptlizenznehmer ist der Urheber nunmehr selbst wieder berechtigt, sein Werk anderweitig wirtschaftlich zu verwerten und weitere einfache Lizenzen an einen beliebigen Nutzerkreis zu erteilen. Die bestehende einfache Unterlizenz hindert ihn grundsätzlich nicht daran, als Urheber einen gewissen Bekanntheitsgrad zu erlangen. Der Argumentation des BGH kann damit ohne Einschränkung zugestimmt werden. Der durch den Gesetzgeber eingeschränkte Schutzgehalt erscheint in der konkreten Situation interessengerecht. Der BGH hat damit die durch Art. 2 I GG i.V.m. Art. 1 I GG vorgegebenen Wertentscheidungen bei der Auslegung von § 41 UrhG nicht verkannt.

3. *Fazit*

Festzuhalten ist, dass die verfassungsrechtlich geschützte Individualität und Ursprungsbeziehung des Schöpfers zu seinem Werk durch einen Fortbestand der Enkelrechte nach Beendigung des Hauptlizenzvertrages allgemein in keiner Weise angetastet wird. Auch das Auslegungsergebnis des BGH im Rahmen des § 41 UrhG lässt keinen Rückschluss auf eine Verletzung persönlichkeitsrechtlicher Interessen zu.

III. Die Vereinbarkeit des Fortbestands der Unterlizenz mit Art. 14 GG

Sinn und Zweck des verfassungsrechtlichen Eigentumsschutzes nach Art. 14 GG ist die rechtliche Zuordnung der materiellen Grundlagen individueller Daseinsbehauptung und Lebensgestaltung durch die Schaffung eines Ordnungsrahmens, der privatautonome Entscheidungen über Erzeugung, Verkehr und Gebrauch vermögenswerter Güter ermöglicht.[487] Ob der durch den Gesetzgeber geschaffene und

---

485 *Schricker/Peukert* in: Schricker/Loewenheim, UrhR, § 41 Rn. 11.

486 BT-Drucks. IV/270, S. 60.

487 BVerfG, NJW 1969, 309, 309 – „Deichgrundstücke“; BVerfG, NVwZ 2010, 512, 514 – „Flughafen Berlin-Schönefeld“; *Badura*, ZUM 1984, 552, 558; siehe weitere

verfassungsrechtlich gewährleistete materielle Schutz des Urhebers durch die Entscheidung des BGH für einen Fortbestand der Unterlizenz im konkreten Fall und auch hinsichtlich ähnlich gelagerter Fallkonstellation im Urheberrechtsverkehr unterlaufen wird, soll nachfolgend untersucht werden.

1. *Die zivilrechtliche Entscheidung als dogmatische Schranke der Eigentumsfreiheit*

Art. 14 I GG gewährt dem Grundrechtsträger ein Abwehrrecht gegen hoheitliche Beeinträchtigungen, die nicht vom grundrechtlichen Gesetzesvorbehalt gedeckt sind. Dabei ist nicht nur die inhaltliche Ausgestaltung des Urheberrechts grundsätzlich Sache des Gesetzgebers, sondern auch Einschränkungen der Verfügungsbefugnis des Urhebers unterliegen gem. Art. 14 I 2 GG ausschließlich der gesetzgeberischen Kompetenz.[488] Mit Blick auf den Schranken-Charakter der Eigentumsfreiheit stellt sich die Frage, ob die zivilrechtliche Entscheidung überhaupt als Schranke der Eigentumsfreiheit fungieren kann. Dies ist maßgeblich von der Art des staatlichen Eingriffs abhängig.

So könnte zunächst aufgrund der Anerkennung einer abspaltbaren dinglichen Unterlizenz,[489] die sich quasi „verselbstständigt" hat, eine Enteignung gem. Art. 14 III GG anzunehmen sein.

Eine solche liegt *per definitionem* vor, wenn der Eingriff in Form eines hoheitlichen Rechtsakts stattfindet und auf die vollständige oder teilweise Entziehung konkreter subjektiver Eigentumspositionen zur Erfüllung bestimmter öffentlicher Aufgaben gerichtet ist.[490] Soweit eine konkrete, individuelle Betroffenheit noch bejaht werden kann, denn das Urteil des BGH stellt eine Einzelfallentscheidung dar und ist mithin ein konkret-individueller Akt der Judikative, erscheint das Vorliegen des Merkmals einer „Entziehung" i.S.v. Art. 14 III GG äußerst fraglich. Hierfür müsste eine gewisse „Verselbstständigungsfähigkeit" der Lizenz als Bezugsobjekt der Güterentziehung gegeben sein.[491] In der Anerkennung der Lizenz als dingliches Recht durch den BGH[492] könnte zwar eine solche liegen. Dafür spricht, dass die

---

Nachw. Fn. 514.

488 *Peukert* in: Hilty/Jäger/Kitz, Geistiges Eigentum, S. 47, 66; *Papier* in: Maunz/Dürig, GG, Art. 14 Rn. 27.

489 BGH, GRUR 2009, 946, Rn. 20 – „Reifen Progressiv".

490 Zum Enteignungsbegriff: BVerfG, NJW 1980, 985, 987 – „Kleingarten"; BVerfG, NJW 1981, 1257 – „Gondelbahn"; BVerfG, GRUR 1982, 45, 47 – „Pflichtexemplare"; BVerfG, NJW 1982, 745, 748 – „Nassauskiesung"; BVerfG, NVwZ 1986, 113 – „Fischereibezirke"; BVerfG, NJW 1986, 2188, 2189 – „Fluglärm"; BVerfG, NJW 1991, 1807, 1808 – „Vorkaufsrecht"; BVerfG, NJW 1999, 2877 – „Denkmalschutz"; BVerfG, NJW 2000, 2573, 2574 – „Altlasten"; BVerfG, NVwZ 2001, 1023 – „Baulandumlegung"; BVerfG, BeckRS 2012, 60174.

491 Vgl. *Pieroth/Schlink*, Staatsrecht II, Rn. 1001.

492 BGH, GRUR 2009, 946, Rn. 20 – „Reifen Progressiv".

Belastung des Sacheigentums mit einem beschränkten dinglichen Recht als eine partielle Entziehung des Eigentumsvollrechts eingeordnet wird.[493] Die Annahme einer Enteignung scheitert jedoch letztlich an dem Merkmal „zur Erfüllung öffentlicher Aufgaben". Die Rechtsprechung des BVerfG hält in jüngster Zeit wieder an diesem klassischen Enteignungsbegriff fest und lehnt ein erweitertes Verständnis ab.[494] Ist also mit dem Entzug bestehender Rechtspositionen der Ausgleich privater Interessen beabsichtigt, kann es sich nur um eine Inhalts- und Schrankenbestimmung des Eigentums handeln.[495] Aus diesem Grund wird z. B. die Zwangslizenz zugunsten Privater (vgl. § 24 PatG) nicht als Enteignung aufgefasst.[496] Auch in der vorliegenden Konstellation geht es ausschließlich um den Ausgleich privater Ansprüche, sodass eine Enteignung i.S.v. Art. 14 III GG ausgeschlossen werden kann.

Somit stellt sich die Frage, ob die Entscheidung des BGH eine Inhalts- und Schrankenbestimmung gem. Art. 14 I 2 darstellt. Eine solche besteht in der generell-abstrakten Festlegung von Rechten und Pflichten durch den Gesetzgeber hinsichtlich der durch Art. 14 GG geschützten Rechtsgüter.[497] Zwar handelt es sich hier um eine konkret-individuelle Entscheidung der Judikative, allerdings ist diese als „Anwendungs- bzw. Vollzugsakt" zu qualifizieren, durch den die gesetzlichen Inhalts- und Schrankenbestimmungen von der Rechtsprechung konkretisiert und individualisiert werden.[498]

Eine Inhalts- und Schrankenbestimmung muss dabei grundsätzlich durch den Gesetzgeber festgelegt werden (Art. 14 I 2 GG).[499] D.h. die Beschränkung muss auf der Grundlage einer formell und materiell verfassungsmäßigen Rechtsnorm erfolgen.[500] Dies erscheint im vorliegenden Fall problematisch, denn ein konkreter Rechtssatz

---

493 BVerfG, NJW 1977, 2349, 2353 – „Untergrundbahn"; BVerfG, NJW 1981, 1257 – „Gondelbahn".

494 BVerfG, NVwZ 2001, 1023 – „Baulandumlegung": Beschränkung der Enteignung auf Fälle „...in denen Güter hoheitlich beschafft werden, mit denen ein konkretes öffentliches Vorhaben durchgeführt werden soll." Mit dieser Entscheidung knüpft das BVerfG wieder an den klassischen Enteignungsbegriff an. Ebenso: BVerfG, NJW 2005, 2363, 2373; BVerfG, NJW 2006, 1191, 1193 – „Halbteilungsgrundsatz"; BVerfG, BeckRS 2012, 60174.

495 BVerfG, NJW 2005, 2363, 2373; *Axer* in: Epping/Hillgruber, BeckOK GG, Art. 14 Rn. 75.

496 BGH, NJW 1989, 3283, 3284 – „Offenend-Spinnmaschine"; *Schulte*, GRUR 1985, 772, 777.

497 Zum Begriff der Inhalts- und Schrankenbestimmung: BVerfG, NJW 1980, 985, 987 – „Kleingarten"; BVerfG, GRUR 1982, 45, 47 – „Pflichtexemplare"; BVerfG, NJW 1982, 745, 7498 – „Nassauskiesung"; BVerfG, NJW 1986, 2188, 2189 – „Fluglärm"; BVerfG, NVwZ 2001, 1023 f. – „Baulandumlegung".

498 *Pieroth/Schlink*, Staatsrecht II, Rn. 1003.

499 *Axer* in: Epping/Hillgruber, BeckOK GG, Art. 14 Rn. 82; *Pieroth/Schlink*, Staatsrecht II, Rn. 1006.

500 *Papier* in: Maunz/Dürig, GG, Art. 14 Rn. 339, zum Gesetzesbegriff nach Art. 14 I 2 GG.

lag der richterlichen Entscheidung nicht zugrunde – zumal der Gesetzgeber bewusst und ausdrücklich auf eine eindeutige Regelung verzichtet hat.[501] Dem BGH blieb schließlich nichts anderes übrig, als der legislativen Entscheidungszuweisung zu folgen. Das Gericht untersuchte die Problematik anhand einer Zusammenschau aller in diesem Kontext relevanten, die Eigentümerstellung des Urhebers regelnden Vorschriften, knüpfte daran eine Interessenabwägung und gelangte zu dem Ergebnis, dass die Befugnisse des Urhebers im konkreten Fall einzuschränken seien.[502]

Angesichts dieser methodischen Vorgehensweise ist der Eigentumsfreiheit eine nicht weniger geringe Bedeutung beizumessen: Grundrechte strahlen als objektivrechtliche Werte auf die Privatrechtsordnung aus und bilden gem. Art. 1 III GG den Maßstab für alles staatliche Handeln.[503] Demgemäß müssen die Fachgerichte bei der Auslegung und Anwendung der geltenden Gesetze, die Inhalt und Schranken von Eigentumspositionen bestimmen, verfassungsrechtliche Vorgaben beachten und Ergebnisse vermeiden, die zu übermäßigen Beschränkungen führen.[504] Im Rahmen der Durchsetzung privater Ansprüche obliegt den Zivilgerichten somit die Aufgabe, die durch die Eigentumsgarantie gezogenen Grenzen zu beachten und die im Gesetz zum Ausdruck kommende Interessenabwägung in einer Weise nachzuvollziehen, die den Eigentumsschutz ebenso wie etwaige damit konkurrierende Grundrechtspositionen beachtet und unverhältnismäßige Grundrechtsbeschränkungen vermeidet.[505] Der Respekt vor der gesetzgebenden Gewalt (vgl. Art. 20 III GG) fordert eine verfassungskonforme Auslegung, die durch den Wortlaut des Gesetzes gedeckt ist und die prinzipielle Zielsetzung des Gesetzgebers wahrt.[506] Dabei ist der Einfluss der Grundrechte auf die Normauslegung nicht nur auf bestehende Generalklauseln beschränkt, sondern erstreckt sich auch auf alle auslegungsfähigen und -bedürftigen Tatbestandsmerkmale aller zivilrechtlichen Vorschriften.[507] Die Prüfung einer

501 BT-Drucks. 14/6433, S. 16: Der Gesetzgeber hat bei der Urheberrechtsreform 2002 bewusst von einer gesetzlichen Lösung abgesehen. Vielmehr solle diese Frage „nicht präjudiziert“, sondern durch die Rechtsprechung gelöst werden.

502 BGH, GRUR 2009, 946 – „Reifen Progressiv“.

503 *Hösch*, Eigentum und Freiheit, S. 64; vgl. auch *Lerche*, JURA 1995, 561, 563; *Möller*, JurPC Web-Dok. 225/2002, Abs. 4.

504 Vgl. BVerfG, NJW 1989, 972; noch deutlicher BVerfG, NJW 1990, 309: Das Gericht prüfte hier, ob bei der Auslegung und Anwendung eines eigentumsbeschränkenden Gesetzes die Bedeutung und Tragweite von Art. 14 I 1 GG grundlegend verkannt wurde.

505 BVerfG, GRUR 2012, 53, Rn. 86 – „Le Corbusier“; BVerfG, GRUR 2012, 389, Rn. 10 – „Kunstausstellung im Online-Archiv“; BVerfG, NJW 2012, 1205 – „AnyDVD“; vgl. auch BVerfG, NJW 1993, 2035, 2036 – „Mieterbesitzrecht“; BVerfG, ZUM 2010, 874, 880 – „Drucker und Plotter I“; BVerfG, ZUM 2011, 311, 312 – „Drucker und Plotter II“.

506 BVerfG, ZUM 2010, 874, 880 – „Drucker und Plotter I“; BVerfG, ZUM 2011, 311, 312 – „Drucker und Plotter II“.

507 BVerfG, GRUR 2012, 53, Rn. 86 – „Le Corbusier“; vgl. auch BVerfG, NJW 2005, 1561, 1565.

verfassungskonformen Rechtsanwendung erfasst mithin auch die im dritten Teil der Arbeit unter B. II. dargestellten normativen Grundsätze, die der BGH seiner Entscheidungsfindung zugrunde legte.

Der Gewährleistungsgehalt des Art. 14 GG schützt damit auch vor Eingriffen der Judikative in die Eigentumspositionen des Bürgers im jeweils gesetzlich fixierten Rahmen.[508] Soweit eine durch Art. 14 GG geschützte Position durch den Gesetzgeber exklusiv zugewiesen wird, garantiert Art. 14 GG die ungestörte Ausübung der Eigentumsfreiheit, sodass jede Einschränkung der verfassungsrechtlichen Rechtfertigung bedarf und als Ausnahme erscheint.[509] Somit ist auch die Entscheidung des BGH für einen Fortbestand der Unterlizenz einer verfassungsrechtlichen Überprüfung zugänglich.

2. Die eigentumsrechtlichen Aspekte des Urheberrechts nach Art. 14 GG

Der sachliche Schutzbereich des Art. 14 I 1 GG erfasst jede vermögenswerte Rechtsposition, die dem Berechtigten von der Rechtsordnung so zugeordnet ist, dass er die damit verbundenen Befugnisse nach eigener Entscheidung zu seinem privaten Nutzen ausüben darf.[510] Die Eigentumsgarantie schützt also den konkreten und insbesondere den durch Arbeit und Leistung erworbenen Bestand an vermögenswerten Gütern.[511]

Als Institutsgarantie gewährleistet Art. 14 GG das Vorhandensein des Privateigentums als unantastbarer Kern der Eigentumsgarantie und schützt damit solche Sachbereiche, die zum elementaren Bereich grundrechtlich geschützter Betätigung im vermögensrechtlichen Bereich gehören und ohne die vom Eigentum im Rechtssinn nicht mehr gesprochen werden kann – diese dürfen grundsätzlich nicht der Privatrechtsordnung vorenthalten oder entzogen werden.[512] Das BVerfG zählt hierzu

---

508 *Papier* in: Maunz/Dürig, GG, Art. 14 Rn. 309.

509 *Peukert* in: Hilty/Jäger/Kitz, Geistiges Eigentum, S. 47, 78 f.

510 BVerfG, NJW 1969, 309 f. – „Deichgrundstücke"; BVerfG, NJW 2005, 879, 880 – „Zwangsarbeiter"; BVerfG, NJW 2006, 1191, 1192 – „Halbteilungsgrundsatz"; *Sodan* in: Sodan, GG, Art. 14 Rn. 8; *Jarass* in: Jarass/Pieroth, GG, Art. 14 Rn. 7, m.w.N.

511 BVerfG, GRUR 1972, 481, 483 – „Kirchen- und Schulgebrauch"; BVerfG, NVwZ 2010, 512, 514 – „Flughafen Berlin-Schönefeld"; BGH, NJW 1996, 2422, 2423 – „Kassenarzt"; *Kirchhof* in: FS Zeidler, Bd. II, S. 1639, 1641; *Hösch*, Eigentum und Freiheit, S. 15 ff., m.w.N.

512 BVerfG, NJW 1969, 309, 310 – „Deichgrundstücke"; BVerfG, GRUR 1979, 773, 778 – „Weinbergsrolle"; BVerfG, NJW 1982, 745, 750 – „Nassauskiesung"; BVerfG, NJW 1995, 511, 511 – „Mietpreisbindung"; BVerfG, NVwZ 2007, 808, 809 – „Zwangsmitgliedschaft"; zur verfassungsrechtliche Eigentumsgarantie des Urheberrechts: BVerfG, GRUR 1972, 481, 483 – „Kirchen- und Schulgebrauch"; BVerfG, 1972, 485, 486 – „Bibliotheksgroschen"; BVerfG, GRUR 1972, 487, 488 – „Schulfunksendung"; BVerfG, GRUR 1980, 44, 46 – „Kirchenmusik"; BVerfG, GRUR 1989, 193, 197 – „Vollzugsanstalten"; BVerfG, NJW-RR 2005, 686, 697 – „Laufendes Auge"; zum Patentrecht: BVerfG, GRUR 2001, 43, 44 – „Klinische Versuche"; hierzu ausführlich:

die Privatnützigkeit, also die Zuordnung des Eigentums zu einem Rechtsträger, sowie die grundsätzliche Nutzungs- und Verfügungsbefugnis über das Eigentumsobjekt.[513] Durch die Eigentumsgarantie des Art. 14 GG soll dem Grundrechtsträger ein Freiheitsraum im vermögensrechtlichen Bereich gesichert werden, damit der Einzelne sich sowohl in privater als auch in wirtschaftlicher Hinsicht frei entfalten und eigenverantwortlich leben kann.[514] Ferner bewahrt Art. 14 GG als Individualgarantie den Einzelnen vor ungerechtfertigten Eingriffen in den konkreten Bestand an vermögenswerten Gütern durch die öffentliche Gewalt.[515]

Nach h.M. sind auch die vermögenswerten Befugnisse des Urhebers als verfassungsrechtliches Eigentum i.S.v. Art. 14 I GG zu begreifen.[516]

Hösch, Eigentum und Freiheit, S. 57 ff.; *Maunz*, GRUR 1973, 107, 108; *Papier* in: Maunz/Dürig, GG, Art. 14 Rn. 11; *Wieland* in: Dreier, GG/Bd. 1, Art. 14 Rn. 125; *Sodan* in: Sodan GG, Art. 14 Rn. 5; *Jarass* in: Jarass/Pieroth, GG, Art. 14 Rn. 4; *Axer* in: Epping/Hillgruber, BeckOK GG, Art. 14 Rn. 18.

513 BVerfG, GRUR 1972, 481, 483 – „Kirchen- und Schulgebrauch“; BVerfG, 1979, 699, 702 f. – „Mitbestimmungsgesetz“; BVerfG, NJW 1980, 985, 987 – „Kleingarten“; BVerfG, NJW 1991, 1807 – „Vorkaufsrecht“; BVerfG, NJW 1993, 2599 – „Tierzucht“; BVerfG, NJW 1995, 511, 512 – „Mietpreisbindung“; BVerfG, GRUR 2001, 43, 44 – „Klinische Versuche“; BVerfG, NVwZ 2007, 808, 809 – „Zwangsmitgliedschaft“.

514 BVerfG, NJW 1969, 309, 309 – „Deichgrundstücke“; BVerfG, NJW 1971, 1255, 1260 – „Erdölerzeugnisse“; BVerfG, GRUR 1972, 481, 483 – „Kirchen- und Schulgebrauch“; BVerfG, NJW 1976, 31, 33 – „Knappschaftsrente“, spricht von einer „freiheitverbürgenden Funktion“; BVerfG, NJW 1976, 1391, 1392 – „Richterpflicht“; BVerfG, NJW 1976, 1783, 1786 – „Hilfswerk für behinderte Kinder“; BVerfG, NJW 1978, 368, 369 – „Zwangsversteigerung“; BVerfG, NJW 1979, 699, 702 – „Mitbestimmungsgesetz“; BVerfG, GRUR 1979, 773, 778 – „Weinbergsrolle“; BVerfG, NJW 1980, 692, 693 – „Versorgungsausgleich“; BVerfG, GRUR 1982, 45, 48 – „Pflichtexemplare“; BVerfG, NJW 1985, 1385, 1389 – „Zahntechniker“; BVerfG, NJW 1985, 2633, 2635 – „Eigenbedarf“; BVerfG, NJW 1986, 39 – „KVdR“; BVerfG, GRUR 1988, 610, 612 – „Esslinger Neckarhalde II“; BVerfG, NJW 1989, 970, 971 – „Eigenbedarfskündigung“; BVerfG, 1990, 438, 441 – „Bob Dylan“; BVerfG, NJW 1991, 1807 – „Vorkaufsrecht“; BVerfG, NJW 1992, 36, 37 – „Puffreisriegel“; BVerfG, NJW 1993, 2035 – „Mieterbesitzrecht“; BVerfG, NJW 1993, 2599 – „Tierzucht“; BVerfG, NJW 1995, 511 – „Mietpreisbindung“; BVerfG, NJW 1998, 1934, 1936 – „Euro-Verfassungsbeschwerde“; BVerfG, NJW 1999, 2493, 2494 – „DDR-Rentenanwartschaften“; BVerfG, NJW 2000, 2573, 2574 – „Altlasten“; BVerfG, NJW 2000, 1471, 1472 – „Schuldrechtsreform“; BVerfG, NVwZ 2001, 1023 – „Baulandumlegung“; BVerfG, NJW 2005, 879, 880 – „Zwangsarbeiter“; BVerfG, NJW 2006, 1191, 1192 – „Halbteilungsgrundsatz“; BVerfG, NJW 2009, 2033, 2043; BVerfG, NVwZ 2010, 512, 514 – „Flughafen Berlin-Schönefeld“.

515 BVerfG, GRUR 1972, 481, 483 – „Kirchen- und Schulgebrauch“; BVerfG, NVwZ 2010, 512, 514 – „Flughafen Berlin-Schönefeld“; *Maunz*, GRUR 1973, 107, 108.

516 BVerfG, GRUR 1972, 481, 483 – „Kirchen- und Schulgebrauch“; BVerfG, 1972, 485, 486 – „Bibliotheksgroschen“; BVerfG, GRUR 1980, 44, 46 – „Kirchenmusik“; BVerfG, GRUR 1989, 193, 196 – „Vollzugsanstalten“; BVerfG, NJW 2003, 1655, 1656; BVerfG, NJW 2012, 1205 – „AnyDVD“; BGH, GRUR 2008, 984, 987 –

Das BVerfG sieht den verfassungsrechtlich geschützten Kern des Urheberrechts zum einen in der grundsätzlichen Zuordnung des vermögenswerten Ergebnisses der schöpferischen Leistung an den Urheber im Wege privatrechtlicher Normierung und zum anderen sichert die Eigentumsgarantie dem Urheber die Freiheit, in eigener Verantwortung über die vermögenswerten Ergebnisse seines Werkes verfügen zu können.[517] Geschützt ist somit die Herrschaftsbefugnis über das Erworbene in seinem konkreten Bestand als auch die wirtschaftliche Nutzung der Eigentumsposition.[518] Art. 14 I 1 GG gewährleistet i.d.S. die Freiheit, den Eigentumsgegenstand zu veräußern und aus der vertraglichen Überlassung zur Nutzung durch andere den Profit zu ziehen, der zur finanziellen Grundlage für die eigene Lebensgestaltung beiträgt.[519] Der Schutzbereich erfasst daher auch das potentielle Verfügungs- und Verwertungsrecht.[520]

Aus dem Gewährleistungsgehalt der Eigentumsgarantie folgt gem. Art. 14 I 2 GG die Verpflichtung des Gesetzgebers, den Inhalt und die Schranken des Urheberrechts zu bestimmen.[521] Art. 14 GG ist ein normgeprägtes Grundrecht, d.h. der Schutzbereich bedarf einer näheren inhaltlichen Ausgestaltung durch den Gesetzgeber,[522] wobei die schutzwürdigen Interessen der Beteiligten in einen gerechten Ausgleich und ein ausgewogenes Verhältnis zu bringen sind.[523]

„St. Gottfried"; *Badura*, ZUM 1984, 552, 556; *Degenhart*, K&R 2006, 388, 389 f.; *Fechner*, Geistiges Eigentum und Verfassung, S. 152 ff.; *Leinemann*, Sozialbindung des „Geistigen Eigentums", S. 55; *Schack*, Urheber- und Urhebervertragsrecht, Rn. 91; *Rehbinder*, Urheberrecht, Rn. 139; *Papier* in: Maunz/Dürig, GG, Art. 14 Rn. 197a; *Wieland* in: Dreier, GG/Bd. 1, Art. 14 Rn. 59. Die Institutsgarantie erfasst auch die Leistungsschutzrechte der ausübenden Künstler (BVerfG, GRUR 1990, 438, 440 f. – „Bob Dylan") und der Tonträgerhersteller (BVerfG, GRUR 1990, 183, 184 – „Vermietungsvorbehalt").

517 BVerfG, GRUR 1972, 481, 483 – „Kirchen- und Schulgebrauch"; BVerfG, GRUR 1980, 44, 46 – „Kirchenmusik"; BVerfG, GRUR 1989, 193, 196 – Vollzugsanstalten"; BVerfG, NJW 2003, 1655, 1656; BVerfG, NJW 2012, 1205 – „AnyDVD".

518 *Papier* in: Maunz/Dürig, GG, Art. 14 Rn. 8, m.w.N.

519 BVerfG, NJW 2000, 1471, 1472 – „Schuldrechtsreform"; vgl. auch BVerfG, NJW 1989, 970, 971 – „Eigenbedarfskündigung".

520 BVerfG, GRUR 1980, 44, 46 – „Kirchenmusik"; vgl. auch BVerfG, GRUR 2010, 332 – „Filmurheberrecht", in Bezug auf unbekannte Nutzungsarten.

521 BVerfG, GRUR 1972, 481, 483 – „Kirchen- und Schulgebrauch"; BVerfG, GRUR 1972, 487 – „Schulfunksendung"; BVerfG, GRUR 1980, 44, 46 – „Kirchenmusik"; BVerfG, GRUR 2012, 53, 56 – „Le Corbusier".

522 Hierzu ausführlich *Grzeszick*, ZUM 2007, 344, 348; *Axer* in: Epping/Hillgruber, BeckOK GG, Art. 14 Rn. 7 f.

523 Vgl. BVerfG, GRUR 1972, 481 – „Kirchen- und Schulgebrauch"; BVerfG, GRUR 1980, 44, 46 – „Kirchenmusik"; BVerfG, NJW 1992, 1303, 1306 – „Verwertungsgesellschaft"; BVerfG, NJW 2012, 1205 – „AnyDVD"; *Degenhart*, K&R 2006, 388, 390.

Diesen Auftrag hat der Gesetzgeber u.a. durch die Normierung ausschließlicher Verwertungsbefugnisse des Urhebers nach §§ 15 ff. UrhG erfüllt.[524] § 15 UrhG als Generalklausel gewährt dem Urheber das ausschließliche Recht, sein Werk zu verwerten und Dritte von der Benutzung auszuschließen.[525] Die als Ausschließlichkeitsrechte ausgestalteten Verwertungsbefugnisse sind in §§ 16–22 UrhG näher geregelt. Die exklusive Zuordnung der Verwertungsrechte zum Urheber garantiert damit den Schutz des wirtschaftlichen Interesses des Urhebers, aus der Verwertung seines Werkes einen angemessenen Nutzen zu ziehen.[526] Die ausschließlichen Verwertungsrechte sind als vermögenswerte Bestandteile des Urheberrechts von der Eigentumsgarantie des Art. 14 I GG erfasst.[527]

Darüber hinaus hat der Gesetzgeber in den §§ 29 ff. UrhG Regelungen über den Rechtsverkehr im Urheberrecht geschaffen. Zwar ordnet § 29 I UrhG an, dass das Urheberrecht in seiner Gesamtheit unter Lebenden grundsätzlich nicht auf Dritte übertragbar ist.[528] Grund hierfür ist die persönlichkeitsrechtliche Prägung des Urheberrechts, die eine unauflösliche Verbindung zwischen Recht und Rechtsträger begründet.[529] Die urheberpersönlichkeitsrechtlichen Befugnisse können deshalb nicht vom Urheber auf Dritte übertragen werden.[530] Nach der im Urheberrecht vorherrschenden monistischen Theorie sind die Verwertungsrechte und das Urheberpersönlichkeitsrecht als untrennbare Einheit miteinander verbunden und bilden ein einheitliches, aus geistiger Schöpfung entstandenes Rechtsgebilde, das Urheberrecht.[531] Die Verwertungsrechte, als integrale Bestandteile des Urheberrechts,

---

524 BVerfG, GRUR 1972, 481, 484 – „Kirchen- und Schulgebrauch".

525 *Heerma* in: Wandtke/Bullinger, UrhR, § 15 Rn. 2; *v. Ungern-Sternberg* in: Schricker/Loewenheim, UrhR, § 15 Rn. 1.

526 BT-Drucks. IV/270, S. 28; *Schulze* in: Dreier/Schulze, UrhG, § 15 Rn. 1; *Heerma* in: Wandtke/Bullinger, UrhR, § 15 Rn. 1 f.; *Kroitzsch/Götting* in: Ahlberg/Götting, BeckOK UrhG, § 15 Rn. 9.

527 BVerfG, GRUR 1972, 481, 484 – „Kirchen- und Schulgebrauch"; vgl. auch BVerfG, GRUR 2012, 389, Rn. 9 – „Kunstausstellung im Online-Archiv", in Bezug auf § 19a UrhG.

528 BT-Drucks. IV/270, S. 30, 55; vgl. dagegen die Ausnahmereglungen der §§ 28, 29 I UrhG zur Vererbung des Urheberrechts – aber auch hier zeigt sich wiederum, dass die Einheit des Urheberrechts im Erbgang gewahrt bleibt.

529 *v. Gamm*, UrhG, § 29 Rn. 1; *Schack*, Urheber- und Urhebervertragsrecht, Rn. 344.

530 *Ulmer*, Urheber- und Verlagsrecht, S. 116: Eine Verfügung über Urheberpersönlichkeitsrechte ist nicht möglich. Allerdings können persönlichkeitsrechtliche Befugnisse in gewissen Grenzen einem Dritten zur Ausübung überlassen werden. Ebenso *Bullinger* in: Wandtke/Bullinger, UrhR, Vor. §§ 12 ff. Rn. 5; ausführlich hierzu *Dietz/Peukert* in: Schricker/Loewenheim, UrhR, Vor. §§ 12 ff. Rn. 26 ff.; *Windisch*, GRUR 1993, 352, 354 f.

531 M.w.N. *Ulmer*, Urheber- und Verlagsrecht, S. 113, zur Einheit und zum Wesen des Urheberrechts S. 114 ff.; *Leßmann*, Übertragbarkeit urheberrechtlicher Befugnisse, S. 26; *Hansen*, Warum Urheberrecht, S. 25 f.; *Kroitzsch* in: Möhring/Nicolini,

sind daher ebenfalls nicht übertragbar.[532] Jedoch ist es schließlich die Funktion des Urheberrechts, neben den persönlichen auch die wirtschaftlichen Interessen des Urhebers an seinem Werk zu schützen. Der Urheber muss daher in der Lage sein, seine Rechte auf andere Art und Weise zu verwerten. Der grundrechtlich geschützten Verfügungsfreiheit des Urhebers hat der Gesetzgeber Rechnung getragen, indem er in § 29 II UrhG i.V.m. § 31 UrhG dem Urheber die Möglichkeit verschafft, die vermögensrechtlichen Bestandteile des Urheberrechts durch die Einräumung von Nutzungsrechten an Dritte wirtschaftlich zu verwerten.

Die Freiheit des Urhebers, privatautonom über die Modalitäten der Verwertung seines Werkes zu entscheiden, ist damit in funktionaler Hinsicht seiner durch Art. 14 GG geschützten Eigentumssphäre zuzuordnen.

3. Verkürzung des Schutzbereichs der Eigentumsfreiheit durch den Fortbestand der Unterlizenz?

Eine Verkürzung des Schutzbereichs des Art. 14 GG liegt immer dann vor, wenn eine geschützte Rechtsposition entzogen oder die Nutzung, Verfügung oder Verwertung einer solchen beschränkt wird.[533]

Durch den Fortbestand der Unterlizenz ist der Urheber nicht mehr in der Lage, seine vermögenswerten Befugnisse umfassend zu verwerten, denn eine ausschließliche Lizenz, die ein gewisses Monopolversprechen darstellen soll, kann er nicht mehr erteilen. Da einem potentiellen Lizenznehmer nur noch eine aus wettbewerblicher Sicht „beeinträchtigte" Position eingeräumt werden kann, wird der Urheber möglicherweise nicht in der Lage sein, eine angemessene Lizenzgebühr zu erzielen. Der Vermögenswert des Urheberrechts wäre insoweit beeinträchtigt.[534]

Hier zeigt sich, dass Änderungen rechtlicher Rahmenbedingungen oftmals auch auf den Umfang der Einkommenserwartungen einwirken, wenngleich solche ökonomischen Wirkungen nur schwer erfassbar sind.[535] Inwiefern sich eine eingeschränkte Handlungsfreiheit auf das Nachfrageverhalten in tatsächlicher Hinsicht auswirkt, lässt sich nur rein hypothetisch annehmen. Eine potentielle Einkommensminderung für den Urheber im konkreten Fall ist jedenfalls nicht völlig

---

UrhG, § 11 Rn. 5; *Bullinger* in: Wandtke/Bullinger, UrhR, § 11 Rn. 1 f.; *Rehbinder*, Urheberrecht, Rn. 542.

532 *Schricker/Loewenheim* in: Schricker/Loewenheim, UrhR, § 29 Rn. 11; *Schulze* in: Dreier/Schulze, UrhG, § 29 Rn. 3; *Spautz* in: Möhring/Nicolini, UrhG, § 29 Rn. 7; *Schack*, Urheber- und Urhebervertragsrecht, Rn. 593; *Rehbinder*, Urheberrecht, Rn. 542.

533 *Axer* in: Epping/Hillgruber, BeckOK GG, Art. 14 Rn. 69.

534 Siehe hierzu bereits die Ausführungen unter 3. Teil, C. I.

535 In diesem Kontext sei auf den anglo-amerikanischen Forschungsbereich verwiesen, wo Versuche unternommen werden, die Auswirkungen legislatorischer Änderungen ökonomisch zu erfassen (siehe z.B. *Smith u.a.*, The Journal of World Intellectual Property 2009, Vol. 12, No. 3, S. 198).

abwegig. Durch die Entscheidung des BGH könnte also die wirtschaftliche Freiheit des Schutzrechtsinhabers erheblich beeinträchtigt sein. Ob tatsächlich ein Eingriff in die Substanz des verfassungsrechtlichen Eigentums vorliegt, ist damit noch nicht gesagt. Fraglich ist welche Dimension der Eigentumsgarantie betroffen sein könnte.

Die Werthaltigkeit eines Immaterialgüterrechts ist für den Inhaber von erheblicher Bedeutung, und zwar nicht nur wenn Schutzrechte lizenziert werden, sondern auch wenn diese als Finanzierungsinstrumente zur Sicherung von Krediten eingesetzt werden.[536] Dies zeigt die betriebliche Praxis, wo immaterielle Güter regelmäßig bewertet und eigens als Vermögenspositionen in der Jahresabschlussrechnung aufgeführt werden.[537] Im Hinblick auf die möglichen wirtschaftlichen Folgen für den Urheber stellt sich die Frage nach einer Eigentumswertgarantie. Die Existenz einer solchen ist zwar im Rahmen von Art. 14 GG anerkannt.[538] Allerdings ist diese Garantie lediglich sekundärer bzw. subsidiärer Art, i.S. einer konkreten Bestands- und Nutzungsgarantie und nicht als bloßer (Tausch-) Wertschutz, und folgt ausschließlich aus dem Entschädigungsprinzip nach Art. 14 III GG.[539] Denn die Werthaltigkeit einer geschützten Vermögensposition für den Eigentümer unterliegt einer Vielzahl von Marktfaktoren, die außerhalb des staatlichen Einflussbereichs liegen. Eine allgemeine Wertgarantie vermögenswerter Rechtspositionen kann also aus Art. 14 GG nicht abgeleitet werden – in der Zukunft liegende Chancen und Verdienstmöglichkeiten sind grundsätzlich nicht geschützt.[540]

Näher liegt dagegen ein Eingriff in die grundrechtlich garantierte Freiheit des Urhebers, privatautonom über die Verwertung seines Werkes entscheiden zu können. Dieser Aspekt betrifft die Hauptfunktion der Eigentumsgarantie, die dem Schutz der persönlichen Freiheit und individuellen Entfaltung im vermögensrechtlichen Bereich dient.[541] Das gilt sowohl für den privaten Bereich des Einzelnen als auch für seine wirtschaftliche Betätigung.[542] Vor allem derjenige, der durch seine persönliche Arbeit und Leistung schutzwürdige Werte geschaffen bzw. einen Bestand an vermögenswerten Gütern erworben hat, soll nach Maßgabe des BVerfG angesichts der

536 Zur Bedeutung gewerblicher Schutzrechte und Urheberrechte als Kreditsicherheiten: *Klawitter/Hombrecher*, WM 2004, 1213 ff.; *Woeste*, Immaterialgüterrechte als Kreditsicherheit, S. 65 ff., einen umfassenden Überblick über die Formen der Kreditsicherung durch Immaterialgüterrechte gebend; *Brandt*, NZI 2001, 337, 338, zur Bedeutung von Softwarelizenzen als Finanzierungsinstrument.

537 Hierzu ausführlich *Woeste*, Immaterialgüterrechte als Kreditsicherheit, S. 59 ff.

538 Vgl. BVerfG, NJW 1982, 745, 746 – „Nassauskiesung"; *Papier* in: Maunz/Dürig, GG, Art. 14 Rn. 8, m.w.N.

539 *Papier* in: Maunz/Dürig, GG, Art. 14 Rn. 10.

540 BVerfG, NJW 1971, 1255, 1260 – „Erdölerzeugnisse"; BVerfG, NJW 1985, 1385, 1389 – „Zahntechniker"; BVerfG, NJW 2002, 2621, 2625 – „Glykolwein"; BVerfG, NVwZ 2010, 512, 514 – „Flughafen Berlin-Schönefeld".

541 Siehe Nachw. Fn. 514.

542 BVerfG, GRUR 1979, 773, 778 – „Weinbergsrolle"; BVerfG, GRUR 1988, 610, 612 – „Esslinger Neckarhalde II".

besonderen Funktion der Eigentumsgarantie gesichert werden.[543] Die grundsätzliche Verfügungsbefugnis des Eigentümers ist – neben der Privatnützigkeit – wesentliches Merkmal bzw. Kernbestand der Eigentumsgarantie.[544]

Rein faktisch gesehen, ist der Urheber, wie auch der BGH festgestellt hat, durch den Fortbestand der Unterlizenz nicht daran gehindert, sein Werk durch die Einräumung weiterer Nutzungsrechte wirtschaftlich zu verwerten.[545] Allerdings ist er im Umfang seiner Verfügungsfreiheit beschränkt, denn er kann nicht mehr nach freiem Belieben über den Inhalt weiterer Lizenzverträge entscheiden.[546] Eine prioritätsältere Lizenz bliebe beschränkt durch den Bestand der Unterlizenz, denn § 33 S. 1 UrhG ordnet die Weiterwirkung der früheren gegenüber der später eingeräumten Lizenz ausdrücklich an.

Fraglich ist, ob solch eine punktuelle Einschränkung genügt, um eine Schutzbereichsverkürzung annehmen zu können.

Dagegen spricht, dass es grundsätzlich nicht Funktion des Art. 14 GG sein kann, dem Urheber auch nur jede denkbare Verwertungsmöglichkeit zu sichern.[547] Ein Anspruch auf Einräumung gerade der Nutzungsmöglichkeiten, die dem Eigentümer den größtmöglichen wirtschaftlichen Vorteil versprechen, lässt sich aus der verfassungsrechtlichen Eigentumsgarantie nicht herleiten.[548] Ihm soll lediglich eine angemessene, wirtschaftlich sinnvolle Disposition und Nutzung ermöglicht werden,[549] die durch den Gesetzgeber mittels Normierung zu gewährleisten ist. Erst

543 BVerfG, NJW 1971, 1255, 1260 – „Erdölerzeugnisse"; BVerfG, NJW 1979, 699, 703 – „Mitbestimmungsgesetz"; BVerfG, GRUR 1979, 773, 778 – „Weinbergsrolle".

544 *Papier* in: Maunz/Dürig, GG, Art. 14 Rn. 14; siehe auch Nachw. Fn. 513.

545 BGH, GRUR 2009, 946, 948 – „Reifen Progressiv".

546 Die Vertragsfreiheit ist hier zugleich als Wahrnehmung der Eigentumsfreiheit zu qualifizieren. Das in Art. 2 I GG verankerte Prinzip der Vertragsfreiheit kommt insoweit nur als Auffanggrundrecht zum Tragen. Zur Abgrenzung zu Art. 14 GG: *Papier* in: Maunz/Dürig, GG, Art. 14 Rn. 229; vgl. auch BVerfG, NJW 1989, 90, 971 – „Eigenbedarfskündigung"; *Bäuerle*, Vertragsfreiheit und Grundgesetz, S. 285.

547 BVerfG, GRUR 1972, 481, 483 – „Kirchen- und Schulgebrauch"; BVerfG, 1972, 485, 486 – „Bibliotheksgroschen"; BVerfG, GRUR 1972, 491, 494 – „Schallplatten"; BVerfG, GRUR 1980, 44, 46 – „Kirchenmusik"; BVerfG, GRUR 1989, 193, 196 – „Vollzugsanstalten"; BVerfG, GRUR 2012, 53, Rn. 85 – „Le Corbusier".

548 BVerfG, NJW 1982, 745, 751 – „Nassauskiesung"; BVerfG, NJW 1992, 362 – „Eigentumswohnung".

549 Vgl. BVerfG, GRUR 1972, 481, 483 – „Kirchen- und Schulgebrauch"; BVerfG, GRUR 1972, 487 – „Schulfunksendung", spricht von einer angemessenen Zuordnung der vermögenswerten Befugnisse; BVerfG, GRUR 1972, 491, 494 – „Schallplatten" (Es besteht keine Pflicht zur Gewährleistung ewiger ausschließlicher Urheber- und Leistungsschutzrechte.); BVerfG, GRUR 1989, 193, 197 – „Vollzugsanstalten" (Es besteht kein Anspruch auf Zuordnung jedweden noch so geringen Ergebnisses der Werknutzung; der verfassungsrechtliche Anspruch beschränkt sich auf die Gewährleistung einer angemessenen Verwertung.); BVerfG, GRUR 1990, 183, 184 – „Vermietungsvorbehalt" (Aus Art. 14 I 1 GG folgt kein Anspruch, jede nur denkbare

eine Einschränkung der gesetzlich eingeräumten Eigentümerbefugnisse bedarf gem. Art. 14 I 2 GG einer besonderen Rechtfertigung.

In diesem Zusammenhang ist auf die Entscheidung des Gesetzgebers hinzuweisen, dass dem Urheber gem. § 31 I 2 UrhG das Recht zustehen soll, sowohl einfache als auch ausschließliche Lizenzen vergeben zu können. Die ausschließliche Lizenzerteilung ist ihm jedoch in Folge des Fortbestands der Unterlizenz *de facto* nicht mehr möglich. Die Beschränkung betrifft hier zwar nur eine Modalität der Verfügung, nämlich das Recht zur Einräumung eines ausschließlichen Nutzungsrechts (§ 31 III UrhG). Eingeschränkt ist damit lediglich die Exklusivität einer Nutzungsmöglichkeit. Der Urheber, der regelmäßig daran interessiert ist, sein Werk möglichst umfassend zu verwerten, ist damit dennoch in seinem Recht eingeschränkt, frei über die Einräumung von Nutzungsrechten nach § 31 I UrhG entscheiden zu können. Dies beschränkt ihn in seinem durch Art. 14 GG gesicherten und durch den Gesetzgeber gewährleisteten Freiheitsraum. Eine freie Entfaltung im wirtschaftlichen Bereich wird ihm partiell verwehrt.

Die durch die richterliche Entscheidung geschaffene Beschränkung der Freiheit des Urhebers, eine ausschließliche Lizenz vergeben zu können, stellt damit einen Eingriff in die nach Art. 14 GG geschützte Eigentumsfreiheit des Urhebers dar, dessen Rechtfertigung es bedarf.

4. *Verfassungsrechtliche Rechtfertigung des Eingriffs in die Eigentumsfreiheit des Urhebers*

Ob sich die Beschränkung der Eigentumsfreiheit des Urhebers durch den Fortbestand der Unterlizenz auf der verfassungsrechtlichen Wertungsebene rechtfertigen lässt, soll unter der Berücksichtigung folgender Gesichtspunkte untersucht werden: Entscheidungserheblich könnte die vorliegende Intensität der Eigentumsbeeinträchtigung sein sowie die Frage nach einem finanziellen Ausgleich des Urhebers. Daneben sind mit Blick auf Art. 14 II 2 GG Belange der Allgemeinheit in die Abwägungsentscheidung einzubeziehen. Auch mögliche Grundrechtspositionen des Unterlizenznehmers, die für einen Fortbestand der Enkelrechte streiten, sind zu berücksichtigen, denn jede Inhalts- und Schrankenbestimmung muss auch allen übrigen Verfassungsnormen gerecht werden.[550] Hier stellt sich die Frage, ob sich in der Entscheidung des BGH eine verfassungskonforme Interessenabwägung widerspiegelt. Soweit bei der gerichtlichen Auslegung und Anwendung einfachrechtlicher Normen mehrere Deutungen möglich sind, ist grundsätzlich derjenigen der Vorzug

---

Verwertungsmöglichkeit gesichert zu erhalten.); ebenso BVerfG, 1990, 438, 441 – „Bob Dylan“; BVerfG, NJW 1992, 1303, 1306 f. – „Verwertungsgesellschaft“; BVerfG, GRUR 2001, 43, 44 – „Klinische Versuche“.

550 BVerfG, NJW 1976, 1783, 1786 – „Hilfswerk für behinderte Kinder“; BVerfG, GRUR 1980, 44, 48 – „Kirchenmusik“; vgl. auch BVerfG, GRUR 1972, 481, 484 – „Kirchen- und Schulgebrauch“; BVerfG, GRUR 1989, 193, 196 – „Vollzugsanstalten“; *Jarass* in: Jarass/Pieroth, GG, Art. 14 Rn. 48.

zu gewähren, die den Wertentscheidungen der Verfassung entspricht.[551] Es gilt, die Grundrechte der Beteiligten möglichst weitgehend in praktischer Konkordanz zur Geltung zu bringen.[552]

a. Die Intensität des Eingriffs in die Eigentumsfreiheit des Urhebers

Die Intensität der Beeinträchtigung muss grundsätzlich in einem angemessenen Verhältnis zu der grundrechtlich geschützten Eigentumsfreiheit des Urhebers stehen. Je stärker der Eingriff den privatnützigen Individualbereich der Eigentumsfreiheit beschneidet, desto gewichtiger müssen die Gründe sein, welche die Beschränkung rechtfertigen sollen.[553]

Dagegen kann ein Eingriff in den durch Art. 14 GG geschützten Kernbestand des Urheberrechts prinzipiell nicht durch Interessen Dritter bzw. Gemeinwohlinteressen gerechtfertigt werden. Dies gebietet die Institutsgarantie des Art. 14 I 1 GG[554], die als Bestandsgarantie die grundsätzliche Erhaltung des Zuordnungsverhältnisses und die Gewährleistung der Substanz des Eigentums fordert.[555]

Ein solch weitreichender Eingriff i.S. eines gänzlichen Verwehrens jeglicher Verwertungsbefugnisse, der sich ggf. nur durch ein gesteigertes öffentliches Interesse rechtfertigen ließe[556], liegt hier nicht vor. Die Vorenthaltung von Lizenzierungsmöglichkeiten ist nur eine partiell beschränkte.[557] Die generelle Zuordnung des Eigentumsobjekts wird nicht berührt. Die Beschränkung ist somit minderer Intensität.

b. Die personale Funktion des Eigentums: Rechtfertigung durch finanziellen Ausgleich des Urhebers?

Die personale Funktion des Eigentumsschutzes nach Art. 14 GG berücksichtigt, dass es sich bei dem Werk des Urhebers nicht nur um ein ideelles, sondern zugleich um ein ökonomisches Gut handelt, dessen Erschaffung mit Kosten verbunden ist. Hierzu zählen nicht nur die objektiv feststellbaren Kosten für das Material, sondern auch

---

551 BVerfG, NJW 1958, 2059, 2061; BVerfG, ZUM 2010, 874, 880 – „Drucker und Plotter I"; BVerfG, ZUM 2011, 311, 312 – „Drucker und Plotter II"; BVerfG, NJW 2011, 3428, 3432 – „Le Corbusier"; ähnlich auch BVerfG, NJW 2012, 1205 – „AnyDVD".

552 BVerfG, ZUM 2010, 874, 880 – „Drucker und Plotter I"; BVerfG, ZUM 2011, 311, 312 – „Drucker und Plotter II"; BVerfG, NJW 2011, 3428, 3432 – „Le Corbusier"; BVerfG, GRUR 2012, 389, Rn. 10 – „Kunstausstellung im Online-Archiv".

553 BVerfG, NJW 1976, 1783, 1786 – „Hilfswerk für behinderte Kinder"; BVerfG, NVwZ 2007, 808, 809 – „Zwangsmitgliedschaft"; *Hubmann*, ZUM 1988, 4, 10.

554 Siehe Nachw. Fn. 512.

555 BVerfG, NJW 1976, 1783, 1786 – „Hilfswerk für behinderte Kinder"; BVerfG, NJW 1979, 699, 703 – „Mitbestimmungsgesetz"; BVerfG, NJW 1992, 362 – „Eigentumswohnung"; BVerfG, BeckRS 2012, 60174.

556 Vgl. BVerfG, GRUR 1972, 481, 484 – „Kirchen- und Schulgebrauch"; BVerfG, GRUR 1980, 44, 48 – „Kirchenmusik"; BVerfG, GRUR 1989, 193, 196 – „Vollzugsanstalten".

557 Siehe hierzu bereits die Ausführungen unter 4.Teil, A. III. 3.

die subjektiven Opportunitätskosten des Zeitaufwands.[558] Der Urheber soll daher nach dem Inhalt der Eigentumsgarantie einen Anspruch darauf haben, dass ihm der wirtschaftliche Nutzen seiner geistig-schöpferischen Leistung zugeordnet wird.[559] Besondere Ausprägung dieser Zuordnung und zugleich Leitidee des Urheberrechts ist, dass der Urheber tunlichst bzw. möglichst weitgehend an den wirtschaftlichen Früchten seines Werkes, die andere aus der Nutzung seines Werkes ziehen, beteiligt werden soll.[560]

Nach überzeugender Auffassung kann diese Forderung zwar als rechtspolitischer Leitgedanke[561] Geltung erlangen, jedoch nicht verfassungsrechtliches Gebot sein.[562] Das privatnützige Eigentum soll seinem Eigentümer zwar auch in wirtschaftlicher Hinsicht eine eigenverantwortliche Lebensgestaltung ermöglichen.[563] Ein konkreter Vergütungsanspruch des Urhebers kann aber aus Art. 14 GG nicht direkt abgeleitet werden, sondern folgt ausschließlich aus dem einfachen Recht.[564]

An diese Prämisse knüpft auch der Gesetzgeber an. So ergibt sich aus der Begründung zur ursprünglichen Fassung des Urheberrechtsgesetzes vom 23.03.1962, dass das Urheberrecht in erster Linie die Grundlage dafür geben soll, Art und Umfang urheberrechtlich relevanter Nutzungen des geschützten Werkes zu überwachen und diese von der Zahlung einer Vergütung abhängig zu machen.[565] Der Gesetzgeber schützt diese materiellen Belange des Werkschöpfers, indem er den Schutz des Urhebers in der Nutzung des Werkes in § 11 S. 1 UrhG ausdrücklich anordnet und den Anspruch auf Vergütung für die Nutzung des Werkes in § 11 S. 2 UrhG besonders hervorhebt. Dieser Schutz dient zum einen dem Amortisationsinteresse des Urhebers hinsichtlich seiner Investitionen in die Werkschöpfung und zum anderen seinem Interesse, eine Vergütung für die Werkverwertung zu erhalten, um seinen Lebensunterhalt bestreiten zu können und eine soziale Absicherung zu erlangen (Alimentationsinteresse).[566]

---

558 *Bing*, Verwertung von Urheberrechten, S. 23 f.; *Prosi*, Ökonomische Theorie des Buches, S. 21.

559 *Hubmann*, ZUM 1988, 4, 10; *Wandtke*, UFITA 121 (1993), 5, 11 f.

560 RGZ 128, 102, 113 – „Schlager-Liederbuch"; RGZ 134, 198, 201 – „Mechanische Musik"; BGH, GRUR 1955, 492, 497 – „Magnettonband"; BGH, GRUR 1974, 786, 787 – „Kassettenfilm"; BGH, GRUR 1976, 382, 383 – „Kaviar"; BGH, GRUR 1999, 707, 711 f. – „Kopienversanddienst"; BGH, GRUR 2011, 714, Rn. 19 – „Der Frosch mit der Maske"; *Schricker*, Verlagsrecht, § 1 Rn. 21; *Schulze* in: Dreier/Schulze, UrhG, § 31a Rn. 27; *Wandtke/Grunert* in: Wandtke/Bullinger, UrhR, § 31 Rn. 39; *Reber*, ZUM 2000, 729, 731.

561 BGH, GRUR 1955, 492, 497 – „Magnettonband"; *Beier*, GRUR 1998, 185, 187.

562 *Schack*, Urheber- und Urhebervertragsrecht, Rn. 95.

563 Siehe Nachw. Fn. 514.

564 *Jarass* in: Jarass/Pieroth, GG, Art. 14 Rn. 54.

565 BT-Drucks. IV/270, S. 28; so auch in BT-Drucks. 14/6433, S. 7.

566 *Schweikart*, Interessenlage im Urheberrecht, S. 28; zur wirtschaftlichen Situation des Urhebers: *Rehbinder*, Urheberrecht, Rn. 73 ff.; vgl. auch *Marwitz*, UFITA 1928, 389, 401, der die Schöpfung als „Kapital" des Urhebers bezeichnet.

Dass dem Urheber für jede Nutzung seines Werkes grundsätzlich eine angemessene Vergütung gebührt, wurde bereits durch die frühe Rechtsprechung des RG und daran anknüpfend durch den BGH bestätigt.[567] Der Anspruch des Urhebers auf eine angemessene Vergütung für die Einräumung von Nutzungsrechten und die Erlaubnis zur Werknutzung ergibt sich seit der Novellierung des Urheberrechtsgesetzes durch Gesetz vom 22.03.2002 speziell aus § 32 UrhG. Diese Regelung wird im Schrifttum als unmittelbarer Ausfluss der verfassungsrechtlichen Eigentumsgarantie nach Art. 14 GG begriffen.[568]

Für den vorliegenden Konfliktfall stellt sich die Frage, ob der Urheber für den Fortbestand der Unterlizenz finanziell entschädigt wird, denn die negativen Folgen des Eingriffs für den Urheber könnten durch einen Vergütungsanspruch abgeschwächt werden.[569] Der Eingriff könnte insbesondere dann kompensiert werden, wenn der Unterlizenznehmer im Fall des Fortbestands seiner Nutzungsberechtigung zur Zahlung einer Lizenzgebühr an den Urheber verpflichtet wäre.

Zuvorderst ist jedoch die Überlegung anzustellen, ob sich die Vergütungsproblematik überhaupt stellt, insbesondere wenn die Lizenznutzung durch eine einmalige Vergütung, z. B. im Rahmen eines Buy-out-Vertrages, abgegolten wurde. In diesem Fall könnte argumentiert werden, dass der Urheber durch die Einmalzahlung des Hauptlizenznehmers vollends befriedigt sein müsste. Diese Ansicht ist jedoch falsch, denn § 32 I 3 UrhG gibt dem Urheber gegenüber seinem Vertragspartner unter besonderen Voraussetzungen die Möglichkeit, nachzuverhandeln, falls die Vergütung sich im Nachhinein als unangemessen erweist,[570] sodass die Nutzung durch den Lizenznehmer niemals gänzlich der Kontrolle des Urhebers entzogen ist. Unabhängig vom Zahlungsmodell muss also eine angemessene Vergütung des Urhebers für die Nutzung seines Werkes gewährleistet sein. Ob der Urheber seinen Vergütungsanspruch auch realisiert, soll dagegen seiner alleinigen Entscheidungsfreiheit obliegen; d. h. er soll ein Entgelt für die Nutzung fordern können, aber nicht müssen (vgl. § 32 III 3 UrhG).[571]

---

567 So z. B. RGZ, 113, 413, 418 – „Der Thor und der Tod“; RGZ, 140, 231 ff. – „Tonfilm“; RGZ, 153, 1 ff. – „Schallplattensendung“; BGH, GRUR 1955, 492, 497 – „Magnettonband“; BGH, NJW 1992, 1171 – „Altenwohnheim II“; BGH, GRUR 1999, 707, 711 ff. – „Kopienversanddienst“; m.w.N. BT-Drucks. 14/6433, S. 10.

568 *Reber*, ZUM 2000, 729, 731 f.; *Wandtke/Grunert* in: Wandtke/Bullinger, UrhR, § 32 Rn. 1.

569 Vgl. *Jarass* in: Jarass/Pieroth, GG, Art. 14 Rn. 54: Die Beurteilung der Verhältnismäßigkeit eines Eingriffs hängt auch wesentlich davon ab, ob ein finanzieller Ausgleich gewährt wird.

570 *Jani*, Buy-Out-Vertrag, S. 293 f., 315; zu den einzelnen Voraussetzungen des Anspruchs des Urhebers auf Einwilligung in eine Änderung des Vertrages: *Wandtke/Grunert* in: Wandtke/Bullinger, UrhR, § 32 Rn. 16 ff.

571 Zur Möglichkeit der unentgeltlichen Nutzung: *Soppe* in: Ahlberg/Götting, BeckOK UrhG, § 32 Rn. 96.

Ein Anspruch auf Zahlung einer Lizenzgebühr folgt i.d.R. aus einer schuldrechtlichen Verpflichtung. Der Anspruch des Urhebers auf die vertraglich vereinbarte Vergütung wird durch § 32 I 1 UrhG gewährleistet. Problematisch ist jedoch, dass ein direktes Schuldverhältnis zwischen dem Urheber und dem Unterlizenznehmer nicht besteht. Der Urheber hat mithin keinen vertraglichen Vergütungsanspruch.

Ein gesetzlicher Vergütungsanspruch lässt sich aus der geltenden Fassung des § 32 UrhG prinzipiell nicht ableiten, denn von einer Einführung des ursprünglich geplanten gesetzlichen Vergütungsanspruchs[572] hat der Gesetzgeber deutlich Abstand genommen.[573] Auch eine Anwendung der Norm auf den unberechtigten Werknutzer sollte von vornherein ausgenommen sein.[574]

Eine Kollision mit dem verfassungsrechtlich gesicherten Belohnungsgedanken des Art. 14 GG lässt sich somit nicht von der Hand weisen.[575]

Für diese Problematik bietet jedoch bereits das einfache Recht mögliche Lösungsansätze: So wird vorgeschlagen, dass der Urheber in diesem Fall auf ein Vorgehen nach §§ 97 ff. UrhG oder nach §§ 812 ff. BGB zu verweisen sei.[576] Das OLG Brandenburg gelangte dagegen zu der Überzeugung, dass durch eine vertragliche Lösung über Abtretungsansprüche den Vergütungsinteressen hinreichend Rechnung getragen werden könne.[577] Diese Auffassung teilte auch der BGH in der Entscheidung „M2Trade“ und favorisierte eine Lösung über § 812 I 1, 2. Alt. BGB.[578] Welches zivilrechtliche Lösungskonzept schließlich am geeignetsten ist, soll im siebenten Teil der Arbeit näher diskutiert werden.

Eine Schadloshaltung des Urhebers in finanzieller Hinsicht erscheint auf zivilrechtlicher Ebene möglich.[579] Von einer Kompensation der negativen finanziellen Wirkungen des Eingriffs in die verfassungsrechtlich gewährleistete Eigentumsgarantie über das zivilrechtliche Anspruchssystem ist auszugehen.

---

572 Vgl. BT-Drucks. 14/6433, S. 14 f.

573 BT-Drucks. 14/8058, S. 18: „Der bisherige Gesetzentwurf sah vor, die Pflicht zur angemessenen Vergütung an die jeweiligen Nutzungshandlungen zu knüpfen. Dieses Konzept ist bei Verwertern und Bundesländern auf Kritik gestoßen, die zudem darauf hinwiesen, dass sich aus dem Nebeneinander von vertraglichem und gesetzlichem Vergütungsanspruch in der Praxis Probleme ergeben könnten. Die neue Konzeption orientiert sich stärker an den Nutzungsverträgen und sieht bei nicht angemessenen Vergütungsabreden eine Korrektur des Vertrags vor.“

574 BT-Drucks. 14/6433, S. 15.

575 Vgl. auch *J.B. Nordemann* in: Fromm/Nordemann, UrhR, § 31 Rn. 37: Der Urheber müsse die für die Enkelrechte gezahlten Lizenzgebühren erhalten; alles andere würde mit § 32 UrhG kollidieren, weil der Urheber dann trotz Verwertung seines Werkes ohne Vergütung bliebe.

576 BT-Drucks. 14/6433, S. 15; *Wandtke/Grunert* in: Wandtke/Bullinger, UrhR, § 32 Rn. 6.

577 OLG Brandenburg, Urteil v. 30.03.2010, Az. 6 U 76/06, S. 21 – „M2Trade“.

578 BGH, GRUR 2012, 916, Rn. 26 f. – „M2Trade“.

579 So auch *Dieselhorst*, CR 2010, 69, 71.

c. Die Sozialbindung des Urheberrechts als Schranken-Schranke

Mit Blick auf die soziale Dimension des Eigentums (vgl. Art. 14 II 2 GG) stellt sich die Frage, ob in der konkreten Fallkonstellation Gemeinwohlbelange eine Einschränkung rechtfertigen könnten. Denn zu berücksichtigen ist, dass Werkschöpfungen von Natur aus ein Gut mit sozialem Bezug darstellen.[580] Bei kulturellen Gütern geht es gerade nicht darum, Dritte generell von der Nutzung auszuschließen; vielmehr sind die Werkvermittlung und der Werkgenuss i.d.R. das Ziel der schöpferischen Tätigkeit.[581]

Die abstrakten Belange der Allgemeinheit sind darauf gerichtet, möglichst schnell und ungehindert in den Genuss von Werkschöpfungen zu kommen; auch besteht ein Interesse daran, Werke als Anregung bzw. Grundlage für neue Werkschöpfungen zu nutzen.[582] Die Kulturverbraucher haben das Bedürfnis, sich zu bilden, zu informieren oder schlicht zu unterhalten, also am kulturellen Leben teilzuhaben.[583]

Diese schutzwürdigen Interessen der Allgemeinheit finden ihre grundrechtliche Verankerung u. a. in der Sozialbindung des Urheberrechts, die in Art. 14 II GG allgemein reflektiert wird.[584] Demnach soll der Gebrauch des Eigentums zugleich der Allgemeinheit dienen (Art. 14 II 2 GG). Für das Urheberrecht bedeutet die Sozialbindung, dass der Gesetzgeber nicht nur die Individualbelange zu sichern hat. Dem Urheber sind zwar weitgehende Verfügungs- und Verwertungsrechte an seinen geistig-schöpferischen Leistungen einzuräumen, diese müssen jedoch zugunsten Dritter und der Allgemeinheit umfangmäßig beschränkt werden, soweit dies nach Abwägung der Interessen des Urhebers und der Belange der Allgemeinheit als angemessen erscheint.[585] Nach st.Rspr. des BVerfG sind beide Positionen in ein ausgewogenes, nicht einseitig bevorzugendes oder benachteiligendes Verhältnis zu bringen, sodass ein sozial gebundenes Privateigentum als das von Art. 14 GG vorgegebene Sozialmodell erreicht wird.[586]

---

580 *Thormann*, Sozialbindung des Eigentums, S. 162; *Schweikart*, Interessenlage im Urheberrecht, S. 52.

581 BT-Drucks. IV/270, S. 28; *Schweikart*, Interessenlage im Urheberrecht, S. 52; *Leinemann*, Sozialbindung des „Geistigen Eigentums“, S. 58 f.

582 *Haberstumpf*, Hdb. UrhR, Rn. 62; *Schweikart*, Interessenlage im Urheberrecht, S. 46 f.

583 *Rehbinder*, Urheberrecht, Rn. 81.

584 *Hilty* in: FS Schricker II, S. 325, 330; *Geiger*, GRUR Int. 2004, 815, 816 f.

585 BVerfG, GRUR 1972, 481, 484 – „Kirchen- und Schulgebrauch“; BVerfG, GRUR 1990, 438, 441 – „Bob Dylan“; *Maunz*, GRUR 1973, 107, 108 f.; *Wandtke*, UFITA 121 (1993), 5, 9; allgemein zur Sozialbindung des Eigentums: BVerfG, NJW 2000, 1471, 1472 – „Schuldrechtsreform“.

586 BVerfG, NJW 1964, 1848, 1851 – „Fiskusprivileg“; BVerfG, NJW 1967, 1175 – „Weinreben“; BVerfG, GRUR 1974, 142, 144 – „Offenlegung von Patent-Altanmeldungen“; BVerfG, NJW 1974, 1499 f. – „WKSchG“; BVerfG, GRUR 1980, 44, 46 – „Kirchenmusik“; BVerfG, NJW 1979, 699, 703 – „Mitbestimmungsgesetz“; BVerfG, NJW 1980, 985, 987 – „Kleingarten“; BVerfG, GRUR 1982, 45, 48 – „Pflichtexemplare“;

Beschränkungen des Urheberrechts können also auch im Interesse der Allgemeinheit an einem ungehinderten Zugang zu Kulturgütern gerechtfertigt sein.[587]

Eine Zugangserschwerung für die Allgemeinheit ist im konkreten Fall nicht ersichtlich. Betroffen ist lediglich das private Verhältnis zwischen dem Urheber und dem Unterlizenznehmer. Ein Ausschluss der Allgemeinheit ist beiderseits gewollt und steht außer Frage. Die effiziente Verteilung vorhandener kultureller Güter im Interesse der Allgemeinheit ist vorliegend nicht das Problem.

Dagegen könnte bei der Betrachtung der Interessen der Allgemeinheit eine anders gelagerte „Versorgungsproblematik" von Relevanz sein. Diese betrifft nicht den aktuellen, sondern vielmehr den zukünftigen Bestand kultureller Güter und die Frage, ob der durch die richterliche Entscheidung geschaffene Ordnungsrahmen noch einen hinreichenden Anreiz für das Werkschaffen bietet. Auch wenn das BVerfG eine zukunftsgerichtete Betrachtung regelmäßig nicht vornimmt, könnte eine solche dennoch zur Beurteilung geänderter rechtlicher Rahmenbedingungen beitragen und soll daher hinsichtlich der Frage diskutiert werden, ob der vorliegende Einschnitt in die Verfügungsbefugnis des Urhebers das zukünftige Leistungsverhalten aller schöpferisch Tätigen im Interesse des gesamtgesellschaftlichen Wohlstands verändern wird.

aa. Die Anreiztheorie als Deutungsaspekt der Sozialbindung des Urheberrechts?

Das volkswirtschaftliche Wohl der Allgemeinheit basiert regelmäßig auf einer Funktionsfähigkeit des Marktes. Diese erfordert eine effiziente Allokation knapper Ressourcen an die beteiligten Wirtschaftssubjekte.[588] Das Prinzip der ökonomischen Effizienz versucht im Ausgangpunkt die Frage zu lösen, wodurch die relative Knappheit von Ressourcen reduziert werden kann, um menschliche Bedürfnisse zu befriedigen.[589] Allerdings ist zu berücksichtigen, dass für das Urheberrecht ein modifizierter Knappheitsbegriff[590] Anwendung finden muss. In dessen Fokus steht nicht

BVerfG, NJW 1985, 2633, 2633 – „Eigenbedarf"; BVerfG, NVwZ 1986, 113 – „Fischereibezirke"; BVerfG, NJW 1986, 2188, 2189 – „Fluglärm"; BVerfG, GRUR 1989, 193, 196 – „Vollzugsanstalten"; BVerfG, NJW 1999, 2877, 2878 – „Denkmalschutz"; BVerfG, NJW 2000, 1471, 1472 – „Schuldrechtsreform"; BVerfG, NVwZ 2001, 1023, 1024 – „Baulandumlegung"; BVerfG, GRUR 2001, 43, 44 – „Klinische Versuche"; BVerfG, NJW 2006, 1191, 1193 f. – „Halbteilungsgrundsatz".

587 Vgl. BVerfG, GRUR 1972, 481, 484 – „Kirchen- und Schulgebrauch", zur Aufnahme geschützter Werke in Schulbüchern; BVerfG, GRUR 1972, 487 – „Schulfunksendung", zum befristeten Kopieren von Werken für Schulfunksendungen; BVerfG, GRUR 1980, 44, 46 – „Kirchenmusik", bzgl. der öffentlichen Wiedergabe eines Werkes.

588 Vgl. *Timmann*, Patentrecht im Lichte von Art. 14 GG, S. 67; *Kirchner*, GRUR Int. 2004, 603, 605.

589 Vgl. *Eger/Nagel/Weise* in: Ott/Schäfer, Ökonomische Probleme des Zivilrechts, S. 18, 26.

590 *Peukert* in: Hilty/Peukert, Interessenausgleich im Urheberrecht, S. 11, 14 (Fn. 14).

eine effiziente Nutzung knapper Ressourcen, also die Behebung einer Knappheit an bestehenden Werken, denn diese sind im Gegensatz zu Sachgütern unbegrenzt nutzbar.[591] Im Mittelpunkt steht vielmehr die Initiierung eines künftigen Zuwachses an immateriellen Gütern durch vermehrte geistige Schöpfungen,[592] mit anderen Worten, es geht um die Vermeidung einer Unterproduktion kreativer Werke im Lichte ihrer Bedeutung als sozialgebundene Güter.[593]

Das Wohl der Allgemeinheit als Richtschnur der Ausgestaltung und zugleich kultur- und sozialpolitisches Ziel verlangt eine bestmögliche Versorgung der Gesellschaft mit geistigen Gütern und erfordert die Schaffung langfristiger Anreize zur Investition knapper Ressourcen in die Kreation neuer Werke, dessen maßgebliches Ergebnis eine Anreicherung des kulturellen Erbes zu einer verbesserten Befriedigung der sozialen Bedürfnisse sein soll.[594] Die Schaffung von Anreizen zu weiteren Leistungen hat damit wohlfahrtsoptimierende Wirkung.[595]

Dem Prinzip der Sozialpflichtigkeit des Eigentums wird an dieser Stelle ein auf ökonomischen Grundsätzen basierender, zukunftsgerichteter Deutungsaspekt entnommen: Untersuchungsgegenstand soll die Frage sein, ob die durch die richterliche Entscheidung geschaffenen institutionellen Rahmenbedingungen die Anreize für das kreative Werkschaffen einschränken.

(1) Die ökonomische Deutung des Urheberrechts als Grundlage einer Bewertung?

Die ökonomische Deutung des Urheberrechts rückt freilich von einem rein individualistischen Begründungsmodell des Urheberrechts ab, in dem es letztlich um Freiheitsschutz zugunsten des Rechtsträgers geht, der durch die Zuweisung eigentumsrechtlicher Ausschließungsbefugnisse gewährleistet und durch

591 Immaterielle Leistungen zeichnen sich durch Nichtexklusivität und Nichtrivalität im Konsum aus. Hierzu ausführlich: *Peukert* in: Hilty/Peukert, Interessenausgleich im Urheberrecht, S. 11, 14; *Leistner*, ZGE 1 (2009), 403, 406; *ders.* in: Leible/Lehmann/Zech, Unkörperliche Güter im Zivilrecht, S. 201, 207; *Leistner/Hansen*, GRUR 2008, 479, 483, allerdings einschränkend hinsichtlich der Rivalität.

592 *Peukert* in: Hilty/Peukert, Interessenausgleich im Urheberrecht, S. 11, 14.

593 M.w.N. *Leistner*, ZGE 1 (2009), 403, 409, der diesen Modellgrundsatz als „Anreiztheorie revisited" bezeichnet, um damit eine klare Abgrenzung zur „klassischen" Anreiztheorie zu schaffen, die vornehmlich den Investitionsschutzgedanken betont (405 f.); *ders.* in: Leible/Lehmann/Zech, Unkörperliche Güter im Zivilrecht, S. 201, 209 f.

594 *Bing*, Verwertung von Urheberrechten, S. 53; *Dittrich* in: Dittrich, Urheberrecht, S. 214 f.; vgl. zur ökonomisch-materialistischen Begründung des Urheberrechts: *Prosi*, Ökonomische Theorie des Buches, S.22.

595 *Hüsken*, Informationsfreiheit und urheberrechtlicher Schutz, S. 203 f.; *Friauf* in: Gemper, Marktwirtschaft und soziale Verantwortung, S. 438, 447.

Persönlichkeitsrechte abgesichert wird.[596] Auch wenn in der deutschen Urheberrechtstheorie – trotz zunehmender Kritik[597] – traditionell immer noch der Schutz der schöpferischen Persönlichkeit des Urhebers im Mittelpunkt steht und damit ein naturrechtliches Verständnis vorherrscht,[598] die Forderung nach einem sozial gebundenen Eigentum verlangt dennoch nach einem utilitaristisch geprägten Legitimationsansatz des Urheberrechts.

Im Mittelpunkt utilitaristischer Urheberrechtstheorien stehen Untersuchungen über die wirtschaftlichen und gesellschaftlichen Auswirkungen verschiedener institutioneller Rahmenbedingungen, wobei das Urheberrecht zunehmend zum Objekt ökonomischer Analysen wird.[599] Vor allem in der anglo-amerikanischen Literatur konzentrieren sich Untersuchungen vordergründig auf die wirtschaftliche Bedeutung des Urheberrechts im Rahmen der Copyright-Industrien für die Volkswirtschaft insgesamt.[600]

Deutlichen Niederschlag hat der ökonomische Ansatz in der US-amerikanischen Verfassung gefunden: Art. I, sec. 8, cl. 8 der Verfassung deklariert, dass dem Urheber ein ausschließliches Recht „To promote the Progress of Science and useful Arts" gewährt wird. So betont auch die US-amerikanische Literatur die unmittelbare Anreizfunktion ausschließlicher Immaterialgüterrechte.[601]

Diesen Überlegungen liegt die Annahme zugrunde, dass erst die Ausschließlichkeitsrechte dem Rechtsinhaber ermöglichen, von Nutzern ein Entgelt zu verlangen, Investitionen zu amortisieren und Gewinne zu erwirtschaften. Diese Aussicht erzeuge einen Anreiz, in die Produktion immaterieller Güter zu investieren.[602] Warum es von erheblicher Bedeutung ist, Anreize zur Investition in kreative Vorhaben zu schaffen, verdeutlichen die gegenwärtigen Urheberrechtsindustrien. Diese beeinflussen die technologische und ökonomische Entwicklung eines Landes in komplexer

---

596 Zum individualistischen Begründungsmodel des Urheberrechts vgl. *Schack* in: Depenheuer/Peifer, Geistiges Eigentum, S. 123, 125.

597 *Leistner/Hansen*, GRUR 2008, 479, sprechen von einer „Legitimationskrise des Urheberrechts"; *Dietz* in: Dittrich, Urheberrecht, S. 200, 208, stellt aufgrund der ausschließlichen Konzentration auf persönlichkeitsrechtliche Interessen ein Scheitern aufgrund von Unzulänglichkeiten im Bereich des Urhebervertragsrechts in Frage.

598 *Dreier* in: Dreier/Schulze, UrhG, Einl. Rn. 10; *Wandtke* in: FS Rehbinder, S. 389; *Schack*, Urheber- und Urhebervertragsrecht, Rn. 28.

599 Zur ökonomischen Analyse des Urheberrechts: *Leistner*, ZGE 1 (2009), 403 ff.; *Reich*, Ökonomische Analyse des Urheberrechts, S. 19 ff.; *Ohly* in: Depenheuer/Peifer, Geistiges Eigentum, S. 141 ff.; *Bechtold*, GRUR Int. 2008, 484 ff.; vgl. auch *Goldhammer*, ZGE 1 (2009), 139 ff.

600 Hierzu insb. *Landes/Posner*, Journal of Legal Studies 1989, Vol. 18, No. 2, S. 325 ff.

601 Vgl. u.a. *Posner*, Journal of Economic Perspectives, Vol. 19, No. 2, S. 57; *Park*, Journal of International Affairs 2010, Vol. 64, No. 1, S. 53; *Smith u.a.*, The Journal of World Intellectual Property 2009, Vol. 12, No. 3, S. 198.

602 *Posner*, Journal of Economic Perspectives, Vol. 19, No. 2, S. 57, 58; *Park*, Journal of International Affairs 2010, Vol. 64, No. 1, S. 53, 57; zusammenfassend *Peukert* in: Hilty/Peukert, Interessenausgleich im Urheberrecht, S. 11, 16.

Weise: Zum einen schaffen sie Arbeitsplätze und sichern das Einkommen einer Vielzahl von Arbeitnehmern. Zum anderen bilden sie die Wertschöpfungsgrundlage für ein weites Netz von Folgeindustrien. Durch einen sog. Multiplikator-Effekt wird hier die Produktion angeregt und es werden zusätzliche Erträge generiert. Als Beispiel sei der Markt für Kulturgüter, Kunst und Entertainment genannt, auf dem derzeit eine besonders hohe Nachfrage herrscht. Diese bietet langfristige Anreize, mehr Kapital in technologische Erfindungen zu investieren, die den Konsum verbessern (z.B. 3D-Filme, elektronische Bücher). Dadurch werden verbesserte Zugangsmöglichkeiten und schließlich ein größerer Wissenspool geschaffen.[603]

Die ökonomischen Auswirkungen von Urheberrechtssystemen auf Produktion, Arbeitsplätze, Investitionen, Handel und die Wissensakkumulierung sind jedenfalls evident.[604]

Vermehrt werden daher Versuche unternommen, diese anhand standard-ökonomischer Modelle zu messen, um Entscheidungen auf der rechtlichen Ebene einer überzeugenderen Begründung zuführen zu können.[605] Aber auch alternative Hypothesen, die ihre Fundierung in verhaltensökonomischen Ansätzen finden, können einen Beitrag dazu leisten, die Auswirkungen einer Veränderung des institutionellen Rahmens einer Abschätzbarkeit zugänglich zu machen.

Gegen solche Ansätze wird eingewandt, dass sie die persönlichkeitsrechtliche Komponente nicht genügend berücksichtigen.[606] Zentral geht es um die äußerst komplexe Frage, was den Urheber zum Werkschaffen motiviert: Ideelle oder materielle Anreize? Oder vielleicht beides zugleich? Diese Frage kann freilich nur einzelfallspezifisch ggf. auch für bestimmte Gruppen beantwortet werden. Die hier relevante Lizenzierungspraxis ist jedenfalls vordergründig einkommensorientiert motiviert.

Das ökonomische Effizienzkriterium, als ein Ziel rechtspolitischer Entscheidungen, könnte möglicherweise zur Lösung der vorliegenden „Verteilungsproblematik" beitragen.[607] Eine allgemeine verfassungsrechtliche Verpflichtung des Gesetzgebers

---

603 *Park*, Journal of International Affairs 2010, Vol. 64, No. 1, S. 53, 58.

604 Hierzu ausführlich *Park*, Journal of International Affairs 2010, Vol. 64, No. 1, S. 53, 59.

605 Z.B. *Smith u.a.*, The Journal of World Intellectual Property 2009, Vol. 12, No. 3, S. 198 ff., die einen Versuch unternehmen, die ökonomischen Auswirkungen des Urheberrechtsschutzes auf die Produktion zu messen.

606 *Schack* in: Depenheuer/Peifer, Geistiges Eigentum, S. 123, 133 f.: Das Urheberrecht dürfe nicht zum Gegenstand bloßer Nützlichkeitserwägungen und zum Spielball politischer Gruppeninteressen werden; schließlich sei das Urheberrecht immer auch und zuvörderst ein Persönlichkeitsrecht.

607 Vgl. *Ott/Schäfer*, JZ 1988, 213, 215; dagegen rät *Eidenmüller*, Effizienz als Rechtsprinzip, S. 169 ff., 321, von einem prima facie-Vorrang des ökonomischen Effizienzziels ab, hält allerdings eine Anwendung unter Abwägung mit anderen Zielen auf der Zivilrechtsebene für möglich; vgl. auch *Hansen*, Warum Urheberrecht, S. 35 ff., der

zur Berücksichtigung des ökonomischen Effizienzziels existiert allerdings nicht.[608] Im deutschen Rechtskreis wird daher eine Einbeziehung der ökonomischen Funktion des Privateigentums bei der Interpretation der sozialgebundenen Eigentumsgarantie unter Verweis auf die wirtschaftspolitische Neutralität des Grundgesetzes abgelehnt.[609] Dennoch spricht sich ein großer Teil der Literatur dafür aus, dass die ökonomische Rechtfertigung des Urheberrechts nicht gänzlich vernachlässigt werden darf.[610] Optimaler Weise sollte sich das Urheberrecht neben anderen Gesichtspunkten auch am Ziel einer effizienten Güter- und Faktorallokation zugunsten einer Mehrung des gesamtgesellschaftlichen Wohlstands orientieren, i.S. eines wünschenswerten sozialen Zustands.[611] Demnach wäre das Urheberrecht so zu gestalten, dass nachhaltige Anreize zur Schaffung, Verwertung und Verbreitung von Werken bestehen.[612] Freilich kann die Herstellung von Allokationseffizienz nicht die alleinige Aufgabe des Rechts sein.[613] Kreativität zu fördern und Investitionsbereitschaft zu stärken, können lediglich „wünschenswerte" Zielvorgaben für den Gesetzgeber darstellen. Das ökonomische Effizienzziel könnte aber bei der Gesetzesauslegung oder auch bei der Rechtsfortbildung im Zivilrecht eine bedeutende Rolle einnehmen, und zwar vor allem dann, wenn das positive Recht auf die Notwendigkeit von Wertungen verweist: Hier besteht ein Einfallstor für die ökonomische Analyse des Rechts.[614] Indem untersucht wird, welche Effizienzwirkungen mit den aus juristischer Sicht vertretbaren Entscheidungsalternativen verbunden sind, kann eine hinreichend spezifische – möglicherweise sogar eine präzisere – Folgenabwägung zur Lösung von Interessenkonflikten vorgenommen werden.[615] In diesem Kontext ist es insbesondere die teleologische Gesetzesauslegung, die den entscheidenden methodischen Ausgangspunkt für eine ökonomische Analyse bildet.[616] Nach Auffassung *Eidenmüllers*

---

einen Überblick über die Wiederannäherung an eine nutzen- und nutzerorientierte Rechtfertigung des Urheberrechts seit den 80er Jahren gibt.

608 M.w.N. *Reich*, Ökonomische Analyse des Urheberrechts, S. 165 ff., 171; vgl. auch *Fezer*, JZ 1988, 223, 225.

609 *Thormann*, Sozialbindung des Eigentums, S. 201.

610 Hierzu ausführlich: *Ott/Schäfer*, JZ 1988, 213 ff.; *Bechtold*, GRUR Int. 2008, 484, 487 f.; dagegen kritisch *Fezer*, JZ 1988, 223 ff.; vgl. auch *v. Olenhusen* in: FS Roeber, S. 83, 97 ff., der aufzeigt, dass sich auch die dt. Literatur bereits im 19. Jh. mit der ökonomischen Begründung des Urheber- und Verlagsrechts auseinandersetzte; siehe auch *Reich*, Ökonomische Analyse des Urheberrechts, S. 177 ff., zu den verschiedenen Ansätzen von Nützlichkeitserwägungen in der historischen und aktuellen Urheberrechtsdiskussion.

611 *Reich*, Ökonomische Analyse des Urheberrechts, S. 171, 184 f.; vgl. auch *Ott/Schäfer*, JZ 1988, 213, 215, zur ökonomischen Analyse des Rechts als Gerechtigkeitstheorie.

612 *Bing*, Verwertung von Urheberrechten, S. 50.

613 *Ott/Schäfer*, JZ 1988, 213, 214.

614 *Ott/Schäfer*, JZ 1988, 213, 214, 217.

615 *Eidenmüller*, Effizienz als Rechtsprinzip, S. 450 ff.; *Ott/Schäfer*, JZ 1988, 213, 214, 217.

616 *Leistner*, ZGE 1 (2009), 403, 435; *Reich*, Ökonomische Analyse des Urheberrechts, S. 226 f.

ist das Recht aber nur dann einer ökonomischen Analyse zugänglich, wenn ökonomische Effizienz „Politik des Gesetzes" ist, i.S. einer Bindung der Gerichte an Gesetz und Recht gem. Art. 20 III GG.[617] Wenn also die ökonomische Effizienz nach dem Willen des historischen Gesetzgebers zum *telos* der Norm gehört, kann sie auch als Auslegungsleitlinie Anwendung finden.[618]

Dies ist für den konkreten Fall zu bejahen: Der BGH berücksichtigte im Rahmen seiner Abwägungsentscheidung, Normen und Grundsätze des Urheberrechts, die einheitlich die verschiedenen Facetten der Rechtsbeziehungen des Urhebers im vertikalen Bereich, also in Bezug auf den nachgeordneten Verwertungsmarkt, regeln.[619] Dass in dieser Konstellation auch immer wieder ökonomische Erwägungen eine Rolle spielen, die im kontinuierlichen Gesetzgebungsprozess Gegenstand vielfältiger Überlegungen sind und waren, lässt sich nicht von der Hand weisen.[620] Letztlich berücksichtigte auch der BGH im Rahmen einer teleologischen Auslegung des § 41 UrhG – zumindest im Ansatz – die Auswirkungen seiner Entscheidung auf die vermögenswerten Interessen des Urhebers.[621] Einer verfassungsrechtlichen Überprüfung der Entscheidung hinsichtlich etwaiger Auswirkungen auf das Anreizverhalten der Werkschöpfer steht demnach nichts entgegen.

(2) Die Auswirkungen der Entscheidung auf das Anreizverhalten des Urhebers

Die gesamt-ökonomischen Folgen der Entscheidung des BGH auf das Anreizverhalten des Urhebers können im Rahmen dieser Arbeit freilich nicht verifizierbar ermittelt werden i.S.v. konkreten Wenn-Dann-Aussagen. Allerdings soll der Versuch unternommen werden, anhand einer ökonomischen Analyse, die dem bereits geschilderten Anreizkalkül folgt, Hypothesen möglicher Auswirkungen des Fortbestands der Unterlizenz aufzustellen und auf theoretischer Grundlage eine Folgenbewertung vorzunehmen.[622]

Der *homo oeconomicus* benötigt generell einen Anreiz, Zeit und Kapital in die Schaffung immaterieller Güter zu investieren.[623] Diese These steht unter der Annahme des eigennutzorientierten Rationalverhaltens.[624] Kreativität wird demnach

617 *Eidenmüller*, Effizienz als Rechtsprinzip, S. 452.
618 *Grundmann*, RabelsZ 1997, 423, 434; *Reich*, Ökonomische Analyse des Urheberrechts, S. 227.
619 Siehe hierzu die Ausführungen unter 3. Teil, B. II.
620 Vgl. z.B. *Hilty*, GRUR 2005, 819, 823 sowie *Peifer*, GRUR 2009, 22, 23, die ökonomische Notwendigkeit eines Anreizsystems zugunsten der Wissens- und Informationsvermittlung betonend.
621 BGH, GRUR 2009, 946, 948 – „Reifen Progressiv".
622 Vorgehensweise entsprechend dem Vorschlag von *Ott/Schäfer*, JZ 1988, 213, 214.
623 *Ohly* in: Ohly/Klippel, Geistiges Eigentum und Gemeinfreiheit, S. 1, 3; vgl. auch *Todt* in: Ott/Schäfer, Ökonomische Probleme des Zivilrechts, S. 1, 6.
624 *Reich*, Ökonomische Analyse des Urheberrechts, S. 24 ff.

tendenziell gesteigert, wenn positive finanzielle Konsequenzen winken.[625] Einen wirtschaftlichen Nutzen kann der Urheber aus der schöpferischen Tätigkeit aber nur erzielen, wenn ihm durch die Verwertung des Ergebnisses ein Einkommen ermöglicht wird. Die Sicherung exklusiver Verwertungsmöglichkeiten i.S. eines Monopolrechts am geistigen Gut und die damit verbundene Möglichkeit der Einkommenserzielung schaffen folglich einen Anreiz zum Tätigwerden und zur Produktion neuer geistiger Güter.[626]

Die Aussicht auf Gewinn ist eine entscheidende Motivationsfunktion im marktwirtschaftlichen System und wesentlich für die Produktionsentscheidung. Diese Annahme gilt allerdings nur für die primär einkommensorientierten (extrinsisch motivierten) Werkschöpfer. Die rein intrinsisch motivierten Urheber können dadurch kaum beeinflusst werden.[627] Die Anzahl dieser ist jedoch im Verhältnis zu den marktwirtschaftlich relevanten Urhebern verschwindend gering und im Kontext dieses Ansatzes vernachlässigbar, zumal sich in der Praxis die Tendenz zeigt, dass der rein intrinsisch motivierte Urheber, wie z.B. der Wissenschaftsautor, zunehmend die Kosten der Werkverwertung selbst zu tragen hat und sich daher alternativer Absatzkanäle, insbesondere dem Publikationsmedium Internet, bedient.[628] Eine Verwertung über die hier im Fokus der Betrachtung stehenden Lizenzketten findet insoweit nicht statt.

Zudem treten extrinsische und intrinsische Motivation häufig zusammen auf: So fördern ein guter Ruf und die öffentliche Anerkennung eines Künstlers regelmäßig die wirtschaftliche Auswertung.[629] Dies sei ein Indiz, dass monetäre Anreize regelmäßig auch eine Rolle spielen – zwar keine hinreichende, wohl aber eine notwendige.[630]

Zu klären ist, ob der durch die Auslegungsvariante des BGH geschaffene Ordnungsrahmen für den Lizenzverkehr noch ausreichend effiziente Anreizwirkungen für das Werkschaffen bietet.

Der Einfluss des Urheberrechtsschutzes auf das Verhalten des einkommensorientierten Werkschöpfers ist signifikant, denn die Einkommenserwartungen aus der Lizenzvergabe können Anreizen zur Schaffung neuer Werke und zu einer besseren Ausschöpfung des kreativen Potentials darstellen.[631] Anzunehmen ist, dass für den Urheber eine Einkommenserzielung durch weitere Verwertungshandlungen von besonderer Bedeutung ist und er daher ein besonderes Interesse daran hat, sein

---

625 *Schulte*, GRUR 1985, 772, 774.

626 *Prosi*, Ökonomische Theorie des Buches, S. 22; *Bing*, Verwertung von Urheberrechten, S. 24, 28; ähnlich auch *Friauf* in: Gemper, Marktwirtschaft und soziale Verantwortung, S. 438, 447.

627 Hierzu ausführlich *Reich*, Ökonomische Analyse des Urheberrechts, S. 33 ff.

628 Vgl. *Knauer*, NJOZ 2009, 3004 ff., zu neuen Publikationsformen im Internet.

629 *Schindler*, Grenzen der „dinglichen Aufspaltbarkeit", S. 107.

630 *Reich*, Ökonomische Analyse des Urheberrechts, S. 35.

631 *Park*, Journal of International Affairs 2010, Vol. 64, No. 1, S. 59 ff.; *Bing*, Verwertung von Urheberrechten, S. 56 f.

Urheberrecht von bestehenden Belastungen zu befreien. Durch den Fortbestand der Unterlizenz ist der Urheber jedoch um die gewinnbringende Möglichkeit der Verwertung seiner urheberrechtlichen Befugnisse in Form der Vergabe einer ausschließlichen Lizenz beschnitten. Dies schränkt seine Verhandlungsmacht gegenüber potentiellen Vertragspartnern erheblich ein, sodass die Vermutung nahe liegt, dass das erwartete Einkommen nicht realisiert werden kann.

Eine potentielle Negativabweichung zur ursprünglichen Einkommenserwartung wird jedoch mit aller Wahrscheinlichkeit nicht eine Reduktion der Anreizwirkungen zur Schaffung neuer Werke nach sich ziehen. Denn zu berücksichtigen bleibt, dass derartige Effekte aus ökonomischer Sicht lediglich unter *ceteris paribus* Modellbedingungen und unter der Annahme eines rational handelnden, eigennutzorientierten *homo oeconomicus* beurteilt werden. Dies steht natürlich nicht mit der Realität und vor allem auch nicht mit dem offenen Menschenbild des geltenden Rechts in Einklang.[632] Hier offenbart sich der Schwachpunkt der rein ökonomischen Anreiztheorien.[633] Denn wird in die Betrachtung das tatsächliche Verhalten der Urheber einbezogen, erscheint im Hinblick auf die ideelle Bedeutung des Schaffensprozesses für den Schöpfer selbst und auch hinsichtlich der kommerziellen Bedeutung der Wertschöpfungen der Urheberrechtsindustrien insgesamt eine rückläufige Produktion geistiger Güter aufgrund Einschränkungen lizenzvertraglicher Modalitäten sehr unwahrscheinlich. Vielmehr ist zu erwarten, dass sich die Betroffenen bei zukünftigen Rechtsgeschäften auf die gegebene Rechtslage – ggf. durch vertragliche Regelungen – einstellen werden. I.d.S. ist auch nicht zu erwarten, dass Urheber sich in Zukunft dahingehend entscheiden werden, geschaffene Werke in wesentlich eingeschränktem Umfang einer Lizenzierung zugänglich zu machen. Eine Werkverwertung wird weiterhin stattfinden, denn dies ist schließlich das Ziel nahezu jeder Werkschöpfung. Die Rechte werden damit weiterhin an den Ort der bestmöglichen Verwertung gelangen, sodass im Ergebnis eine ineffiziente Ressourcenallokation nicht eintreten wird. Erschwerte Zugangsmöglichkeiten der Allgemeinheit zu kulturellen Gütern sind damit nicht zu erwarten.

---

632 *Fezer*, JZ 1988, 223, 224; *Hösch*, Eigentum und Freiheit, S. 96 f.; ebenso kritisch *Timmann*, Patentrecht im Lichte von Art. 14 GG, S. 69: Menschen handeln auch irrational und ineffizient – dies sei schließlich vom grundrechtlichen Selbstbestimmungsrecht gedeckt; ebenso *Reich*, Ökonomische Analyse des Urheberrechts, S. 28 f., die Grenzen der Annahme der Rationalität und Eigennützigkeit aufzeigend.

633 *Leistner*, ZGE 1 (2009), 403, 411, hält es angesichts der Komplexität der notwendigen institutionenökonomischen Vergleiche sogar für unmöglich, „abstrakte" Aussagen hinsichtlich eines vermeintlich „richtigen" institutionellen Rahmens zu treffen. Auch unter Einbeziehung neuerer verhaltensökonomischer Erkenntnisse hält er eine rein ökonomisch determinierte Optimierung des Gesamtsystems derzeit für „schlicht unrealistisch".

(3) Fazit

Die Vorgabe eines sozialgebundenen Eigentums nach Art. 14 II GG stellt den Gesetzgeber vor die Herausforderung, einen institutionellen Ordnungsrahmen zu schaffen, der für die Werkschaffenden hinreichende Anreize bietet, schöpferisch tätig zu sein und damit das kulturelle Leben der Allgemeinheit zu bereichern.

Die „Reifen Progressiv"-Entscheidung des BGH zugunsten der Werkverwerter schwächt zwar die Position der Urheber, indem ihnen ein Verhandlungsspielraum im vermögensrechtlichen Bereich genommen wird. Es ist jedoch nicht anzunehmen, dass damit eine Reduktion der Anreizwirkung zum Werkschaffen einhergeht. Vielmehr wird es im gleichen Umfang wie zuvor lohnenswert bleiben, in kreatives Werkschaffen zu investieren. Die konkreten rechtlichen Rahmenbedingungen lassen daher einen Wohlfahrtsverlust nicht erkennen.

bb. Die Wettbewerbsfunktion als Deutungsaspekt der Sozialbindung des Urheberrechts?

Anerkannt ist, dass überzogene Eigentumsrechte zu Monopolisierungseffekten und in Folge dessen zu einer Schädigung der Marktgegenseite führen, indem sie die Kosten des Zugangs zu urheberrechtlich geschütztem Material künstlich erhöhen und damit kreatives Schaffen behindern.[634] Derartige Auswirkungen können unter dem Aspekt der Verteilungsgerechtigkeit wohl kaum gerechtfertigt sein. Vor allem Entwicklungsbehinderungen sind zu erwarten, wenn auf bereits vorhandenes Wissen aufgrund erheblicher Zugangserschwernisse nicht zugegriffen werden kann.[635]

Durch einen Fortbestand der Unterlizenz könnten in Einzelfällen künstlich geschaffene Monopolstrukturen aufgebrochen und eine Förderung wettbewerblicher Verhältnisse erreicht werden. Ein gesteigerter Leistungswettbewerb könnte nicht nur den unmittelbaren Konkurrenten, sondern auch den Konsumenten nützen,[636] bedingt durch verbesserte Zugangsmöglichkeiten und geringere Zugangskosten aufgrund eines breiteren Angebots. Ein Bestandsschutz zugunsten des Unterlizenznehmers könnte zugleich neue kreative Tätigkeiten fördern, wenn der wirtschaftliche Wert des betroffenen Werkes damit ausgeschöpft ist. Ein Entgegenwirken eines möglichen Missbrauchs monopolartiger Stellungen und ein damit einhergehender Wohlfahrtsgewinn sind allgemein zu begrüßen.[637]

---

634 *Park*, Journal of International Affairs 2010, Vol. 64, No. 1, S. 59 ff.

635 *Hüsken*, Informationsfreiheit und urheberrechtlicher Schutz, S. 244: Jedes Wissen baut auf bereits Vorhandenem auf. Fortschritt erfordert daher eine freie Zirkulation von Wissen.

636 *Di Fabio* in: Maunz/Dürig, GG, Art. 2 Rn. 116.

637 Vgl. *Hüsken*, Informationsfreiheit und urheberrechtlicher Schutz, S. 242 ff.

d. Die entgegenstehenden verfassungsrechtlich geschützten Interessen des Unterlizenznehmers

In die Abwägungsentscheidung sind schließlich auch die verfassungsrechtlich geschützten Interessen des Unterlizenznehmers an einem Fortbestand der Enkelrechte einzubeziehen.

Hier gilt es zu berücksichtigen, dass Nutzungen und Verfügungen über das Eigentum nicht immer nur innerhalb der Sphäre des Eigentümers bleiben, sondern Belange Dritter berühren können, die ggf. auf die Nutzung des Eigentumsobjekts angewiesen sind.[638] Hieraus folgt das Gebot der Rücksichtnahme auf denjenigen, der seinerseits der Nutzung des Eigentumsobjekts zu seiner persönlichen Freiheitssicherung und eigenverantwortlichen Lebensgestaltung bedarf.[639] Diese Forderung verstärkt sich, wenn die betroffenen Parteien in einer besonderen Rechtsbeziehung zueinander stehen.[640]

Im konkreten Fall bedarf der Unterlizenznehmer der Nutzung des Eigentumsobjekts als Betriebsmittel für seine wirtschaftliche Tätigkeit. Der Entzug der Unterlizenz könnte schlimmsten Falls zu einer Entziehung der Grundlage seiner wirtschaftlichen Betätigung führen. Hinzu kommt, dass der Unterlizenznehmer auf den Bestand der Unterlizenz, die er aus der Rechtsbeziehung zu einem mittelnden Unterlizenzgeber herleitet, vertraut und auf das vorgeschaltete Rechtsverhältnis zum Urheber regelmäßig keinerlei Einfluss hat, sodass er ein Fehlschlagen der Vertragsbeziehung schwerlich verhindern kann. Hängt nunmehr das gesamte Geschäftsmodell oder auch einzelne Prozesse im Geschäftsablauf – wie es insbesondere beim Einsatz von Betriebssoftware der Fall ist – vom Bestand der Lizenz ab, könnte der Fortfall der Berechtigung die eigenverantwortliche Handlungsfreiheit des Unterlizenznehmers im wirtschaftlichen Bereich erheblich beeinträchtigen oder sogar gänzlich entziehen.

Insoweit könnte das Gebot der Rücksichtnahme auf Interessenpositionen Dritter in der konkreten Fallkonstellation ein gewichtiges Argument darstellen – aber auch nur dann, wenn die besonderen Belange des Unterlizenznehmers verfassungsrechtlichen Schutz genießen. Als mögliche Grundrechtrechtsposition kommt die Eigentumsfreiheit nach Art. 14 GG in Betracht. Aber auch die Informationsfreiheit zugunsten eines ungehinderten Zugangs nach Art. 5 I 1 GG könnte dem Eigentumsschutz des Urhebers entgegenstehen. Eine mögliche Betroffenheit der Berufsfreiheit aus Art. 12 GG kann aufgrund des Vorrangverhältnisses zu Art. 14 GG ausgeschlossen werden.[641]

---

638 BVerfG, NJW 1974, 1499 – „WKSchG“; BVerfG, NJW 1985, 2633 – „Eigenbedarf“; BVerfG, NJW 1992, 361 f. – „Eigentumswohnung“; BGH, NJW 1987, 3177 – „Miteigentum“.

639 BGH, NJW 1987, 3177 – „Miteigentum“, unter Bezugnahme auf BVerfG, NJW 1985, 2633 – „Eigenbedarf“; BVerfG, NJW 2000, 1471, 1472 – „Schuldrechtsreform“.

640 BGH, NJW 1987, 3177 – „Miteigentum“.

641 Siehe Nachw. Fn. 447.

aa. Die Informationsfreiheit des Unterlizenznehmers nach Art. 5 I 1 GG

In der vorliegenden Konfliktsituation könnte die nach Art. 5 I 1 GG geschützte Informationsfreiheit dem Interesse des Urhebers an einer unbeschränkten Werkverwertung entgegenstehen, i.S. eines Rechts auf Eröffnung einer Informationsquelle zugunsten des Unterlizenznehmers.

Die verfassungsrechtlich geschützte Informationsfreiheit gewährt jedem das Recht, sich aus allgemein zugänglichen Quellen ungehindert zu unterrichten.[642] Primäre Aufgabe ist es, den Bürger vor staatlicher Informationsverkürzung zu schützen.[643] Im Hinblick auf die fortschreitende Kommerzialisierung geistiger Güter zeigt sich jedoch die Tendenz, dass Beeinträchtigungen der Informationsfreiheit nicht mehr nur von staatlichen Organen zu befürchten sind. Häufig sind es Private, die über die Zugänglichkeit solcher vermögenswerten Güter vorrangig im eigenen ökonomischen Interesse und nicht immer zugunsten der Allgemeinheit entscheiden.[644] Fraglich ist, ob Informationen in privater Hand – im konkreten Fall das urheberrechtlich geschützte Werk – noch als allgemein zugängliche Informationsquelle anzusehen sind. Andernfalls wäre der Schutzbereich gar nicht erst eröffnet.

Quellen i.S.v. Art. 5 I 1 GG sind nach h.M. alle Träger von Informationen, unabhängig von der Art der Information und dem Trägermedium.[645] Der Begriff ist weit zu verstehen und erfasst alle Quellen, die objektiv geeignet sind, der Allgemeinheit Informationen zu beschaffen. Hierzu dient auch das Werk des Urhebers.[646]

Vom Schutzbereich des Art. 5 I 1 GG sind allerdings nur jene Informationsquellen erfasst, die allgemein zugänglich sind.[647] Dies ist der Fall, wenn die Quelle faktisch geeignet und bestimmt ist, der Allgemeinheit, d. h. einem individuell nicht bestimmbaren Personenkreis, Informationen zu beschaffen.[648] Entscheidend ist

642 *Herzog* in: Maunz/Dürig, GG, Art. 5 Rn. 81 (66. Ergl. 2012); *Schulze-Fielitz* in: Dreier, GG/Bd. 1, Art. 5 Rn. 76.

643 Zu den Bedeutungsdimensionen der verfassungsrechtlich geschützten Informationsfreiheit: *Herzog* in: Maunz/Dürig, GG, Art. 5 Rn. 82 ff. (66. Ergl. 2012).

644 Vgl. *Lerche*, JURA 1995, 561, 562 f.; *Hüsken*, Informationsfreiheit und urheberrechtlicher Schutz, S. 106 ff.

645 BVerfG, JZ 2001, 704, 705 – „ntv"; BVerfG, NJW 2013, 2180, 2181; *Schulze-Fielitz* in: Dreier, GG/Bd. 1, Art. 5 Rn. 77; *Schemmer* in: Epping/Hillgruber, BeckOK GG, Art. 5 Rn. 25.

646 *Wandtke* in: Wandtke/Bullinger, UrhR, Einl. Rn. 43.

647 BVerfG, NJW 1970, 235, 237 – „Leipziger Volkszeitung"; BVerfG, NJW-RR 2007, 1053, 1054; *Schemmer* in: Epping/Hillgruber, BeckOK GG, Art. 5 Rn. 26; *Schulze-Fielitz* in: Dreier, GG/Bd. 1, Art. 5 Rn. 78.

648 BVerfG, NJW 1970, 235, 237 – „Leipziger Volkszeitung"; BVerfG, NJW 1994, 1147 – „Satellitenempfangsanlage"; BVerfG, JZ 2001, 704, 705 – „ntv"; BVerfG, NJW-RR 2007, 1053, 1054.

hierbei die tatsächliche Art der Abgabe der Information,[649] und damit die faktische Bestimmung seitens des Urhebers.[650] Der Urheber soll frei darüber entscheiden können, ob er Informationen monopolisieren will. Private Informationen, die vom Verfügungsberechtigten nicht zur Veröffentlichung bestimmt sind, entbehren dieser Eigenschaft.[651]

Dass es sich bei dem lizenzierten Werk um solch eine private Information handelt, ist anzunehmen. Auch soweit mehrere Lizenzen erteilt wurden und der Empfängerkreis damit breiter gestreut ist, lässt sich eine Eröffnung an die Allgemeinheit noch nicht bejahen. In der vorliegenden Situation ist der Wille des Urhebers, eine unkontrollierbare, vergütungsfreie Verwertbarkeit durch Dritte zu unterbinden und das Werk als Information unter Verschluss zu halten, maßgeblich für die Beurteilung. Da Art. 5 I 1 GG nur das Recht gewährleistet, sich aus einer für die allgemeine Zugänglichkeit bestimmten Quelle zu unterrichten, ist die Informationsbeschaffung nicht vom Grundrecht der Informationsfreiheit gedeckt, wenn es an dieser Bestimmung fehlt.[652] Ein Anspruch auf Schaffung eines Zugangsrechts der Allgemeinheit zu einem urheberrechtlich geschützten Werk, dass seiner Bestimmung nach nicht an die Öffentlichkeit gerichtet ist, lässt sich aus Art. 5 I 1 GG grundsätzlich nicht ableiten.[653]

Die objektiv-rechtliche Dimension des Grundrechts der Informationsfreiheit postuliert lediglich die Verpflichtung des Staates, die Offenheit des grundrechtlich geschützten Kommunikationsprozesses anzustreben und die Gefahren einseitiger Informationsmacht durch selektives Zugänglichmachen einzudämmen. Eine Gefährdung der Informationsfreiheit kann jedenfalls dann ausgeschlossen werden, wenn der Nachfrager den Zugang durch die Zahlung einer Vergütung erlangen kann.[654] Erst wenn der Zugang zu nicht substituierbaren, monopolisierten Informationen nicht mehr zu angemessenen Bedingungen möglich ist, könnte ein staatliches Einschreiten erforderlich werden.[655] Ob ein solches wettbewerbliches Störverhältnis vorliegt, ist einzelfallabhängig zu beurteilen und soll nicht Gegenstand der weiteren Untersuchung sein.

Damit zeigt sich, dass die Informationsfreiheit nach Art. 5 I 1 GG prinzipiell nicht als Instrument zur Verschaffung wirtschaftlicher Verwertungsmöglichkeiten missbraucht werden kann. Das Grundrecht dient einzig und allein der Förderung des

649 BVerfG, NJW 1970, 235, 237 – „Leipziger Volkszeitung"; *Lerche*, JURA 1995, 561, 566.

650 *Schulze-Fielitz* in: Dreier, GG/Bd. 1, Art. 5 Rn. 78; *Lerche*, JURA 1995, 561, 566.

651 BVerfG, NJW 1984, 1741, 1743 – „Günter Wallraff"; *Schulze-Fielitz* in: Dreier, GG/Bd. 1, Art. 5 Rn. 88.

652 BVerfG, JZ 2001, 704, 705 – „ntv"; *Lerche*, JURA 1995, 561, 566.

653 BVerfG, JZ 2001, 704, 705 – „ntv"; *Schemmer* in: Epping/Hillgruber, BeckOK GG, Art. 5 Rn. 32, m.w.N.

654 *Schweikart*, Interessenlage im Urheberrecht, S. 60.

655 *Hilty*, ZUM 2003, 1001.

Kommunikationsprozesses innerhalb einer Gesellschaft[656] und wird grundsätzlich nicht im Interesse der Handlungsfreiheit im wirtschaftlichen Bereich gewährleistet.[657] In der konkreten Fallkonstellation geht es weniger um die Eröffnung von weitreichenden Rezeptionsmöglichkeiten für die Allgemeinheit zugunsten einer öffentlichen Meinungsbildung. Vielmehr sollen den im wirtschaftlichen Bereich agierenden Verwertern Nutzungshandlungen versagt werden. Ein Eingriff in den Meinungsbildungsprozess ist mithin nicht zu befürchten.

Im Ergebnis ist festzuhalten, dass die Informationsfreiheit nach Art. 5 I 1 GG kein Recht auf Eröffnung einer Informationsquelle zugunsten des Unterlizenznehmers gewährt und damit nicht als Argument für einen Fortbestand der Unterlizenz nach Beendigung des Hauptlizenzvertrages dienen kann.

bb. Der Schutz des Unterlizenznehmers nach Art. 14 GG

Die bisherige Untersuchung verdeutlicht, dass es bei der Problematik des Fortbestands der Unterlizenz nach Beendigung des Hauptlizenzvertrages wesentlich um die Frage der Zulässigkeit einer Beschränkung der Eigentumsfreiheit des Urhebers zugunsten einer Sicherung der wirtschaftlichen Handlungsfreiheit des Unterlizenznehmers geht. In diesem Zusammenhang muss geklärt werden, ob sich der Unterlizenznehmer auf die Eigentumsgarantie des Art. 14 GG berufen kann.

Einen Hinweis hierauf gibt bereits die Entscheidungsbegründung des BGH: Der Senat stellte schlicht fest, dass es sich bei der Lizenz um eine dingliche Rechtsposition handelt, ließ in seiner Begründung allerdings offen, aus welchen Normtatbeständen bzw. Grundsätzen er eine Qualifizierung der Lizenz als dingliches Recht herleitet[658] – und das aus gutem Grund, denn die Rechtsnatur einer Rechtsposition lässt sich schwerlich aus rein legislativen Entscheidungen ableiten. Sie ist vielmehr aus der Natur und der sozialen Bedeutung der Beziehung eines Rechtssubjekts zu diesem Recht zu ergründen.[659] Es handelt sich aus verfassungsrechtlicher Sicht in höchstem Maße um eine Wertentscheidung, die einer interessenabwägenden Rechtfertigung bedarf. In diesem Kontext muss untersucht werden, ob die Entscheidung des BGH, eine dingliche Rechtsposition quasi neu zu begründen, auf deren Grundlage ein Fortbestand in der Rechtekette angenommen werden kann, verfassungsrechtlich gerechtfertigt erscheint.

---

656 *Degenhart*, K&R 2006, 388, 391, m.w.N.

657 Vgl. *Axer* in: Epping/Hillgruber, BeckOK GG, Art. 14 Rn. 29.

658 BGH, GRUR 2009, 946, 948 – „Reifen Progressiv.

659 Vgl. BVerfG, GRUR 1972, 481, LS – „Kirchen- und Schulgebrauch“: Der Gesetzgeber hat „...im Rahmen der inhaltlichen Ausprägung des Urheberrechts sachgerechte Maßstäbe festzulegen, die eine der Natur und sozialen Bedeutung des Urheberrechts entsprechende Nutzung und angemessene Verwertung sicherstellen.“ Vgl. auch BGH, GRUR 1955, 492, 496 – „Magnettonband“; *Ermecke* in: INTERGU Bd. 2, S. 17, 31; *Lehmann* in: INTERGU Bd. 2, S. 7.

Eine Überprüfung der rechtsdogmatischen Herleitung der Dinglichkeit der Unterlizenz kann zwar an dieser Stelle nicht vorgenommen werden, soll jedoch nicht unterbleiben. Eine Darstellung und Bewertung des Meinungsstreits aus zivilrechtlicher Sicht erfolgt im fünften Teil der Arbeit.

(1) Der verfassungsrechtliche Eigentumsbegriff

Einen fest umrissenen Eigentumsbegriff gibt die Verfassung nicht vor. Dieser ist vielmehr im weitesten Sinne zu verstehen und vor allem nicht auf den bürgerlich rechtlichen Begriff des Eigentums beschränkt, sondern aus der Verfassung selbst heraus zu bestimmen.[660] Unklar bleibt, anhand welcher Eigenschaften bestimmt werden kann, was als schutzwürdiges Eigentum anzusehen ist und was nicht. Könnte möglicherweise die Werthaltigkeit einer Rechtsposition von Relevanz sein?

Die Lizenz ist jedenfalls in der Wirtschaftspraxis als immaterielles vermögenswertes Gut von besonderem Rang anerkannt.[661] So finden nicht nur Immaterialgüterrechte Eingang in die unternehmerische Jahresabschlussrechnung, sondern auch Lizenzen werden in der Praxis bewertet (vgl. § 266 II HGB) und zunehmend auch als Finanzierungsinstrumente[662] eingesetzt. Es lässt sich folglich nicht von der Hand weisen, dass es sich bei der Lizenz um eine Rechtsposition von zum Teil beträchtlichem Vermögenswert handelt. Dies allein rechtfertigt noch nicht die Anerkennung als Eigentum i.S.v. Art. 14 GG.[663] Zwar muss es sich nach Auffassung des BVerfG um eine „vermögenswerte Rechtsposition“ handeln.[664] Diese Begrifflichkeit erscheint jedoch irreführend, denn nicht der Vermögenswert einer Rechtsposition macht den Eigentumsschutz notwendig.[665] Die Bestimmung des Eigentumsschutzes darf nach überzeugender Auffassung nicht von der Wertschätzung

660 BVerfG, NJW 1982, 745, 749 – „Nassauskiesung“: „Der Begriff des von der Verfassung gewährleisteten Eigentums muß aus der Verfassung selbst gewonnen werden. Aus Normen des einfachen Rechts, die im Range unter der Verfassung stehen, kann weder der Begriff des Eigentums im verfassungsrechtlichen Sinn abgeleitet noch kann aus der privatrechtlichen Rechtsstellung der Umfang der Gewährleistung des konkreten Eigentums bestimmt werden.“ Vgl. auch BVerfG, NJW 1996, 246: Es gibt keinen „absoluten“ Begriff des Eigentums. So bereits auch RGZ 109, 310, 319; RGZ 139, 177, 182; 150, 174, 180; BGH, NJW 1952, 972; BGH, NJW 1957, 630 f.

661 Siehe Nachw. Fn. 11 sowie die Ausführungen unter 2. Teil, C.

662 Siehe Nachw. Fn. 262.

663 Vgl. *Hösch*, Eigentum und Freiheit, S. 53 f.: Allein der Vermögenswert einer Position reicht nicht aus, um diese als verfassungsrechtliches Eigentum zu qualifizieren.

664 BVerfG, GRUR 1988, 610, 612 – „Esslinger Neckarhalde II“; BVerfG, NJW 1991, 1807 – „Vorkaufsrecht“; BVerfG, NJW 1993, 2035 – „Mieterbesitzrecht“; zur Marktwerttheorie: *Hösch*, Eigentum und Freiheit, S. 91 f. sowie *Timmann*, Patentrecht im Lichte von Art. 14 GG, S. 66, diese allerdings aus verschiedenen Gründen ablehnend.

665 *Hösch*, Eigentum und Freiheit, S. 54.

bzw. der Kommerzialisierbarkeit eines Rechtsgutes abhängig gemacht werden.[666] Der erhebliche Wert eines Gutes kann aber ein Indiz für ein legitimes Interesse an einem entsprechenden Schutz sein, denn die Werthaltigkeit indiziert zugleich ein volkswirtschaftliches Schutzbedürfnis.[667]

Das BVerfG hat mehrfach versucht, dem Art. 14 GG allgemeine Anforderungen zu entnehmen, die erfüllt sein müssen, damit eine Rechtsposition als verfassungsrechtliches Eigentum eingeordnet werden kann.[668] In mehreren Entscheidungen wurde wiederholt das Zuordnungskriterium als wesentliches Merkmal des verfassungsrechtlich geschützten Eigentums genannt: Das vermögenswerte Recht müsse dem Berechtigten ebenso ausschließlich wie das Eigentum an einer Sache zur privaten Nutzung und zur eigenen Verfügung zugeordnet sein.[669] Hinzu treten damit der Aspekt der Privatnützigkeit und die Verfügungsbefugnis als Zielvorgaben einer solchen Zuordnung, d.h. das verfassungsrechtlich geschützte Eigentum soll dem Einzelnen die freie Entfaltung und vor allem die eigenverantwortliche Lebensgestaltung ermöglichen.[670]

Wesentlich für die notwendige rechtliche Zuordnung eines Rechtsobjekts zu einem Rechtssubjekt ist dabei nicht so sehr die Übertragbarkeit des Gegenstands.[671] Auch wenn das BVerfG in st.Rspr. eine grundsätzliche Verfügungsbefugnis verlangt,[672] handelt es sich dabei lediglich um ein Wesensmerkmal des grundrechtlich geschützten Eigentums[673] und nicht um eine Schutzvoraussetzung.[674] Verfügungsbefugnis meint schließlich „...die grundsätzliche Möglichkeit, den im Eigentum verkörperten wirtschaftlichen Wert realisieren zu können."[675] Entscheidend ist die Ausschließungsbefugnis des Berechtigten gegenüber unberechtigten Dritten, d.h. dem Betroffenen muss ein subjektives Recht an dem Vermögensgegenstand

666 *Hösch*, Eigentum und Freiheit, S. 92 ff.

667 *Krebs/Becker*, JZ 2009, 932, 935.

668 Vgl. z.B. BVerfG, GRUR 1988, 610, 612 – „Esslinger Neckarhalde II"; BVerfG, NJW 1993, 2035 – „Mieterbesitzrecht"; BVerfG, NJW 2009, 2033, 2043.

669 BVerfG, GRUR 1988, 610, 612 – „Esslinger Neckarhalde II"; BVerfG, NJW 1991, 1807 – „Vorkaufsrecht"; BVerfG, NJW 1993, 2035 – „Mieterbesitzrecht"; BVerfG, NJW 2009, 2033, 2043.

670 Siehe Nachw. Fn. 514.

671 BVerfG, NJW 1991, 1807 – „Vorkaufsrecht"; BVerfG, NJW 1993, 2035, 2036 – „Mieterbesitzrecht".

672 Siehe Nachw. Fn. 513.

673 BVerfG, NJW 1991, 1807 – „Vorkaufsrecht"; BVerfG, NJW 1993, 2035, 2036 – „Mieterbesitzrecht".

674 Vgl. *Hösch*, Eigentum und Freiheit, S. 18, unter Bezugnahme auf BVerfG, NJW 1993, 2035 – „Mieterbesitzrecht". In dem Urteil tritt die Verfügungsbefugnis als konstituierendes Merkmal zurück und das Kriterium der Angewiesenheit zur Befriedigung elementarer Lebensbedürfnisse sowie zur Freiheitssicherung und Entfaltung der Persönlichkeit gewinnt an Bedeutung.

675 *Depenheuer*, NJW 1993, 2561, 2563.

zugeordnet sein.[676] Diese Voraussetzungen erfüllen im zivilrechtlichen Bereich die ausschließlich wirkenden subjektiven Rechte, also das Eigentum nach § 903 BGB und alle anderen dinglichen Rechte.[677] Die durch den BGH festgestellte dingliche Wirkung der Rechtsposition des Unterlizenznehmers[678] deutet damit auf eine Eröffnung des Schutzbereichs des Art. 14 GG hin. Der BGH hätte mithin eine Position von Verfassungsrang geschaffen. Ob sich solch eine wertende Entscheidung auch aus der Verfassung ableiten lässt, bedarf zwingend einer Überprüfung. Die durch das BVerfG aufgestellten „Leerformeln" helfen bei der Beurteilung dieser Frage jedoch nur beschränkt weiter.[679] Fraglich ist daher, aus welchem Ansatz heraus, sich eine dinglich wirkende und damit nach Art. 14 GG geschützte Rechtsposition des Unterlizenznehmers verfassungsrechtlich begründen lässt.

(2) Die unterschiedlichen Ansätze zur Begründung verfassungsrechtlich geschützten Eigentums

Bereits im Hinblick auf die Entscheidung, welches Modell für die Begründung eines verfassungsrechtlichen Eigentumsschutzes zu wählen ist, vollzieht sich ein Meinungsstreit darüber, ob die Eigentumsrechte dem Bürger durch den Staat verliehen werden oder ob der Schutz dieser aus der „Natur der Sache" abzuleiten ist.[680] Es wird sich zeigen, dass beide Ansätze die Frage, was genau als verfassungsrechtliches Eigentum zu schützen ist, nicht beantworten können. Andere Ansätze könnten dagegen eine hinreichendere Begründung liefern. Der eingangs dargestellte verfassungsrechtliche Eigentumsbegriff knüpft mit den Kriterien Zuordnung, Privatnützigkeit und Verfügungsbefugnis vielmehr an ein individualistisches Begründungskonzept an,

676 Vgl. BVerfG, NJW 1976, 1783, 1786 – „Hilfswerk für behinderte Kinder" (Das Eigentum ist „... durch die Zuordnung eines Rechtsguts an einen Rechtsträger gekennzeichnet."); BVerfG, NJW 1986, 39 – „KVdR" („Voraussetzung für einen Eigentumsschutz (...) ist eine vermögenswerte Rechtsposition, die nach Art eines Ausschließlichkeitsrechts dem Rechtsträger als privatnützig zugeordnet ist..."); BVerfG, GRUR 1988, 610, 612 – „Esslinger Neckarhalde II", fordert eine ebensolche ausschließliche Zuordnung, wie dem Sacheigentümer das Eigentum an der Sache zur privaten Nutzung und zur eigenen Verfügung zugeordnet ist; ebenso BVerfG, NJW 1991, 1807 – „Vorkaufsrecht" sowie BVerfG, NJW 1993, 2035 – „Mieterbesitzrecht"; BVerfG, GRUR 1990, 438, 441 – „Bob Dylan", spricht von einer Zuordnung im Wege der „Ausschließlichkeit"; BVerfG, NJW 1998, 1934, 1936 – „Euro-Verfassungsbe-schwerde", fordert eine Zuordnung „nach Art eines Ausschließlichkeitsrechts".

677 *Peukert* in: Hilty/Jäger/Kitz, Geistiges Eigentum, S. 47, 62; *Jarass* in: Jarass/Pieroth, GG, Art. 14 Rn. 8; *Maunz*, GRUR 1973, 107, 108.

678 BGH, GRUR 2009, 946, 948 – „Reifen Progressiv".

679 Ebenso kritisch *Hösch*, Eigentum und Freiheit, S. 53 f.

680 Vgl. *Fechner*, Geistiges Eigentum und Verfassung, S. 121 ff., zum Meinungsstreit einer Begründbarkeit der Schutzwürdigkeit geistigen Eigentums im Vorfeld der Verfassung.

das die Funktion des Eigentums für den Rechtsinhaber in den Vordergrund stellt[681]. Darüber hinaus werden in der neueren, vor allem anglo-amerikanischen Literatur ökonomische Begründungsansätze diskutiert,[682] die im Prinzip auf der Property-Rights-Theorie[683] beruhen und damit einen utilitaristischen Ansatz verfolgen.

(a) Der normgeprägte Begründungsansatz

Die Theorie von einem normgeprägten Eigentumsschutz nach Art. 14 GG[684] gründet in der Tatsache, dass die Verfassung einen fest umrissenen Schutzbereich nicht vorgibt[685] und daher dem Gesetzgeber die eigentumsrechtliche Zuordnung überantwortet (vgl. Art. 14 I 2 GG). Verfassungsrechtliches Eigentum ist nach Auffassung des BVerfG demnach nur das, was im grundgesetzexternen objektiven Recht als solches vorgesehen ist.[686] Insoweit stellt sich die Frage, ob bzw. in welcher Konkretheit Art. 14 I 2 GG die Anerkennung eines Eigentumsgegenstands gerade erst durch den

---

681 Vgl. *Stallberg*, Urheberrecht und moralische Rechtfertigung, S. 57 ff. Ein individualistisches Begründungskonzept stellt insb. auch die eigentumsrechtliche Arbeitstheorie dar, vgl. *Hösch*, Eigentum und Freiheit, S. 87 ff.

682 Siehe z.B. *Landes/Posner*, The economic structure of intellectual property law, S. 11 ff.; *Posner*, Journal of Economic Perspectives, Vol. 19, No. 2, S. 57 ff.; *Park*, Journal of International Affairs 2010, Vol. 64, No. 1, S. 53 ff.; *Smith u. a.*, The Journal of World Intellectual Property 2009, Vol. 12, No. 3, S. 198 ff.

683 Die Grundannahme der Property-Rights-Theorie ist, dass Eigentumsrechte so zu verteilen sind, dass es zu einer effizienten ökonomischen Nutzung kommt. Hierzu ausführlich *Hösch*, Freiheit und Eigentum, S. 94 ff.

684 *Axer* in: Epping/Hillgruber, BeckOK GG, Art. 14 Rn. 7; *Gaier* in: MüKo BGB/Bd. 5/2009, § 903 Rn. 1; *Grzeszick*, ZUM 2007, 344, 348.

685 Siehe Nachw. Fn. 660.

686 BVerfG, NJW 1963, 32, 34 – „Reichsverbindlichkeiten": Erst der Gesetzgeber und nicht schon die Verfassung selbst könne das Bestehen von Rechten, die der Eigentumsgarantie unterliegen, bestimmen. Vgl. auch BVerfG, NJW 1969, 309, 311 – „Deichgrundstücke": „Nur das durch die Gesetze ausgeformte Eigentum bildet den Gegenstand der Eigentumsgarantie und ist verfassungsrechtlich geschützt."; ebenso BVerfG, NJW 1974, 1500 – „WKSchG"; ähnlich auch BVerfG, NVwZ 1986, 113 – „Fischereibezirke" (Der Schutzbereich des Art. 14 I GG umfasst jedenfalls diejenigen vermögenswerten Rechtspositionen, die das Bürgerliche Recht einem privaten Rechtsträger als Eigentum zuordnet.); BVerfG, NJW 2005, 879, 880 – „Zwangsarbeiter". Das BVerfG verlangt darüber hinaus in st.Rspr. eine aus dem einfachen Recht ableitbare Zuordnung, die in ihrem rechtlichen Gehalt durch Privatnützigkeit und grundsätzliche Verfügungsbefugnis gekennzeichnet ist: BVerfG, NJW 1979, 699, 702 f. – „Mitbestimmungsgesetz"; BVerfG, NJW 1980, 985, 987 – „Kleingarten"; BVerfG, GRUR 1988, 610, 612 – „Esslinger Neckarhalde II"; BVerfG, GRUR 1990, 183, 184 – „Vermietungsvorbehalt"; BVerfG, NJW 1991, 1807 – „Vorkaufsrecht"; BVerfG, NJW 2000, 1471, 1472 – „Schuldrechtsreform". Vgl. auch BVerfG, GRUR 1972, 481, 483 – „Kirchen- und Schulgebrauch"; BVerfG, GRUR 1972, 485, 486 – „Bibliotheksgroschen" sowie BVerfG, GRUR 1972,

Gesetzgeber verlangt. Die Entscheidung dieser Frage in Bezug auf den konkreten Fall, in dem ein Zivilgericht und nicht der Gesetzgeber ein dingliches Recht erstmals anerkannt hat, ist offensichtlich von erheblicher Bedeutung.

Vertreten wird der Ansatz, dass die Güterzuordnung punktuell beschränkt und statisch sei, d.h. was positiv exklusiv zugewiesen ist, ergibt sich allein aus den Gesetzen und darf von der Judikative – insbesondere auch nicht anhand zivilrechtlicher Generalklauseln – dynamisiert werden.[687] Diese Auffassung baut maßgeblich auf dem Grundsatz der Rechtssicherheit: Das gesamte Konzept des Rechtsverkehrs setzt eine materielle Güterzuordnung voraus und erfordert es, vorab Verfügungsgegenstände eindeutig zu definieren sowie ein gestuftes Haftungssystem zur zwangsweisen Durchsetzung von Forderungen zu etablieren.[688] Diese Wertungen müssen sodann für alle Rechtsunterworfenen erkennbar in allgemeinen Gesetzen niedergelegt werden, sodass den rechtsstaatlichen Postulaten der Normenbestimmtheit und Normenklarheit Genüge getan wird.[689] Scheinbare Lücken der Güterzuordnung beruhen nach dieser Auffassung auf eigenständigen, materiellen Wertungen des Gesetzgebers und sind als gewollt anzusehen.[690] Daher verbiete sich eine analoge Anwendung der allgemein anerkannten güterzuordnungsrelevanten Bestimmungen (so z.B. § 903 BGB oder §§ 15 ff. UrhG) auf nicht unmittelbar erfasste Güter.[691] Begründet wird dies anhand der verfassungsrechtlichen Eigentumsgarantie: Art. 14 GG sei kein Zuordnungsgebot zu entnehmen, das von der Judikative im Einzelfall zu erfüllen wäre; darüber hinaus enthalte Art. 14 I 2 GG sogar ein Rechtsfortbildungsverbot.[692]

Die Auffassung, dass – entsprechend der Zuweisung nach Art. 14 I 2 GG – ausschließlich der Gesetzgeber zur Neubestimmung der Inhalte des verfassungsrechtlich geschützten Eigentums legitimiert sei, ist in der Literatur gefestigt.[693] Dies gelte in besonderem Maße für vermögenswerte geistige Güter und deren Anerkennung als verfassungsrechtliches Eigentum.[694] Sinn und Zweck dieser Kompetenzzuweisung

---

487 – „Schulfunksendung": Es gibt keinen vorgegebenen und absoluten Begriff des Urheberrechts.

687 *Peukert* in: Hilty/Jäger/Kitz, Geistiges Eigentum, S. 47, 56, 60; vgl. auch *Hauck*, AcP 211 (2011), 626, 647, der ebenfalls eine statische Sichtweise präferiert.

688 *Peukert* in: Hilty/Jäger/Kitz, Geistiges Eigentum, S. 47, 60.

689 *Peukert* in: Hilty/Jäger/Kitz, Geistiges Eigentum, S. 47, 61, m.w.N.

690 *Peukert* in: Hilty/Jäger/Kitz, Geistiges Eigentum, S. 47, 57.

691 *Peukert* in: Hilty/Jäger/Kitz, Geistiges Eigentum, S. 47, 57: Als Ausschlussgrund für eine Analogie wird die mangelnde Vergleichbarkeit der Interessenlage angeführt.

692 *Peukert* in: Hilty/Jäger/Kitz, Geistiges Eigentum, S. 47, 60.

693 *Papier* in: Maunz/Dürig, GG, Art. 14 Rn. 306; *Gaier* in: MüKo, BGB/Bd. 6/2013, Einl. Rn. 1; *Grzeszick*, ZUM 2007, 344, 348; *Axer* in: Epping/Hillgruber, BeckOK GG, Art. 14 Rn. 7: Ohne gesetzgeberisches Tätigwerden sei kein Eigentum denkbar. Gleiches gilt hinsichtlich inhaltlicher Veränderungen einer geschützten Rechtsstellung (BVerfG, 1972, 491, 493 – „Schallplatten"); dagegen lehnt *Depenheuer*, NJW 1993, 2561, 2564, eine zunehmende Verlagerung politischer Macht zur Judikative entschieden ab und befürchtet auf Dauer eine Akzeptanz- und Verfassungskrise.

694 *Speyer*, NJW 1997, 98, 101, m.w.N.

sei es, ein wucherndes Anwachsen der Zahl subjektiver Vermögensrechte unter Berufung auf eine „natürliche" Eigentumsordnung zu verhindern.[695]

Folgt man dieser Auffassung, bedürfte es im konkreten Fall also einer politischen Diskussion und einer daran anschließenden demokratisch legitimierten Entscheidung, um die Dinglichkeit der Lizenz anzuerkennen.[696] Einer solchen verwehrt sich der Gesetzgeber jedoch bislang.[697] Eine klar definierte objektive Norm zur Regelung der Eigentumsverhältnisse im Lizenzverhältnis existiert nicht. Kann die verfassungsrechtliche Eigentumswirkung der Lizenz dennoch das Ergebnis einer Auslegungsentscheidung der zweiten Gewalt sein?

Die Vorstellung, dass es ausschließlich die normative Legislativentscheidung sein kann, die über den verfassungsrechtlichen Schutz vermögenswerter Rechtspositionen bestimmt, überzeugt nicht.

So gibt bereits die verfassungsrechtliche Normenhierarchie nach Art. 20 III GG vor, dass der Gesetzgeber sich an der Verfassung zu orientieren hat (für die Grundrechte Art. 1 III GG). Das formelle Gesetz steht also nur an zweiter Stelle.[698] Diese Wertorientierung darf prinzipiell nicht umgekehrt werden. Es ist und bleibt die verfassungsrechtliche Eigentumsgarantie nach Art. 14 GG als objektive Wertentscheidung, die die bestimmenden Impulse an die gesetzgebende und rechtsprechende Gewalt vorgibt. An ihr ist jede staatliche Entscheidung zu messen.

Zudem wird eingewandt, dass unter der Annahme eines durch den Staat verliehenen Eigentums die Interessenabwägung ohne vorgegebene Prinzipien stärker politischen Trends und Zufallsentscheidungen ausgesetzt wäre, was einen Verlust an Rechtssicherheit mit sich führen würde.[699]

Die Auffassung von einem normgeprägten Eigentumsschutz, i.S. einer Anerkennung eines Eigentumsgegenstands gerade erst durch den Gesetzgeber, wird daher nicht geteilt.[700] Eigentum sollte nicht erst von einem legislativen Definitionsakt abhängig sein – eine Ausformung durch das positive Recht bleibt allerdings erforderlich.[701] So ist es der Vertrauensschutz als Ausfluss des Rechtsstaatsprinzips, der eine Regelung durch den Gesetzgeber zu einer Notwendigkeit erhebt. Dem Bürger muss Rechtssicherheit hinsichtlich der durch Art. 14 I 1 GG geschützten Güter gewährleistet werden. I.d.S. ist die Forderung nach einer Normprägung des Eigentums nach Art. 14 I 2 GG zu verstehen, wonach es die Aufgabe des Gesetzgebers ist,

---

695 *Peukert* in: Hilty/Jäger/Kitz, Geistiges Eigentum, S. 47, 79.

696 Vgl. *Hauck*, AcP 211 (2011), 626, 660 f., der eine Anerkennung der Verdinglichung einfacher Lizenzen durch Rechtsfortbildung generell ablehnt.

697 BT-Drucks. 14/6433, S. 16.

698 *Herzog/Grzeszick* in: Maunz/Dürig, GG, Art. 20 VI. Rn. 25; zum Stufenaufbau der Rechtsordnung siehe auch *Kelsen*, Reine Rechtslehre, S. 74 ff.

699 *Fechner*, Geistiges Eigentum und Verfassung, S. 122.

700 So auch *Ipsen*, Staatsrecht II, Rn. 741; sich ebenso gegen eine positivistische Interpretation des geistigen Eigentumsrechts aussprechend: *Biedenkopf* in: Depenheuer/Peifer, Geistiges Eigentum, S. 23, 31 ff.

701 *Ipsen*, Staatsrecht II, Rn. 740.

den konkreten Schutzbereich mit „Inhalt“ zu füllen und zugleich „Schranken“ zu setzen. Somit beschränkt sich der gesetzgeberische Auftrag auf die Festlegung der konkreten Reichweite des Schutzes der Eigentumsgarantie.[702] Die Rechtsordnung verfestigt mit der Schaffung der objektiven Eigentumsordnung lediglich schon bestehende, gesellschaftlich anerkannte Strukturen, d. h. die gesetzliche Regelung fügt der gesellschaftlichen bzw. wirtschaftlichen Anerkennung lediglich die rechtliche Bestätigung hinzu.[703] Anders ließe sich auch nicht die Aussage des BVerfG einordnen, dass der Begriff des von der Verfassung gewährleisteten Eigentums aus der Verfassung selbst gewonnen werden muss.[704]

Schließlich muss es auch im Rahmen der gesetzesübersteigenden Rechtsfortbildung in Ausnahmefällen und in engen Grenzen möglich sein, Unvollständigkeiten in der Gesetzgebung durch richterrechtliche Lösungen zu begegnen, die den Mindestanforderungen des Rechtsverkehrs genügen und die sich aus der Natur der Sache und rechtsethischen Forderungen ergeben.[705]

Bei der Beantwortung der Frage, welche vermögenswerten Güter als verfassungsrechtlich zu schützendes Eigentum anzusehen sind, muss daher auf den Zweck und die Funktion der Eigentumsgarantie unter Berücksichtigung ihrer Bedeutung im Gesamtgefüge der Verfassung zurückgegriffen werden.[706] Diese Auffassung knüpft in gewisser Weise an eine naturrechtlich geprägte Vorstellung des Rechts an.

(b) Der naturrechtliche Begründungsansatz

Entsprechend einer naturrechtlich geprägten Vorstellung wird die Herrschaft eines Rechtssubjekts über eine Rechtsposition nicht erst durch den Gesetzgeber verliehen, sondern folgt bereits aus der „Natur der Sache“, nämlich aus Art. 14 GG.[707] Demnach müsste die Eigenschaft der Lizenz als dingliches Recht und als Eigentumsposition i.S.v.

702 Vgl. BVerfG, NJW 1979, 699, 703 – „Mitbestimmungsgesetz“.

703 *Ipsen*, Staatsrecht II, Rn. 741.

704 BVerfG, NJW 1982, 745, 749 – „Nassauskiesung“; ebenso *Badura* in: Ohly/Klippel, Geistiges Eigentum und Gemeinfreiheit, S. 45, 46.

705 *Larenz*, Methodenlehre S. 232 ff.

706 BVerfG, GRUR 1974, 142, 144 – „Offenlegung von Patent-Altanmeldungen“; BVerfG, NJW 1991, 1807 – „Vorkaufsrecht“; *Friauf* in: Gemper, Marktwirtschaft und soziale Verantwortung, S. 437, 438 f.

707 So etwa BGH, GRUR 1955, 492, 496 – „Magnettonband“: „Die Herrschaft des Urhebers über sein Werk, auf das sich sein Anspruch auf einen gerechten Lohn für eine Verwertung seiner Leistung durch Dritte gründet, wird ihm hiernach nicht erst durch den Gesetzgeber verliehen, sondern folgt aus der Natur der Sache, nämlich aus seinem geistigen Eigentum, das durch die positive Gesetzgebung nur seine Anerkennung und Ausgestaltung findet.“ Sich anschließend BGH, NJW 1992, 1171 – „Altenwohnheim II“; m.w.N. *Hubmann* in: Bettermann/Nipperdey/Scheuner, Grundrechte, Bd. IV/1, S. 1, 14: Art. 14 GG ist ein vorstaatliches Menschenrecht mit naturrechtlichem Gehalt. Demnach wird das Eigentum nicht erst durch den Staat gewährt, sondern von ihm gewährleistet.

Art. 14 GG eine im Wesen der Sache begründete Vorgegebenheit sein, die dann vom Gesetzgeber zu respektieren und notwendigerweise inhaltlich auszugestalten wäre.

Für eine solche Herleitung spricht zum einen die Bindung des Gesetzgebers an die Verfassung nach Art. 20 III GG. Zum anderen überzeugt der Gedanke, Legitimierungsversuche nicht allein anhand politischer Mehrheitsentscheidungen zu unternehmen, sondern an eine überpositive gesellschaftliche Rechtsidee anzuknüpfen, in die sich die durch die Verfassung verbriefte Eigentumsgarantie einfügt.[708]

Die Idee von einem überpositiven Recht[709] erscheint zunächst kaum greifbar und mit Blick auf die zugrunde liegende Ursprungsidee[710] überkommen. Natürlich ist eine rechtliche Existenz des Eigentums und von Eigentumsrechten nicht denkbar, ohne dass Art und Inhalt der Rechte und die Möglichkeiten des Rechtserwerbs und der Rechtsausübung in einer gemeinverträglichen Eigentumsordnung durch das Gesetz festgelegt werden.[711] Das Eigentum hat keine vorrechtliche und außerhalb der Gesellschaftsordnung für sich bestehende Existenz.[712] Die gesellschaftliche Ordnung unserer heutigen Zeit ist eindeutig positivistisch geprägt. Im Rückblick auf die nationalsozialistische Vergangenheit Deutschlands ist einem reinen Rechtspositivismus allerdings eine Absage zu erteilen.[713] Der Gesetzgeber ist durch die Verfassung und durch die in den Grundrechten verwirklichten Rechtsideen verpflichtet (Art. 20 III GG). In Bezug auf Art. 14 GG hat er die Verfassungsgarantie der privatautonomen und privatnützigen Güterzuordnung bei der Ausgestaltung der Eigentumsordnung zu beachten.[714] Die Funktion der Eigentumsgarantie wird damit zum positiven Leitbild der Inhaltsbestimmung.[715]

---

708 Vgl. *Badura* in: Ohly/Klippel, Geistiges Eigentum und Gemeinfreiheit, S. 45, 46; *Möller*, JurPC Web-Dok. 225/2002, Abs. 43: Ein gesellschaftlicher Konsens, bestimmte Rechte anderer anzuerkennen, ist die Grundlage juristisch ausgeformter Rechtsordnungen.

709 Hierzu ausführlich *Nogueira Dias*, Rechtspositivismus und Rechtstheorie, S. 12 ff.

710 Die konservative Naturrechtslehre der Aufklärung operierte mit einem transzendenten Rechtsbegriff. Als Quellen des Naturrechts dienten u. a. Gott, die Natur oder die Vernunft. Vgl. z. B. *Kant*, Kritik der reinen Vernunft, S. 702: „So fängt denn alle menschliche Erkenntnis mit Anschauungen an, geht von da zu Begriffen und endigt mit Ideen."

711 *Badura* in: Ohly/Klippel, Geistiges Eigentum und Gemeinfreiheit, S. 45, 48.

712 *Badura* in: Ohly/Klippel, Geistiges Eigentum und Gemeinfreiheit, S. 45, 48 f.

713 *Radbruch*, SJZ 1946, 105 ff.

714 BVerfG, NJW 1962, 1667 – „Feldmühle-Fall"; BVerfG, NJW 1964, 1848, 1851 – „Fiskusprivileg"; BVerfG, NJW 1967, 1175 – „Weinreben" (Der Gesetzgeber hat die „grundlegenden Wertentscheidung des Grundgesetzes zugunsten des Privateigentums" zu beachten.); BVerfG, GRUR 1972, 485 – „Bibliotheksgroschen" (Der Gesetzgeber muss den „grundlegenden Gehalt der Eigentumsgarantie" wahren.); *Badura* in: Ohly/Klippel, Geistiges Eigentum und Gemeinfreiheit, S. 45, 48; *Friauf* in: Gemper, Marktwirtschaft und soziale Verantwortung, S. 438, 440, m.w.N.

715 *Friauf* in: Gemper, Marktwirtschaft und soziale Verantwortung, S. 438, 440.

Die Idee von einer gerechten Güterzuordnung ist zweifelsfrei ein von zeitlichen und räumlichen Umständen geprägtes Phänomen, welches sich nicht als statische Norm begreifen lässt. Diesem Gedanken folgend, stellt sich für den konkreten Fall die Frage, ob die Position des Lizenznehmers mehr denn je einen verfassungsrechtlichen Eigentumsschutz erfordert. Denn dann bedarf es eines grundlegenden Schutzes des Vertrauens in den Bestand der vermögenswerten Rechte. Unklar ist jedoch, aus welcher Notwendigkeit heraus sich ein „natürliches Anrecht" des Unterlizenznehmers auf die Herrschaft über das eingeräumte Recht begründen lässt.

Hier offenbart sich der Schwachpunkt der Naturrechtsdoktrin: Eine deduktive Ableitung bestimmter Grundnormen aus prinzipiellen Moralnormen stößt auf erhebliche Zweifel, denn schon die Begründbarkeit der zugrunde liegenden Prämissen steht in Frage.[716] Eine zwingende vor- oder naturrechtliche Begründung existiert nach überzeugender Auffassung so gesehen nicht.[717] Vielmehr muss der beschriebenen überpositiven Rechtsidee ein übergeordneter gesellschaftlicher Gesamtkonsens zugrunde liegen.[718] Der Gedanke an einen solchen absoluten Rechtswert lebt heute in der positivstaatlichen Ordnung fort, indem die Idee der Gerechtigkeit als ethisches Minimum der Legitimierung des Rechts Grenzen setzt.[719] Maßgeblich hierfür sind einzig und allein gesellschaftliche Wertvorstellungen von einer gerechten Güterzuordnung. Neuere Ansätze berufen sich daher meist nicht mehr auf fragwürdige naturrechtliche Vorgegebenheiten, sondern bemühen sich, an übergeordnete Prinzipien anzuknüpfen, die sich aus den typischen Sachverhaltskonstellationen ergeben.[720] So erscheint es unverzichtbar, die Auslegung der Rechtsinstitute auch an den Funktionen zu orientieren, die ihnen im Rahmen der Gesamtordnung zugewiesen sind.[721] In der deutschen Rechtslehre hat sich daher für die Beurteilung der Frage, was als verfassungsrechtliches Eigentum schutzfähig ist, ein klassisch

---

716 *Leistner/Hansen*, GRUR 2008, 479, 481; *Hansen*, Warum Urheberrecht, S. 96.

717 *Ohly* in: Depenheuer/Peifer, Geistiges Eigentum, S. 141, 146, in Bezug auf das Urheberrecht.

718 Vgl. *Ipsen*, Staatsrecht II, Rn. 741; *Möller*, JurPC Web-Dok. 225/2002, Abs. 42, geht gedanklich von einem Naturzustand aus, in dem die Menschen miteinander einen „Gesellschaftsvertrag" schließen und sich gegenseitig Eigentumsrechte zugestehen; ähnlich auch *Hubmann* in: Bettermann/Nipperdey/Scheuner, Grundrechte, Bd. IV/1, S. 1, 14, der die Notwendigkeit einer güterrechtlichen Zuordnung aus einer „allgemeinen Rechtsüberzeugung" ableitet – anders sieht dies *Hubmann* allerdings hinsichtlich der gewerblichen Schutzrechte (S. 17 f.).

719 *Radbruch*, SJZ 1946, 105 ff.; vgl. auch *Kelsen*, Reine Rechtslehre, S. 20, spricht von einer „minimisierten Naturrechtstheorie", die sich in die offiziell anerkannten positivistischen Prinzipien einfügen lässt. So seien Recht und Gerechtigkeit trotzt wesentlicher Unterschiede durch mehr oder weniger sichtbare Fäden miteinander verbunden.

720 *Fechner*, Geistiges Eigentum und Verfassung, S. 124.

721 *Biedenkopf* in: Depenheuer/Peifer, Geistiges Eigentum, S. 23, 32.

individualistischer Ansatz durchgesetzt.[722] Dagegen hat sich in der neueren, vor allem anglo-amerikanischen, Rechtsliteratur die Tendenz herauskristallisiert, ökonomische und gesellschaftliche Aspekte einem eigentumsrechtlichen Begründungsansatz zugrunde zu legen.[723] Vor allem die Tatsache, dass vielfach ökonomische Ziele im Mittelpunkt des Rechtsverkehrs stehen und die Schaffung rechtlichen Schutzes in diesem Bereich erhebliche Auswirkungen auf die Struktur von Märkten und die Leistungsfähigkeit einer Volkswirtschaft hat,[724] weist auf die erhebliche Bedeutung letzteren Ansatzes hin.

Das naturrechtlich geprägte Begründungsmodell mit der traditionell transzendenten Idee von Recht und Gerechtigkeit erscheint jedenfalls nicht geeignet, die Frage nach einem verfassungsrechtlichen Eigentumsschutz des Lizenznehmers zu beantworten.

(c) Der individualistische Begründungsansatz

Im Mittelpunkt des individualistischen Begründungsansatzes steht der Träger des Grundrechts.[725] Ausgehend von diesem muss hinterfragt werden, welche besondere Funktion das spezielle Rechtsgut – im konkreten Fall die Lizenz – für diesen erfüllt und ob der Zweck einen verfassungsrechtlichen Schutz erfordert. Der Schutzbereich der Eigentumsfreiheit erfasst in diesem Zusammenhang verschiedene funktionelle Aspekte.

Hauptaufgabe der Eigentumsgarantie ist es, dem Berechtigten für den privaten Bereich und für die wirtschaftliche Betätigung einen Freiheitsraum in den vermögensrechtlichen Beziehungen zu gewähren.[726] Dem Einzelnen soll damit die persönliche Entfaltung und eigenverantwortliche Lebensgestaltung ermöglicht werden.[727]

---

722 Nach den Vorgaben des BVerfG schützt Art. 14 GG den individuellen Freiheitsraum im vermögensrechtlichen Bereich zur persönlichen Entfaltung (siehe Nachw. Fn. 514) – der Grundrechtsträger und die individuelle Funktion, die das Eigentum für ihn erfüllt, stellen damit den Kern der Begründung eines Eigentumsschutzes dar; zum Urheberrecht: siehe Nachw. Fn. 517; zum Patentrecht: BGH, GRUR 1969, 534, 535 – „Skistiefelverschluß“; BGH, GRUR 1987, 231, 232 – „Tollwutvirus“; BGH, GRUR 1996, 109, 114 – „Klinische Versuche“, wobei hier auch schon Ansätze einer utilitaristischen Begründung (Ansporntheorie) erkennbar sind.

723 Z.B. *Landes/Posner*, The economic structure of intellectual property law, S. 11 ff.; *Park*, Journal of International Affairs 2010, Vol. 64, No. 1, S. 53 ff.

724 *Kirchner*, GRUR Int. 2004, 603, m.w.N.

725 Siehe Nachw. Fn. 722.

726 Siehe Nachw. Fn. 514.

727 BVerfG, NJW 1969, 309 – „Deichgrundstücke“; BVerfG, GRUR 1972, 481, 483 – „Kirchen- und Schulgebrauch“; BVerfG, NJW 1979, 699, 702 – „Mitbestimmungsgesetz“; BVerfG, NJW 1998, 1934, 1936 – „Euro-Verfassungsbeschwerde“; BGH, NJW 1952, 972; *Papier* in: Maunz/Dürig, GG, Art. 14 Rn. 1; *Timmann*, Patentrecht im Lichte von Art. 14 GG, S. 80; *Schack* in: Depenheuer/Peifer, Geistiges Eigentum, S. 123, 131.

Das Privateigentum bildet damit die Grundlage menschlicher Existenz und dient mittelbar der freien und selbstbestimmten Entfaltung der Persönlichkeit.[728] Es ist damit eines der elementaren Grundrechte unserer Gesellschaft[729] und manifestiert in Verbindung mit der Gewährleistung der freien Entfaltung der Persönlichkeit nach Art. 2 I GG den grundlegenden Kern eines freien Volksstaates.[730] Daher ist es die bedingungslose Aufgabe des Staates, das Eigentum als „verdinglichte Freiheit" zu schützen,[731] und zwar nicht wegen seiner selbst willen, sondern wegen der persönlichen Freiheit, die es vermittelt.[732] Das Eigentum ist jedoch nicht nur die Grundlage der Freiheitsverwirklichung, sondern kann zugleich das Ergebnis einer solchen sein, denn durch den konzentrierten Einsatz der Freiheit kann sich der Mensch Vermögenswerte schaffen.[733] Die Freiheit, durch eigenverantwortliche Betätigung neue Werte zu erwerben und diese zu bewahren, ist zugleich eine Chance für jeden Einzelnen, sich Freiheit zu verschaffen und den Grundstein für zukünftige Freiheit zu legen.[734] Die Eigentumsgarantie steht damit in einem inneren Zusammenhang mit der Garantie persönlicher Freiheit.[735] Die Möglichkeit der Wertverwirklichung im ökonomischen Bereich dient zugleich der Weiterverwirklichung der menschlichen Würde und bedarf daher eines verfassungsrechtlichen Schutzes.[736] Das Eigentum erfüllt damit zugleich eine „persönlichkeitsnahe Funktion",[737] sodass der Inhalt des Eigentumsrechts auch von der Person her zu bestimmen ist.[738]

Entsprechend diesen Vorgaben stellt sich die Frage, ob die Lizenz als vermögenswerte Rechtsposition der materiellen Grundlage individueller Daseinsbehauptung und Lebensgestaltung zu dienen bestimmt ist, und demnach ein Handlungsfreiraum

---

728 *Schack* in: Depenheuer/Peifer, Geistiges Eigentum, S. 123, 131.

729 BVerfG, NJW 1969, 309 – „Deichgrundstücke".

730 *Friauf* in: Gemper, Marktwirtschaft und soziale Verantwortung, S. 438, 441.

731 *Axer* in: Epping/Hillgruber, BeckOK GG, Art. 14 Rn. 1; ebenso *Timmann*, Patentrecht im Lichte von Art. 14 GG, S. 80 f., der auch vom „materiellen Substrat der Freiheitsausübung" spricht.

732 BGH, NJW 1952, 972: „Der in den Staat eingegliederte Einzelne bedarf, um unter seinesgleichen als Person, d.h. frei und selbstverantwortlich leben zu können, und um nicht zum bloßen Objekt einer übermächtigen Staatsgewalt zu werden, also um seiner Freiheit und Würde willen einer rechtlich streng gesicherten Sphäre des Eigentums."; ähnlich auch BVerfG, NJW 1969, 309 f. – „Deichgrundstücke"; *Schack* in: Depenheuer/Peifer, Geistiges Eigentum, S. 123, 131.

733 *Timmann*, Patentrecht im Lichte von Art. 14 GG, S. 81; a.A. *Depenheuer*, NJW 1993, 2561, 2563: „Aus Freiheitsfunktionen folgen nicht Rechte, sondern Rechte haben freiheitssichernde Funktionen."

734 *Timmann*, Patentrecht im Lichte von Art. 14 GG, S. 82.

735 *Axer* in: Epping/Hillgruber, BeckOK GG, Art. 14 Rn. 1; vgl. auch BVerfG, NJW 1971, 1255 – „Erdölerzeugnisse": Die Gewährleistung des Eigentums ergänze insoweit die Handlungs- und Gestaltungsfreiheit.

736 *Timmann*, Patentrecht im Lichte von Art. 14 GG, S. 81.

737 *Axer* in: Epping/Hillgruber, BeckOK GG, Art. 14 Rn. 2.

738 *Timmann*, Patentrecht im Lichte von Art. 14 GG, S. 81 f.

im vermögensrechtlichen Bereich gewährleistet werden muss. Zur Beurteilung dieser Frage muss der Zweck des Eigentumsschutzes näher beleuchtet werden.

In der deutschen Rechtslehre spielt der Aspekt der eigenen Leistung als Schutzgrund und zugleich Grundlage für eine eigenverantwortliche Lebensgestaltung eine wesentliche Rolle.[739] Die Leistung, i.S. der persönlichen Bemühungen, die dem zu schützenden Ergebnis vorangehen, wird vor allem im Bereich der geistigen Güter als Kriterium für die Zuordnung von Werten zu bestimmten Personen und damit zur Begründung eines verfassungsrechtlichen Eigentumsschutzes herangezogen.[740] Auch das BVerfG betont, dass es den heute allgemein herrschenden gesellschaftlichen Auffassungen entspricht, dass das, was der Einzelne sich durch eigene Arbeit und Leistung – insbesondere auch durch Kapitalaufwand – erworben hat, in besonderem Maße als sein Eigentum anzuerkennen und gegenüber Eingriffen als schutzwürdig anzusehen ist.[741] Das Gebot der grundsätzlichen Zuordnung des durch eigene Arbeit und Leistung erworbenen Bestands an vermögenswerten Gütern[742] gründet auf der Arbeitstheorie von *John Locke*, die unter der Grundannahme steht, dass Eigentumsrechte durch die eigene Arbeit begründet werden.[743] In diesem Zusammenhang ist darauf hinzuweisen, dass die Möglichkeit des „Erarbeitens" von Eigentum als Grundlage der persönlichen Freiheit in unserer heutigen Industriegesellschaft einen besonderen Stellenwert einnimmt, denn ein Großteil der Bevölkerung ist in seiner Existenz von seiner eigenen Arbeitskraft abhängig.[744] Die individuelle Leistung des Menschen als aufgewandte Freiheit stellt daher ein achtenswertes Gut und zweifellos ein wesentliches Kriterium für den Eigentumsschutz

739 *Fechner*, Geistiges Eigentum und Verfassung, S. 202 ff.; *Grzeszick*, ZUM 2007, 344, 351 ff.; vgl. auch *Wandtke* in: Wandtke/Bullinger, UrhR, Einl. Rn. 3, der hinsichtlich des Urheberrechts die „Arbeitstheorie" hervorhebt; zum Patentrecht im Überblick: *Kraßer*, Patentrecht, § 3 II.

740 Vgl. BVerfG, GRUR 1979, 773, 779 – „Weinbergsrolle"; BVerfG, GRUR 1990, 438, 439 – „Bob Dylan"; *Fechner*, Geistiges Eigentum und Verfassung, S. 130 ff., 201 ff., insb. S. 203; *Kirchhof* in: FS Zeidler, Bd. II, S. 1639, 1645 f.; *Timmann*, Patentrecht im Lichte von Art. 14 GG, S. 80 ff.; *Hösch*, Eigentum und Freiheit, S. 19 ff., insb. S. 25; zu den Ursprüngen des Arbeitsbegriffs im Zusammenhang mit dem geistigen Eigentum: *Dölemeyer/Klippel* in: GRUR-FS, Bd. I, S. 185, 208 f.

741 BVerfG, NJW 1952, 865, 866 – „Bezirksschornsteinfeger"; die eigene Leistung ebenfalls als besonderen Schutzgrund für die Eigentümerposition anerkennend: BVerfG, NJW 1971, 1255, 1260 – „Erdölerzeugnisse"; BVerfG, GRUR 1972, 481, 483 – „Kirchen- und Schulgebrauch"; BVerfG, NJW 1979, 699 703 – „Mitbestimmungsgesetz"; BVerfG, NJW 1980, 692, 693 – „Versorgungsausgleich"; BVerfG, NVwZ 2007, 437, 438.

742 BGH, NJW 1996, 2422, 2423 – „Kassenarzt".

743 *Locke*, Two Treatises of Government, Book II § 27: Im Mittelpunkt der Arbeitstheorie steht die Idee, dass jedem Menschen ein natürliches Recht an den Früchten seiner Arbeit zusteht. Siehe hierzu auch *Hösch*, Freiheit und Eigentum, S. 87 f.; *Stallberg*, UFITA 2007, 109, 115 ff.

744 *Timmann*, Patentrecht im Lichte von Art. 14 GG, S. 82.

dar.[745] Die persönliche Leistung als Schutzgrund schafft damit das notwendige Bindeglied zur Persönlichkeit.[746]

In Bezug auf den konkreten Fall erscheint jedoch problematisch, dass die eigentliche schöpferische Leistung der Person des Urhebers und nicht dem Lizenznehmer, der nur eine derivative Rechtsposition inne hat, zuzuordnen ist.

Dieser Aspekt kann jedoch nicht entscheidend sein, da insoweit auch unentgeltlich erworbene Rechtspositionen verfassungsrechtlichen Schutz genießen.[747]

Eine schützenswerte Leistung muss zudem nicht zwingenderweise in einer geistig-schöpferischen bestehen, ihr Ursprung kann auch in der unternehmerischen Sphäre liegen, z.B. in der Schaffung eines durch Einsatz von Arbeit und Kapital bewirkten wirtschaftlichen Wertes.[748] Ein solcher Leistungsaufwand ist insbesondere für einzelne Werkvermittler anerkannt und durch das Urheberrechtsgesetz besonders geschützt.[749] Hierbei kommt zum Ausdruck, dass geistige Güter i.d.R. erst dann einen wirtschaftlichen Wert generieren, wenn zu der Leistung des Urhebers weitere Leistungen der Verbreiter des Werkes hinzutreten.[750] Im Rahmen der durch das Urheberrechtsgesetz vorgegebenen spezifischen Fallgruppen der Leistungsschutzrechte werden die in der Werkwiedergabe oder Auswertung liegenden technischen, wirtschaftlichen und organisatorischen Leistungen der Werkvermittler geschützt.[751] Diese Leistungen werden unstreitig unter den Schutz des Art. 14 GG gestellt, denn nicht nur das Werk an sich, sondern auch die Verbreitung bedarf eines Schutzes, und zwar in all ihren ökonomischen Grundlagen und Konsequenzen, da ansonsten der Schutz „illusorisch" wäre.[752]

Ein solcher gesetzlich anerkannter Leistungsschutz ist in Bezug auf den konkreten Fall jedoch nicht einschlägig. Allerdings lassen sich hinsichtlich der Situation des Unterlizenznehmers argumentative Parallelen ziehen. Fest steht, dass auch dieser regelmäßig technische, wirtschaftliche und organisatorische Aufwendungen im Vertrauen auf den Bestand der Lizenz tätigt. Ein Investitionsschutz könnte also auch hier notwendig sein. Zwar ließe sich dagegen einwenden, dass anders als bei

---

745 Vgl. *Badura* in: Ohly/Klippel, Geistiges Eigentum und Gemeinfreiheit, S. 45, 46.

746 *Dölemeyer/Klippel* in: GRUR-FS, Bd. I, S. 185, 200; vgl. auch *Stallberg*, UFITA 2007, 109, 118.

747 Hierzu ausführlich *Timmann*, Patentrecht im Lichte von Art. 14 GG, S. 88 ff.

748 *Grzeszick*, ZUM 2007, 344, 352; *Fechner*, Geistiges Eigentum und Verfassung, S. 130 f.

749 BVerfG, GRUR 1990, 183, 184 – „Vermietungsvorbehalt": Das Schutzrecht des Tonträgerherstellers zur Vervielfältigung und Verbreitung (§ 85 I 1 UrhG) fällt unter die Eigentumsgarantie des Art. 14 GG. Ebenso das Leistungsschutzrecht der ausübenden Künstler: BVerfG, GRUR 1990, 438, 440 f. – „Bob Dylan". Vgl. auch die Leistungsschutzrechte zugunsten der Veranstalter (§ 81 UrhG), Sendeunternehmen (§ 87 UrhG), Datenbankhersteller (§§ 87a ff. UrhG), Filmhersteller (§ 94 UrhG).

750 *Kirchhof* in: FS Zeidler, Bd. II, S. 1639, 1646.

751 So z.B. BVerfG, GRUR 1990, 183, 184 – „Vermietungsvorbehalt"; *Schulte*, GRUR 1985, 772, 774.

752 *Schulte*, GRUR 1985, 772, 774.

den gesetzlich geschützten Werkvermittlern das Ergebnis dieser Aufwendungen im „Reifen Progressiv"-Fall keine Werkvermittlung zum Wohle der Gemeinschaft war, sondern lediglich im privaten Nutzenbereich lag. In anders gelagerten Fällen könnte dies jedoch sehr wohl so sein (z.B. Taschenbuchlizenz). Zudem kann eine Pflicht zur Nutzung des Eigentums für Gemeinwohlzwecke aus Art. 14 GG nicht abgeleitet werden. Denn das Gebot einer am Gemeinwohl orientierten Nutzung (vgl. Art. 14 II GG) umfasst ausschließlich die Forderung nach Rücksichtnahme auf den Nichteigentümer, der möglicherweise seinerseits der Nutzung des Eigentumsobjekts zu seiner Freiheitssicherung und eigenverantwortlichen Lebensgestaltung bedarf.[753]

Die Leistung für sich genommen kann somit nicht alleinige Voraussetzung für die Anerkennung von Eigentum i.S.v. Art. 14 GG sein.[754] Auch das BVerfG berücksichtigt den Aspekt der individuellen Leistung ausschließlich als Argument in der Rechtfertigungsabwägung.[755] Der Leistungsaspekt begründet also lediglich eine besondere Schutzwürdigkeit und kann nicht das einzig eigentumsbegründende Merkmal sein.[756]

Vielmehr ist auch ein auf gesellschaftlichem Konsens beruhendes Bedürfnis zur Anerkennung eines Eigentumsrechts von Nöten. Zwar ist das durch Leistung bzw. Kapitalaufwand Erworbene demjenigen zuzuordnen, der die Leistung bzw. Aufwendungen erbracht hat. Dem Grundsatz nach muss jedoch nur eine im gesellschaftlichen Kontext sinnvolle Nutzungs- und Dispositionsmöglichkeit gewährleistet werden. Hier kommt der Sozialbindungsgedanke des Art. 14 II GG zum Tragen. Neben die traditionelle Auffassung, die das Leistungskriterium betont, tritt unter dem Einfluss des sozialen Aspekts des Eigentums eine weitere Funktionalität. So ist die existentielle Angewiesenheit des Einzelnen auf das Eigentum als Grundlage einer eigenverantwortlichen Lebensgestaltung und zur Sicherung eines individuellen Freiraums im vermögensrechtlichen Bereich als Schutzgrund anerkannt.[757] Das BVerfG hat damit jedoch kein neues Kriterium geschaffen, sondern beruft sich lediglich auf die ursprüngliche Funktion des verfassungsrechtlichen Eigentumsschutzes.

Mit dem Bedeutungsaspekt des Eigentums, als Voraussetzung für die eigene Lebensgestaltung, wurde versucht, das Problem zu lösen, dass der Mieter, obwohl ihm vom Gesetz her kein zivilrechtliches Eigentum zugewiesen ist, trotzdem eines verfassungsrechtlichen Schutzes bedarf. Das BVerfG kam zu dem Schluss, dass die

---

753 BVerfG, NJW 1974, 1499 – „WKSchG"; BVerfG, NJW 1979, 699, 703 – „Mitbestimmungsgesetz"; BVerfG, NJW 1985, 2633 – „Eigenbedarf"; BVerwG, NVwZ 2006, 92, 93.

754 So auch *Timmann*, Patentrecht im Lichte von Art. 14 GG, S. 91.

755 So z.B. BVerfG, GRUR 1972, 481, 484 – „Kirchen- und Schulgebrauch"; BVerfG, GRUR 1980, 44, 48 – „Kirchenmusik".

756 So auch *Timmann*, Patentrecht im Lichte von Art. 14 GG, S. 91.

757 Vgl. BVerfG, NJW 1979, 699, 703 – „Mitbestimmungsgesetz"; BVerfG, NJW 1986, 39, 40 – „KVdR"; BVerfG, NJW 1993, 2035 f. – „Mieterbesitzrecht"; BVerfG, NVwZ 2010, 512, 514 – „Flughafen Berlin-Schönefeld"; *Hösch*, Eigentum und Freiheit, S. 18.

Rechtsposition des Mieters gleichfalls als verfassungsrechtliches Eigentum schutzfähig ist, allerdings mit dem Eigentum des Vermieters in Ausgleich gebracht werden muss.[758]

Dies zeigt zum einen, dass Nutzungsmöglichkeiten selbstständig „verrechtlicht" werden können. Zum anderen entsteht dadurch ein Konflikt im horizontalen Verhältnis zwischen dem originären und dem derivativen Rechtsinhaber, die sich hinsichtlich ihres Eigentumsschutzes auf ein und dasselbe Rechtsobjekt berufen können. Denn die Gewährleistung von Eigentumsfreiheit für den einen bedingt in gleichem Zuge eine erhebliche Beeinträchtigung der Merkmale der Privatnützigkeit und Verfügungsbefugnis auf Seiten des anderen.[759]

Ob für den Unterlizenznehmer eine vergleichbare existentielle Angewiesenheit angenommen werden kann, erscheint fraglich. In Bezugnahme auf die bereits vorgenommene Interessenbetrachtung im dritten Teil der Arbeit ist eine Abhängigkeit des Unterlizenznehmers vom Bestand der Lizenz jedenfalls anzunehmen.[760] Diese ist aber eher wirtschaftlicher, denn sozialer Natur und damit nicht vollends vergleichbar mit der Rechtsstellung des Mieters. Berücksichtigt man allerdings, dass in der gegebenen Konstellation zu einer Schutzbedürftigkeit aus Investitionsschutzgründen eine wirtschaftliche Abhängigkeit hinzutritt, so könnten beide Aspekte in einer Gesamtschau einen Eigentumsschutz begründen.

Die Interessenposition des Lizenznehmers könnte damit eine Anerkennung der Lizenz als Eigentum i.S.v. Art. 14 GG rechtfertigen. Die Argumentation erscheint jedoch eher schwach und verlangt im Kontext der wirtschaftlichen Bedeutung der Lizenz nach einer fundierteren Begründung, die ein utilitaristischer Ansatz bieten könnte.

(d) Der utilitaristische Begründungsansatz

Während beim individualistischen Ansatz der Freiheitsschutz des Einzelnen im Mittelpunkt steht, zeigen utilitaristische Begründungsmodelle, dass der Schutz der Eigentumsfreiheit nicht nur ein Grundrecht, sondern zugleich auch ein Organisationsprinzip i.S. der Ausgestaltung der Wirtschafts- und Gesellschaftsordnung im Interesse der Allgemeinheit sein kann.[761] Im Fokus der Betrachtung stehen gesamtgesellschaftliche Perspektiven unter ökonomischen, kulturpolitischen oder auch demokratie-theoretischen Nutzenerwägungen.[762] Bestehende Untersuchungen

---

758 BVerfG, NJW 1989, 970 f. – „Eigenbedarfskündigung"; BVerfG, NJW 1993, 2035, 2036 f. – „Mieterbesitzrecht"; BVerfG, NJW 2000, 2658, 2659; BVerfG, NJW 2006, 2033.

759 Vgl. *Depenheuer*, NJW 1993, 2561, 2564.

760 Zur Interessenlage des Unterlizenznehmers siehe 3. Teil, C. II.

761 *Honnefelder/Leenen* in: Depenheuer/Peifer, Geistiges Eigentum, S. 47, 49; vgl. *Todt* in: Ott/Schäfer, Ökonomische Probleme des Zivilrechts, S. 1, 16 f.; *Biedenkopf* in: Depenheuer/Peifer, Geistiges Eigentum, S. 23, 26.

762 *Hansen*, Warum Urheberrecht, S. 83.

konzentrieren sich dabei weniger auf die Forderung nach einem Investitionsschutz; im Mittelpunkt steht vielmehr die Frage, wie Anreize für kreative bzw. innovatorische Tätigkeiten geschaffen werden können.[763] Denn nur ein soziales System mit Anreizen ist geeignet, die wirtschaftlichen Möglichkeiten einer Gesellschaft voll auszuschöpfen.[764] Solche Ansätze verfolgen Zwecke, wie etwa den Gewinn zu maximieren und Kosten zu sparen, die heimische Wirtschaft zu fördern oder zur Schöpfung von Werken und damit zur Bereicherung des kulturellen Lebens beizutragen.[765] Die Rechtfertigung des Schutzes beschränkt sich dabei nicht auf das Verhältnis Eigentümer-Eigentumsobjekt.[766] Utilitaristische Ansätze streben eine Legitimation des Schutzes anhand einer Nutzenanalyse für das Gesamtsystem an.[767] Die utilitaristische Urheberrechtstheorie bedient sich hierzu verschiedener ökonomischer Analysemodelle,[768] insbesondere der Anreiztheorie, die bereits dargestellt wurde,[769] sodass auf die gewonnen Erkenntnisse zurückgegriffen werden kann. Dieser Legitimationsansatz scheint nahezu prädestiniert zu sein, einen Eigentumsschutz der Verwerter zu begründen, der nicht an einen gesetzlichen Leistungsschutz anknüpft. Für eine Anwendbarkeit spricht insbesondere der ausschließlich vermögensrechtliche Charakter der derivativen Nutzungsrechte.[770] Die zum Urheberrecht dargetane Kritik zur mangelnden Berücksichtigung der persönlichkeitsrechtlichen Komponente[771] verliert in Bezug auf die Unterlizenz ihren Halt.

Freilich können im Rahmen dieser Arbeit nur Hypothesen hinsichtlich der sozioökonomischen Auswirkungen eines Eigentumsschutzes der Lizenz formuliert werden, die die möglichen Folgen skizzieren. Anhand dieser soll der Versuch unternommen werden, die Frage zu klären, ob eine bestandskräftige Unterlizenz allgemein nützlich erscheint, um gesellschaftliche und gesamtwirtschaftliche Ziele, wie z.B. den Fortschritt der Wissenschaft und der Künste, zu fördern.

Der Schutz der Lizenz als Eigentumsobjekt i.S.v. Art. 14 GG korreliert mit dem dargestellten Interesse des Unterlizenznehmers an einem Bestand der Enkelrechte.[772] Ein gesteigerter rechtlicher Schutz der Verwerter urheberrechtlich geschützter Werke könnte deren wirtschaftlich relevantes Verhalten beeinflussen. So könnte dieser einen Anreiz dafür bieten, langfristige Investitionen in den unterschiedlichsten

---

763 *Honnefelder/Leenen* in: Depenheuer/Peifer, Geistiges Eigentum, S. 47, 49; vgl. auch *Kirchner*, GRUR Int. 2004, 603, 604.
764 *Todt* in: Ott/Schäfer, Ökonomische Probleme des Zivilrechts, S. 1, 14.
765 *Schack* in: Depenheuer/Peifer, Geistiges Eigentum, S. 123, 133.
766 *Hösch*, Eigentum und Freiheit, S. 95 f., der individuelle Eigentümer tritt hier in den Hintergrund.
767 Vgl. *Loewenheim* in: Loewenheim, Hdb. UrhR, § 1 Rn. 4; *Dreier* in: Dreier/Schulze, UrhG, Einl. Rn. 10.
768 Im Überblick *Hansen*, Warum Urheberrecht, S. 107 ff.
769 Siehe hierzu die Ausführungen unter 4. Teil, A. III. 4. c. aa.
770 *Ohly* in: Depenheuer/Peifer, Geistiges Eigentum, S. 141, 144.
771 Siehe Nachw. Fn. 606.
772 Siehe hierzu 3. Teil, C. II.

Bereichen der Kulturgüterindustrien zu tätigen. So z.B. in den Aufbau neuer Distributionskanäle von Musik, Büchern und Filmen oder auch in die Innovationsforschung im Bereich der Unterhaltungselektronik. Derartige Investitionen gehen regelmäßig mit einer verbesserten Zugänglichkeit zu Kulturgütern im Interesse der Kulturverbraucher einher. Sollte also ein solcher Schutz einen Anreiz für die Verwerter darstellen, könnte diesem Motiv zugleich ein kulturfördernder Aspekt entnommen werden. Ein angemessener Schutz des Verwerters – als Investor für die Werkverwertung – erscheint genauso notwendig wie der Schutz des Kreativen. Denn dass auch der Verwerter ein adäquates Anreizsystem für die notwendigen Investitionen braucht, liegt in letzter Konsequenz im Allgemeininteresse.[773]

Ferner könnte der sichere Bestand der Unterlizenz die Eignung der Lizenz als Finanzierungsinstrument erheblich aufwerten, was die Möglichkeit erhöht, Fremdkapital zu schöpfen und Investitionen in die Verbreitung von Kulturgütern zu tätigen. Gleichzeitig fördern derartige Investitionen den Aufbau von Arbeitsplätzen. Der Schutz der Kulturindustrie ist mithin von besonderer Bedeutung für das Wohl der Gesellschaft und sollte, neben dem Schutz der Kreativität im Interesse der Werkschaffenden, nicht vernachlässigt werden.

Die Anreizfunktion bietet somit eine zusätzliche Begründungsbasis für die Legitimierung des verfassungsrechtlichen Schutzes des Unterlizenznehmers.

Darüber hinaus gilt es zu berücksichtigen, dass der Fortbestand der Lizenz und die in diesem Kontext stehende Qualifizierung als dingliches Recht allgemein zu mehr Sicherheit im rechtsgeschäftlichen Verkehr mit Lizenzen und damit zur Vermeidung von Transaktionskosten führen. Dies wiederum könnte einen zusätzlichen Anreiz zum Tätigwerden im Bereich der Kulturverwertung bieten. Die gesteigerte Rechtssicherheit ist im Interesse der Gesellschaft gleichermaßen als rechtfertigendes Argument für die Anerkennung der Lizenz als schutzwürdiges Eigentum i.S.v. Art. 14 GG anzuerkennen.

(3) Fazit

Die unklaren Vorgaben des BVerfG, was genau als verfassungsrechtliches Eigentum einzuordnen ist, erforderten eine genauere Analyse der Lizenz als vermögenswerte Rechtsposition mittels unterschiedlicher Begründungsmodelle. Anhand der funktionalen Bedeutung der Lizenz für den Lizenznehmer und für die Gesellschaft insgesamt konnte gezeigt werden, dass eine Anerkennung als verfassungsrechtliches Eigentum allgemein interessengerecht erscheint. Damit bleibt zu klären, wie die horizontale Konfliktsituation zwischen dem Urheber und dem Unterlizenznehmer einem interessengerechten Ausgleich zugeführt werden kann.

e. Die konkrete Abwägung der entgegenstehenden Interessen

Ob die Entscheidung des BGH für einen Fortbestand der Unterlizenz im Fall der Beendigung des Hauptlizenzvertrages einen nicht gerechtfertigten Eingriff in die

773 *Hilty*, GRUR 2005, 819, 823 sowie 826.

Freiheitsrechte des Urhebers darstellt, bedarf schließlich einer Abwägung der verfassungsrechtlich geschützten, kollidierenden Interessenpositionen des Urhebers und des Unterlizenznehmers unter Berücksichtigung gesamtgesellschaftlicher Ziele.

Zunächst wurde festgestellt, dass durch einen Fortbestand der Unterlizenz der verfassungsrechtliche Eigentumsschutz des Urhebers zwar betroffen ist, ein Eingriff in den Kernbestand des Urheberrechts jedoch nicht vorliegt. Es handelt sich lediglich um eine partiell beschränkte Vorenthaltung von Lizenzierungsmöglichkeiten. Der Eingriff ist lediglich minderer Intensität.[774] Dieser könnte außerdem durch einen finanziellen Ausgleich in Form der Geltendmachung zivilrechtlicher Ansprüche kompensiert werden.[775] Beide Aspekte sprechen für einen Fortbestand der Unterlizenz.

Des Weiteren gelangte die Untersuchung zu dem Ergebnis, dass die Lizenz als verfassungsrechtlich geschütztes Rechtsgut i.S.v. Art. 14 GG zu qualifizieren ist.[776] In der Abwägung stehen sich somit zwei Rechtspositionen von Verfassungsrang gegenüber.

Das Problem des „doppelten Eigentumsschutzes" ist keine neuartige Erscheinung, wie das Verhältnis zwischen Vermieter und Mieter zeigt.[777] Im Fall solcher horizontalen Konkurrenzverhältnisse verweist das BVerfG stets auf den Gesetzgeber. Dessen Aufgabe sei es, die konkurrierenden Eigentumsrechte sachgerecht und ausgewogen gegeneinander abzugrenzen.[778] Die Fachgerichte haben sodann bei der Anwendung des geltenden Rechts der Bedeutung und Tragweite beider Eigentumspositionen hinreichend Rechnung zu tragen.[779] Der BGH muss also bei seiner Abwägungsentscheidung die Belange des Urhebers und des Unterlizenznehmers angemessen würdigen:

Die Gewährleistung der Eigentumsfreiheit zugunsten des Unterlizenznehmers bedeutet zwar eine Einschränkung der Freiheit des Urhebers. Im konkreten Fall betrifft eine solche jedoch lediglich eine Modalität der Verfügungsfreiheit. Dem Urheber selbst verbleibt dagegen, anders als dem Vermieter, die eigene Nutzungsmöglichkeit.[780] Das Konkurrenzverhältnis zwischen dem Eigentum des

774 Siehe S. 90.

775 Siehe S. 92.

776 Siehe 4. Teil, A. III. 5. d. bb. (3).

777 BVerfG, NJW 1993, 2035 ff. – „Mieterbesitzrecht"; BVerfG, NJW 2011, 1723, 1724, kritisch hierzu *Depenheuer*, NJW 1993, 2561 ff., der eine „Umverteilung von Grundrechtssubstanzen" beklagt.

778 Speziell zum Mietverhältnis: BVerfG, NJW 1974, 1499 f. – „WKSchG"; BVerfG, NJW 1993, 2035, 2036 – „Mieterbesitzrecht": „Der Gesetzgeber muß in Erfüllung seines Auftrages aus Art. 14 I 2 GG die beiden miteinander konkurrierenden Eigentumspositionen inhaltlich ausgestalten, gegeneinander abgrenzen und die jeweiligen Befugnisse so bestimmen, daß die beiden Eigentumspositionen angemessen gewahrt werden."; BVerfG, NJW 2011, 1723, 1724.

779 BVerfG, NJW 1993, 2035, 2036 – „Mieterbesitzrecht"; BVerfG, NJW 2000, 2658, 2659; BVerfG, NJW 2011, 1723, 1724; BVerfG, GRUR 2012, 53, 56 – „Le Corbusier".

780 Siehe hierzu bereits die Ausführungen unter 4. Teil, A. III. 4. a.

Urhebers und dem Eigentum des Nutzungsberechtigten ist insoweit nur beschränkt vergleichbar mit der Rechtslage im Mietverhältnis, in dem das Bestandsinteresse des Mieters aufgrund sozialer Aspekte regelmäßig vorrangig ist[781]. Denn Immaterialgüterrechte können – anderes als das Wohnungseigentum – aufgrund ihrer nicht-exklusiven Natur faktisch durch verschiedene Personen gleichzeitig und unterschiedlich genutzt werden. Ein genereller Ausschluss des Urhebers findet schließlich nicht statt, was folglich für einen Fortbestand der Unterlizenz spräche.

Zu berücksichtig ist, dass die Leistung des Urhebers auf einer persönlichen, geistig-schöpferischen Tätigkeit beruht, und nicht nur auf einem „unverdienten" Vermögenszuwachs, während die des Lizenznehmers lediglich kapitaler Art ist. Diesen Aspekt bezieht regelmäßig auch das BVerfG in die Verhältnismäßigkeitsprüfung ein.[782] In diesem Kontext kommt zusätzlich der persönlichkeitsrechtliche Aspekt des Urheberrechts zum Tragen, dessen Schutz durch Art. 2 I GG i.V.m. Art. 1 I GG gewährleistet wird. Die besondere Verbundenheit des Schöpfers zu seinem Werk spielt bei der Abwägung im Rahmen von Art. 14 GG eine nicht zu vernachlässigende Rolle. Zwar werden die ideellen und die materiellen Bestandteile des Urheberrechts durch unterschiedliche Grundrechte geschützt. Nach dem Willen der tradierten Urheberrechtstheorie soll aber die im Zivilrecht bestehende untrennbare Verbindung beider Aspekte auch auf die verfassungsrechtliche Ebene durchschlagen.[783] Dem ist entgegenzuhalten, dass sich die Entwicklung des Urheberrechts in der Praxis in vielen Bereichen kaum mehr mit dem urheberzentrierten Denken der Theorie[784] in Einklang bringen lässt – sind es doch ganz überwiegend die Verwerter, die die tatsächliche Nutzung des Werkes kontrollieren, während der Urheber mittelbar nur noch über die Vergütung am wirtschaftlichen Erfolg der Verwertung beteiligt ist.[785]

Der persönlichkeitsrechtliche Gedanke, der ein gutes Stück weit im Urheberrechtsverkehr trägt, scheint den Interessen der beteiligten Verwerter, wie z.B. der Verlage und Medienunternehmen, nicht mehr gerecht zu werden. Der Urheber als Schöpferpersönlichkeit, die im Mittelpunkt des deutschen Urheberrechtsschutzes

---

781 Vgl. *Depenheuer*, NJW 1993, 2561, 2564.

782 BVerfG, GRUR 1972, 481, 484 – „Kirchen- und Schulgebrauch"; BVerfG, GRUR 1980, 44, 48 – „Kirchenmusik".

783 *Windisch*, GRUR 1993, 352, 353; *v. Gamm*, UrhR, Einf. Rn. 25; vgl. auch *Ulmer*, Urheber- und Verlagsrecht, S. 113.

784 *Dietz* in: FS Schricker I, S. 1, 3 f.: Das kontinentaleuropäische Urheberrecht ist gemäß seinem rechtspolitischen Anspruch rein urheberzentriert. Sinn und Zweck des Urheberrechtes ist dem Ursprung nach Kreativenschutz (BT-Drucks. IV/3401, S. 1).

785 *Hilty*, ZUM 2003, 983, 986, 993; ebenso *Peukert* in: Hilty/Peukert, Interessenausglich im Urheberrecht, S. 11, 17, 21; *Ohly* in: Depenheuer/Peifer, Geistiges Eigentum, S. 141, 142; *Leistner/Hansen*, GRUR 2008, 479.

steht, verliert zunehmend an Gesicht und Bedeutung.[786] Realistisch betrachtet, weiß man bei der Vielzahl der geschaffenen Werke häufig nicht mehr, wer als Urheber bzw. Miturheber daran beteiligt ist.[787] Vermehrt steht die wirtschaftliche Verwertbarkeit weitestgehend „anonymisierter" Werke im Mittelpunkt der Diskussion.[788] Aktuelle rechtliche Betrachtungen betreffen weniger die großen Werke der deutschen Dichter und Denker; vielmehr rücken Fragen nach der rechtlichen Behandlung von Software, Datenbanken und anderen Schöpfungen mit minimaler Gestaltungshöhe, nach den Möglichkeiten und Grenzen des Schaffens einer Unterhaltungsindustrie[789] und nach der Berechtigung von unternehmerischen Leistungsschutzrechten[790] in das Zentrum des Interesses. In der Praxis wird vornehmlich nach den Absatzchancen gefragt – die dahinter stehende kreative Leistung verliert dabei in ihrer persönlichen Dimension an Bedeutung.[791] Der Urheber wird nahezu austauschbar; seine Interessen verblassen gegenüber denjenigen des investierenden Verwerters, zumindest soweit das Werkschaffen eine „wirtschaftspolitische Dimension" annimmt.[792] Rein ökonomische Interessen treten dann in den Vordergrund – wie im konkreten Fall das vermögenswerte Bestandsschutzinteresse des Verwerters, der in die Nutzung des lizenzierten Werkes investiert hat.

Betrachtet man darüber hinaus all jene Verwerter, die Werke im Rahmen von Lizenzketten mit einem erheblichen Kapitaleinsatz verwerten, um sie der Allgemeinheit zugänglich zu machen, so müssen auch diese Investitionen lohnenswert bleiben.[793] Die Lizenz als Verwertungsinstrument muss– unter dem Gedanken eines notwendigen Investitionsschutzes – für den Lizenznehmer generell eine ausreichend sichere Rechtsposition darstellen. Denn dies könnte einen Anreiz für weitere

---

786 *Ohly* in: Depenheuer/Peifer, Geistiges Eigentum, S. 141; vgl. *Schack*, ZUM 1990, 59, 61 f., sieht das Problem dieser Tendenz im Schutz der „kleinen Münze" und fordert, die individuelle Schöpferpersönlichkeit deutlicher zu betonen; ebenso krit. bereits *Möhring* in: FS Bappert, S. 129, 132.

787 *Hilty*, ZUM 2003, 983, 987.

788 So betont *Dietz* in: Dittrich, Urheberrecht, S. 200, 208, dass Urheber, wie sie die klassische Theorie stets vor Augen hatte und auf die die gegenwärtigen Regelungen des Urheberrechtsgesetzes zugeschnitten sind, im Aussterben begriffen sind.

789 *Ohly* in: Depenheuer/Peifer, Geistiges Eigentum, S. 141; vgl. auch *Dietz* in: FS Schricker I, S. 1, 6 ff., der im Hinblick auf diese Entwicklung einen gerechten Ausgleich zwischen Schöpfer und Verwerter fordert, allerdings eine große Gefahr in der „Vermachtung" der Verwertungsbeziehungen sieht.

790 Aktuell zur Diskussion über die Notwendigkeit von Leistungsschutzrechten: *Ensthaler/Blanz*, GRUR 2012, 1104 ff., für Presseverleger; *Heermann*, GRUR 2012, 791 ff., für Sportveranstalter.

791 *Ohly* in: Depenheuer/Peifer, Geistiges Eigentum, S. 141.

792 *Ohly* in: Depenheuer/Peifer, Geistiges Eigentum, S. 141; *Götting*, GRUR 2006, 353, 358.

793 Siehe Nachw. Fn. 20.

Investitionen bieten.[794] Eine starke Stellung der professionellen Werkvermittler in der Verwertungskette trägt schließlich wesentlich dazu bei, die Ubiquität von Kulturgütern um ein Vielfaches zu erhöhen. Im Interesse der Allgemeinheit wird durch die gesteigerte Zugänglichkeit ein reichhaltiges Kulturleben ermöglicht und bewahrt, die verfassungsrechtlich geschützte Meinungs-, Informations-, Wissenschafts- und Kunstfreiheit gewährleistet sowie die Förderung des Fortschritts von Kunst und Wissenschaft vorangetrieben.[795]

Hier zeigt sich, dass der klassische urheberzentrierte Ansatz nicht mehr mit allen praktisch relevanten Bereichen harmoniert. Vielmehr sind ganzheitliche systemrelevante Betrachtungen anzustellen. Nichtsdestotrotz darf der Schutz des *droit moral* des Urhebers nicht vernachlässigt werden, denn dieser wird weiterhin Bestand haben, auch neben einer Diskussion um die Stärkung der Befugnisse der investierenden Verwerter im deutschen Urheberrechtssystem.[796]

Trotz aller Kritik trägt der persönlichkeitsrechtliche Aspekt auch im Urhebervermögensrecht ein gutes Stück weit an Bedeutung. So dürfen Dritte sich den in fremden Werken verkörperten Wert grundsätzlich nicht ohne die Zustimmung des Urhebers zu Eigen machen.[797] Dieser Gesichtspunkt kommt vor allem in § 35 I 1 UrhG zur Geltung, wonach die Unterlizenzierung von der Zustimmung des Urhebers abhängig ist. In Bezug auf den „Reifen Progressiv“-Fall lag eine solche vor. Damit sind nicht nur die ideellen Interessen des Urhebers hinreichend gewahrt, sondern auch ein Freiheitsverlust im vermögensrechtlichen Bereich lässt sich anhand der vorliegenden Zustimmung rechtfertigen. Mit seiner Zustimmung hat der Urheber zudem einen Rechtstatbestand geschaffen, auf den der Unterlizenznehmer im Interesse der Rechtssicherheit vertrauen durfte. Bei Abschluss des Unterlizenzvertrages konnte er zu Recht erwarten, dass er die erworbene Lizenz in vollem Umfang nutzen werden könne.[798] Dieses Interesse ist mit Blick auf die getätigten Investitionen als besonders schutzwürdig anzusehen. Der Schutz des Urhebers sollte in diesem Fall nachrangig sein.

Diese Wertentscheidung verstärkt sich unter Berücksichtigung der Tatsache, dass der Grund der Beendigung des Hauptlizenzvertrages im „Reifen Progressiv“-Fall der Risikosphäre des vorangehenden Lizenznehmers zuzuordnen ist. Der Hauptlizenznehmer hatte den Geschäftsbetrieb eingestellt und später Insolvenzantrag gestellt. Daraufhin erklärte der Urheber wirksam den Rückruf nach § 41 UrhG.[799] Eine ähnliche Risikoverteilung liegt im Fall des Verzichts durch den vorgelagerten Rechtsinhaber vor, für den § 33 S. 2 UrhG einen Rechtsbestand konstatiert. Damit stellt sich die Frage, ob in anders gelagerten Fällen eine abweichende Entscheidung

---

794 Zur Notwendigkeit eines Anreizsystems für die Verwerter siehe 4. Teil, A. III. 4. d. bb. (2), (d).

795 Vgl. *Schack*, Urheber- und Urhebervertragsrecht, Rn. 17 f.; *Rehbinder*, Urheberrecht, Rn. 79; *Geiger*, GRUR Int. 2004, 815, 816 f.

796 Vgl. hierzu *Wandtke* in: FS Rehbinder, S. 389, 396 f., 403 f.

797 *Schack* in: Depenheuer/Peifer, Geistiges Eigentum, S. 123, 130.

798 So auch *Nordemann*, GRUR 1970, 174, 175.

799 BGH, GRUR 2009, 946 – „Reifen Progressiv“.

getroffen werden muss und welche Kriterien hierfür maßgeblich sein könnten. So könnte z. B. das Vorliegen einer „Mitschuld“ des Unterlizenznehmers an der Beendigung des Hauptlizenzvertrages einen Fortbestand der Unterlizenz nicht mehr als gerechtfertigt erscheinen lassen. Auf diese Problematik soll im nachfolgenden zivilrechtlichen Teil der Arbeit näher eingegangen werden.

Das bisher gesagte deutet darauf hin, dass ein Fortbestand der Unterlizenz grundsätzlich gerechtfertigt erscheint, hiervon jedoch in Abhängigkeit der Risikoverteilung im Einzelfall Ausnahmen zu machen sind, wo ein interessengerechter Ausgleich zwischen dem Inhaber des Mutterrechts und dem Unterlizenznehmer dies erfordert.

Schließlich gilt es zu berücksichtigen, dass ein Fortbestand der Unterlizenz zugleich im Interesse des Gemeinwohls stehen könnte. Der ökonomische Nachteil eines zu starken Ausschließlichkeitsrechts des Urhebers besteht oftmals in der damit künstlich geschaffenen wirtschaftlichen Monopolstellung in vertikaler Hinsicht.[800] Ein stärkerer Schutz der derivativen Rechte der Verwerter könnte zu einem Aufbrechen von Monopolstrukturen beitragen. Zudem könnte ein solcher Schutz einen zentralen Anreiz für Verwerter bieten, Investitionen im Bereich der Kulturindustrien zu tätigen. Denn eine gesicherte Rechtsposition senkt schließlich auch Transaktionskosten. Dies könnte Innovationen fördern, den Zugang zu Kulturgütern verbessern und darüber hinaus Arbeitsplätze schaffen.

f. Fazit

Die Entscheidung des BGH für eine bestandskräftige Unterlizenz im Fall der Beendigung des Hauptlizenzvertrages stellt zwar eine Verkürzung des verfassungsrechtlich gewährleisteten Schutzbereichs der Eigentumsfreiheit des Urhebers dar, jedoch erscheint dieser Umstand in Abwägung mit der Eigentumsfreiheit des Unterlizenznehmers und unter Berücksichtigung von Gemeinwohlbelangen allgemein gerechtfertigt. Eine marginal eingeschränkte wirtschaftliche Verwertungsmöglichkeit des Urhebers zugunsten der Investitionsschutzinteressen des Verwerters steht in Konformität zu Art. 14 GG. Eine Stärkung der Interessenposition der Verwerter im Rechtsverkehr mit Lizenzen erscheint insgesamt – auch im Interesse kulturpolitischer Ziele – angemessen.

5. Die Folgen der Entscheidung auf zivilrechtlicher Ebene

Im Rahmen der verfassungsrechtlichen Rechtfertigungsprüfung konnte nicht nur ein Fortbestand der Unterlizenz allgemein bejaht werden. Auch eine Einordung der

800 *Peukert* in: Hilty/Peukert, Interessenausglich im Urheberrecht, S. 11, 17 f.; vgl. z. B. EuGH, GRUR Int. 1995, 490 ff. – „Magill TV Guide“ sowie hierzu *Emmerich*, JuS 1995, 840, 841.

Lizenz als Eigentum i.S.v. Art. 14 GG[801] ließ sich verfassungsmäßig rechtfertigen. Hierbei stellt sich die Frage, inwiefern diese Wertentscheidungen ein Handeln des Gesetzgebers auf zivilrechtlicher Ebene erforderlich machen.

Die Regelungspflicht des Gesetzgebers folgt aus dem Auslegungsgedanken der Institutsgarantie. Denn das Schutzziel des Art. 14 GG kann nur dann voll erreicht werden, wenn die Bindung des Gesetzgebers auch die Pflicht einschließt, normative Regelungen zu schaffen, die den Betroffenen den erforderlichen Freiheitsraum im vermögensrechtlichen Bereich gewähren und die in dem jeweiligen Sachgebiet und Betätigungsfeld eine Funktionstüchtigkeit des Rechtsverkehrs sichern.[802] Fehlt eine gesetzliche Ausgestaltung, ist der Gesetzgeber aufgrund der Institutsgarantie zur Nachbesserung verpflichtet.[803]

Häufig vermeidet der Gesetzgeber jedoch eine allzu intensive Einzelfallnormierung und verweist auf allgemeine Vorschriften. Damit gibt er seine Normierungsaufgabe weithin aus der Hand und überträgt sie an die Gerichte, die innerhalb der Gesamtrechtsordnung Lösungen finden müssen, um die offenen Lücken zu schließen – so auch bei der Frage des Fortbestands der Unterlizenz nach Beendigung des Hauptlizenzvertrages.[804] Ergibt sich hieraus die Notwendigkeit von einzelfallbezogenen Abwägungen, führt dies zunächst zu mehr Einzelfallgerechtigkeit.[805]

Das berechtigte Interesse der abhängigen Verwerter innerhalb der Lizenzkette, eine sichere Rechtsposition zu erhalten, überwiegt zwar auf der verfassungsmäßigen Wertungsebene allgemein die Interessen des Urhebers an einem Rechterückfall. Jedoch muss berücksichtigt werden, dass in speziellen Fallkonstellationen Umstände hinzutreten können, die einen Heimfall der Nutzungsrechte im Interesse des Urhebers zwingend erfordern; so insbesondere wenn persönlichkeitsrechtliche Aspekte betroffen sind. Das gefundene Ergebnis kann daher freilich nur als Richtschnur dienen. Feinjustierungen auf zivilrechtlicher Ebene sind insoweit im Interesse der Einzelfallgerechtigkeit erforderlich.

Das Richterrecht als dezentraler Erkenntnisprozess zur Aufdeckung angemessener „Balancepunkte“ im Rahmen eines Interessenausgleichs[806] ermöglicht somit jeweils interessengerechte Lösungen, die eine formelle Entscheidung des Gesetzgebers mit Blick auf die unzähligen Störfaktoren, die ein Lizenzverhältnis betreffen

---

801 So bereits auch *Maunz*, GRUR 1973, 107, 108, jedoch ohne Begründung; *Schack* in: Depenheuer/Peifer, Geistiges Eigentum, S. 123, 126, allerdings den Eigentumsschutz des Art. 14 GG auf die ausschließliche Lizenz beschränkend.

802 *Badura*, ZUM 1984, 552, 556.

803 *Fechner*, Geistiges Eigentum und Verfassung, S. 216.

804 BT-Drucks. 14/6433, S. 16.

805 *Lerche*, JURA 1995, 561, 563.

806 Vgl. *Leistner*, ZGE 1 (2009), 403, 437 sowie *Leistner/Hansen*, GRUR 2008, 479, 486, die im Rahmen der Forderung nach Schaffung geeigneter Spielräume und Strukturen für die Rechtsprechung einen Vorschlag zur Einführung einer neuen programmatischen Schutzzweckklausel unterbreiten.

könnten, wohl kaum bieten könnte. Folglich erweist sich die richterliche Lückenfüllung als geeignetes Instrument zur Lösung der Frage des Fortbestands im Einzelfall.

Die Nachteile einer solchen Vorgehensweise liegen jedoch in einer mangelnden Vorausberechenbarkeit und der Gefahr der Maßstablosigkeit.[807] Im sechsten Teil der Arbeit soll daher der Versuch unternommen werden, anhand einer Fallgruppenbildung diesen Bedenken entgegenzuwirken.

Bleibt zu klären, inwiefern der Gesetzgeber gehalten ist, die Lizenz als ein durch Art. 14 GG geschütztes Recht auszugestalten, wenn ein unabweisbares Bedürfnis des Rechtsverkehrs existiert.

Die Lizenz erfüllt den Zweck, das geschützte Immaterialgüterrecht wirtschaftlich nutzbar zu machen. Im Interesse einer optimalen wirtschaftlichen Verwertung erscheint es notwendig, die Lizenz als möglichst attraktives Instrument zu gestalten. Dies hängt vor allem auch von einer Ausgestaltung der Lizenz als dingliches Recht und den damit einhergehenden Rechtswirkungen ab.[808] Der Lizenznehmer ist im Hinblick auf seine Investitionen auf eine sichere Rechtsposition angewiesen. Die Anerkennung der dinglichen Wirkung der Lizenz verbrieft eine gewisse Ausschließbarkeit durch die Merkmale des Sukzessions- und Klageschutzes und einer umfassenden Verfügungsbefugnis. Die Lizenz wird damit allgemein zu einem privaten handelbaren Gut.[809]

Auch wenn die Bedürfnisse des Rechtsverkehrs für die Annahme einer dinglich wirkenden Lizenz sprechen. Die Institutsgarantie des Art. 14 GG verlangt grundsätzlich nicht, dass alle von ihr erfassten Rechte wie das Sacheigentum ausgestaltet werden müssen, sondern nur, dass die Vermögensinteressen der Bürger durch die privatrechtliche Gewährung von Vermögensrechten zu schützen sind.[810]

Von einem Verstoß des Gesetzgebers gegen die Pflicht, die Eigentumsverhältnisse hinreichend zu regeln, ist daher hier nicht auszugehen. Vielmehr steht die Schaffung von Rechtsinstituten, die im Gesetz selbst nicht vorgesehen sind, sowie deren Erweiterung nicht nur dem Gesetzgeber, sondern auch den Gerichten durch Rechtsfortbildung *extra legem* unter engen Voraussetzungen offen.[811] Der Richter darf sich damit freilich nicht an die Stelle des Gesetzgebers setzen (vgl. Art. 97 I GG). Er ist „an Gesetz und Recht" i.S.v. Art. 20 III GG gebunden.[812] Die Voraussetzung einer Rechtsfortbildung innerhalb des Rahmens der Gesamtrechtsordnung soll in Bezug auf die Anerkennung einer dinglichen Wirkung nicht nur der ausschließlichen, sondern auch der einfachen Lizenz im fünften Teil der Arbeit untersucht werden.

Der Annahme einer dinglichen Rechtsposition des Unterlizenznehmers steht jedenfalls aus verfassungsrechtlicher Sicht nichts entgegen. Die Erweiterung des

807 *Lerche*, JURA 1995, 561, 563; kritisch auch *Depenheuer*, NJW 1993, 2561, 2564, der vor einer „Akzeptanz- und Verfassungskrise" warnt.
808 *Weinmann*, Rechtsnatur der Lizenz, S. 232.
809 Siehe hierzu noch ausführlich 5. Teil, C., I. 1.
810 *Hubmann* in: Bettermann/Nipperdey/Scheuner, Grundrechte, Bd. IV/1, S. 1, 13.
811 *Larenz*, Methodenlehre, S. 233.
812 *Larenz*, Methodenlehre, S. 246.

Schutzes der Verwerter innerhalb der Gesamtrechtsordnung steht im Einklang mit dem geschilderten Funktionswandel des Urheberrechts vom Kulturrecht hin zu einem Recht der Verwertungsindustrien, ohne dabei jedoch das bestehende System auszuhebeln. Der Urheber steht grundsätzlich im Zentrum des Schutzes und die originäre Zuweisung der Verwertungsrechte an diesen darf nicht in Frage gestellt werden. Der Verwerter muss aber in der Lage sein, eine handelbare Rechtsposition zu erwerben, die nicht mit außerordentlich hohen Transaktionskosten belastet ist.[813]

B. Implikationen hinsichtlich der Unterlizenzierung auf nachgelagerten Lizenzstufen

Neben den geschilderten Fällen, in denen ein Bruch im Rechtsverhältnis zwischen dem Schutzrechtsinhaber und dem Hauptlizenznehmer stattfindet, sind auch Konstellationen denkbar, in denen sich ein Bruch auf einer nachgelagerten Lizenzstufe auf untergeordnete Lizenzberechtigungen auswirkt; z.B. wenn ein Unternehmen im Rahmen von § 43 UrhG bzw. § 69b UrhG ausschließlicher Berechtigter ist oder eine Lizenzierung durch eine Wahrnehmungsgesellschaft erfolgte. Im Urheberrecht sind solche vielgliedrigen Lizenzketten als Geschäftsmodell anerkannt und weit verbreitet,[814] zum einen aufgrund des Schöpferprinzips (§ 7 UrhG), das eine Lizenzierung im Abhängigkeitsverhältnis erforderlich macht, zum anderen wegen der aus dem monistischen Prinzip folgenden Unübertragbarkeit des Urheberrechts.

Entscheidend für eine Beurteilung auf der verfassungsrechtlichen Wertungsebene ist in solchen Konstellationen, dass sich zuvorderst vermögenswerte Aspekte gegenüberstehen, die jeweils eigentumsrechtlichen Schutz nach Art. 14 GG genießen. Unter der Prämisse, dass die Schutzrechtsverwertung grundsätzlich wirtschafts- und kulturpolitisches Ziel ist, kann die Frage, ob das Bestandsinteresse des Unterlizenznehmers hinsichtlich seiner schützenswerten Investitionen das Verwertungsinteresse des Lizenzgebers in diesem Verhältnis überwiegt, ausschließlich unter Berücksichtigung der Funktionalität der Lizenzkette im Einzelfall entschieden werden. Ob eine fallgruppenspezifische Lösung auf zivilrechtlicher Ebene möglich ist, soll noch geklärt werden.

C. Ausblick: Verfassungsrechtliche Beurteilung von Lizenzketten im Patentrecht

Der Rechtsverkehr mit patentrechtlichen Lizenzen gestaltet sich in ähnlicher Weise wie der mit Lizenzen an Urheberrechten. Mithin stellt sich die Frage, ob die gewonnenen Erkenntnisse ohne Einschränkungen übertragen werden können.

---

813 Vgl. *Hilty*, ZUM 2003, 983, 995: „Der Verwerter braucht mehr an Rechten, als er heute hat."

814 Siehe einzelne Bsp. unter 2. Teil, C.

I. Die verfassungsrechtliche Eigentumsfreiheit des Patentinhabers

Für das Recht aus dem Patent, das durch die Anmeldung verwirklicht wird, sowie hinsichtlich der patentfähigen Erfindung ist allgemein anerkannt, dass diese als vermögenswerte Rechte vom Schutzbereich der Eigentumsfreiheit nach Art. 14 GG erfasst sind.[815] Das BVerfG begründet die Notwendigkeit dieser Zuordnung anhand des Belohnungsgedankens: Das Recht zur wirtschaftlichen Auswertung einer neuen Idee, die Technik und Wissenschaft fördert, sei grundsätzlich demjenigen zuzuerkennen, der sie hervorgebracht hat. Ihm gebührt eine gerechte Vergütung für die Verwertung seiner Leistung durch Dritte.[816]

Zugleich zieht das BVerfG in seiner Begründung bewusst eine Parallele zum Eigentumsschutz urheberrechtlicher Verwertungsbefugnisse und betont dabei die Funktion der Privatnützigkeit: Zu den konstituierenden Merkmalen des Patentrechts als Eigentum i.S. der Verfassung gehören demnach die grundsätzliche Zuordnung des vermögenswerten Ergebnisses der schöpferischen Leistung an den Patentinhaber im Wege privatrechtlicher Normierung und seine Freiheit, in eigener Verantwortung darüber verfügen zu können. Das mache den geschützten Kern des Patentrechts aus.[817]

Diesen verfassungsrechtlichen Vorgaben entsprechend hat der Gesetzgeber das Patentrecht als ein absolutes, gegenüber jedermann wirkendes Recht ausgestaltet. Seine charakteristische Wirkung erschöpft sich seinem Wesen nach nicht in einem bloßen Verbietungsrecht. Über diesen negativen Inhalt hinaus ist dem Patentrecht ein positiver Kern als Herrschaft über dieses Recht immanent, welcher sowohl eine Benutzung, als auch eine Verfügung über dieses Recht ermöglicht.[818] Dies stellt § 9 S. 1 PatG ausdrücklich klar: Der Patentinhaber ist allein befugt, die patentierte Erfindung zu benutzen. Ergänzend werden in § 9 S. 2 PatG abschließend die Verbietungsrechte – als Aufzählung bestimmter Handlungsformen – definiert. Ausfluss der Verfügungsfreiheit des Patentinhabers sind die Vererblichkeit (§ 15 I 1 PatG), Übertragbarkeit (§ 15 I 2 PatG) und Lizenzierbarkeit (§ 15 II 1 PatG) des Rechts aus

815 Dies noch offen lassend: BVerfG, GRUR 1964, 554, 555 f. – „Bräunungsmittel"; ausdrücklich erstmals BVerfG, GRUR 1974, 142, 144 – „Offenlegung von Patent-Altanmeldungen"; BVerfG, NJW 1998, 3704 – „Fernmeldekabel"; BVerfG, GRUR 2001, 43, 44 – „Klinische Versuche"; BPatG, GRUR 2007, 1049, 1054 – „neurale Vorläuferzellen"; OLG Düsseldorf, Urteil v. 19.05.2005, Az. I-2 U 74/04, Rn. 38; *Papier* in: Maunz/Dürig, GG, Art. 14 Rn. 198; *Ann*, GRUR Int. 2004, 696, 697; *Timmann*, Patentrecht im Lichte von Art. 14 GG, S. 15; *Schulte*, GRUR 1985, 772, m.w.N.

816 BVerfG, GRUR 1974, 142, 144 – „Offenlegung von Patent-Altanmeldungen".

817 BVerfG, NJW 1998, 3704 – „Fernmeldekabel"; BVerfG, GRUR 2001, 43, 44 – „Klinische Versuche".

818 *Larenz/Wolf*, BGB AT, § 15 Rn. 8; *Götting*, Gewerblicher Rechtsschutz, § 5 Rn. 8 ff.; *Schumann*, GRUR 1932, 539; so auch schon RGZ 148, 146 – „Ausschließliche Patentlizenz".

dem Patent, das mit Veröffentlichung der Patenterteilung entsteht (§ 58 I 3 PatG), und die Rechte gem. §§ 9 ff. PatG.[819] In der Literatur und im allgemeinen Sprachgebrauch wird dieses als „das Patentrecht" an sich bezeichnet.[820] In der klassischen Lizenzkette werden i.d.R. Lizenzen am Patentrecht eingeräumt. Als Objekte der Verfügungsfreiheit nennt der Wortlaut des § 15 I PatG weiterhin das Recht auf das Patent (§ 6 PatG) und den Anspruch auf Erteilung des Patents (§ 7 I PatG).[821] Lizenzobjekt können damit auch Rechtspositionen sein, die bereits vor Patenterteilung vorliegen. Ersteres entsteht nicht schon mit Vollendung des Erfindungsaktes, sondern erst mit der Verlautbarung nach außen, in wie auch immer gearteter Form.[822] Das Recht auf das Patent, als vermögensrechtlicher Teil des sog. Erfinderrechts, kann ausschließlich als Recht derjenigen natürlichen Person entstehen, die die Erfindung wirklich gemacht hat, nicht anderer, für welche diese – in welcher Funktion auch immer – tätig geworden ist.[823] Es begründet die alleinige Befugnis des „wahren" Erfinders, durch Anmeldung ein Patent zu erwirken.[824] Das Recht auf das Patent geht durch Patenterteilung an den materiell Berechtigten in dem Patent auf.[825] Der Anspruch auf Erteilung des Patents entsteht dagegen erst nach erfolgter Anmeldung und gewährt dem Anmelder einen subjektiv öffentlich-rechtlichen Anspruch gegen den Staat auf Erteilung des Patents.[826] Anmelder kann jede natürliche oder juristische Person sein. Dieses Recht wird auch dem materiell-rechtlich unberechtigten Anmelder gewährt,[827] sodass Anmelder und Erfinder unterschiedliche Personen sein können. § 7 I PatG modifiziert damit das Erfinderprinzip, wonach möglichst derjenige das Patent erhalten soll, der die Erfindung tatsächlich gemacht hat, und fingiert den Anmelder für das Verfahren vor dem Patentamt als berechtigt, die Erteilung des Patents zu verlangen.[828]

Der Patentinhaber kann sich damit auf einen durch den Gesetzgeber umfangreich geregelten und durch die Verfassung gewährleisteten Schutz der Eigentumsfreiheit

---

819 *Osterrieth*, Patentrecht, Rn. 236.

820 Vgl. *Ann*, GRUR Int. 2004, 696, 698.

821 *Ullmann* in: Benkard, PatG, § 15 Rn. 2; *Osterrieth*, Patentrecht, Rn. 236; *Bartenbach*, Patentlizenz- und Know-how-Vertrag, Rn. 191.

822 *Keukenschrijver* in: Busse, PatG, § 6 Rn. 14; *Ahrens*, Gewerblicher Rechtsschutz, Rn. 154.

823 *Kraßer*, Patentrecht, § 19 II.; *Preu* in: FS Hubmann, S. 349, 352 f.

824 *Keukenschrijver* in: Busse, PatG, § 6 Rn. 10.

825 *Preu* in: FS Hubmann, S. 349, 353; *Ahrens*, Gewerblicher Rechtsschutz, Rn. 156: Das Recht auf das Patent, als Anwartschaftsrecht, erstarkt damit zum Vollrecht.

826 *Melullis* in: Benkard, PatG, § 7 Rn. 2; *Osterrieth*, Patentrecht, Rn. 236; *Mes*, GRUR 2001, 584, 586.

827 *Mes*, GRUR 2001, 584, 585.

828 *Mes*, PatG/GebrMG, § 7 PatG Rn. 1; *Ahrens*, Gewerblicher Rechtsschutz, Rn. 167. Der tatsächlich sachlich Berechtigte kann allerdings über §§ 7 II, 8, 21 I Nr. 3, 22 PatG seine Rechte geltend machen. Die Fiktion soll lediglich einer schnelleren Durchführung des Anmeldeverfahrens dienen. Hierzu auch *Fechner*, Geistiges Eigentum und Verfassung, S. 143, m.w.N.

nach Art. 14 GG berufe. Die materielle Rechtslage gestaltet sich ähnlich wie im Urheberrecht. Die Rechtsprechung, die das BVerfG speziell zum Schutz des Urheberrechts nach Art. 14 GG entwickelt hat, überträgt das BVerfG nahezu wortgleich auf patentrechtliche Konstellationen. Gründe für eine andere Beurteilung seien nicht erkennbar.[829]

II. Die kollidierenden Interessenpositionen

Im Rahmen der verfassungsrechtlichen Abwägung sind die kollidierenden Interessenpositionen, insbesondere die Individualbelange des Berechtigten und mögliche Interessen der Allgemeinheit, in einen gerechten Ausgleich zu bringen.[830]

Hierbei ist zu berücksichtigen, dass Erfindungen tendenziell stärker gemeinwohlrelevant sein können als Werke, sodass der verfassungsrechtliche Schutz des Patentrechts im Interesse des technischen und gesellschaftlichen Fortschritts und des Wohlstands des Gesamtsystems im Einzelfall einzuschränken ist.[831]

Die Allgemeinheit hat ein grundsätzliches Bedürfnis an einem stetigen technischen Fortschritt zum Wohle der Gesellschaft. Innovative Leistungen kreativer Erfinder tragen hierzu wesentlich bei. Aber erst durch die Zugänglichmachung solcher Technologien kann Fortschritt gewährleistet werden. Bleibt Wissen geheim bzw. in der Hand einiger weniger, wird die Möglichkeit der Gesellschaft, hiervon zu profitieren, marginal bleiben. Monopolartige Anbieterstrukturen führen letztendlich zu einer ineffizienten Ressourcenallokation. Zudem erschweren Zugangsbeschränkungen die Forschungstätigkeit anderer, die andernfalls auf bereits gefestigte und erprobte Entwicklungsergebnisse aufbauen könnten.[832] Die Forderung nach möglichst offenen Zugangsmöglichkeiten zu erfinderischen Ergebnissen steht damit im Interesse des Gemeinwohls.

Besonderen Ausdruck hat dieses Bedürfnis in der Schrankenregelung des § 24 PatG erfahren,[833] die eine Zugangsmöglichkeit für Konkurrenten zu geschützten Technologien schafft. Demnach kann dem Lizenzsucher durch das Patentgericht eine nicht ausschließliche Lizenz zugesprochen werden, und das sogar gegen den Willen des Patentinhabers. Voraussetzung hierfür ist, dass sich der Lizenzsucher innerhalb eines angemessenen Zeitraums erfolglos bemüht hat, vom Patentinhaber die Zustimmung zu erhalten, die Erfindung zu angemessenen, geschäftsüblichen Bedingungen zu benutzen (§ 24 I Nr. 1 PatG), sowie das Bestehen eines öffentlichen Interesses (§ 24 I Nr. 2 PatG). Als finanzieller Ausgleich wird dem Patentinhaber ein Vergütungsanspruch gem. § 24 VI 4 PatG zuerkannt. Problematisch erscheint

829 BVerfG, GRUR 1974, 142, 144 – „Offenlegung von Patent-Altanmeldungen".

830 BVerfG, GRUR 2001, 43, 44 – „Klinische Versuche".

831 *Schulte*, GRUR 1985, 772, 778; zu den Interessen der Allgemeinheit ausführlich *Timmann*, Patentrecht im Lichte von Art. 14 GG, S. 22 f.

832 *Timmann*, Patentrecht im Lichte von Art. 14 GG, S. 23.

833 Vgl. *Papier* in: Maunz/Dürig, GG, Art. 14 Rn. 198, zum Spannungsverhältnis zwischen Privatnützigkeit des Eigentums und seiner Sozialpflichtigkeit.

jedoch, dass der Lizenzsucher regelmäßig eine Nutzbarmachung zugunsten privater wirtschaftlicher Interessen beabsichtigt und daher ein öffentliches Interesse i.d.R. nie begründend dargelegt werden kann.[834]

Für den Lizenznehmer – i.d.R. handelt es sich hier um Unternehmen der produzierenden Industrie – stellt die Patentlizenz zumeist eine notwendig Alternative der Technologiebeschaffung für die Herstellung und den Vertrieb seiner Waren dar. Häufig fehlen diesem die entsprechenden Kapazitäten für Forschungs- und Entwicklungsarbeiten. Darüber hinaus ist der Rückgriff auf Fremdtechnologien mit einem deutlich geringeren Kostenrisiko sowie mit Zeitersparnissen verbunden.[835] Eine Vielzahl von Unternehmen ist in ihrer Produktion vollständig von einer Lizenzierung der patentierten Erfindung abhängig.

Die Zuerkennung einer verfassungsrechtlich geschützten Eigentumsposition ist im Hinblick auf das Investitionsschutzinteresse des produzierenden Lizenznehmers von existentieller Bedeutung. Insoweit kann hier nichts anderes gelten als hinsichtlich des urheberrechtlichen Lizenznehmers. Die Patentlizenz nach § 15 II PatG ist folglich als schutzwürdiges Eigentum i.S.v. Art. 14 I 1 GG anzuerkennen. Hierfür spricht sich auch die h.M. aus.[836]

III. Die Abwägung der entgegenstehenden Interessenpositionen

Im Rahmen einer Abwägung der entgegenstehenden Interessenpositionen ist zwar davon auszugehen, dass mit Fortbestand der Unterlizenz ein Eingriff in das verfassungsrechtlich geschützte Eigentum des Patentinhabers einhergeht. Dieser ist jedoch – wie im Urheberrecht – lediglich von minderer Intensität: Der Patentinhaber ist trotz Bestands der Unterlizenz berechtigt, das Patentrecht zu übertragen bzw. eine Lizenz zu erteilen (§ 15 III PatG). Jedoch kann eine solche Rechtsübertragung nicht mit exklusiver Wirkung erfolgen. Der Patentinhaber wird dadurch in seiner Freiheit eingeschränkt, den größtmöglichen ökonomischen Nutzen aus seiner ihm durch den Gesetzgeber zugeordneten Eigentumsposition zu ziehen. Allerdings ist ihm seine Verwertungsbefugnis nicht gänzlich entzogen. Der Eingriff betrifft lediglich eine Modalität der Verfügung und berührt nicht den Kernbestand des Patentrechts.

834 So auch *Schulte*, GRUR 1985, 772, 777; vgl. *Rogge* in: Benkard, PatG, § 24 Rn. 4: Seit 1961 ist durch das BPatG keine Zwangslizenz erteilt worden, mit Ausnahme von BPatG, GRUR 1994, 98 – „Zwangslizenz". Eine Zwangslizenz wurde jedoch in der Berufungsinstanz (BGH, GRUR 1996, 190 – „Polyferon") abgelehnt.

835 *Groß*, Lizenzvertrag, Rn. 4; *Schmoll* in: Büscher/Dittmer/Schiwy, GewRS/UrhR/MedienR, Kap. 12, Rn. 5.

836 BVerfG, GRUR 2001, 43 – „Klinische Versuche"; Patentrecht im Lichte von Art. 14 GG, S. 15; *Schack* in: Depenheuer/Peifer, Geistiges Eigentum, S. 123, 126; *Bausch*, NZI 2005, 289, 292 f., hinsichtlich der exklusiven Patentlizenz; *Haedicke*, ZGE 3 (2011), 377, 389 f.

Auch die finanziellen Auswirkungen auf den Patentinhaber sind zu berücksichtigen. Der Belohnungsgedanke stellt im Patentrecht ebenfalls ein Leitmotiv dar. Das ausschließliche Recht soll dem Erfinder ermöglichen, für seine innovative Tätigkeit eine angemessene Belohnung zu erzielen.[837] Durch die Hoffnung auf einen Monopolgewinn soll auch ein Anreiz für Investitionstätigkeiten gesetzt werden.[838] Ein konkreter Vergütungsanspruch lässt sich aus diesem rechtspolitischen Leitgedanken jedoch auch hier nicht ableiten.[839] Allerdings kann im Patentrecht auf ein ähnliches zivilrechtliches Ausgleichssystem wie im Urheberrecht verwiesen werden,[840] sodass ein finanzieller Ausgleich zugunsten des Patentinhabers im Fall des Fortbestands der Unterlizenz gewährleistet werden kann.

Bei der Abwägung der verfassungsrechtlich geschützten Grundrechtspositionen sind auch etwaige ideelle Interessen des Patentinhabers zu berücksichtigen. Hier gilt jedoch eine Einschränkung: Der zentrale Unterschied zwischen dem Urheberrecht und dem Patentrecht besteht in der Intensität der Ausprägung der persönlichkeitsrechtlichen Komponente.[841] Das gesetzlich geschützte „geistige Band" zwischen dem Erfinder und seiner Leistung ist bei weitem nicht so eng und intensiv ausgeprägt wie zwischen dem Urheber und seinem Werk. Während im Urheberrecht die monistische Theorie vertreten wird, wonach das Urheberrecht Ausfluss des Persönlichkeitsrechts ist,[842] herrscht im Patentrecht eine andere Sichtweise: Die erfinderische Leistung, als das Ergebnis persönlichen Schaffens, ist zwar gleichermaßen als ein Akt der Selbstverwirklichung anzusehen, der dem Erfinder ein eigenes Persönlichkeitsrecht verleiht,[843] das sog. Erfinderpersönlichkeitsrecht. Hieraus folgt das Recht des Erfinders, als Schöpfer der neuen technischen Lehre anerkannt zu werden.[844] Der Erfinder hat einen Anspruch, in der Patentanmeldung und Veröffentlichung als Erfinder genannt zu werden und ggf. auf Berichtigung (§§ 37 I, 63 I PatG). Das Recht auf Erfinderbenennung ist Ausdruck seines sozialen Geltungsanspruchs. Es ist als höchstpersönliches Recht nicht übertragbar, verzichtbar oder pfändbar.[845] Auch kann grundsätzlich nur eine natürliche Person Schöpfer einer

837 *Merkel*, Zweckübertragungstheorie im Erfinderrecht, S. 108; *Beier*, GRUR 1998, 185, 187.
838 *Beier*, GRUR 1998, 185, 187.
839 Vgl. *Beier*, GRUR 1998, 185, 187.
840 *Ohly*, JZ, 2003, 545, 550.
841 Ebenso *Timmann*, Patentrecht im Lichte von Art. 14 GG, S. 40 f.; vgl. *Fechner*, Geistiges Eigentum und Verfassung, S. 229.
842 Zur monistischen Theorie im Urheberrecht siehe bereits die Ausführungen unter 4. Teil, A. III. 2.
843 *Melullis* in: Benkard, PatG, § 6 Rn. 9; *Ohly*, JZ, 2003, 545, 550; *Ahrens*, Gewerblicher Rechtsschutz, Rn. 151.
844 *Kraßer*, Patentrecht, § 20 IV. a); *Schäfer* in: Benkard, PatG, § 63 Rn. 1 f., spricht von „Erfinderehre".
845 BGH, GRUR 1978, 583, 585 – „Motorkettensäge"; vgl. auch BGH, GRUR 2004, 272 – „Rotierendes Schaftwerkzeug"; *Melullis* in: Benkard, PatG, § 6 Rn. 17a; a.A.

geistigen Leistung sein. Das Erfinderpersönlichkeitsrecht ist eine gesetzliche Ausprägung des allgemeinen Persönlichkeitsrechts und wird durch Art. 2 I GG i.V.m. Art. 1 I GG geschützt.[846] Wesentlicher Unterschied zum Urheberrecht ist jedoch, dass das Erfinderpersönlichkeitsrecht von dem Patent selbst „ablösbar" ist.[847] Dies folgt aus dem modifizierten Erfinderprinzip nach § 7 I PatG, wonach der Patentinhaber nicht zwangsläufig der Erfinder sein muss.[848] Hierbei kommt der Aspekt zum Tragen, dass ein Großteil der Erfindungen während der Dauer eines Dienstverhältnisses gemacht wird[849] und damit aus Arbeitnehmertätigkeit heraus entsteht oder auf Erfahrungen und Ergebnissen des Betriebs beruht. Der Arbeitgeber ist dann berechtigt, diese gem. § 6 I ArbnErfG in Anspruch zu nehmen und im Fall der Inanspruchnahme ist er gem. § 13 I ArbnErfG befugt, die Erfindung zur Erteilung eines Schutzrechts auf seinen Namen anzumelden. Mit Erteilung des Patents wird er materiell Berechtigter des Patentrechts und ist allein verfügungsbefugt (vgl. § 9 PatG i.V.m. § 15 I, II PatG). Anders als im Urheberrecht erfolgt hier eine trennbare Aufspaltung der ursprünglichen Rechte des Erfinders in vermögens- und persönlichkeitsrechtliche Elemente (vgl. § 7 I ArbnErfG).[850] Im Patentrecht verliert der persönlichkeitsrechtliche Aspekt damit wesentlich an Bedeutung. Die Schutzwirkung ist nahezu ausschließlich kommerziell ausgerichtet.[851] Ideelle Interessen können daher im Verhältnis Lizenzgeber-Lizenznehmer unberücksichtigt bleiben. Hier zeigt sich, dass das Patentrecht ein Recht rein vermögensrechtlicher Natur ist.[852] Im Rahmen einer Abwägung sind damit beiderseitig rein ökonomische Interessen in die Betrachtung einzubeziehen.

Bleibt zu klären, wie der Freiheitsverlust des Patentinhabers im vermögensrechtlichen Bereich zugunsten einer Stärkung der Eigentumsposition des Unterlizenznehmers gerechtfertigt werden kann. Wesentliches Argument ist auch hier das Bestandsinteresse des Unterlizenznehmers, das verstärkt wird durch die erforderliche Zustimmung zur Unterlizenzierung[853]. Hat der Patentinhaber in die Unterlizenzierung eingewilligt, so sprechen gewichtige Verkehrsschutzinteressen im Hinblick auf die getätigten Investitionen für einen Fortbestand der Unterlizenz. Der Schutzrechtsinhaber musste insoweit mit der umfassenden Nutzung der Lizenz

---

Götting, Gewerblicher Rechtsschutz, § 26 Rn. 7 sowie *Schäfers* in: Benkard, PatG, § 63 Rn. 2.

846 BGH, GRUR 1994, 104 – „Akteneinsicht XIII"; *Timmann*, Patentrecht im Lichte von Art. 14 GG, S. 15; *Preu* in: FS Hubmann, S. 349; *Schäfers* in: Benkard, PatG, § 63 Rn. 2.

847 Vgl. *Peifer*, Individualität im Zivilrecht, S. 124.

848 Siehe Nachw. Fn. 828.

849 *Merkel*, Zweckübertragungstheorie im Erfinderrecht, S. 107.

850 *Windisch*, GRUR 1993, 352, 357; *Ahrens*, Gewerblicher Rechtsschutz, Rn. 149.

851 *Preu* in: FS Hubmann, S. 349, 355.

852 *Fischer*, GRUR 1927, 738, 742; *Ohly*, JZ 2003, 545, 549; *Larenz/Wolf*, BGB AT, § 15 Rn. 19 f.; *Peifer*, Individualität im Zivilrecht, S. 118.

853 Zur grundsätzlich erforderlichen Zustimmung zur Unterlizenzierung siehe die Ausführungen unter 2. Teil, B. I.

rechnen, sodass der Unterlizenznehmer hinsichtlich seiner Interessen besonders schutzwürdig erscheint.[854]

In einer Gesamtschau ist auch der soziale Aspekt des Eigentums zu berücksichtigen. Gesamtwirtschaftliche Ziele erfordern fortwährende innovative Tätigkeiten. Auch hier gilt es, gesicherte Anreize zu schaffen, um in Forschung und Entwicklung als Grundlage für weitere Entwicklungstätigkeiten zu investieren, die Produktion und Anwendung neuer Produkte und Verfahren zu erhöhen und damit insgesamt die Innovation der Wirtschaft voranzutreiben.[855] Die Schaffung von Anreizen zu weiteren Leistungen hat damit – wie im Urheberrecht –wohlfahrtsoptimierende Wirkung.[856] Im Fokus einer Effizienzanalyse steht insbesondere die produzierende Industrie. So ist es Zweck der Schaffung praktisch aller Erfindungen, sie in Produkten zu verwirklichen. Hierzu ist ein erheblicher Einsatz von Kapital und Zeit erforderlich, der regelmäßig mit einem Risiko des Scheiterns für den Investor verbunden ist. Ist das Risiko zu groß, unterbleiben unternehmerische Investitionen zulasten des Wettbewerbs. Für den investierenden Unterlizenznehmer bedeutet eine Stärkung seiner Rechtsposition eine erhebliche Risikominimierung und mithin einen Anreiz zum Tätigwerden. Es gilt insoweit Transaktionskosten durch die Schaffung gesicherter Rechtspositionen zu vermindern. I.d.S. erscheint auch im Patentrecht eine Ausgestaltung der Lizenz als bestandskräftige dingliche Rechtsposition als geboten.[857]

IV. Fazit

Die Entscheidung für einen Fortbestand der Unterlizenz nach Beendigung des Hauptlizenzvertrages stellt zwar einen Eingriff in die verfassungsrechtliche Eigentumsposition des Patentinhabers dar, der aber unter Berücksichtigung der nach Art. 14 GG geschützten Interessen des Unterlizenznehmers und der sozialen Bedeutung des Eigentums auf verfassungsrechtlicher Ebene allgemein gerechtfertigt erscheint.

D. Zusammenfassung

1. Die „Reifen Progressiv“-Entscheidung des BGH zugunsten eines Fortbestands der Unterlizenz nach Beendigung des Hauptlizenzvertrages stellt einen schutzbereichsverkürzenden Eingriff in die durch Art. 14 GG abgesicherten umfassenden Verwertungsbefugnisse des Urhebers dar (S. 97), der jedoch allgemein gerechtfertigt erscheint (S. 137). Denn die Investitionsschutzinteressen, die der Verwerter im Vertrauen auf den Bestand der Lizenz tätigt, überwiegen die

854 So auch *Haedicke*, ZGE 3 (2011), 377, 394.
855 *Beier*, GRUR Int. 1970, 1, 3; *ders.*, GRUR 1998, 185, 187.
856 Siehe Nachw. Fn. 595.
857 Ebenso *Haedicke*, ZGE 3 (2011), 377, 389.

Verwertungsinteressen des Urhebers. Zudem wird durch die Gewährleistung einer bestandskräftigen, rechtssicheren Lizenz ein Anreiz für Investitionen in die Produktion und Verbreitung von Kulturgütern geschaffen zugunsten verbesserter Zugangsmöglichkeiten der Kulturverbraucher. Dies stärkt zugleich den Wirtschaftsstandort Deutschland. (S. 132 ff.)

2. Konkrete persönlichkeitsrechtliche durch Art. 2 I GG i.V.m. Art. 1 I GG abgesicherte Interessen des Urhebers sind durch die Entscheidung nicht betroffen (S. 86). Allerdings gilt es zu berücksichtigen, dass das Urheberrecht ein untrennbares Gebilde aus vermögensrechtlichen und persönlichkeitsrechtlichen Komponenten darstellt. Dem Urheber darf daher das grundsätzliche Selbstbestimmungsrecht, über seine vermögensrechtlichen Befugnisse zu disponieren, nicht genommen werden. Ein Fortbestand der abgeleiteten Enkelrechte erscheint daher nur unter der Prämisse der Zustimmung des Urhebers zur Unterlizenzierung interessengerecht (S. 136).
3. Das Ergebnis der Untersuchung der widerstreitenden Interessenlage im Konfliktfall auf verfassungsrechtlicher Ebene kann allgemein als Richtschnur für die Beurteilung ähnlicher Fallkonstellationen dienen. Allerdings bleibt die Entscheidung für oder gegen einen Fortbestand der Unterlizenz eine Frage des Einzelfalls (S. 138).
4. Die Auswirkungen der Vertragsbeendigung auf untergeordneter Lizenzstufe können generell nur in Abhängigkeit der Funktionalität der Lizenzkette beurteilt werden (S. 140).
5. Die gewonnen Erkenntnisse lassen sich auch auf das Patentrecht übertragen (S. 140 ff.). Obwohl hinsichtlich der Befugnisse des Patentinhabers keine persönlichkeitsrechtlichen Komponenten zu berücksichtigen sind, muss die Prämisse des Zustimmungserfordernisses auch hier Geltung beanspruchen, um eine wirtschaftliche Handlungsfreiheit allgemein gewährleisten zu können (S. 146 f.).

5. Teil: Dogmatische Lösungsmöglichkeiten für die Frage des Fortbestands aus zivilrechtlicher Sicht

Nachdem im vierten Teil festgestellt werden konnte, dass ein Fortbestand der Unterlizenz nach Beendigung des Hauptlizenzvertrages aus verfassungsrechtlicher Perspektive allgemein überzeugt, soll nunmehr untersucht werden, wie der Bestand des Enkelrechts auf zivilrechtlicher Ebene dogmatisch begründet werden kann.

Hier stellt sich zunächst die Frage, ob die Gesetzeslage einen Lösungsansatz bietet. Es wird sich zeigen, dass eine offene Lücke besteht, die es im Rahmen der Gesamtrechtsordnung zu schließen gilt.

Vorrangig sind stets vertragliche Parteivereinbarungen zu berücksichtigen. Unter welchen Voraussetzungen ein Rechterückfall geregelt werden kann, soll untersucht werden. Schwierig erscheint jedenfalls, dass eine direkte Vertragsbeziehung auf schuldrechtlicher Ebene zwischen Hauptlizenzgeber und Unterlizenznehmer nicht existiert.[858]

Insoweit durch eine Auslegung auf der Vertragsebene eine Lösung nicht erzielt werden kann, ist auf der Verfügungsebene ein gangbarer Weg zu suchen. Die Frage, was im Verhältnis zwischen Hauptlizenznehmer und Unterlizenznehmer auf der Verfügungsebene passiert, wenn der Hauptlizenzvertrag wirksam beendet wurde, ist weitgehend umstritten.[859] Problematisch erscheint auch hier, dass eine direkte Vertragsbeziehung auf dinglicher Ebene nicht existiert. Lediglich der abgeleitete Rechtserwerb über den Inhaber des Tochterrechts verbindet beide Parteien miteinander. Da in der vorliegenden Untersuchung von einer wirksamen Beendigung des Hauptlizenzvertrages und mithin von einem Heimfall des Tochterrechts auszugehen ist, stellt sich die zentrale Frage, ob die Unterlizenz als vollkommen verselbstständigte Rechtsposition fortbestehen kann, ohne dass diese durch ein zwischengeschaltetes Glied vermittelt werden muss.[860] Entscheidend hierfür ist die Beantwortung der Frage, ob der Unterlizenz eine dingliche oder lediglich eine schuldrechtliche Rechtsstellung im Gesamtgefüge des Lizenzsystems beizumessen ist. Soweit die dingliche Rechtsnatur der Unterlizenz bejaht werden kann, gilt es zu untersuchen, ob sich eine Störung im schuldrechtlichen Hauptvertragsverhältnis auch kausal

---

858 Ähnlich BGH, GRUR 2009, 946, 948 – „Reifen Progressiv“.

859 Die Frage bereits aufwerfend: *Nordemann*, GRUR 1970, 174; zum Meinungsstreit: *Schwarz/Klinger*, GRUR 1998, 103, 110 ff.

860 So BGH, GRUR 2009, 946, 948 – „Reifen Progressiv“; zust. OLG München, BeckRS 2012, 05500 – „Take Five“; a.A. *Schindler*, Grenzen der „dinglichen Aufspaltbarkeit“, S. 29: „Nutzungsrechte behalten stets eine Verbindung zum Mutterrecht und bestehen niemals als vollkommen selbstständige Rechtspositionen.“

auf die dingliche Beziehung zwischen dem Inhaber des Mutterrechts und dem des Enkelrechts auswirken kann.

Im Rahmen der Untersuchung soll vor allem die Argumentationslinie der „Reifen Progressiv"-Entscheidung des BGH nachgezeichnet und einer kritischen Prüfung unterzogen werden.

A. Gesetzliche Lösungsansätze

Eine konkrete gesetzliche Regelung zur Lösung der Problematik existiert in den Sondergesetzen der Immaterialgüterrechte nicht. Auch den verschiedenen Beendigungstatbeständen (z.B. § 41 V UrhG) ist nicht zu entnehmen, was mit den Lizenzen Dritter passiert.[861] Zwar wurde in der Debatte um das Urheberstärkungsgesetz vom 22.03.2002 im Kontext des *Professorenentwurfs* vom 22.05.2000 der Vorschlag diskutiert, in § 33 S. 3 UrhG zu regeln, dass im Übrigen die Nutzungsrechte erlöschen, wenn das Recht, aufgrund dessen sie eingeräumt worden sind, wegfällt.[862] Der Gesetzgeber erteilte jedoch einer Normierung explizit eine Absage. Der Gesetzentwurf der Fraktion der *SPD* und der Fraktion *Bündnis 90/DIE GRÜNEN* vom 23.06.2001 sah eine solche Regelung nicht mehr vor. Die Streitfrage sollte vielmehr nicht präjudiziert werden, sondern der Rechtsprechung zur Klärung im Einzelfall überlassen bleiben.[863] Der Gesetzgeber verneinte eine Regelung damit nicht durch „beredtes Schweigen"[864], sodass die Füllung der hier vorliegenden offenen Gesetzeslücke[865] der Rechtsfortbildung offensteht.

Methodisch ist hier zunächst eine Analogie in Erwägung zu ziehen, also die Übertragung eines Tatbestands auf einen vom Gesetz nicht geregelten, ihm „ähnlichen" Tatbestand[866].

Einen ähnlichen Ansatz wie der vorgeschlagene *Professorenentwurf* sieht derzeit § 546 II BGB für das Mietverhältnis vor. Demnach endet mit Fortfall des Hauptmietvertrages das abgeleitete Besitzrecht des Untermieters.[867] Die Vorschrift gewährt dem Vermieter einen Rückforderungsanspruch gegen einen Dritten, dem der Mieter

861 Vgl. BGH, GRUR 2009, 946, 948 – „Reifen Progressiv"; OLG Köln, GRUR-RR 2007, 33, 34 – „Computerprogramm für Reifenhändler".

862 *Professorenentwurf*, GRUR 2000, 765, 766. Abweichende Vereinbarungen sollten allerdings möglich sein.

863 BT-Drucks. 14/6433, S. 3, 16.

864 Vgl. *Larenz*, Methodenlehre, S. 191.

865 Eine planwidrige Unvollständigkeit liegt hier vor. Zudem sollte nach der Teleologie des Gesetzes dieses eine Regelung zur Frage des Fortbestands der Enkelrechte enthalten. Vgl. *Larenz*, Methodenlehre, S. 191 ff.

866 *Larenz*, Methodenlehre, S. 202.

867 BGH, NJOZ 2001, 282, 285; OLG Düsseldorf, BeckRS 2010, 12229; *Ehlert* in: Bamberger/Roth, BeckOK BGB, § 546 Rn. 27; *Gursky* in: Staudinger BGB/Buch 3/2012, § 986 Rn. 41.

den Gebrauch überlassen hat.[868] Der Anspruch besteht unabhängig der Tatsache, dass zwischen Hauptvermieter und Untermieter keine vertragliche Beziehung besteht.[869] Sinn und Zweck der Norm beruhen auf rein praktischen Gründen: Einen dinglichen Anspruch könnte der Vermieter nur dann erfolgreich geltend machen, wenn er aufgrund seines Eigentums sowohl vom unmittelbaren als auch vom mittelbaren Besitzer die Herausgabe der Sache verlangen könnte. Andernfalls wäre er darauf angewiesen, sich etwaige Ansprüche des Mieters abtreten oder im Wege der Zwangsvollstreckung überweisen zu lassen. Dies wäre jedoch dann nicht möglich, wenn der Mieter noch nicht befugt wäre, seinerseits die Rückgabe der Sache zu verlangen – so im Fall des Bestehens eines wirksamen Untermietvertrages.[870] Nach überzeugender Auffassung handelt es sich bei der Regelung aus dogmatischer Sicht um eine gesetzliche Erweiterung der Rechte des Vermieters, die das besondere Vertragsverhältnis interessengerecht zu berücksichtigen versucht und i.d.S. daran anknüpft, dass der Dritte seinen Besitz von dem mit dem Vermieter schuldrechtlich verbundenen Mieter herleitet.[871]

Ob diese Regelung auch auf das Lizenzverhältnis übertragen werden kann, erscheint fraglich. Eine Analogie setzt zuallererst einen rechtsähnlichen Tatbestand voraus.[872] Die rechtliche Konstruktion der Unterlizenzierung und der Untervermietung ist augenscheinlich vergleichbar. Es handelt sich in beiden Fällen um Rechteketten, in denen die Beendigung des Hauptvertrages zu einer kontroversen Interessenlage zwischen Anfangs- und Endglied führt. Sowohl der Untermieter als auch der Unterlizenznehmer sind an einem Bestand des Besitzrechts bzw. der Unterlizenz interessiert. Dagegen begehrt der Vermieter eine Rückübertragung der Mietsache – ähnlich dem Hauptlizenzgeber, der an einem Rechterückfall interessiert ist. Eine ähnliche Interessenkonstellation liegt vor.

Für eine Übertragung der Regelung könnte auch die Tatsache sprechen, dass die rechtstypologische Einordnung des Lizenzvertrages als Mietvertrag in der Literatur vielfach diskutiert wurde.[873] Die h.M. lehnt allerdings eine Qualifizierung des Lizenzvertrages als Mietverhältnis zugunsten einer flexibleren Handhabung ab und tendiert zu einer Einordnung als Vertrag *sui generis* (§ 311 I BGB),[874] um die

868 *Bieber* in: MüKo, BGB/Bd. 3/2012, § 546 Rn. 22.

869 BGH, NJW 1996, 515, 516.

870 *Rolfs* in: Staudinger BGB/Buch 2/2011, § 546 Rn. 63.

871 OLG Hamm, NJW-RR 1992, 783, 784; *Blank* in: Blank/Börstinghaus, Miete, § 546 BGB Rn. 44; *Rolfs* in: Staudinger BGB/Buch 2/2011, § 546 Rn. 64; nach a.A. (z.B. *Bieber* in: MüKo, BGB/Bd. 3/2012, § 546 Rn. 22; *Fikentscher/Heinemann*, Schuldrecht, Rn. 1037) handelt es sich um einen vertraglichen Anspruch.

872 *Larenz/Wolf*, BGB AT, § 4 Rn. 80; *Larenz*, Methodenlehre, S. 202.

873 Vgl. z.B. *Knap*, GRUR Int. 1973, 226, 227; *Ahrens*, GRUR 2006, 617, 623; *Pfaff/Nagel* in: Pfaff/Osterrieth, Lizenzverträge, Rn. 33; zur Qualifikation der Softwareüberlassung als Miete vgl. BGH, NJW 2007, 2394 f.

874 So spricht bereits RGZ 75, 400, 405, von einem „besonderen, eigentümlichen Vertrag, für den die anzuwendenden Rechtsregeln aus der Natur des Rechtsverhältnisses

anzuwendenden Rechtsregeln je nach Interessenlage aus der Natur des Vertragsverhältnisses heraus entwickeln zu können.[875]

Gegen eine analoge Anwendbarkeit ist einzuwenden, dass es sich bei § 546 II BGB um eine gesetzliche Sonderregelung zum Schutz des Vermieters handelt. Ein Herausgabeanspruch des Vermieters gäbe es ohne die Norm nach der *ratio legis* der Gesamtrechtsordnung nicht. Zudem ist die generelle Anwendbarkeit nicht ganz unumstritten.[876] Das BVerfG äußerte erhebliche Bedenken in Bezug auf die Untervermietung von Wohnraum und entschied, dass der Gleichbehandlungsgrundsatz nach Art. 3 I GG und der besondere Eigentumsschutz des Vermieters nach Art. 14 I S. 1 GG eine Schlechterstellung des Untermieters von Wohnraum nicht rechtfertigen.[877] Die Problematik des Bestandsschutzes des Untermieters von Wohnraum wurde versucht, durch die Regelung des § 565 BGB zu bewältigen,[878] die jedoch nur den Fall der gewerblichen Zwischenvermietung erfasst. Ein Bestandsschutz des Untermieters einer schlichten Zwischenvermietung bleibt damit offen. Die Norm ist aufgrund der Besonderheiten verschiedener Mietverhältnisse damit nur eingeschränkt zu handhaben und bedarf im Einzelfall einer interessengerechten Lösung. Die Interessenlage ist hier vielfältig. Eine generelle Übertragbarkeit auf das Lizenzverhältnis, ohne besondere Berücksichtigung der Interessen der Beteiligten, erscheint damit nicht möglich.

Als möglicher Lösungsansatz wäre auch eine Übertragung der Grundsätze des Sachenrechts, insbesondere des Eigentümer-Besitzer-Verhältnisses nach §§ 985 f. BGB, denkbar. Einer analogen Anwendung sachenrechtlicher Regelungen

---

selbst zu entwickeln sind"; vgl. auch RGZ 118, 288, 290 (Vertrag „von eigener Art" rechtlich gemischten Inhalts); RGZ 142, 212, 213; BGH, GRUR 1970, 547, 548 – „Kleinfilter"; BGH, GRUR 1979, 768, 769 – „Mineralwolle"; *Nirk*, GRUR 1970, 329, 330; *Zeising*, MittdtPatA 2001, 240, 245; *Osterrieth*, Patentrecht, Rn. 322; *Bartenbach*, Patentlizenz- und Know-how-Vertrag, Rn. 61; *Ilzhöfer/Engels*, PatR/MarkenR/UrhR, Rn. 1499; *Heimberg*, Lizenzen in der Insolvenz, S. 82; *Spies*, Insolvenzfestigkeit von Lizenzen, S. 51; *Scholz*, Lizenzen in der Insolvenz, S. 8; hinsichtlich urheberrechtlicher Nutzungsverträge: BGH, GRUR 1982, 308, 309 – „Kunsthändler"; BGH, GRUR 1989, 68, 70 – „Präsentbücher"; *Krüger-Nieland*, UFITA 89 (1981), 17, 18; *Hausmann*, ZUM 1999, 914, 915; *Stickelbrock*, WM 2004, 549, 557; a.A. *Henn*, Patent- und Know-how-Lizenzvertrag, Rn. 90; *Knap*, GRUR Int. 1973, 226, 227: Die Einreihung von Lizenzverträgen in eine breite und nebelhafte Kategorie von Verträgen *sui generis* genügt nicht, vielmehr erscheint es erforderlich, den Lizenzvertrag als einen besonderen, selbständigen Vertragstypus zu gestalten und abzugrenzen.

875 *Nirk*, GRUR 1970, 329, 330; *Kraßer/Schmid*, GRUR Int. 1982, 324, 328; *Bartenbach*, Patentlizenz- und Know-how-Vertrag, Rn. 62; *Spies*, Insolvenzfestigkeit von Lizenzen, S. 51.

876 Zum Meinungsstand: *Rolfs* in: Staudinger, BGB/Buch 2/2011, § 546 Rn. 78 ff.

877 BVerfG, NJW 1991, 2272, 2273; BVerfG, NJW-RR 1993, 332.

878 Eingeführt durch Art. 4 Nr. 2 MietRÄndG 4 vom 21.07.1993 (BGBl I 1257).

und Grundsätze auf das Lizenzverhältnis steht jedenfalls dem Grunde nach nichts entgegen.[879]

Die relative Besitzberechtigung (z. B. im Rahmen der Leihe) wirkt regelmäßig nur gegenüber dem Partner des Schuldverhältnisses,[880] sodass das abgeleitete Besitzrecht entfällt, wenn das Besitzrecht des Zwischenmanns endet (vgl. § 986 I 1, 2. Alt. BGB).[881] Die dinglichen Besitzrechte (z. B. der Nießbrauch) wirken dagegen gegenüber jedermann, d. h. auch gegenüber dem Eigentümer unmittelbar.[882]

Ob sich die Lizenz in eine ähnliche Systematik einordnen lässt und ob hieraus eine Folgerung für den Fortbestand der Enkelrechte getroffen werden kann, bedarf einer Untersuchung der Vorgänge auf der Verfügungsebene. Da jedoch rechtsgeschäftlichen Vereinbarungen zwischen den Parteien innerhalb der Lizenzkette grundsätzlich der Vorrang zu gewähren ist, sind diese vorab zu erörtern.

B. Rechtsgeschäftliche Lösungsansätze auf der Verpflichtungsebene

Ein rechtsgeschäftlicher Lösungsansatz auf der Verpflichtungsebene setzt voraus, dass die in der Lizenzkette geschlossenen schuldrechtlichen Verträge die Rechtsfolge bereits vorgeben oder sich zumindest durch Auslegung ermitteln lässt, welche Auswirkung die Beendigung des Hauptlizenzvertrages auf die Unterlizenz haben soll.

In der Praxis wird seitens des Hauptlizenzgebers oftmals der Versuch unternommen, mittels vertraglicher Vereinbarungen eine kausale Verknüpfung von Verpflichtungs- und Verfügungsgeschäft zu erreichen, die auch die in der Lizenzkette nachfolgenden Rechtsinhaber betrifft. So können Hauptlizenzverträge Regelungen über einen „automatischen Rechterückfall" oder auch über die Lizenzeinräumung „unter der Bedingung der Wirksamkeit des zugrunde liegenden schuldrechtlichen Vertrages" enthalten.[883]

Die Möglichkeit der Vereinbarung eines Bedingungszusammenhangs zwischen Verfügungs- und Verpflichtungsgeschäft und die damit verbundene Abbedingung des Abstraktionsprinzips ist allgemein anerkannt.[884] Die bloße Vereinbarung einer

---

879 *McGuire/v. Zumbusch/Joachim*, GRUR Int. 2006, 682, 684.

880 *Gursky* in: Staudinger, BGB/Buch 3/2012, § 986 Rn. 36; *Brehm/Berger*, Sachenrecht, § 7 Rn. 54; *Wolf/Wellenhofer*, Sachenrecht, § 21 Rn. 25.

881 *Gursky* in: Staudinger, BGB/Buch 3/2012, § 986 Rn. 41; *Baldus* in: MüKo, BGB/Bd. 6/2013, § 986 Rn. 4.

882 *Baldus* in: MüKo, BGB/Bd. 6/2013, § 986 Rn. 3; *Wolf/Wellenhofer*, Sachenrecht, § 21 Rn. 24.

883 Siehe hierzu die Vertragsklausel-Beispiele von *Wente/Härle*, GRUR 1997, 96, 100.

884 *Jauernig*, JuS 1994, 721, 723; *Seiler* in: Staudinger, BGB/Buch 3/2012, Einl. §§ 854 ff. Rn. 52; *Baur/Stürner*, Sachenrecht, § 5 Rn. 53; *Picot*, Abstraktion und Kausalabhängigkeit, S. 38; *Hausmann* in: FS Schwarz II, S. 81, 95; *ders.*, ZUM 1999, 914, 920; *Schwarz/U. Reber* in: v. Hartlieb/Schwarz, Hdb. Film-, Fernseh-, Videorecht, Kap. 171 Rn. 3; vgl. auch BGH, GRUR 1958, 504, 507 – „Die Privatsekretärin".

Kündigungs- bzw. Rücktrittsklausel oder dergleichen kann allerdings nicht als die konkludente Vereinbarung einer auflösend bedingten Rechtsübertragung und damit eines automatischen Rechterückfalls verstanden werden, denn ein derartiger Parteiwille lässt sich daraus nicht ableiten.[885] Auch die Annahme einer stillschweigend vereinbarten Bedingung lässt sich regelmäßig, aufgrund gegenläufiger Interessen der Vertragspartner, nicht hinreichend begründen.[886] Vielmehr bedarf es einer ausdrücklichen Formulierung im Vertrag.[887]

Fraglich ist jedoch, ob solche Vereinbarungen auch auf den Unterlizenznehmer ausgedehnt werden können. Denn grundsätzlich wirken vertragliche Regelungen nur *inter partes* (§ 241 I 1 BGB).[888]

Da zwischen dem Hauptlizenzgeber und dem Unterlizenznehmer i.d.R. keine schuldrechtliche Beziehung besteht, ist der Hauptlizenzvertrag unabhängig und selbstständig vom Unterlizenzvertrag, sodass konkrete vertragliche Rechte und Pflichten zueinander nicht bestehen. Mögliche Regelungen über den Rückfall des Enkelrechts im Hauptlizenzvertrag haben somit keine direkten Auswirkungen auf die vertragliche Stellung des Unterlizenznehmers. Infolge der fehlenden vertraglichen Verbindung auf schuldrechtlicher Ebene kann damit auch im Wege der Auslegung der maßgebliche Parteiwille nicht festgestellt werden.[889]

Möglicherweise könnte jedoch der Unterlizenznehmer als Dritter in die Rechtsbeziehung der Vertragspartner des Hauptlizenzvertrages einbezogen werden, sodass einschränkende Regelungen auch für ihn zur Verpflichtung werden.

Drittwirkungen bestehen im Allgemeinen nicht.[890] Einige Ausnahmen sind zwar in der zivilrechtlichen Praxis anerkannt,[891] wie z.B. der Vertrag zugunsten Dritter (§§ 328 ff. BGB). Einem Vergleich der Lizenzkette mit dieser Konstruktion steht jedoch entgegen, dass hier kein unmittelbarer originärer Erwerb des Dritten ohne Durchgangserwerb der Mittelsperson (Versprechensempfänger) stattfindet.[892] Darüber hinaus kann die Rechtsstellung Dritter durch vertragliche Schuldverhältnisse

---

885 *Schwarz/Klinger*, GRUR 1998, 103, 109; a.A. *Esser*, Urheberrechtliche Lizenzen in der Insolvenz, S. 109, der in einem vertraglich geregelten Fall der ordentlichen Vertragsbeendigung eine inhaltliche Beschränkung der Lizenz gem. § 31 I 2 UrhG sehen will.

886 *Nolden*, Abstraktionsprinzip im UrhR, S. 57.

887 BGH, GRUR 1958, 505 f. – „Die Privatsekretärin", fordert, dass ein solcher Bedingungszusammenhang unzweideutig aus dem Vertrag hervorgehen muss; zust. *Schwarz/Klinger*, GRUR 1998, 103, 109.

888 *Ernst* in: MüKo, BGB/Bd. 2/2012, Einl. Rn. 18; *Larenz*, Schuldrecht Bd. I, S. 15 ff.

889 *Behrendt*, GRUR 1933, 199.

890 BGH, GRUR 1982, 411, 412 – „Verankerungsteil"; *Olzen* in: Staudinger, BGB/Buch 2/2009, § 241 Rn. 293; *Mansel* in: Jauernig, BGB, § 241 Rn. 6; *Ernst* in: MüKo, BGB/Bd. 2/2012, Einl. Rn. 18.

891 Vgl. auch §§ 565, 566, 581 II BGB; zu weiteren Ausnahmen siehe *Olzen* in: Staudinger, BGB/Buch 2/2009, § 241 Rn. 293.

892 Vgl. *Gottwald* in: MüKo, BGB/Bd. 2/2012, § 328 Rn. 3.

ausschließlich verbessert, niemals aber verschlechtert werden. Ein Vertrag zu Lasten Dritter ist grundsätzlich nicht mit der Privatautonomie vereinbar und daher auch nicht im BGB vorgesehen.[893] Anerkannt ist dagegen, Begünstigungen einer Einschränkung zu unterstellen, so z. B. einer Verfallklausel.[894] Da die Berechtigung des Unterlizenznehmers aber regelmäßig mit einer Verpflichtung einhergeht, ist die Problematik, ob ihm diese Rechtsposition wieder einseitig genommen werden kann, von anderer Tragweite. Im Kern ist hier das Prinzip der Selbstbestimmung des Einzelnen bei der Gestaltung seiner Rechtsverhältnisse betroffen. Dem Versuch, Vertragswirkungen des Hauptlizenzvertrages auf das Unterlizenzverhältnis übertragen zu wollen, die die Handlungsfreiheit des Unterlizenznehmers entgegen seiner Entscheidungsfreiheit beschränken würden, ist daher prinzipiell eine Absage zu erteilen.

Dieser Wertung zustimmend wird in der Literatur der Vorschlag unterbreitet, eine Lösung zugunsten des Inhabers des Mutterrechts in der Übertragung der Wirkungskraft beschränkender Rückfallklauseln auf die dingliche Ebene zu suchen: Ein Rechterückfall, der aufgrund einer solchen Klausel erfolgt, müsse dann automatisch und ohne ausdrückliche Erwähnung auch diejenigen Rechte erfassen, die der unmittelbare Vertragspartner an Dritte eingeräumt habe. Dies folge aus dem Grundsatz, dass der Lizenznehmer in keinem Fall mehr Rechte übertragen kann, als er selbst innehat. Da er selbst nur eine auflösend bedingte Lizenz erworben habe, könne er Dritten nur eine gleichermaßen auflösend bedingte, abgeleitete Unterlizenz einräumen.[895] Mithin handele es sich um vertraglich geregelte Fälle der inhaltlichen Beschränkung der Lizenz gem. § 31 I 2 UrhG.[896] Auch die Rechtsprechung erkennt die Möglichkeit der Vereinbarung einer auflösenden Bedingung (§ 158 II BGB), die auf das Unterlizenzverhältnis durchschlagen soll, an.[897] Mit Eintritt der auflösenden Bedingung geht demnach auch das vom Inhaber des bedingten Nutzungsrechts erteilte Lizenzrecht unter.

Diesem Ergebnis kann nicht gefolgt werden. Offensichtlich wird damit der Versuch unternommen, das Prinzip der Relativität der Schuldverhältnisse „auszuhebeln". Zwar sind Möglichkeiten der Vereinbarung dinglich wirkender Beschränkungen der Lizenz, die Wirkung gegenüber Dritten entfalten, in Bezug auf

---

893 BGH, NJW 1970, 2157; BGH, NJW 1974, 96; BGH, NJW 1995, 3183, 3184; *Gottwald* in: MüKo, BGB/Bd. 2/2012, § 328 Rn. 250; *Stadler* in: Jauernig, BGB, § 328 Rn. 7.

894 *Gottwald* in: MüKo, BGB/Bd. 2/2012, § 328 Rn. 255; *Janoschek* in: Bamberger/Roth, BeckOK BGB, § 328 Rn. 5.

895 *Wente/Härle*, GRUR 1997, 96, 100; *Weber/Hötzel*, NZI 2011, 432, 436; *Klawitter*, GRUR-Prax 2012, 425, 427; *Scholz*, Lizenzen in der Insolvenz, S. 42; *Esser*, Urheberrechtliche Lizenzen in der Insolvenz, S. 116 f.: Die auflösende Bedingung einer Lizenz setzt sich auch gegenüber dem Unterlizenznehmer durch.

896 *Esser*, Urheberrechtliche Lizenzen in der Insolvenz, S. 109.

897 OLG München, UFITA 90 (1981), 166, 170 – „So frei wie der Wind"; bestätigt durch OLG Stuttgart, FuR 1984, 393, 397 – „Puzo-Bestseller".

räumliche, zeitliche und inhaltliche Beschränkungen[898] sowie hinsichtlich der Weiterübertragbarkeit der Lizenz[899] anerkannt. So wirken z. B. Rückfallklauseln, die an ein zeitliches Moment anknüpfen, i.S. einer zeitlichen Befristung der Lizenz (vgl. § 163 BGB), auch gegenüber dem Unterlizenznehmer. Dagegen entfalten sonstige Beschränkungen prinzipiell nur Wirkung *inter partes*.[900]

Entscheidend ist also, ob Rückfallklauseln und ähnlich wirkenden Vorbehalten im Hauptlizenzvertrag die Bedeutung dinglich wirkender Bedingungen der Lizenzerteilung zukommt. I.d.R. dürfte dies jedoch zu verneinen sein.[901] Hiergegen sprechen zum einen die Ungewissheit des Bedingungseintritts und die damit einhergehende Rechtsunsicherheit. Zum anderen ist eine „Verdinglichung" schuldrechtlicher Absprachen dem deutschen Recht allgemein fremd und im Interesse der Verkehrsfähigkeit nicht erwünscht.[902]

Eine auflösend bedingte Einigung im Hauptlizenzverhältnis, die für den Fall, dass der Lizenznehmer sich nicht an die Vertragspflichten hält, einen automatischen Rechterückfall vorsieht,[903] kann keine Wirkung gegenüber Dritten entfalten. Dies gebietet neben dem Verkehrsschutz zugleich der Schutz des Vertrauens des Erklärungsempfängers, der sich maßgeblich nur an das halten kann, was ihm gegenüber erklärt wurde.

Diesem Ergebnis könnte jedoch § 161 I 1, II BGB entgegenstehen, der Zwischenverfügungen während der Schwebezeit für unwirksam erklärt. Mit Beendigung des Hauptlizenzvertrages und folglich mit Eintritt der auflösenden Bedingung würden somit alle zwischenzeitlichen Verfügungen gem. § 161 I 1 BGB unwirksam, die die vom Bedingungseintritt abhängige Wirkung – hier den Rückfall der Hauptlizenz – vereiteln oder beeinträchtigen würden. Lizenzen, die der Hauptlizenznehmer in der Schwebezeit erteilt hat, würden folglich gem. § 161 I 1 BGB heimfallen, da ihr

---

898 Zu dinglich wirkenden Beschränkungen der urheberrechtlichen Lizenz nach § 31 I 2 UrhG: *Wandtke/Grunert* in: Wandtke/Bullinger, UrhR, § 31 Rn. 4; *Schulze* in: Dreier/Schulze, UrhG, § 31 Rn. 28; *Schricker/Loewenheim* in: Schricker/Loewenheim, UrhR, § 31 Rn. 18; zu den Grenzen der dinglichen Aufspaltbarkeit BGH, GRUR 2003, 416, 418 – „CPU-Klausel"; *Schack*, Urheber- und Urhebervertragsrecht, Rn. 609; zur Beschränkung der patentrechtlichen Lizenz: *Keukenschrijver* in: Busse, PatG, § 15 Rn. 65, spricht von „patentrechtlich wirkenden Beschränkungen".

899 BGH, GRUR 1987, 37, 39 – „Videolizenzvertrag", zur dinglichen Wirkung des Zustimmungsvorbehalts; vgl. auch OLG Frankfurt, CR 1998, 525, 526 – „Software-Unterlizenz"; weitere Nachw. siehe Fn. 226.

900 BGH, GRUR 2003, 416, 418 – „CPU-Klausel"; *Keukenschrijver* in: Busse, PatG, § 15 Rn. 65.

901 *Hausmann*, ZUM 1999, 914, 922; so bereits auch schon *Behrendt*, GRUR 1933, 199, 202.

902 BGH, NJW 2000, 3571, 3573 – „OEM-Version"; BGH, GRUR 2000, 724, 726 – „Außenseiteranspruch II"; zust. *Ullmann* in: Benkard, PatG, § 15 Rn. 105; *Wandtke/Grunert* in: Wandtke/Bullinger, UrhR, § 31 Rn. 7.

903 So z. B. in LG München I, ZUM 2004, 861, 863 – „Open Source Software".

Fortbestand andernfalls den Rückfall der Hauptlizenz vereiteln würde.[904] Dies gilt jedoch nicht, soweit der durch die Zwischenverfügung Begünstigte gutgläubig erworben hat, denn ein „bedingungsfreier" Erwerb ist gem. § 161 III BGB möglich.[905] Ein solcher könnte anzunehmen sein, sofern eine Zustimmung zur Unterlizenzierung vorliegt, denn dann war die Verwertung durch einen Dritten ja gerade gewollt.[906] Die bedingungsfreie Zustimmung bestärkt damit das Vertrauen des Unterlizenznehmers auf den Bestand seiner Rechtspositionen.

Die Gegenauffassung fordert jedoch, dass sich der Unterlizenznehmer zu seinem eigenen Schutz aktiv über Beschränkungen der Lizenz zu vergewissern hat.[907] Die notwendige Nachprüfung erfolge am einfachsten und sichersten durch Einsichtnahme des Lizenznehmers in den Vertrag, durch den sein Lizenzgeber die Rechte erworben hat, und für den Fall, dass dieser sie seinerseits von Dritten erworben hat, durch Einsichtnahme auch in diese Verträge. Eine Überprüfung der Berechtigung des Lizenzgebers in dieser Weise würde – entsprechend dieser Auffassung – den Verkehr nicht über Gebühr belasten.[908]

Dem kann nicht gefolgt werden.[909] Zum einen wären mit einer solchen Vorgehensweise erhebliche Transaktionskosten zulasten des Unterlizenznehmers verbunden. Auch wird sich in der Praxis ein Einsichtsverlangen eines abhängigen Unterlizenznehmers in die Verträge auf übergeordneter Stufe nicht immer durchsetzen lassen. Dies erscheint praxisfern sowie gefährlich für die Sicherheit des Rechtsverkehrs.[910] Zum anderen würde dem Unterlizenznehmer ein erhebliches Risiko aufgebürdet, auf das er keinerlei Einfluss hätte. Obwohl ein gutgläubiger Erwerb im Lizenzverkehr grundsätzlich ausscheidet,[911] bedarf der Dritte hier eines besonderen Schutzes. Drittschützende Ausnahmen sind auch dem Forderungsrecht nicht fremd (vgl. § 407 I BGB). Dass das Vertrauen des Unterlizenznehmers in den bedingungsfreien Erwerb grundsätzlich schutzwürdig ist, wenn die Rechtseinräumung bedingungsfrei gestattet wurde, und sich aus Sicht des Betroffenem aus dem Vertrag nichts anderes unzweideutig entnehmen lässt, lässt auch der BGH erkennen.[912]

Schließlich erweist sich auch das Argument der fehlenden Verfügungsberechtigung für unhaltbar. Selbst wenn die Berechtigung des Hauptlizenznehmers

904 OLG München, UFITA 90 (1981), 166, 170 – „So frei wie der Wind"; *Picot*, Abstraktion und Kausalabhängigkeit, S. 152.

905 *H.P. Westermann* in: MüKo, BGB/Bd. 1/2012, § 161 Rn. 1.

906 Ähnlich *Schwarz/Klinger*, UFITA 138 (1999), 29, 49.

907 OLG München, UFITA 90 (1981), 166, 169 f. – „So frei wie der Wind"; *Esser*, Urheberrechtliche Lizenzen in der Insolvenz, S. 120, rät, eine Einsichtnahme in den Hauptlizenzvertrag vorzunehmen.

908 OLG München, UFITA 90 (1981), 166, 169 – „So frei wie der Wind".

909 Ebenso *Schwarz/Klinger*, UFITA 138 (1999), 29, 48 f.

910 *v. Hartlieb* in: FS Schwarz I, S. 121, 128.

911 Zum grundsätzlich fehlenden gutgläubigen Erwerb im Immaterialgüterrecht: vgl. *Pahlow*, Lizenz, S. 203 ff. sowie weitere Nachw. Fn. 1112.

912 BGH, GRUR 1958, 504, 505 f. – „Die Privatsekretärin".

nachträglich, insbesondere bei Vereinbarung einer auflösenden Bedingung, *ex nunc* weggefallen ist, hat er dennoch berechtigt verfügt.[913]

Damit ist festzuhalten, dass der Unterlizenznehmer Rechte und Pflichten prinzipiell nur aus dem Unterlizenzvertrag ableiten kann. In der vorliegenden Konstellation besteht das Schuldverhältnis auf nachgelagerter Ebene ungeachtet der Beendigung des Hauptlizenzvertrages fort. Soweit der Unterlizenzvertag eine konkrete Regelung zum Schicksal der Unterlizenz nicht enthält – so z.B. eine Klausel zur Übertragung der Unterlizenz unter der auflösenden Bedingung der Beendigung des Hauptlizenzvertrages –, könnte ein Fortbestand des Enkelrechts anzunehmen sein.

Eine andere Wertung wäre allerdings dann erforderlich, wenn im Unterlizenzvertrag auf Bestimmungen des Hauptlizenzvertrages hingewiesen wird. Insoweit wäre u.U. eine Auslegung des Unterlizenzvertrages mit Blick auf den Hauptlizenzvertrag notwendig. Eine allgemein gültige Aussage erscheint jedoch unmöglich. Vielmehr ist im konkreten Fall durch Auslegung zu ermitteln, ob die Vertragsparteien innerhalb der Lizenzkette den Bestand der Unterlizenz vom Bestand des Hauptlizenzvertrages abhängig machen wollten und vor allem, ob der Unterlizenznehmer damit rechnen konnte – eine eindeutige Erkennbarkeit muss zwingend vorliegen.[914] Dies könnte z.B. dann der Fall sein, wenn der Unterlizenzvertrag auf Kündigungsklauseln, Beendigungs- oder Auslaufklauseln des Hauptlizenzvertrages verweist. Ein Verweis auf Zahlungsmodalitäten erscheint dagegen einer Auslegung in Bezug auf die Frage des Fortbestands wohl kaum zugänglich.

Damit lässt sich festhalten, dass eine Lösung über die Vertragsebene der Ermittlung eines übereinstimmenden Parteiwillens und insbesondere einer konkreten und erkennbaren Einbeziehung des Dritten bedarf. Einer ausufernden Vertragsauslegung außerhalb des konkreten Schuldverhältnisses ist mit aller Vorsicht zu begegnen. Oftmals fehlen jedoch konkrete Parteivereinbarungen, die innerhalb der Lizenzkette einen Ausgleich zwischen dem Interesse des Unterlizenznehmers an einem Fortbestand und dem Interesse des Vollrechtsinhabers an einem Rückfall des Enkelrechts anstreben. Es erscheint daher zwingend erforderlich, einen dogmatisch fundierten Lösungsansatz auf dinglicher Ebene zu suchen.

C. Lösungsansätze auf der Verfügungsebene

Die bisherige Untersuchung zeigt, dass ein dogmatischer Lösungsansatz zur Schließung der vorliegenden Gesetzeslücke einer Rechtsfortbildung bedarf, die eine Analyse der Vorgänge auf der Verfügungsebene innerhalb der Lizenzkette erfordert. Hierbei stellt sich die Frage, ob die *ratio legis* sachenrechtlicher Systemgrundsätze auf den Lizenzverkehr übertragen werden kann oder ob hier Einschränkungen vorzunehmen sind.

913 *Schwarz/Klinger*, GRUR 1998, 103, 111.
914 Vgl. OLG München, UFITA 90 (1981), 166, 169 – „So frei wie der Wind“.

Soll die Unterlizenz als „verselbstständigte" Rechtsposition innerhalb der Lizenzkette nach Wegfall des Hauptlizenzverhältnisses fortbestehen, ist zentrale Voraussetzung, dass sich die Lizenz allgemein als dingliches Recht innerhalb der Gesamtrechtsordnung einordnen lässt. Wird der Unterlizenz ein dinglicher Charakter abgesprochen, folgt hieraus in allen Fällen der Beendigung des Hauptlizenzvertrages eine automatische Beendigung der Berechtigung des Unterlizenznehmers.[915] Denn eine rein schuldrechtlich wirkende Unterlizenz kann dem Inhaber des Mutterrechts nicht entgegengehalten werden. Die Frage der Dinglichkeit der Lizenz war über hundert Jahre in Rechtsprechung und Literatur umstritten[916] und ist erstmals durch den BGH in der „Reifen Progressiv"-Entscheidung entschieden worden.[917] Ob die Rechtsfortbildung *extra legem* durch den BGH geboten und gerechtfertigt war, bedarf einer gesonderten Überprüfung. Es wird sich zeigen, dass der aufgestellten Maxime künftig zu folgen sein wird.

Daran anknüpfend muss geklärt werden, ob das dingliche Rechtsgeschäft auf untergeordneter Stufe in seiner Wirksamkeit unabhängig ist vom Hauptlizenzvertrag oder ob der Fehler, der dem Grundgeschäft auf erster Stufe anhaftet, auch die Wirksamkeit des dinglichen Rechtsgeschäfts auf untergeordneter Lizenzstufe beeinträchtigt. Wie bereits dargelegt, könnte der Streit um die abstrakte oder kausale Beziehung der Rechtsverhältnisse im Lizenzverkehr entscheidungserheblich sein[918] und soll daher nicht übergangen werden, auch wenn sich der BGH in der „Reifen Progressiv"-Entscheidung hierzu nicht äußerte.

Besonderes Augenmerk schenkte der BGH dagegen speziellen Systemgrundsätzen des Immaterialgüterrechtsverkehrs.[919] Die Zweckbindung, der fehlende Gutglaubensschutz, der Sukzessionsschutz und das Zustimmungserfordernis zur Unterlizenzierung sollen daher ebenfalls daraufhin untersucht werden, ob im Rahmen dieser Systemgrundsätze ein Fortbestand der Unterlizenz gerechtfertigt werden kann.

I. Das Konzept der Dinglichkeit der Lizenz als zentraler Wegweiser

Jedes Rechtsverhältnis steht unter einem entsprechenden Rechtsinstitut als seinem Typus. Auch die Dinglichkeit ist als ein solches Rechtsinstitut zu begreifen, dessen besondere Natur sowohl in dem lebendigen Zusammenhang der Bestandteile als auch in einer fortschreitenden Entwicklung besteht.[920]

915 So bereits auch schon *Behrendt*, GRUR 1933, 199.

916 Z.B. RGZ 17, 53, 54; RGZ 33, 103 f.; RGZ 57, 38, 39 f.; *Kohler*, Hdb. des deutschen Patentrechts, S. 508 ff.; *ders.*, Urheberrecht an Schriftwerken, S. 282.

917 BGH, GRUR 2009, 946, 948 – „Reifen Progressiv"; bestätigt in BGH, GRUR 2010, 628, 631 – „Vorschaubilder I".

918 Siehe 3. Teil, A. I. 2.

919 BGH, GRUR 2009, 946, 948 – „Reifen Progressiv".

920 *v. Savigny*, System des heutigen römischen Rechts, Bd. 1, S. 9.

Die Frage nach der Rechtsnatur der Lizenz beschäftigt Literatur und Rechtsprechung seit mehr als hundert Jahren.[921] Der Diskurs lässt einen stetigen Prozess der Erkenntnisfindung und des Wandels erkennen, der nachfolgend aufgezeigt werden soll, um schlüssig beurteilen zu können, welche Argumente für die Begründung der Dinglichkeit streiten. Es wird sich zeigen, dass der Meinungsstreit wesentlich an die bereits dargelegte Unterscheidung der Lizenztypen nach dem Umfang der eingeräumten Rechte[922] anknüpft. Zunächst gilt es jedoch zu klären, was genau unter einem dinglichen Recht zu verstehen ist und welche rechtlichen Wirkungen diesem beizulegen sind.

1. *Dingliche Rechte und ihre Wirkung – Eine begriffliche und systematische Einordnung*

Der Begriff des „dinglichen Rechts" wird im Schrifttum regelmäßig mit einem gewissen Selbstverständnis verwendet. Der Gesetzgeber definiert jedoch an keiner Stelle, was unter einem solchem zu verstehen ist. Ausdrückliche Erwähnung findet die Begrifflichkeit lediglich in § 197 I Nr. 1 BGB. Inhaltliche Hinweise für eine allgemeine Definition sind dieser Verjährungsregelung jedoch nicht zu entnehmen. Dementsprechend beschränkt sich die Kommentarliteratur zumeist darauf, auf das Sachenrecht zu verweisen und anerkannte dingliche Rechte enumerativ zu benennen.[923] Einzelne Definitionsversuche in diesem Kontext[924] entbehren leider einer dogmatischen Grundlage. Weitere Anhaltspunkte enthalten § 198 BGB („dinglicher Anspruch") sowie die amtlichen Überschriften der § 889 BGB („Ausschluss der Konsolidation bei dinglichen Rechten"), § 954 BGB („Erwerb durch dinglich Berechtigten"), § 1094 BGB („Gesetzlicher Inhalt des dinglichen Vorkaufsrechts") und § 1103 BGB („Subjektiv-dingliches und subjektiv-persönliches Vorkaufsrecht"). Auch diesen Normen ist keine Begriffsdefinition zu entnehmen. Ein Blick außerhalb des BGB, z. B. auf § 24 I ZPO und § 47 InsO, führt zu keinem anderen Ergebnis.[925]

---

921 Siehe Nachw. Fn. 916.

922 Zu den unterschiedlichen Lizenztypen nach dem Umfang der Rechtseinräumung siehe 2. Teil, A.

923 *Jauernig* in: Jauernig, BGB, § 197 Rn. 2; *Peters/Jacoby* in: Staudinger, BGB/Buch 1/2009, § 197 Rn. 9; *Grothe* in: MüKo, BGB/Bd. 1/2012, § 197 Rn. 8 ff.

924 *Henrich* in: Bamberger/Roth, BeckOK BGB, § 197 Rn. 3: „Dingliche Rechte beinhalten das Recht einer Person zur unmittelbaren Sachherrschaft über eine bewegliche oder unbewegliche Sache (§ 90 BGB)."; *Grothe* in: MüKo, BGB, Bd. 1, 2012, § 197 Rn. 8, definiert die dinglichen Rechte in diesem Zusammenhang als „sachbezogene Rechtsmacht mit Wirkung gegenüber jedermann"; *Brehm/Berger*, Sachenrecht, Rn. 9, beschreiben das dingliche Recht als „unmittelbare Berechtigung an einer Sache".

925 Hierzu ausführlich *Esser*, Urheberrechtliche Lizenzen in der Insolvenz, S. 43 ff.

Die Frage nach dem Wesen der Dinglichkeit ist im Schrifttum bis heute strittig.[926] Daher soll zunächst die begriffliche und systematische Einordnung der dinglichen Rechte einer näheren rechtshistorischen Betrachtung unterzogen werden.

Die subjektiven Rechte werden von der heutigen Dogmatik in drei Gruppen unterteilt, die absoluten, gegen jedermann wirkenden Rechte an Personen, Sachen und sonstigen Rechtsgütern, die relativen, nur gegenüber einer bestimmten Person bestehenden Rechte und schließlich die Gestaltungsrechte.[927] Diese Einteilung geht zurück auf *Savigny*, der seinerzeit vermögensrechtliche Rechtsverhältnisse danach unterschied, ob Gegenstand der Willensherrschaft das Handeln einer fremden Person („Obligationen") oder ein Stück der „unfreien Natur", also das Recht an einer Sache (*ius in re* = dingliches Recht), ist.[928] Nach damaligem und heutigem Verständnis erschöpft sich das relative bzw. obligatorische Recht, als Anspruch, in einer persönlichen Beziehung zwischen dem Verpflichteten und Berechtigten. Hier wird nicht das Vermögensobjekt selbst beherrscht, sondern allenfalls ein bestimmtes Verhalten des Schuldners; d. h. Inhalt des Rechts ist immer nur ein Tun oder Unterlassen des Relationspartners.[929] Obligatorische Rechte werden nur gegenüber dieser Person geschützt; Verletzungen durch Dritte bleiben außer Betracht.[930] Die Herrschaft einer Person über eine Sache beschränkte *Savigny* auf die Herrschaft an körperlichen Gegenständen. Alle möglichen Rechte an einer Sache fasste er unter dem Rechtsinstitut der „dinglichen Rechte" zusammen.[931] Er begriff die dinglichen Rechte als gegenüber jedermann wirkende – mit absolutem Schutz ausgestattete – Rechte.[932]

Basierend auf der Lehre *Savignys* setzten sich in der deutschen Pandektenwissenschaft des 19. Jahrhunderts eine Verengung des Sachbegriffs auf körperliche Gegenstände und der hierdurch geprägte Dinglichkeitsbegriff durch.[933] Bereits zum Ende des 19. Jahrhunderts erkannte die Zivilrechtslehre, dass sich die kategorische Beschränkung auf den römisch-rechtlichen Eigentumsbegriff der Pandektistik,

---

926 *Stöckel/Brandi-Dohrn*, CR 2011, 553, 554; *Canaris* in: FS Flume, Bd. I, S. 371, 373 ff.; *Seiler* in: Staudinger, BGB/Buch 3/2012, Einl. §§ 854 ff. Rn. 17, m.w.N.

927 *Peukert*, Güterzuordnung, S. 49; *Seiler* in: Staudinger, BGB/Buch 2/2012, Einl. §§ 854 ff. Rn. 18; *Enneccerus/Nipperdey*, BGB AT/Bd. 1, S. 440 ff.; *Möller*, Unübertragbarkeit des Urheberrechts, S. 27, m.w.N.

928 *v. Savigny*, System des heutigen römischen Rechts Bd. 1, S. 338.

929 *v. Savigny*, System des heutigen römischen Rechts, Bd. 1, S. 339, 369; *Dulckeit*, Verdinglichung obligatorischer Rechte, S. 7; *Peukert*, Güterzuordnung, S. 50 f.; *Kraßer*, GRUR Int. 1983, 537, 538: Im Gegensatz zu den dinglichen Rechten ist die Beziehung keine unmittelbare, sondern wird durch die Person des Verpflichteten vermittelt.

930 *Dulckeit*, Verdinglichung obligatorischer Rechte, S. 8.

931 *v. Savigny*, System des heutigen römischen Rechts, Bd. 1, S. 369.

932 *v. Savigny*, System des heutigen römischen Rechts, Bd. 1, S. 387.

933 *Rüfner* in: Leible/Lehmann/Zech, Unkörperliche Güter im Zivilrecht, S. 33, 43; zur begriffshistorischen Entwicklung des dinglichen Rechts ausführlich *Dörner*, Dynamische Relativität, S. 13 ff.

der eine Ausdehnung auf unkörperliche Gegenstände ausschloss, hinsichtlich der Einordnung der immateriellen Rechte in das System der Vermögensrechte als zu eng erwies[934] – allerdings auch als unüberwindlicher Einwand.[935] Die Väter des Bürgerlichen Gesetzbuches knüpften in § 90 BGB schließlich nahtlos an den engen Sachbegriff *Savignys* an.

Eine Lösung des Systemkonflikts brachten erst die umfangreichen Schriften *Kohlers*, der Ende des 19. Jahrhunderts den Begriff der „Immaterialgüterrechte" parallel zum Sacheigentum entwickelte und diesen Rechten einen eigentumsähnlichen, absoluten Schutz zumaß.[936] Die Immaterialgüterrechtstheorie ist bis heute vorherrschend. Das Bürgerliche Gesetzbuch regelt auch gegenwärtig ausschließlich die Zuordnung von Sachen i.S.v. körperlichen Gegenständen. Daneben existieren jedoch eine Vielzahl weiterer vermögenswerter Güter, die aufgrund ihrer unkörperlichen Natur nicht vom Sachenrecht erfasst sind (z.B. Erfindungen, Werke, Marken, der Goodwill eines Unternehmens, das Know-how, die Merkmale einer natürlichen Person, wie das Bildnis und der Name, digitale Daten usw.).[937] Dies führt regelmäßig zu vielerlei rechtlichen Problemen, auf die weder die Sondergesetze der Immaterialgüterrechte noch das Bürgerliche Gesetzbuch eine Antwort bieten.[938] Unser heutiges Sachenrecht wird daher zunehmend als unvollständig empfunden.[939] Zum Teil wird auch der Ruf laut nach der Regelung eines Allgemeinen Teils der Immaterialgüterrechte.[940]

Neben dem Dinglichkeitsbegriff findet im Schrifttum der Begriff des „Ausschließlichkeitsrechts" Erwähnung. Teilweise wird dieser synonym für die absoluten Rechte verwendet. Mit Blick auf dessen Ursprung, der in § 903 S. 1 BGB zu verorten ist, sollte dies jedoch vermieden werden. Inbegriff eines Ausschließlichkeitsrechts ist das Sacheigentum. Die Wirkung eines solchen zeigt sich darin, dass es seinem Inhaber ein umfassendes Herrschaftsrecht gewährt, das sowohl positive Befugnisse

---

934 M.w.N. *Rüfner* in: Leible/Lehmann/Zech, Unkörperliche Güter im Zivilrecht, S. 33, 44 ff., unter Bezugnahme auf *Bekker* und *Windscheid*; vgl. *Dölemeyer/Klippel* in: GRUR-FS, Bd. I, S. 185, 216 f.

935 *Kohler*, AcP 82 (1894), 141, 153; *Dölemeyer/Klippel* in: GRUR-FS, Bd. I, S. 185, 223, m.w.N.

936 *Kohler*, AcP 82 (1894), 141, 161; *ders.*, UFITA 123 (1993), 81 ff.; *Dölemeyer/Klippel* in: GRUR-FS, Bd. I, S. 185, 227 f.; *Dölemeyer* in: Wadle, Historische Studien zum UrhR in Europa, S. 139, 142 f.

937 *Peukert* in: Leible/Lehmann/Zech, Unkörperliche Güter im Zivilrecht, S. 95 f.

938 So zeigt sich die Problematik des Sachbegriffs des BGB derzeit insb. hinsichtlich der Einordnung der Software als Schutzgegenstand absoluter Rechte. Hierzu ausführlich *Bartsch* in: Leible/Lehmann/Zech, Unkörperliche Güter im Zivilrecht, S. 247 ff.

939 Hierzu ausführlich *Wieacker*, DRWiss 1941, 49, 61 ff.

940 *Ahrens*, GRUR 2006, 617 ff.; *Ohly*, JZ 2003, 545 ff.; *ders.* in: Leistner, Europäische Perspektiven des Geistigen Eigentums, S. 190 ff.; *Sosnitza* in: FS Schricker II, S. 183, 191; *ders.* in: Forkel/Sosnitza, Recht der Persönlichkeit und ihre schöpferischen Leistungen, S. 33 ff.

als auch Ausschließungsbefugnisse enthält.[941] Dabei handelt es sich um bestimmte formale Wirkprinzipien, die *Peukert* treffend beschreibt. Als Kernelemente nennt er zum einen positive, gegen jedermann wirkende Befugnisse an einem Gut, deren Verletzung sekundäre Rechte auslöst, und zum anderen die Verkehrsfähigkeit des primären Rechts durch rechtsgeschäftliche oder zwangsweise Übertragung.[942] Diese Mechanismen sind Reflex der besonderen vermögensrechtlichen Güterzuordnung, die durch Art. 14 GG verfassungsrechtlich gewährleistet wird. Entscheidendes Merkmal ist damit die originäre, exklusive Zuordnung eines Gutes zu einer bestimmten Person unter Ausschluss aller Übrigen.[943] Als Ausschließlichkeitsrechte anerkannt sind neben dem Sacheigentum auch die Immaterialgüterrechte.[944] Der Umfang des Ausschließungsrechts muss dabei nicht immer absolute Wirkung entfalten, sondern kann je nach dem positiven Inhalt des zugeordneten Rechts verschieden sein.[945]

Insoweit sind die Ausschließlichkeitsrechte von der Kategorie der absoluten Rechte zu unterscheiden, die all jene Rechte zusammenfasst, die absoluten Schutz genießen, weil die Rechtsordnung diesen freiheitlichen Herrschaftsbereich dem Berechtigten im Verhältnis zu allen anderen zuordnet.[946] Die h.L. schlägt heute eine Unterteilung der absoluten Rechte in Persönlichkeitsrechte, dingliche Sachenrechte und Immaterialgüterrechte vor.[947] Die Absolutheit ist hierbei als besondere „Außenwirkung" eines Rechts zu verstehen, die dem Inhaber einen von jeder persönlichen Relation unabhängigen Freiheitsbereich sowie einen umfassenden Schutz gegenüber jedermann zuweist.[948] Um Beeinträchtigungen abwehren zu können, vermitteln absolute Rechte umfassende Abwehr- und Ersatzansprüche gegen Eingriffe in ihren Schutzbereich.[949] Nach weitergehender Auffassung sind charakteristische Wirkungen der Absolutheit der Verfügungs- und Sukzessionsschutz sowie die Insolvenzfestigkeit.[950] Dies erscheint nicht durchweg schlüssig. Die aufgezählten Mechanismen betreffen grundsätzlich ein Zweipersonen- bzw. im Fall von Rechteketten auch Mehrpersonen-Rechtsverhältnisse. Dagegen vermitteln absolute Rechte

941 Vgl. *Fritzsche* in: Bamberger/Roth, BeckOK BGB, § 903 Rn. 16 ff.; *Säcker* in: MüKo, BGB/Bd. 6/2013, § 903 Rn. 5.

942 *Peukert* in: Hilty/Jäger/Kitz, Geistiges Eigentum, S. 47, 54 f.; *Peukert*, Güterzuordnung, S. 60.

943 *Peukert*, Güterzuordnung, S. 56.

944 BVerfG, NJW 1992, 36, 37 – „Puffreisriegel"; *Peukert*, Güterzuordnung, S. 57; *Scharen* in: Benkard, PatG, § 9 Rn. 4; *v. Gamm*, UrhR, Einf. Rn. 26.

945 *Säcker* in: MüKo, BGB/Bd. 6/2013, § 903 Rn. 5.

946 *Larenz/Wolf*, BGB AT, § 15 Rn. 2; *Dörner*, Dynamische Relativität, S. 24.

947 Zu den unterschiedlichen Herrschaftsbereichen der absoluten Rechte: *Larenz/Wolf*, BGB AT, § 15 Rn. 3 ff.

948 *Dulckeit*, Verdinglichung obligatorischer Rechte, S. 7 f.; *Larenz/Wolf*, BGB AT, § 15 Rn. 2; *Jänich*, Geistiges Eigentum, S. 199, beschreibt die Absolutheit als eine nicht auf die Sache, sondern auf Dritte gerichtete „Eigentumswirkung".

949 Hierzu ausführlich *Larenz/Wolf*, BGB AT, § 15 Rn. 14 ff.

950 Vgl. *Canaris* in: FS Flume, Bd. I, S. 371, 373 f.

Abwehransprüche gegen jedermann, der das absolute Recht verletzt. Es handelt sich also um einen von jeder Sonderbeziehung losgelösten Schutz. Zudem laufen diese Wirkprinzipien bei anderen deliktisch, insbesondere nach § 823 I BGB geschützten absoluten Rechtsgütern, wie z. B. Leben, Körper und Gesundheit sowie Freiheit, leer. Auch eine Differenzierung zwischen absoluten subjektiven Rechten einerseits und Deliktsschutz andererseits würde zu weiteren Einordnungsschwierigkeiten führen, so insbesondere in Bezug auf das rechtsfortbildend anerkannte Recht am eingerichteten und ausgeübten Gewerbebetrieb.[951] Der BGH ordnet dieses als absolutes subjektives Recht ein,[952] obwohl hier ein rein vermögensrechtlicher Schutz der unternehmerischen Tätigkeit gegen Beeinträchtigungen Dritter bezweckt wird.[953] Ähnlich genießt der Inhaber eines reinen Vermögensrechts nach § 826 BGB einen Schutz, der dem des absoluten Rechtsschutzes ähnelt.[954]

Während die dogmatische Einordnung dieser Rechtsfiguren bislang unklar ist – hier existiert Rechtsschutz gegenüber jedermann, ohne dass ein „rein" absolutes Recht vorliegt[955] –, wird eine Einordnung der dinglichen Rechte in die Kategorie der absoluten Rechte unstreitig vorgenommen: Der Schutz der dinglichen Rechte wirkt absolut, d. h. nicht nur gegenüber einem bestimmten Anspruchsgegner, sondern gegenüber allen Rechtssubjekten.[956]

Eine positive Dimension – ähnlich der des Ausschließlichkeitsrechts –, die auf eine Nutzungsfunktion hinweist, kann der Kategorie der Absolutheit dagegen nicht entnommen werden. Als entscheidend für die Qualifizierung einer Position als absolutes subjektives Recht erweist sich die Ausschlussfunktion, also das gegenüber

951 *Peukert*, Güterzuordnung, S. 53 f., zieht daher den Schluss, den inzwischen verwässerten Terminus des „absoluten Rechts" zu verwerfen.

952 BGH, GRUR 1959, 282, 284 – „Stromunterbrechung"; BGH, NJW 2005, 3141; vgl. auch *Fabricius*, AcP 160 (1961), 273, 304 f.; dagegen krit. *Wagner* in: MüKo, BGB/Bd. 5/2013, § 823 Rn. 254.

953 *Kraßer*, Schutz vertraglicher Rechte, S. 213 f., einen Unternehmensschutz über § 823 I BGB insoweit ablehnend.

954 *Fabricius*, AcP 160 (1961), 273, 284; *Larenz/Canaris*, Schuldrecht Bd. II/2, S. 447; *Kraßer*, Schutz vertraglicher Rechte, S. 256; *Wagner* in: MüKo, BGB/Bd. 5/2013, § 826 Rn. 4.

955 Vgl. BGH, GRUR 1963, 255, 256 – „Kindernähmaschinen"; BGH, NJW 1994, 128, 129; *Spindler* in: Bamberger/Roth, BeckOK BGB, § 823 Rn. 104; krit. zum Recht am Gewerbebetrieb: *Larenz/Canaris*, Schuldrecht Bd. II/2, S. 544 f.

956 *Larenz/Wolf*, BGB AT, § 15 Rn. 2, Rn. 5 ff.; *Wagner* in: MüKo, BGB/Bd. 5/2013, § 823 Rn. 209; *Gaier* in: MüKo, BGB/Bd. 6/2013, Einl. Rn. 4; *Seiler* in: Staudinger, BGB/Buch3/2012, Einl. §§ 854 ff. Rn. 18; *Teichmann* in: Jauernig, BGB, § 823 Rn. 15; *Wolff/Wellenhofer*, Sachenrecht, Rn. 6; *Baur/Stürner*, Sachenrecht, § 2 Rn. 2; *Canaris* in: FS Flume, Bd. I, S. 371, 375; vgl. auch *Mugdan*, Materialien zum BGB, III. Bd.: Sachenrecht, S. 2.

jedermann bestehende Eingriffsverbot.[957] Die Klagebefugnis ist mithin wesentliches Merkmal eines absoluten dinglichen Rechts.

Hinsichtlich der Frage, welche Rechte unter den Begriff der Dinglichkeit zu erfassen sind, vertritt die h.L. in Anlehnung an die Motive zum Bürgerlichen Gesetzbuch[958] auch heute noch die Auffassung, dass von Dinglichkeit nur gesprochen werden könne, wenn Anknüpfungspunkt die Beziehung einer Person zu einer Sache als körperlichen Gegenstand sei.[959] Die Dinglichkeit wird i.d.S. als die Beschreibung des Bezugsobjekts verstanden.[960] Im Schrifttum wird daher der Vorschlag unterbreitet, für Lizenzen mit „dinglicher" Wirkung den Begriff der „Gegenständlichkeit" zu verwenden,[961] als scheinbarer Ausweg aus dem engen Sachbegriff *Savignys*. Der Gegenstands-Begriff des Bürgerlichen Gesetzbuches, der in zahlreichen Vorschriften Verfügungen über das Eigentum und solche über andere Rechte einheitlich zu erfassen versucht (vgl. §§ 135, 161, 185, 816 BGB), umfasst sowohl Sachen als auch Rechte.[962]

Dass mit beiden Begrifflichkeiten unterschiedliche Rechtsfolgen gemeint sein sollen, ist jedenfalls nicht ersichtlich. Nach der hier vertretenen Auffassung soll Bezugsobjekt der Dinglichkeit nicht lediglich der zivilrechtliche Sachbegriff des § 90 BGB sein. Eine konstitutive Grenzziehung verbietet sich. Vielmehr gilt es, Gemeinsamkeiten zu erkennen.[963] Ein erweitertes Begriffsverständnis ist daher vorzugswürdiger. So begriff auch *Savigny* die „Willensherrschaft" als Ausgangspunkt der Zuordnung von Rechtsverhältnissen.[964] Auch heutige Definitionsversuche knüpfen an diese Beschreibung an und erfassen die Dinglichkeit als spezifische

957 *Wagner* in: MüKo BGB/Bd. 5/2009, § 823 Rn. 144; *Larenz/Canaris*, Schuldrecht Bd. II/2, S. 373 f.

958 *Mugdan*, Materialien zum BGB, III. Bd.: Sachenrecht, S. 2.

959 *McGuire/v. Zumbusch/Joachim*, GRUR Int. 2006, 682, 683; *Pahlow*, ZUM 2005, 865, 869; *Hirte/Knof*, JZ 2011, 889, 896; *Weinmann*, Rechtsnatur der Lizenz, S. 303; *Schricker*, Verlagsrecht, § 8 Rn. 1; *Gaier* in: MüKo, BGB/Bd. 6/2013, Einl. Rn. 4; *Wilhelm*, Sachenrecht, Rn. 65; *Brehm/Berger*, Sachenrecht, Rn. 9.

960 *Jänich*, Geistiges Eigentum, S. 218.

961 Den Begriff „gegenständlich" verwendend: *Schricker*, Verlagsrecht, § 28 Rn. 23; *Schricker/Loewenheim* in: Schricker/Loewenheim, UrhR, Vor. §§ 28 ff. Rn. 80; *Weinmann*, Rechtsnatur der Lizenz, S. 6; *Haedicke*, Rechtskauf und Rechtsmängelhaftung, S. 84; *Wallner*, ZIP 2004, 2073 ff.; dagegen beide Begrifflichkeiten gleichbedeutend verwendend: *Pahlow*, ZUM 2005, 865 ff.; *ders.*, Lizenz, S. 272 f.

962 *Rüfner* in: Leible/Lehmann/Zech, Unkörperliche Güter im Zivilrecht, S. 33, 46; siehe hierzu auch die Übersicht von *Peukert* in: Leible/Lehmann/Zech, Unkörperliche Güter im Zivilrecht, S. 95, 97.

963 Ähnlich auch *Forkel*, Gebundene Rechtsübertragungen, S. 108 sowie *Götting*, GRUR 2006, 353, 358.

964 *v. Savigny*, System des heutigen römischen Rechts Bd. 1, S. 334.

Herrschaftsbeziehung zu einem Rechtsobjekt, die dem Berechtigten eine unmittelbare Beherrschung oder Beherrschbarkeit über dieses Vermögensobjekt gewährt.[965]

Die eigentliche und dabei wesentlichste Funktion des dinglichen Rechts ist hierbei die unmittelbare Zuordnung bestimmter Güter zu dem Vermögen einer Person.[966] *Forkel* spricht in diesem Zusammenhang gleichbedeutend vom Merkmal der Zuweisung von Interessen an Gütern.[967] Ähnlich begreift *Kraßer* die Dinglichkeit als Zuordnung unter entsprechendem Einwirkungsverbot nach außen.[968] Die Anerkennung eines dinglichen Rechts schafft damit klare Verhältnisse, indem eindeutig bestimmt wird, wem welches Vermögensgut gehört. Der Inhaber eines dinglichen Rechts genießt so einen gesicherten Freiraum, kraft dessen er seine Privatautonomie verwirklichen kann.[969]

Neben dem Sacheigentum, als dem umfassendsten der dinglichen Rechte, kennt das Sachenrecht beschränkte dingliche Rechte, so z. B. die dinglichen Verwertungs- und Nutzungsrechte, die als Teilinhalte aus dem Eigentum abgespalten werden.[970] Dagegen teilen obligatorische Rechte keinen Vermögensgegenstand zu, sondern begründen Rechtsbeziehungen zwischen Personen.[971]

---

965 Zutreffend *Raiser*, JZ 1961, 465, 467: Das Merkmal der dinglichen Rechte besteht darin, dass sie eine herrschaftliche Beziehung einer Person zu einem außerhalb ihrer gegebenen, werthaften Objekt, einem sog. Rechtsgut, zum Ausdruck bringen, das dieser Person von der Rechtsordnung zugewiesen und in einem vieler rechtlichen Abstufungen fähigen Sinne zum Haben und Nutzen in ihre Verfügungsgewalt gegeben ist. *Kraßer*, GRUR Int. 1983, 537, 538: „Für ein dingliches Recht ist die rechtlich anerkannte unmittelbare Beziehung einer Person zu einem außerhalb ihrer selbst existierenden Gegenstand, die Zuordnung des Gegenstands an die Person kennzeichnend." Vgl. *Canaris* in: FS Flume, Bd. I, S. 371, 373, der ebenso die Unmittelbarkeit der Gegenstandsbeziehung als primäres Charakteristikum eines dinglichen Rechts qualifiziert; *Seiler* in: Staudinger, BGB/Buch 3/2012, Einl. §§ 854 ff. Rn. 20, sieht das Wesen der dinglichen Rechte in ihrer mittelbaren Rechtsmacht über Rechtsobjekte; *Jänich*, Geistiges Eigentum, S. 218, erkennt in der „Beziehung zu einem Rechtsobjekt" eine zweite Interpretationsmöglichkeit der Dinglichkeit an; vgl. auch *Enneccerus/Nipperdey*, BGB AT/Bd. 1, S. 456.

966 *Wieacker*, DRWiss 1941, 49, 61; *McGuire*, Lizenz, S. 159; *Wieling*, Sachenrecht, S. 5; ähnlich auch *Esser*, Urheberrechtliche Lizenzen in der Insolvenz, S. 51, der für die Anerkennung dinglicher Rechte die Vereinbarung der Zuteilung eines bestimmten Vermögensgutes voraussetzt; vgl. auch *Wilhelm*, Sachenrecht, Rn. 2; *Westermann*, Sachenrecht, Rn. 1; *Wolf/Wellenhofer*, Sachenrecht, Rn. 6; *Prütting*, Sachenrecht, Rn. 17.

967 *Forkel*, Gebundene Rechtsübertragungen, S. 108.

968 *Kraßer*, GRUR Int. 1983, 537, 538.

969 *Brehm/Berger*, Sachenrecht, § 1 Rn. 9; vgl. auch *Seiler* in: Staudinger, BGB/Buch 3/2012, Einl. §§ 854 ff. Rn. 18.

970 *Wolf/Wellenhofer*, Sachenrecht, § 1 Rn. 6 ff.; *Larenz/Wolf*, BGB AT, § 15 Rn. 6 f.

971 *Wieling*, Sachenrecht, S. 5: Das dingliche Recht ist ein Zugriffsrecht auf die Sache selbst, während das obligatorische Recht einen Zugriff auf die Person des

Der Vorteil einer derart funktionellen Betrachtungsweise ist darin zu sehen, dass Raum für weitere Entwicklungen offen steht, damit die Interessen der Beteiligten auch in Zukunft besser berücksichtigt werden können und zugleich die Privatautonomie gestärkt wird – insbesondere im Hinblick auf den formalen *numerus clausus* der dinglichen Rechte.[972]

Die Herrschaftsmacht über ein Vermögensobjekt beschränkt sich jedoch nicht nur auf die Beziehung einer Person zu einem körperlichen Gegenstand, von der Rechtslehre als Sachherrschaft bezeichnet, sondern existiert in ganz ähnlicher Weise auch hinsichtlich unkörperlicher Gegenstände, an denen ein gegenüber Dritten wirksames Herrschafts- oder Nutzungsrecht möglich ist.[973] Mag sein, dass das Sacheigentum als der Prototyp des dinglichen Rechts gilt.[974] Unser heutiges Zivilrechtssystem regelt die dingliche Wirkung der Rechte an materiellen Gegenständen in einem eigenen Buch der Sachenrechte. Als Gegenstand der unmittelbaren Vermögenszuordnung kennt unser Sachenrecht nur körperliche Gegenstände. Es wird daher auch als unvollständig empfunden.[975] Jedoch sollte nicht vergessen werden, dass die Begründer unserer heutigen Rechtsordnung zu Beginn des 19. Jahrhunderts die Rechtsideen und Anschauungen über die wirtschaftliche und soziale Wirklichkeit ihrer eigenen Zeit zugrunde legten. Die Idee von einem „Geistigen Eigentum“, das seinem Schöpfer ebenso zugeordnet wird wie die Sache dem Eigentümer und damit mindestens den gleichen Rechtsschutz verdient,[976] war seinerzeit als Wirtschaftsfaktor noch nicht von Bedeutungsrelevanz. Dies änderte sich mit dem Eintritt ins Zeitalter des „Geistigen Eigentums“ und der Diskussion um die Anerkennung eines solchen „Rechts des Geistigen Eigentums“ als Inbegriff des Gewerblichen Rechtsschutzes und Urheberrechts.[977] Gleichwohl ob es sich nun um ein „aus der Mottenkiste der Rechtsgeschichte“ hervorgeholtes[978] oder um junges, dynamisches Rechtsgebiet handelt – eine einheitliche, richtungsweisende Grundlagenforschung

---

Schuldners ermöglicht. *Westermann*, Sachenrecht, Rn. 2, unterscheidet i.d.S. zutreffend zwischen dem Recht auf eine Sache und dem Recht an einer Sache.

972 *Esser*, Urheberrechtliche Lizenzen in der Insolvenz, S. 51.

973 *Larenz/Wolf*, BGB AT, § 20 Rn. 4.

974 *Larenz/Wolf*, BGB AT, § 15 Rn. 5.

975 *Wieacker*, DRWiss 1941, 49, 61 ff., fordert insoweit die Neuordnung des vermögensrechtlichen Systems; anders dagegen *Hirte/Knof*, JZ 2011, 889, 895 f., die auch den obligatorischen Rechten einen vermögensrechtlichen Zuweisungsgehalt beimessen.

976 Vgl. *Pahlow*, UFITA 115 (2006), 705, 725; *Klippel*, ZNR 1982, 132, 136.

977 Vgl. *Ohly*, JZ 2003, 545 ff.; *Dölemeyer/Klippel* in: GRUR-FS, Bd. I, S. 185, 231 f.; *Klippel* in: Wadle, Historische Studien zum UrhR in Europa, S. 121; *Hubmann* in: Bettermann/Nipperdey/Scheuner, Grundrechte, Bd. IV/1, S. 1, 10; *Götting*, GRUR 2006, 353, 355 ff.: Der Begriff des Geistigen Eigentums ist im allgemeinen Sprachgebrauch als auch im Verfassungsrecht etabliert.

978 *Rehbinder*, Urheberrecht, Rn. 97.

existiert bislang nicht,[979] insbesondere nicht hinsichtlich des Rechtsverkehrs mit solchen Rechten. Auch soweit dieser Begrifflichkeit vornehmlich ein rechtspolitischer Charakter beigemessen wird und in der Urheberrechtsdiskussion damit im Wesentlichen die Forderung nach verstärktem Urheberrechtsschutz verbunden ist,[980] sollten die Vorteile einer solchen Sichtweise nicht verkannt werden. Zwar sind prägnante strukturelle Unterschiede zwischen dem „Geistigen Eigentum“ und dem Sacheigentum nicht von der Hand zu weisen,[981] weshalb sich auch der von *Kohler* geprägte Begriff der Immaterialgüterrechte[982] in der deutschen Rechtstheorie durchgesetzt hat.[983] So wurde gegen die Bezeichnung als „Geistiges Eigentum“ immer wieder eingewandt, dass der Eigentumsbegriff im Bürgerlichen Recht eng an den Sachbegriff des römisch-rechtlichen *res corporales* anknüpfe.[984] Zudem bestehe die Gefahr, dass wesentliche Unterschiede zwischen beiden Rechtsmaterien verwischen.[985] Darüber hinaus trage der Begriff des „Geistigen Eigentums“ der starken persönlichkeitsrechtlichen Prägung des Urheberrechts nicht hinreichend

979 Vgl. *Ohly* in: Ohly/Klippel, Geistiges Eigentum und Gemeinfreiheit, S. 1.

980 *Schack*, Urheber- und Urhebervertragsrecht, Rn. 23; *Ulmer*, Urheber- und Verlagsrecht, S. 108; vgl. *Dölemeyer/Klippel* in: GRUR-FS, Bd. I, S. 185, 232.

981 Hierzu ausführlich: *Fechner*, Geistiges Eigentum und Verfassung, S. 108 f.; *Leinemann*, Sozialbindung des „Geistigen Eigentums“, S. 58 ff.; *Lehmann* in: INTERGU Bd. 2, S. 7, 9, sieht Unterschiede insb. in Bezug auf die Ubiquität; weitergehend *Ohly*, JZ 2003, 545, 547: So sind die Immaterialgüterrechte anders als das Sacheigentum nicht durch die Natur vorgegeben, sondern werden erst durch die Rechtsordnung konstituiert. Zudem sind sie im Gegensatz zum Sacheigentum zeitlich begrenzt. *Woeste*, Immaterialgüterrechte als Kreditsicherheit, S. 33: Anders als Sachen können Immaterialgüter nicht verbraucht, beschädigt, zerstört oder sonst in ihrer Substanz berührt werden, sie können gleichzeitig durch eine Vielzahl von Personen an verschiedenen Orten in mannigfaltigen Formen genutzt werden und ihre Anerkennung ist im Wesentlichen von institutionalisierten Ausschlussregeln abhängig. Ebenso sieht *Hubmann* in: Bettermann/Nipperdey/Scheuner, Grundrechte, Bd. IV/1, S. 1, 20 f., wesentliche Unterschiede in der Schutzdauer, der Entstehung der Schutzrechte, hinsichtlich der Bestimmung des Berechtigten und der Befugnisse des Schutzrechtsinhabers; siehe auch *Maunz*, GRUR 1973, 107, 113 f.

982 *Kohler*, AcP 82 (1894), 141, 157; *ders.*, UFITA 123 (1993), 81 ff.

983 *Sosnitza* in: Forkel/Sosnitza, Recht der Persönlichkeit und ihre schöpferischen Leistungen, S. 33, 37 f.; *Hubmann* in: Bettermann/Nipperdey/Scheuner, Grundrechte, Bd. IV/1, S. 1, 9 f.; *Klippel* in: Wadle, Historische Studien zum UrhR in Europa, S. 121; *ders.*, ZNR 1982, 132, 145 f.

984 *Klippel* in: Wadle, Historische Studien zum UrhR in Europa, S. 121, 137 f.

985 *Kohler*, UFITA 123 (1993), 81, 83; *Rehbinder*, Urheberrecht, Rn. 97, betont als wesentlichen Unterschied zum Sacheigentum die Ubiquität immaterieller Güter – diese können gleichzeitig und ortsunabhängig mehrfach genutzt werden. Zudem zeichnen sich immaterialgüterrechtlich geschützte Gegenstände anders als körperliche Sachen typischerweise durch die Nichtexklusivität und Nichtrivalität ihrer Nutzung aus (siehe Nachw. Fn. 591).

Rechnung.[986] Die Entwicklung und Etablierung der Bezeichnung als Immaterialgüterrecht vollzog sich damit zum einen als terminologische „Flucht“ aus dem engen Sachbegriff, zum anderen als Antwort auf systematische Unterschiede beider Rechtsgebiete.[987] Gleichwohl der dargetanen Kritik erscheinen nach heutiger Auffassung die strukturellen Gemeinsamkeiten einer zunehmenden Zahl von Autoren als bedeutender.[988] Richtigerweise geht es nicht darum, eine Identität mit dem Sacheigentum auszudrücken,[989] sondern dort, wo es notwendig erscheint, analoge Schlüsse unter Berücksichtigung der Besonderheiten der unterschiedlichen geistigen Güter zu ziehen,[990] oder anders gesagt, soweit man von einer konkreten Analogie Abstand nehmen möchte, geht es schließlich um die Forderung, einen strukturähnlichen Schutz herzustellen.[991] So betonte auch *Kohler*, dass er mit dem neuen Begriff des Immaterialgüterrechts das Richtige der naturrechtlich geprägten Idee vom „Geistigen Eigentum“ übernehmen und nur den Unterschieden der andersartigen Rechtsobjekte Rechnung tragen wolle.[992] Er bezeichnete das Immaterialgüterrecht insoweit

986 *Rehbinder*, Urheberrecht, Rn. 97; *Leinemann*, Sozialbindung des „Geistigen Eigentums“, S. 31; vgl. auch *Möller*, Unübertragbarkeit des Urheberrechts, S. 47; *Götting*, GRUR 2006, 353, 355 f., m.w.N. hinsichtlich der an der Begrifflichkeit des Geistigen Eigentums geübten Kritik.

987 *Leistner* in: Leible/Lehmann/Zech, Unkörperliche Güter im Zivilrecht, S. 201, 206, 216; *Klippel* in: Wadle, Historische Studien zum UrhR in Europa, S. 121, 138.

988 *Jänich*, Geistiges Eigentum, S. 349 ff.; *Ohly*, JZ 2003, 545, 547; *ders.* in: Depenheuer/Peifer, Geistiges Eigentum, S. 141, 154 f.; *ders.* in: FS Schricker II, S. 104, 106 (Die strukturelle Gemeinsamkeit liegt in der absolut wirkenden Güterzuordnung zu einer Person.); ähnlich auch *Peukert* in: FS Schricker II, S. 149, 151, der die Gemeinsamkeit zwischen Immaterialgüterrecht und Sachenrecht unter dem Aspekt der allgemeinen Güterordnung durch das Privatrecht zusammenfasst; ebenso am Begriff des Geistigen Eigentums festhaltend: *Fechner*, Geistiges Eigentum und Verfassung, S. 112 ff.; *Götting*, GRUR 2006, 353 ff.; *ders.*, Gewerblicher Rechtsschutz, § 1 Rn. 2; *Pahlow*, UFITA 115 (2006), 705, 724 ff.; *Schack*, Urheber- und Urhebervertragsrecht, Rn. 23; siehe auch *Goldhammer*, ZGE 1 (2009), 139, 159 f., 163 ff., der ein Defizit bei der theoretischen Rechtfertigung des Geistigen Eigentums sieht; den Begriff des Geistigen Eigentums dagegen prinzipiell ablehnend: *Rehbinder*, Urheberrecht, Rn. 97.

989 *Fechner*, Geistiges Eigentum und Verfassung, S. 113; *Leistner* in: Leible/Lehmann/Zech, Unkörperliche Güter im Zivilrecht, S. 201, 207.

990 *Fechner*, Geistiges Eigentum und Verfassung, S. 113.

991 *Schack*, Urheber- und Urhebervertragsrecht, Rn. 23; vgl. *Pahlow*, UFITA 115 (2006), 705, 725: Der Schöpfer eines Geisteswerkes verdiene mindestens den gleichen Rechtsschutz wie ein Sacheigentümer. Dagegen *Ulmer*, Urheber- und Verlagsrecht, S. 108, hält eine solche Herangehensweise für methodisch verfehlt.

992 *Kohler*, AcP 82 (1894), 141, 161 ff.; *Dölemeyer* in: Wadle, Historische Studien zum UrhR in Europa, S. 139, 143; vgl. auch *Hubmann* in: Bettermann/Nipperdey/Scheuner, Grundrechte, Bd. IV/1, S. 1, 9; zum historischen Hintergrund der Lehre vom Geistigen Eigentum: *Leistner* in: Leible/Lehmann/Zech, Unkörperliche Güter im Zivilrecht, S. 201, 203 ff.

als „Bruderrecht“ des Sacheigentums.[993] In jüngster Zeit prägte *Jänich* hierfür den Begriff der „Komplementärerscheinung“.[994]

Eine Übertragung gefestigter sachenrechtlicher Prinzipien könnte jedenfalls in Bezug auf die im Rahmen dieser Arbeit zu untersuchende Konfliktsituation als notwendige Lückenfüllung erforderlich sein. Eine solche rechtsfortbildende Vorgehensweise könnte schließlich allgemein zu mehr Rechtssicherheit im Verkehr mit immateriellen Rechtsgütern beitragen – und dies nicht nur zugunsten des originär Berechtigten, sondern vor allem zum Schutz des Geschäftspartners im Rechtsverkehr.[995] Ob sich die Logik des Sacheigentums auf immaterielle Güter ohne Einschränkung übernehmen lässt oder ob darin eine Gefahr der Entgrenzung zu sehen ist, bleibt dagegen fraglich.[996] Eine gewisse Strukturähnlichkeit lässt sich jedenfalls nicht leugnen. So wurde bereits festgestellt, dass sowohl im Sachenrecht als auch im Immaterialgüterrecht zwischen translativen und konstitutiven Verfügungen unterschieden wird.[997] Letztere sind jedenfalls dem reinen Zessionsrecht fremd.

An diesem Punkt muss jedoch klargestellt werden, dass die Idee vom „Geistigen Eigentum“ nach der hier vertretenen Auffassung nicht nur das Ziel eines verstärkten Schutzes des Inhabers des Immaterialgüterrechts zulasten der Nutzer und Verwerter beinhaltet, sondern darüber hinaus die Chance der Stärkung der Rechtsposition insbesondere der wirtschaftlichen Verwerter durch die Anerkennung dinglicher abgeleiteter Rechte in sich trägt und damit einen verbesserten rechtlichen Schutz im Verkehr mit Lizenzen zu schaffen vermag.

Eine andauernde Rechtsunsicherheit hinsichtlich des Fortbestands der Enkelrechte löst schließlich erhebliche Transaktionskosten aus und könnte sich negativ auf den Vermögenswert des Immaterialgüterrechts auswirken. Dies gilt es zu vermeiden. Die an den Interessen der Beteiligten orientierte Notwendigkeit einer solchen dinglichen Zuordnung konnte bereits im Rahmen der verfassungsrechtlichen Untersuchung festgestellt werden.[998] Eine Rechtsfortbildung aufgrund der Bedürfnisse des Rechtsverkehrs erscheint damit offenbar geboten.

Auf zivilrechtlicher Ebene stößt diese Forderung jedoch auf widerstreitende Systemgrundsätze, die es zu berücksichtigen gilt (vgl. Art. 20 III GG). Ob ein Recht

---

993 *Kohler*, UFITA 123 (1993), 81, 84.

994 Vgl. grundlegend *Jänich*, Geistiges Eigentum – Eine Komplementärerscheinung zum Sacheigentum? Tübingen 2001.

995 A.A. *Rehbinder*, Urheberrecht, Rn. 97; vgl. *Leistner* in: Leible/Lehmann/Zech, Unkörperliche Güter im Zivilrecht, S. 201, 207 sowie S. 214 f. (speziell Fn. 70), der vor den Gefahren einer derartigen Eigentumslogik warnt, allerdings einen Vorteil in der Klarstellung der strukturellen Nähe zum Sacheigentum in einer Vielzahl zivilrechtlicher Regelungszusammenhänge sieht.

996 *Ohly* in: Depenheuer/Peifer, Geistiges Eigentum, S. 141, 154, unter Bezugnahme auf *Kurt Biedenkopf*; dagegen *Katzenberger*, GRUR Int. 1983, 410, 411, eine Gleichbehandlung von Urheberrecht und Sacheigentum ablehnend.

997 Siehe hierzu die Ausführungen unter 1. Teil, B.

998 Siehe hierzu die Ausführungen unter 4. Teil, A. III. 5.

dinglicher Rechtsnatur ist, legt ein gesetzlich normierter Typenkatalog fest, der im Sachenrecht fest verankert ist. Ein solcher Maßstab existiert jedoch in Bezug auf immaterielle Rechtsgüter nicht. Das deutsche Bürgerliche Recht, als System mit besonders strengem gedanklichem Aufbau, begegnet daher immer mehr einer gewandelten sozialen Wirklichkeit und Rechtsanschauung. Viele komplexe Lebensvorgänge von rechtlicher Bedeutung lassen sich zum Teil nicht mehr ohne Schwierigkeiten in das dichotome System der obligatorischen und dinglichen Rechte einordnen.[999] In diesem Konflikt kommt das Problem zum Tragen, dass einige Rechtspositionen, deren ursprüngliche Rechtsnatur in der Relation zweier Personen zueinander lag, sich durch ihre besondere Werthaltigkeit derart von der Personenbeziehung losgelöst haben und in den Herrschaftsbereich einer Person über diesen Gegenstand übergegangen sind, dass der Rechtsinhaber auf die Stabilität dieser Vermögensposition angewiesen ist. Eine strenge Dichotomie zwischen obligatorischen und dinglichen Rechtspositionen wird daher zunehmend abgelehnt.[1000] Die Rechtslehre entwickelte, als scheinbarer Notausgang aus der systematischen Sackgasse, die Rechtsfigur der „Verdinglichung obligatorischer Rechte".[1001] Dabei soll es sich um ein Mischgebilde handeln, das seinen dogmatischen Sitz zwischen Schuld- und Sachenrecht hat.[1002] Dies sei so zu verstehen, dass einem eigentlich obligatorischen Recht lediglich einzelne dingliche Eigenschaften zuerkannt werden.[1003] Nach Auffassung von *Canaris* stehe es der Rechtsordnung grundsätzlich frei, bestimmte Positionen mit allen oder nur mit einzelnen dinglichen Eigenschaften auszustatten. Die Verdinglichung sei daher eine Bereicherung des gesetzgeberischen Instrumentariums.[1004] Nach weitergehender Auffassung soll das Instrument der Teilverdinglichung nicht nur dem Gesetzgeber vorbehalten bleiben, sondern ebenso der richterlichen Rechtsfortbildung zugänglich sein.[1005] Praktische Bedeutung gewinnt die Lehre der „Verdinglichung obligatorischer Rechte" durch die Arbeit von *Canaris*, der von der

---

999 Vgl. *Wieacker*, DRWiss 1941, 49, 51.

1000 Vgl. *Wieacker*, DRWiss 1941, 49 ff.; *Canaris* in: FS Flume, Bd. I, S. 371, 372; so auch *Weinmann*, Rechtsnatur der Lizenz, S. 286; *McGuire*, Lizenz, S. 157 ff., ein „tertium" allerdings ablehnend; *dies.*, GRUR 2009, 13, 16.

1001 Entwickelt durch *Dulckeit*, Die Verdinglichung obligatorischer Rechte, Tübingen 1951, der in seiner Arbeit zunächst das Bürgerliche Recht auf einzelne Erscheinungsformen der Verdinglichung untersucht und diese als innere Widersprüche deutet. Diese nimmt er zum Anlass für eine rechtstheoretische Untersuchung, die in einem Vorschlag zur Korrektur der vermögensrechtlichen Systematik des BGB mündet, indem er die durch *Savigny* entwickelten Sach- und Eigentumsbegriffe auflöst, wesentlich weiter fasst und die Lehre vom „relativen Eigen" entwickelt.

1002 *Canaris* in: FS Flume, Bd. I, S. 371, 372.

1003 *Canaris* in: FS Flume, Bd. I, S. 371, 372; *Krebs/Becker*, JZ 2009, 932, 934 f.; *McGuire*, Lizenz, S. 157 f., stellt in diesem Zusammenhang klar, dass solche atypischen Ausprägungen keine neutrale Mittelstellung einnehmen, sondern stets eine Zuweisung zu einer der Grundkategorien erfolgen muss.

1004 *Canaris* in: FS Flume, Bd. I, S. 371, 380.

1005 *Krebs/Becker*, JZ 2009, 932, 934; *Becker*, ZUM 2012, 786, 787.

Grundannahme ausgeht, dass ein dingliches Recht ein absolutes Herrschaftsrecht an Sachen oder Rechten sei.[1006] Der Absolutheit der Zuordnung schreibt er drei spezifische Wirkprinzipien zu, einen umfassenden Klageschutz, Verfügungs- und Sukzessionsschutz sowie Konkurs- und Zwangsvollstreckungsfestigkeit.[1007] Diese drei Kriterien der Absolutheit greifen *Krebs/Becker* erstmals auf und unterziehen die Internetdomain anhand dieser einer Dinglichkeitsprüfung.[1008]

Zu korrigieren ist hier die sprachliche Ungenauigkeit, die sich aus der Vermischung bzw. Gleichstellung der Begriffe Dinglichkeit und Absolutheit ergeben. Eine synonyme begriffliche Verwendung, wie sie sich in der Lehre eingeschlichen hat, sollte vermieden werden.[1009] Denn dingliche und absolute Rechtswirkungen unterscheiden sich maßgeblich. Zwar ist allen Definitionen der Dinglichkeit gemeinsam, dass sie dem dinglichen Recht eine absolute Wirkung zuschreiben.[1010] Ein absolutes Recht muss jedoch nicht dinglicher Natur sein. Hinsichtlich der Schwierigkeiten des Begriffs der absoluten Rechte sei auf die obigen Ausführungen verwiesen. Die Absolutheit ist vielmehr als übergeordnete Begriffskategorie und zugleich nächsthöhere Schutzebene zu begreifen.[1011] Absolute Rechte genießen grundsätzlich deliktischen Drittschutz, während dinglichen Rechten darüber hinaus Verkehrsschutz einzuräumen ist.

Ferner übt *Dörner* berechtigte Kritik an den durch *Canaris* herausgearbeiteten Kriterien: So sei in tatsächlicher Hinsicht jedes subjektive Privatrecht mit dem absoluten Klageschutz ausgestattet, den seine Eigenart nach Auffassung des Gesetzgebers erforderlich macht.[1012] Auch stelle sich die Frage nach einem Sukzessionsschutz sowohl für dingliche als auch für obligatorische Rechte gleichermaßen. Hier wie dort gehe es um eine Abwägung zwischen dem Schutzbedürfnis des obligatorisch bzw. dinglich Berechtigten einerseits und der Verfügungsfreiheit des Eigentümers bzw. dem Interesse seines Rechtsnachfolgers an einem lastenfreien

---

1006 *Canaris* in: FS Flume, Bd. I, S. 371, 375.

1007 *Canaris* in: FS Flume, Bd. I, S. 371, 373 f.; ebenso *McGuire*, Lizenz, S. 160; zust. *Haedicke*, ZGE 3 (2011), 377, 380 f.; ähnlich auch *Pahlow*, Lizenz, S. 358; siehe auch den Ansatz von *Stöckel/Brandi-Dohrn*, CR 2011, 553, 554, die als typische Kennzeichen eines dinglichen Rechts die absolute Wirkung und die „Verfügung" nennen.

1008 *Krebs/Becker*, JZ 2009, 932, 936 ff.

1009 So spricht auch *Jänich*, Geistiges Eigentum, S. 200 f., von einer fehlerhaften Begriffsbildung; dagegen *McGuire/v. Zumbusch/Joachim*, GRUR Int. 2006, 682, 683, sind der Auffassung, dass das dadurch zum Ausdruck gebrachte Charakteristikum von Rechten des geistigen Eigentums besser durch den Begriff des absoluten Rechts beschrieben werden kann.

1010 So im Ergebnis *Weinmann*, Rechtsnatur der Lizenz, S. 289.

1011 Vgl. *Seiler* in: Staudinger, BGB/Buch 3/2012, Einl. §§ 854 ff. Rn. 18, der die dinglichen Rechte als eine Hauptgruppe der absoluten Rechte einordnet; ebenso *Weinmann*, Rechtsnatur der Lizenz, S. 290, der die dinglichen Rechte als Unterform der absoluten Rechte sieht; *Wieling*, Sachenrecht, S. 5; vgl. auch *Prütting*, Sachenrecht, Rn. 18.

1012 *Dörner*, Dynamische Relativität, S. 87.

Erwerb andererseits.[1013] Zudem gibt die Insolvenzordnung grundsätzlich nicht vor, welche Positionen vermögensrechtlich der Haftungsmasse zuzuordnen sind, sondern rekurriert auf die Gesetze, die außerhalb des Insolvenzverfahrens gelten (vgl. § 47 S. 2 InsO). Zu warnen ist daher vor einem methodischen Zirkelschluss bei der Beurteilung der Dinglichkeit, der sich aus einer schlichten Auslegung der Gesetzeslage ergeben würde.[1014]

Unter welchen Voraussetzungen eine Verdinglichung anzunehmen ist und ob sich die Teilverdinglichung als Instrument des Gesetzgebers oder gar der Rechtsprechung als geeignet erweist, um dem Schutzbedürfnis des Einzelnen zu begegnen, ist bislang nicht abschließend geklärt. Unklar bleibt jedenfalls, in welchem Verhältnis eine Quasi-Dinglichkeit zur sachenrechtlichen Dinglichkeit stehen soll.[1015] Letztlich würde die Anerkennung einer abstrakt begrifflichen Zwischenform zu einer Abschaffung des kontradiktorischen Gegensatzes zwischen relativen und absoluten Rechten führen. Eine verlässliche Verhaltensanordnung wäre somit nicht mehr gegeben. Dies würde dem verfassungsrechtlich statuierten Grundsatz der Rechtssicherheit (Art. 20 III GG) zuwiderlaufen. Eine Vermischung von dinglichen und schuldrechtlichen Rechtsverhältnissen sollte deshalb grundsätzlich nicht vorgenommen werden.[1016]

Daher kann es sich bei den von *Canaris* aufgezählten Wirkprinzipien[1017] lediglich um typologische Merkmale handeln, die ein obligatorisches Recht zwar in seinem Schutzumfang verstärken können – so wenn dieses Sukzessionsschutz genießt. Die Dinglichkeit an sich folgt jedoch, entsprechend der dargelegten Begriffsdefinition, ausschließlich aus dem Prinzip der Zuordnung und der damit verbundenen Herrschaftsmacht.[1018] Eine solche Zuordnung von vermögenswerten Rechtspositionen zu einem Rechtssubjekt kann ausschließlich aus Art. 14 GG folgen. Ein dingliches Recht muss die durch die Verfassung vorgegebene Funktion der Güterzuordnung erfüllen. Dies erfordert eine grundsätzliche Betrachtung der Interessen des Einzelnen an der Stabilität seiner Vermögensposition und den Belangen der Allgemeinheit

---

1013 *Dörner*, Dynamische Relativität, S. 88.

1014 So aber der Ansatz von *McGuire*, GRUR 2012, 657, 659 f.; *dies.*, Lizenz, die das Konzept der Dinglichkeit als nicht geeignet erachtet, eine Insolvenzfestigkeit der Lizenz zu begründen (S. 388 ff., 399) und diese Feststellung sodann ins Feld führt, die Lizenz als obligatorische Rechtsposition zu qualifizieren, die aufgrund des gesetzlich angeordneten Sukzessionsschutzes und einer möglichen Klagebefugnis lediglich einige charakteristische Merkmale eines dinglichen Rechts aufweist (S. 560 ff.). Ebenso *Brinkmann*, NZI 2012, 735, 737, der eine Definition von der Rechtsfolgenseite aus vornimmt und ein Recht erst dann als dinglich einordnet, wenn (und weil) es insolvenzfest ist.

1015 *Weinmann*, Rechtsnatur der Lizenz, S. 286 f.

1016 So auch *Stöckel/Brandi-Dohrn*, CR 2011, 553; krit. auch *Baur/Stürner*, Sachenrecht, Rn. 47.

1017 *Canaris* in: FS Flume, Bd. I, S. 371, 373 f.

1018 Siehe Nachw. Fn. 965.

an der Wahrung der Verkehrsfähigkeit der Rechtsgüter und an der Schaffung klarer und übersichtlicher Rechtsverhältnisse. Diesem Prinzip steht allerdings der starre *numerus clausus* der dinglichen Rechte gegenüber. Die Konvergenz beider Grundsätze bedarf im Einzelfall einer Auflösung, insbesondere im Hinblick auf die dinglichen Rechte an immateriellen Gütern, die auch im Rahmen der Untersuchung vorgenommen werden soll.

Um die Funktion der Güterzuordnung erfüllen zu können, muss das dingliche Recht als Gegenstand des Rechtsverkehrs im Interesse des Einzelnen am Bestand seiner Vermögensposition einen angemessenen Schutz durch die Rechtsordnung erfahren. Die Anerkennung eines Verfügungs- und Sukzessionsschutzes ist daher i.S. einer systemgerechten und widerspruchsfreien Rechtsentwicklung unentbehrlich. Dies sind die spezifischen Wirkmechanismen der dinglichen Rechte.

Darüber hinaus existieren weitere Deutungen zur Dinglichkeit:[1019]

Die dritte Eigenschaft eines dinglichen Rechts, ist das Merkmal des absoluten Rechtsschutzes[1020] und die damit verbundene Befugnis, aus eigenem Recht zu klagen.[1021] Im Mittelpunkt steht dabei der Schutz von Interessen und Gütern, der durch zivilrechtliche Ansprüche gewährleistet wird.

Der bloße Schutz vor unerlaubten Nutzungen ermöglicht zwar eine tatsächliche Kontrolle darüber, das subjektive Recht wahrzunehmen. In einer arbeitsteiligen Wirtschaft besteht jedoch darüber hinaus ein erhebliches Interesse, Dritten die Nutzung des unmittelbar zugeordneten, vermögenswerten Rechts zu gestatten und auf diese Weise erhebliche Transaktionsgewinne zu realisieren oder dieses als Kreditmittel einzusetzen.[1022] Ein dingliches Recht muss seinem Inhaber daher eine unmittelbare und selbstständige Herrschaftsmacht zuweisen, die in positiver Hinsicht Nutzungs- und Verfügungsrechte am zugewiesenen Recht selbst sichert und in negativer Dimension diese gegen den Zugriff Dritter abschirmt.[1023] So gewährt das dingliche Recht seinem Inhaber Verfügungsgewalt in zweierlei Hinsicht: Sie

---

1019 Siehe hierzu auch folgende Deutungsversuche: *Sosnitza* in: FS Schricker II, S. 183, 184 ff., nennt als wesentliches Merkmal der Dinglichkeit die „Drittwirkung" und arbeitet fünf Ausprägungen heraus: Drittdurchsetzung, Sukzessionsschutz, Unterlizenzierungsbefugnis, Zweitgewährung, Insolvenzfestigkeit. *Hirte/Knof*, JZ 2011, 889 f., nennen drei wesentliche Wirkungen eines dinglichen Rechts: dingliche Abwehr- und Unterlassungsansprüche, Sukzessionsschutz und die haftungsrechtliche Vermögenszuordnung in Form eines umfassenden Vollstreckungsschutzes.

1020 *Brehm/Berger*, Sachenrecht, Rn. 13; *Wilhelm*, Sachenrecht, Rn. 65; *Westermann*, Sachenrecht, Rn. 3; *Prütting*, Sachenrecht, Rn. 18; vgl. auch *Canaris* in: FS Flume, Bd. I, S. 371, 375, der das dingliche Recht als absolutes Herrschaftsrecht an Sachen oder Rechten definiert; *Stöckel/Brandi-Dohrn*, CR 2011, 553, 554.

1021 OLG Hamburg, GRUR-RR 2005, 181, 182 – „ZOMIG/AscoTop"; *Haedicke*, ZGE 3 (2011), 377, 380.

1022 Vgl. *Peukert* in: Leible/Lehmann/Zech, Unkörperliche Güter im Zivilrecht, S. 95, 97 f.

1023 Ähnlich auch *Weinmann*, Rechtsnatur der Lizenz, S. 6.

ermöglicht die Eigennutzung und die Eigenverwertung.[1024] Letztere betrifft insbesondere die rechtsgeschäftliche – möglicherweise auch die zwangsweise – Übertragbarkeit. In Abhängigkeit des Umfangs der dinglichen Rechtsposition kann diese Rechtsmacht freilich von unterschiedlicher Stärke sein.[1025]

Zusammenfassend lässt sich feststellen, dass die Dinglichkeit allgemein als die Beschreibung der Beziehung zu einem Rechtsobjekt und speziell als die Verknüpfung mit den Attributen dinglicher Dispositionsbefugnisse zu verstehen ist. Dabei können nicht nur körperliche Sachen, sondern auch immaterielle Rechte als dingliche Rechtspositionen beschrieben werden. Die Wirkung der Dinglichkeit ist hierbei regelmäßig mit vier Prinzipien verknüpft: Das dingliche Recht erfüllt eine Zuordnungsfunktion, es gewährt Sukzessions- und Verfügungsschutz, entfaltet absolute Wirkung und gewährleistet seinem Inhaber eine umfassende Herrschaftsmacht.

Zu warnen ist jedoch vor einem methodischen *circulus vitiosus*, der entsteht, wenn man ausschließlich auf die Wirkungen eines Rechts rekurriert, um eine Antwort auf die Rechtsnatur dieses Rechts zu erhalten.[1026] Eine solche normgeprägte Sichtweise, die allein auf die gesetzlich angeordneten Wirkungen abstellt,[1027] ist nicht nur – wie bereits festgestellt – aus verfassungsrechtlicher Perspektive abzulehnen.[1028] Auch aus methodischer Sicht lässt sich ein solches Ergebnis nicht rechtfertigen, wenn ein neues Rechtsinstitut geschaffen oder dieses einem neuen Anwendungsbereich zugeführt werden soll, wenn dies im ursprünglichen Plan des Gesetzgebers nicht vorgesehen war. Eine Lösung auf zivilrechtlicher Ebene kann dann nur eine Rechtsfortbildung außerhalb der gesetzlichen Regelungen bieten.

2. *Die Anerkennung der Lizenz als dingliches Recht im Wege der Rechtsfortbildung* extra legem

Die Frage nach der Rechtsnatur der Lizenz wird in der Literatur regelmäßig in unterschiedlichen Bereichen diskutiert.[1029] Während in der Vergangenheit die Auffassung vertreten wurde, dass sowohl die einfache als auch die ausschließliche Lizenz

---

1024 Vgl. *Baur/Stürner*, Sachenrecht, Rn. 23, hinsichtlich des Sacheigentums als dingliches Recht.

1025 So auch *Stöckel/Brandi-Dohrn*, CR 2011, 553, 554 f.

1026 Ebenso *Hirte/Knof*, JZ 2011, 889; *Berger*, GRUR 2013, 321, 326 f.

1027 So etwa der Ansatz von *Hauck*, AcP 211 (2011), 626, 647; vgl. auch *Brinkmann*, NZI 2012, 735, 738, der ebenfalls eine Definition von der Rechtsfolgenseite aus fordert.

1028 Siehe hierzu bereits die Ausführungen unter 4. Teil, A. III. 4. d. bb. (2), (a).

1029 Zur Diskussion im Urheberrecht: z.B. *Sosnitza* in: FS Schricker II, S. 183, 184; *Pahlow*, Lizenz, S. 273 ff. (einfache Lizenz), S. 340 ff. (ausschließliche Lizenz). Zum Gewerblichen Rechtsschutz: z.B. *Kraßer*, GRUR Int. 1983, 537 ff.; *Forkel*, Gebundene Rechtsübertragungen, S. 75 ff.; 104 ff. Zum Bürgerlichen Recht: insb. *Haedicke*, Rechtskauf und Rechtsmängelhaftung, S. 84 ff.; *Sonnenschein/Veit* in: Staudinger, BGB/Buch 2/2005, § 581 Rn. 82 ff.; *Jänich*, Geistiges Eigentum, S. 342 f. Zum Insolvenzrecht: z.B. *Wallner*, NZI 2002, 70, 77; *Abel*, NZI 2003, 121, 122; *Pahlow*,

lediglich schuldrechtliche Wirkung entfalte,[1030] kristallisierten sich in jüngster Zeit zwei Meinungslager mit unterschiedlichem Gewicht heraus. Die h.M. beantwortete die Frage nach der Rechtswirkung der Lizenz bislang differenzierend. Demnach sei die ausschließliche Lizenz als subjektives Recht mit dinglicher Wirkung zu qualifizieren; der einfachen Lizenz komme dagegen lediglich eine schuldrechtliche Wirkung zu.[1031] Die bisherige Mindermeinung hielt eine Differenzierung für nicht notwendig; sowohl der ausschließlichen als auch der einfachen Lizenz sei ein dinglicher Charakter beizumessen.[1032]

WM 2004, 2041; *McGuire*, GRUR 2009, 13, 15 f.; *Grützmacher*, CR 2006, 289, 292 f.; *Weber/Hötzel*, NZI 2011, 432, 433.

1030 *Marotzke*, ZGE 2 (2010), 234 f.; *Sosnitza* in: FS Schricker II, S. 183, 195 f.; *Cebulla*, Pacht nichtsächlicher Gegenstände, S. 106 ff., 134 ff.; vgl. auch *Spies*, Insolvenzfestigkeit von Lizenzen, S. 56, allg. kritisch hinsichtlich einer Einordnung der Lizenz als dingliches Recht.

1031 Zum Urheberrecht: *Götting* in: FS Schricker I, S. 53, 68; *Schwarz* in: v. Hartlieb/Schwarz, Hdb. Film-, Fernseh-, Videorecht, Kap. 52 Rn. 12; *Spautz* in: Möhring/Nicolini, UrhG, § 31 Rn. 39; *Pahlow*, Lizenz, S. 290 f.; *ders.*, ZUM 2005, 865, 869 ff.; *ders.*, WM 2008, 2041, 2042; *Platho*, FuR 1984, 135, 136; zum Patentrecht: BGH, GRUR 1974, 463, 464 – „Anlagengeschäft"; BGH, GRUR 1982, 411, 412 – „Verankerungsteil"; *Fischer*, GRUR 1980, 374, 377; *Kraßer*, GRUR Int. 1983, 537, 540; *Kraßer/Schmid*, GRUR Int. 1982, 324, 629; *Ohl*, GRUR 1992, 78, 80 f.; *Pahlow*, WM 2008, 2041, 2042; *Groß*, Lizenzvertrag, Rn. 39; *Osterrieth*, Patentrecht, Rn. 346, 350; *Ullmann* in: Benkard, PatG, § 15 Rn. 100; *Schmoll* in: Büscher/Dittmer/Schiwy, GewRS/UrhR/MedienR, Kap. 12, Rn. 89, 98; *Mes*, PatG/GerbrMG, § 15 Rn. 40, 42; *Keukenschrijver* in: Busse, PatG, § 15 Rn. 60; *Nirk/Ullmann*, PatR/GebrMR/SortSchR, S. 161; *Empting*, Immaterialgüterrechte in der Insolvenz, S. 164 f.; allg. zur Lizenz: *Fehrenbacher*, JR 2001, 309, 311.

1032 Zum Urheberrecht: *v. Gamm*, UrhG, § 31 Rn. 11; *Forkel*, Gebundene Rechtsübertragungen, S. 222, 230; *Haberstumpf*, Hdb. UrhR, Rn. 389; *Haberstumpf/Hintermeier*, Einf. Verlagsrecht, S. 46; *Schack*, Urheber- und Urhebervertragsrecht, Rn. 604; *Rehbinder*, Urheberrecht, Rn. 556, 560 („quasi-dingliches Recht"); *Nolden*, Abstraktionsprinzip im UrhR, S. 32; *Wohlfarth*, Taschenbuchrecht, S. 146; *Lisch*, Abstraktionsprinzip im UrhR, S. 39; *Roth*, Filmrechte in der Insolvenz, S. 35; *Sieger*, FuR 1983, 580, 586; *Wente/Härle*, GRUR 1998, 103, 104; *Wallner*, NZI 2002, 70, 77; *Grützmacher*, CR 2006, 289, 292 f.; *Adolphsen/Tabrizi*, GRUR 2011, 384, 385; *Bullinger/Hermes*, NZI 2012, 492, 494; *Loewenheim/J.B. Nordemann* in: Loewenheim, Hdb. UrhR, § 25 Rn. 1; *Schricker/Loewenheim* in: Schricker/Loewenheim, UrhR, Vor. §§ 28 ff. Rn. 81, 83, § 31 Rn. 13 f.; *Schulze* in: Dreier/Schulze, UrhG, 3. Aufl. 2008, § 31 Rn. 52, 56; *Kotthoff* in: Dreyer/Kotthoff/Meckel, UrhR, § 31 Rn. 103 f.; *Wandtke/Grunert* in: Wandtke/Bullinger, UrhR, § 31 Rn. 31; *J.B. Nordemann* in: Fromm/Nordemann, UrhR, § 31 Rn. 87, 92, unter Aufgabe der bis zur 9. Aufl. vertretenen Auffassung; vgl. auch *Ulmer*, Urheber- und Verlagsrecht, S. 368 f., unter Berufung auf *Kohler*.
Zum Patentrecht: *Forkel*, Gebundene Rechtsübertragungen, S. 75 ff., 104 ff.; *Woeste*, Immaterialgüterrechte als Kreditsicherheit, S. 40; *Leßmann*, DB 1987, 145, 149 ff.; *v. Frentz/Masch*, ZIP 2011, 1245, 1247; vgl. *Ahrens*, Gewerblicher Rechtsschutz,

Aktuell scheint die Mindermeinung zumindest im Urheberrecht zu kippen. Der I. Zivilsenat des BGH schloss sich in der „Reifen Progressiv"-Entscheidung vom 26.03.2009 und darauf bezugnehmend im Urteil „Vorschaubilder I" vom 29.04.2010 der Mindermeinung an.[1033] Auch das OLG München folgte jüngst dieser Auffassung.[1034] Darüber hinaus wandte das LG München I die Rechtsprechung des BGH auf die Patentlizenz an und bestätigte auch hier die dingliche Rechtsnatur einfacher Lizenzen.[1035] Ebenso bestätigte das LG Mannheim in Folge die dingliche Rechtsnatur der Lizenz.[1036]

In der Lehre stieß die Entscheidung des BGH für eine dingliche Rechtsnatur der Lizenz allgemein auf Zustimmung.[1037] Einen ganz anderen Ansatz wählt dagegen *McGuire*. Ihrer Auffassung nach stellt sowohl die einfache als auch die ausschließliche Lizenz eine „verdinglichte Obligation" dar.[1038] Einen Rückhalt hat diese Theorie in der richterlichen Rechtsfortbildung bislang nicht gefunden. Auch im Rahmen dieser Untersuchung soll diesem Ansatz nicht weiter nachgegangen werden, da nach der hier vertretenen Auffassung eine Vermischung von dinglichen und obligatorischen Rechtsgebilden weniger zur gebotenen Rechtsklarheit beiträgt.[1039]

Die undifferenzierte Anerkennung der Dinglichkeit der Lizenz steht nicht nur dem Gesetzgeber offen, sondern ist aus verfassungsrechtlicher Sicht auch im Rahmen der richterlichen Rechtsfortbildung möglich.[1040] An eine solche methodische Vorgehensweise zur Beantwortung der hier vorliegenden Rechtsfrage sind jedoch

---

Rn. 286, der hinsichtlich der einfachen Lizenz einen allgemeinen Stimmungsumschwung erkennen will.
Allg. zur Lizenz: *Stöckel/Brandi-Dohrn*, CR 2011, 553 ff.; *Kellenter* in: FS Tilmann, S. 807, 820.

1033 BGH, GRUR 2009, 946, 948 – „Reifen Progressiv": „Das einfache Nutzungsrecht hat – wie auch das ausschließliche Nutzungsrecht – keinen schuldrechtlichen, sondern dinglichen Charakter." BGH, GRUR 2010, 628, 631 – „Vorschaubilder I": „Da die (ausdrückliche oder konkludente) Überlassung eines urheberrechtlichen (einfachen oder ausschließlichen) Nutzungsrechts dinglichen Charakter hat (...)." Zur Markenlizenz: OLG Hamburg, GRUR-RR 2005, 181 f. – „ZOMIG/AscoTop".

1034 OLG München, GRUR-RR 2011, 303, 304 – „Blu-ray Disc".

1035 LG München I, GRUR-RR 2012, 142, 143 f. – „Insolvenzfestigkeit".

1036 LG Mannheim, BeckRS 2011, 04156 – „Handylizenz"; LG Mannheim, BeckRS 2012, 11804 – „Dekodiervorrichtung".

1037 *Scholz*, GRUR 2009, 1107, 1109; *v. Frentz/Masch*, ZIP 2011, 1245, 1246 ff.; *Ehle/Schwiddessen*, MMR 2012, 355, 356; *Schulze* in: Dreier/Schulze, UrhG, § 31 Rn. 52, 56; dagegen kritisch *Dieselhorst*, CR 2010, 69, 72 f.

1038 *McGuire*, Lizenz, S. 560 f.; *dies.*, GRUR 2012, 657, 659 f., belegt diese Auffassung anhand der fehlenden Insolvenzfestigkeit der Lizenz, denn nur dingliche Rechte begründen eine Vermögenszuordnung und berechtigen zur Aussonderung nach § 47 InsO. Die Lizenz weist damit nicht alle charakteristischen Merkmale eines dinglichen Rechts auf.

1039 Siehe hierzu die Ausführungen unter 5. Teil, C. I. 1.

1040 Siehe 4. Teil, A. III. 4. d. bb. (2), (a).

enge Voraussetzungen geknüpft,[1041] deren Begründung mit rechtlichen Erwägungen der BGH in seiner präjudiziellen „Reifen Progressiv"-Entscheidung versäumt hat. Aufgrund der Bedeutung der Frage soll dies nachfolgend nachgeholt werden.

a. *Subsidiarität der Rechtsfortbildung* extra legem

Die Rechtsfortbildung *extra legem* ist nur dann zulässig, wenn eine Lösung der offenen Rechtsfrage mit den Methoden der Auslegung oder im Wege der gesetzesimmanenten Rechtsfortbildung unmöglich ist.

Im Schrifttum werden der Sukzessions- und Verfügungsschutz sowie die Klageberechtigung, für die in den Sondergesetzen der Immaterialgüterrechte gesetzliche Regelungen existieren, immer wieder als Auslegungstatbestände einer Dinglichkeitsprüfung herangezogen.[1042] Ob es sich bei der Lizenz um ein Recht dinglicher oder rein obligatorischer Natur handelt, ist jedoch weder diesen noch anderen Rechtsnormen durch die Methodik der Auslegung zu entnehmen. Denn einer konkreten Normierung verwehrte sich der Gesetzgeber ausdrücklich: Bei der Neuregelung des Urhebervertragsrechts im *Zweiten Korb* stellte der Gesetzgeber klar, dass er in dogmatische Fragen des Lizenzrechts nicht eingreifen wolle.[1043] Eine Einordnung der Lizenz in die sachenrechtliche Systematik war im ursprünglichen Plan des Gesetzgebers damit offenbar nicht vorgesehen und beruht vielmehr auf unabweisbaren Bedürfnissen des Rechtsverkehrs, die durch die Lehre und Rechtsprechung in den letzten hundert Jahren etappenweise anerkannt wurden, wie nachfolgend aufgezeigt werden soll. Der Grundsatz der Subsidiarität steht einer methodischen Anwendung der Rechtsfortbildung *extra legem* jedenfalls nicht entgegen.

b. *Begründung einer Rechtsfortbildung* extra legem

Drei Arten der Begründung einer Rechtsfortbildung *extra legem* sind möglich, die sich jedoch innerhalb der Grenzen der Gesamtrechtsordnung bewegen müssen.

aa. Das Bedürfnis des Rechtsverkehrs nach einer dinglichen Lizenz

Die Anerkennung von Rechtsinstituten durch die Gerichte fand in der Vergangenheit immer dann statt, wenn hierfür ein Verkehrsbedürfnis bestand.[1044] Eine solche Entwicklung vollzog sich in den letzten hundert Jahren auch im Lizenzrecht. Das Bedürfnis des Rechtsverkehrs nach einer dinglichen Rechtsnatur der Lizenz war hierfür maßgeblich.

1041 *Larenz*, Methodenlehre S. 232 ff.; siehe auch BGH, NJW 1956, 665, 666.

1042 Vgl. *Hauck*, AcP 211, 2011, 626, 633 ff.

1043 Vgl. BT-Drucks. 14/6433, S. 16.

1044 Z.B. BGH, GRUR 1955, 197, zum allgemeinen Persönlichkeitsrecht; BGH, NJW 1956, 665, zum Anwartschaftsrecht; BGH, NJW 1958, 1133, zur Sicherungsübereignung.

(1) Historischer Aufriss zur dinglichen Rechtsnatur der Lizenz

Der Meinungsstreit um die Rechtsnatur der Lizenz ging einher mit der bereits zu anfangs dargelegten Diskussion über den positiven Rechtsinhalt einfacher und ausschließlicher Lizenzen[1045] und löste letztere schließlich auch ab. Der Ursprung der Diskussion liegt hierbei im Patentrecht.

Während die Patentlizenz anfangs als rein obligatorisches Verhältnis gedeutet wurde,[1046] entwickelte die Rechtsprechung aus der Konstruktion der Lizenz als positives Recht eine schuldrechtliche und eine dingliche Komponente: Das RG unterschied mit Urteil vom 16.01.1904 erstmals zwischen verschiedenen Lizenztypen und sprach von einem quasi-dinglichen Benutzungsrecht.[1047] Das Gericht griff dabei die durch *Kohler* geprägte Terminologie auf. Dieser ordnete unter Bezugnahme auf sachenrechtliche Grundsätze die Lizenz allgemein als ein dem Recht an Sachen ähnliches Recht ein und entwickelte den Begriff des „quasi-dinglichen Gebrauchsrechts".[1048] Das RG beschränkte sich dagegen auf Fälle, in denen der Inhaber des Immaterialgüterrechts nur einem einzigen Vertragspartner ein Nutzungsrecht einräumt. Die quasi-dingliche Natur sollte also der ausschließlichen Lizenz vorbehalten bleiben.[1049] Hauptargument für die Annahme eines dinglichen Charakters war die missliche Rechtslage, in welche die Veräußerung des Patents den Lizenznehmer versetzte. Denn bis 1986 existierte kein gesetzlich angeordneter Sukzessionsschutz im Patentgesetz. Der Rechtserwerber war nicht an bestehende Lizenzen gebunden; vielmehr konnte er gegen vorhandene Lizenznehmer vorgehen und damit die Verwertbarkeit bestehender Lizenzen erheblich beeinträchtigen.[1050] Zudem wurde eine Auswertung der Erfindung durch den ausschließlichen Lizenznehmer

1045 Siehe hierzu die Ausführungen unter 2. Teil, A. I.

1046 RGZ 17, 53, 54; RGZ 33, 103 f.

1047 RGZ 57, 38, 39 f. (Unterscheidung zwischen Lizenzvertrag i.e.S., der sich in seinem negativen Inhalt erschöpft, und ausschließlicher Lizenz, die ein positives Recht verleiht); daran anschließend RGZ 75, 400, 402 (Differenzierung zwischen ausschließlicher Lizenz und der Lizenz i.e.S., die sich in der Erlaubnis zur Benutzung der Erfindung erschöpft); RGZ 82, 431, 432 (Unterscheidung zwischen Einräumung einer lediglich schuldrechtlichen Befugnis mit Wirkung gegen den Patentinhaber und der Einräumung eines absoluten Rechts mit Wirkung gegen jeden Dritten); RGZ 122, 70, 72 f. (konkrete Unterscheidung zwischen der Möglichkeit der Erteilung eines einfachen oder ausschließlichen Benutzungsrechts an der patentierten Erfindung).

1048 *Kohler*, Hdb. des deutschen Patentrechts, S. 508; ebenso die dingliche Wirkung der einfachen Lizenz anerkennend *Pinzger*, GRUR 1938, 148, 150 ff.

1049 Weiterführend RGZ 155, 306, 313: Das RG qualifizierte die einfache Lizenz, in Abgrenzung zum bloß negativen Verzicht des Schutzrechtsinhabers, als positive Benutzungsbefugnis, ohne jedoch die Lizenz zum dinglichen Recht zu erheben.

1050 Vgl. *Kohler*, Hdb. des deutschen Patentrechts, S. 510, der aus dieser Situation ableitet, dass es dem offenkundigen Bedürfnis entspricht, die Lizenz quasi-dinglich aufzufassen; a.A. *Kraus*, patentrechtlicher Lizenzvertrag, S. 19 ff.; aus heutiger Sicht: *Pahlow*, Lizenz, 280 ff.

nur dann für möglich gehalten, wenn dieser in der Lage sei, andere, durch deren Konkurrenz die Nutzung des Patents beeinträchtigt wird, auszuschließen. Die Befugnis des Lizenznehmers, gegen Patentverletzer selbstständig vorzugehen, leitete das RG als eigenständiges Recht aus dem Inhalt der Übertragung ab.[1051]

Kritiker bemängelten bereits damals, dass dieses Argument für sich genommen die Annahme eines absoluten oder quasi-dinglichen oder dinglichen Charakters der Lizenz nicht rechtfertigen könne. Vielmehr müssten andere gewichtige Momente hinzutreten.[1052]

Befürworter der Lehre *Kohlers* dehnten dagegen die durch das RG anerkannte Dinglichkeit der ausschließlichen Lizenz auf die einfache Lizenz aus und schlussfolgerten aus der dinglichen Rechtsnatur eine Fortwirkung der einfachen Lizenz gegenüber dem Rechtsnachfolger des Patentinhabers sowie einen Anspruch auf Schadensersatz des einfachen Lizenznehmers gegen Dritte bei Patentverletzung. Gewichtiges Argument hierfür war, dass sich beide Lizenztypen nicht grundsätzlich, sondern lediglich im Umfang der Rechtsübertragung unterscheiden.[1053] Denn in Abgrenzung zur einfachen Lizenz handelt es sich bei der ausschließlichen Lizenz lediglich um ein „Monopolisierungsversprechen".

Parallel zu diesen Entwicklungen wurde der Versuch unternommen, die Lehre *Kohlers* auf die urheberrechtliche Lizenz auszuweiten.[1054] In diesem Bereich stellte sich eine ähnliche Problematik: Bis zur Einführung des Urheberrechtsgesetzes im Jahr 1965 existierte kein wirksamer Sukzessionsschutz. Zudem war der Urheber bis zu diesem Zeitpunkt gem. § 8 III LUG berechtigt, sein Urheberrecht vollständig zu übertragen.[1055]

Die Idee, der patentrechtlichen und urheberrechtlichen Lizenz eine dingliche Rechtsnatur beizulegen, lag daher nahe, denn mit Hilfe dieser Konstruktion konnte der dringend notwendige Sukzessionsschutz sowie eine Klageberechtigung des Lizenznehmers begründet werden.

Der BGH reagierte auf diese Entwicklungen eher zögerlich: Hinsichtlich der Lizenzen an Patentrechten knüpfte die Rechtsprechung nahtlos an eine differenzierende

1051 RGZ 57, 38, 40 f.; RGZ 83, 93, 94 f. (Dem ausschließlichen Lizenznehmer steht eine selbstständige Befugnis zur Geltendmachung seines Benutzungsrechts gegen jeden Dritten zu.); RGZ 148, 146, 147 (Bei der ausschließlichen Lizenz erlangt der Lizenznehmer zulasten des Patentinhabers sowohl ein Verwertungs- als auch ein Verbietungsrecht).

1052 *Kraus*, patentrechtlicher Lizenzvertrag, S. 21; ebenso eine lediglich schuldrechtliche Wirkung der Lizenz annehmend: *Elster*, UFITA, 1925, 195, 206 f. sowie *Petzold*, UFITA 12 (1939), 114, 116 f., die Lizenz allg. als relatives Recht auffassend.

1053 *Pinzger*, GRUR 1938, 148, 151.

1054 *Ulmer*, Urheber- und Verlagsrecht, S. 368 f., unter Berufung auf *Kohler*, Urheberrecht an Schriftwerken, S. 282.

1055 Vgl. BGH, GRUR 1955, 201, 204 – Cosima Wagner; *Marwitz*, UFITA 1928, 389 ff.; aus heutiger Sicht: *Pahlow*, ZUM 2005, 865, 867 f.

Betrachtungsweise an.[1056] Im Urheberrecht war zwar bereits zu anfangs die Rede von der „dinglichen Übertragung“ eines Nutzungsrechts[1057] und der „dinglichen Beschränkung“ einer ausschließlichen Lizenz gem. § 32 UrhG[1058]. Eine ausdrückliche Qualifizierung des ausschließlichen Nutzungsrechts als dingliche Rechtsposition durch den BGH erfolgte jedoch erst in einer Entscheidung aus dem Jahr 1991.[1059]

Auch die insolvenzrechtliche Rechtsprechungspraxis[1060] und Lehre[1061] bediente sich der Konstruktion der Dinglichkeit, um dadurch eine insolvenzfeste Position des Lizenznehmers zu begründen. Als richtungsweisend ist die „Softwarenutzungsrecht“-Entscheidung des IX. Senats vom 17.11.2005 zu nennen.[1062] Das Gericht begründete hier die Insolvenzfestigkeit der Lizenz anhand des dinglichen Rechtsübergangs durch aufschiebend bedingte Verfügung.

Eine undifferenzierte Anerkennung der Lizenz als dingliches Recht durch den BGH erfolgte erstmals in der „Reifen Progressiv“-Entscheidung [1063] und wurde vom gleichen Senat bestätigt.[1064]

Der dingliche Charakter der ausschließlichen Lizenz ist von der h.M. heute allgemein anerkannt.[1065]

1056 BGH, GRUR 1974, 463, 464 – „Anlagengeschäft; BGH, GRUR 1982, 411, 412 – „Verankerungsteil“.

1057 BGH, GRUR 1958, 504 ff. – „Privatsekretärin“.

1058 Z.B. BGH, GRUR 1959, 200, 202 – „Der Heiligenhof“; BGH, GRUR 2000, 3571, 3572 – „OEM-Version“.

1059 BGH, GRUR 1992, 310, 311 – „Taschenbuch-Lizenz“.

1060 BGH, GRUR 2006, 435, 436 f. – „Softwarenutzungsrecht“; LG München I ZUM-RD 2007, 498, 503 – „Vereinswappen“ sowie LG Hamburg, NJW 2007, 3215, 3217, hinsichtlich der Gewährung ausschließlicher, unwiderruflicher, zeitlich und örtlich unbeschränkter Lizenzen; vgl. auch LG München I, GRUR-RR 2012, 142, 143 f. – „Insolvenzfestigkeit“.

1061 Z.B. *Witz* in: FS Schilling, S. 393, 406 f., nimmt die Aufgabe der Erlöschenstheorie und die Anerkennung der dinglichen Abspaltungslehre zum Anlass, eine Insolvenzfestigkeit der Lizenz zu begründen; *Bausch*, NZI 2005, 289 ff. sowie *Koehler/Ludwig*, NZI 2007, 79, 82 ff., hinsichtlich der ausschließlichen Lizenz.

1062 BGH, GRUR 2006, 435, 436 f. – „Softwarenutzungsrecht“.

1063 BGH, GRUR 2009, 946, 948 – „Reifen Progressiv“.

1064 BGH, GRUR 2010, 628, 631 – „Vorschaubilder I“.

1065 Zum Urheberrecht: BGH, GRUR 1992, 310, 311 – „Taschenbuchlizenz“; *Kotthoff* in: Dreyer/Kotthoff/Meckel, UrhR, § 31 Rn. 105; *Loewenheim/J.B. Nordemann* in: Loewenheim, Hdb. UrhR, § 25 Rn. 3; *Spautz* in: Möhring/Nicolini, UrhG, § 31 Rn. 40. Zum Patentrecht: BGH, GRUR 1982, 411, 413 – „Verankerungsteil“; OLG Düsseldorf, GRUR Ausl. 1962, 256, 257 – „Tubenverschluß“; *Kraßer/Schmid*, GRUR Int. 1982, 324, 329; *Mes*, PatG/GebrMG, § 15 PatG Rn. 40; *Ahrens*, Gewerblicher Rechtsschutz, Rn. 283; *Möhring* in: FS Wilde, S. 99, 101; *Forkel*, Gebundene Rechtsübertragungen, S. 75 ff.; a.A. *Marotzke*, ZGE 2 (2010), 234 f. sowie *Henn*, Patent- und Know-how-Lizenzvertrag, Rn. 85 ff., wenn auch eine „selbstständige Rechtsposition“ des ausschließlichen Lizenznehmers anerkennend.

Die Rechtsgeschichte zeigt damit, dass die unzureichende Gesetzeslage die Entwicklung einer dinglichen Rechtsnatur der Lizenz zu einer Notwendigkeit erhob. Warum jedoch eine Unterscheidung zwischen einfacher und ausschließlicher Lizenz vorgenommen wurde und sich eine solche differenzierende Betrachtungsweise bis heute aufrechterhalten konnte, bleibt unklar.

(2) Die aktuelle Forderung nach einer undifferenzierten dinglichen Rechtsnatur der Lizenz

Sowohl bei der ausschließlichen als auch bei der einfachen Lizenz handelt es sich regelmäßig um eine Rechtsposition von ökonomischem Wert.[1066] Die Werthaltigkeit eines Rechtsguts, insbesondere dessen Kommerzialisierbarkeit, liefert zwar ein Indiz für die Anerkennung der dinglichen Rechtsnatur – dies allein kann jedoch nicht genügen. Vielmehr ist es die wirtschaftliche Bedeutung der Lizenz für den Rechtsinhaber[1067] und die Gesellschaft[1068] insgesamt, die nicht nur – wie bereits festgestellt – eine Anerkennung als verfassungsrechtliches Eigentum gebietet[1069], sondern gleichermaßen eine Handeln auf zivilrechtlicher Ebene erzwingt. Das „Wie" der Ausgestaltung gibt die Verfassung zwar generell nicht vor.[1070] Um dem Lizenznehmer eine hinreichend sichere Rechtsposition hinsichtlich seiner Investitionen zu gewährleisten, erscheint die Anerkennung der Dinglichkeit mit all ihren Wirkungen allerdings als geeignetes Instrument. Einen maßgeblichen Interessenunterschied zwischen dem Inhaber einer ausschließlichen und einer einfachen Lizenz ist hierbei nicht zu erkennen. Beide sind gleichermaßen auf einen umfassenden Sukzessions- und Klageschutz sowie Investitionsschutz angewiesen. Vielmehr verstärkt sich das Bedürfnis des einfachen Lizenznehmers als nachgelagertes Glied in der Lizenzkette, eine sichere Rechtsposition inne zu haben, wenn Störungen im Hauptverhältnis auftreten und seine Nutzungsberechtigung in Frage steht.

Anhand der Interessenlage lässt sich eine Differenzierung zwischen ausschließlicher und einfacher Lizenz mithin nicht rechtfertigen. Eine undifferenzierte Anerkennung der Lizenz als dingliches Recht erscheint im Interesse des Rechtsverkehrs damit geboten.

1066 Siehe hierzu die Ausführungen S. 106.
1067 Siehe hierzu die Ausführungen unter 4. Teil, A. III. 4. d. bb. (2), (c).
1068 Siehe hierzu die Ausführungen unter 4. Teil, A. III. 4. d. bb. (2), (d).
1069 Siehe 4. Teil, A. III. 5. d. bb. (3).
1070 Siehe Nachw. Fn. 810.

bb. Die Anerkennung der Dinglichkeit der Lizenz mit Rücksicht auf die „Natur der Sache“

Die „Natur der Sache“ ist zwar nicht geeignet, um hieraus die Schaffung eines Rechtsinstituts abzuleiten,[1071] sie dient jedoch als objektiv-teleologisches Auslegungskriterium[1072] im Rechtsfortbildungsprozess. Dass die Herrschaft eines Rechtssubjekts über eine Rechtsposition aus der „Natur der Sache“ folgt, bestätigte bereits der BGH in der „Magnettonband“-Entscheidung.[1073] Hierbei geht es – wie bereits im verfassungsrechtlichen Teil der Arbeit dargelegt – vornehmlich um die Idee von einer gerechten Güterzuordnung, derer ein übergeordneter gesellschaftlicher Gesamtkonsens zugrunde liegt.[1074]

Die Wertvorstellung der Gesellschaft von einer Lizenz als handelbares Gut im Rechtsverkehr bildet hier eine Grundgegebenheit, die vom Recht zu beachten und geeignet ist, auf den Rechtsfortbildungsprozess einzuwirken.[1075] Die vorstehende historische Betrachtung zeigt, dass die Lizenz gewisser Funktionselemente bedarf, um diese Aufgabe erfüllen zu können. Der Maßstab der Gerechtigkeit fordert dabei, Gleiches gleich und Ungleiches ungleich zu behandeln. Eine sachgemäße Differenzierung zwischen der ausschließlichen und der einfachen Lizenz steht hier in Frage und kann nur anhand der Funktionalität beantwortet werden. Im Rahmen der Wertebetrachtung ist die ökonomische und gesellschaftliche Bedeutung der Lizenztypen maßgeblich. Ein wesentlicher Unterschied lässt sich daraus aber nicht ableiten. Während es sich beim ausschließlichen Typ um eine Art Monopolversprechen zur wirtschaftlichen Auswertung handelt, ist die Nutzung der einfachen Lizenz mehreren Personen zugänglich. Dies rechtfertigt aber nicht die Ungleichbehandlung beider Typen. Die Schutzbedürftigkeit kann gleichermaßen hoch sein. Insbesondere im Urheberrecht, wo Mehrfachnutzungen im Rahmen von Lizenzketten und Marktaufteilungen weit verbreitet sind und der einfache Lizenztyp damit häufigstes Verwertungsinstrument darstellt, erscheint es als der Natur der Sache gemäß, dass ein undifferenzierter rechtlicher Schutz geschaffen werden muss.

cc. Die Anerkennung der Dinglichkeit der Lizenz mit Rücksicht auf rechtsethische Prinzipien

Rechtsethische Prinzipien als richtungsgebende Maßstäbe für die Lückenausfüllung können als weiteres Begründungsmodell kraft ihrer Überzeugung die Entwicklung neuer Rechtsinstitute rechtfertigen.[1076] Das dingliche Recht ist jedoch kein neues „Prinzip“, das hier entwickelt werden soll. Auch der Anwendungsbereich ist nicht

---

1071 Siehe hierzu die Ausführungen im verfassungsrechtlichen Teil der Arbeit, 4. Teil, A. III. 4. d. bb. (2) (b).

1072 *Larenz*, Methodenlehre, S. 238.

1073 BGH, GRUR 1955, 492, 496 – „Magnettonband“; weitere Nachw. siehe Fn. 707.

1074 Siehe hierzu 4. Teil, A. III. 4. d. bb. (2) (b).

1075 Vgl. *Larenz*, Methodenlehre, S. 237.

1076 *Larenz*, Methodenlehre, S. 240.

neu.[1077] Die Dinglichkeit der ausschließlichen Lizenz ist durch die h.M. anerkannt. Hier steht vielmehr eine differenzierte oder eine umfassende Anerkennung in Frage. Eine Rechtsfortbildung mit Rücksicht auf ein rechtsethisches Prinzip ist daher nicht erforderlich.

dd. Fazit

Eine Anerkennung der dinglichen Rechtsnatur der Lizenz erscheint mit Rücksicht auf die Bedürfnisse des Lizenzverkehrs geboten. Eine solche rechtliche Qualifizierung lässt sich gleichermaßen aus der Natur der Sache ableiten. Eine Differenzierung zwischen der ausschließlichen und der einfachen Lizenz lässt sich auf der Wertungsebene zunächst nicht rechtfertigen.

c. *Verfassungsrechtliche Grenzen der Rechtsfortbildung* extra legem*: Die Betrachtung der Lizenz innerhalb der Gesamtrechtsordnung*

Aus historischer Sicht bricht der Streit um die Rechtsnatur der Lizenz an der typologischen Differenzierung zwischen einfacher und ausschließlicher Lizenz auf.[1078] Daher muss hinterfragt werden, warum eine Differenzierung nach Lizenztypen für die Qualifizierung der Lizenz als dingliches Recht für notwendig erachtet wurde. Sollte die Gesamtrechtsordnung eine solche Trennung zwingend vorgeben, wäre auch der Richter an die Regelungen und Wertungen gebunden (vgl. Art. 20 III GG).

Anhand einer Betrachtung und Bewertung der materiellen Rechtslage hinsichtlich der vier herausgearbeiteten Wirkprinzipien der Dinglichkeit[1079] soll untersucht werden, ob die hierin enthaltenen Regelungen und Prinzipien eine differenzierende Betrachtungsweise zwingend vorgeben.

Diese Funktionsprinzipien knüpfen eng an sachenrechtliche Grundsätze an, wie den *numerus clausus* der Sachenrechte und das Publizitäts-Prinzip, die im Rahmen der Rechtsfortbildung ebenfalls zu berücksichtigen sind. Zu prüfen ist, ob ein Abweichen von diesen Prinzipien im Rechtsverkehr mit Lizenzen die Qualifizierung der Lizenz als dingliches Recht generell ausschließt.

aa. Die Zuordnungsfunktion des dinglichen Rechts und der sachenrechtliche *numerus clausus*

Die Dinglichkeit, als die Beschreibung einer besonderen Beziehung zu einem Rechtsobjekt, erfüllt grundlegend die Funktion der Zuordnung vermögenswerter

---

1077 *Larenz*, Methodenlehre, S. 241.

1078 Siehe 5. Teil, C. I. 2.

1079 Siehe hierzu bereits die Ausführungen unter 5. Teil, C. I. 1: Ein subjektives dingliches Recht übernimmt die Funktion, eine Rechtsposition einem Rechtssubjekt zuzuordnen. Darüber hinaus gewährt es Herrschaftsmacht über die zugeordnete Rechtsposition, entfaltet absolute Wirkung gegenüber Dritten und vermittelt einen umfassenden Sukzessions- und Verfügungsschutz.

Rechtspositionen zu einem Rechtssubjekt.[1080] Eine Zuordnung der Lizenz zur Person des Lizenznehmers und die daran anknüpfende Anerkennung einer Dinglichkeit der Lizenz erscheint – wie bereits festgestellt – aus Wertungsgründen mit Rücksicht auf die unabweisbaren Bedürfnisse des Rechtsverkehrs[1081] und die verfassungsmäßigen Prinzipien[1082] gerechtfertigt. Innerhalb der Gesamtrechtsordnung muss allerdings berücksichtigt werden, dass Immaterialgüterrechte – ähnlich wie das Eigentum an einer Sache – zwar grundsätzlich mit dinglicher Wirkung „aufspaltbar" sind.[1083] Die Befugnisse und Pflichten des Vollrechtsinhabers müssen dann aber zu den Rechten der Inhaber der beschränkten dinglichen Rechte und diese untereinander klar abgrenzbar sein. Aus der Notwendigkeit solcher Abgrenzungen ergibt sich für den Gesetzgeber der Zwang zu einer Typisierung.[1084] Für die Annahme einer dinglichen Rechtsposition wird daher vorausgesetzt, dass Art und Umfang des Rechts unabhängig vom konkreten schuldrechtlichen Vertrag abstrakt bestimmbar sind, denn dingliche Rechte verlangen nach einer bestimmten, von der Parteivereinbarung losgelösten, abstrakten Normung ihrer Ausgestaltung, um im Rechtsverkehr handelbar zu sein.[1085]

Im Sachenrecht herrscht ein *numerus clausus*, wonach dingliche Berechtigungen nach Art und Inhalt im Gesetz fixiert sein müssen. Für den Rechtsverkehr ergibt sich hieraus das Erfordernis, Rechte aus dieser geschlossenen Zahl zu wählen, wenn Rechtsbeziehungen mit dinglicher Wirkung begründet werden sollen: Es besteht Typenzwang.[1086] Das Prinzip gehört für die heutige Privatrechtsdogmatik zu den „Eckpfeilern" des Sachenrechts, dessen Einführung die Sorge der Verkehrsfähigkeit von Gütern zugrunde lag: Im Interesse der Rechtssicherheit, Klarheit und Einheitlichkeit muss den Beteiligten die inhaltlich beliebige, freie Gestaltung dinglicher Rechte notwendigerweise untersagt werden.[1087] Die dinglichen Rechte des Bürgerlichen Rechts sind daher in einer Art und Weise typisiert, die es auch Dritten erlaubt, ihren Charakter und die sich daraus ergebenden Rechtsfolgen zuverlässig zu beurteilen.[1088]

Diesem Prinzip folgend, wird die Auffassung vertreten, dass nur solche Rechte dinglich sein können, die in ihrer Reichweite hinreichend standardisiert sind und

---

1080 Siehe Nachw. Fn. 966.

1081 Siehe hierzu die Ausführungen unter 5. Teil, C. I. 2. b. aa.

1082 Siehe hierzu die Ausführungen unter 4. Teil, A. III. 5.

1083 Vgl. *Baur/Stürner*, Sachenrecht, § 1 Rn. 6.

1084 *Baur/Stürner*, Sachenrecht, § 1 Rn. 7.

1085 *Chrocziel* in: GS Blomeyer, S. 303, 305.

1086 *Seiler* in: Staudinger, BGB/Eckpfeiler des Zivilrechts/2012, Sachenrecht – Allg. Lehren, Rn. 37; *Baur/Stürner*, Sachenrecht, § 1 Rn. 7; *Prütting*, Sachenrecht, Rn. 20; *Jänich*, Geistiges Eigentum, S. 234 f.; *Ohly* in: FS Schricker II, S. 105 f.

1087 *Wolf/Wellenhofer*, Sachenrecht, § 2 Rn. 2; *Seiler* in: Staudinger, BGB/Eckpfeiler des Zivilrechts/2012, Sachenrecht – Allg. Lehren, Rn. 38.

1088 *Chrocziel* in: GS Blomeyer, S. 303, 305.

damit für Dritte berechenbar werden, auch wenn sie keinen Einblick in vertragliche Abreden haben.[1089]

Den bestehenden Regelungen zum Lizenzverkehr sind zwar Anhaltspunkte für eine mögliche Ausgestaltung der Lizenzen zu entnehmen, explizite Vorgaben existieren jedoch nicht. Gestaltung und Umfang jeder einzelnen Lizenz sind vielfach variierbar und ergeben sich aus dem Lizenzvertrag.[1090] Die h.L. lehnt daher für die Lizenzen einen *numerus clausus* der abgeleiteten dinglichen Rechte ab: Der Aufspaltung umfassender Rechte in Einzelbefugnisse sind anders als beim Sacheigentum keine gesetzlichen Grenzen gezogen.[1091]

Aufgrund des Fehlens eines *numerus clausus* der Lizenzen wird teilweise der Schluss gezogen, dass diese sich nicht in das System normierter dinglicher Rechte einfügen.[1092] Diese Auffassung überzeugt nicht. Bereits im Sachenrecht zeigt sich anhand der gewohnheitsrechtlichen Konstruktionen von Sicherungsübereignung und Anwartschaftsrechten eine Aufweichung des Prinzips.[1093] Die Möglichkeit von Erweiterungen durch Rechtsfortbildung ist allgemein anerkannt.[1094] Gegen die Notwendigkeit eines *numerus clausus* der Lizenzen spricht zudem die besondere Interessenlage im Lizenzverkehr: Der Schaffung eines festen Typenkatalogs der Nutzungsrechte an immateriellen Gütern nach sachenrechtlichem Vorbild stände zwar grundsätzlich nichts entgegen. Jedoch erscheint aufgrund der Vielzahl der denkbar möglichen inhaltlichen, räumlichen und zeitlichen Beschränkungen eine abschließende Katalogisierung nahezu unmöglich. Die vertraglichen Gestaltungsmöglichkeiten der Parteien sind zu vielfältig, als dass sie einer sinnvollen Typisierung zugänglich wären.[1095] Das Festhalten an einer starren Grenze würde vielmehr den Interessen der Lizenzparteien an einer optimalen Verwertung des Schutzrechts

1089 *Chrocziel* in: GS Blomeyer, S. 303, 319.

1090 Siehe hierzu die Ausführungen unter 2. Teil A.

1091 *Forkel*, Gebundene Rechtsübertragungen, S. 67 ff.; *ders.*, NJW 1983, 1764, 1767; *ders.*, NJW 1993, 3181, 3183; *Kraßer*, GRUR Int. 1973, 230, 232; *ders.*, GRUR Int. 1983, 537, 541; *Ulmer*, Urheber- und Verlagsrecht, S. 362; *v. Gamm*, UrhG, Einf. Rn. 26; *Haberstumpf/Hintermeier*, Einf. Verlagsrecht, S. 41; *Wandtke/Grunert* in: Wandtke/Bullinger, UrhR § 31 Rn. 4; *Schricker/Loewenheim* in: Schricker/Loewenheim, UrhR, Vor. §§ 28 ff. Rn. 87; *Schack*, Urheber- und Urhebervertragsrecht, Rn. 605; *Jänich*, Geistiges Eigentum, S. 240; *Ohly* in: FS Schricker II, S. 105, 107, m.w.N.

1092 *Chrocziel* in: GS Blomeyer, S. 303, 319: Da die Lizenzen in ihrem Umfang und in ihrer Ausgestaltung wesentlich der Disposition der Parteien unterliegen, könne kein dinglicher Charakter vorliegen. Ähnlich auch *Dieselhorst*, CR 2010, 69, 73.

1093 Hierzu ausführlich: *Jänich*, Geistiges Eigentum, S. 235 ff. (Dem *numerus clausus*-Prinzip kommt allein eine deskriptive Funktion zu.); ebenso *Raiser*, JZ 1961, 465, 467; *Forkel*, Gebundene Rechtsübertragungen, S. 68 ff.; *Ohly* in: FS Schricker II, S. 105, 106; *Westermann*, Sachenrecht, Rn. 6.

1094 *Canaris* in: FS Flume, Bd. I, S. 371, 376 f.; *Ohly* in: FS Schricker II, S. 105, 106; *Wilhelm*, Sachenrecht, Rn. 39; *Prütting*, Sachenrecht, Rn. 20; *Wolf/Wellenhofer*, Sachenrecht, § 2 Rn. 3.

1095 *Ohly* in: FS Schricker II, S. 105, 117.

zuwiderlaufen.[1096] Insbesondere im Urheberrecht lassen die unterschiedlichen Bedürfnisse und deren zeitliche Wandelbarkeit, bedingt durch technologische Entwicklungen, die immer neue Nutzungsarten ermöglichen, eine abschließende Typisierung grundsätzlich nicht zu. Ein starrer *numerus clausus* kann einer solchen Eigendynamik nicht gerecht werden.[1097] Dies zeigt speziell auch die Möglichkeit, Verträge über unbekannte Nutzungsarten abzuschließen (vgl. § 31a UrhG). Die bestehenden Regelungen zum Lizenzvertragsrecht (§§ 31 ff. UrhG) geben daher im Interesse der Gestaltungsfreiheit den Parteien generell keine näheren Vorgaben für die inhaltliche Ausgestaltung der Lizenz. Vielmehr muss die gesetzliche Anerkennung der Lizenzierungsmöglichkeit in § 31 UrhG sowie die darin enthaltene Differenzierung zwischen einfachen und ausschließlichen Lizenznehmern genügen und es im Weiteren der tatsächlichen Übung der Beteiligten und der Anerkennung durch die Allgemeinheit überlassen bleiben, welche Formen der Ausgestaltungen der Lizenz Eingang in die Praxis finden. Der Sinn und Zweck des Typenzwangs, Rechtssicherheit im Verkehr mit dinglichen Rechten sowie Handlungsfreiheit in einem erkennbaren Umfang zu schaffen,[1098] läuft im Lizenzverkehr leer. Die Interessenlage erfordert hier eine solche starre Fixierung nicht. Vielmehr ist Offenheit im Interesse der Entwicklungsmöglichkeiten geboten. Ein annähernder Vergleich lässt sich zu den sachenrechtlichen Dienstbarkeiten, insbesondere zur Grunddienstbarkeit, zur beschränkten persönlichen Dienstbarkeit und zum Erbbaurecht, ziehen. Deren Inhalte sind durch die Vorgaben des Gesetzgebers lediglich grob umrissen. Die konkrete Ausgestaltung erfolgt erst durch die Vereinbarung der Parteien selbst, die damit die Möglichkeit haben, das entstehende beschränkte dingliche Recht innerhalb des vorgegebenen Rahmens nach ihren individuellen Bedürfnissen zu formen.

Dennoch sind der dinglichen Aufspaltung des Urheberrechts im Interesse der Rechts- und Verkehrssicherheit gewisse Grenzen zu setzen. Entsprechend der h.M. sind gegenständliche Nutzungsrechte nur für die nach der Verkehrsauffassung als solche hinreichend klar abgrenzbaren, wirtschaftlich-technisch als einheitlich und selbstständig sich abzeichnenden Nutzungsarten zulässig.[1099] Ob eine dingliche Lizenz vorliegt, muss also einzelfallabhängig beurteilt werden, unter Berücksichtigung der Interessen des Urhebers an einer optimalen Verwertung einerseits und dem Bedürfnis der Allgemeinheit nach Rechts- und Verkehrssicherheit andererseits.

Das Vorhandensein eines abschließenden Typenkatalogs kann jedenfalls nicht als Voraussetzung für die Annahme eines dinglichen Rechts gelten. Das Rechtsverkehrsrecht setzt zwar eine materielle Güterzuordnung voraus, die vorhandenen gesetzlichen Regelungen bilden jedoch keine Rechtsgrundlage, um den Kreis der

1096 *Picot*, Abstraktion und Kausalabhängigkeit, S. 84.

1097 *Schindler*, Grenzen der „dinglichen Aufspaltbarkeit“, S. 102 f.; *Pahlow*, Lizenz, S. 200 ff., 211; hierzu auch *Schricker/Loewenheim* in: Schricker/Loewenheim, UrhR, Vor. §§ 28 ff. Rn. 87.

1098 *Baur/Stürner*, Sachenrecht, § 1 Rn. 10.

1099 Siehe Nachw. Fn. 159.

derivativen beschränkten dinglichen Rechte einzugrenzen.[1100] Das *numerus clausus*-Prinzip ist kein übergeordneter „verfassungsgleicher" Rechtssatz[1101] und kann daher die Erweiterung des Kanons dinglicher Rechte nicht verhindern.

Eine dinglich wirkende Zuordnung der Lizenz zur Person des Lizenznehmers, die auf der Wertungsebene gerechtfertigt erscheint, muss auf der Gesetzesebene in dem dafür zweckmäßigen Umfang getragen werden, um einer Rechtsfortbildung zugänglich zu sein (vgl. Art. 20 III GG). Eine Typenfixierung nach sachenrechtlichem Vorbild ist hierfür nicht zwingend erforderlich und aufgrund der Besonderheiten der Lizenz durch den Gesetzgeber auch nicht gewollt.[1102]

bb. Verfügungs- und Sukzessionsschutz dinglicher Rechte

Ein dingliches Recht kann seine Zuordnungsfunktion nur dann erfüllen, wenn es durch die Rechtsordnung vor Verfügungen, die die Nutzungsmöglichkeiten des Rechtsinhabers beeinträchtigen könnten, hinreichend geschützt ist. Deshalb muss ein Schutz des dinglichen Lizenznehmers vor Fremdverfügungen nicht berechtigter Dritter (Verfügungsschutz) und auch vor Verfügungen des berechtigten Vollrechtsinhabers (Sukzessionsschutz) gewährleistet sein. Im Rahmen der Untersuchung des Verfügungsschutzes stellt sich die Frage, ob das Publizitätsprinzip eine Voraussetzung für die Anerkennung eines dinglichen Rechts innerhalb der Gesamtrechtsordnung darstellt. Bei der anschließenden Betrachtung des Sukzessionsschutzes wird sich zeigen, dass hier Abstufungen im Schutzumfang der ausschließlichen und der einfachen Lizenz bestehen. Ob derartige Unterschiede in der Gesetzeslage einen Maßstab für die rechtliche Einordnung beider Lizenztypen setzen, muss hinterfragt werden.

(1) Dinglichkeit und Verfügungsschutz: Die Problematik des Fehlens eines Publizitätsträgers im Lizenzverkehr

Im Schrifttum wird die Auffassung vertreten, dass das Fehlen eines Publizitätsträgers und der Ausschluss eines gutgläubigen Erwerbs im Lizenzverkehr i.d.S. zu deuten sind, dass Lizenzen eher obligatorischen Rechten, wie z.B. Forderungen, die ebenfalls nicht gutgläubig erworben werden können, näher stehen.[1103] Denn dingliche Rechtsstellungen und -veränderungen, die Dritte betreffen, müssen aus Gründen der Rechtsklarheit und -sicherheit möglichst nach außen hin erkennbar

---

1100 A.A. *Peukert* in: Leible/Lehmann/Zech, Unkörperliche Güter im Zivilrecht, S. 95, 107 f.; *ders.*, Güterzuordnung, S. 7 ff.

1101 *Jänich*, Geistiges Eigentum, S. 240.

1102 Vgl. *Götting* in: FS Schricker I, S. 53, 68 f.

1103 *Fischer*, GRUR 1927, 738, 745: Die Eintragung in ein amtliches Verzeichnis ist Voraussetzung der dinglichen Wirkung der Lizenz.

sein.[1104] Diese Argumentation lässt jedoch den Sinn und Zweck der bestehenden Rechtslage im Lizenzverkehr unberücksichtigt.

Dingliche Rechte sind grundsätzlich vor Fremdverfügungen des Nichtberechtigten geschützt. Die Rechtslogik folgt hier dem Grundsatz *nemo plus iuris transferre potest quam ipse habet.* Im Sachenrecht ist hiervon jedoch eine Ausnahme zu machen: Der Gesetzgeber hielt es im Interesse eines reibungslosen Rechtsverkehrs im alltäglichen Wirtschaftsleben, insbesondere zu Vermeidung unnötiger Transaktionskosten, für notwendig, den guten Glauben an die Verfügungsberechtigung des Vertragspartners zu schützen. Der Erwerber könne schließlich nicht immer nachprüfen, ob sein Geschäftspartner tatsächlich „der Berechtigte" ist. Voraussetzung hierfür ist jedoch, dass die dingliche Verfügung an einen Publizitätsträger anknüpft. Dies ist bei beweglichen Sachen der Besitz (§ 932 BGB), bei Immobilien das Grundbuch (§§ 892 f. BGB). Ein gutgläubiger Erwerb vom Nichtberechtigten ist möglich, sofern der Schutz des Vertrauens an dieses äußere Zeichen als Rechtsscheingrundlage anknüpft.[1105] Damit wurde zwar einerseits dem Bedürfnissen des Rechtsverkehrs nach Schnelligkeit, Flexibilität und auch nach Diskretion Rechnung getragen. Andererseits wurde damit eine missliche Rechtslage für den „wahren Berechtigten" geschaffen, denn dieser soll auf die Geltendmachung von Ersatzansprüchen aus ungerechtfertigter Bereicherung, unerlaubter Handlung oder Vertragsverletzung bzw. angemaßter Eigengeschäftsführung beschränkt bleiben.[1106] Der Schutz vor Fremdverfügungen ist im Sachenrecht damit ein „eingeschränkter" und schließlich auch das Ergebnis einer Abwägungsentscheidung unter Berücksichtigung der beteiligten Interessen und der zurechenbaren Risikoverteilung. Die Herrschaft über den Rechtsscheinträger liegt schließlich beim Eigentümer.[1107] Der Grundsatz der Publizität gilt jedoch nicht für alle dinglichen Verfügungsgeschäfte. Insbesondere die Abtretung von Forderungen und sonstigen Rechten knüpft grundsätzlich nicht an einen Publizitätsträger an (§§ 398, 413 BGB).[1108]

Ein dem Sachenrecht vergleichbares Publizitätsprinzip existiert auch nicht im Verkehr mit Lizenzen.[1109] Insbesondere die Urheberrolle nach § 138 UrhG stellt kein

1104 *Fischer*, GRUR 1927, 738, 743; vgl. auch *Seiler* in: Staudinger, BGB/Buch 3/2012, Einl. §§ 854 ff. Rn. 56.

1105 *Seiler* in: Staudinger, BGB/Buch 3/2012, Einl. §§ 854 ff. Rn. 58; *Baur/Stürner*, Sachenrecht, § 4 Rn. 15 f.; *Gaier* in: MüKo, BGB/Bd. 6/2013, Einl. Rn. 22.

1106 *Brehm/Berger*, Sachenrecht, § 27 Rn. 92.

1107 *Baur/Stürner*, Sachenrecht, § 4 Rn. 16: Der Eigentümer einer beweglichen Sache wird sich überlegen müssen, wem er die Sache anvertraut; der an einem Grundstück Berechtigte wird sich vergewissern müssen, ob das Grundbuch sein Recht auch richtig ausweist.

1108 *Seiler* in: Staudinger, BGB/Buch 3/2012, Einl. §§ 854 ff. Rn. 59.

1109 *Wandtke/Grunert* in: Wandtke/Bullinger, UrhR, Vor. §§ 31 ff. Rn. 47; *Loewenheim/ J.B. Nordemann* in: Loewenheim, Hdb. UrhR, § 26 Rn. 9; *Schricker/Loewenheim* in: Schricker/Loewenheim, UrhR, Vor. §§ 28 ff. Rn. 102; *Pahlow*, Lizenz, S. 202; *Picot*, Abstraktion und Kausalabhängigkeit, S. 79 f.

allgemeines Register dar.[1110] Die Rechtswirksamkeit von Lizenzverträgen erfordert keine Eintragung in ein öffentliches Register. Es besteht somit kein äußerlicher Anhaltspunkt für die Inhaberschaft oder den Inhalt einer Lizenz.

Das Fehlen eines Publizitätsträgers ist zugleich als bewusster Verzicht auf einen Vertrauensschutz begründenden Rechtsscheinträger zu deuten. Einen Schutz des guten Glaubens, wie ihn der Gesetzgeber für den Erwerb des Eigentums an beweglichen Sachen oder an einem Grundstück ausdrücklich formuliert hat, existiert hinsichtlich der Verfügungen nach § 413 BGB i.V.m. §§ 398 ff. BGB nicht. Ein gutgläubiger Erwerb von Rechten scheidet – bis auf wenige Ausnahmen – aus.[1111] Die Möglichkeit eines gutgläubigen Erwerbs von Lizenzen an Immaterialgüterrechten wird daher von der h.M. abgelehnt.[1112]

Dass der Gesetzgeber für die Lizenz dem Grundsatz, dass niemand mehr Rechte vergeben kann, als er selbst hat, folgt, zeigen vor allem die Sukzessionsschutzvorschriften nach § 33 S. 1 UrhG (inhaltlich identisch § 15 III PatG). Geregelt wird zum einen den Fall der Zweitgewährung, in dem eine ausschließliche Lizenz erteilt wurde. Hier fehlt dem Lizenzgeber die Rechtsmacht, eine wirksame Zweitlizenz zu erteilen. Da ein gutgläubiger Erwerb ausgeschlossen ist, ist die Zweitlizenz unwirksam.[1113] Zum anderen wird der Fall der einfachen prioritätsälteren Lizenz normiert. Die Erteilung einer weiteren einfachen Lizenz ist insoweit unproblematisch, da mangels Ausschließlichkeit beide Rechtspositionen nicht in Konflikt geraten.[1114]

1110 *McGuire/v. Zumbusch/Joachim*, GRUR Int. 2006, 682, 684; zur Funktion der Urheberrolle: *Schack*, Urheber- und Urhebervertragsrecht, Rn. 255 sowie *Gass* in: Möhring/Nicolini, UrhG, § 138 Rn. 1 ff.

1111 Vgl. *Busche* in: Staudinger, BGB/Buch2/2012, Einl. §§ 398 ff. Rn. 26 f.; *Roth* in: MüKo BGB/Bd. 2/2012, § 398 Rn. 28; *Rohe* in: Bamberger/Roth, BeckOK BGB, § 398 Rn. 31. Eine Ausnahme von diesem Grundsatz gilt hinsichtlich der Abtretung unter Urkundenvorlegung gem. § 405 BGB, denn die Urkunde begründet den Anschein einer bestimmten Rechtslage. Weitere anerkannte Ausnahmen sind der gutgläubige Erwerb von in Wertpapieren verbrieften Forderungen sowie der gutgläubige Erwerb von Hypothekenforderung nach § 1138 BGB.

1112 Zum Urheberrecht: BGH, NJW 1952, 662, 663 – „Parkstraße"; BGH, GRUR 1959, 200, 203 – „Der Heiligenhof"; BGH, ZUM 2011, 397, 398 – „UsedSoft"; *Ulmer*, Urheber- und Verlagsrecht, S. 360; *Götting* in: FS Schricker I, S. 53, 70; *Haberstumpf*, Hdb. UrhR, Rn. 394; *Schack*, Urheber- und Urhebervertragsrecht, Rn. 601; *Schulze* in: Dreier/Schulze, UrhG, § 31 Rn. 24; *McGuire/v. Zumbusch/Joachim*, GRUR Int. 2006, 682, 684; *Picot*, Abstraktion und Kausalabhängigkeit, S. 81; zum Patentrecht: RGZ 142, 168, 170 – „Loseblätterbuch"; RG, GRUR 1937, 627, 630 – „Dichtungsvorrichtung"; *Ullmann* in: Benkard, PatG, § 15 Rn. 107; *Jänich*, Geistiges Eigentum, S. 284; allgemein: *Chrocziel* in: GS Blomeyer, S. 303, 315.

1113 *Ulmer*, Urheber- und Verlagsrecht, S. 360; *Schricker/Loewenheim* in: Schricker/Loewenheim, UrhR, Vor. §§ 28 ff. Rn. 76; *Schulze* in: Dreier/Schulze, UrhG, § 33 Rn. 8; *Groß*, Lizenzvertrag, Rn. 364; *Ahrens*, Gewerblicher Rechtsschutz, Rn. 284.

1114 *Schulze* in: Dreier/Schulze, UrhG, § 33 Rn. 8; *Wiebe* in: Spindler/Schuster, Recht der elektronischen Medien, § 33 UrhG Rn. 4.

Wird jedoch eine ausschließliche Zweitlizenz erteilt, bleibt die Erstlizenz weiterhin wirksam und der Umfang der Rechtsmacht des Zweitlizenznehmers verkürzt sich um die Befugnisse des Erstlizenznehmers – er hat die Ausübung der Nutzungsrechte durch den Inhaber der einfachen prioritätsälteren Lizenz zu dulden.[1115]

Das Fehlen eines Publizitätsträgers im Immaterialgüterrecht ist als bewusste Entscheidung des Gesetzgebers zu interpretieren, einen zusätzlichen Verwaltungsaufwand zu vermeiden.[1116] Konsequenterweise hat er die Möglichkeit eines gutgläubigen Erwerbs von Lizenzen nicht geregelt. Dies kann jedoch nicht dazu führen, der Lizenz eine dingliche Wirkung abzusprechen. Wirft man einen Blick ins Ausland, bestätigt sich dies. In Österreich wird z.B. die dinglich wirkende Patentlizenz gem. § 43 I, II ÖPatG in das öffentliche Patentregister eingetragen. Der gute Glaube an den Registerstand ist dementsprechend geschützt.[1117] Auch das schweizerische Patentrecht regelt einen gutgläubigen Erwerb von Rechten am Patent. Dieser ist gem. Art. 34 III PatG jedoch nur möglich, soweit die dem Erwerb entgegenstehende Lizenz nicht im Patentregister eingetragen ist.[1118]

Betrachtet man zudem die rechtliche Situation in tatsächlicher Hinsicht, zeigt sich, dass der Schutz der Lizenz vor Fremdverfügungen sogar weiter reicht als der sachenrechtliche Eigentumsschutz. Die Lizenz kann ihre Zuordnungsfunktion i.S. eines umfassenden Verfügungsschutzes hinreichend erfüllen.

(2) Dinglichkeit und Sukzessionsschutz

Die Frage, ob der gesetzliche Sukzessionsschutz ein die Dinglichkeit begründendes bzw. aufzeigendes Merkmal darstellt, wurde in der Literatur vielfach diskutiert.[1119] Die h.L. vertrat bislang die Auffassung, dass dieser eine dingliche Rechtsstellung des einfachen Lizenznehmers nicht begründen kann.[1120] In den existierenden Schutznormen sah man lediglich eine Ausnahme von der Regel – ähnlich wie in den §§ 566, 593b BGB – und schlussfolgerte, dass die einfache Lizenz rein obligatorischer

---

1115 *Schulze* in: Dreier/Schulze, UrhG, § 33 Rn. 6; *Ahrens*, Gewerblicher Rechtsschutz, Rn. 284; *Ullmann* in: Benkard, PatG, § 15 Rn. 109.

1116 Vgl. BT-Drucks. 10/5720, S. 24: Im Rahmen des Gesetzgebungsverfahrens zum Sukzessionsschutz im Patenrecht wurde die Einführung eines Publizitätsträgers aus diesem Grund abgelehnt.

1117 Vgl. *Möhring* in: FS Wilde, S. 99, 102 sowie S. 107.

1118 Siehe hierzu *Weinmann*, Rechtsnatur der Lizenz, S. 116 ff., der anhand der Auslegung des Art. 34 III PatG zu dem Ergebnis gelangt, dass es sich bei der Lizenz um ein gegenständliches und absolutes Recht handelt.

1119 Vgl. *v. Gamm*, UrhG, § 31 Rn. 11, § 33 Rn. 2; *McGuire*, Lizenz, S. 369 ff.; *Forkel*, NJW 1983, 1764, 1766 f.; *Brandi-Dohrn*, GRUR 1983, 146 ff.; *Pahlow*, ZUM 2005, 865 ff.; *Hauck*, AcP 211 (2011), 626, 633 ff.

1120 *Götting* in: FS Schricker I, S. 53, 68; *Pahlow*, ZUM 2005, 865, 873: „Der Sukzessionsschutz allein verschafft dem Inhaber des einfachen Nutzungsrechts noch nicht eine Rechtsstellung, die der für ein dingliches Recht typischen absoluten Wirkung entspricht."; *Hauck*, AcP 211 (2011), 626, 634 ff.

Natur sei.[1121] Ob der Gesetzgeber mit den bestehenden Regelungen zwingende Vorgaben für die rechtsfortbildende Anerkennung der Dinglichkeit der Lizenz macht, muss im Hinblick auf Art. 20 III GG hinterfragt werden.

Die bestehende Diskussion um den Sukzessionsschutz und den dinglichen Charakter der Lizenz ist zunächst im historischen Kontext zu betrachten.

So wurde anfangs durch die Konstruktion der ausschließlichen Lizenz als dingliches Recht die Möglichkeit eröffnet, den Lizenznehmer vor den negativen Folgen eines Wechsels des Inhabers des Schutzrechts oder der Schutzrechtsaufgabe zu bewahren, die regelmäßig zu einem Fortfall der Nutzungsberechtigung führten. Die dingliche Rechtsnatur der ausschließlichen Lizenz bildete den Ausgangspunkt für die Anerkennung eines Sukzessionsschutzes.[1122] Die heute existierenden Schutznormen werden hinsichtlich der ausschließlichen Lizenz insoweit nur noch als rein deklaratorische Regelungen erfasst.[1123]

Das Schrifttum versuchte diese Konstruktion auf die einfache Lizenz zu übertragen. Grund hierfür war, neben dem Problem des Inhaberwechsels und der Schutzrechtsaufgabe, die missliche Lage, in der sich der Inhaber einer prioritätsälteren einfachen Lizenz befand, wenn der Lizenzgeber später eine ausschließliche Lizenz erteilte, denn der ausschließliche Lizenznehmer hatte die Möglichkeit, dem Inhaber der prioritätsälteren einfachen Lizenz die weitere Nutzung zu verbieten. Die h.M. maß der einfachen Lizenz nur eine rein schuldrechtliche Wirkung bei, sodass kein Sukzessionsschutz bestand, wenn der Lizenzgeber über sein ausschließliches Recht anderweitig verfügte.[1124] Diese Rechtslage führte zu unbilligen Ergebnissen, vor allem dann, wenn der einfache Lizenznehmer auf die weitere Nutzung angewiesen war, um die bereits aufgewandten Kosten zu decken.[1125] Die dingliche Wirkung der einfachen Lizenz wurde daher aus der Notwendigkeit eines Sukzessionsschutzes im Interesse des Lizenznehmers begründet.[1126] Andere forderten eine gesetzliche Lösung.[1127]

Der Gesetzgeber begegnete im Urheberrecht dieser Problematik, indem er den Sukzessionsschutz durch das Urheberrechtsgesetz vom 09.09.1965 in § 33 UrhG a.F. ausdrücklich regelte.[1128]

1121 *Hauck*, AcP 211 (2011), 626, 639; *Dieselhorst*, CR 2010, 69, 72; zur Diskussion: *Ahrens*, Gewerblicher Rechtsschutz, Rn. 286.

1122 Siehe hierzu bereits den historischen Aufriss unter 5. Teil, C. I. 2. b. aa. (1).

1123 *Hahn*, Verbotsrecht des Lizenznehmers, S. 55; *Hauck*, AcP 211 (2011), 626, 634; vgl. auch *J.B. Nordemann* in: Fromm/Nordemann, UrhR, § 33 Rn. 3

1124 *Krause*, urheberrechtlicher Lizenzvertrag, S. 18 f.

1125 BT-Drucks. IV/270, S. 56; *Krause*, urheberrechtlicher Lizenzvertrag, S. 19; *Forkel*, NJW 1983, 1764, 1768.

1126 *Forkel*, NJW 1983, 1764, 1767 f.

1127 *Krause*, urheberrechtlicher Lizenzvertrag, S. 19; dagegen *Mager*, GRUR 1983, 51, der eine Lösung über eine analoge Anwendung des Besitzschutzrechts vorschlägt.

1128 BT-Drucks. IV/270, S. 56.

Die mangelnde Bestandskraft der einfachen Patentlizenz wurde dagegen weiterhin als unbefriedigend empfunden.[1129] Noch in der „Verankerungsteil"-Entscheidung vom 23.03.1982 entschied der Kartellsenat des BGH, dass die vom Patentveräußerer erteilte einfache Nutzungserlaubnis nur schuldrechtlicher Natur sei und deshalb den Erwerber des Patents nicht verpflichte. Die einfache Lizenz genieße bei Veräußerung des Patents keinen Sukzessionsschutz im Gegensatz zur ausschließlichen Lizenz, die stets dinglich wirke, als dingliche Belastung also dem Patent anhafte.[1130] Dem aufgezeigten Regelungsbedürfnis im patentrechtlichen Lizenzverkehr kam der Gesetzgeber erst mit der Einführung des Sukzessionsschutzes in § 15 III PatG mit Wirkung ab dem 01.01.1987 nach.[1131]

Die Lehre versuchte nunmehr die Argumentationskette umzukehren und führte den gesetzlich angeordneten Sukzessionsschutz als wesentliches Merkmal für die dingliche Wirkung der einfachen Lizenz ins Feld.[1132] Nach a.A. sind die Sukzessionsschutzbestimmungen so zu deuten, dass diese für ein obligatorisches Recht nur ausnahmsweise eine „dingliche" Drittwirkung normieren.[1133] Hier stellt sich die Frage, ob nach dem Willen des Gesetzgebers eine Ungleichbehandlung geboten ist.

Die systematische Gleichsetzung von ausschließlicher und einfacher Lizenz durch den Gesetzgeber in § 33 UrhG und § 15 III PatG könnte zunächst auf einen einheitlichen Rechtscharakter hindeuten. So wird vertreten, dass im Hinblick auf § 33 UrhG a.F. (Geltung bis 30.06.2002), der eine ausdrückliche Regelung nur für die einfache Lizenz enthielt, die Gesetzesänderung eine eindeutige Abkehr von der früheren Vorstellung bedeute, dass es sich bei der einfachen Lizenz um ein Recht rein schuldrechtlicher Natur handele. Da die ausschließlichen Nutzungsrechte nahezu unstreitig als „dingliche" Rechte interpretiert würden, gelte dies nunmehr zwingend auch für die einfachen Lizenzen.[1134] Eine endgültige Entscheidung über

---

1129 *Völp*, GRUR 1983, 45; *Rosenberger*, GRUR 1983, 203 f.; *Forkel*, NJW 1983, 1764, 1768; *ders.*, Gebundene Rechtsübertragungen, S. 85 f.; *Marotzke*, ZGE 2 (2010), 233, 236.

1130 BGH, GRUR 1982, 411, 412 f. – „Verankerungsteil"; ebenso BT-Drucks. 10/5720, S. 24; a.A. *Forkel*, NJW 1983, 1764, 1766 f.; *Mager*, GRUR 1983, 51.

1131 BGBl. Nr. 46 v. 04.09.1986, S. 1446, Art. 2 (9); BT-Drucks. 10/5720, S. 23 f.; *Pahlow*, Lizenz, S. 281 f.; *Ullmann* in: Benkard, PatG, § 15 Rn. 108.

1132 LG Mannheim, BeckRS 2011, 04156 – „Handylizenz"; *Leßmann*, DB 1987, 145, 152 f.; *Fezer*, WRP 2004, 793, 806; *Ahrens*, GRUR 2006, 617, 623 (Der Sukzessionsschutz bewirkt eine „Verdinglichung" der Rechtsstellung des Lizenznehmers.); *Rehbinder*, Urheberrecht, Rn. 556; *J.B. Nordemann/Loewenheim* in: Loewenheim, Hdb. UrhR, § 25 Rn. 1; *Kotthoff* in: Dreyer/Kotthoff/Meckel, UrhR, § 31 Rn. 103; *Haberstumpf* in: Büscher/Dittmer/Schiwy, GewRS/UrhR/MedienR, Kap. 10, § 33 UrhG Rn. 1: Der Sukzessionsschutz greift schließlich nur zugunsten gegenständlicher Nutzungsrechte.

1133 *Herbst*, Rechtliche Ausgestaltung der Lizenz, S. 248 ff.; *Platho*, FuR 1984, 135, 136; *Hauck*, AcP 211 (2011), 626, 639, spricht hier von einer Ausnahme von der Regel; *Scholz*, Lizenzen in der Insolvenz, S. 12.

1134 *Wandtke/Grunert* in: Wandtke/Bullinger, UrhR, § 33 Rn. 2; *Kotthoff* in: Dreyer/Kotthoff/Meckel, UrhR, § 33 Rn. 2; vgl. auch *Schack*, Urheber- und Urhebervertragsrecht,

die Rechtsnatur der Lizenz i.S. einer gesetzgeberischen Wertung lässt sich dieser Gleichsetzung zwar nicht entnehmen – zumindest jedoch eine Gleichstellung der Schutzbedürftigkeit der Lizenznehmer beider Typen.

Auch die Gesetzesmaterialien stützen diese Annahme. Während die amtliche Begründung zu § 33 UrhG a.F. die Regelung noch für eine Ausnahme vom Grundsatz der rein schuldrechtlichen Wirkung der einfachen Lizenz hielt,[1135] stellte der Gesetzgeber bei der Neuregelung des Urhebervertragsrechts im *Zweiten Korb* klar, dass er in dogmatische Fragen des Lizenzrechts nicht eingreifen wolle.[1136]

Im Patentrecht verfolgte der Gesetzgeber mit der Einführung des § 15 III PatG die Absicht, das Risiko, dass eine einfache Lizenz durch Rechtsübertragung des Schutzrechts untergeht oder durch Erteilung weiterer Lizenzen beeinträchtigt wird, zu beseitigen. In der Beschlussempfehlung des Rechtsausschusses wurde zwar festgestellt, dass die einfache Nutzungserlaubnis im Regelfall schuldrechtlicher Natur sei.[1137] Eine verbindliche Aussage über die Rechtsqualität der einzelnen Lizenztypen lässt sich der Begründung jedoch nicht entnehmen.[1138]

Die Gesamtrechtsordnung zeigt, dass der Gesetzgeber auch rein schuldrechtlich wirkenden Rechtspositionen Drittschutz verliehen hat; so z.B. die Sukzessionsschutzregelungen zugunsten des Mieters und Pächters nach §§ 566, 593b BGB. Die h.M. spricht sich hier gegen eine dingliche Wirkung dieser Rechtspositionen aus und spricht von „Ausnahmevorschriften“, die die obligatorische Rechtsstellung verstärken.[1139] Der Schutz des besitzenden Mieters nach § 566 BGB ist freilich nicht die Folge einer dinglichen Rechtsstellung, sondern die Konsequenz daraus, dass sein Besitzrecht nur ein relatives ist. Dem neuen Eigentümer gegenüber kann er daher nicht die Einwendung aus § 986 I BGB entgegenhalten.

Hieraus wird geschlussfolgert, dass der Gesetzgeber entsprechend dem Miet- und Pachtrecht ebenso für die einfachen Lizenzen einen gesetzlichen Sukzessionsschutz eingeführt hat, um den lediglich schuldrechtlich Berechtigten für die im Vertrauen

Rn. 604; *Rehbinder*, Urheberrecht, Rn. 556; *Loewenheim/J.B. Nordemann* in: Loewenheim, Hdb. UrhR, § 25 Rn. 1.

1135 BT-Drucks. IV/270, S. 56.

1136 Vgl. BT-Drucks. 14/6433, S. 16.

1137 BT-Drucks. 10/5720, S. 24.

1138 *Marotzke*, ZGE 2 (2010), 233, 237 f. (Fn. 20): „Der Gesetzgeber wollte zwar Sukzessionsschutz gewährleisten, keinesfalls jedoch auch jenseits des Themas „Sukzessionsschutz zur Verstärkung etwaiger Dinglichkeitstheorien beitragen.“; *Pahlow*, WM 2008, 2041, 2042.

1139 BGH, NJW 1989, 2053, spricht von einer „gewissen dingliche Wirkung“; *Schön*, JZ 2001, 119, 121 f., bezeichnet dies als „Systembruch“; *Hauck*, AcP 211 (2011), 626, 639 f.; *Wilhelm*, Sachenrecht, Rn. 84; *Häublein* in: MüKo, BGB/Bd. 3/2012, § 566 Rn. 2 f.; *Baur/Stürner*, Sachenrecht, § 3 Rn. 47; *Emmerich* in: Staudinger, BGB/Buch2/2011, § 566 Rn. 6; hierzu bereits auch *Herbst*, Rechtliche Ausgestaltung der Lizenz, S. 248 f.

auf sein Nutzungsrecht getätigten Investitionen zu schützen.[1140] Die Auffassung von einer dinglichen Rechtsstellung des einfachen Lizenznehmers sei daher abzulehnen.[1141]

Die Rechtslage im Lizenzverkehr ist jedoch nicht vergleichbar mit der des Mieters oder Pächters. Einen Rechtsscheinträger, wie den Besitz, gibt es nicht. Der Lizenzgeber kann demnach auch nicht mehr Rechte vergeben, als er selbst hat. Verfügungen, zu deren Nachteil der Sukzessionsschutz eingreift, sind unwirksam, soweit dem Einräumenden die Verfügungsbefugnis fehlt.[1142] Die Macht, über ein Recht lastenfrei zu verfügen, kann aber nur dann eingeschränkt sein, wenn eine dingliche Rechtsposition abgespalten wurde. Denn die Verfügungsbefugnis kann grundsätzlich nicht auf schuldrechtlicher Ebene beschränkt werden (vgl. § 137 S. 1 BGB). Eine abgeleitete, rein obligatorisch wirkende Rechtsposition kann daher nach zivilrechtlichen Grundsätzen keinen „natürlichen" Sukzessionsschutz genießen. Besteht dennoch ein Schutzbedürfnis, bedarf es einer Ausnahmeregelung durch den Gesetzgeber. Solchen Vorschriften kann aber niemals eine die Dinglichkeit begründende Wirkung entnommen werden.

Ob es sich bei § 33 UrhG und § 15 PatG insoweit um eine Ausnahme vom Grundsatz der relativen Wirkung oder um eine deklaratorische Regelung für den dinglich Berechtigten handelt, könnte anhand des möglicherweise dispositiven Charakters der Normen entschieden werden. Eine Abdingbarkeit wurde durch § 33 UrhG a.F. für die einfache Lizenz ausdrücklich normiert.[1143] Dies deute vornehmlich auf eine rein obligatorisch wirkende Rechtsnatur der einfachen Lizenz hin.[1144] Der gesetzliche Sukzessionsschutz könne daher kein entscheidungserhebliches Argument für die Dinglichkeit sein.[1145] Dem Wortlaut der aktuellen Regelungen ist eine solche Disponibilität dagegen nicht zu entnehmen. Vielmehr könnte die Streichung der Abdingbarkeit in § 33 UrhG n.F. als Abkehr von der ursprünglichen Auffassung, von der rein schuldrechtlichen Natur einfacher Nutzungsrechte, verstanden werden. Dem wäre zu folgen, wenn die Lizenz – entsprechend den beschränkt dinglichen Rechten des Sachenrechts – auch ohne gesetzlichen Sukzessionsschutz „resistent" gegen eine beeinträchtigende Verfügung des berechtigten Vollrechtsinhabers wäre und ihr dieses Charakteristikum auch nicht im Wege einer Parteivereinbarung genommen

---

1140 *Heim*, GRUR 2012, 95, 99; *Pahlow*, ZUM 2005, 865, 867.

1141 *Heim*, GRUR 2012, 95, 99; *Chrocziel* in: GS Blomeyer, S. 303, 311 f.; *Pahlow*, ZUM 2005, 865, 870; *Schwarz* in: v. Hartlieb/Schwarz, Hdb. Film-, Fernseh-, Videorecht, Kap. 52 Rn. 12; *Hauck*, AcP 211 (2011), 626, 639 f.

1142 *Schricker/Loewenheim* in: Schricker/Loewenheim, UrhR, § 33 Rn. 23; *Wandtke/Grunert* in: Wandtke Bullinger, UrhR, § 33 Rn. 10.

1143 BT-Drucks. IV/270, S. 56; vgl. auch BGH, GRUR 1986, 91, 93 – „Preisabstandsklausel".

1144 *Pahlow*, Lizenz, S. 284 f.; *ders.*, ZUM 2005, 865, 870.

1145 *Pahlow*, ZUM 2005, 865, 870; *ders.*, Lizenz, S. 284 f.; *Sosnitza* in: FS Schricker II, S. 183, 191.

werden kann.[1146] Im Urheberrecht wird allgemein die Auffassung vertreten, dass der dinglich wirkenden Lizenz der Sukzessionsschutz durch Parteivereinbarung grundsätzlich nicht aberkannt werden kann, ohne dabei zwischen einfacher und ausschließlicher Lizenz zu unterscheiden.[1147] Im Patentrecht ist dies bislang nur für die ausschließliche Patentlizenz anerkannt.[1148] Die Gesetzeslage schließt eine Übertragung auf die einfache Patentlizenz jedoch nicht aus.

Die Entwicklungen in der Rechtsordnung zeigen insgesamt, dass der Gesetzgeber mit den Sukzessionsschutzregelungen keine Aussage über die Rechtsnatur der Lizenz treffen wollte. Der Rechtscharakter der Lizenz lässt sich hieraus also nicht ableiten.[1149]

Dennoch ist der Sukzessionsschutz wesentliches Merkmal eines dinglichen Rechts und vor allem die Interessenlage im Lizenzverkehr scheint darauf hinzudeuten, die bestehenden Regelungen insoweit als Reflexwirkung der Anerkennung eines solchen zu verstehen.[1150] Ihnen wäre mithin eine deklaratorische Funktion beizumessen, sodass der dinglich wirkenden Lizenz ein solcher Schutz nicht im Wege einer Parteivereinbarung genommen werden kann.[1151] Die wirtschaftliche Bedeutung der Lizenz für den Lizenznehmer erfordert allgemein einen solchen dinglichen, in der Natur der Lizenz wurzelnden Sukzessionsschutz, der sich einer vertraglichen Abdingbarkeit entzieht. Jedoch darf im Interesse der Privatautonomie die Einräumung rein relativ wirkender Lizenzen nicht ausgeschlossen sein.[1152] Nach überzeugender Auffassung soll es den Parteien überlassen bleiben, etwas anderes zu vereinbaren, also eine schuldrechtlich wirkende Rechtsposition einzuräumen.[1153] Im überwiegenden Fall werden die Lizenzparteien bei Vertragsschluss jedoch davon ausgehen, dass der Lizenznehmer eine bestandskräftige Lizenz erhält. Die Vereinbarung einer Berechtigung, bei der der Sukzessionsschutz von vornherein

1146 *Pahlow*, Lizenz, S. 284 f.

1147 Vgl. *Schricker/Loewenheim* in: Schricker/Loewenheim, UrhR, § 33 Rn. 4.

1148 *Mes*, PatG/GebrMG, § 15 PatG, Rn. 95; *Ahrens*, Gewerblicher Rechtsschutz, Rn. 286: Es handelt sich insoweit um eine „deklaratorische Erwähnung".

1149 Im Ergebnis ebenso: *Forkel*, Gebundene Rechtsübertagungen, S. 87 f.; *McGuire*, Lizenz, S. 388; *Hauck*, AcP 211 (2011), 626, 639 f.

1150 *Schricker/Loewenheim* in: Schricker/Loewenheim, UrhR, § 33 Rn. 4; vgl. auch *Beck*, Lizenzvertrag im Verlagswesen, S. 45.

1151 So auch *Stöckel/Brandi-Dohrn*, CR 2011, 553, 558.

1152 *v. Gamm*, UrhG, § 31 Rn. 11; *Schricker/Loewenheim* in: Schricker/Loewenheim, UrhR, Vor. §§ 28 ff. Rn. 84.

1153 *Kellenter* in: FS Tilmann, S. 807, 817; *Schack*, Urheber- und Urhebervertragsrecht, Rn. 604; *Rehbinder*, Urheberrecht, Rn. 557; *Forkel*, NJW 1983, 1764, 1765; *Jänich*, Geistiges Eigentum, S. 343, schließt zwar auf eine dingliche Rechtsstellung, hält es allerdings für möglich, auch eine schuldrechtliche Unterlizenz zu erteilen; vgl. auch BGH, GRUR 1982, 411, 412 – „Verankerungsteil".

ausgeschlossen ist, muss folgerichtig als die Einräumung einer rein schuldrechtlichen Nutzungsbefugnis gedeutet werden.[1154]

Eine Differenzierung zwischen einfacher und ausschließlicher Lizenz hinsichtlich des Rechtscharakters erscheint damit nicht zweckdienlich.[1155]

cc. Absolute Wirkung – Dinglichkeit und Verbotsrecht

Das Verbotsrechts und die daraus folgende Klagebefugnis sind besondere Kennzeichen des negativen Inhalts absoluter Rechte. Sie sind von der Rechtsordnung mit einer Wirkung gegenüber jedermann ausgestattet und gegen jeden rechtswidrigen Eingriff geschützt. Die dinglichen Rechte des Sachenrechts gehören zu den absolut geschützten Rechten.[1156] Die Klagebefugnis ist mithin ein Merkmal der zugleich absoluten Stellung der dinglichen Rechte.[1157] Die Anerkennung einer dinglichen Rechtsnatur der Lizenz setzt demnach voraus, dass für den Inhaber ein angemessener absoluter Rechtsschutz durch die Rechtsordnung gewährleistet wird und sich diese Konstruktion somit nahtlos in das zivilrechtliche Gesamtsystem einfügt.

Zunächst muss berücksichtigt werden, dass es sich bei der Lizenz um eine aus dem Vollrecht abgespaltene Teilbefugnis handelt, die je nach ihrer inhaltlichen Ausgestaltung ausschließliche oder nur einfache Wirkung entfalten kann, sodass der Lizenznehmer u.U. andere Berechtigte neben sich zu dulden hat. Auch wenn die Ausschließungsbefugnis dann gegenüber dem Konkurrenten fehlt, so muss sie nicht in jeder Hinsicht fehlen. Denn absolute Rechte müssen nicht in allen denkbaren Richtungen Ausschließungsbefugnisse gewähren. Die Ausschließbarkeit muss vielmehr differenzierter betrachtet werden – es gibt nicht nur die Extreme von totaler oder fehlender Absolutheit.[1158] Ein Blick auf das Sachenrecht zeigt, dass der absolute Rechtsschutz auch auf die Inhaber beschränkter dinglicher Rechte erweitert wird, wenn sie eines solchen Rechtsschutzes bedürfen.[1159] So vermitteln die sachenrechtlichen Nutzungsrechte, wie die Dienstbarkeit und der Nießbrauch, Abwehrrechte gegen jeden, der den Inhaber des abgeleiteten Rechts in der ihm

1154 *Kellenter* in: FS Tilmann, S. 807, 820; *Schricker/Loewenheim* in: Schricker/Loewenheim, UrhR, § 33 Rn. 4; ähnlich auch *J.B. Nordemann* in: Fromm/Nordemann, UrhR, § 33 Rn. 12: Eine abweichende Regelung setzt die dingliche prioritäre Wirkung außer Kraft.

1155 Ähnlich auch *v. Gamm*, UrhG, § 31 Rn. 11; *Ulmer*, Urheber- und Verlagsrecht, S. 369.

1156 *Baur/Stürner*, Sachenrecht, § 3 Rn. 3; *Westermann*, Sachenrecht, Rn. 3; *Prütting*, Sachenrecht, Rn. 18.

1157 Vgl. BGH, GRUR 1957, 614, 616 – „Ferien vom Ich", spricht insoweit von der dinglichen Natur des Verbietungsrechts; OLG Hamburg, GRUR-RR 2005, 181, 182 – „ZOMIG/AscoTop"; ähnlich auch *Hahn*, Verbotsrecht des Lizenznehmers, S. 16; vgl. auch *Hauck*, AcP 211 (2011), 626, 644, der in der Existenz umfassender Abwehrrechte das entscheidende Merkmal dinglicher Rechte sieht.

1158 *Forkel*, NJW 1983, 1764, 1766.

1159 *Larenz/Wolf*, BGB AT, § 15 Rn. 6; *Baur/Stürner*, Sachenrecht, § 3 Rn. 6.

zustehenden eigenen Benutzung stört und beeinträchtigt oder ihm seine Befugnis streitig macht (§§ 1027, 1065 BGB).[1160] Dingliche Rechte müssen daher nicht notwendigerweise gegenüber jedermann Schutz gewähren. Ein Schutz gegenüber einem beschränkten Adressatenkreis genügt, sofern dieser nur außerhalb einer schuldrechtlichen Beziehung steht.[1161] Dass es sich bei der Lizenz lediglich um ein abgespaltenes Teilrecht handelt, steht einem absoluten Schutz damit nicht entgegen. Diese Auffassung bestätigte auch der BGH, demzufolge auch ein Restbestand eines Nutzungsrechts genügt, um ein absolutes Recht anzunehmen, welches eine Klagebefugnis begründet.[1162]

Die Frage nach einer Klagebefugnis des Lizenznehmers wird trotzdem sehr unterschiedlich und in Abhängigkeit von der inhaltlichen Reichweite der Lizenz beantwortet: Lediglich der ausschließliche Lizenznehmer soll aufgrund seiner Rechtsstellung befugt sein, einen Verletzungsprozess zu führen.[1163] Er genießt Drittschutz nach § 97 UrhG.[1164] Der einfache Lizenznehmer soll hingegen nach herrschender Auffassung grundsätzlich nicht aus eigenem Recht klagen können.[1165] Werden eigene berechtigte, schutzwürdige Interessen des einfachen Lizenznehmers berührt, soll lediglich die Möglichkeit bestehen, die fremden Rechte mit Zustimmung des Urhebers bzw. des ausschließlichen Nutzungsberechtigten in eigenem Namen geltend zu machen, i.S. einer gewillkürten Prozessstandschaft.[1166]

Gleiches gilt im Patentrecht: Die Befugnis des ausschließlichen Lizenznehmers zur außergerichtlichen oder gerichtlichen Durchsetzung des lizenzierten

---

1160 *Wagner* in: MüKo, BGB/Bd. 5/2013, § 823 Rn. 209. Diese sind als „sonstige Rechte" i.S.v. § 823 I BGB anerkannt: *Larenz/Canaris*, Schuldrecht Bd. II/2, S. 392; *Fikentscher/Heinemann*, Schuldrecht, Rn. 1568.

1161 *Stöckel/Brandi-Dohrn*, CR 2011, 553, 554.

1162 BGH, GRUR 1987, 37, 39 – „Videolizenzvertrag".

1163 BGH, GRUR 1992, 310, 311 – „Taschenbuchlizenz"; BGH, GRUR 1995, 338, 340 – „Kleiderbügel"; BGH, GRUR 1999, 984, 985 – „Laras Tochter"; *McGuire/v. Zumbusch/Joachim*, GRUR Int. 2006, 682, 686; *Dreier* in: Dreier/Schulze, UrhG, § 97 Rn. 19; *v. Wolff* in: Wandtke/Bullinger, UrhR, § 97 Rn. 9; *Schricker/Loewenheim* in: Schricker/Loewenheim, UrhR, Vor. §§ 28 ff. Rn. 81.

1164 *Forkel*, Gebundene Rechtsübertragungen, S. 220; *v. Gamm*, UrhG, § 97 Rn. 16.

1165 OLG Hamburg, UFITA 67 (1973), 245, 257 – „Theateraufführungsvertrag"; *Ulmer*, Urheber-und Verlagsrecht, S. 369; *v. Gamm*, UrhG, § 31 Rn. 14, § 97 Rn. 16; *Rojahn* in: Loewenheim, Hdb. UrhR, § 94 Rn. 14; *Wild* in: Schricker/Loewenheim, UrhR, § 97 Rn. 52; *Dreier* in: Dreier/Schulze, UrhG, § 97 Rn. 20; *v. Wolff* in: Wandtke/Bullinger, UrhR, § 97 Rn. 11; *U. Reber* in: v. Hartlieb/Schwarz, Hdb. Film-, Fernseh-, Videorecht, Kap. 56 Rn. 6; *Frey/Rudolph*, ZUM 2004, 522, 527; *McGuire/v. Zumbusch/Joachim*, GRUR Int. 2006, 682, 687; *Abel*, NZI 2003, 121, 122; *Adolphsen*, DZWIR 2003, 228, 229.

1166 BGH, GRUR 1959, 200, 201 – „Der Heiligenhof"; BGH, GRUR 1961, 635, 637 – „Stahlrohrstuhl"; BGH, GRUR 1981, 652 – „Stühle und Tische"; BGH, GRUR 1998, 376 –„Coverversion"; *Rojahn* in: Loewenheim, Hdb. UrhR, § 94 Rn. 18; *Schricker/Loewenheim* in: Schricker/Loewenheim, UrhR, § 31 Rn. 15.

Schutzrechts ist durch Rechtsprechung und Literatur anerkannt.[1167] Begründet wird dies durch die besondere Position des ausschließlichen Lizenznehmers, die derjenigen des Schutzrechtsinhabers gleichstehe. Demnach habe der Lizenznehmer aufgrund seiner exklusiven Nutzerstellung ein besonderes wirtschaftliches Interesse an der Durchsetzung des lizenzierten Schutzrechts.[1168] Dem Inhaber einer einfachen Patentlizenz fehle es dagegen an einem solchen Interesse.[1169] Dieser soll daher nicht berechtigt sein, Ansprüche gegen Dritte aus der Verletzung seines Benutzungsrechts am Patent geltend zu machen.[1170] Anderweitige Parteivereinbarungen sollen jedoch möglich sein. Hierbei wird die Vereinbarung einer Prozessstandschaft durch Ermächtigungsvertrag zwischen Rechtsinhaber und Klagepartei in Erwägung gezogen, bei der der einfache Lizenznehmer den Anspruch als fremdes, dem Patentinhaber ausschließlich zustehendes Recht im eigenen Namen geltend macht.[1171] Auch eine Drittschadensliquidation wird für möglich gehalten, sodass der Patentinhaber den Schaden des einfachen Lizenznehmers ohne Weiteres geltend machen kann.[1172]

Insgesamt ist die absolute Wirkung der ausschließlichen Lizenz wegen der weitaus stärkeren Rechtsstellung allgemein anerkannt.[1173] Da dem einfachen Lizenznehmer nach h.M. keine eigenen Abwehrrechte, insbesondere kein eigener Schadensersatzanspruch, gegenüber Dritten zustehen und er demnach auf ein Vorgehen in Prozessstandschaft angewiesen sein soll, wird in der Literatur die Auffassung vertreten, dass ein dinglicher Charakter der einfachen Lizenz abzulehnen

1167 RGZ 83, 93, 94; RGZ 148, 146, 147 f.; BGH, GRUR 1995, 338, 340 – „Kleiderbügel", m.w.N.; *Groß*, Lizenzvertrag, Rn. 365; *Ullmann* in: Benkard, PatG, § 15 Rn. 97; *Mes*, PatG/GebrMG, § 15 PatG Rn. 40; *Kühnen/Geschke*, Durchsetzung von Patenten, Rn. 339; vgl. auch *Kirchhof* in: FS Merz, S. 283, 289, in Bezug auf das Widerspruchsrecht aus § 771 ZPO.

1168 RGZ 83, 93, 95; *Kraßer*, Patentrecht, § 36 II. 1.; *McGuire/v. Zumbusch/Joachim*, GRUR Int. 2006, 682, 685; *Rogge/Grabinski* in: Benkard, PatG, § 139 Rn. 17.

1169 *Kraßer*, Patentrecht, § 36 II. 1.; *McGuire/v. Zumbusch/Joachim*, GRUR Int. 2006, 682, 686; vgl. auch *Kirchhof* in: FS Merz, S. 283, 294.

1170 RGZ 83, 93, 95; *Mes*, PatG/GebrMG, § 139 PatG Rn. 49; *Rogge/Grabinski* in: Benkard, PatG, § 139 Rn. 17; *Kühnen/Geschke*, Durchsetzung von Patenten, Rn. 340 ff.; *Kraßer*, Patentrecht, § 40 V. c) bb) 1.; *Herbst*, Rechtliche Ausgestaltung der Lizenz, S. 251; *Pahlow*, Lizenz, S. 289; *Haedicke*, ZGE 3 (2011), 377, 380.

1171 *Pitz*, Patentverletzungsverfahren, Teil 6 Rn. 119; *McGuire/v. Zumbusch/Joachim*, GRUR Int. 2006, 682, 687.

1172 *Fischer*, GRUR 1980, 374, 377 f.

1173 RGZ 76, 235, 236; RGZ 82, 431, 432; RGZ 134, 91, 96; *Ullmann* in: Benkard, PatG, § 15 Rn. 92; *Lütje* in: Möhring/Nicolini, UrhG, § 97 Rn. 48; *Schricker*, Verlagsrecht, § 28 Rn. 23; *Spindler* in: Spindler/Schuster, Recht der elektronischen Medien, § 97 UrhG Rn. 7; *Scholz*, Lizenzen in der Insolvenz, S. 9 f.; vgl. *Fehrenbacher*, JR 2001, 309, 311.

sei.[1174] Ob hier eine vom Gesetzgeber intendierte Ungleichbehandlung beider Lizenztypen vorliegt, muss anhand der einschlägigen Schutznormen untersucht werden.

Der Tatbestand des § 97 I 1 UrhG umfasst sowohl Verletzungen des Urheberrechts als auch Verletzung-en anderer nach dem Urheberrechtsgesetz geschützter Rechte. Anspruchsberechtigter ist der Verletzte. Gleiches gilt für § 139 I PatG. Der Wortlaut beider Normen ist weit gefasst und spricht nicht für eine differenzierende Behandlung von ausschließlichen und einfachen Lizenznehmern.

Auch die ursprüngliche Fassung des Anspruchs auf Unterlassung und Schadensersatz in § 107 UrhG a.F. weicht hinsichtlich der Regelung der Aktivlegitimation hiervon nicht ab. In der amtlichen Begründung zu § 107 UrhG a.F. nahm der Gesetzgeber konkret auf § 823 BGB Bezug und postulierte, dass nur die Verletzung eines absoluten Rechts und nicht die eines schuldrechtlichen Anspruchs zur Geltendmachung eines Anspruchs berechtigt.[1175] Eine Differenzierung war also nach dem Willen des historischen Gesetzgebers nicht vorgesehen.

Sowohl § 97 UrhG als auch § 139 PatG sind zuletzt durch das „Gesetz zur Verbesserung der Durchsetzung von Rechten des geistigen Eigentums" vom 07.07.2008 geändert worden, das der Umsetzung der Richtlinie 2004/48/EG (Enforcement-RL) diente. Auch Art. 4 lit. b Enforcement-RL nimmt eine solche Unterscheidung nicht vor, sondern nennt allgemein den Lizenznehmer als zur Beantragung der Maßnahmen, Verfahren und Rechtsbehelfe befugte Person, soweit dies nach den Bestimmungen des anwendbaren Rechts zulässig ist und mit ihnen im Einklang steht.

1174 *Herbst*, Rechtliche Ausgestaltung der Lizenz, S. 208 f., 251; *Schwarz* in: v. Hartlieb/Schwarz, Hdb. Film-, Fernseh-, Videorecht, Kap. 52 Rn. 12; *Spautz* in: Möhring/Nicolini, UrhG, § 31 Rn. 39; *Fischer*, GRUR 1980, 374, 377; *Brandi-Dohrn*, GRUR 1983, 146, 148; *Pahlow*, ZUM 2005, 865, 872 f.; *ders.*, Lizenz, S. 266 ff.; *ders.*, WM 2008, 2041, 2042; *Dieselhorst*, CR 2010, 69, 72 f.; *Hauck*, AcP 211 (2011), 626, 643 ff.; *Schindler*, Grenzen der „dinglichen Aufspaltbarkeit", S. 36; *Wiedemann*, Lizenzen in der Insolvenz, Rn. 23; *Heimberg*, Lizenzen in der Insolvenz, S. 37, 46; *Scholz*, Lizenzen in der Insolvenz, S. 11 f.; vgl. auch *Hilty*, Lizenzvertragsrecht, S. 774; a.A. *Forkel*, Gebundene Rechtsübertragungen, S. 88 ff., 104 ff. (zum Patentrecht), S. 226 ff. (zum Urheberrecht); zust. *Leßmann*, DB 1987, 145, 152. Vgl. auch die Kontroverse im Markenrecht: Abweichend von der h.L. ging das OLG Hamburg, GRUR-RR 2005, 181 f. – „ZOMIG/AscoTop", von einer grundsätzlichen Dinglichkeit der Markenlizenz aus. Dies schlussfolgerte das Gericht aus § 30 III MarkenG. Danach stehe dem einfachen als auch ausschließlichen Lizenznehmer, unter der Voraussetzung der Zustimmung des Markenrechtsinhabers, ein eigenes Recht zur Erhebung der Markenrechtsverletzungsklage zu (so auch *Bühling*, GRUR 1998, 196, 197 f.). Jedoch folgte der BGH, GRUR 2007, 877, 879 f. – „Windsor Estate", dieser Ansicht nicht und stellte fest, dass sich der Inhaber einer einfachen Markenlizenz lediglich auf eine schuldrechtlich wirkende Nutzungsposition gegenüber dem Markenrechtsinhaber stützen könnte, ohne dass er selbstständig Rechte gegen Dritte hätte.

1175 BT-Drucks. IV/270, S. 103.

Dabei handelt es sich allerdings nicht um eine verbindliche Vorgabe.[1176] Eine Erweiterung der Aktivlegitimation auf Inhaber einfacher Nutzungsrechte wird daher abgelehnt.[1177]

Teilweise wird auch aus dem Wortlaut des § 31 II UrhG („...ohne dass eine Nutzung durch andere ausgeschlossen ist.") abgeleitet, dass der einfache Lizenznehmer keine Ausschließungsbefugnisse innehat.[1178] Eine solche extensive Wortlautauslegung erscheint jedoch nicht geboten. Nach dem Sinn und Zweck der Norm soll lediglich die Rechtsstellung des Inhabers einer einfachen zu derjenigen eines ausschließlichen Lizenznehmers in quantitativer Hinsicht abgegrenzt werden. Die ausschließliche Lizenz ist demnach als „Monopolisierungsversprechen" zu verstehen.[1179] Ein Hinweis auf den Rechtscharakter der einfachen Lizenz kann der Norm hingegen nicht entnommen werden. Gleiche Erwägung gilt für § 15 II 1 PatG. Auch hier nennt der Gesetzgeber lediglich die Möglichkeit der dinglichen Abspaltung eines Nutzungsrechts vom Vollrecht, entweder als einfache oder als ausschließliche Befugnis, ähnlich einer sachenrechtlichen Typisierung.

Die Gesetzeslage schließt damit die dogmatische Konstruktion eines einheitlichen Klagerechts für beide Lizenztypen nicht aus. Richtigerweise kann der Zuweisungsgehalt eines dinglichen Rechts nicht unter Berufung auf einzelne, die Güterzuordnung schützende Normen wie §§ 97 ff. UrhG und §§ 139 ff. PatG hergeleitet werden.[1180] Eine solche Sichtweise ist undynamisch und richtet sich zu sehr auf die Erhaltung eines *status quo* der dinglichen Rechte. Vielmehr sind es die tatsächlichen wirtschaftlichen Gegebenheiten, die das Verhältnis einer Person zu einem vermögenswerten Gegenstand wesentlich beeinflussen und daraus ein besonderes Rechtsschutzbedürfnis erwachsen lassen. Diese Wirklichkeiten prägen den rechtlichen Charakter einer solchen zuordnenden Rechtsbeziehung und erfordern eine Anerkennung einer dinglich wirkenden Rechtsposition, die zugleich eine absolute Rechtsstellung des Lizenznehmers begründet. Warum eine Klagebefugnis des einfachen Lizenznehmers dennoch bislang abgelehnt wurde, muss unter Berücksichtigung der betroffenen Interessen hinterfragt werden.

Die ablehnende Haltung ist nicht unumstritten.[1181] Kritisiert wird, dass der Inhaber des Immaterialgüterrechts z.B. aus geschäftlichen oder persönlichen Gründen

---

1176 BT-Drucks. 16/5048, S. 26.

1177 *Frey/Rudolph*, ZUM 2004, 522, 527, unter dem Hinweis der Systemwidrigkeit einer solchen Erweiterung.

1178 *Pahlow*, ZUM 2005, 865, 872; *ders.*, WM 2008, 2041, 2042; vgl. auch *Ahrens*, Gewerblicher Rechtsschutz, Rn. 285, hinsichtlich des gleichbedeutenden Begriffs „nicht ausschließliche Lizenz".

1179 Ähnlich auch *Hahn*, Verbotsrecht des Lizenznehmers, S. 60; *Wohlfarth*, Taschenbuchrecht, S. 145.

1180 Vgl. *Peukert* in: Hilty/Jäger/Kitz, Geistiges Eigentum, S. 47, 57.

1181 *Fischer*, GRUR 1980, 374 ff., zum Meinungsstreit im Patentrecht; vgl. auch *Ahrens*, GRUR 2006, 617, 623, der die Rechtslage zwar anerkennt, allerdings gute Gründe sieht, auch dem einfachen Lizenznehmer eigene Abwehransprüche zu gewähren;

kein Interesse an einer Rechtsverfolgung haben könnte und sie dementsprechend auch nicht anstrebt.[1182] Warum dem Vollrechtsinhaber die Verpflichtung zur Rechtsverfolgung trotzdem auferlegt werden soll, bleibt unklar.[1183] Vor allem im Urheberrecht erscheint es effektiver, dem marktmächtigen Verwerter die Möglichkeit einzuräumen, selbst und unverzüglich Abwehrrechte gegen unautorisierte „Trittbrettfahrer" geltend machen zu können.[1184] Dies gilt beispielsweise für einzelne Subverleger, die aufgrund ihrer umfangreichen Rechtsstellung oftmals nahezu an die Stelle des Originalverlegers treten.[1185]

Die unberechtigte Nutzung betrifft schließlich den Schutzrechtsinhaber in seinem materiellen Verwertungsinteresse zumeist nur indirekt.[1186] Finden Verwertungshandlungen nur noch durch die Lizenznehmer statt, wirken sich unberechtigte Nutzungen direkt auf deren Marktchancen aus. Eine Beeinträchtigung des Lizenzgebers ist in diesem Fall aber nur dann anzunehmen, wenn der Lizenznehmer eine erfolgsabhängige Vergütung schuldet und sein Gewinn durch die unberechtigte Nutzung geschmälert wird. Ist dagegen die Lizenzgebühr bereits durch eine Einmalzahlung abgegolten, muss hinterfragt werden, ob überhaupt ein materieller Schaden beim Schutzrechtsinhaber entstanden ist. Durchaus bestände die Möglichkeit, einen Schaden im Umfang der angemessenen Lizenzgebühr oder des Verletzergewinns zu berechnen.[1187] Die tatsächlich erlittene Vermögenseinbuße wäre aber faktisch auf Seiten des Lizenznehmers eingetreten. Dieser kann seinen Schaden dann jedoch nicht kompensieren.[1188]

Hierbei wird deutlich, dass eine Beeinträchtigung der Nutzungsbefugnisse des Lizenznehmers nicht immer auch einen Eingriff in die verwertungsrechtlichen Interessen des Vollrechtsinhabers darstellt.

So erscheint es insbesondere auch dann unbillig, dem einfachen Lizenznehmer eine selbstständige Klagebefugnis zu verwehren, wenn nur einige wenige marktmächtige einfache Lizenznehmer existieren, die darüber hinaus auch noch aufgrund unterschiedlicher inhaltlicher oder räumlicher Aufspaltungen der Berechtigungen außer Konkurrenz stehen können und damit faktisch eine monopolartige Stellung innehaben. Eine solche Konstellation ist vergleichbar mit dem Fall, dass mehrere ausschließliche Lizenzen bezüglich einzelner dinglich beschränkter Befugnisse oder räumlich begrenzt erteilt werden.

---

zum Verlagsrecht: *Karow*, Rechtsstellung des Subverlegers, S. 34; *Wohlfarth*, Taschenbuchrecht, S. 144.

1182 *Pinzger*, GRUR 1938, 148, 150; *Hahn*, Verbotsrecht des Lizenznehmers, S. 60.

1183 Vgl. BGH, GRUR 1965, 591, 595 – „Wellplatten".

1184 Vgl. *Hilty*, ZUM 2003, 983, 1004.

1185 *Karow*, Rechtsstellung des Subverlegers, S. 34 f.; *Wohlfarth*, Taschenbuchrecht, S. 145 ff.

1186 Vgl. *Forkel*, Gebundene Rechtsübertragungen, S. 93.

1187 Zu den einzelnen Möglichkeiten der Schadensberechnung ausführlich *Wild* in: Schricker/Loewenheim, UrhR, § 97 Rn. 145.

1188 *Pinzger*, GRUR 1938, 148 f.

Die Notwendigkeit eigener Verbietungsansprüche in der Person des einfachen Lizenznehmers ließe sich somit durch die tatsächliche Interessenlage rechtfertigen.[1189] Daneben muss aber auch der Schutzrechtsinhaber anspruchsberechtigt bleiben.[1190] Die Rechtslage wäre zweifelsohne anders zu beurteilen, wenn statt materieller, persönlichkeitsrechtliche Interessen betroffen wären. In diesem Fall ist ein Interesse des Lizenznehmers an der Geltendmachung fremder Ansprüche nicht ersichtlich. In diesem Kontext muss klargestellt werden, dass es vordergründig nicht die Intention des Lizenznehmers ist, das Schutzrecht zu verteidigen, sondern gegen Störungen seines eigenen positiven Nutzungsrechts durch Dritte im eigenen Namen vorgehen zu können.[1191] Hier sind zwei unterschiedliche Interessensphären betroffen, die sich freilich überschneiden können.

Die Kehrseite der praktischen Betrachtung darf jedoch nicht außer Acht gelassen werden. So existieren Fälle, in denen Millionen Lizenzen vergeben werden; z.B. bei massenhaft vertriebener Software. Eine tatsächliche Beeinträchtigung in den Nutzungsmöglichkeiten durch einen unberechtigten Nutzer lässt sich dann wohl nicht mehr feststellen.

Zudem muss im Interesse des potentiellen Verletzers bzw. Störers an Klarheit und Rechtssicherheit feststehen, welchen Ansprüchen gegenüber welchen Anspruchsgegner sich dieser ausgesetzt sehen muss. Gewichtiges Argument gegen die Anerkennung einer Klagebefugnis des einfachen Lizenznehmers ist daher die Gefahr einer Vervielfältigung der Ansprüche[1192] und die damit einhergehende „Verwirrung in den Rechtsbeziehungen“[1193], soweit eine Vielzahl einfacher Lizenznehmer als Geschädigte in Betracht käme. Das Interesse des Störers gebietet, dass dieser nicht von allen einzelnen Inhabern einer einfachen Lizenz mit Unterlassungsansprüchen überzogen werden kann. So sei es in tatsächlicher Hinsicht zweckmäßiger, nämlich einfacher und ökonomischer, sowie einer rascheren Klärung dienlicher, wenn die Klagen in einer Hand blieben.[1194]

Ob der Verletzer bzw. Störer grundsätzlich schutzwürdig ist, erscheint eher fraglich. Ferner ist eine Häufung von Anspruchsinhabern in der Rechtspraxis, insbesondere im Wettbewerbsrecht, auch nicht ungewöhnlich. Ein hinreichender verfahrensrechtlicher Schutz ist jedenfalls vorhanden. So sind z.B. die Anspruchsinhaber nach Treu und Glauben dazu verpflichtet, ihr Vorgehen gegen den Verletzer untereinander abzustimmen. Zudem wird regelmäßig durch die Abgabe einer

---

1189 *Pinzger*, GRUR 1938, 148, 149 ff.: Aus wirtschaftlicher Sicht bedeutet das Hinzutreten eines unberechtigten Konkurrenten sowohl für den ausschließlichen als auch für den einfachen Lizenznehmer gleichermaßen einen finanziellen Nachteil.

1190 BGH, GRUR 1957, 291, 292 – „Europapost“; BGH, GRUR 1960, 251, 252 – „Mecki-Igel II“.

1191 *Stöckel/Brandi-Dohrn*, CR 2011, 553, 557.

1192 *Forkel*, Gebundene Rechtsübertragungen, S. 227; vgl. *Kirchhof* in: FS Merz, S. 283, 294, in Bezug auf § 771 ZPO.

1193 RGZ 83, 93, 95.

1194 *Forkel*, Gebundene Rechtsübertragungen, S. 95; vgl. auch RGZ 83, 93, 95.

Unterlassungsverpflichtungserklärung die Wiederholungsgefahr beseitigt, sodass weitere Abmahnungen durch andere Verletzte nicht mehr zulässig sind.[1195]

Gewichtiges Gegenargument ist allerdings das Prinzip der Prozessökonomie im Interesse der Allgemeinheit an Klarheit und Einfachheit der Rechtsverhältnisse, welches hier dem Interesse des einfachen Lizenznehmers an der Verfolgung von Verletzungen seiner Rechtsposition gegenübersteht.[1196] Letzteres ist jedoch nicht immer gegeben und lässt sich nur anhand der vertraglichen Ausgestaltung des Lizenzverhältnisses im Einzelfall sowie der tatsächlichen wirtschaftlichen Verhältnisse feststellen. So hat der einfache Lizenznehmer vor allem dann ein besonderes Bedürfnis an einer eigenen Rechtsverfolgung, wenn es nur einige wenige Lizenznehmer gibt und diese für sich genommen eine marktbeherrschende Stellung haben.[1197] Deshalb soll z. B. ein inländischer Alleinvertriebshändler aktivlegitimiert sein.[1198] Der generelle Ausschluss einer Aktivlegitimation oder auch eine eingeschränkte Lösung, wie sie *Forkel* unterbreitet – der einfache Lizenznehmer genießt Drittschutz gegen Störungen ohne Benutzungshandlungen, wie z. B. ungerechtfertigte Verwarnungen und Klageerhebungen, in Form von eigenen Unterlassungs- und Schadensersatzansprüchen, soweit der Verkehrswert oder die Möglichkeit der Ausübung der Lizenz dadurch beeinträchtigt wird[1199] –, erscheinen wenig zweckdienlich. Vielmehr sollte im konkreten Fall eine Einzelfallprüfung vorgenommen werden, bei der folgender Maßstab angesetzt werden könnte:

Eine Aktivlegitimation des einfachen Lizenznehmers erscheint gerechtfertigt, wenn ein eindeutiges Rechtsschutzbedürfnis vorliegt und prozessökonomische Gründe nicht entgegenstehen.[1200] Ein rechtfertigendes Interesse liegt beispielsweise vor, wenn der Schutzbereich der Sukzessionsschutzregelungen eröffnet ist, denn gerade diese betonen ausdrücklich den positiven Integritätsschutz des Lizenznehmers.[1201] Die Reichweite des Verbotsrechts wird dabei durch den Umfang der dinglichen Rechtseinräumung bestimmt, sodass sich etwaige Abwehrbefugnisse des einfachen Lizenznehmers nicht nur gegen unbefugte Dritte richten können, sondern auch gegen den Vollrechtsinhaber bzw. den Lizenzgeber.[1202]

1195 *Hahn*, Verbotsrecht des Lizenznehmers, S. 60 (Fn. 281), m.w.N.

1196 *Forkel*, Gebundene Rechtsübertragungen, S. 97.

1197 Vgl. auch *Lichtenstein*, GRUR 1965, 344 f., mit weiteren Beispielsfällen, in denen die fehlende Aktivlegitimation des einfachen Patentlizenznehmers zu einer offensichtlichen Ungerechtigkeit führen könnte.

1198 *Wild* in: Schricker/Loewenheim, UrhR, § 97 Rn. 52.

1199 *Forkel*, Gebundene Rechtsübertragungen, S. 99 ff. (zum Patentrecht), S. 229 f. (zum Urheberrecht); ebenso *Haberstumpf/Hintermeier*, Einf. Verlagsrecht, S. 46.

1200 Ähnlich auch *Lichtenstein*, GRUR 1965, 344, 346, allerdings eine Lösung über eine Analogie zum Besitzschutzrecht vorschlagend.

1201 *Stöckel/Brandi-Dohrn*, CR 2011, 553, 557.

1202 *Hahn*, Verbotsrecht des Lizenznehmers, S. 43 sowie S. 61 ff., zum Umfang des Verbotsrechts in Bezug auf inhaltliche, räumliche und zeitliche Beschränkungen der Lizenz.

Probleme könnten zwar auftreten, wenn die Interessen mehrerer berechtigter Personen an ein und demselben Gegenstand betroffen sind; so insbesondere bei der Schadensermittlung. Soweit es um den Ersatz desselben Schadens geht, könnte dann aber eine Lösung über § 432 BGB erzielt werden.

Eine willkürliche Differenzierung zwischen einfacher und ausschließlicher Lizenz hinsichtlich der Aktivlegitimation des Lizenznehmers erscheint damit als ungerechtfertigte Benachteiligung,[1203] da bei beiden Lizenzmodellen ähnliche Interessenkonstellationen denkbar sind, die einen Rechtsschutz erfordern.

Im Ergebnis ist festzuhalten, dass der Gesamtrechtsordnung keine Einschränkungen zum absoluten Rechtsschutz des Lizenznehmers zu entnehmen sind. Die bestehenden Regelungen enthalten keinen Hinweis auf eine beabsichtigte Ungleichbehandlung des einfachen und ausschließlichen Lizenznehmers. Sie bieten vielmehr Entwicklungsoffenheit. Grundsätzlich entspricht es dem Rechtsschutzbedürfnis des Inhabers einer dinglichen Lizenz, eine umfassende Klagebefugnis innezuhaben. Die dingliche Lizenz ist als sonstiges Recht i.S.v. § 823 BGB anzuerkennen,[1204] sodass ein Schadensersatz- bzw. Unterlassungsanspruch geltend gemacht werden kann.[1205] Einschränkungen sind unter Berücksichtigung des Einzelfalls dann vorzunehmen, wenn dem Interesse des Lizenznehmers das Prinzip der Prozessökonomie entgegensteht. Auch wenn in unterschiedlichen Entscheidungen der Instanzgerichte immer wieder darauf hingewiesen wird, dass dem einfachen Lizenznehmer keine eigenen Abwehrrechte zustehen.[1206] Eine eindeutige Entscheidung des BGH liegt hierzu bislang nicht vor.[1207] Vereinbaren die Lizenzparteien dagegen eine rein obligatorisch wirkende Lizenz, ist folgerichtig anzunehmen, dass die Nutzungsberechtigung unter generellem Ausschluss der Klagebefugnis steht.[1208]

1203 *Pinzger*, GRUR 1938, 148 ff.; *Lichtenstein*, GRUR 1965, 344 f.

1204 So bereits auch schon *Pinzger*, GRUR 1938, 148, 152; a.A. *Hauck*, AcP 211 (2011), 626, 643 f.

1205 Vgl. *Stöckel/Brandi-Dohrn*, CR 2011, 553, 557, die dem Lizenznehmer einen Anspruch gem. § 1004 BGB analog i.V.m. der entspr. Sukzessionsschutznorm zubilligen; a.A. *Chrocziel* in: GS Blomeyer, S. 303, 312.

1206 OLG Hamburg, UFITA 67 (1973), 245, 257 – „Theateraufführungsvertrag"; OLG München, ZUM 1989, 89, 90 – „Reihen- und Doppelhäuser"; a.A. OLG Hamburg, GRUR-RR 2005, 181, 182 – „ZOMIG/AscoTop", in Bezug auf die Markenlizenz.

1207 Vgl. BGH, GRUR 1959, 200 ff. – „Der Heiligenhof", von einer schuldrechtlichen Lizenz ausgehend, ohne diese aber mit einer einfachen Lizenz gleichzusetzen; BGH, GRUR 1961, 635, 637 – „Stahlrohrstuhl", lediglich bestätigend, dass der Inhaber eines ausschließlichen Nutzungsrechts seinen Lizenznehmer rechtswirksam ermächtigen kann, Ansprüche aus der Verletzung seines Ausschließlichkeitsrechts im Wege der Prozessstandschaft geltend zu machen; BGH, GRUR 1981, 652 – „Stühle und Tische".

1208 Anders dagegen *Bühling*, GRUR 1998, 196, 197: Nicht die obligatorische, sondern die dingliche Wirkung setzt einen entsprechenden Parteiwillen voraus. Dieser sei i.d.R. nur bei der ausschließlichen Lizenz anzunehmen.

dd. Herrschaftsmacht – Dinglichkeit und Verfügungsmacht

Eine Einordnung der Lizenz in die Systematik der dinglichen Rechte erfordert auch eine hinreichende Herrschaftsmacht. Ob der Gesetzgeber hier Einschränkungen für die Lizenz macht, die im Rahmen der Rechtsfortbildung zu berücksichtigen wären, muss untersucht werden.

Die rechtliche Existenz eines dinglichen Rechts zeigt sich neben der Möglichkeit der Eigennutzung gerade auch an seiner Umlauffähigkeit, die durch die unmittelbare und selbstständige Herrschaftsmacht über die Rechtsposition gewährleistet wird.[1209] Charakteristisch für eine dinglich wirkende Lizenz sei daher, dass der Schutzrechtsinhaber daran gehindert oder zumindest darin eingeschränkt wird, das Schutzrecht weiterhin selbst umfassend zu nutzen und anderen Personen die Nutzung zu gestatten.[1210] Mit Recht könnte man daher behaupten, dass dem Inhaber eines dinglichen Rechts grundsätzlich die Freiheit zustehen muss, unbeschränkt darüber verfügen zu können.[1211]

Die Befugnis zur Eigennutzung des Lizenznehmers kann jedoch in ihrer inhaltlichen, räumlichen bzw. zeitlichen Reichweite beschränkt sein. Die Herrschaftsmacht über die Lizenz kann also keine solche umfassende sein wie jene über das Immaterialgüterrecht. Vielmehr gewährt die Lizenz als Teilinhalt, der aus dem Vollrecht abgespalten ist, dem Berechtigten nur eine beschränkte Herrschaftsmacht, vergleichbar den beschränkten dinglichen Sachenrechten, insbesondere den nicht ausschließlichen Dienstbarkeiten (vgl. § 1030 BGB sowie §§ 1018, 1090 BGB).

Auch die Möglichkeit zur Eigenverwertung in Form der rechtsgeschäftlichen Übertragung ist hinsichtlich der Lizenz keine solche umfassende. Die Lizenz ist weder frei übertragbar noch frei unterlizenzierbar. Vielmehr bedarf es regelmäßig der Zustimmung des Schutzrechtsinhabers.[1212]

Die Vorstellung von der Notwendigkeit einer freien Verfügbarkeit ist daher eingeschränkt zu interpretieren. Dies zeigt bereits die Struktur des Eigentums als Urtyp des Sachenrechts. Gem. § 903 S. 1 BGB ist der Eigentümer einer Sache zwar befugt, nach Belieben damit zu verfahren, jedoch wird die Verfügungsmacht des Eigentümers bereits generalklauselartig durch den Gesetzgeber eingeschränkt. Denn die Herrschaftsmacht des Eigentümers reicht nur soweit, wie nicht das Gesetz oder Rechte Dritter entgegenstehen. Hier wird die Notwendigkeit einer Abwägung von Interessen deutlich. Richtigerweise ist die Verfügungsmacht zwar immanente Eigenschaft dinglicher Rechte, diese bedarf jedoch einer Einschränkung, sofern die Interessen anderer Rechtssubjekte entgegenstehen. Andernfalls ließe sich auch nicht das durch den Gesetzgeber in § 1059 BGB geregelte unabdingbare Verbot der

1209 Siehe Nachw. Fn. 1023.

1210 BGH, GRUR 1982, 411, 412 – „Verankerungsteil"; *Heim*, GRUR 2012, 95, 98.

1211 Vgl. *Henn*, Patent- und Know-how-Lizenzvertrag, Rn. 83; ähnlich auch *Kraßer*, GRUR Int. 1973, 230, 232, hinsichtlich der Annahme einer gegenständlich wirkenden Verfügung.

1212 Siehe hierzu die Ausführungen unter 2. Teil, B. I.

Übertragung des Nießbrauchs begründen.[1213] Das Vertrauensverhältnis zwischen Nießbraucher und Eigentümer lässt die dadurch geschaffene Verkehrsunfähigkeit des Nießbrauchs als tragbar und den damit erzielten Schutz vor einer wirtschaftlichen Aushöhlung des Eigentums sogar als vernünftig erscheinen.[1214] Ersichtlich ist, dass ein Ausgleich vor allem dann erzielt werden muss, wenn an ein und demselben Recht verschiedene Nutzungsbefugnisse unterschiedlicher Reichweite begründet werden können. Zu unterscheiden ist dabei zwischen den originären und den derivativen dinglichen Rechten. Nur erstere können ein umfassendes Ausschließlichkeitsrecht nach dem Vorbild des Eigentums (§ 903 BGB) begründen. Bei letzteren handelt es sich um beschränkte dingliche Rechte, bei denen die Verfügungsmacht zum einen durch die inhaltlichen Vorgaben des originären Rechts und zum anderen im Interesse des originären Rechtsinhabers eingeschränkt sein muss.

Auch die Lizenz ist nur beschränkt, d. h. nicht über den Umfang der dinglichen Berechtigung hinaus, übertragbar.[1215] Die Nutzungsberechtigung des Unterlizenznehmers kann also nicht weiter reichen als die Hauptlizenz.[1216] Daneben ist das Zustimmungserfordernis zur Unterlizenzierung und zur Übertragung der Lizenz das Ergebnis einer besonderen Abwägung der Interessen zwischen dem Inhaber des Immaterialgüterrechts und dem Lizenznehmer und zugleich Ausdruck der besonderen Bindung zwischen beiden.[1217] Durch das Erfordernis soll auch der Gefahr entgegengewirkt werden, dass sich eine dingliche Rechtsstellung unerwartet multipliziert.[1218]

Dass die Lizenz nur beschränkt und unter der zusätzlichen Voraussetzung der Zustimmung des Inhabers des Immaterialgüterrechts rechtsgeschäftlich unter Lebenden übertragbar ist, steht der Anerkennung einer dinglichen Wirkung der Lizenz jedoch grundsätzlich nicht entgegen. Vielmehr ist ein dinglicher Rechtscharakter aus Verkehrsschutzgründen sogar vorzuziehen, denn der Lizenzgeber ist nur bei der Einräumung einer dinglichen Lizenz an bestimmte Grenzen der Aufspaltbarkeit dinglicher Nutzungsberechtigungen gebunden. Dagegen kann bei der Annahme einer rein schuldrechtlichen Berechtigung, die Lizenz beliebig zugeschnitten werden.[1219]

Damit besteht eine hinreichende – wenn auch im Interesse der Teilnehmer am Rechtsverkehr eingeschränkte – rechtsgeschäftliche Verwertbarkeit der Lizenz, als Merkmal der dinglichen Rechtsnatur. Die Rechtssystematik kennt aber noch weitere Formen der Verwertung dinglicher Rechte. So muss hinterfragt werden, ob die

---

1213 Eine Ausnahme von der Unübertragbarkeit macht allerdings § 1059a BGB für juristische Personen und die ihr gleichgestellten rechtsfähigen Personengesellschaften.

1214 *Frank* in: Staudinger, BGB/Buch 3/2009, § 1059 Rn. 1.

1215 Siehe Nachw. Fn. 241, 242.

1216 Vgl. BGH, GRUR 1959, 200, 202 – „Der Heiligenhof", in Bezug auf die Verlagslizenz.

1217 Siehe hierzu die Ausführungen unter 2. Teil, B. I.

1218 Vgl. *Brandi-Dohrn*, GRUR 1983, 146, 148, der hierin eine Gefahr der dinglichen Rechtsstellung des einfachen Lizenznehmers sieht.

1219 *Schricker/Loewenheim* in: Schricker/Loewenheim, UrhR, Vor. §§ 28 ff. Rn. 87.

Lizenz auch von Todes wegen sowie zwangsweise in der Einzel- und Gesamtvollstreckung auf einen anderen übertragen werden kann und sich somit nahtlos in die Systematik der dinglichen Rechte einfügt.

Die Gesamtrechtsnachfolge bestimmt sich regelmäßig nach § 1922 I BGB, wonach die vermögensrechtlichen Beziehungen auf den bzw. die Erben übergehen. Entscheidend sind aber einzelne gesetzliche Sonderregelungen. Die Unübertragbarkeit unter Lebenden kann dabei ein Indiz für die fehlende Vererbbarkeit sein.[1220] Eine ausdrückliche Regelung, die eine Vererbbarkeit einschränkt oder gar ausschließt, wie z.B. für den Nießbrauch in § 1061 BGB, existiert für die Lizenz nicht. Die rein kommerzielle Natur sowie die mögliche Übertragbarkeit deuten darauf hin, dass die Lizenz in den Nachlass fällt. Dem könnte das Zustimmungserfordernis zur Übertragung der Lizenz entgegenstehen. Im Urheberrecht herrscht diesbezüglich Einigkeit. Von Todes wegen sollen die Nutzungsrechte frei, d.h. ohne Zustimmung des Urhebers, übertragbar sein. Die Vererbung von Nutzungsrechten fällt nicht unter § 34 UrhG.[1221] Eine ausdrückliche Klarstellung im Gesetzestext hielt der Rechtsausschuss des Deutschen Bundestages nicht für erforderlich.[1222] Abweichende Vereinbarungen der Parteien, z.B. dass die Nutzungsrechte beim Tod des Lizenznehmers erlöschen, sind allerdings zulässig.[1223] Auch könnte eine stillschweigende Vereinbarung der Unübertragbarkeit vorliegen, wenn die Lizenzvereinbarung an ein enges Vertrauensverhältnis der Vertragspartner anknüpft.[1224] Ob ein Ausschluss der Gesamtrechtsnachfolge gewollt ist, muss immer anhand des maßgeblichen Parteiwillens ermittelt werden. Die Möglichkeit, durch rechtsgeschäftliche Vereinbarung die Universalsukzession der Lizenz abzubedingen, schließt jedenfalls eine Einordnung der Lizenz in die Systematik der dinglichen Rechte nicht aus.

Die Anerkennung der Verkehrsfähigkeit einer Rechtsposition erfordert konsequenterweise auch die Zugriffsmöglichkeit im Rahmen der Zwangsverwertung.[1225] Denn die dingliche Zuordnung eines Gegenstands zu einer Person bedeutet ferner, dass die Gläubiger der Person zur Befriedigung ihrer vermögensrechtlichen Ansprüche zwangsweise darauf zugreifen können.[1226]

Die Einzelzwangsvollstreckung in die Lizenz richtet sich maßgeblich nach § 851 I ZPO, der für die Vollstreckung in andere Vermögensrechte nach § 857 I ZPO entsprechend gilt.[1227] Hiermit eng verbunden ist die Frage der Massezugehörigkeit

---

1220 *Leipold* in: MüKo, BGB/Bd. 9/2013, § 1922 Rn. 19.

1221 *Schricker/Loewenheim* in: Schricker/Loewenheim, UrhR, § 34 Rn. 19; *Schulze* in: Dreier/Schulze, UrhG, § 34 Rn. 8; *Spautz* in: Möhring/Nicolini, UrhG, § 34 Rn. 2; *Lange*, Lizenzvertrag im Verlagswesen, S. 114.

1222 BT-Drucks. IV/3401, S. 5.

1223 *Spautz* in: Möhring/Nicolini, UrhG, § 34 Rn. 2; *Schricker/Loewenheim* in: Schricker/Loewenheim, UrhR, § 34 Rn. 20.

1224 Vgl. BGH, GRUR 1959, 147, 149 – „Bad auf der Tenne".

1225 *Peukert* in: Leible/Lehmann/Zech, Unkörperliche Güter im Zivilrecht, S. 95, 104.

1226 *Westermann*, Sachenrecht, Rn. 3.

1227 *Stickelbrock*, WM 2004, 549.

der Lizenz in der Insolvenz des Lizenznehmers (§ 36 I 1 InsO). Beides soll daher zusammenhängend untersucht werden.

Gem. § 35 InsO fällt das gesamte Vermögen des Schuldners zum Zeitpunkt der Eröffnung des Insolvenzverfahrens sowie der Neuerwerb in die Masse. Das Nutzungsrecht des Lizenznehmers ist grundsätzlich vermögensrechtlicher Natur, ohne persönlichkeitsrechtliche Elemente. Soweit also die Lizenz frei übertragbar ist, kann sie auch gepfändet werden, unterliegt folglich der Zwangsvollstreckung und fällt bei Insolvenzeröffnung in die Insolvenzmasse.[1228] In Bezug auf die unterschiedlichen Lizenztypen herrschen hier unterschiedliche Auffassungen. Nach h.M. ist die ausschließliche Lizenz wegen ihres dinglichen Charakters grundsätzlich übertragbar[1229] und daher auch pfändbar[1230] und gehört mithin zur Insolvenzmasse.[1231] Die einfache Lizenz unterliege dagegen als lediglich schuldrechtliche Rechtsposition grundsätzlich nicht der Zwangsvollstreckung und falle damit nicht in die Insolvenzmasse.[1232] Hauptargument ist die Unübertragbarkeit der einfachen Lizenz aufgrund der besonderen Bindung an die Person des Lizenznehmers.[1233] Zwar seien schuldrechtliche Ansprüche gem. § 398 BGB grundsätzlich übertragbar. Wegen der engen Vertrauensbindung und der Bedeutung der Person des Lizenznehmers hinsichtlich seiner Zuverlässigkeit und Leistungsfähigkeit für den Lizenzgeber würde ein Austausch des Vertragspartners jedoch zu einer inhaltlichen Änderung der Leistung führen,

---

1228 *Pahlow*, Lizenz, S. 464; *Empting*, Immaterialgüterrechte in der Insolvenz, S. 168.

1229 Vgl. RGZ 134, 91, 96 f.; BGH, GRUR 1969, 560, 561 – „Frischhaltegefäß"; *Ullmann* in: Benkard, § 15 PatG Rn. 103; *Abel*, NZI 2003, 121, 122; *Fehrenbacher*, JR 2001, 309, 311, einschränkend hinsichtlich besonderer persönlicher Bindungen.

1230 *Smid* in: MüKo, ZPO/Bd. 2/2012, § 857 Rn. 16; *Göttlich*, MDR 1957, 11, 12; *Cepl*, NZI 2000, 357; *Abel*, NZI 2003, 121, 122; a.A. *Brox/Walker*, Zwangsvollstreckungsrecht, Rn. 848, die auf die persönliche Bindung zum Lizenznehmer abstellen und für eine Pfändbarkeit im Zweifel eine Parteivereinbarung fordern.

1231 RGZ 89, 114, 115; *Peters* in: MüKo, InsO/Bd. 1/2013, § 35 Rn. 322; *Bartenbach*, Patentlizenz- und Know-how-Vertrag, Rn. 638 f.; *Wiedemann*, Lizenzen in der Insolvenz, Rn. 168; *Empting*, Immaterialgüterrechte in der Insolvenz, S. 174, 180; *Klauze*, Nutzungsrechte in der Insolvenz, S. 201 f.; *Scholz*, Lizenzen in der Insolvenz, S. 19 f.; *Klopp/Kluth* in: Gottwald, InsR-Hdb., § 25 Rn. 57; *Schmoll/Hölder*, GRUR 2004, 743, 747; *Cepl*, NZI 2000, 357; *Abel*, NZI 2003, 121, 122.

1232 *Ullmann* in: Benkard, PatG, § 15 Rn. 52; *Bartenbach*, Patentlizenz- und Know-how-Vertrag, Rn. 638 f.; *Peters* in: MüKo, InsO/Bd. 1/2013, § 35 Rn. 311; *Empting*, Immaterialgüterrechte in der Insolvenz, S. 170; *Scholz*, Lizenzen in der Insolvenz, S. 20; *Cepl*, NZI 2000, 357; *Zeising*, MittdtPatA 2001, 240, 244; *Abel*, NZI 2003, 121, 122; *Schmoll/Hölder*, GRUR 2004, 743, 748.

1233 *Empting*, Immaterialgüterrechte in der Insolvenz, S. 170; *Ullmann* in: Benkard, § 15 Rn. 48; *Brox/Walker*, Zwangsvollstreckungsrecht, Rn. 847; *Göttlich*, MDR 1957, 11, 12; *Schmoll/Hölder*, GRUR 2004, 743, 747; *Fehrenbacher*, JR 2001, 309, 311, unter Bezugnahme auf BGH, GRUR 1974, 463, 464 – „Anlagengeschäft.

mit der Folge des Ausschlusses der Übertragbarkeit gem. § 399, 1. Alt. BGB.[1234] Ein Großteil des Schrifttums spricht sich dennoch für eine Massezugehörigkeit der einfachen Lizenz aus.[1235] Demnach soll der Insolvenzverwalter berechtigt sein, das lizenzierte Recht für die Masse zu nutzen, um somit die Fortführung bzw. Sanierung des Unternehmens vorantreiben zu können. Begründet wird die Massezugehörigkeit der unpfändbaren Nutzungsansprüche zum Teil über eine teleologische Reduktion des § 36 I 1 InsO.[1236] Nach a.A. sei die rechtliche Natur hierfür unerheblich, sodass die faktische Möglichkeit der Übertragbarkeit ausreichend sein soll.[1237] Der Sinn und Zweck des Wahlrechts des Insolvenzverwalters nach § 103 InsO[1238] spricht jedenfalls für die Möglichkeit, die Lizenz umfänglich für die Masse zu nutzen – sei es durch Verwertung oder Übertragung.

Diesbezüglich gelten jedoch Einschränkungen, die der besonderen Natur der Gebundenheit der Rechtsübertragung Rechnung tragen. Im Urheberrecht berücksichtige der Gesetzgeber die besondere Interessenlage, indem er für die Pfändung urheberrechtlicher Nutzungsrechte die Einwilligung des Urhebers oder seines Rechtsnachfolgers voraussetzt (§§ 112 ff. UrhG).[1239] Auch die Übertragung bzw. die Einräumung von Nutzungsrechten an Dritte durch den Insolvenzverwalter bedarf gem. §§ 34 I, 35 I UrhG grundsätzlich der Zustimmung des Urhebers.[1240] Eine zwingende Differenzierung zwischen einfacher und ausschließlicher Lizenz ist den §§ 112 ff. UrhG nicht zu entnehmen. Beide Lizenztypen sind gleichermaßen an die Person des Vollrechtsinhabers gebunden. Dies muss zwingend auch für den Fall der Zwangsvollstreckung und der Verwertung in der Insolvenz des Lizenznehmers gelten. Eine Ablehnung der Pfändbarkeit der einfachen Lizenz und eine Konstruktion der Massezugehörigkeit über eine teleologische Reduktion erscheinen weder gerechtfertigt noch geboten.

1234 *Kraßer*, Patentrecht, § 40 V. d) 1.; *Abel*, NZI 2003, 121, 122; *Wiedemann*, Lizenzen in der Insolvenz, Rn. 225; vgl. auch RG, GRUR 1930, 174, 175 – „Betriebslizenz".

1235 *Klopp/Kluth* in: Gottwald, InsR-Hdb., § 25 Rn. 57; *Janßen* in: Nerlich/Kreplin, MAH Sanierung und Insolvenz, § 36 Rn. 412; *Wiedemann*, Lizenzen in der Insolvenz, Rn. 217 ff.; *Empting*, Immaterialgüterrechte in der Insolvenz, S. 170, 180; *Scholz*, Lizenzen in der Insolvenz, S. 21; von einer Differenzierung zwischen einfacher und ausschließlicher Lizenz absehend: *Klauze*, Nutzungsrechte in der Insolvenz, S. 201 f.; *Esser*, Urheberrechtliche Lizenzen in der Insolvenz, S. 130; *Roth*, Filmrechte in der Insolvenz, S. 104.

1236 *Wiedemann*, Lizenzen in der Insolvenz, Rn. 233.

1237 *Klauze*, Nutzungsrechte in der Insolvenz, S. 202.

1238 § 103 InsO ermöglicht die Abwicklung des schuldrechtlichen Lizenzvertrages im Insolvenzverfahren durch den Insolvenzverwalter im Interesse der Insolvenzgläubiger. Siehe hierzu ausführlich 6. Teil, B. IV.

1239 *Smid* in: MüKo, ZPO/Bd. 2/2012, § 857 Rn. 16; vgl. *Hubmann* in: FS Lehmann, Bd. 2, S. 812, 830.

1240 *Pahlow*, Lizenz, S. 468; *Commandeur* in: Nerlich/Kreplin, MAH Sanierung und Insolvenz, § 36 Rn. 404.

Die Frage der Pfändbarkeit und Massezugehörigkeit kann nicht allein anhand einer Differenzierung zwischen einfacher und ausschließlicher Lizenz beantwortet werden. Vielmehr sind es besondere Fallgestaltungen in der Praxis, die interessengerechte Einschränkungen, insbesondere der Befugnisse des Insolvenzverwalters, erfordern – so speziell für die Betriebslizenz und die persönliche Lizenz. Nach dem Parteiwillen ist erstere an einen bestimmten Betrieb bzw. Betriebsteil gebunden.[1241] Da die h.M. eine Pfändbarkeit des Geschäftsbetriebs in seiner Gesamtheit ablehnt,[1242] sei mithin auch die Pfändbarkeit der Betriebslizenz ausgeschlossen.[1243] Die h.M. geht trotz Unpfändbarkeit der Betriebslizenz von einer Massezugehörigkeit und einer Verwaltungs- und Verwertungsbefugnis des Insolvenzverwalters aus.[1244] Dies wird entweder über eine teleologische Reduktion des § 36 I InsO[1245] oder anhand einer Interessenwertung zugunsten Gläubigerbefriedigungs- bzw. Sanierungszielen[1246] begründet. Der Insolvenzverwalter sei jedoch ebenso wie der Lizenznehmer an die beschränkte Übertragbarkeit gebunden.[1247] Ähnlich wird die persönliche Lizenz ausdrücklich einer ganz bestimmten Person eingeräumt. Zwischen den Vertragsparteien besteht ein besonderes Vertrauensverhältnis. Die persönliche Lizenz ist deshalb gem. §§ 857 I, 851 I ZPO unpfändbar.[1248] Eine Massezugehörigkeit wird allerdings auch hier wieder über eine teleologische Reduktion des § 36 I InsO bejaht.[1249] Zu beachten ist, dass der Verwalter die Lizenz zwar für die Masse nutzen, jedoch nicht an Dritte veräußern bzw. unterlizenzieren kann.[1250]

Im Ergebnis ist festzuhalten, dass sowohl die einfache als auch die ausschließliche Lizenz ihrem Inhaber grundsätzlich die Möglichkeiten der Eigennutzung und Eigenverwertung eröffnen. Einschränkungen der Verwertungsbefugnisse sind der besonderen Interessenlage im Lizenzverkehr geschuldet. Gleiches gilt in Bezug auf die Gesamtrechtsnachfolge und die zwangsweise Verwertung der Lizenz. Eine

---

1241 Vgl. RG, GRUR 1930, 174, 175 – „Betriebslizenz"; *Henn*, Patent- und Know-how-Lizenzvertrag, Rn. 172; *Zeising*, MittdtPatA 2001, 240, 247.

1242 RGZ 134, 91, 98; BGH, MDR 1963, 308; *Becker* in: Musilak, ZPO, § 857 Rn. 2.

1243 *Pahlow*, Lizenz, S. 465; *Empting*, Immaterialgüterrechte in der Insolvenz, S. 171; *Ullmann* in: Benkard, PatG, § 15 Rn. 48; vgl. *Smid* in: MüKo, ZPO/Bd. 2/2012, § 857 Rn. 16.

1244 RGZ 134, 91, 98; *Hubmann* in: FS Lehmann, Bd. 2, S. 812, 829; *Wiedemann*, Lizenzen in der Insolvenz, Rn. 183; *Empting*, Immaterialgüterrechte in der Insolvenz, S. 171 f.; *Cepl*, NZI 2000, 357, 358; *Zeising*, MittdtPatA 2001, 240, 247 f.

1245 *Wiedemann*, Lizenzen in der Insolvenz, Rn. 176 ff., 237.

1246 *Zeising*, MittdtPatA 2001, 240, 248.

1247 *Klopp/Kluth* in: Gottwald, InsR-Hdb., § 25 Rn. 57; *Wiedemann*, Lizenzen in der Insolvenz, Rn. 181.

1248 *Ullmann* in: Benkard, PatG, § 15 Rn. 48; *Wiedemann*, Lizenzen in der Insolvenz, Rn. 206; *Empting*, Immaterialgüterrechte in der Insolvenz, S. 170; *Hubmann* in: FS Lehmann, Bd. 2, S. 812, 829.

1249 *Wiedemann*, Lizenzen in der Insolvenz, Rn. 207 ff., 239.

1250 *Wiedemann*, Lizenzen in der Insolvenz, Rn. 215.

differenzierende Beurteilung der Rechtsnatur der Lizenz anhand der Lizenztypen „einfach“ und „ausschließlich“ erweist sich damit als obsolet.

d. Fazit

Die präjudizielle Anerkennung der dinglichen Rechtsnatur der Lizenz durch den BGH[1251] ist als rechtsfortbildende Lückenfüllung *extra legem* sowohl erlaubt als auch mit Rücksicht auf die Bedürfnisse des Lizenzverkehrs geboten.

Die dingliche Wirkung einer Lizenz kann dabei nicht überzeugend an einer Differenzierung zwischen einfacher und ausschließlicher Lizenz festgemacht werden.[1252] Der Gesetzgeber zeigt an keiner Stelle, dass er beide Lizenztypen generell anders behandelt wissen will. Bestehende Regelungen zum Sukzessions- und Klageschutz sowie zur Übertragung von Lizenzen sind für beide durchgängig einheitlich ausgestaltet.

Auch erfüllen beide Lizenztypen entsprechend ihrer gesetzlichen Ausgestaltung die wesentlichen Merkmale der Dinglichkeit: Sie genießen Verfügungs- und Sukzessionsschutz sowie Drittschutz gegen jeden Verletzer und sind allgemein verkehrsfähig. Notwendige Herabstufungen im Schutzumfang sind der jeweiligen besonderen Interessenlage im Lizenzverkehr geschuldet und schränken die rechtliche Qualität nicht ein. Schließlich gibt auch das Sachenrecht grundsätzlich keinen „Mindestwert“ für dingliche Rechte vor. Maßgeblich ist vielmehr eine umfassende Zuweisung eines Teilausschnitts aus der Substanz des Immaterialgüterrechts an den Lizenznehmer,[1253] die nachweislich für beide Lizenztypen verwirklicht ist.

Jedoch muss den Parteien auch die Freiheit verbleiben, einen geringeren Schutzmaßstab anzusetzen, also einen ihren Interessen entsprechenden Lizenztyp zu wählen. Anzuerkennen ist daher die Möglichkeit, eine rein schuldrechtlich wirkende Lizenz zu vereinbaren, durch die der Lizenznehmer lediglich einen Anspruch auf die Nutzung erlangt statt einer verselbstständigten Rechtsposition.[1254] Folgerichtig fehlen dieser rein relativen Rechtsposition alle Merkmale eines dinglichen Rechts.

Die Trennung zwischen schuldrechtlicher und dinglicher Lizenz, deren Rechtswirkungen genau abschätzbar sind, erscheint im Hinblick auf den sachenrechtlichen *numerus clausus* dogmatisch überzeugend, anstatt wie bislang eine rechtlich unklare Qualifizierung anhand der Begrifflichkeiten einfach und ausschließlich

---

1251 BGH, GRUR 2009, 946, 948 – „Reifen Progressiv“; BGH, GRUR 2010, 628, 631 – „Vorschaubilder I“.

1252 So auch *Stöckel/Brandi-Dohrn*, CR 2011, 553, 559; *Chrocziel* in: GS Blomeyer, S. 303, 317; *Haedicke*, ZGE 3 (2011), 377, 389 f.; vgl. auch *Hilty*, Lizenzvertragsrecht, S. 138 f., im Ergebnis allerdings eine schuldrechtliche Deutung der Lizenz bevorzugend.

1253 Vgl. *Witz* in: FS Schilling, S. 393, 407, unter Bezugnahme auf BGH, GRUR 2006, 435, 437 – „Softwarenutzungsrecht“.

1254 Vgl. *Kellenter* in: FS Tilmann, S. 807, 817, weist auf den Grundsatz der Vertragsfreiheit hin.

vorzunehmen. Die dichotome Einteilung zwischen dinglicher und schuldrechtlicher Lizenz ist einer Einführung von Zwittergestalten in Form von quasi-dinglichen oder verdinglichten Rechten, wie sie zum Teil im Schrifttum vorgeschlagen werden,[1255] im Interesse der Rechtssicherheit vorzuziehen.

Damit fügt sich die Konstruktion der dinglichen Lizenz nahtlos in die Gesamtrechtsordnung ein. Die Rechtsfortbildung *extra legem* widerspricht dem Plan des Gesetzes nicht (vgl. Art. 20 III GG).

3. *Der Fortbestand der Unterlizenz aufgrund dinglicher Rechtsstellung?*

Kommt es in einer Rechtekette zu einem Bruch im Hauptverhältnis und damit zu einem Fortfall der Tochterrechte, ist der Fortbestand der Enkelrechte wesentlich von deren Rechtsnatur abhängig.

Diese Prämisse folgt dem denklogischen Aufbau unseres Bürgerlichen Rechts: Handelt es sich bei dem Enkelrecht um eine obligatorisch wirkende Rechtsposition, wie beispielsweise das Miet- oder Pachtrecht, das von einem berechtigten Nießbraucher eingeräumt wurde, verleiht dieses nach Beendigung des Hauptvertrages kein Besitzrecht gegenüber dem Eigentümer.[1256] Ein Fortbestand der Enkelrechte kann insoweit nur als Ausnahme durch den Gesetzgeber angeordnet werden (vgl. z.B. § 1056 I BGB). Spricht man dagegen der abgeleiteten Rechtsposition eine dingliche Wirkung zu, entfaltet diese nicht nur Wirkung gegenüber dem direkten Vertragspartner, sondern auch gegenüber jedem, der den Inhaber des abgeleiteten Rechts in der ihm zustehenden eigenen Nutzungsbefugnis stört, beeinträchtigt oder ihm seine Befugnis streitig macht. Dies gilt auch gegenüber dem originären Rechtsinhaber.

Im Interesse einer Systemkontinuität muss diese Logik auch für Lizenzketten gelten: Soweit also eine dingliche Unterlizenz erteilt worden ist, wäre im Regelfall von einem Fortbestand der Nutzungsbefugnis bei Wegfall der Hauptlizenz auszugehen.[1257]

Entsprechend den Ergebnissen der bisherigen Untersuchung ist die Lizenz regelmäßig dinglicher Rechtsnatur, soweit die Parteien nichts anderes vereinbart haben oder sich aus den gesamten Umständen des Vertragsschlusses nichts anderes ergibt. Dies gilt gleichfalls für jede Unterlizenz, unabhängig davon, ob diese als einfache oder ausschließliche Berechtigung eingeräumt wurde. Die Möglichkeit der Vereinbarung einer dinglichen Unterlizenz hat auch der BGH anerkannt. So stellte das Gericht bereits in der „Der Heiligenhof"-Entscheidung vom 21.11.1958 fest, dass der Verleger im Rahmen der Lizenzverträge, die er mit Buchgemeinschaften und

---

1255 So z.B. *McGuire*, GRUR 2009, 13, 16; *dies.*, Lizenz, S. 529 ff.; *Weber/Hötzel*, NZI 2011, 432, 433; *Picot*, Abstraktion und Kausalabhängigkeit, S. 61; *Schwarz*, Lizenzvertrag im Patentrecht, S. 23 f.

1256 *Pohlmann* in: MüKo, BGB/Bd. 6/2013, § 1056 Rn. 1.

1257 So jedenfalls LG Stuttgart, FuR 1983, 608, 611 – „Puzo-Bestseller"; a.A. *Dieselhorst*, CR 2010, 69, 73; *Adolphsen/Tabrizi*, GRUR 2011, 384, 388.

mit den Veranstaltern von Volksausgaben abschließt, dingliche Rechte einräumen kann.[1258] Gleiche Auffassung vertrat der BGH auch über 50 Jahre später in der „Reifen Progressiv“-Entscheidung.[1259]

Der Auffassung, dass die dingliche Unterlizenz generell einen Fortbestand der Enkelrechte nach Beendigung des Hauptlizenzvertrages rechtfertigt,[1260] könnten jedoch andere Systemgrundsätze entgegenstehen, insbesondere das im Immaterialgüterrecht viel diskutierte Kausalitätsprinzip.

II. Das Kausalitätsprinzip als Argument für einen Heimfall der Unterlizenz?

Als ein Hauptproblem des Streits um den Fortbestand der Unterlizenz wird im Schrifttum immer wieder die Frage nach der Anwendbarkeit des Abstraktions- oder des Kausalitätsprinzips im Immaterialgüterrecht diskutiert.[1261] So wird die Auffassung vertreten, dass sich der Beendigungsgrund auf der primären Vertragsebene innerhalb der Lizenzkette mittelbar auch auf das dingliche Rechtsgeschäft auf der sekundären Ebene auswirke, sodass es zu einem Heimfall der Enkelrechte komme. Dogmatisch begründet wird diese Rechtsfolge anhand des Kausalitätsprinzips.[1262] Trotz dinglicher Wirkung der Unterlizenz könnte es damit zum Fortfall der Rechtsposition des Unterlizenznehmers kommen.

Zunächst bedarf es einer Klärung, welcher Systemgrundsatz auf den immaterialgüterrechtlichen Lizenzverkehr überhaupt Anwendung findet. Dieser Meinungsstreit ist in der Literatur nahezu erschöpfend erörtert worden[1263] und soll daher hier nur im Überblick dargestellt werden. Von Bedeutung für die Untersuchung ist vielmehr die Frage, ob das Kausalitätsprinzip – soweit es auf der primären Vertragsebene Anwendung findet – auch zur Beendigung des dinglichen Rechtsgeschäfts auf untergeordneter Vertragsstufe führt und mithin innerhalb der Lizenzkette nicht nur eine unmittelbare, sondern auch eine mittelbare Wirkung entfaltet. Hierbei muss zwischen den unmittelbaren vertraglichen Bindungen der einzelnen Glieder in der Lizenzkette und der mittelbaren Bindung des Enkelrechts an das Mutterrecht, bei der eine direkte vertragliche Beziehung nicht besteht, unterschieden werden.

1258 BGH, GRUR 1959, 200 ff. – „Der Heiligenhof“.

1259 BGH, GRUR 2009, 946, 948 – „Reifen Progressiv“.

1260 So auch OLG München, BeckRS 2012, 05500 – „Take Five“; *Hoeren*, CR 2005, 773, 776.

1261 Vgl. u. a. *Brauer/Sopp*, ZUM 2004, 112, 117 f.; *Srocke*, GRUR 2008, 867, 868 f.

1262 *Picot*, Abstraktion und Kausalabhängigkeit, S. 74; *Wente/Härle*, GRUR 1997, 96, 99.

1263 Vgl. die Arbeiten von *Nolden*, Das Abstraktionsprinzip im urheberrechtlichen Lizenzverkehr, Göttingen 2005; *Lisch*, Das Abstraktionsprinzip im deutschen Urheberrecht, Frankfurt a.M. 2007; *Picot*, Abstraktion- und Kausalabhängigkeit im deutschen Immaterialgüterrecht, Baden-Baden 2007; *Srocke*, Das Abstraktionsprinzip im Urheberrecht, Frankfurt a.M. 2008.

1. *Die Bindung in der unmittelbaren Rechtsbeziehung*

Die Geltung des Abstraktionsprinzips ist im deutschen Bürgerlichen Recht unumstritten.[1264] Nur wenige Ausnahmen, die eine Durchbrechung rechtfertigen, sind anerkannt.[1265] Dagegen herrscht hinsichtlich der einzelnen Immaterialgüterrechte weitgehend Uneinigkeit,[1266] wobei sich die verschiedenen Ansichten vornehmlich mit den unmittelbaren Bindungswirkungen auf primärer und auf sekundärer Ebene auseinandersetzen. Die Problematik der dogmatischen Verknüpfung in der mittelbaren Rechtsbeziehung zwischen Mutterrecht und Enkelrecht bedarf einer gesonderten Betrachtung.

a. *Die Bindung in der primären Rechtsbeziehung: Mutterrecht und Tochterrecht*

Eine gesetzliche Regelung zur Bindung in der primären Rechtsbeziehung existiert ausschließlich für das Verlagsrecht. § 9 I VerlG ist als Manifestierung einer vollumfänglichen Kausalbindung des Verlagsrechts an den Verlagsvertrag zu verstehen.[1267] Dies bedeutet, dass das eingeräumte Verlagsrecht mit Beendigung des Verlagsvertrages gem. § 9 I VerlG automatisch an den Verfasser zurückfällt, ohne dass es einer Rückübertragung bedarf.[1268] Ob im sonstigen Urhebervertragsrecht gleichfalls das Kausalitätsprinzip Anwendung findet, ist bislang nicht abschließend geklärt. Von der Schaffung einer vergleichbaren Regelung hat der Gesetzgeber abgesehen.

Eine direkte Anwendbarkeit des § 9 I VerlG auf andere Verträge scheidet aus, denn die §§ 1 ff. VerlG sind ausdrücklich nur für Verträge über Werke der Literatur und der Tonkunst anwendbar. Durch die Regelung soll der besonderen Interessenlage im Verlagsrecht Rechnung getragen werden.[1269] Hier kompensiert

---

1264 Allerdings ist das Abstraktionsprinzip seit Inkrafttreten des BGB immer wieder kritisiert worden. Siehe hierzu die Darstellung von *Eisenhardt* in: FS Kroeschell, S. 215 ff.; aus aktueller Sicht: *Rodríguez-Rosado*, Abstraktionsprinzip, S. 115 ff.

1265 Vgl. *Stadler*, Abstraktion, S. 82 ff.; *Baur/Stürner*, Sachenrecht, § 5 Rn. 50 ff.; *Srocke*, Abstraktionsprinzip im UrhR, S. 29 ff.; *Jauernig*, JuS 1994, 721, 723 ff. Zu den anerkannten Ausnahmen zählen der Bedingungszusammenhang, die Geschäftseinheit und die Fehleridentität.

1266 Siehe hierzu bereits 1. Teil, C.

1267 *Schricker*, Verlagsrecht, § 9 Rn. 3; *Ulmer*, Urheber- und Verlagsrecht, S. 390; *de Boor*, Vom Wesen des Urheberrechts, S. 61; *Schricker/Loewenheim* in: Schricker/Loewenheim, UrhR, Vor. §§ 28 ff. Rn. 99; *Beck*, Lizenzvertrag im Verlagswesen, S. 3; *Forkel*, Gebundene Rechtsübertragungen, S. 156; *Kraßer*, GRUR Int. 1973, 230, 236; *Krüger-Nieland*, UFITA 89 (1981), 17, 19; *Wente/Härle*, GRUR 1997, 96, 97; vgl. auch BGH, GRUR 1958, 504, 506 – „Die Privatsekretärin".

1268 *Beck*, Lizenzvertrag im Verlagswesen, S. 3; *Pahlow*, Lizenz, S. 207; *Kraßer*, GRUR Int. 1973, 230, 236; *Brauer/Sopp*, ZUM 2004, 112, 117.

1269 *Schwarz/Klinger*, GRUR 1998, 103, 105 f.: Folgende Besonderheiten kennzeichnen den Verlagsvertrag: 1. reine Urheberlizenz, 2. Verbreitungszwang als typisches

die Kausalbindung zugunsten des Verfassers den wirtschaftlichen Vorteil, den der Verleger durch den Erwerb der absoluten Rechtsstellung erlangt.[1270] Zum Schutz des Verfassers soll eine erhöhte Abhängigkeit des Lizenznehmers vom Lizenzgeber bestehen.[1271] Zudem handelt es sich bei § 9 I VerlG um dispositives Recht.[1272]

Dem Urheberrechtsgesetz lassen sich verschiedene Anhaltspunkte für eine Geltung des Kausalitätsprinzips entnehmen. Die §§ 41 V, 42 V UrhG normieren ein automatisches Erlöschen des Nutzungsrechts mit Wirksamwerden des Rückrufs wegen Nichtausübung (§ 41 I 1 UrhG) und wegen gewandelter Überzeugung (§ 42 I 1 UrhG). Im Fall der Kündigung eines Lizenzvertrages über künftige Werke (§ 40 I 2 UrhG) ordnet § 40 III UrhG an, dass die Verfügungen über Nutzungsrechte an noch nicht abgelieferten Werken unwirksam werden. Dahinter steht die gesetzgeberische Wertung, dass der Urheber nicht auf die Rückübertragung der Lizenzen angewiesen sein soll.[1273] Umstritten ist, ob diese Regelungen als Ausnahmevorschriften zu interpretieren sind[1274] oder ob es sich um Regelbeispiele eines allgemein gültigen, das ganze Urhebervertragsrecht beherrschenden Prinzips handelt, die eine grundsätzliche Geltung des Kausalitätsprinzips vorgeben.[1275] Richtigerweise kann diesen Normen keine gesetzgeberische Zielrichtung entnommen werden.[1276] Denn nach dem Willen des Gesetzgebers soll die Beantwortung dieser Frage der Rechtspraxis überlassen bleiben.[1277]

Die h.L. im Urheberrecht lehnt eine Anwendbarkeit des Abstraktionsprinzips auf die unmittelbare Beziehung zwischen Urheber und Nutzungsrechtsinhaber ab[1278]

Merkmal (§ 1 S. 2 VerlG), 3. dauernde Auswertungspflicht (vgl. § 32 VerlG), 4. Absatzbeteiligung des Urhebers (vgl. § 24 VerlG), 5. starke personelle Bindung zwischen Autor und Verleger.

1270 *Picot*, Abstraktion und Kausalabhängigkeit, S. 98.

1271 *Brauer/Sopp*, ZUM 2004, 112, 117.

1272 *Bappert*, GRUR 1959, 582, 587; *Picot*, Abstraktion und Kausalabhängigkeit, S. 96; *Schricker*, Verlagsrecht, § 9 Rn. 5.

1273 Vgl. BT-Drucks. IV/270, S. 60.

1274 So etwa *Möhring* in: FS Bappert, S. 129, 134; *Schwarz/U. Reber* in: v. Hartlieb/Schwarz, Hdb. Film-, Fernseh-, Videorecht, Kap. 171 Rn. 5; *Schack*, Urheber- und Urhebervertragsrecht, Rn. 590; *Esser*, Urheberrechtliche Lizenzen in der Insolvenz, S. 100; *Nolden*, Abstraktionsprinzip im UrhR, S. 46; *Srocke*, GRUR 2008, 867, 871; *Obergfell*, Filmverträge, S. 81 f.; *Roth*, Filmrechte in der Insolvenz, S. 42; *Hoeren*, CR 2005, 773, 774, in Bezug auf § 40 III UrhG.

1275 Vgl. BGH, GRUR 2012, 916, Rn. 19 – „M2Trade"; OLG Karlsruhe, ZUM-RD 2007, 76, 79 – „Popmusiker", in Bezug auf § 40 III UrhG; *Hahn*, Verbotsrecht des Lizenznehmers, S. 48.

1276 *Picot*, Abstraktion und Kausalabhängigkeit, S. 101; *Srocke*, Abstraktionsprinzip im UrhR, S. 81.

1277 Vgl. BT-Drucks. 14/6433, S. 16.

1278 *Ulmer*, Urheber- und Verlagsrecht, S. 390 f.; *ders.* in: Schulze, BGHZ Nr. 83, S. 1, 18; *Haberstumpf* in: FS Hubmann, S. 127, 137; *ders.*, Hdb. UrhR, Rn. 385; Götting in: FS Schricker I, S. 53, 70 f.; *Pahlow*, Lizenz, S. 209 f.; *Scheuermann*, Videoauswertung,

und begründet dies unter analoger Heranziehung des § 9 I VerlG – zum Teil wird die Vorschrift auch als Ausdruck des allgemein im Urheberrecht geltenden Kausalitätsprinzips verstanden.[1279]

Hauptgrund für die Einführung einer kausalen Verknüpfung zwischen Verlagsrecht und Verlagsvertrag durch das Verlagsgesetz vom 19.06.1901 war aus Sicht des historischen Gesetzgebers der fehlende Typenzwang.[1280] Das heutige Schrifttum sieht darin jedoch nicht mehr das zentrale Argument für das Kausalitätsprinzip im Urheberrecht[1281] und führt zwei denkwürdige Prinzipien ins Feld: den Zweckbindungsgedanken zugunsten des Urhebers und das mangelnde Verkehrsschutzinteresse der Verwerter. Demnach liefen die Rechtsfolgen des Abstraktionsprinzips der Tendenz zuwider, dem Urheber seine Rechte möglichst weitgehend zu erhalten (vgl. § 31 V UrhG).[1282] Zudem seien Rechtssicherheit und Verkehrsschutz im Urheberrecht schwächer ausgeprägt als im sonstigen Bürgerlichen Recht, was insbesondere am fehlenden Gutglaubensschutz und dem fehlenden *numerus clausus* zu erkennen sei.[1283]

S. 158; *Fink*, Beendigung von Dauerschuldverhältnissen, S. 26; *Klauze*, Nutzungsrechte in der Insolvenz, S. 137; *Picot*, Abstraktion und Kausalabhängigkeit, S. 113 f.; *Hahn*, Verbotsrecht des Lizenznehmers, S. 48; *Heimberg*, Lizenzen in der Insolvenz, S. 86 ff.; *Kraßer*, GRUR Int. 1973, 230, 237; *Wandtke*, EWiR 2001, 643, 644; *Wente/Härle*, GRUR 1997, 96, 99, hinsichtlich der Filmlizenz; *Wallner*, NZI 2002, 70, 73; *Koehler/Ludwig*, NZI 2007, 79, 83; *Czychowski/Nordemann*, NJW 2008, 1571, 1575; *McGuire*, GRUR 2009, 13, 16; *Adolphsen/Tabrizi*, GRUR 2011, 384, 386; *v. Frentz/Marrder*, ZUM 2003, 94, 100 f.; *Wandtke/Grunert* in: Wandtke/Bullinger, UrhR, Vor. §§ 31 ff. Rn. 50; *J.B. Nordemann* in: Fromm/Nordemann, UrhR, § 31 Rn. 32; *Spautz* in: Möhring/Nicolini, UrhG, § 31 Rn. 14; *Schulze* in: Dreier/Schulze, UrhG, § 31 Rn. 18; *Schricker/Loewenheim* in: Schricker/Loewenheim, UrhR, Vor. §§ 28 ff. Rn. 100, m.w.N.

1279 *Wente/Härle*, GRUR 1997, 96, 98 f.; *Klauze*, Nutzungsrechte in der Insolvenz, S. 133; *J.B. Nordemann* in: Fromm/Nordemann, UrhR, § 31 Rn. 32.

1280 Reichstag, Drucks. Nr. 97, S. 419; vgl. auch *Forkel*, Gebundene Rechtsübertragungen, S. 163.

1281 So ausdrücklich *Wente/Härle*, GRUR 1997, 96, 98; anders dagegen BGH, GRUR 2012, 916, Rn. 19 – „M2Trade".

1282 Vgl. OLG Hamburg, GRUR 2002, 335, 336 – „Kinderfernseh-Sendereihe"; *Ulmer*, Urheber- und Verlagsrecht, S. 391; *ders.* in: Schulze, BGHZ Nr. 83, S. 1, 18 f.; *Götting* in: FS Schricker I, S. 53, 71; *Kraßer*, GRUR Int. 1973, 230, 237; *Picot*, Abstraktion und Kausalabhängigkeit, S. 112 ff.; *Hahn*, Verbotsrecht des Lizenznehmers, S. 48; *Schricker/Loewenheim* in: Schricker/Loewenheim, UrhR, Vor. §§ 28 ff. Rn. 100.

1283 *Pahlow*, Lizenz, S. 209 f.; *Götting* in: FS Schricker I, S. 53, 71; *Schricker/Loewenheim* in: Schricker/Loewenheim, UrhR, Vor. §§ 28 ff. Rn. 100; *Picot*, Abstraktion und Kausalabhängigkeit, S. 104 ff.: „Da der Parameter der abstrakten oder kausalen Verfügungsnatur in erster Linie für den Verkehrsschutz maßgeblich ist, fände die im Vergleich zum Sachenrecht und zum Zessionsrecht schwache Berücksichtigung des Verkehrsinteresses im Urheberrechtsverkehr in der Geltung des Kausalprinzips eine konsequente Fortsetzung." (S. 107); *Kraßer*, GRUR Int. 1973, 230, 237.

Die Mindermeinung spricht sich für eine grundsätzliche Geltung des Abstraktionsprinzips aus, sodass Lizenzen auch nach Vertragsbeendigung zunächst beim Lizenznehmer verbleiben.[1284] Eine analoge Anwendung des § 9 I VerlG wird nur bei vergleichbarer Interessenlage für möglich gehalten.[1285] Hierbei dürfe nicht verkannt werden, dass es sich bei der Norm um eine Ausnahmeregelung zugunsten der besonderen Interessenlage im Verlagswesen handelt. Im Hinblick auf die Vielfalt der unterschiedlichen Lizenzgeschäfte verbiete sich daher eine pauschale Annahme der Vergleichbarkeit der Interessenlage.[1286] Aufgrund des Ausnahmecharakters der Norm wird eine Analogiefähigkeit teilweise auch ausnahmslos verneint.[1287] Schließlich würde eine Anwendung des § 9 I VerlG zu erheblichen Transaktionskosten zulasten des Urhebers führen, denn für die Werkverwerter wären derartige Rechtsfolgen mit Risiken und Kosten verbunden.[1288]

Auch in der Rechtsprechung zum Urheberrecht zeichnet sich bislang kein einheitliches Bild ab:

In der BGH-Entscheidung „Die Privatsekretärin" vom 15.04.1958[1289] ging das Gericht von einer grundsätzlichen Geltung des Abstraktionsprinzips aus, hielt aber eine analoge Anwendung des § 9 I VerlG auf sonstige Urheberrechtsverträge für

---

1284 *de Boor*, Vom Wesen des Urheberrechts, S. 62 f.; *v. Gamm*, UrhG, Einf. Rn. 70; *Lisch*, Abstraktionsprinzip im UrhR, S. 144; *Schack*, Urheber- und Urhebervertragsrecht, Rn. 589 f.; *Rehbinder*, Urheberrecht, Rn. 602; *Obergfell*, Filmverträge, S. 81 ff.; *Esser*, Urheberrechtliche Lizenzen in der Insolvenz, S. 105; *Spies*, Insolvenzfestigkeit von Lizenzen, S. 71 f.; *Abel*, NZI 2003, 121, 126; *Adolphsen*, DZWIR 2003, 228, 231; *Beyerlein*, EWiR 2004, 767, 768; *Dietrich/Szalai*, MMR 2012, 684, 687; *Szalai*, ZUM 2012, 790, 792. Für die Filmlizenzen: *Schwarz/Klinger*, GRUR 1998, 103, 105 ff. (mit Ausnahme des Verfilmungsvertrages); *dies.*, UFITA 138 (1999) 29, 34 ff.; *Schwarz/Reber* in: Loewenheim, Hdb. UrhR, § 74 Rn. 249; *Hausmann* in: FS Schwarz II, S. 81, 94 f.; *ders.*, ZUM 1999, 914, 920; *Roth*, Filmrechte in der Insolvenz, S. 45; *Schwarz* in: v. Hartlieb/Schwarz, Hdb. Film-, Fernseh-, Videorecht, Kap. 160 Rn. 7, besteht auf dem Abstraktionsprinzip, wenn der Urheber bzw. Lizenznehmer einer Weiterlizenzierung zugestimmt hat.

1285 BGH, GRUR 1958, 504, 506. – „Die Privatsekretärin"; *Forkel*, Gebundene Rechtsübertragungen, S. 162; *Obergfell*, Filmverträge, S. 82; *Schwarz/Klinger*, GRUR 1998, 103, 105; *dies.*, UFITA 138 (1999) 29, 35; *Hausmann*, ZUM 1999, 914, 920; *Abel*, NZI 2003, 121, 126; *Adolphsen*, DZWIR 2003, 228, 231; *Nolden*, Abstraktionsprinzip im UrhR, S. 52, betont hierbei den Spezialnorm-Charakter.

1286 *Esser*, Urheberrechtliche Lizenzen in der Insolvenz, S. 105; *Forkel*, Gebundene Rechtsübertragungen, S. 163; *Schwarz/Klinger*, GRUR 1998, 103, 105; *Schwarz/Reber* in: Loewenheim, Hdb. UrhR, § 74 Rn. 249; vgl. *Hoeren*, CR 2005, 773, 774, eine Übertragung der Grundsätze des § 9 I VerlG für den Softwarenutzungsvertrag ablehnend.

1287 *Reber*, ZUM 2009, 855, 857; *Schwarz/U. Reber* in: v. Hartlieb/Schwarz, Hdb. Film-, Fernseh-, Videorecht, Kap. 171 Rn. 4, hinsichtlich der Verwertung des Filmwerkes.

1288 Vgl. *Esser*, Urheberrechtliche Lizenzen in der Insolvenz, S. 105.

1289 BGH, GRUR 1958, 504 – „Die Privatsekretärin".

möglich, soweit „...die Interessenlage der Beteiligten im Wesenskern mit derjenigen Interessenlage übereinstimmt, die durch die fraglichen Bestimmungen des Verlagsgesetzes einen Ausgleich finden sollte."[1290] Im vorliegenden Fall wurde eine Analogie für den Wiederverfilmungsvertrag mangels einer vergleichbaren Interessenlage verneint. Der BGH hielt dieses Ergebnis unter Berücksichtigung der Vertragsbeziehungen aller Beteiligten für gerechtfertigt. Der Hauptlizenzgeber habe schließlich der Verwertung des Films durch Dritte zugestimmt. Zudem sei das hohe wirtschaftliche Risiko einer Filmproduktion mit dem eines Verlegers nicht vergleichbar.[1291]

Das Urteil wird im Schrifttum teilweise als grundlegend betrachtet.[1292] Jedoch darf nicht verkannt werden, dass es sich im vorliegenden Fall nicht um eine Lizenzierung handelte, sondern um eine Weiterübertragung des abgeleiteten Rechts und damit um eine translative Rechtsübertragung.[1293] Eine vollständige Veräußerung von Nutzungsrechten unterliegt nach allgemeiner Auffassung dem Grundsatz der Abstraktion.[1294] Denn in einem solchen Fall verbleibt dem Veräußerer kein Tochterrecht, weshalb es an einer urheberrechtlichen Zweckbindung fehlt.[1295] Die Anwendung des Abstraktionsprinzips und die Entscheidung für einen Fortbestand des Lizenzrechts waren daher folgerichtig.

Die Tendenz des I Zivilsenats schien sich in den nachfolgenden Entscheidungen zu ändern:

So führte der BGH in den Urteilen „GELU" vom 25.02.1966[1296] und „Kunsthändler" vom 21.01.1982[1297] aus, dass mit Beendigung des Wahrnehmungsvertrages auch das die Grundlage für die Rechtsübertragung bildende Geschäftsbesorgungsverhältnis erlösche, ohne dass es einer Rückübertragung der urheberrechtlichen Befugnisse auf den Urheber bedarf.[1298] Damit ließ das Gericht im Ausgangspunkt das Kausalitätsprinzip gelten. Ähnlich entschied der I. Zivilsenat im Urteil „Serigrafie" vom 26.03.1976.[1299] Hier hatte sich ein Galerist zur Vervielfältigung und Verbreitung von Drucken verpflichtet. Der BGH stellte schlicht fest, dass das Verlagsrecht des

---

1290 BGH, GRUR 1958, 504, 506 – „Die Privatsekretärin".

1291 BGH, GRUR 1958, 504, 506 f. – „Die Privatsekretärin".

1292 So etwa *Wente/Härle*, GRUR 1997, 96, 98.

1293 *Forkel*, Gebundene Rechtsübertragungen, S. 157; *Ulmer* in: Schulze, RzU, BGHZ 83, 1, 19.

1294 *Forkel*, Gebundene Rechtübertragung, S. 164; *Ulmer*, Urheber- und Verlagsrecht, S. 392; *Kraßer*, GRUR Int. 1973, 230, 238; *Wente/Härle*, GRUR 1997, 96, 99; *Schwarz/Klinger*, UFITA 138 (1999) 29, 36; *Brauer/Sopp*, ZUM 2004, 112, 118; *Hahn*, Verbotsrecht des Lizenznehmers, S. 50 f.; *Scheuermann*, Videoauswertung, S. 159; *Schricker/Loewenheim* in: Schricker/Loewenheim, UrhR, Vor. §§ 28 ff. Rn. 101; a.A. *Heimberg*, Lizenzen in der Insolvenz, S. 92 f.

1295 *Ulmer* in: Schulze, RzU, BGHZ 83, 1, 19.

1296 BGH, GRUR 1966, 567 – „GELU".

1297 BGH, GRUR 1982, 308 – „Kunsthändler"

1298 BGH, GRUR 1966, 567, 569 – „GELU"; BGH, GRUR 1982, 308, 309 – „Kunsthändler".

1299 BGH, GRUR 1976, 706 – „Serigrafie".

Kunstverlegers mit der Beendigung des schuldrechtlichen Vertragsverhältnisses erlischt.[1300] Eine ausführliche Begründung erfolgte jedoch nicht.

Aktuell äußerste sich der I. Zivilsenat zu dieser Problematik in der Entscheidung „M2Trade" vom 19.07.2012[1301] und bestätigte die tendenzielle Auffassung, dass die vom Urheber eingeräumten Nutzungsrechte im Regelfall mit der Beendigung des Lizenzvertrages *ipso iure* an ihn zurückfallen.[1302]

Auch die Rechtsprechungspraxis der Instanzgerichte entschied bislang vornehmlich gegen oder zumindest für eine sehr eingeschränkte Geltung des Abstraktionsprinzips.[1303]

Ersichtlich ist, dass all diesen Entscheidungen eine umfassende Interessenwertung zugrunde lag. Immer wieder wird betont, dass ein analoger Schluss zu § 9 I VerlG nicht selbstverständlich zu ziehen ist, sondern es grundsätzlich einer vergleichbaren Interessenlage bedarf, sodass eine Einzelfallbetrachtung für jede streitgegenständliche Lizenzkonstellation unentbehrlich ist.[1304] Die unterschiedlichen Typen von Lizenzverträgen und die jeweils unterschiedlichen Risikoverteilungen erfordern damit einen über eine pauschale Betrachtungsweise hinausgehenden differenzierenden Lösungsansatz.[1305] Auch wenn in einer Vielzahl von Fällen das Kausalitätsprinzip zum Tragen kam, so wurde dies immer als Ausnahme zum grundsätzlich geltenden Abstraktionsprinzip deklariert.[1306]

Leider trägt diese Herangehensweise weniger zur Rechtssicherheit für die Beteiligten bei. Im Schrifttum wurde deshalb vielfach der Versuch unternommen, Fallgruppen für Konstellationen gesteigerten Stellenwertes des Verkehrsschutzinteresses zu bilden.[1307]

1300 BGH, GRUR 1976, 706, 708 – „Serigrafie".

1301 BGH, GRUR 2012, 916 – „M2Trade".

1302 BGH, GRUR 2012, 916, Rn. 19 – „M2Trade"; zust. *Esser*, FD-InsR 2012, 336622.

1303 KG, UFITA 86 (1980), 230, 238 f. – „Tangerine Dream"; OLG München, ZUM-RD 1997, 551, 553 f. – „Das Piano"; OLG Hamburg, GRUR Int. 1998, 431, 435 – „Feliksas Bajoras", allerdings aus Wertungsgründen für den vorliegenden Sachverhalt eine andere Entscheidung treffend; OLG Hamburg, GRUR 2002, 335, 336 – „Kinderfernseh-Sendereihe", im Anschluss an LG Hamburg, ZUM 1999, 858, 859 – „Sesamstraße"; OLG Nürnberg, ZUM-RD 2003, 260, 263 – „Günter Brus"; OLG Karlsruhe, ZUM-RD 2007, 76, 79 – „Popmusiker"; LG Mannheim, DZWIR 2003, 479, 482 –„ Softwarelizenzvertrag".

1304 BGH, GRUR 1958, 504, 506 – „Die Privatsekretärin"; KG, UFITA 86 (1980), 230, 238 – „Tangerine Dream"; vgl. OLG Karlsruhe, ZUM-RD 2007, 76, 78 f. – „Popmusiker"; so auch *Forkel*, Gebundene Rechtübertragung, S. 162; *Picot*, Abstraktion und Kausalabhängigkeit, S. 99 f.

1305 *Srocke*, Abstraktionsprinzip im UrhR, S. 141; *ders.*, GRUR 2008, 867, 873; *Forkel*, Gebundene Rechtübertragung, S. 163 f.

1306 So z. B. BGH, GRUR 1958, 504, 506 f. – „Die Privatsekretärin"; OLG Brandenburg, NJW-RR 1999, 839, 840 – „Blauäugig".

1307 Vgl. *Forkel*, Gebundene Rechtsübertragungen, S. 163 f.; *Picot*, Abstraktion und Kausalabhängigkeit, S. 115 ff.; *Schwarz/Klinger*, GRUR 1998, 103, 106 ff., speziell in Bezug auf den Filmlizenzvertrag.

Am Rande sei auch auf die bestehende Diskussion im Patentrecht hingewiesen. Eine dem § 9 I VerlG vergleichbare Norm, über die sich ein automatischer Rechterückfall an den Schutzrechtsinhaber rechtfertigen ließe, existiert hier nicht. Und eine Analogie zum Verlagsrecht wird einstimmig abgelehnt.[1308] Während frühere Ansätze in der Literatur noch die Auffassung vertraten, dass das Abstraktionsprinzip grundsätzlich nicht gelte und somit sowohl die einfache als auch die ausschließliche Lizenz mit dem Lizenzvertrag steht und fällt,[1309] zeichnet sich aktuell ein Stimmungswechsel ab. In jüngster Zeit spricht sich das Schrifttum für eine Geltung des Abstraktionsprinzips für alle Verfügungen im Gewerblichen Rechtsschutz aus.[1310] In gleichem Atemzug wird aber eine gewisse „Milderung" gefordert, wenn aus dem Zweck des Geschäfts folge, dass die Gültigkeit des Kausalgeschäfts Bedingung für die Verfügung sei.[1311] Als zentraler Rechtfertigungsgrund für das Abstraktionsprinzip wird angeführt, dass das Schutzbedürfnis des Patentinhabers typischerweise nicht so ausgeprägt sei wie das des Urhebers.[1312] Begründet wird dies anhand der fehlenden vergleichbaren Zweckbindung. Die in § 31 V UrhG verankerte Zweckübertragungsregel findet zwar auch im Patentrecht Anwendung.[1313] Allerdings erfüllt sie hier lediglich die Funktion einer praktischen Auslegungshilfe. Die Interessen des Schutzrechtsinhabers stehen hier weniger im Vordergrund. Eine gesetzlich begründete institutionelle Zweckanknüpfung existiert nicht.[1314] Der Rechtsverkehr mit Patentlizenzen gestaltet sich – im Gegensatz zu dem mit urheberrechtlichen Nutzungsrechten – wesentlich unbeschränkter. Dem Verkehrsschutzbedürfnis ist daher ein höherer Stellenwert einzuräumen. Es erscheint mithin naheliegend und konsequent, die Interessen des Rechtsverkehrs ebenso wie im Sachen- und Zessionsrecht durch die Geltung des Abstraktionsprinzips zu fördern.[1315] Einziges dogmatisches Argument für eine Anwendung des Kausalitätsprinzips bleibt damit

1308 *Kraßer*, GRUR Int. 1973, 230, 237; *Koehler/Ludwig*, NZI 2007, 79, 84.

1309 *Lüdecke*, NJW 1966, 815, 817; *Kraßer*, GRUR Int. 1973, 230, 237 f.; *Rosenberger*, GRUR 1983, 203, 205; *Koehler/Ludwig*, NZI 2007, 79, 84; *Ohl*, GRUR 1992, 78, 79; *Reimer* in: Reimer, PatG/GebrMG, § 9 PatG Rn. 22; aktuell auch noch: *Keukenschrijver* in: Busse, PatG, § 15 Rn. 56; *McGuire*, GRUR 2009, 13, 16; *Scholz*, Lizenzen in der Insolvenz, S. 37 f.

1310 *Ahrens*, Gewerblicher Rechtsschutz, Rn. 276; *Götting*, Gewerblicher Rechtsschutz, § 27 Rn. 3; *Witz* in: FS Schilling, S. 393, 405 f.; *Picot*, Abstraktion- und Kausalabhängigkeit, S. 176; *Wiedemann*, Lizenzen in der Insolvenz, Rn. 1396; vgl. auch *Kraßer*, Patentrecht, § 41 I 1., der das Abstraktionsprinzip zumindest hinsichtlich der umfassenden ausschließlichen Lizenz anwenden will; a.A. *Pahlow*, Lizenz, S. 209 f.; *Heimberg*, Lizenzen in der Insolvenz, 91.

1311 *Götting*, Gewerblicher Rechtsschutz, § 27 Rn. 3.

1312 Vgl. *Kraßer*, GRUR Int. 1973, 230, 237.

1313 Siehe Nachw. Fn. 348.

1314 *Picot*, Abstraktion- und Kausalabhängigkeit, S. 175.

1315 *Picot*, Abstraktion- und Kausalabhängigkeit, S. 173 f.

der fehlende gesetzlich vorgegebene Typenzwang.[1316] Argumentiert wird, dass die Gefahr bestehe, dass durch Unterlizenzierungen weiterverfügt wird und sich der Vollrechtsinhaber Nutzungsberechtigten gegenüber sehen müsse, die weder den Umfang ihres Nutzungsrechts kennen, noch vom Rechtsinhaber ausgewählt wurden. Dies könnte u.U. zu einer Entwertung des Rechts führen, z.B. in Form des Verlusts des Wettbewerbsvorteils eines Patents bei einer Vielzahl von Nutzungsberechtigten.[1317] Nach der hier vertretenen Auffassung bedarf die Unterlizenzierung grundsätzlich der Zustimmung des Schutzrechtsinhabers, die wie die inhaltliche Beschränkung der Lizenz dinglicher Rechtsnatur ist,[1318] sodass es einer kausalen Bindung zum Schutz des Immaterialgüterrechtsinhabers nicht bedarf. Auch dass die Lizenz ihre inhaltliche Ausformung erst durch das Verpflichtungsgeschäft erfährt, kann für sich genommen eine kausale Abhängigkeit nicht begründen.

Zusammenfassend ist festzuhalten, dass das Abstraktionsprinzip auch im Bereich des Immaterialgüterverkehrsrechts im Ausgangspunkt grundsätzlich Anwendung findet. Im Urheberrecht bildet die Ausnahme nahezu den Regelfall. Eine analoge Anwendung des § 9 I VerlG wird hier häufig in Betracht zu ziehen sein, soweit die Interessenlage einen Schutz des Urhebers erfordert. Dagegen wird im Patentrecht eine Durchbrechung des Abstraktionsprinzips die Ausnahme bleiben. Unter Bezugnahme auf die bereits eingangs dargestellten Überlegungen ist der Meinungsstreit für die Praxis freilich nur dann von Relevanz, wenn das Vertragsverhältnis außerordentlich beendet wurde und im Interesse des Lizenznehmers eine Auslauffrist gewährt werden soll, im Rahmen derer er abschließende Verwertungen noch vornehmen darf.[1319] Ein derartiges Recht könnte allerdings auch als nachvertragliche Treuepflicht konstruiert werden (vgl. § 241 BGB), sodass der Meinungsstreit in der unmittelbaren Rechtsbeziehung schlicht von dogmatischer Bedeutung und weniger ergebnisorientiert ist. Eine „ewige" Nutzungsbefugnis trotz Beendigung des Schuldverhältnisses lässt sich schließlich nicht über das Abstraktionsprinzip begründen. Der Lizenznehmer verliert zwangsläufig seine Nutzungsbefugnis.

b. Die Bindung in der sekundären Rechtsbeziehung: Tochterrecht und Enkelrecht

Im Urheberrecht wird überwiegend die Auffassung vertreten, dass auch in der sekundären Rechtsbeziehung zwischen Tochterrecht und Enkelrecht das Abstraktionsprinzip grundsätzlich keine Anwendung findet und bei Beendigung des Unterlizenzvertrages die vom Lizenzgeber abgeleiteten Rechte des Unterlizenznehmers wieder zurückfallen, ohne dass es eines besonderen Verfügungsgeschäfts

1316 Vgl. *Kraßer*, Patentrecht, § 41 I. 1.; *ders.*, GRUR Int. 1973, 230, 237 f.; *Ohl*, GRUR 1992, 78, 79; *Pahlow*, Lizenz, S. 209.

1317 *Pahlow*, Lizenz, S. 210.

1318 Siehe hierzu die Ausführungen unter 2. Teil, B. I.

1319 Siehe hierzu 3. Teil, A. I. 1. b.; vgl. auch *Ullmann* in: Benkard, PatG, § 15 Rn. 203.

bedarf.[1320] Begründet wird diese Auffassung wiederum anhand des Zweckbindungsgedankens, wonach es Ziel des Urheberrechts sei, dem Urheber seine Rechte zu erhalten.[1321] Hinsichtlich der Subverlagsrechte wird auf die Regelung des § 9 I VerlG rekurriert.[1322] Auf untergeordneter Ebene verliert dieser Schutzgedanke allerdings an Bedeutung, sodass sich ein Teil der Literatur bei Verträgen, an denen der Urheber nicht beteiligt ist, für eine Geltung des Abstraktionsprinzips ausspricht.[1323] Schließlich erfasst auch § 9 I VerlG vom Wortlaut her und in seinem systematischen Zusammenhang (vgl. § 1 VerlG) grundsätzlich nur das Verhältnis zwischen Verfasser (Urheber) und Verleger (Erstlizenznehmer).[1324]

Obwohl der Schutzgedanke in dieser Rechtsbeziehung nicht direkt greift, sei es nach a.A. dennoch gerechtfertigt, das Kausalitätsprinzip bei allen konstitutiven Rechtsübertragungen anzuwenden, denn der Rückfall der Nutzungsrechte an den Unterlizenzgeber schütze letztendlich auch die Interessen des Urhebers, da so die Rechte in der Kette zurück in Richtung des Urhebers fallen und nicht bei einem Nichtberechtigten verbleiben.[1325] Zwar ist anerkannt, dass § 31 V UrhG auch auf dieser Stufe der Rechtseinräumung Anwendung findet, auch wenn dies vom Wortlaut der Norm nicht erfasst ist.[1326] Der Sinn und Zweck der Norm, eine angemessene

1320 OLG Hamburg, GRUR Int. 1998, 431, 435 – „Feliksas Bajoras"; OLG Hamburg, GRUR 2002, 335, 336 – „Kinderfernseh-Sendereihe"; OLG Karlsruhe, ZUM-RD 2007, 76, 79 – „Popmusiker"; *Ulmer*, Urheber- und Verlagsrecht, S. 392; *Schricker*, Verlagsrecht, § 28 Rn. 26; *Picot*, Abstraktion und Kausalabhängigkeit, S. 122 ff.; *Scheuermann*, Videoauswertung, S. 160; *v. Frentz/Marrder*, ZUM 2003, 94, 104; *Schulze* in: Dreier/Schulze, UrhG, § 31 Rn. 18; *Schricker/Loewenheim* in: Schricker/Loewenheim, UrhR, Vor. §§ 28 ff. Rn. 101.

1321 *Picot*, Abstraktion und Kausalabhängigkeit, S. 112 ff.

1322 *Karow*, Rechtsstellung des Subverlegers, S. 17, 71; *v. Hase*, Musikverlagsvertrag, S. 46; *Schricker*, Verlagsrecht, § 9 Rn. 11a.

1323 *Czychowski/Nordemann*, NJW 2008, 1571, 1575; *dies.*, GRUR-RR 2012, 233, 234; *Oeter/Ruttig*, ZUM 2003, 611, 618; *Wente/Härle*, GRUR 1997, 96, 98; *Schwarz/Klinger*, GRUR 1998, 103, 109, für Filmlizenzverträge; *dies.*, UFITA 138 (1999) 29, 36; *Lößl*, Rechtsnachfolge in Verlagsverträge, S. 45 f.; *Hausmann* in: FS Schwarz II, S. 81, 96; *Kellenter* in: FS Tilmann, S. 807, 822; *Schwarz/U. Reber* in: v. Hartlieb/Schwarz, Hdb. Film-, Fernseh-, Videorecht, Kap. 171 Rn. 5; *J.B. Nordemann* in: Fromm/Nordemann, UrhR, Vor. §§ 31 ff. Rn. 231; dagegen *Kraßer*, GRUR Int. 1973, 230, 237, der eine kausale Gestaltung ebenfalls für möglich hält.

1324 *Hausmann* in: FS Schwarz II, S. 81, 96; *Schwarz/Klinger*, UFITA 138 (1999) 29, 36; *Srocke*, Abstraktionsprinzip im UrhR, S. 142.

1325 *Hahn*, Verbotsrecht des Lizenznehmers, S. 50; im Ergebnis ebenso *Schricker/Loewenheim* in: Schricker/Loewenheim, UrhR, Vor. §§ 28 ff. Rn. 101; *Schricker*, Verlagsrecht, § 28 Rn. 26.

1326 Vgl. BGH, GRUR 1953, 299, 301 – „Lied der Wildbahn"; BGH, GRUR 1959, 200, 203 – „Der Heiligenhof"; *Beck*, Lizenzvertrag im Verlagswesen, S. 58 f.; *Lange*, Lizenzvertrag im Verlagswesen, S. 72; *v. Gamm*, UrhG, § 31 Rn. 17; *Schricker/Loewenheim* in: Schricker/Loewenheim, UrhR, § 31 Rn. 76, m.w.N.

Beteiligung des Urhebers an den wirtschaftlichen Früchten der Verwertung seines Werkes zu garantieren,[1327] läuft jedoch in dieser Rechtsbeziehung leer. Andererseits spricht die Ausdehnung des Anwendungsbereichs der Norm für eine Orientierung am Schutz des Werkschöpfers, denn dieser sei daran interessiert, dass auch auf späteren Verwertungsstufen möglichst wenige Nutzungsbefugnisse eingeräumt werden.[1328] Im Kern der mittelbaren Schutzwirkung steht also die Kontrollmöglichkeit des Urhebers. Dieser Begründungsansatz überzeugt jedoch weder aus dogmatischer noch aus praktischer Sicht. Das Kontrollinteresse des Urhebers wird grundsätzlich dadurch gewahrt, dass er seine Zustimmung zur Unterlizenzierung verweigern kann. Hat er dies nicht getan, so ist eine Verwertung durch den Unterlizenznehmer gewollt und mithin interessengerecht. Eine darüber hinausgehende Betrachtungsweise, die den Einflussbereich des Urhebers zu erweitern und damit die Relativität des Schuldverhältnisses auszuhebeln versucht, verbietet sich generell.

Damit muss auch auf sekundärer Ebene im Ausgangspunkt das Abstraktionsprinzip Anwendung finden. Ein Durchschlagen des Beendigungsgrundes auf die dingliche Ebene ist nur dann anzunehmen, wenn die Interessenlage zwischen Unterlizenzgeber und Unterlizenznehmer eine solche Rechtsfolge erfordert. Auch hier geht es aus praktischer Sichtweise nicht darum, einem Nichtberechtigten eine Nutzung *in aeternum* zu gewähren, sondern ihm eine Auslauffrist zu verschaffen, in der er seine Verwertungshandlungen in angemessener Weise beenden kann.

2. *Die Bindung in der mittelbaren Rechtsbeziehung: Mutterrecht und Enkelrecht*

Wird der Hauptlizenzvertrag wirksam beendet, verliert der Inhaber des Tochterrechts mit Beendigung des Hauptlizenzvertrages zwangsläufig seine Nutzungsberechtigung. Unklar bleibt, ob die wirksam erteilte Unterlizenz unabhängig vom Fortbestand der Hauptlizenz ist und damit faktisch verselbstständigt weiterbestehen kann, oder ob sie als abgeleitete Rechtsposition eine derart starke Bindung an die Hauptlizenz aufweist, dass mithin auch die Unterlizenz zurückfällt. Kern dieser Auseinandersetzung ist die Frage nach einer mittelbaren kausalen Verknüpfung der dinglichen Unterlizenz mit dem schuldrechtlichen Vertrag zwischen dem Schutzrechtsinhaber und dem Hauptlizenznehmer.

In dieser Konstellation sprach sich die h.L. bislang für eine Anwendung des Kausalitätsprinzips aus, sodass mit Beendigung des Hauptlizenzvertrages nicht nur die Hauptlizenz, sondern auch die Unterlizenz automatisch zurückfällt.[1329] Demnach

---

1327 Siehe Nachw. Fn. 347.

1328 *Picot*, Abstraktion und Kausalabhängigkeit, S. 123; vgl. *Beck*, Lizenzvertrag im Verlagswesen, S. 59.

1329 *Pahlow*, Lizenz, S. 463; *Schricker*, Verlagsrecht, § 28 Rn. 27; *ders.*, EWiR 1999, 275 f.; *Wandtke*, EWiR 2001, 643, 644; *Wente/Härle*, GRUR 1997, 96, 99; *v. Frentz/Marrder*, ZUM 2003, 94, 101; *Brauer/Sopp*, ZUM 2004, 112, 117 f.; *Hahn*, Verbotsrecht des Lizenznehmers, S. 49; *Picot*, Abstraktion und Kausalabhängigkeit, S. 143 ff.; *Lößl*,

seien sämtliche Lizenznehmer in der Lizenzkette mit dem schuldrechtlichen Vertrag zwischen dem Schutzrechtsinhaber und dem Ersterwerber verbunden, sodass mit Vertragsbeendigung alle Nutzungsrechte automatisch und unmittelbar heimfallen.[1330] Das Kausalitätsprinzip könne sich sowohl aus der kausalen Zweckbindung der Nutzungsrechtsübertragung als auch aus einer Analogie zu § 9 I VerlG ergeben.[1331] Die Gegenmeinung plädiert für eine Geltung des Abstraktionsprinzips in der mittelbaren Ebene und folglich für die Unabhängigkeit der Unterlizenz vom Bestand der Hauptlizenz.[1332]

Auch der BGH entschied in solchen Lizenzketten-Konstellation bislang für eine abstrakte Wirkung:

Hervorzuheben ist die Entscheidung „Allwetterbad" des I. Zivilsenats vom 13.11.1981.[1333] Hier übertrug ein Architektenurheber die Nutzungsrechte an einem Allwetterschwimmbad an eine Planungsgesellschaft, die das Schwimmbad als Werkunternehmer für eine Gemeinde baute. Über die Hauptlizenznehmerin wurde das Insolvenzverfahren eröffnet und der Werkvertrag wurde gekündigt. Der Urheber war der Auffassung, dass die Berechtigung der Gemeinde zur Nutzung der Pläne damit erloschen sei. Der BGH erteilte dieser Auffassung eine Absage. Im Rahmen einer Interessenwertung wandte er das Abstraktionsprinzip an, mit dem Ergebnis, dass kein automatischer Rechterückfall eintrat.[1334]

Gegen eine kausale Verknüpfung innerhalb der Lizenzkette entschied der BGH auch im Urteil „Alexis Sorbas" vom 28.11.1985.[1335] Hier enthielt der streitgegenständliche Verlagsvertrag zwar eine Klausel für den vollständigen Rückfall des

---

Rechtsnachfolge in Verlagsverträge, S. 47 (Die dingliche Weiterverfügung über das Verlagsrecht bleibt mit dem zwischen Urheber und Ersterwerber geschlossenen obligatorischen Vertrag kausal verbunden.); *Scheuermann*, Videoauswertung, S. 163, spricht in diesem Zusammenhang von einer sich fortpflanzenden Kausalität; *J.B. Nordemann* in: Fromm/Nordemann, UrhR, § 31 Rn. 34; *Spautz* in: Möhring/ Nicolini, UrhG, § 35 Rn. 6; *Haberstumpf* in: FS Hubmann, S. 127, 140, so die Bestandsaufnahme der dogmatischen Rechtslage; zum Patentrecht: *Ohl*, GRUR 1992, 77, 81; allg. zur Lizenz: *Scholz*, Lizenzen in der Insolvenz, S. 42.

1330 *Hahn*, Verbotsrecht des Lizenznehmers, S. 49; *Wente/Härle*, GRUR 1997, 96, 99; *Schricker*, Verlagsrecht, § 28 Rn. 27; vgl. auch *Ulmer*, Urheber- und Verlagsrecht, S. 392, der von einer „Zweckbindung an das Stammrecht" spricht.

1331 OLG Hamburg, GRUR 2002, 335, 336 – „Kinderfernseh-Sendereihe"; LG Hamburg, ZUM 1999, 858, 859 f. –„Sesamstraße".

1332 *Schwarz/Klinger*, UFITA 138 (1999), 29, 47 f.; *Hausmann*, ZUM 1999, 914, 921; *Schwarz/Reber* in: Loewenheim, Hdb. UrhR, § 74 Rn. 249; *Reber*, ZUM 2009, 855, 857; *Scholz*, GRUR 2009, 1107, 1111; *Spies*, Insolvenzfestigkeit von Lizenzen, S. 69 f.; *Schwarz/U. Reber* in: v. Hartlieb/Schwarz, Hdb. Film-, Fernseh-, Videorecht, Kap. 171 Rn. 5; *Wohlfarth*, Taschenbuchrecht, S. 166; *Obergfell*, Filmverträge, S. 86 f.; vgl. auch *Oeter/Ruttig*, ZUM 2003, 611, 620 f.

1333 BGH, GRUR 1982, 369 – „Allwetterbad".

1334 BGH, GRUR 1982, 369, 371 – „Allwetterbad".

1335 BGH, GRUR 1986, 278 – „Alexis Sorbas".

ausschließlichen Verlagsrechts an dem Werk „Alexis Sorbas" des Autors *Nikos Kazantzaki*. Das Gericht kam aber im Wege der Auslegung einer nachträglichen Auflösungsvereinbarung zwischen der Witwe des Autors und dem Verlag zu dem Schluss, dass der Verlagsvertrag zwar beendet wurde, jedoch ein einheitlicher Wille der Parteien zur Weitergeltung des Subverlagsrechts – es handelte sich hier um eine Taschenbuchlizenz – vorlag.[1336]

Auch in der Entscheidung „Musikverleger IV" vom 14.12.1989[1337] wandte der BGH das Abstraktionsprinzip innerhalb einer Lizenzkette an. Die Vertragsbeziehungen betrafen hier einen Arbeitnehmerurheber, der einen Verlagsvertrag geschlossen hatte. Der Verlag räumte einem zweiten Verlag Rechte daran ein. Das Gericht urteilte, dass mit Kündigung des Verlagsvertrages die Verlagsrechte nicht automatisch an den Urheber zurückfallen.[1338]

Die Entscheidungspraxis der Instanzgerichte deutet dagegen auf die Notwendigkeit einer Interessenwertung hin. Im Einzelfall soll der Grundgedanke des § 9 I VerlG auch auf andere Verträge übertragbar sein.[1339] Hervorzuheben sind folgende Entscheidungen:

In der Entscheidung „Das Piano" des OLG München vom 26.09.1996[1340] erfolgte ein Bruch in der Lizenzkette auf untergeordneter Ebene. Der Unterlizenzvertrag auf der zweiten Stufe wurde aufgrund der Eröffnung des Konkursverfahrens der Lizenznehmerin gekündigt. Das Gericht entschied, dass durch die außerordentliche Kündigung die Video-Rechte der beklagten Unterlizenznehmerin auf der dritten Ebene automatisch an den Lizenzgeber zurückgefallen sind[1341] und legte damit seiner Entscheidung stillschweigend das Kausalitätsprinzip zugrunde.

Die gleiche Auffassung vertrat das OLG München in der Entscheidung „Take Five" vom 17.03.2010.[1342] Strittig war die Frage, ob das Subverlagsrecht an dem Musikstück „Take Five" des Komponisten *Paul Desmond* nach Beendigung des übergeordneten Lizenzvertrages fortbesteht. Das Gericht urteilte, dass mit dem Tochterrecht die Enkelrechte erlöschen.[1343]

Auch das OLG Hamburg lehnte bislang die Anwendbarkeit des Abstraktionsprinzips auf Lizenzketten ab. In der Entscheidung „Feliksas Bajoras" vom 23.10.1997[1344] erklärte das Gericht, dass das Abstraktionsprinzip im Hinblick auf

1336 BGH, GRUR 1986, 278, 279 f. – „Alexis Sorbas".
1337 BGH, GRUR 1990, 443 – „Musikverleger IV".
1338 BGH, GRUR 1990, 443, 447 – „Musikverleger IV".
1339 OLG Brandenburg, NJW-RR 1999, 839, 840 – „Blauäugig"; OLG Karlsruhe, ZUM-RD 2007, 76, 78 f. – „Popmusiker"; dagegen eine Anwendbarkeit des Abstraktionsprinzips grundsätzlich ablehnend und einen „Heimfall der Nutzungsrechte" befürwortend: OLG Hamburg, GRUR Int. 1998, 431, 435 – „Feliksas Bajoras".
1340 OLG München, ZUM-RD 1997, 551 – „Das Piano".
1341 OLG München, ZUM-RD 1997, 551, 553 f. – „Das Piano".
1342 LG München, InstGE 2010, 154 – „Take Five".
1343 LG München, InstGE 2010, 154, 157 ff. – „Take Five".
1344 OLG Hamburg, GRUR Int. 1998, 431 – „Feliksas Bajoras".

einen Berechtigten zweiter Stufe nicht gelte, wenn das Nutzungsrecht des Berechtigten erster Stufe, von dem jener sein Nutzungsrecht ableitet, entfällt.[1345] Im vorliegenden Fall erhielt die beklagte Unterlizenznehmerin von der *VAAP*, der damaligen staatlichen Urheberrechtsorganisation der UdSSR, das Verlagsrecht an dem Werk „Präludium und Toccata für Streichorchester" des litauischen Komponisten *Feliksas Bajoras* zur Wahrnehmung eingeräumt. Nachdem die *VAAP* aufgelöst wurde, schloss *Bajoras* mit der Kl. über das besagte Werk einen Musikverlagsvertrag und beantragte, festzustellen, dass die Bekl. nicht berechtigt sei, nach Auflösung der *VAAP* die Verlagsrechte weiterhin wahrzunehmen. Aufgrund der Sonderkonstellation entschied das OLG Hamburg zugunsten der Bekl., mit der Begründung, die *VAAP* sei nicht Berechtigte erster Stufe gewesen, sondern lediglich Vertreterin für die Nutzungsrechtsvergabe.[1346]

Ausdrücklich wandte das OLG Hamburg das Kausalitätsprinzip in der Entscheidung „Kinderfernseh-Sendereihe" vom 15.03.2001[1347] an und bestätigte damit die Entscheidung der Vorinstanz vom 15.01.1999.[1348] Der beklagte *NDR* hatte ein drittes Unternehmen (W) mit der musikalischen Bearbeitung der Kinderfernsehserie *Sesamstraße* beauftragt, welches einen Komponisten und Musikproduzenten beauftragte. Das zwischengeschaltete Unternehmen geriet in Zahlungsverzug und fiel in Konkurs. Der Komponist und Produzent trat vom Vertrag mit W zurück und erhob Klage gegen den *NDR* auf Unterlassung der Verwertung seiner Leistung. Die Klage hatte Erfolg. Das Gericht entschied, dass nach wirksamem Rücktritt vom Vertrag mit W sowohl die an W übertragenen Rechte als auch die Rechte des Unterlizenznehmers an den Urheber zurückgefallen seien.[1349] Sowohl das OLG Hamburg als auch das LG Hamburg kamen zu der Überzeugung, dass das Abstraktionsprinzip im vorliegenden Fall nicht gelte.[1350]

Anders entschied das OLG Köln im Urteil „Computerprogramm für Reifenhändler" vom 14.07.2006[1351] für einen Fortbestand der Enkelrechte nach wirksam ausgeübtem Rückruf gegenüber dem Hauptlizenznehmer wegen Nichtausübung nach § 41 UrhG. Dabei deutete das Gericht an, dass aufgrund einer Interessenwertung das Kausalitätsprinzip auszuschalten sei.[1352]

Als zentrale Argumente für eine kausale Verknüpfung werden in den genannten Entscheidungen der Zweckbindungsgedanke und das mangelnde Verkehrsschutzinteresse angeführt: Da der Schutzrechtsinhaber nicht mehr Rechte vergibt, als es dem Zweck des schuldrechtlichen Geschäfts entspricht, gäbe es keinen Grund dafür, ihm

1345 OLG Hamburg, GRUR Int. 1998, 431, 435 – „Feliksas Bajoras".
1346 OLG Hamburg, GRUR Int. 1998, 431, 435 – „Feliksas Bajoras".
1347 OLG Hamburg, GRUR 2002, 335 – „Kinderfernseh-Sendereihe".
1348 LG Hamburg, ZUM 1999, 858 – „Sesamstraße".
1349 OLG Hamburg, GRUR 2002, 335, 336 – „Kinderfernseh-Sendereihe".
1350 OLG Hamburg, GRUR 2002, 335, 336 – „Kinderfernseh-Sendereihe"; LG Hamburg, ZUM 1999, 858, 859 f. – „Sesamstraße".
1351 OLG Köln, GRUR-RR 2007, 33 – „Computerprogramm für Reifenhändler".
1352 OLG Köln, GRUR-RR 2007, 33, 34 – „Computerprogramm für Reifenhändler".

nach Vertragsbeendigung etwaige Verwertungsmöglichkeiten vorzuenthalten.[1353] Die Anwendung des Kausalitätsprinzips im Urheberrecht bewirke gerechterweise, dass das Erfüllungsrisiko nicht den Urheber, sondern die Verwerterseite trifft, die sich der Kettenkonstruktion bedient.[1354] Das Einschieben eines Zwischenhändlers dürfe dem Urheber grundsätzlich nicht zum Nachteil gereichen.[1355] Diesen zu schützen, sei schließlich die grundlegende Intention des Gesetzgebers.[1356]

Die dargestellte Auffassung von einer kausalen Beziehung auf der mittelbaren Rechtsebene vermischt jedoch zwei zu differenzierende Problemkreise. Im Mittelpunkt steht hier die Frage, ob die Unterlizenz kausal an die schuldrechtliche Vereinbarung im Hauptlizenzverhältnis gebunden ist. Ob eine solche kausale Verknüpfung geboten erscheint und damit ein Rückfall der Unterlizenz dogmatisch begründet werden kann, bedarf durchaus einer Betrachtung anhand der Maßstäbe des Verkehrsschutzes und der Zweckbindung. Ob auch eine „kausale" Anknüpfung an das dingliche Verfügungsgeschäft auf übergeordneter Ebene existiert, bei der es sich nicht um eine typische kausale Beziehung, wie sie in der Rechtslehre i.S. einer Abhängigkeit eines Verfügungsgeschäfts vom zugrunde liegenden Verpflichtungsgeschäfts verstanden wird, sondern um eine besondere dingliche Zweckanbindung auf der Verfügungsebene handelt, muss in einem anderen Kontext untersucht werden.

a. Der Verkehrsschutzgedanke im Rahmen des Kausalitätsprinzips

Das Abstraktionsprinzip erfüllt in unserem Zivilrechtssystem die Aufgabe, Verkehrsschutz insbesondere zugunsten des Zweiterwerbers zu gewährleisten, dessen Rechtserwerb unabhängig sein soll vom zugrunde liegenden Kausalgeschäft des Ersterwerbs.[1357] Auch das Kondiktionenrecht als Pendant des Abstraktionsprinzips schützt grundsätzlich den Letzterwerber innerhalb einer Rechtekette. Hat der Schuldner des Rückübertragungsanspruchs bereits über das vermögenswerte Recht verfügt, kann die spätere Verfügung nicht mehr angegriffen werden, soweit sie nicht unentgeltlich erfolgt ist (vgl. § 822 BGB). Ob dem Unterlizenznehmer ein solches Verkehrsschutzbedürfnis abzusprechen ist, erscheint fraglich.

Zunächst liegt ein Vergleich mit dem Zessionsrecht nahe, denn auch hier gibt es keinen gutgläubigen Erwerb vom Nichtberechtigten. Das Schutzniveau ist per se hoch gesteckt. Die Verkehrssicherheit im Interesse des Erwerbers ist damit von besonderer Notwendigkeit und kann nach überzeugender Auffassung allein durch die Geltung des Abstraktionsprinzips gewährleistet werden.[1358]

1353 *Schricker*, EWiR 1999, 275.
1354 *Schricker*, EWiR 1999, 275.
1355 *Schricker*, EWiR 1999, 275, 276.
1356 *Schricker*, EWiR 1999, 275.
1357 Krit. hierzu *Rodríguez-Rosado*, Abstraktionsprinzip, S. 116 f., m.w.N.
1358 *Picot*, Abstraktion und Kausalabhängigkeit, S. 78; *Nolden*, Abstraktionsprinzip im UrhR, S. 53.

Auch der fehlende Typenzwang im Lizenzverkehr vermag für sich genommen ein mangelndes Rechts- und Verkehrsschutzinteresse der Verwerter nicht begründen. Die Argumentation erscheint zu pauschal und vernachlässigt die besondere Interessenlage in Bezug auf Lizenzketten. In tatsächlicher Hinsicht überwiegt allgemein das Schutzbedürfnis des Unterlizenznehmers, der im Vertrauen auf den Bestand seiner Rechtsposition Investitionen getätigt hat, das Interesse des Schutzrechtsinhabers an einer eingeschränkten Verkehrsfähigkeit. Wollte man den erforderlichen Verkehrsschutz innerhalb der Lizenzkette durch eine kausale Verknüpfung ausschalten, ginge dies mit erheblichen Transaktionskosten zulasten aller Beteiligten einher. Ein überwiegendes Interesse an einer Anwendbarkeit des Kausalitätsprinzips innerhalb der Lizenzkette kann mithin nicht festgestellt werden. Vielmehr muss auch hier der spätere Erwerber geschützt und damit die Verkehrsfähigkeit der Lizenz allgemein gesteigert werden.[1359] Der Grundsatz der Abstraktion kann schließlich nur dort ausgeschaltet werden, wo typischerweise das Bedürfnis des Verkehrsschutzes unterdurchschnittlich gering einzuschätzen ist und wo außerdem rechtlich anzuerkennende Interessen des Verfügenden mit solchen des Erwerbers eng verflochten sind.[1360] Eine solche besondere Verbundenheit manifestiert sich in dem konstitutiven Rechtserwerb des Lizenznehmers, der dem Zessionsrecht fremd ist, sodass eine vergleichende Wertung letztendlich kaum möglich erscheint.[1361] Insoweit stellt sich die Frage, ob die Gebundenheit des Enkelrechts an das Mutterrecht eine kausale Abhängigkeit rechtfertigen kann.

b. Die Zweckbindung des Verfügungsgeschäfts

Jede Zuwendung verfolgt einen wirtschaftlichen bzw. rechtlichen Zweck – ohne diesen wäre sie sinnlos. Auch die abstrakte Zuwendung mittels Verfügung hat einen Rechtsgrund (*causa*), der zumeist im zu erfüllenden schuldrechtlichen Vertrag liegt.[1362] Um eine Anwendbarkeit des Kausalitätsprinzips in der mittelbaren Beziehung rechtfertigen zu können, müsste also der Zweck der Verfügung auf untergeordneter Lizenzstufe seinen Rechtsgrund nicht nur in der vertraglichen Beziehung zwischen den direkten Vertragspartnern, sondern gleichermaßen auf der übergeordneten Ebene finden.

Die Wirksamkeit schuldrechtlicher Verträge in der Rechtekette hat auf Verfügungen anderer Rechtsverhältnisse innerhalb der Rechtekette zunächst keinen Einfluss.[1363] Ein Fehler auf der Verpflichtungsebene kann regelmäßig nur auf das Verfügungsgeschäft durchschlagen, dessen *causa* der schuldrechtliche Vertrag bildet. Auch § 9 I VerlG durchbricht diesen Grundsatz nicht, denn vom Wortlaut her

1359 So auch *Wente/Härle*, GRUR 1997, 96, 99.
1360 *Forkel*, Gebundene Rechtsübertragungen, S. 162.
1361 *Picot*, Abstraktion und Kausalabhängigkeit, S. 81 f.
1362 *Stadler*, Abstraktion, S. 8; *Gaier* in: MüKo, BGB/Bd. 6/2013, Einl. Rn. 15; *Schiemann* in: Staudinger, BGB/Eckpfeiler des Zivilrechts/2012, Das Rechtsgeschäft, Rn. 16.
1363 *Wente/Härle*, GRUR 1997, 96, 97; *Wohlfarth*, Taschenbuchrecht, S. 166.

findet das Kausalitätsprinzip nur auf das Verhältnis zwischen Verfasser und Verleger Anwendung. Nicht erfasst ist das Verhältnis zu Dritten, denen der Verleger eine Unterlizenz eingeräumt hat.[1364]

Für eine derartige Zweckanbindung könnte die Tatsache sprechen, dass die Reichweite der Unterlizenz bereits durch den Umfang der Hauptlizenz begrenzt[1365] ist. Die Bindung des Unterlizenznehmers ergibt sich jedoch allein aus der dinglichen Beschränkung. Rein schuldrechtlich wirkende Vereinbarungen im Hauptlizenzverhältnis sind hierfür nicht maßgeblich.

Die Befürworter einer Aushebelung des Abstraktionsprinzips in der mittelbaren Ebene stützen ihre Argumentation grundlegend auf den Zweckbindungsgedanken des § 31 V UrhG. Wie bereits dargelegt, handelt es sich im Kern um eine Auslegungsregel, die in erster Linie für den Verfügungsakt der Nutzungsrechtseinräumung gilt.[1366] Auslegungskriterium ist hierbei der beiderseitige Vertragszweck.[1367] Zwischen dem Vertragszweck auf übergeordneter Ebene und dem Zweck der Verfügung in der untergeordneten Rechtsbeziehung besteht jedoch ein inhaltlicher Unterschied. Unter der *causa* eines Verfügungsgeschäfts versteht man den mit einer Zuwendung verfolgten Zweck; typische Zuwendungszwecke sind z. B. die Erfüllung und der Erwerb eines Rechts oder sonstigen Vorteils.[1368] Dagegen bestimmt sich der Vertragszweck zumeist nach den wirtschaftlichen und/oder ideellen Zielen, die für die Parteien bei Vertragsschluss übereinstimmend maßgeblich waren.[1369] Wichtige Kriterien[1370] sind z. B. die Honorarhöhe,[1371] das Tätigkeitsfeld des Verwerters[1372] und die Branchenübung[1373]. Ein solcher Vertragszweck i.S.v. § 31 V UrhG, den die Parteien ihrem Rechtsgeschäft zugrunde legen, kann aber nicht entscheidend sein für die Wirksamkeit eines dinglichen Rechtsgeschäfts, denn damit würde man die Natur dieses Rechtsbegriffs zerstören.[1374] Zu Recht wird daher eine unzulässige

---

1364 *Picot*, Abstraktion und Kausalabhängigkeit, S. 94; *Wente/Härle*, GRUR 1997, 96, 97 f.

1365 Siehe Nachw. Fn. 241, 242.

1366 Siehe hierzu die Ausführungen unter 3. Teil, B. II. 1., mit entspr. Nachw.

1367 BGH, GRUR 1981, 196, 197 – „Honorarvereinbarung"; BGH, GRUR 1984, 656, 657 – „Vorentwurf"; *Forkel*, Gebundene Rechtsübertragungen, S. 149; *Donle*, Bedeutung des § 31 V UrhG, S. 174; *Schweyer*, Zweckübertragungstheorie, S. 116.

1368 *Marburger* in: Staudinger, BGB/Buch 2/2009, Vor. §§ 780 ff. Rn. 1; *Stadler*, Abstraktion, S. 14.

1369 *Genthe*, Zweckübertragungstheorie im UrhR, S. 60 ff.

1370 Hierzu ausführlich *Donle*, Bedeutung des § 31 V UrhG, S. 182 ff.

1371 Vgl. BGH, GRUR 1977, 42, 45 f. – „Schmalfilmrechte"; BGH, GRUR 1984, 528, 529 – „Bestellvertrag"; BGH, GRUR 1985, 378, 380 – „Illustrationsvertrag"; BGH, GRUR 1986, 885, 886 – „METAXA".

1372 Vgl. BGH, GRUR 1974, 786, 787 – „Kassettenfilm".

1373 BGH, GRUR 1986, 885, 886 – „METAXA"; BGH, GRUR 1985, 378, 380 – „Illustrationsvertrag".

1374 *Marwitz*, UFITA 1928, 389, 393.

Ausdehnung des Zweckbegriffs, der ein Ergebnis zugunsten des Schutzrechtsinhabers favorisiert, kritisiert.[1375]

Eine Durchbrechung des Abstraktionsprinzips kann somit nicht anhand einer reinen Auslegung des Vertrages nach dem Vertragszweck begründet werden.[1376] Allerdings ist eine solche ggf. notwendig für die Ermittlung des Umfangs der Unterlizenz. Ob sich anhand des Zweckbindungsgedankens dennoch ein Rückfall der Unterlizenz begründen lässt, soll im nächsten Abschnitt untersucht werden. Das Kausalitätsprinzip dient hierfür jedoch nicht als dogmatisches Einfallstor. Die aufeinanderfolgenden Verfügungen innerhalb der Rechtekette liegen auf unterschiedlichen Ebenen, die nicht systemwidrig durchbrochen werden können.[1377] So führte schließlich auch der BGH in der „Reifen Progressiv"-Entscheidung richtig aus, dass die Unterlizenz ihre Grundlage nicht in der Vereinbarung zwischen dem Urheber und dem ersten Nutzungsberechtigten hat und das Erlöschen des ersten Verpflichtungsgeschäfts somit nicht das Erlöschen der weiteren Vereinbarung zur Folge haben kann.[1378] Von dieser Entscheidung wich das Gericht auch nicht im Urteil „M2Trade" ab, in dem sich der gleiche Senat zwar für eine grundsätzliche Anwendung des Kausalitätsprinzips aussprach, jedoch eine kausale Verquickung auf mittelbarer Ebene nicht feststellten konnte.[1379]

3. *Fazit*

Ein Heimfall der Unterlizenz nach Beendigung des Hauptlizenzvertrages kann anhand einer Anwendung des Kausalitätsprinzips auf die mittelbare Rechtsbeziehung zwischen Schutzrechtsinhaber und Unterlizenznehmer nicht begründet werden. Ein solcher Ansatz ließe zum einen die Verkehrsschutzinteressen der Verwerter unberücksichtigt. Zum anderen würde eine kausale Verknüpfung zwischen dem schuldrechtlichen Vertrag auf der ersten Lizenzstufe und weiteren dinglichen Rechtsgeschäften in der Lizenzkette zu einer systemwidrigen Durchbrechung des Gesamtgefüges führen, die sich nicht durch übergeordnete Interessen der Schutzrechtsinhaber rechtfertigen ließe. Ein Drehen an den Stellschrauben der vorgegebenen denklogischen Struktur zwischen kausalen und dinglichen Rechtsgeschäften innerhalb der Rechtekette eignet sich damit nicht, eine interessengerechte Lösung zu erzielen.

1375 *Nolden*, Abstraktionsprinzip im UrhR, S. 92; vgl. auch *Forkel*, Gebundene Rechtsübertragungen, S. 149 f.

1376 Ebenso *Hoeren*, CR 2005, 773, 774; *Srocke*, Abstraktionsprinzip im UrhR, S. 151; *Nolden*, Abstraktionsprinzip im UrhR, S. 42, 54, konstatiert in diesem Zusammenhang die Ungeeignetheit für die Klärung dogmatischer Grundfragen; so auch im Ergebnis BGH, GRUR 2009, 946, 948 – „Reifen Progressiv".

1377 *Scholz*, GRUR 2009, 1107, 1111.

1378 BGH, GRUR 2009, 946, Rn. 18 – „Reifen Progressiv".

1379 BGH, GRUR 2012, 916, Rn. 19 ff. – „M2Trade"; zust. *Meyer-van Raay*, NJW 2012, 3691.

III. Der Heimfall der Unterlizenz nach dem Gedanken der Zweckbindung?

Ein besonderer Systemgrundsatz des Immaterialgüterrechtsverkehrs ist die Zweckübertragungslehre, die in der Auslegungsregel des § 31 V UrhG zum Ausdruck kommt. Demnach haben die urheberrechtlichen Befugnisse die Tendenz, so weit wie möglich beim Urheber zu verbleiben, damit dieser in angemessener Weise an den Erträgnissen seines Werkes beteiligt wird.[1380] Hieraus folgt, dass der Urheber grundsätzlich nicht mehr Rechte vergibt, als es dem Zweck des schuldrechtlichen Geschäfts entspricht.[1381] In dieser Lehre wurzelt der Gedanke einer besonderen Bindung des Enkelrechts an das Mutterrecht. Die h.M. schlussfolgerte bislang aus diesem Grundsatz – zumeist im Kontext einer Anwendung des Kausalitätsprinzips –, dass bei einem Fortfall des schuldrechtlichen Geschäfts und Rückfall der vergebenen Rechte auch die von diesen Rechten abgeleiteten Nutzungsrechte an den Urheber zurückfallen.[1382] Der BGH führte dagegen in der „Reifen Progressiv"-Entscheidung aus, dass der Gedanke der Zweckbindung nicht ohne Weiteres dazu führt, dass mit Erlöschen des Hauptlizenzvertrages ein Rückfall des auf dieser Grundlage eingeräumten Nutzungsrechts einhergeht.[1383] Die bestehende Diskussion erfordert eine nähere Untersuchung, ob dieses Prinzip einem Fortbestand der Unterlizenz entgegenstehen könnte. Dem Grundsatz der Zweckbindung im Immaterialgüterrechtsverkehr sind verschiedene dogmatische und rechtspolitische Postulate zu entnehmen, die nachfolgend im Einzelnen zu betrachten sind.

1. *Die Zweckübertragungslehre als Auslegungsregel*

Wie weit ein Nutzungsrecht reicht und welchen Beschränkungen es unterliegt, bestimmt sich nach dem Willen der Vertragsparteien. Fehlt hierfür ein sicherer Anhalt, ist die Auslegungsregel des § 31 V UrhG heranzuziehen. Demnach wird der Umfang der Verfügung durch den von den Vertragsparteien verfolgten Zweck bestimmt und begrenzt.[1384] In Anwendung dieser Auslegungsregel müsste also der Vertragszweck auch maßgebliches Auslegungskriterium für die Frage sein, ob die

---

1380 Siehe Nachw. Fn. 347.

1381 Siehe Nachw. Fn. 346.

1382 OLG Hamburg, GRUR 2002, 335, 336 – „Kinderfernseh-Sendereihe"; LG München I, InstGE 12, 154, Rn. 27 – „Take Five"; *Brauer/Sopp*, ZUM 2004, 112, 118; *Schricker*, EWiR 1999, 275, 276.

1383 BGH, GRUR 2009, 946, Rn. 18 – „Reifen Progressiv".

1384 RGZ 123, 312, 317 f. – „Wilhelm Busch"; BGH, GRUR 1953, 299, 301 – „Lied der Wildbahn"; BGH, GRUR 1955, 201, 203 – „Cosima Wagner"; BGH, GRUR 1957, 611, 612 – „Bel ami"; BGH, GRUR 1959, 200, 203 – „Der Heiligenhof"; *Donle*, Bedeutung des § 31 V UrhG, S. 169; *v. Gamm*, UrhG, § 31 Rn. 19. Die Zweckübertragungstheorie hat sich auch im Patentlizenzvertragsrecht als Auslegungsgrundsatz durchgesetzt, vgl. *Keukenschrijver* in: Busse, PatG, § 15 Rn. 19; *Osterrieth*, Patentrecht, Rn. 323; *Ahrens*, Gewerblicher Rechtsschutz, Rn. 277.

Unterlizenz im Fall einer Störung innerhalb der Lizenzkette über den Bestand der Hauptlizenz fortbestehen soll.

Der BGH sah in der „Reifen Progressiv"-Entscheidung den Anwendungsbereich des § 31 V UrhG nicht eröffnet, denn die Einräumung der Unterlizenz habe ihre Grundlage nicht in der zwischen dem Schutzrechtsinhaber und dem ersten Nutzungsberechtigten, sondern in einer zwischen diesem und dem zweiten Nutzungsberechtigten geschlossenen Vereinbarung.[1385] Dagegen ließe sich einwenden, dass die Rechtsmacht des Hauptlizenznehmers eine eingeschränkte ist, denn seine Lizenz ist nicht das Ergebnis einer freien, sondern einer an den Vertragszweck zwischen Schutzrechtsinhaber und Hauptlizenznehmer gebundenen Rechtsübertragung.[1386] Entscheidend für die Ermittlung des Vertragszwecks ist grundsätzlich nur der von beiden Parteien verfolgte oder zumindest akzeptierte Zweck.[1387] So erscheint es zunächst fraglich, ob aus dem Zweck des Hauptlizenzvertrages der Inhalt entnommen werden kann, dass die Unterlizenz im Fall der Vertragsbeendigung zurückfallen oder über den Bestand der Hauptlizenz in zeitlicher Hinsicht hinaus bestehen soll. Der Hauptlizenznehmer wird durchaus wenig Interesse an einer solchen Beschränkung haben. Eine Rechtsposition, die von Anfang an unter der Bedingung des Heimfalls steht, ist in ihrer potentiellen Marktfähigkeit erheblich eingeschränkt. Die Unterlizenzierung, die insoweit Sinn und Zweck der vorliegenden Konstellation ist, würde dadurch mit zusätzlichen Transaktionskosten einhergehen, geschuldet des unsicheren Bestands der Unterlizenz, zulasten einer Gewinnschmälerung des Unterlizenzgebers. Im Ergebnis wäre die Lizenz in ihrer Verkehrsfähigkeit erheblich eingeschränkt. Der Vollrechtsinhaber wird dagegen regelmäßig an einem Rückfall sämtlicher Rechte interessiert sein. Der konträren Interessenlage lässt sich damit keine einheitliche Vorstellung entnehmen.

Auch aus dem Umstand, dass eine Unterlizenzierung möglicherweise branchenüblich ist, lässt sich nur schwerlich ein einheitlicher Wille ableiten. Etwas anderes mag vielleicht für die Filmverwertung gelten, bei der die Verkehrsfähigkeit von Lizenzen von besonderer Bedeutung ist und sich eine gewisse Vertragspraxis zum Schutz der nachgelagerten Verwerter durchgesetzt hat.[1388]

Gewichtiges Argument ist allerdings, dass nach Vertragsbeendigung der Vertragszweck nicht mehr zu erreichen ist. Daher wird die Auffassung vertreten, dass die Lizenzen folglich automatisch zurückfallen müssen.[1389] Würde man jedoch einen

1385 BGH, GRUR 2009, 946, 948 – „Reifen Progressiv"; ebenso OLG München, BeckRS 2012, 05500 – „Take Five"; zust. *Scholz*, GRUR 2009, 1107, 1111; *Haupt*, jurisPR-WettbR 11/2009, Anm. 3.

1386 *Picot*, Abstraktion und Kausalabhängigkeit, S. 143 ff.

1387 *v. Gamm*, UrhG, § 31 Rn. 19; *Schricker/Loewenheim* in: Schricker/Loewenheim, UrhR, § 31 Rn. 88; *Spautz* in: Möhring/Nicolini, UrhG, § 31 Rn. 49; *Schweyer*, Zweckübertragungstheorie, S. 116.

1388 *Schwarz/Klinger*, GRUR 1998, 103, 112.

1389 *Genthe*, Zweckübertragungstheorie, S. 103; *Ulmer* in: Schulze, RzU, BGHZ 83, 1, 19; vgl. *Esser*, Urheberrechtliche Lizenzen in der Insolvenz, S. 99; *Haberstumpf*

Fortfall der Unterlizenz anhand der Zweckübertragungsregel begründen wollen, bliebe der subjektive Wille des Dritten bei einer faktisch ihn betreffenden Vertragsauslegung gänzlich unberücksichtigt. Denn die Auslegung nach dem Vertragszweck sieht eine Orientierung an den Interessen eines Dritten nicht vor. Gegen eine solche Sichtweise spricht auch, dass eine Übertragung des Auslegungsergebnisses nach der Zweckübertragungsregel innerhalb der übergeordneten Rechtbeziehung auf das untergeordnete Rechtsverhältnis eine Durchbrechung des relativen Schuldner-Gläubiger-Verhältnisses mit sich führen würde. Dies widerspräche aber dem freiheitlichen Grundsatz der Privatautonomie, wonach der Unterlizenznehmer seine vertraglichen Beziehungen nach freiem Willen mitgestalten kann. Insoweit sei auch auf die unter dem Punkt „Die Zweckbindung des Verfügungsgeschäfts" dargetanen Erwägungen verwiesen.[1390] Vermeintliche Beschränkungen der Nutzungsberechtigung im Hauptlizenzverhältnis, die sich anhand einer Auslegung nach dem Vertragszweck ergeben, können nicht ohne Weiteres auf das Unterlizenzverhältnis übertragen werden.[1391] Nach zweckgemäßer Einräumung eingetretene Veränderungen können nicht anhand der Auslegung der streitgegenständlichen Lizenzvereinbarung nach der Zweckübertragungslehre nachträglich korrigiert werden.[1392] Im Ergebnis hat dies der BGH richtig erkannt.

2. *Die Bindung des Enkelrechts an das Mutterrecht nach der Lehre der Zweckübertragung*

Gegen einen selbstständigen Fortbestand der Enkelrechte wird vorgebracht, dass diese nicht aus der übergeordneten Zweckbindung, die aus der Ableitung der Nutzungsrechte aus der Position des jeweils vorausgehenden Rechtsinhabers vermittelt wird, ausbrechen könne.[1393] Ein Fortbestehen der Unterlizenz sei nicht möglich, da diese sich vom Mutterrecht ableite. In der konstitutiven Einräumung würde sich die Zweckbestimmung der Einräumung des Rechts widerspiegeln, da hier bewusst die Abhängigkeit des Enkelrechts vom Mutterrecht vereinbart worden sei.[1394] Dies wird anhand der allgemeinen Zweckübertragungslehre[1395] begründet, die insoweit die Auslegungsregel des § 31 V UrhG ergänzt. Rechtspolitisch steht dahinter das Schutzbedürfnis des Urhebers – rein praktisch soll das verfassungsrechtlich verankerte Postulat, der weitestgehenden Beteiligung des Urhebers an den wirtschaftlichen

---

in: FS Hubmann, S. 127, 138, so zunächst die Bestandsaufnahme der materiellen Rechtslage.

1390 Siehe 5. Teil, C. II. 2. b.

1391 So auch OLG München, BeckRS 2012, 05500 – „Take Five": „Der Anwendungsbereich der Übertragungszweckregel erschöpft sich in der gebotenen Auslegung der Hauptlizenz."

1392 *Pahlow*, GRUR 2010, 112, 117.

1393 OLG Hamburg, GRUR 2002, 335, 336 – „Kinderfernseh- Sendereihe".

1394 *Frentz/Marder*, ZUM 2003, 94, 104; zust. *Brauer/Sopp*, ZUM 2004, 112, 118.

1395 *Schricker/Loewenheim* in: Schricker/Loewenheim, UrhR, § 31 Rn. 74.

Früchten der Verwertung seines Werkes verwirklicht werden.[1396] Das Urheberrecht habe deshalb gleichsam die Tendenz, möglichst weitgehend beim Urheber zurückzubleiben.[1397] Im Patentrecht hat sich ein über die Vertragsauslegung hinausreichender zivilrechtlicher Zweckbindungsgedanke in ähnlicher Weise etabliert. Auch der Patentinhaber will i.d.R. nur so wenig wie möglich von seinem Recht aufgeben.[1398] Demnach sind Lizenzverträge grundsätzlich eng auszulegen, sodass sich der Urheber bzw. Schutzrechtsinhaber seiner Rechtsmacht nur insoweit entäußert, als dies zur Erreichung des Vertragszwecks erforderlich ist.[1399] Im Zweifelsfall müsse man annehmen, dass die Rechte bei ihm verbleiben.[1400]

Im Urheberrecht wird daher argumentiert, dass in Anwendung der Lehre der Zweckübertragung die Rechtsstellung des Lizenznehmers dauerhaft mit dem subjektiven Urheberrecht des Werkschöpfers verbunden sei. Alle vom Mutterrecht abgeleiteten Nutzungsrechte stehen im Bann des Urheberrechts.[1401] *Ulmer* bezeichnet das Urheberrecht insoweit als ständige „Quelle der urheberrechtlichen Befugnisse".[1402] Demzufolge haben auch die abgeleiteten Nutzungsbefugnisse auf unterer Stufe die grundsätzliche Tendenz, beim Urheber zu verbleiben. Wenn Unterlizenzen selbstständig fortbestehen könnten, widerspräche dies dem Ziel, dem Urheber möglichst weitgehende Verfügungsmacht über die Verwertungsbefugnisse an seinem Werk zu sichern.[1403] Entsprechend dieser Lehre weist auch die Unterlizenz eine Bindung an das Stammrecht auf, und zwar eine mittelbare, sodass die Konsequenzen aus der Bindung zwischen Mutterrecht und Tochterrecht auch auf das Enkelrecht durchschlagen müssen.[1404] Daher könne die Unterlizenz nicht länger von Bestand sein als

---

1396 BGH, GRUR 1974, 786, 787 – „Kassettenfilm"; BGH, GRUR 1977, 42, 45 – „Schmalfilmrechte"; BGH, GRUR 1996, 121, 122 – „Pauschale Rechtseinräumung"; *Schricker/Loewenheim* in: Schricker/Loewenheim, UrhR, § 31 Rn. 65.

1397 Formel geprägt durch *Ulmer*, Urheber- und Verlagsrecht, S. 365; bestätigt in st.Rspr.: BGH, GRUR 1979, 637, 639 – „White Christmas"; BGH, GRUR 1996, 121, 122 – „Pauschale Rechtseinräumung"; BGH, ZUM 1998, 497, 500 – „Comic-Übersetzungen"; BGH, GRUR 2002, 248, 251 – „SPIEGEL-CD-ROM".

1398 RG, GRUR 1937, 1001, 1002 – „Straßenfahrbahn"; *Merkel*, Zweckübertragungstheorie im Erfinderrecht, S. 112; *Ullmann* in: Benkard, PatG, § 15 Rn. 117; *Keukenschrijver* in: Busse, PatG, § 15 Rn. 19.

1399 RGZ 123, 312, 317 f. – „Wilhelm Busch"; *Chrocziel* in: GS Blomeyer, S. 303, 317; *J.B. Nordemann* in: Fromm/Nordemann, UrhR, § 31 Rn. 109.

1400 RGZ 118, 282, 285 – „Musikantenmädel"; RGZ 128, 102, 113 – „Schlager-Liederbuch"; OLG Jena, GRUR-RR 2002, 379, 380 – „Rudolstädter Vogelschießen"; *Donle*, Bedeutung des § 31 V UrhG, S. 194: In Abgrenzung zu § 31 V UrhG handelt es sich hierbei um eine Regel, die für Zweifelsfälle die Tendenz der zu treffenden Entscheidung vorgibt.

1401 *Ulmer*, Urheber- und Verlagsrecht, S. 116; *Picot*, Abstraktion und Kausalabhängigkeit, S. 143.

1402 *Ulmer*, Urheber- und Verlagsrecht, S. 116.

1403 *Picot*, Abstraktion und Kausalabhängigkeit, S. 145.

1404 *Picot*, Abstraktion und Kausalabhängigkeit, S. 143.

die Hauptlizenz, wenn sich der Fortfall des Tochterrechts unmittelbar aus dessen Bindung an das Stammrecht ergibt.[1405] Ein Fortbestand der Unterlizenz würde dem originären Schutzzweck der Zweckübertragungslehre und mithin der generellen Orientierung des Urhebervertragsrechts an den Interessen des Urhebers widersprechen.[1406] Folglich spräche der Zweifelsfall für einen Heimfall der Unterlizenz.

Auch wenn die Zweckübertragungslehre heute überwiegend als Kernstück des Urheberrechts betrachtet wird,[1407] erscheint diese Sichtweise vielmehr ein Fossil der *Goldbaum'schen* Theorie[1408] zu sein, die *Ulmer* erweitert und an die monistische Auffassung vom Urheberrecht angepasst hat[1409]. Die Besonderheit dieser Lehre besteht darin, dass keine Neutralität gegenüber den Parteien gewahrt wird, sondern diese grundsätzlich von einer bestehenden Benachteiligung des Urhebers bei der vertraglichen Gestaltung seiner Rechtsverhältnisse ausgeht.[1410] Ziel ist es, eine gestörte Vertragsparität im Lizenzverkehr auszugleichen. So wurde bislang angenommen, dass der Urheber als Einzelner wirtschaftlich mächtigen und geschäftlich erfahrenen Partnern gegenübersteht.[1411] Zwar gewährleistet die allgemeine Handlungsfreiheit in Art. 2 I GG auch die Privatautonomie als Selbstbestimmung des Einzelnen im Rechtsleben und insbesondere die Vertragsfreiheit.[1412] Vertragsfreiheit i.d.S. setzt jedoch voraus, dass die Bedingungen freier Selbstbestimmung tatsächlich gegeben sind. Ein korrigierender Eingriff durch den Gesetzgeber muss immer dann erfolgen, wenn eine der Vertragsparteien bei erheblich ungleicher Verhandlungsposition ein so starkes Übergewicht hat, dass sie den Vertragsinhalt faktisch einseitig bestimmen kann.[1413] Freilich ist der Urheber i.d.R. auf die Verwertung seiner schöpferischen Leistung durch professionelle Verwerter angewiesen, sodass in einzelnen Beziehungen eine gewisse Abhängigkeit besteht.[1414] Innerhalb der Lizenzkette spiegelt sich jedoch eine andere Interessenkonstellation wieder. Der Unterlizenznehmer befindet sich oftmals nicht in der Position, Druck auf den Urheber ausüben zu können. Vielmehr folgt aus der Art des Zusammenspiels der rechtlichen Ebenen eine Unterlegenheit

---

1405 *Picot*, Abstraktion und Kausalabhängigkeit, S. 143.

1406 *Picot*, Abstraktion und Kausalabhängigkeit, S. 146; so auch im Ergebnis *Chrocziel* in: GS Blomeyer, S. 303, 317.

1407 *Donle*, Bedeutung des § 31 V UrhG, S. 21.

1408 *Goldbaum* gilt in der Literatur als der Begründer der Lehre der Zweckübertragung, vgl. *Ulmer*, Urheber- und Verlagsrecht, S. 364; *Hilty* in: FS Rehbinder, S. 259, 264 ff.; hierzu ausführlich *Genthe*, Zweckübertragungstheorie, S. 5 ff.

1409 *Genthe*, Zweckübertragungstheorie, S. 15.

1410 *Schweyer*, Zweckübertragungstheorie, S. 116.

1411 *Genthe*, Zweckübertragungstheorie, S. 45 f.; hierzu krit. *Schweyer*, Zweckübertragungstheorie, S. 118.

1412 BVerfG, NJW 1961, 1395; BVerfG, NJW 1994, 36 – „Inhaltskontrolle“, 38; vgl. auch *Bäuerle*, Vertragsfreiheit und Grundgesetz. S. 345 ff.

1413 Vgl. BVerfG, NJW 1990, 1469, 1470 – „Handelsvertreter“; BVerfG, NJW 1994, 36, 38 – „Inhaltskontrolle“; BVerfG, GRUR 2005, 880, 882 – „Xavier Naidoo“.

1414 So etwa der Grundansatz von *Dietz* in: FS Schricker I, S. 1, 9 f.

des Unterlizenznehmers. Lizenznehmer nachgelagerter Verwertungsstufen stoßen zumeist auf praktisch unverhandelbare Vertragsbedingungen, die bereits durch den Inhalt des Hauptlizenzvertrages vorgegeben sind, Substitute existieren nicht und die Zahl der konkurrierenden Verwerter kann je nach Branche groß sein. Aus dieser Perspektive stellt sich die Frage, warum das Urhebervertragsrecht immer noch den Urheber in den Mittelpunkt des Schutzes stellt und die wirtschaftlichen Interessen der Verwerter gänzlich unberücksichtigt bleiben sollen. Diese Problematik hat auch der Gesetzgeber zumindest für den Bereich der Filmverwertung erkannt.[1415]

Auch das Argument des Schutzes der persönlichen und geistigen Beziehung des Urhebers zu seinem Werk läuft in dieser Konstellation leer, denn ein hinreichendes Schutzniveau wird durch den Gesetzgeber gewährleistet und durch die Entscheidung für einen Fortbestand der Unterlizenz auch nicht ausgehebelt[1416]. Dies gilt umso mehr für den Bereich des Patentrechts, wo persönlichkeitsrechtliche Interessen gänzlich von den Verwertungsinteressen zu trennen sind.[1417]

Letztendlich stehen sich hier rein wirtschaftliche Interessen gegenüber. Würde man also dem Schutzrechtsinhaber eine Vorzugsstellung einräumen wollen, würde dies keine gestörte Vertragsparität beseitigen, sondern erst dazu beitragen, eine solche ins Ungleichgewicht zu bringen. Dies widerspricht jedoch den Rechtsgrundsätzen der Vertragsfreiheit und der Vertragsauslegung.[1418] Vielmehr sollte der tatsächlichen Interessenlage Rechnung getragen werden.

Darüber hinaus birgt eine ausschließliche Orientierung an den Interessen des Urhebers ein gewisses Moment der Widersprüchlichkeit in sich, bedenkt man, dass der Urheber der Unterlizenzierung regelmäßig zuzustimmen hat und damit den Willen zum Ausdruck bringt, dass er mit einer Auswertung durch die Person des Unterlizenznehmers einverstanden ist. Auf die Problematik der Zustimmung soll nachfolgend noch näher eingegangen werden.

Zwar ist die Tatsache, dass auf dinglicher Ebene eine Bindung zwischen Urheber und Unterlizenznehmer besteht, anzuerkennen. Andernfalls ließe sich auch nicht die Bindungswirkung einer dinglichen Beschränkung der Unterlizenz begründen, die schließlich auch in der untergeordneten Rechtsbeziehung fortwirkt. Nach richtiger Auffassung kann aber die Zweckübertragungslehre für sich genommen keine definitive Aussage zum Umfang zweifelhafter Rechtsübertragungen machen, sondern sie soll lediglich als Instrument für eine interessengerechte Beurteilung des Einzelfalls dienen.[1419] Folgerichtig muss die Frage, ob die Unterlizenz über den Bestand der Hauptlizenz fortbestehen soll, nicht nur an den Interessen des Urhebers, sondern auch an denen des Unterlizenznehmers gemessen werden.

1415 Vgl. die Ausnahmeregelungen nach § 90 UrhG.

1416 Siehe hierzu die Ausführungen im verfassungsrechtlichen Teil der Arbeit unter 4. Teil, A. II.

1417 So auch *Haedicke*, ZGE 3 (2011), 377, 393.

1418 A.A. *Donle*, Bedeutung des § 31 V UrhG, S. 220, dem die bewirkte Beschränkung der Vertragsfreiheit gerechtfertigt erscheint.

1419 *Schweyer*, Zweckübertragungstheorie, S. 116.

3. *Die weitestgehende Beteiligung als Postulat der Zweckübertragungslehre*

Die weitestgehende Beteiligung des Schutzrechtsinhabers an den wirtschaftlichen Früchten der Verwertung seines Rechts ist ein rechtspolitischer Leitgedanke,[1420] der auch als Zielvorgabe der Zweckübertragungslehre nach § 31 V UrhG innewohnt.[1421] Kritisch hinterfragt wurde bereits, ob dem Schutzrechtsinhaber auch dann ein finanzieller Ausgleich gewährt wird, wenn der Unterlizenznehmer die Lizenz weiterhin nutzen darf, mit dem vorläufigen Ergebnis, dass ein solcher im Rahmen eines zivilrechtlichen Ausgleichs für möglich gehalten wird.[1422] Aus dem Inhalt des § 31 V UrhG kann aber grundsätzlich kein Vergütungsanspruch abgeleitet werden. Vielmehr ist es das Kontrollinteresse des Schutzrechtsinhabers, das durch den Zweckübertragungsgrundsatz geschützt werden soll. Rechtliche Instanz einer solchen Kontrollmöglichkeit innerhalb einer Rechtekette kann ausschließlich das Erfordernis sein, dass der Vollrechtsinhaber einer Nutzung zustimmen muss.

Der Grundsatz der weitestgehenden Beteiligung bleibt damit nicht mehr und nicht weniger ein wünschenswertes Ziel, dessen Umsetzung und Ausgestaltung durch den Gesetzgeber zu erfolgen hat.

4. *Der konstitutive Rechtserwerb als Argument einer besonderen Bindung?*

Im Kontext des Zweckbindungsgedankens wird auch der derivative Charakter der Unterlizenz als Argument angeführt, dass diese beim Heimfall der Hauptlizenz nicht verselbstständigt fortbestehen kann. Die Hauptlizenz sei die Basis und zugleich „Quelle“ der Ableitung des Nutzungsrechts. Wegen des abgeleiteten Charakters würde der Fortbestand der Unterlizenz vom Bestand der Hauptlizenz abhängen – andernfalls wäre dieser die Grundlage entzogen.[1423] Zudem sei dem Unterlizenznehmer ja bekannt, dass er nur eine abgeleitete Rechtsposition erwirbt. Deshalb müsse er auch mit den Konsequenzen rechnen, die sich aus dem abgeleiteten Charakter ergeben können.[1424] Der BGH kam dagegen zu dem Schluss, dass das Enkelrecht nach der Abspaltung vom Tochterrecht unabhängig fortbesteht – schließlich habe die Unterlizenz dinglichen Charakter. Der Inhaber des Tochterrechts müsse den

---

1420 BGH, GRUR 1955, 492, 497 – „Magnettonband“; vgl. auch *Katzenberger*, GRUR Int. 1983, 410.

1421 BGH, GRUR 2011, 714, Rn. 19 – „Der Frosch mit der Maske“; *Schricker/Loewenheim* in: Schricker/Loewenheim, UrhR, § 31 Rn. 65; *Schulze* in: Dreier/Schulze, UrhG, § 31 Rn. 110.

1422 Siehe hierzu die Ausführungen unter 4. Teil, A. III. 4. b.

1423 *Fink*, Beendigung von Dauerschuldverhältnissen, S. 40 f.; *Picot*, Abstraktion und Kausalabhängigkeit, S. 144; ebenso *Nolden*, Abstraktionsprinzip im UrhR, S. 81 f.

1424 *Picot*, Abstraktion und Kausalabhängigkeit, S. 142.

Bestand nicht mehr vermitteln.[1425] Es bedarf also einer solchen „Quelle" nicht. Der Auffassung des BGH ist zuzustimmen. Ein dingliches Recht kann grundsätzlich unabhängig vom Bestand des „mittelnden" Rechts, dessen Existenz schließlich nur noch als „inhaltslose Hülle" zu begreifen ist, weiterbestehen. Der Kritik, dass hierdurch eine Umdeutung in eine translative Veräußerung vorgenommen wird,[1426] die insoweit auch mit der Wertung des § 29 I UrhG unvereinbar wäre,[1427] ist entgegenzuhalten, dass hier eine Bindung auf dinglicher Ebene fortbesteht, die die Unterlizenz in ihrer Reichweite und in ihrem Bestand beschränkt und dem Schutzrechtsinhaber damit eine gewisse Kontrollmöglichkeit eröffnet.

5. Fazit

Anhand des Gedankens der Zweckbindung der Lizenz an das Mutterrecht kann ein Fortfall der Unterlizenz nicht begründet werden. Ein solches Ergebnis kann weder durch Auslegung des Hauptlizenzvertrages anhand der in § 31 V UrhG zum Ausdruck kommenden Zweckübertragungsregel erzielt werden – diesem Ansatz steht im Kern der Grundsatz der Relativität der Schuldverhältnisse entgegen – noch aufgrund einer Anwendung der Grundsätze der allgemeinen Zweckübertragungslehre, die die Interessen der Verwerter außer Acht ließe. Vielmehr gilt es, einen gerechten Ausgleich auch unter der Prämisse der weitestgehenden Beteiligung des Schutzrechtsinhabers zu schaffen, die gleichermaßen in der Zweckübertragungslehre wurzelt. Schließlich kann auch anhand der Tatsache, dass es sich bei der Lizenzierung um einen konstitutiven Rechtserwerb handelt, der eine unauflösliche Verbindung zum Schutzrechtsinhaber als Rechtsquelle manifestiert, eine Unselbstständigkeit der dinglichen Unterlizenz i.S. einer Abhängigkeit vom Bestand des „mittelnden" Rechts nicht überzeugend begründet werden.

IV. Der Heimfall der Unterlizenz aufgrund fehlenden Gutglaubensschutzes?

Der fehlende Gutglaubensschutz im Immaterialgüterrechtsverkehr ist ein weiterer Systemgrundsatz, der dem Fortbestand der Unterlizenz entgegenstehen könnte. Die bislang h.M. sprach sich auf der Grundlage dieses Prinzips für einen Rückfall der Enkelrechte an den Inhaber des Mutterrechts mit Beendigung des Hauptlizenzvertrages aus, mit der Begründung, der Hauptlizenznehmer könne nicht mehr Rechte einräumen als ihm zur Verfügung stünden.[1428] Wenn der Unterlizenzgeber nicht

---

1425 BGH, GRUR 2009, 946, Rn. 20 – „Reifen Progressiv".

1426 *Pahlow*, GRUR 2010, 112, 117; *Adolphsen/Tabrizi*, GRUR 2011, 284, 288.

1427 So die Bedenken von *McGuire*, GRUR 2012, 657, 660, hinsichtlich einer dinglichen Konzeption der Lizenz.

1428 Zum Urheberrecht: OLG München, FuR 1983, 605, 607 – „Alexis Sorbas"; OLG Hamburg, GRUR 2002, 335, 336 – „Kinderfernseh-Sendereihe", zust. *Wandtke*, EWiR 2001, 643, 644; LG Hamburg, ZUM 1999, 858, 860 – „Sesamstraße"; *Norde-*

mehr berechtigt sei, könne auch der Dritte keine Rechte mehr von ihm ableiten.[1429] Der Unterlizenznehmer werde in seinem guten Glauben an das Fortbestehen des Tochterrechts nicht geschützt.[1430]

Der BGH sah dagegen in der Entscheidung „Reifen Progressiv“ die Frage des Fortbestands der Enkelrechte dem Anwendungsbereich der Grundsätze über den Gutglaubenserwerb entzogen.[1431] Diese Auffassung wurde durch das OLG München in Folge bestätigt.[1432]

Der Grundsatz, dass der Lizenznehmer nicht mehr Rechte vergeben kann, als er selbst hat, ist sowohl im Urheberrecht als auch im Gewerblichen Rechtsschutz fest verankert.[1433] In Anwendung dessen, ist für den Fall der Beendigung des Hauptlizenzvertrages davon auszugehen, dass der bis dahin nutzungsberechtigte Hauptlizenznehmer seine Berechtigung verloren hat, weitere Unterlizenzen zu erteilen. Ein gutgläubiger Lizenzerwerb eines Dritten scheidet von vornherein aus. Dies betrifft aber nur den Neuerwerb. Frühere Verfügungen bleiben hiervon unberührt. Dies gilt nach überzeugender Auffassung auch für die wirksam eingeräumten Enkelrechte.[1434]

Dagegen könnte eingewandt werden, dass der Lizenzvertrag regelmäßig als Dauerschuldverhältnis ausgestaltet ist.[1435] So wird die Auffassung vertreten, dass der Lizenzgeber während der Lizenzzeit zur dauernden Nutzungsrechtsüberlassung

---

mann, GRUR 1970, 174, 176; *v. Frentz/Marrder*, ZUM 2003, 94, 101; zust. *Brauer/Sopp*, ZUM 2004, 112, 118; *Kohnen*, Beendigung von Nutzungsrechten, S. 186; *Lisch*, Abstraktionsprinzip im UrhR, S. 67 f.; *Schack*, Urheber- und Urhebervertragsrecht, Rn. 629; *Schulze* in: Dreier/Schulze, UrhG, § 35 Rn. 16; *Loewenheim/J.B. Nordemann* in: Loewenheim, Hdb. UrhR, § 26 Rn. 31; *Schricker*, Verlagsrecht, § 28 Rn. 27; *Schricker/Loewenheim* in: Schricker/Loewenheim, UrhR, § 35 Rn. 22 f.; vgl. *Haberstumpf* in: FS Hubmann, S. 127, 140; zum Patentrecht: RGZ 142, 168, 170 f. – „Loseblätterbuch“, allerdings die Möglichkeit einer Abweichung von diesem Grundsatz bejahend; *Reimer* in: Reimer, PatG/GebrMG, § 9 PatG Rn. 91; *Ullmann* in: Benkard, PatG, § 15 Rn. 107; *Osterrieth*, Patentrecht, Rn. 399; allg. zur Lizenz: *Schmoll* in: Büscher/Dittmer/Schiwy, GewRS/UrhR/MedienR, Kap. 12, Rn. 86; *Scholz*, Lizenzen in der Insolvenz, S. 42.

1429 *Haupt*, jurisPR-WettbR 12/2006, Anm. 6.

1430 *Loewenheim/J.B. Nordemann* in: Loewenheim, Hdb. UrhR, § 26 Rn. 31.

1431 BGH, GRUR 2009, 946, 848 – „Reifen Progressiv“.

1432 OLG München, GRUR-RR 2011, 303, 304 – „Blu-ray Disc“; OLG München, BeckRS 2012, 05500 – „Take Five“.

1433 Siehe Nachw. Fn. 1112.

1434 BGH, GRUR 2009, 946, 848 – „Reifen Progressiv“; OLG München, GRUR-RR 2011, 303, 304 – „Blu-ray Disc“; OLG München, BeckRS 2012, 05500 – „Take Five“; *Hausmann* in: FS Schwarz II, S. 81, 97; *Hoeren*, CR 2005, 773, 775; *Beck*, Lizenzvertrag im Verlagswesen, S. 87; *Lange*, Lizenzvertrag im Verlagswesen, S. 96; *Scholz*, GRUR 2009, 1107, 1111; *Reber*, ZUM 2009, 855, 857.

1435 So etwa *Adolphsen/Tabrizi*, GRUR 2011, 384, 387; vgl. zur rechtlichen Einordnung des Lizenzvertrages als Dauerschuldverhältnis: BGH, GRUR 1977, 551, 553 – „Textdichteranmeldung“; BGH, GRUR 1992, 112, 114 – „pulp-wash“; BGH, GRUR 2006,

verpflichtet sei und damit kein einmaliger abgeschlossener Akt der Rechtseinräumung vorliege.[1436] Nach Wegfall der Hauptlizenz sei der Lizenzgeber somit nicht mehr in der Lage, das Recht weiterhin zu vermitteln.[1437] Hiergegen spricht, dass auch Lizenzbeziehungen existieren, bei denen der einmalige Austauschcharakter im Mittelpunkt steht.[1438] Insbesondere bei der dauerhaften Softwareüberlassung gegen Einmalentgelt wird überwiegend die Auffassung vertreten, dass kein Dauerschuldverhältnis, sondern ein Kaufvertrag vorliegt.[1439] Demgegenüber können sich aus diversen Lizenzabreden Hinweise auf einen Dauerleistungscharakter des Schuldverhältnisses ergeben; z. B. wenn der Lizenzvertrag besondere Nebenpflichten hinsichtlich der Art und Weise der Ausübung durch den Lizenznehmer enthält.[1440] Ähnlich gelangte das LG München I zu dem Ergebnis, dass der Schutzrechtsinhaber durch die Einräumung einer ausschließlichen Lizenz bereits vollständig erfüllt hat, soweit sich die vertraglichen Verpflichtungen in der Einräumung dieses Nutzungsrechts erschöpfen.[1441]

Der Streit um den Dauercharakter des schuldrechtlichen Lizenzvertrages lässt sich angesichts der unterschiedlichen Gestaltungsmöglichkeiten nicht abschließend klären. Dieser ist jedoch unabhängig von der Frage zu führen, ob es sich bei der Einräumung der Lizenz um einen einmaligen und abschließenden Verfügungsakt handelt. Dies ist zu bejahen. Grundsätzlich gilt, dass der Lizenzgeber durch die Einräumung eines dinglichen Nutzungsrechts seine Hauptpflicht seinerseits vollständig erfüllt hat. Relevant ist dabei der Zeitpunkt, in dem die Lizenz aus dem Vollrecht mit dinglicher Wirkung abgespalten wurde – dies kann auch aufschiebend bedingt erfolgt sein.[1442] Der Bestand einer dinglich wirkenden Lizenz muss nicht dauerhaft vermittelt werden. Vielmehr handelt es sich um einen einmaligen Verfügungsakt – das Enkelrecht ist nach seiner Abspaltung vom Tochterrecht von dessen Fortbestand

---

435, Rn. 21 – „Softwarenutzungsrecht“; *Bartenbach*, Patentlizenz- und Know-how-Vertrag, Rn. 38; *Fink*, Beendigung von Dauerschuldverhältnissen, S. 5 ff.

1436 *Nordemann*, GRUR 1970, 174, 175; ebenso betont *Lütje* in: Möhring/Nicolini, UrhG, § 112 Rn. 13, den Dauerleistungscharakter der Lizenzeinräumung.

1437 *Nordemann*, GRUR 1970, 174, 176.

1438 Ebenso differenzierend *Bullinger/Hermes*, NZI 2012, 492, 493 f.; vgl. auch *Fink*, Beendigung von Dauerschuldverhältnissen, S. 7 f.

1439 *Grützmacher*, CR 2004, 811, 815; vgl. auch *Heussen*, GRUR 1987, 779, 787, der die Überlassung auf Dauer ohne Wartung und Pflege als Kaufvertrag qualifiziert. Anders dagegen die betriebliche Softwareüberlassung, bei der regelmäßig ein Dauerschuldverhältnis anzunehmen ist (*Brandt*, NZI 2001, 337, 340).

1440 Vgl. BGH, GRUR 2000, 138 – „Knopflochnähmaschinen“; *Witz* in: FS Schilling, S. 393, 396. So z. B. auch, wenn bei der Softwareüberlassung Wartungs- und Pflegleistungen geschuldet sind (*Heussen*, GRUR 1987, 779, 788).

1441 LG München I, ZUM-RD 2007, 498, 502 f. – „Vereinswappen“.

1442 Vgl. BGH, GRUR 2006, 435, 436 f. – „Softwarenutzungsrecht“.

unabhängig.[1443] Die Annahme der Einmaligkeit der Lizenzeinräumung steht auch nicht im Widerspruch zu einem Dauerschuldcharakter des Lizenzvertrages.[1444]

Anders verhält es sich dagegen bei der rein schuldrechtlichen Lizenz. Der Unterlizenznehmer kann sich nach Wegfall der Hauptlizenz nicht auf ein eigenes dingliches Recht berufen. Auf dieser Annahme basiert auch § 546 II BGB, wonach der berechtigte Untermieter nach Beendigung des Hauptmietvertrages die Sache herausgeben muss, da er sich nicht auf ein dingliches Besitzrecht berufen kann.[1445]

Der BGH hat in der „Reifen Progressiv"-Entscheidung somit richtig erkannt, dass im vorliegenden Konfliktfall die Frage des Fortbestands kein Problem des Gutglaubensschutzes war. Etwas anderes könnte jedoch anzunehmen sein, wenn der Inhaber des Mutterrechts ein Gestaltungsrecht mit Wirkung *ex tunc* ausübt. Die Verfügung des Rechts zugunsten eines Dritten würde dann die, eines Nichtberechtigten darstellen und wäre mithin mangels der Möglichkeit eines gutgläubigen Erwerbs wirkungslos.[1446] Bereits an diesem Punkt der Untersuchung wird deutlich, dass der Grund der Beendigung des Hauptlizenzverhältnisses entscheidendes Kriterium für den Fortbestand der Unterlizenz sein kann.

V. Der Sukzessionsschutz und der Fortbestand der Unterlizenz

Die Sukzessionsschutzregelung des § 33 S. 2 UrhG, auf die sich der BGH in der „Reifen Progressiv"-Entscheidung bezog,[1447] ist eng mit der Problematik des Fortbestands von Nutzungsrechten, deren Grundlage entfallen ist, verbunden.[1448] Daher stellt sich die Frage, ob die der Norm zugrunde liegenden Wertungen des Gesetzgebers i.d.S. gedeutet werden können, dass bei einem Heimfall der Hauptlizenz die Unterlizenz regelmäßig fortbestehen soll.

Aus dem Wortlaut der Norm folgt, dass der Anwendungsbereich nicht nur auf Nutzungsrechte beschränkt ist, die der Urheber selbst eingeräumt hat.[1449] Gleichwohl auf welcher Stufe der Lizenzkette ein Lizenznehmer auf sein Recht verzichtet, die nachfolgenden Unterlizenzen bleiben davon unberührt (§ 33 S. 2, 1. Alt. UrhG).[1450]

1443 BGH, GRUR 2009, 946, 848 – „Reifen Progressiv", unter Verweis auf *Wohlfarth*, Taschenbuchrecht, S. 151.

1444 *Hirte/Knof*, JZ 2011, 889, 893.

1445 Vgl. *Haupt*, jurisPR-WettbR 12/2006, Anm. 6.; *Adolphsen/Tabrizi*, GRUR 2011, 384, 388.

1446 *Brauer/Sopp*, ZUM 2004, 112, 118; vgl. *Nolden*, Abstraktionsprinzip im UrhR, S. 42.

1447 BGH, GRUR 2009, 946, Rn. 19 – „Reifen Progressiv"; BGH, GRUR 2012, 916, Rn. 24 – „M2Trade"; BGH, GRUR 2012, 914, Rn. 16 – „Take Five"; krit. hierzu: *Marotzke*, ZInsO 2012, 1737, 1746; *Szalai*, ZUM 2012, 790, 792; *Dietrich/Szalai*, MMR 2012, 684, 688.

1448 *Schricker/Loewenheim* in: Schricker/Loewenheim, UrhR, § 33 Rn. 21; *Dieselhorst*, CR 2010, 69, 70, schlägt sogar eine analoge Anwendung vor.

1449 Vgl. *Professorenentwurf*, GRUR 2000, 765, 775.

1450 *Schricker/Loewenheim* in: Schricker/Loewenheim, UrhR, § 33 Rn. 19 f.

Ebenso bestandsfest ist die Unterlizenz nach § 33 S. 2, 2. Alt. UrhG, wenn der Unterlizenzgeber sein Recht an einen Dritten überträgt. Eine ähnliche Regelung enthält § 15 III PatG, der entsprechend dem Normwortlaut gleichfalls auf die Unterlizenz anzuwenden ist.[1451] Allerdings enthält die Norm keine entsprechende Verzichtsregelung, weshalb argumentiert wird, dass eine Übertragung der Grundsätze auf das Patentrecht nicht begründet werden kann.[1452] Die vergleichbare Interessenlage könnte jedoch eine parallele Wertung rechtfertigen.

Zum Teil wird behauptet, dass es für den Lizenznehmer keinen Unterschied bedeute, ob der Inhaber des Hauptnutzungsrechts nach der Einräumung einer Unterlizenz einem Dritten ein ausschließliches Nutzungsrecht gewährt oder ob die Hauptlizenz infolge eines Rechterückfalls an den Schutzrechtsinhaber zurückfällt – in beiden Fällen sei das wirtschaftliche Risiko dasselbe.[1453] Auch könne der Grundsatz, dass eine Zuordnungsänderung des Hauptrechts die Rechtsbeständigkeit des abgeleiteten Rechts unberührt lässt, auf die Fälle ausgeweitet werden, in denen eine solche Zuordnungsänderung nicht durch Übertragung der Hauptlizenz, sondern durch den Heimfall an den originären Rechtsinhaber eintritt.[1454] Die Gegenmeinung lehnt eine Vergleichbarkeit der sich für den Lizenznehmer ergebenden wirtschaftlichen Auswirkungen und damit eine Ausdehnung des Anwendungsbereichs ab – ein Rechterückfall sei schließlich kein Fall einer Rechtsnachfolge.[1455]

Daneben wird auf die zweite Alternative des § 33 S. 2 UrhG rekurriert, deren Besonderheit nach Auffassung des OLG Köln darin zu sehen ist, dass der Gesetzgeber hier ausdrücklich festlegt, dass der Lizenznehmer am Ende der Kette Inhaber seines Rechts bleibt, auch wenn der vorherige Lizenzgeber, von dem er seine Rechte ableitet, über keine Rechte mehr verfügt.[1456] Dies lässt nach Auffassung des BGH erkennen, „...dass der Verlust eines Nutzungsrechts nach der Vorstellung des Gesetzgebers nicht zum Entfallen der daraus abgeleiteten Nutzungsrechte führen muss."[1457]

Sicherlich kann weder die Rechtsnachfolge noch der Verzicht auf die Lizenz mit der unfreiwilligen Beendigung des Hauptlizenzverhältnisses gleichgesetzt werden. So erkennt auch das OLG Köln richtig, dass es grundsätzlich nicht um eine analoge Anwendung des § 33 S. 2 UrhG auf Fallkonstellationen geht, denen ein anderer

---

1451 *Ullmann* in: Benkard, PatG, § 15 Rn. 111; *Rosenberger*, GRUR 1983, 203, 204: Einen Sukzessionsschutz zugunsten des Unterlizenznehmers gebietet die Interessenlage.

1452 *Wündisch/Bauer*, GRUR Int. 2010, 641, 647; *Dammler/Melullis*, GRUR 2013, 781, 784.

1453 *Schwarz/Klinger*, GRUR 1998, 103, 111 f.; *Hausmann* in: FS Schwarz II, S. 81, 97; *Obergfell*, Filmverträge, S. 86; ähnlich auch *Hoeren*, CR 2005, 773, 776.

1454 *Reber*, ZUM 2009, 855, 857; so auch *Haedicke*, ZGE 3 (2011), 377, 396.

1455 *Picot*, Abstraktion und Kausalabhängigkeit, S. 149 f.; *Srocke*, Abstraktionsprinzip im UrhR, S. 153 f.; *Wohlfarth*, Taschenbuchrecht, S. 148; *Haberstumpf* in: FS Hubmann, S. 127, 142; *Haberstumpf/Hintermeier*, Einf. Verlagsrecht, S. 201 f.; *Scheuermann*, Videoauswertung, S. 163.

1456 OLG Köln, GRUR-RR 2007, 33, 34 – „Computerprogramm für Reifenhändler".

1457 BGH, GRUR 2009, 946, Rn. 19 – „Reifen Progressiv"; ebenso BGH, GRUR 2012, 916, Rn. 24 – „M2Trade"; BGH, GRUR 2012, 914, Rn. 16 – „Take Five".

Beendigungstatbestand zugrunde liegt.[1458] Vielmehr sei es die in § 33 S. 2 UrhG enthaltene Wertung, die für einen Bestandsschutz der Unterlizenzen spreche.[1459] Sinn und Zweck dieser Vorschrift ist es, unbillige Ergebnisse zu vermeiden, die jedoch entstehen würden, wenn der Lizenznehmer, der auf die weitere Nutzung des Werkes angewiesen ist, um seine zur Vorbereitung der Werknutzung bereits aufgewandten Kosten zu decken, die Nutzungsberechtigung ohne sein Zutun wieder verlieren würde.[1460] Kern dieser Regelung ist damit die Realisierung eines interessennotwendigen Schutzes zugunsten der abhängigen Verwerter.

Während der *Professorenentwurf* in § 33 S. 3 UrhG – mit Ausnahme des Verzichts – ein Erlöschen des Enkelrechts vorsah, wenn das Tochterrecht in Wegfall gerät,[1461] und damit eine urheberfreundliche Regelung bevorzugte,[1462] sah der Gesetzgeber von der Normierung eines solchen Grundsatzes ausdrücklich ab.[1463] Eine Lösung zugunsten der Verwerter wurde allerdings auch nicht in Erwägung gezogen.

Hier wird deutlich, dass nach dem Willen des Gesetzgebers der Regelung eine Wertentscheidung dahingehend entnommen werden kann, dass der Werkverwerter nur in einzelnen Konstellationen eines besonderen Schutzes bedarf; so vor allem dann, wenn das ökonomische Risiko der Verwertung groß ist. Das Interesse des Urhebers ist mithin nicht grundsätzlich höher zu bewerten, als das des Unterlizenznehmers. Für welche Fälle dies anzunehmen ist, ordnet der enge Anwendungsbereich des § 33 UrhG an, der schließlich das Ergebnis einer abschließenden Interessenabwägung durch den Gesetzgeber ist. Eine generelle Aussage zum Fortbestand der Unterlizenz nach Beendigung des Hauptlizenzvertrages kann der Regelung damit nicht entnommen werden.[1464] Der enge Anwendungsbereich sowohl des § 33 UrhG als auch des § 15 III PatG kann grundsätzlich nicht auf die Fälle eines Bruchs innerhalb der Lizenzkette ausgedehnt werden, sodass die Sukzessionsschutzregelungen nicht zur Begründung eines generellen Fortbestands herangezogen werden können.

1458 OLG Köln, GRUR-RR 2007, 33, 34 – „Computerprogramm für Reifenhändler".

1459 *Schwarz/Klinger*, GRUR 1998, 103, 111 f.; *Hausmann* in: FS Schwarz II, S. 81, 97; vgl. auch *Berger* in: Berger/Wündisch, Urhebervertragsrecht, § 1 Rn. 195.

1460 BT-Drucks. IV/270, S. 56.

1461 *Professorenentwurf*, GRUR 2000, 765, 766.

1462 *Professorenentwurf*, GRUR 2000, 765, 775.

1463 BGBl I Nr. 21 v. 28.03.2002, S. 1155, Gesetz zur Stärkung der vertraglichen Stellung von Urhebern und ausübenden Künstlern v. 22.03.2002; siehe auch die Beschlussempfehlung und der Bericht des Rechtsausschusses zum Gesetzentwurf der Bundesregierung, BT-Drucks. 14/8058, S. 7.

1464 A.A. *Pahlow*, Lizenz, S. 462 f., der die Regelung zugunsten des Urhebers auslegt und einen Bestand der Enkelrechte nur bei gleichzeitigem Fortbestehen des Hauptlizenzvertrages annimmt. Dagegen sieht *Hoeren*, CR 2005, 773, 776, in der Regelung des § 33 UrhG eine Wertung zugunsten der Interessen des Rechtsverkehrs an der Aufrechterhaltung einfacher Nutzungsrechte und räumt diesen Vorrang gegenüber den Belangen des Urhebers ein.

Allerdings zeigt der gesetzgeberische Ansatz, dass der Schutzrechtsinhaber Einschränkungen in besondere Interessenkonstellationen hinzunehmen hat.

VI. Das Zustimmungserfordernis und die Risikoverteilung

Zuletzt stellt sich die Frage, ob anhand der Zustimmung des Schutzrechtsinhabers zur Unterlizenzierung ein Fortbestand der Unterlizenz nach Beendigung des Hauptlizenzvertrages dogmatisch gerechtfertigt werden kann.

Nach Auffassung des BGH muss der Urheber, der einer Unterlizenzierung einmal zugestimmt hat, es insoweit hinnehmen, wenn sein ausschließliches Recht nach dem Rückruf weiterhin durch einfache Nutzungsrechte belastet bleibt.[1465] Auch im Schrifttum wird argumentiert, dass der Urheber mit seiner Zustimmung zur Einräumung der Unterlizenz gleichsam darauf verzichtet habe, dass eine Beendigung des Hauptlizenzvertrages auf das nachgeschaltete Verhältnis durchschlägt,[1466] bzw. habe er damit eine verselbstständigte Rechtsstellung des Dritten selbst geschaffen und anerkannt.[1467] Ob eine derart weite Normauslegung des § 35 I 1 UrhG gerechtfertigt erscheint, bedarf einer Überprüfung.

Dem Wortlaut des § 35 I 1 UrhG lässt sich ein Hinweis auf die Rechtsfolge der vorzeitigen Beendigung des Hauptlizenzvertrages zwar nicht entnehmen. Allerdings könnte die gesetzgeberische Wertung bezüglich der Verteilung der Risiken innerhalb einer Rechtekette eine Richtung vorzeichnen.[1468]

Das gesetzlich zwingende Zustimmungserfordernis gewährleistet, dass dem Urheber die Kontrolle darüber erhalten bleibt, zu bestimmen, ob überhaupt und wenn ja, an wen weitere Nutzungsrechte eingeräumt werden können.[1469] Das Erfordernis der Zustimmung verschafft dem Urheber damit die Möglichkeit, sich die wirtschaftliche Bedeutung des Geschäfts bzw. das damit verbundene Risiko vor Augen zu führen. Das Privileg der Einzelgestattung begründet folglich auch eine gewisse Verantwortung. Ihm wird die Gelegenheit gegeben, einen potentiellen Unterlizenznehmer zu prüfen, zu billigen und seine wirtschaftlichen Interessen durch vertragliche Vereinbarungen eigenverantwortlich abzusichern. Stimmt der Urheber der Unterlizenzierung zu, muss er sich an dieser Willenserklärung im Rechtsverkehr festhalten lassen. Dem Interesse des Urhebers sei dadurch hinreichend Rechnung getragen. Ein Rückfall der Lizenz zum Schutz der Urheberinteressen sei daher nicht

---

1465 BGH, GRUR 2009, 946, 948 – „Reifen Progressiv".

1466 *v. Hartlieb* in: FS Schwarz I, S. 121, 129 f.; *Schwarz/Klinger*, GRUR 1998, 103, 110; *Schwarz* in: v. Hartlieb/Schwarz, Hdb. Film-, Fernseh-, Videorecht, Kap. 160 Rn. 7; *Obergfell*, Filmverträge, S. 86 f.; ähnlich auch *Hausmann* in: FS Schwarz II, S. 81, 96.

1467 *v. Hase*, Musikverlagsvertrag, S. 45; ähnlich auch *Karow*, Rechtsstellung des Subverlegers, S. 85.

1468 *Schwarz/Klinger*, GRUR 1998, 103, 110.

1469 BT-Drucks. IV/270, S. 57; *Schricker/Loewenheim* in: Schricker/Loewenheim, UrhR, § 35 Rn. 1.

erforderlich.[1470] Entsprechend dieser Auffassung ist der Regelung also eine gewisse Risikoverteilung zulasten des Urhebers zu entnehmen.

Diese Meinung stößt in Rechtsprechung und Schrifttum zum Teil auf Ablehnung.[1471] Demnach komme in der Regelung vielmehr die grundsätzliche Ausrichtung des Urhebervertragsrechts am Schutz des Urhebers zum Ausdruck.[1472] Die Vorschrift diene primär den Schutzinteressen des Urhebers, der die Möglichkeit haben soll, zu bestimmen, wer sein Recht verwertet.[1473] Daher widerspräche es der urheberzentrierten Grundorientierung, einen Fortbestand zuzulassen und die Belange des Unterlizenznehmers höher zu bewerten als die des Urhebers.[1474]

Für diese Auffassung spricht zudem, dass den Unterlizenznehmer grundsätzlich keine Haftung kraft Gesetzes entsprechend § 34 IV UrhG trifft.[1475] Der Wortlaut der Norm schließt eine Anwendbarkeit auf das Unterlizenzverhältnis aus. Auch hat der Gesetzgeber von einem konkreten Verweis in § 35 II UrhG explizit abgesehen. Eine gesetzliche Haftung des Unterlizenznehmers gegenüber dem Urheber wird daher von der h.L. abgelehnt.[1476] Stattdessen nehmen *Schwarz/Klinger* die Regelung des § 34 IV UrhG zum Anlass, auch hier eine gesetzgeberische Wertung zugunsten des Unterlizenznehmers abzuleiten. Demnach wollte der Gesetzgeber die Sicherung der Interessen des Lizenzgebers nicht durch einen Rechterückfall, sondern durch eine finanzielle Mithaftung des Unterlizenznehmers bewerkstelligt sehen.[1477]

Für einen Fortbestand der Unterlizenz könnte darüber hinaus der Treu und Glauben Grundsatz sprechen. Dass dieser auf das Zustimmungserfordernis Anwendung findet, darauf weist § 35 II UrhG i.V.m. § 34 I 2 UrhG ausdrücklich hin. Anzunehmen ist, dass der Urheber die Zustimmung mit dem Bewusstsein erteilt hat, dass ein Unterlizenznehmer sein Recht verwertet, auf den er keine direkten vertraglichen Einwirkungsmöglichkeiten hat. Muss er sich deshalb nach Treu und Glauben mit

---

1470 *Schwarz/Klinger*, GRUR 1998, 103, 110; *Obergfell*, Filmverträge, S. 86 f., weist treffend darauf hin, dass ein solches Kontrollsystem schließlich überflüssig wäre, wenn der Urheber bereits durch einen automatischen Rückfall der Enkelrechte geschützt wäre.

1471 OLG Hamburg, GRUR 2002, 335, 336 – „Kinderfernseh-Sendereihe"; *Picot*, Abstraktion und Kausalabhängigkeit, S. 149.

1472 OLG Hamburg, GRUR 2002, 335, 336 – „Kinderfernseh-Sendereihe"; *Picot*, Abstraktion und Kausalabhängigkeit, S. 149.

1473 OLG Hamburg, GRUR 2002, 335, 336 – „Kinderfernseh-Sendereihe".

1474 OLG Hamburg, GRUR 2002, 335, 336 – „Kinderfernseh-Sendereihe"; *Picot*, Abstraktion und Kausalabhängigkeit, S. 149; vgl. auch *Kotthoff* in: Dreyer/Kotthoff/Meckel, UrhR, § 35 Rn. 8.

1475 *Klauze*, Nutzungsrechte in der Insolvenz, S. 148; *Kotthoff* in: Dreyer/Kotthoff/Meckel, UrhR, § 35 Rn. 8.

1476 *Schricker/Loewenheim* in: Schricker/Loewenheim, UrhR, § 35 Rn. 21; *Schulze* in: Dreier/Schulze, UrhG, § 35 Rn. 20; a.A. *Lößl*, Rechtsnachfolge in Verlagsverträge, S. 171 f.

1477 *Schwarz/Klinger*, GRUR 1998, 103, 110.

dem Fortbestand dieser Unterrechte auch nach Beendigung des Hauptlizenzvertrages abfinden?

Die grundsätzliche Möglichkeit einer (stillschweigenden) Vereinbarung des Fortbestands insbesondere in Fällen, in denen der Urheber dem Unterlizenzvertrag in Kenntnis seiner Bedingungen zugestimmt hat, ist allgemein anerkannt.[1478] Daraus wird geschlussfolgert, dass der Urheber, soweit er der Unterlizenzierung zugestimmt hat, zugleich darin eingewilligt hat, dass das Enkelrecht unabhängig vom Tochterrecht weiterbesteht.[1479] Mit der Zustimmung zur Unterlizenzierung verleihe der Urheber gerade dem Hauptlizenznehmer die Rechtsmacht, einem Dritten die Lizenz als rechtlich geschützte Nutzungsbefugnis einzuräumen. Überlebt die Rechtsposition den Rückfall der Hauptlizenz, liegt darin die Folge der Zustimmung zur Unterlizenzierung.[1480] Das Vertrauen des Unterlizenznehmers auf die Gültigkeit der erteilten Zustimmung verdiene insoweit Schutz.[1481] Schließlich entspräche es auch dem Willen des Urhebers, dass der Unterlizenznehmer eine hinreichend gesicherte Rechtsstellung innehat, die durch außerordentliche Ereignisse im übergeordneten Rechtsverhältnis nicht zerstört werden kann.[1482] Ferner wies der BGH in der Entscheidung „Die Privatsekretärin" darauf hin, dass die erforderliche Zustimmung im Voraus verweigert oder ein Abhängigkeitsverhältnis eventueller Unterlizenzen durch eine ausdrückliche auflösende Bedingung (vgl. § 158 II BGB) eingerichtet werden kann. Unterlässt der Urheber die erforderlichen vertraglichen Vorkehrungen und gestattet er stattdessen die Einräumung von Unterlizenzen ohne Vorbehalt, so müsse er im Fall des Erlöschens der Hauptlizenz eine fortbestehende Unterlizenz dulden.[1483] Ähnlich erwog bereits das RG im Bereich des Patentrechts die Möglichkeit, dass in besonderen Ausnahmefällen der Patentinhaber den Lizenznehmer

---

1478 *Ulmer*, Urheber- und Verlagsrecht, S. 467 f.; ähnlich auch *Haberstumpf* in: FS Hubmann, S. 127, 143 f., der unter Anwendung des § 185 I BGB einen Fortbestand der Unterlizenz kraft (stillschweigender) Ermächtigung annimmt; so auch *Schwarz* in: v. Hartlieb/Schwarz, Hdb. Film-, Fernseh-, Videorecht, Kap. 160 Rn. 7; *Hausmann* in: FS Schwarz II, S. 81, 99 sowie S. 97 f.; *Klauze*, Nutzungsrechte in der Insolvenz, S. 149 ff.; dagegen *Lange*, Lizenzvertrag im Verlagswesen, S. 93, erkennt lediglich die Möglichkeit einer ausdrücklichen Einwilligung an.

1479 *Beck*, Lizenzvertrag im Verlagswesen, S. 87 f.; ähnlich auch *Esser*, Urheberrechtliche Lizenzen in der Insolvenz, S. 202 f.

1480 *Esser*, Urheberrechtliche Lizenzen in der Insolvenz, S. 118; *Beck*, Lizenzvertrag im Verlagswesen, S. 86 ff.; *Klauze*, Nutzungsrechte in der Insolvenz, S. 152; *Berger* in: Berger/Wündisch, Urhebervertragsrecht, § 1 Rn. 195; a.A. *Picot*, Abstraktion und Kausalabhängigkeit, S. 146 ff.

1481 *Hausmann* in: FS Schwarz II, S. 81, 98.

1482 *Beck*, Lizenzvertrag im Verlagswesen, S. 87 f.

1483 BGH, GRUR 1958, 504 – „Die Privatsekretärin"; ebenso *v. Hartlieb* in: FS Schwarz I, S. 121, 129 f.

ermächtigen kann, auch über die Dauer seiner Lizenz hinaus Unterlizenzen zu vergeben.[1484]

Zuzustimmen ist der Auffassung, dass bei einer fehlenden Zustimmung zur Unterlizenzierung ein Fortbestand grundsätzlich nicht gerechtfertigt werden kann.[1485] Dagegen kann der Annahme, dass der Zustimmungserklärung generell die Erteilung der Berechtigung zur Einräumung einer bestandsfesten dinglichen Lizenz zu entnehmen ist, nicht gefolgt werden. Denn die verschiedenen Gestaltungsmöglichkeiten und Interessenkonstellationen im Einzelfall bedürfen jeweils einer differenzierenden Betrachtung. So sind insbesondere die Fälle, in denen das Zustimmungserfordernis entbehrlich ist (z. B. § 35 I 2 UrhG i.V.m. § 34 I 2 UrhG), nach einem anderen Maßstab zu beurteilen. Der Urheber erscheint hier wesentlich schutzwürdiger in Bezug auf sein Kontrollinteresse. Die Fortsetzung des Unterlizenzverhältnisses könnte für diesen insoweit unzumutbar sein.[1486] Dagegen wird eingewandt, dass es gerade das Ziel solcher Ausnahmen sei, die Verkehrsfähigkeit der Lizenzen zu schützen. Der Urheber dürfe daher nicht besser gestellt werden als in Fällen des Zustimmungserfordernisses – vor allem dann nicht, wenn der Gesetzgeber ihn für nicht schutzbedürftig erachtet. Der Fortbestand sei dem Urheber deshalb auch in den Fällen zuzumuten, in denen er die Zustimmung nicht verweigern kann.[1487] In welchen Fällen eine bestandsfeste Unterlizenz vorliegt, bleibt also vorerst offen.

Festzuhalten ist, dass eine Betrachtung der Interessen im Einzelfall zwingend erforderlich ist. Die vorliegende Zustimmung zur Unterlizenzierung kann allerdings als entscheidendes Indiz für die Beurteilung der Frage des Fortbestands der Unterlizenz herangezogen werden. In diesem Zusammenhang muss geklärt werden, ob die Erklärung der Zustimmung überhaupt einer Auslegung im Hinblick auf den Rechtsbestand der Unterlizenz zugänglich ist und inwiefern hier eine Interessenwertung anhand der Risikoverteilung im speziellen Fall einfließen kann.

VII. Fazit

Im Ergebnis ist den Wertungen des BGH hinsichtlich der Beziehungen der Beteiligten innerhalb der Lizenzkette auf der Verfügungsebene zuzustimmen. Ein Fortbestand der Unterlizenz nach Beendigung des Hauptlizenzvertrages kann im Rahmen der Gesamtrechtsordnung dogmatisch gerechtfertigt werden. Aus methodischer Sicht war hierfür eine Anerkennung der dinglichen Rechtsnatur der Lizenz im Wege der Rechtsfortbildung *extra legem* erforderlich. Damit wurde der Weg für eine Entscheidung zum Fortbestand der Unterlizenz nach Wegfall der Hauptlizenz

---

1484 RGZ 142, 168, 170 – „Loseblätterbuch"; *Behrendt*, GRUR 1933, 199, 201, stellt auf die Einwilligung zur Unterlizenzierung ab (vgl. § 185 I BGB) und nimmt unter Verweis auf den Verkehrsschutz einen grundsätzlichen Fortbestand der Unterlizenz an; a.A. *Schumann*, GRUR 1932, 539.

1485 *Klauze*, Nutzungsrechte in der Insolvenz, S. 150 f.

1486 *Klauze*, Nutzungsrechte in der Insolvenz, S. 150 f.

1487 *Esser*, Urheberrechtliche Lizenzen in der Insolvenz, S. 119.

geebnet. Anhand einer Gesamtschau der relevanten Systemgrundsätze konnte gezeigt werden, dass ein Fortbestand zwar nicht mehr auszuschließen ist – eine generelle Bestandsfestigkeit der Unterlizenz lässt sich daraus jedoch nicht ableiten. Die gewonnen Erkenntnisse zeigen, dass künftig Einzelfallentscheidungen zwingend erforderlich sein werden, bei denen vor allem die Risikoverteilung zwischen dem Unterlizenznehmer und dem Schutzrechtsinhaber Berücksichtigung finden muss. Maßgebliches Kriterium könnte dabei u. a. der Beendigungsgrund sein. Dies ließ jedenfalls auch der BGH in der „Reifen Progressiv"-Entscheidung erkennen.[1488] Von einer Grundsatzentscheidung zum Fortbestand der Unterlizenz i.S. eines Präjudizes zu sprechen, wäre daher überzogen. Vielmehr müssen die Prinzipien des Rechtsverkehrs und die jeweiligen Umstände und Interessen im Einzelfall immer wieder von neuem in die Fallentscheidung einbezogen werden.

D. Interessenwertung anhand der Risikoverteilung: Relevanz des Beendigungsgrundes

Ein Fortbestand der Unterlizenz nach Wegfall der Hauptlizenz erscheint zwar mit Rücksicht auf die Bedürfnisse des Rechtsverkehrs allgemein geboten, wie bereits die verfassungsrechtliche Untersuchung zeigen konnte.[1489] Eine Entscheidung in künftigen Fällen muss jedoch unter Berücksichtigung der jeweiligen Umstände und Belange der Beteiligten im Einzelfall getroffen werden. Dabei können einige erhobene Einwände bereits vorab entkräftet werden:

Gegen den Fortbestand der Unterlizenz wird zunächst eingewandt, dass die Gefahr bestehe, dass der Schutzrechtsinhaber in seinen weiteren wirtschaftlichen Verwertungsmöglichkeiten wesentlich eingeschränkt werde. Dies würde seine Rechte gegenüber den Rechten der Nutzungsberechtigten erheblich schwächen.[1490] Das OLG Köln urteilte dagegen folgerichtig, dass aus Sicht des Unterlizenznehmers nicht plausibel zu begründen sei, dass seine Lizenzberechtigung zurückfalle, nur weil der Hauptlizenzgeber nicht in der Lage sei, durch die Vergabe weiterer Lizenzen sein Nutzungsrecht ordnungsgemäß auszuüben.[1491] Ein Heimfall der Enkelrechte wäre widersprüchlich bzw. sachfremd, weil genau in der Vergabe dieses Enkelrechts die Erfüllung der vertraglich geschuldeten Verpflichtung durch den Berechtigten zu sehen sei. Die Position des Urhebers bliebe zudem gesichert, weil er in Zukunft weitere einfache Nutzungsrechte wieder vergeben könnte.[1492] Daran anknüpfend stellt sich die Frage, wie die Vergabe einer ausschließlichen Unterlizenz zu beurteilen wäre. Der Hauptlizenzgeber wäre in diesem Fall wesentlich stärker in der Nutzung seines

1488 BGH, GRUR 2009, 946, 948 – „Reifen Progressiv".
1489 Siehe hierzu die Ausführungen unter 4. Teil, A. III. 4. e.
1490 *Fink*, Beendigung von Dauerschuldverhältnissen, S. 48; *Kotthoff* in: Dreyer/Kotthoff/Meckel, UrhR, § 35 Rn. 8.
1491 OLG Köln, GRUR-RR 2007, 33, 34 – „Computerprogramm für Reifenhändler".
1492 OLG Köln, GRUR-RR 2007, 33, 34 – „Computerprogramm für Reifenhändler".

Rechts beschränkt. Soweit das fortbestehende ausschließliche Nutzungsrecht reicht, kann er keine neuen ausschließlichen Lizenzen vergeben. Der BGH entschied in diesem Fall jedoch, dass der Hauptlizenzgeber diese Situation hinnehmen muss, da er der Unterlizenzierung in dem Umfang zugestimmt hat und daher damit hat rechnen müssen, dass seine Befugnisse beim Rückfall um die dem ausschließlichen Unterlizenznehmer eingeräumten Nutzungsrechte geschmälert sind.[1493]

Fraglich ist weiterhin, ob die Qualifizierung des Lizenzvertrages als Wagnisgeschäft[1494] einem Fortbestand entgegenstehen könnte. Berücksichtigt werden muss, dass die wirtschaftliche Unsicherheit beiderseitig gerichtet ist. Der Lizenznehmer kann die wirtschaftliche Verwertbarkeit oftmals nicht mit Sicherheit abschätzen und der Lizenzgeber kann sich über die in die Leistungen und Fähigkeiten des Lizenznehmers gesetzten Erwartungen täuschen.[1495] Die allgemeine wirtschaftliche Unsicherheit spricht daher weder für noch gegen eine Stärkung der Interessenposition des Unterlizenznehmers.

Schließlich wird auch argumentiert, dass es dem Unterlizenznehmer obliege, sich selbstständig vor den Folgen eines Rechterückfalls zu schützen.[1496] So könnte er durch eine Einsichtnahme in die Verträge seines Vertragspartners und der vorgeschalteten Lizenzgeber das Risiko der Vertragsbeendigung besser abschätzen.[1497] Diese Forderung erscheint jedoch aus praktischer Sicht nicht haltbar, denn dem Unterlizenznehmer wird in den wenigsten Fällen eine Einsichtnahme in die vorgelagerten Verträge gewährt. Zudem kann ein Rückfall der Unterlizenz dadurch nicht verhindert werden. Auch die Möglichkeiten der vertraglichen Absicherung des Unterlizenznehmer gegen die Folgen eines vorzeitigen Fortfalls seines Lizenzrechts[1498] durch Vereinbarungen mit dem Lizenzgeber bzw. dem Schutzrechtsinhaber[1499] oder durch vertragliche Regelung auf übergeordneter Ebene zwischen Urheber und Hauptlizenzgeber[1500] können nicht als Rechtfertigung für einen generellen Fortfall

1493 BGH, GRUR 2012, 914, Rn. 19 – „Take Five".

1494 RG, GRUR 1943, 35, 36 – „Aluminiumblatt"; BGH, GRUR 1961, 27, 28 – „Holzbauträger".

1495 *Plassmeier/Steden*, Lizenzverträge, § 1 Rn. 5. I.d.R. trägt der Lizenznehmer das mit der Verwertung verbundene wirtschaftliche Wagnis. Lediglich in der Verlagsbranche zeigen neueste Entwicklungen, dass das Kostenrisiko zum Teil auf den Urheber abgewälzt wird. Es verbleibt jedoch ein gewisses Reputationsrisiko beim Verlag.

1496 *Scholz*, Lizenzen in der Insolvenz, S. 43; *Loewenheim/J.B. Nordemann* in: Loewenheim, Hdb. UrhR, § 26 Rn. 31; *Klawitter*, GRUR-Prax 2012, 425, 426.

1497 Vgl. *Wente/Härle*, GRUR 1997, 96, 101, zur Absicherung des Unterlizenznehmers durch „Chain of Title"-Nachweise; hierzu auch *Brehm*, Filmrecht, S. 77 f.

1498 Zu den einzelnen Sicherungsmöglichkeiten im Überblick: *Srocke*, Abstraktionsprinzip im UrhR, S. 183 ff.

1499 Vgl. *Loewenheim/J.B. Nordemann* in: Loewenheim, Hdb. UrhR, § 26 Rn. 31; *Spautz* in: Möhring/Nicolini, UrhG, § 35 Rn. 6; *Schricker*, Verlagsrecht, § 28 Rn. 27.

1500 Vgl. BGH, ZUM 1986, 278, 279 f. – „Alexis Sorbas", zur Möglichkeit der Vereinbarung des Fortbestands der Unterlizenz nach Auflösung des Hauptlizenzvertrages zwischen Urheber und Hauptlizenznehmer; *Schricker*, Verlagsrecht, § 28 Rn. 27;

dienen.[1501] Treffen die Parteien keine Regelung, kann dies weder als Indiz für die eine noch für die andere Rechtsfolge gewertet werden.

Dagegen können andere Umstände, insbesondere der Grund der Beendigung des Hauptlizenzverhältnisses, für die Frage des Fortbestands der Unterlizenz entscheidungserheblich sein:

In der „Reifen Progressiv"-Entscheidung bezog der BGH den konkreten Beendigungstatbestand in seine Betrachtung mit ein.[1502] Hier wurde die Hauptlizenz wegen Nichtausübung gem. § 41 UrhG zurückgerufen.[1503] Entsprechend dem Wortlaut der Norm ist ein einfaches Nutzungsrecht vom Anwendungsbereich des § 41 UrhG grundsätzlich nicht erfasst.[1504] Deshalb konnte der Rückruf auch nicht gegenüber dem einfachen Unterlizenznehmer wirksam erklärt werden, sondern nur gegenüber dem ausschließlichen Hauptlizenznehmer. Auch anhand einer teleologischen Auslegung des § 41 UrhG konnte ein Erlöschen der Unterlizenz nicht festgestellt werden. Voraussetzung des Rückrufs ist eine fehlende oder unzureichende Ausübung des Nutzungsrechts (§ 41 I 1 UrhG). Im vorliegenden Fall war eine solche Behinderung nicht gegeben. Der Tenor der Auslegungsentscheidung des BGH lautete: Wenn die Enkelrechte wirksam bleiben, hindere dies den Urheber grundsätzlich nicht, sein Werk anderweitig wirtschaftlich zu verwerten.[1505] Der Schutzzweck der Norm war daher nicht berührt. Um seine Entscheidung zu untermauern, nahm der BGH an dieser Stelle eine Wertung und Abwägung der betroffenen Interessen der Beteiligten anhand einer Risikoverteilung vor: „Der Sublizenznehmer werde durch ein vorzeitiges Erlöschen seines Nutzungsrechts regelmäßig empfindlich getroffen, weil er das Recht nicht bis zum vorgesehenen Ablauf der Nutzungsfrist verwerten könne. Er könne daher möglicherweise nicht einmal die Aufwendungen ausgleichen, die er für den Erwerb und zur Vorbereitung der Verwertung des Nutzungsrechts gehabt habe. Der Sublizenznehmer könne zudem die Ursache für die außerordentliche Auflösung des zwischen dem Urheber und dem Lizenznehmer geschlossenen Vertrages und die vorzeitige Beendigung des früheren Nutzungsrechts regelmäßig weder beeinflussen noch vorhersehen. Es wäre unbillig, wenn er auf Grund von Umständen, die er nicht zu verantworten habe und auf die er sich nicht einstellen könne, sein Nutzungsrecht verlöre und erhebliche wirtschaftliche Nachteile erlitte."[1506]

Ähnlich argumentierte der BGH auch in der Entscheidung „M2Trade", dass der Unterlizenznehmer die Ursache für die vorzeitige Beendigung des vorgelagerten

---

Ulmer, Urheber- und Verlagsrecht S. 467; ausführlich zu möglichen Vertragsgestaltungen: *J.B. Nordemann* in: Fromm/Nordemann, UrhR, § 31 Rn. 39; *Wente/Härle*, GRUR 1997, 96, 101 f.

1501 A.A. *Adolphsen/Tabrizi*, GRUR 2011, 384, 389.

1502 BGH, GRUR 2009, 946, 948 – „Reifen Progressiv".

1503 BGH, GRUR 2009, 946 – „Reifen Progressiv".

1504 *Schricker/Peukert* in: Schricker/Loewenheim, UrhR, § 41 Rn. 11; *Wandtke* in: Wandtke/Bullinger, UrhR, § 41 Rn. 3.

1505 BGH, GRUR 2009, 946, 948 – „Reifen Progressiv".

1506 BGH, GRUR 2009, 946, Rn. 14 – „Reifen Progressiv".

Vertrages weder vorhersehen noch beeinflussen konnte und sein Vertrauen in den Fortbestand seines Rechts besonders schutzwürdig sei.[1507]

Zu folgen ist den Begründungen in dem Punkt, dass es offensichtlich unbillig erscheint, dem Unterlizenznehmer ein wirtschaftliches Risiko aufzuerlegen, das nicht in seinen Verantwortungsbereich fällt.[1508] Dies gilt insbesondere für Risiken der außerordentlichen Vertragsbeendigung, die in aller Regel nicht in der Sphäre des Unterlizenznehmers liegen.[1509] Hier zeigt sich, dass die Risikoverteilung auch anhand einer Betrachtung des Beendigungsgrundes vorzunehmen ist. Auch wenn in den bislang durch den BGH entschiedenen Fällen der Urheber durch den Bestand der Unterlizenz nicht unzumutbar benachteiligt wurde – eine andere Interessenkonstellation oder auch ein anderer Beendigungsgrund könnte zu einem gegenteiligen Ergebnis führen.[1510] Die Risikoverteilung ist nicht immer gleichgelagert. Dies hat auch der BGH in seiner Entscheidung angedeutet.[1511] Eine Abwägung zwischen den Interessen des Urhebers und des Unterlizenznehmers muss somit jeweils unter Berücksichtigung der Umstände des Einzelfalls stattfinden.[1512]

Eine solche Vorgehensweise bedeutet zwar wenig Rechtssicherheit für die Parteien im Lizenzverkehr, ist jedoch unumgänglich, um die notwendige Einzelfallgerechtigkeit gewährleisten zu können. Um dieses Spannungsverhältnis zu lösen, soll es Ziel der nachfolgenden Untersuchung sein, durch die Bildung von Fallgruppen eine Beurteilung der Rechtslage vorab zu ermöglichen.[1513]

E. Das dogmatische Einfallstor für eine Interessenabwägung

Die einzelfallabhängige Entscheidung für oder gegen einen Fortbestand der Unterlizenz nach Wegfall der Hauptlizenz erfordert eine Interessenabwägung unter

1507 BGH, GRUR 2012, 916, Rn. 30 – „M2Trade“.

1508 So auch *Wohlfarth*, Taschenbuchrecht, S. 155; *Hausmann* in: FS Schwarz II, S. 81, 98; *Schwarz* in: v. Hartlieb/Schwarz, Hdb. Film-, Fernseh-, Videorecht, Kap. 160 Rn. 8; krit. dagegen *Klawitter*, GRUR-Prax 2012, 425, 426: „Der Vertrauensschutz wird hier *de facto* zum Gutglaubensschutz.“

1509 *Haberstumpf* in: FS Hubmann, S. 127, 140 f., hinsichtlich der außerordentlichen Auflösung des Verlagsvertrages; so bereits auch *Karow*, Rechtsstellung des Subverlegers, S. 85; *v. Hase*, Musikverlagsvertrag, S. 45 f.

1510 Vgl. auch LG München I, InstGE 12, 154, 158 – „Take Five“.

1511 Der BGH, GRUR 2009, 946, 947 – „Reifen Progressiv“, leitet seine Untersuchung mit den folgenden Worten ein: „Jedenfalls für den hier zu beurteilenden Fall des wirksamen Rückrufs…“.

1512 OLG München, GRUR-RR 2011, 303, 304 – „Blu-ray Disc“ sowie LG München I, InstGE 12, 154, 158 – „Take Five“, jeweils bezugnehmend auf BGH, GRUR 2009, 946 – „Reifen Progressiv“.

1513 So bereits der Vorschlag von *Behrendt*, GRUR 1933, 199.

Berücksichtigung der konkreten Umstände. Fraglich bleibt, wo das dogmatische Einfallstor für solch eine abwägende Entscheidung zu verorten ist.

Sowohl dem Urheberrecht als auch dem Patentrecht lassen sich keine konkreten Regelungen für eine Interessenabwägung innerhalb der mittelbaren Rechtsbeziehung zwischen Mutterrecht und Enkelrecht entnehmen.[1514] Nach einer Lösung muss daher im Bürgerlichen Recht gesucht werden. Eine Berücksichtigung von Drittinteressen findet hier über verschiedene Konstruktionen statt.

Eine Möglichkeit bieten z.B. die Grundsätze des Vertrages zugunsten Dritter (§ 328 I BGB). Eine Übertragung dieser auf die vorliegende Problematik scheidet jedoch aus, denn zum einen sind mit der Unterlizenzierung nicht nur die Begründung von Rechten, sondern auch Pflichten verbunden,[1515] die zudem ihren Ursprung nicht im Verhältnis zwischen einem Versprechenden und einem Versprechensempfänger haben.[1516] Zum anderen handelt es sich bei der Zustimmung zur Unterlizenzierung nicht um einen Vertrag, sondern um ein einseitiges, empfangsbedürftiges Rechtsgeschäft.[1517]

Möglicherweise könnte eine Anwendbarkeit der Prinzipien des Vertrages mit Schutzwirkung zugunsten Dritter einen dogmatischen Ansatz bieten. Die Einbeziehung von Drittinteressen erfordert ein gewisses Näheverhältnis zwischen einer Vertragspartei und dem Dritten sowie eine besondere Schutzbedürftigkeit des Dritten. Ein Näheverhältnis i.d.S.,[1518] durch das der Dritte in der Weise in die vertraglichen Sorgfalts- und Schutzpflichten einbezogen wird, dass er bei ihrer Verletzung eigene vertragliche Schadensersatzansprüche geltend machen kann, liegt hier jedoch nicht vor, denn das Verhältnis ist auf den geschäftlichen Bereich beschränkt und deshalb nicht geeignet, eine Drittwirkung von Schuldverhältnissen zu begründen.[1519] Auch eine Schutzbedürftigkeit des Unterlizenznehmers i.d.S. erscheint fraglich, denn niemand kann darin sicher sein, dass der Gegenstand des Erwerbs bis zum Ende der Vertragsdauer bestehen bleibt.[1520] Zudem wäre der Lizenznehmer gehalten, einen

---

1514 Vgl. BGH, NJW 2010, 2731, 2734 – „Vorschaubilder I", unter Verweis auf BGH, NJW 2003, 3633 – „Gies-Adler": Im UrhR ist eine Interessenabwägung außerhalb von §§ 15 ff. UrhG und §§ 44a ff. UrhG nicht möglich.

1515 Vgl. *Janoschek* in: Bamberger/Roth, BeckOK BGB, § 328 Rn. 5, ein Vertrag zu Lasten Dritter ist grds. unzulässig.

1516 Vgl. *Janoschek* in: Bamberger/Roth, BeckOK BGB, § 328 Rn. 7, beim Vertrag zugunsten Dritter besteht das relevante Vertragsverhältnis, innerhalb dessen der Leistungsinhalt bestimmt wird, zwischen Versprechendem und Versprechensempfänger.

1517 Vgl. *Jauernig* in: Jauernig, BGB, § 182 Rn. 3.

1518 Vgl. zum Vertrag mit Schutzwirkung zugunsten Dritter, BGH, NJW 1977, 1916; BGH, NJW 1996, 2927, 2928 – „Nitrierofen"; BGH, NJW 2004, 3630, 3632.

1519 *Lößl*, Rechtsnachfolge in Verlagsverträge, S. 177.

1520 *Lößl*, Rechtsnachfolge in Verlagsverträge, S. 177.

Anspruch gegen seinen eigenen Vertragspartner geltend zu machen.[1521] Im Kern scheitert eine Lösung über die Grundsätze des Vertrages mit Schutzwirkung zugunsten Dritter daran, dass hierdurch lediglich eine nachträgliche Risikoumverteilung stattfinden kann, und zwar in Form der Kompensierung der entstandenen Schäden. Eine Entscheidung zum Fortbestand der Unterlizenz lässt sich hieraus nicht ableiten.

Eine Berücksichtigung der Interessenlage im Allgemeinen Bürgerlichen Recht findet ferner bei der Auslegung von Willenserklärungen nach §§ 133, 157 BGB statt.[1522] Zwar ist nach h.M. die Zweckübertragungsregel des § 31 V UrhG als vorrangiger Auslegungsgrundsatz anzuwenden. Eine Auslegung nach diesem Maßstab, dessen einseitiges Ziel es ist, den Schutz des Urhebers im Verhältnis zum Vertragspartner zu verwirklichen, würde jedoch – wie bereits festgestellt – in der gegebenen Interessenkonstellation zu einer Unausgewogenheit der Vertragsparität führen.[1523] Fraglich ist jedoch, wie anhand der Methodik der Vertragsauslegung eine Entscheidung zum Fortbestand der Unterlizenz getroffen werden kann. Sowohl im Urheberrecht[1524] als auch im Patentrecht[1525] ist anerkannt, dass der Hauptlizenznehmer die Rechtsmacht haben kann, eine dingliche Lizenz zu vergeben, deren Wirksamkeit unabhängig von der Geltung des Hauptlizenzvertrages ist (vgl. § 185 I BGB). Demgemäß wird die Auffassung vertreten, dass eine Auslegung der ausdrücklichen und konkludenten Erklärungen der Parteien des Hauptlizenzvertrages zu dem Ergebnis führen kann,

---

1521 An der Schutzbedürftigkeit fehlt es, wenn der Dritte aufgrund des Sachverhalts, aus dem er seinen Anspruch herleitet, einen eigenen inhaltsgleichen Anspruch gegen einen anderen Schuldner hat, vgl. BGH, NJW 2004, 3630, 3632; *Janoschek* in: Bamberger/Roth, BeckOK BGB, § 328 Rn. 54.

1522 *Busche* in: MüKo, BGB/Bd. 1/2012, § 157 Rn. 7.

1523 Siehe hierzu die Ausführungen unter 5. Teil, C. III. 2.

1524 Die grundsätzliche Möglichkeit einer solchen Ermächtigung anerkennend: BGH, GRUR 1958, 504, 507 – „Die Privatsekretärin“; BGH, ZUM 1986, 278, 279 f. – „Alexis Sorbas“; OLG München, FuR 1983, 605, 606 f. – „Alexis Sorbas“; vgl. auch *Haberstumpf* in: FS Hubmann, S. 127, 143 f., der unter Anwendung des § 185 I BGB einen Fortbestand der Unterlizenz kraft (stillschweigender) Ermächtigung annimmt; *Haberstumpf/Hintermeier*, Einf. Verlagsrecht, S. 202; *Schwarz* in: v. Hartlieb/Schwarz, Hdb. Film-, Fernseh-, Videorecht, Kap. 160 Rn. 7; *v. Hartlieb* in: FS Schwarz I, S. 121, 129 f.; *Hausmann* in: FS Schwarz II, S. 81, 99; *ders.*, ZUM 1999, 914, 920; *Esser*, Urheberrechtliche Lizenzen in der Insolvenz, S. 118; *Beck*, Lizenzvertrag im Verlagswesen, S. 87 f.; *Picot*, Abstraktion und Kausalabhängigkeit, S. 144; ähnlich auch *Ulmer*, Urheber- und Verlagsrecht, S. 467 f., der hier die Möglichkeit einer „stillschweigenden Vereinbarung“ in Betracht zieht.

1525 RGZ 142, 168, 170 – „Loseblätterbuch“; *Behrendt*, GRUR 1933, 199, 201, stellt in diesem Kontext auf die Einwilligung zur Unterlizenzierung ab und nimmt unter Verweis auf den Verkehrsschutz einen grundsätzlichen Fortbestand der Unterlizenz an; *Reimer* in: Reimer, PatG/GebrMG, § 9 PatG Rn. 91; *Ullmann* in: Benkard, PatG, § 15 Rn. 107; allg. zur Lizenz: *Scholz*, GRUR 2009, 1107, 1110.

dass ein Fortbestand der Enkelrechte vereinbart wurde.[1526] Dieser Ansatz berücksichtigt jedoch nur die Beziehungen und Erklärungen im Hauptlizenzverhältnis und vernachlässigt die Interessen des Unterlizenznehmers. Einer interessenorientierten Vertragsauslegung steht damit entgegen, dass zwischen dem Vollrechtsinhaber und dem Unterlizenznehmer keine direkte Vertragsbeziehung besteht, die einer Auslegung zugänglich wäre. Eine Verbindung zwischen dem Inhaber des Mutterrechts und dem des Enkelrechts besteht dennoch, und zwar auf mittelbarer Ebene über die dingliche Rechtsbeziehung, deren Wirksamkeit vom Zustimmungserfordernis abhängt. Die erforderliche Zustimmung zur Unterlizenzierung könnte damit als Ansatzpunkt für eine interessengerechte Vertragsauslegung dienen.

Die Zustimmung des Hauptlizenzgebers wirkt grundsätzlich auf die Rechtslage des Dritten, konkret auf das dingliche Verfügungsgeschäft ein[1527] und entfaltet damit dingliche Wirkung.[1528] Sie kann sowohl gegenüber dem Unterlizenznehmer als auch dem Hauptlizenznehmer erklärt werden (vgl. § 182 I BGB).[1529] Zwar ist für deren Rechtswirksamkeit lediglich die einseitige Willenserklärung des Erklärenden erforderlich. Dies bedeutet jedoch nicht, dass der Wille des zustimmungsbedürftigen Unterlizenznehmers bei einer Auslegung nicht berücksichtigungsfähig ist. Die übrigen Rechtsbeziehungen zwischen den direkten Vertragspartnern sind bei der Auslegung von Willenserklärungen von wesentlicher Bedeutung.[1530] Dies muss umso mehr gelten, wenn das Auslegungsergebnis den Dritten unmittelbar betrifft und dieser die „eigentliche" Gegenseite der Erklärung darstellt, auch wenn keine direkte vertragliche Beziehung besteht. Der Unterlizenznehmer muss sich auf die ihn treffenden Rechtsfolgen einrichten und vertrauen können. Die Zustimmung zur Unterlizenzierung bietet damit zwar einen dogmatischen Ausgangspunkt für die Beurteilung der Frage des Fortbestands der Unterlizenz. Diese Vorgehensweise führt jedoch nur dann zu einer interessengerechten Lösung, wenn die konkreten Umstände und Belange der Betroffenen bei der Auslegung der Zustimmungserklärung auch zum Zeitpunkt der Beendigung des Hauptlizenzverhältnisses berücksichtigt werden können. Entscheidend hierfür ist die Art der Auslegung. Hier gilt es einen objektiven Maßstab anzusetzen, wie er in den §§ 133, 157 BGB niedergelegt ist.[1531]

Freilich kann die vorliegende Konfliktsituation nicht durch das Instrument der „einfachen" Auslegung gelöst werden, da davon auszugehen ist, dass eine ausdrückliche Vereinbarung zwischen den Parteien nicht besteht und auch den vorhandenen Erklärungen Anhaltspunkte hinsichtlich einer vom realen Willen getragenen

1526 So der Ansatz von *Scholz*, GRUR 2009, 1107, 1110, der allerdings in diesem Kontext auf § 31 V UrhG rekurriert.

1527 Siehe Nachw. Fn. 227.

1528 Siehe Nachw. Fn. 226.

1529 Vgl. BGH, NJW 1953, 58; *Bayreuther* in: MüKo, BGB/Bd. 1/2012, § 182 Rn. 6; *Gursky* in: Staudinger, BGB/Buch 1/2009, § 182 Rn. 4.

1530 *Busche* in: MüKo, BGB/Bd. 1/2012, § 157 Rn. 7.

1531 Vgl. *Scholz*, GRUR 2009, 1107, 1110, der allerdings eine Auslegung des Hauptlizenzvertrages vorschlägt.

Regelung nicht entnommen werden können. Da die Parteien es offensichtlich unterlassen haben, die Frage des Fortbestands der Unterlizenz zu klären, muss die Auslegung mithin eine Lücke ausfüllen und ergänzend erfolgen.[1532] Die Auslegung geht dabei bewusst über den Inhalt der bestehenden Erklärung hinaus. Es wird nicht Vorhandenes gesucht, sondern Neues geschaffen, indem bewusst an Vorhandenes angeknüpft wird. Die ergänzende Auslegung ist mithin keine Auslegung im engeren Sinne, sondern eine Rechtsschöpfung oder Rechtsfortbildung des Parteiwillens.[1533] Ziel ist es, einen „hypothetischen", an heteronomen Gerechtigkeitsvorstellungen orientierten Willen zu finden, der von den normativen Maßstäben einer an Treu und Glauben und an der Billigkeit orientierten Interessenabwägung bestimmt wird und damit einen gerechten Ausgleich zwischen den Betroffenen schafft.[1534] Zu diesem Zweck werden nicht nur der hypothetisch-normative Wille, sondern auch die Interessenlage, der Vertragszusammenhang und alle relevanten Umstände herangezogen.[1535] Der in §§ 157, 242 BGB verankerte normative Grundsatz von Treu und Glauben, der hier als Leitbild der Auslegung heranzuziehen ist,[1536] erfordert, dass jeder Beteiligte das Rechtsgeschäft so gelten lässt, wie es nach seinem Grundgedanken und seinem Zweck unter Berücksichtigung der Gepflogenheiten des Geschäftsverkehrs von redlich denkenden Vertragspartnern verstanden werden muss.[1537] Entscheidend ist also, „welche Regelung die Parteien im Hinblick auf den mit dem Vertrag verfolgten Zweck bei sachgerechter Abwägung ihrer beiderseitigen Interessen nach Treu und Glauben und unter Berücksichtigung der Verkehrssitte getroffen hätten."[1538] Berücksichtigung finden hierbei auch all jene Verhältnisse und Wertungen, die im Zeitpunkt der Auslegung vorliegen.[1539] Dies ermöglicht bei der Beurteilung der Bestandsfestigkeit der Unterlizenz auch Umstände in die Wertung

---

1532 Vgl. *Busche* in: MüKo, BGB/Bd. 1/2012, § 157 Rn. 26; *Roth* in: Staudinger, BGB/Buch 1/2010, § 157 Rn. 4; *Larenz/Wolf*, BGB AT, § 28 Rn. 114.

1533 *Busche* in: MüKo, BGB/Bd. 1/2012, § 157 Rn. 28, bezeichnet dies als ein „zu-Ende-Denken" des Vertrages.

1534 *Larenz/Wolf*, BGB AT, § 28 Rn. 118; *Busche* in: MüKo, BGB/Bd. 1/2012, § 157 Rn. 28; vgl. auch BGH, NJW 1982, 2184, 2185; BGH, NVwZ 1997, 932, 933; krit. dagegen *Fikentscher/Heinemann*, Schuldrecht, Rn. 158, eine Vertragsauslegung i.S. eines „Weiterdenkens" des Parteiwillens nach objektiven Kriterien der Üblichkeit und Billigkeit ablehnend.

1535 *Larenz/Wolf*, BGB AT, § 28 Rn. 108.

1536 Vgl. BGH, NJW 1953, 937; *Larenz/Wolf*, BGB AT, § 28 Rn. 113; *Busche* in: MüKo, BGB/Bd. 1/2012, § 157 Rn. 4.

1537 *Larenz/Wolf*, BGB AT, § 28 Rn. 113.

1538 BGH, NJW-RR 1990, 817, 819; zust. *Larenz/Wolf*, BGB AT, § 28 Rn. 113.

1539 Vgl. BGH, NJW 1954, 799, 800; BGH, NJW 1957, 708, 708; BGH, NJW 1993, 3193, 3194: Entscheidend ist, wie die Parteien entschieden hätten, wenn sie die spätere Entwicklung der Verhältnisse in Betracht gezogen hätten. Hierzu auch: *Larenz/Wolf*, BGB AT, § 28 Rn. 119; *Jauernig* in: Jauernig, BGB, § 157 Rn. 4; nach a.A. ist maßgeblicher Zeitpunkt der Beurteilung der Vertragsschluss (*Roth* in: Staudinger, BGB/Buch 1/2010, § 157 Rn. 34; *Busche* in: MüKo, BGB/Bd. 1/2012, § 157 Rn. 50).

miteinzubeziehen, die sich erst im Laufe des Vertragsverhältnisses entwickelt haben. Dass es sich bei der Zustimmung zur Unterlizenzierung um ein einseitiges Rechtsgeschäft handelt, steht der Auslegung grundsätzlich nicht entgegen.[1540] Sie ist generell auch auf dinglich wirkende Rechtsgeschäfte[1541] anwendbar. Allerdings erfordert die gesteigerte Pflichtenbindung, die das Gebot von Treu und Glauben beinhaltet, eine rechtliche Sonderverbindung,[1542] die jedoch allgemein weit zu verstehen ist, sodass „irgendwelche Rechtsbeziehungen" ausreichen.[1543] Das Verhältnis des Inhabers eines Immaterialgüterrechts zum Lizenzberechtigten ist als eine solche Sonderverbindung anerkannt.[1544]

Aus methodischer Sicht erweist sich die ergänzende Auslegung der dinglichen Zustimmung zur Unterlizenzierung anhand des Grundsatzes von Treu und Glauben als taugliches Instrument zur Beurteilung der vorliegenden Konfliktsituation. Damit kann zum einen die Lücke der fehlenden gesetzlichen Regelung zur Lizenzkettenkonstruktion geschlossen werden, und zwar durch ein zu Ende Denken der durch die Parteien gesetzten Regelungen durch den Richter innerhalb der Gesamtrechtsordnung.[1545] Zum anderen gewährleistet diese Vorgehensweise die nötige Flexibilität des Rechtssystems und Wertungsmöglichkeiten der Rechtspraxis im Einzelfall, die der Gesetzgeber gerade gewollt hat.[1546] Die Interessen des Urhebers und des Unterlizenznehmers können auf diese Weise einem gerechten Ausgleich zugeführt werden.

F. Zusammenfassung

1. Im fünften Teil der Arbeit wurde untersucht, ob ein Fortbestand der Enkelrechte nach Beendigung des Hauptlizenzvertrages auf zivilrechtlicher Ebene dogmatisch zu rechtfertigen ist. Eine gesetzliche Lösung existiert nicht (S. 150). Anhand der Methodik der Rechtsfortbildung ließ sich lediglich feststellen, dass eine allgemeingültige Aussage für oder gegen eine Bestandsfestigkeit nicht getroffen werden kann. Notwendig ist vielmehr eine Abwägungsentscheidung anhand der besonderen Umstände, Interessen und Risikoverteilung im Einzelfall. Auch die Entscheidungen des BGH deuten letztendlich darauf hin (S. 248 f.).
2. Allerdings konnte im Rahmen der Untersuchung herausgearbeitet werden, anhand welcher zivilrechtlichen Grundsätze eine Bestandsfestigkeit der Unterlizenz begründet werden kann. Zu differenzieren ist zunächst, ob eine Regelung

1540 *Roth* in: Staudinger, BGB/Buch 1/2010, § 157 Rn. 12; *Larenz/Wolf*, BGB AT, § 28 Rn. 109.

1541 *Larenz/Wolf*, BGB AT, § 28 Rn. 43.

1542 Vgl. BGH, NJW 1986, 1244, 1245 – „GEMA-Vermutung I".

1543 Vgl. BGH, NJW 1988, 255, 257; *Sutschet* in: Bamberger/Roth, BeckOK BGB, § 242 Rn. 14.

1544 *Krebs*, Sonderverbindung, S. 155.

1545 Vgl. *Larenz*, Methodenlehre, S. 121 f.

1546 Vgl. BT-Drucks. 14/6433, S. 16.

durch die Lizenzparteien getroffen wurde oder – wie in den meisten Fällen – ob eine solche schlicht unterblieben ist.

3. Haben die Parteien des Hauptlizenzvertrages für das Schicksal der Unterlizenz eine vertragliche Regelung getroffen, kann eine solche nur dann gegenüber dem Unterlizenznehmer Wirkung entfalten, wenn dieser davon Kenntnis erlangt hat. Eine Einbeziehung des Dritten ist für die Wirksamkeit einer Fortfallklausel, die im Hauptlizenzverhältnis vereinbart wurde, unentbehrlich (S. 158).
4. Fehlt stattdessen eine wirksame vertragliche Regelung, lässt sich eine Bestandsfestigkeit der Unterlizenz dennoch auf der Verfügungsebene dogmatisch überzeugend herleiten.
5. Maßgeblich hierfür ist zunächst, dass der Unterlizenznehmer eine dingliche Rechtsposition innehat, denn nur eine solche kann den Wegfall der Hauptlizenz allgemein überleben (S. 213). Die Anerkennung der Dinglichkeit ließ sich im Wege der Rechtfortbildung *extra legem* rechtfertigen (S. 175 ff.). Die rechtliche Qualifizierung konnte dabei nicht an den Kriterien „einfach" und „ausschließlich" festgemacht werden. Im Interesse der Privatautonomie obliegt es den Vertragsparteien, eine Lizenz mit dinglicher oder lediglich schuldrechtlicher Wirkung zu vereinbaren. (S. 212)
6. Dagegen können die Systemgrundsätze des Kausalitätsprinzips (S. 231), des Zweckbindungsgedankens (S. 239) und des Sukzessionsschutzes (S. 244) nicht für eine Beurteilung der Bestandsfestigkeit der Unterlizenz herangezogen werden. Das Prinzip des fehlenden Gutglaubensschutzes im Immaterialgüterrechtsverkehr deutet dagegen darauf hin, dass die Umstände des Einzelfalls und speziell auch der Beendigungsgrund entscheidende Kriterien bei der Beurteilung sein können (S. 242).
7. Als weitere Voraussetzung und zugleich maßgebliches Indiz für die Beurteilung der Frage des Fortbestands erwies sich die Zustimmung des Schutzrechtsinhabers zur Unterlizenzierung (S. 248).
8. Zugleich konnte die Zustimmung zu Unterlizenzierung als dogmatisches Einfallstor für eine notwendige Interessenabwägung im Einzelfall anhand der Grundsätze von Treu und Glauben identifiziert werden (S. 257).

6. Teil: Interessenabwägung und gerechte Risikoverteilung: Der Versuch einer Fallgruppenbildung

Eine Interessenabwägung und gerechte Risikoverteilung anhand des Leitbildes von Treu und Glauben erfordert eine umfassende Betrachtung der Rechtsverhältnisse der Beteiligten unter Berücksichtigung aller Umstände des Einzelfalls.[1547] Die bisherige Untersuchung zeigt, dass ein Wegfall der Unterlizenz mit erheblichen Nachteilen verbunden sein kann, sodass es u.U. ungerechtfertigt erscheint, dieses Risiko dem Unterlizenznehmer aufzubürden. Zu klären bleibt, in welchen Fällen eine gerechte Umverteilung[1548] vorzunehmen ist. Hierbei sind neben objektiven Elementen auch subjektive Kriterien zu berücksichtigen; so insbesondere ob ein Verschulden einer der Parteien an der Vertragsbeendigung vorliegt oder auch die Frage der Erkennbarkeit bzw. Voraussehbarkeit eines später eingetretenen Risikos.[1549] Nachfolgend soll der Versuch unternommen werden, Fallgruppen zu bilden, die als Orientierungshilfe für den Fall unzureichender Regelungen zu mehr Rechtsicherheit im Lizenzverkehr beitragen sollen.

Die Berücksichtigung verfassungsrechtlicher Wertungen, die bei einer Überprüfung nach § 242 BGB geboten ist,[1550] erfolgte bereits im vierten Teil der Arbeit, mit dem Ergebnis, dass die betroffenen grundrechtlich geschützten Interessen im Regelfall für einen Fortbestand der Unterlizenz streiten.[1551]

Grundlegendes Ziel dieser Untersuchung ist, einen Beitrag zu mehr Rechtssicherheit aller Teilnehmer am Rechtsverkehr zu leisten und damit Transaktionskosten zu minimieren. Denn je geringer die Unsicherheit in Bezug auf den Fortbestand der Unterlizenz ist, umso einfacher und kostengünstiger kann eine Unterlizenzierung zustande kommen. Dabei gilt es, eine gerechte Risikoverteilung hinsichtlich der kommerziellen Interessen herzustellen, unter vorrangiger Berücksichtigung übergeordneter Belange, insbesondere persönlichkeitsrechtlicher Interessen. Hierdurch

---

1547 *Sutschet* in: Bamberger/Roth, BeckOK BGB, § 242 Rn. 19.

1548 Vgl. *Roth/Schubert* in: MüKo, BGB/Bd. 2/2012, § 242 Rn. 50; *Sutschet* in: Bamberger/Roth, BeckOK BGB, § 242 Rn. 19, allgemein zum Prinzip der Risikozuordnung im Rahmen des § 242 BGB.

1549 Vgl. *Roth/Schubert* in: MüKo, BGB/Bd. 2/2012, § 242 Rn. 53 f.; *Sutschet* in: Bamberger/Roth, BeckOK BGB, § 242 Rn. 20.

1550 *Roth/Schubert* in: MüKo, BGB/Bd. 2/2012, § 242 Rn. 56; *Sutschet* in: Bamberger/Roth, BeckOK BGB, § 242 Rn. 22.

1551 Siehe hierzu die Ausführungen unter 4. Teil, A. III. 4., zum Ergebnis S. 125.

soll auch eine Sicherung des Vertragszwecks erreicht werden, zum Schutz der Interessen der Parteien an der Erfüllung der mit der Lizenzierung verfolgten Ziele.[1552]

A. Die Kriterien für die Bestimmung des Fortbestands der Unterlizenz

Der Fortbestand der Unterlizenz nach Wegfall der Hauptlizenz ist zunächst vom Vorliegen unterschiedlicher, objektiv feststellbarer Kriterien abhängig, die zum Teil bereits dargelegt wurden und nachfolgend nochmals zusammengetragen werden sollen. Hierbei handelt es sich um Ausfallkriterien, bei deren Nichtvorliegen ein Heimfall der Unterlizenz angezeigt ist, sodass sich für die Praxis eine weitere Untersuchung erübrigt. Daran anschließend sollen die verschiedenen Vertragskonstellationen zusammengefasst und in Bezug auf einen möglichen Fortbestand bewertet werden, mit dem Ziel, Fallgruppen zu bilden.

I. Die Vereinbarung einer dinglich wirkenden Unterlizenz

In einem ersten Schritt ist festzustellen, ob überhaupt eine dinglich wirkende Unterlizenz vereinbart wurde. Denn nur eine solche kann nach Heimfall der Hauptlizenz von Bestand sein.

Nicht jede Einräumung einer Lizenz ist zwangsläufig mit einer dinglichen Wirkung verbunden. Grundsätzlich steht den Lizenzparteien die Möglichkeit offen, sich für eine obligatorische Lizenz zu entscheiden, die lediglich relative Wirkung *inter partes* entfaltet und mithin keinen umfassenden Verkehrsschutz i.S. der beschriebenen Wirkprinzipien der Dinglichkeit[1553] genießt – es gilt Vertragsfreiheit.[1554]

Soweit die Vertragsparteien eine ausdrückliche Regelung nicht getroffen haben und der Parteiwille sich nicht eindeutig ermitteln lässt,[1555] stellt sich durchaus die Frage, ob die Lizenz mit dinglicher oder schuldrechtlicher Wirkung eingeräumt wurde. Könnte womöglich die Vermutung angestellt werden, dass grundsätzlich von einer dinglichen Wirkung auszugehen ist, soweit die Parteien nichts anderes vereinbart haben?

Die Frage, wie weit die Rechtseinräumung im Einzelfall reicht, bestimmt sich nach der Zweckübertragungsregel (vgl. § 31 V 2 UrhG). Entscheidend ist dabei der von den Parteien zugrunde gelegte Vertragszweck. Im Zweifelsfall räumt der Inhaber des Immaterialgüterrechts keine weitergehenden Rechte ein, als der Zweck des Lizenzvertrages es erfordert.[1556] Die Zweckübertragungstheorie findet nach h.M.

1552 So speziell am Erhalt der Gegenleistung, an der hinreichenden Ausübung bzw. Werkverbreitung, an der Kreditsicherung usw.

1553 Siehe S. 158.

1554 So auch *Witz* in: FS Schilling, S. 393, 407.

1555 Vgl. OLG Hamburg, UFITA 67 (1973), 245, 259 – „Theateraufführungsvertrag"; *v. Gamm*, UrhG, § 31 Rn. 21.

1556 Siehe Nachw. Fn. 346.

auch im sekundären Lizenzvertragsrecht bei der Unterlizenzierung Anwendung.[1557] Rechtfertigendes Argument für die Anwendbarkeit auf nachgelagerter Ebene ist, dass die Einwirkungsmöglichkeiten des Schutzrechtsinhabers durch die Einräumung von Unterlizenzen verringert werden.[1558] Ziel der Zweckübertragungslehre ist es schließlich, eine weitestgehende Beteiligung des Schutzrechtsinhabers an den wirtschaftlichen Früchten der Verwertung zu gewährleisten.[1559] In strikter Anwendung der Auslegungsregel wäre also im Zweifel von einer schuldrechtlich wirkenden Rechtsposition auszugehen. Der Schutzzweck der Lehre der Zweckübertragung scheint jedoch auf sekundärer Ebene weit über das Ziel hinaus zu schlagen. Die Regel bedarf hier einer teleologischen Reduktion, soweit eine wirtschaftliche Auswertung nach dem Willen der Vertragsparteien gewollt ist, denn dann erfordert die Interessenlage, die Lizenz mit dinglicher Wirkung einzuräumen.[1560] Nichtsdestotrotz darf der Schutzrechtsinhaber nicht übergangen werden. Um sein Kontrollinteresse zu wahren, muss bei der Beurteilung der Reichweite die Frage gestellt werden, ob dieser mit einer solch weitreichenden Rechtseinräumung einverstanden war. Der Umfang der Ermächtigung zur Rechtseinräumung bestimmt sich nach § 185 BGB. Wesentliches Indiz für die Vermutung einer dinglichen Rechtsstellung könnte die Zustimmung des Schutzrechtsinhabers zur Unterlizenzierung sein. Liegt eine solche vor, muss dieser mit den Konsequenzen einer dinglichen Rechtsstellung – also auch mit der Möglichkeit der Rechtsbeständigkeit – der Unterlizenz rechnen, zugunsten eines umfassenden Verkehrsschutzes.

II. Die Zustimmung zur Unterlizenzierung

In einem zweiten Schritt ist zu untersuchen, ob die grundsätzlich erforderliche Zustimmung zur Unterlizenzierung vorliegt. Diese dient nicht nur als Kriterium für die Annahme einer dinglichen Rechtsnatur der Unterlizenz, sondern zugleich wird durch die Erklärung ein Rechtsscheintatbestand geschaffen, auf den der Unterlizenznehmer ggf. vertrauen konnte.

Ein vertrauensbegründendes Verhalten ist im Rahmen des § 242 BGB als besonders schutzwürdig einzustufen.[1561] Hat der Lizenzgeber einer Unterlizenzierung zugestimmt, könnte es als widersprüchlich zu werten sein, wenn dieser sich auf einen automatischen Rechterückfall beruft. Ein Rückgriff auf die Fallgruppe des

---

1557 BGH, GRUR 1959, 200, 203 – „Der Heiligenhof"; BGH, GRUR 1960, 197, 199 – „Keine Ferien für den lieben Gott"; *Beck*, Lizenzvertrag im Verlagswesen, S. 58; *Schricker/Loewenheim* in: Schricker/Loewenheim, UrhR, § 31 Rn. 76, m.w.N.; kritisch dagegen *Hilty* in: FS Rehbinder, S. 259, 273 f.

1558 *Beck*, Lizenzvertrag im Verlagswesen, S. 59.

1559 Siehe Nachw. Fn. 347.

1560 Vgl. *Beck*, Lizenzvertrag im Verlagswesen, S. 59 ff., der darauf hinweist, dass es im Verlagswesen regelmäßig dem Willen der Vertragsparteien und der Interessenlage entspricht, die Verlagslizenz mit dinglicher Wirkung einzuräumen.

1561 Vgl. *Roth/Schubert* in: MüKo, BGB/Bd. 2/2012, § 242 Rn. 301.

widersprüchlichen Verhaltens nach § 242 BGB als dogmatischer Weg zu einer allgemeinen Interessenabwägung wäre in der vorliegenden Konstellation gleichfalls denkbar. Ob ein treuwidriges Verhalten des Lizenzgebers allein in der Einnahme eines Rechtsstandpunktes liegt, der mit dem eigenen früheren Verhalten in unlösbarem Widerspruch steht, oder ob durch die Erklärung der Zustimmung ein schutzwürdiges Vertrauen geweckt wurde, auf das sich der Unterlizenznehmer nunmehr berufen kann, sei dahingestellt. Allein die Zustimmungserklärung für sich genommen kann nicht hinreichendes Kriterium für die Begründung eines Fortbestands darstellen. Eine solche Annahme würde die Berufung auf den Grundsatz *venire contra factum proprium* implizieren, sodass eine weitere Prüfung auf der Wertungsebene nicht mehr möglich wäre. Mithin erweist sich die ergänzende Auslegung nach Treu und Glauben als das richtige Einfallstor für eine Interessenabwägung.

Allerdings kann nicht jede Zustimmung als Merkmal für die Annahme eines Fortbestands herangezogen werden. Hier ist auf subjektiver Ebene klar zu differenzieren, ob die Zustimmung auf einer Verpflichtung des Schutzrechtsinhabers nach § 242 BGB bzw. auf einer gesetzlichen Zwangslizenz beruht oder ob sie das Ergebnis einer freiheitlichen Willensentscheidung ist.

Zweck des Zustimmungserfordernisses ist es, dem Inhaber des Immaterialgüterrechts die Möglichkeit zu verschaffen, den potentiellen Verwerter des Schutzrechts vorab zu prüfen und zu billigen.[1562] Wird ihm diese Möglichkeit aufgrund berechtigter Interessen des Unterlizenznehmers versagt (wie z. B. im Fall von § 35 II UrhG i.V.m. § 34 I 2 UrhG), erscheint es dennoch ungerechtfertigt, ihm die Möglichkeit zu verwehren, sich von einer solchen Lizenzkettenkonstruktion wieder zu lösen. Eine Ermächtigung, eine das primäre Vertragsverhältnis überdauernde Unterlizenz zu erteilen, kann darin nicht erblickt werden.

Eine andere Wertung wäre jedoch dann vorzunehmen, wenn eine Zwangsunterlizenz im Interesse der Allgemeinheit erteilt wurde, denn alles andere würde die gesetzgeberische Wertung ins Gegenteil verkehren. Eine typische Zwangslizenz ist z. B. der Fall des § 24 PatG. Die Lizenz entsteht hier nicht durch Vertrag, sondern kommt kraft Zuteilung durch das Patentgericht zustande.[1563] Zwangslizenzen sind auch dem Urheberrecht nicht fremd; so schränkt § 42a UrhG die Abschlussfreiheit des Urhebers zugunsten von Tonträgerherstellern ein, ebenso wie § 5 III 2 UrhG zugunsten von Verlegern privater Normwerke. Daneben sind auch die gesetzlichen Lizenzen entsprechend dem Schrankenkatalog nach §§ 44a ff. UrhG zu erwähnen. Eine Zwangslizenz-Konstellation im sekundären Rechtsverhältnis ist jedoch praktisch kaum denkbar, da eine gesetzliche Zwangslizenzierung bzw. ein angeordneter Abschlusszwang nicht den Hauptlizenznehmer, sondern im Regelfall den Schutzrechtsinhaber betrifft.

1562 Zum grundsätzlichen Kontrollinteresse des Schutzrechtsinhabers siehe die Ausführungen unter 2. Teil, B. I.

1563 *Ahrens*, Gewerblicher Rechtsschutz, Rn. 292; *Schwendy* in: Busse, PatG, § 24 Rn. 13.

Sonderfälle bilden dagegen die Einschränkungen des Zustimmungserfordernisses, die im Rahmen von §§ 43, 69b UrhG anerkannt sind, sowie die Ausnahmetatbestände nach §§ 35 I 2, 90 S. 1 UrhG.[1564] Hierbei handelt es sich um besondere gesetzliche Wertungen in Bezug auf spezielle Vertragsverhältnisse, auf die nachfolgend näher eingegangen werden soll.

III. Der Einfluss besonderer Vertragsverhältnisse auf den Fortbestand der Unterlizenz

Besondere Vertragsverhältnisse erfordern zum Teil besondere Regelungen. Dies zeigt sich im Urheberrecht insbesondere anhand von Verträgen mit Urhebern, die sich in einem Abhängigkeitsverhältnis befinden, Verträgen mit Leistungsschutzberechtigten oder auch einer Lizenzierung über Verwertungsgesellschaften. Es stellt sich die Frage, ob solche speziellen Vertragsbeziehungen jeweils einer gesonderten Interessenwertung im Hinblick auf die Frage des Fortbestands der Unterlizenz bedürfen.

1. Der Urheber im Abhängigkeitsverhältnis

Verschiedene Regelungen im Urheberrechtsgesetz zeigen, dass Urheber, die Werke innerhalb eines Abhängigkeitsverhältnisses schaffen, eine Sonderstellung einnehmen:

Ist ein urheberrechtlich geschütztes Werk im Rahmen eines Arbeits- bzw. Dienstverhältnisses entstanden, gibt die Regelung des § 43 UrhG den Parteien die Möglichkeit, die Nutzungsrechtseinräumung an die besondere Interessenlage anzupassen, insofern der Arbeits- bzw. Dienstvertrag keine Vereinbarung über die Einräumung von Nutzungsrechten enthält. Gem. § 43 UrhG stehen dem Arbeitgeber bzw. Dienstherrn die Nutzungsrechte an einem urheberrechtlich geschützten Werk zu, das ein Urheber in Erfüllung seiner Verpflichtungen aus einem Arbeits- bzw. Dienstverhältnis geschaffen hat, aber nur soweit diese für die betriebliche Verwertung des Werkes benötigt werden.[1565] Der Anwendungsbereich der Norm ist damit eng begrenzt. Die Verpflichtung zur Nutzungsrechtseinräumung ergibt sich aus dem Zweck des Arbeitsvertrages.[1566] Gleiches gilt für den Umfang der Rechtseinräumung.[1567] Demnach ist eine Zustimmung zur Unterlizenzierung dann nicht erforderlich, wenn die

---

1564 Siehe hierzu bereits die Ausführungen unter 2. Teil, B. I.

1565 *A. Nordemann* in: Fromm/Nordemann, UrhR, § 43 Rn. 1; *Haberstumpf*, ZUM 2001, 819, 825.

1566 BGH, NJW 1974, 904, 905 – „Hummelrechte; BGH GRUR 2011, 59, Rn. 11 – „Lärmschutzwand"; *Sack*, BB 1991, 2165, 2168; *Rojahn* in: Schricker/Loewenheim, UrhR, § 43 Rn. 38.

1567 BGH GRUR 2011, 59, Rn. 11 – „Lärmschutzwand"; *Dreier* in: Dreier/Schulze, UrhG, § 43 Rn. 20.

Verfügung über das Nutzungsrecht vom Betriebszweck gedeckt ist.[1568] Für ausübende Künstler ist § 43 UrhG gem. § 79 S. 2 UrhG entsprechend anzuwenden.

Für Computersoftware, die innerhalb eines Arbeits- bzw. Dienstverhältnisses geschaffen wird, enthält § 69b UrhG eine Sonderregelung. Weitergehend als nach § 43 UrhG stehen dem Arbeitgeber bzw. Dienstherrn alle vermögensrechtlichen Befugnisse an den geschaffenen Programmen zu, sofern nichts anderes vereinbart wurde. Ob es sich bei der Regelung um eine gesetzliche Lizenz[1569] oder um eine Auslegungsregel[1570] in Bezug auf einen derivativen Lizenzerwerb handelt, ist bislang nicht eindeutig geklärt. Einem rechtsgeschäftlichen Lösungsansatz ist jedoch in systematischer Anknüpfung an die Regelung des § 43 UrhG[1571] der Vorzug zu gewähren.[1572] Einer ausdrücklichen Zustimmung des Urhebers zur Unterlizenzierung bedarf es jedenfalls nach h.M. auch hier nicht.[1573]

Speziell für den Bereich der Filmproduktion enthalten die §§ 88 ff. UrhG Übertragungsvermutungen – genau genommen handelt es sich um Auslegungsregeln –, die zur Stärkung der Rechtsposition des Filmherstellers geschaffen wurden.[1574] Hiernach räumen die Urheber vorbestehender Werke (vgl. § 88 UrhG) und die Miturheber am Filmwerk (vgl. § 89 UrhG) dem Filmhersteller im Zweifel ausschließliche Nutzungsrechte an allen Nutzungsarten ein. Ähnliches gilt für die ausübenden Künstler (vgl. § 92 UrhG). Auf eine ausdrückliche Vereinbarung über den Rechtserwerb ist der Filmhersteller nicht angewiesen. Die Übertragungsvermutungen gelten auch unabhängig davon, ob es sich um eine freiberufliche Tätigkeit handelt oder die Beteiligten im Rahmen eines Auftrags-, Dienst- oder Arbeitsverhältnisses an der Filmherstellung beteiligt sind.[1575] Es handelt sich um *leges speciales* zu den anerkannten

1568 Siehe Nachw. Fn. 204.

1569 BGH, GRUR 2001, 155, 157 – „Wetterführungspläne I"; BGH, GRUR 2002, 149, 151 – „Wetterführungspläne II"; *Lehmann*, NJW 1991, 2112, 2113; *Sack*, UFITA 121 (1993), 15, 24; *Grützmacher* in: Wandtke/Bullinger, UrhR, § 69b Rn. 1.

1570 *Loewenheim* in: Schricker/Loewenheim, UrhR, § 69b Rn. 11; *Czychowski* in: Fromm/Nordemann, UrhR, § 69b Rn. 2; *Rehbinder*, Urheberrecht, Rn. 637; wohl auch OLG Düsseldorf, CR 1997, 337, 339 („gesetzliche Vermutung").

1571 Die amtl. Begr. zu § 43 UrhG (BT-Drucks. IV/270, S. 61) geht von der grundsätzlichen Notwendigkeit eines Rechtserwerbs aus.

1572 In der amtl. Begr. zu § 69b UrhG (BT-Drucks. 12/4022, S. 10) ist zwar schlicht von einer „Zuordnung der vermögensrechtlichen Befugnisse zum Arbeitgeber" die Rede. Allerdings postuliert der Gesetzgeber den Grundsatz, dass die Regelung die Zweckübertragungslehre verdränge, was insoweit auf eine Qualifizierung als Auslegungsregel hindeutet.

1573 Eine Zustimmung wird zumindest stillschweigend erteilt, denn die Lizenzierung der Software ist die typische Verwertungsform für den Softwarehersteller (siehe Nachw. Fn. 205).

1574 BT-Drucks. IV/270, S. 35.

1575 *Dreier* in: Dreier/Schulze, UrhG, § 43 Rn. 3.

Grundsätzen nach § 43 UrhG.[1576] Eine Zustimmung zur Unterlizenzierung ist gem. § 90 S. 1 UrhG entbehrlich.[1577]

Darüber hinaus existieren in den unterschiedlichsten Medienbereichen zahlreiche Kollektivregelungen, insbesondere in Tarifverträgen, über den Umfang der urheberrechtlichen Nutzungsrechtseinräumung und Beschränkungen der Urheberpersönlichkeitsrechte, die die gesetzgeberischen Wertungen gleichsam aufgreifen.[1578]

All diese Regelungen zeigen, dass das fremdfinanzierte Werkschaffen innerhalb eines Abhängigkeitsverhältnisses in logischer Konsequenz dazu führen muss, dass die geschaffenen Werke in wirtschaftlicher Hinsicht demjenigen zuzuordnen sind, der hierfür zahlt.[1579] Aus urheberrechtlicher Perspektive stößt dies auf das Hindernis der Unübertragbarkeit der urheberrechtlichen Befugnisse[1580], das die genannten Regelungen durch einen erleichterten derivativen Rechtserwerb zu mildern versuchen. Gleichzeitig lässt sich diesen die Wertung entnehmen, dass das Verkehrsschutzinteresse der Verwerter hier von größerer Bedeutung ist als im übrigen Urhebervertragsrecht, denn aus praktischer Sicht handelt es sich um die Zurverfügungstellung einer Arbeitsleistung. Der Vergütungsanspruch des Urhebers ist regelmäßig durch den Arbeitslohn abgegolten und damit ist dem kommerziellen Schutzbedürfnis des Urhebers im Rahmen einer Einbindung in ein Arbeits- bzw. Dienst- oder auch Auftragsverhältnis weitestgehend genüge getan. Dies spricht für einen Fortbestand der Unterlizenz.

Auch die Zweckbindung ist hier bei weitem nicht so eng, sodass die Regelung des § 31 V UrhG erhebliche Einschränkungen erfährt. Die Rechtseinräumung im Rahmen des § 43 UrhG richtet sich nicht unmittelbar nach dem Zweck der konkreten Einräumung, sondern nach dem vom Arbeitgeber bzw. Dienstherrn verfolgten übergeordneten betrieblichen Zweck.[1581] Bei der Softwareentwicklung wird die Zweckübertragungsregel sogar gänzlich durch § 69b UrhG verdrängt.[1582] Für die Filmproduktion gilt der Grundsatz der Nachrangigkeit des § 31 V UrhG gegenüber

1576 *Haupt/Ullmann*, ZUM 2005, 883, 885.

1577 Siehe Nachw. Fn. 202.

1578 Vgl. BGH, GRUR 2005, 937 ff. – „Der Zauberberg"; *Wandtke* in: Wandtke/Bullinger, UrhR, § 43 Rn. 127 ff.; *Rojahn* in: Schricker/Loewenheim, UrhR, § 43 Rn. 9.

1579 *Kraßer* in: FS Schricker I, S. 77, 88; vgl. auch *Grützmacher* in: Wandtke/Bullinger, UrhR, § 69b Rn. 1.

1580 Siehe Nachw. Fn. 530 (Urheberpersönlichkeitsrechte) sowie Fn. 532 (Verwertungsrechte).

1581 *A. Nordemann* in: Fromm/Nordemann, UrhR, § 43 Rn. 27; *Rojahn* in: Schricker/Loewenheim, UrhR, § 43 Rn. 51 ff.

1582 BT-Drucks. 12/4022, S. 10; BGH, GRUR 2001, 155, 157 – „Wetterführungspläne I"; *Sack*, UFITA 121 (1993), 15, 24; *Dreier* in: Dreier/Schulze, UrhG, § 69b Rn. 9; *Grützmacher* in: Wandtke/Bullinger, UrhR, § 69b Rn. 19; *Loewenheim* in: Schricker/Loewenheim, UrhR, § 69b Rn. 12.

den Vermutungsregelungen nach §§ 88, 89 UrhG.[1583] Der vom Gesetzgeber beabsichtigte Verzicht auf eine enge Zweckbindung spricht allgemein gegen einen Rückfall der Unterlizenz.[1584]

Die gleiche Deutung ist dem Verzicht auf ein Zustimmungserfordernis zur Unterlizenzierung innerhalb dieser besonderen Rechtsverhältnisse zu entnehmen.[1585]

Darüber hinaus hat der Gesetzgeber speziell durch die Regelungen der §§ 88 ff. UrhG die Förderung der Verkehrsfähigkeit von Nutzungsrechten am Filmwerk mit Blick auf die hohen Herstellungskosten von Film- und Fernsehproduktionen forciert.[1586] Das Interesse des Rechtsverkehrs gegenüber denen des Urhebers wurde hier aufgewertet: So sind – neben dem Verzicht auf das Zustimmungserfordernis zur Unterlizenzierung – die Rückrufsrechte nach §§ 41, 42 UrhG ausgeschlossen (§ 90 S. 1 UrhG) und es gilt der Grundsatz der freien Übertragbarkeit der Produzentenlizenz (§ 94 II UrhG). Wird ein Lizenzvertrag mit dem Urheber bzw. Leistungsschutzberechtigten beendet, darf entsprechend den gesetzlichen Wertungen kein Rückfall der Filmlizenzrechte im Unterlizenzverhältnis eintreten.[1587] Denn würde stets ein Rechterückfall drohen, ginge dies mit einer unzumutbaren Rechtsunsicherheit einher, die die Filmwirtschaft erheblich beeinträchtigen würde. Dies würde die gesetzgeberische Intention, das finanzielle Risiko beim Filmlizenzgeschäft abzusichern, unterlaufen.[1588] Unsicherheiten zwischen Urheber und Filmhersteller dürfen sich daher erst recht nicht auf die nachfolgende Rechtekette auswirken.[1589] Zudem wäre den Berechtigten mit einem Rückfall keinesfalls gedient, da eine anderweitige sinnvolle Verwertung i.d.R. nicht möglich ist.[1590] Schließlich spricht im Rahmen der Filmverwertung noch ein weiteres Argument für einen generellen Fortbestand der Enkelrechte: Für den Unterlizenznehmer ist es bei der langen Kette von Lizenzverträgen faktisch unmöglich und rechtlich nicht zumutbar, den gültigen Rechtserwerb und die wirksame Rechteerhaltung auf allen Stufen verbindlich zu überprüfen und derart abzusichern, dass die Kette lückenlos ist und bleibt.[1591]

1583 *Manegold* in: Wandtke/Bullinger, UrhR, § 88 Rn. 5 f.; *N. Reber* in: v. Hartlieb/Schwarz, Hdb. Film-, Fernseh-, Videorecht, Kap. 51 Rn. 9.

1584 *Schwarz/Klinger*, GRUR 1998, 103, 112, in Bezug auf die Filmlizenz.

1585 *Schwarz/Klinger*, GRUR 1998, 103, 112, in Bezug auf die Filmlizenz.

1586 BT-Drucks. IV/270, S. 35, 98.

1587 *Schwarz/Klinger*, GRUR 1998, 103, 112; *Roth*, Filmrechte in der Insolvenz, S. 207; *Obergfell*, Filmverträge, S. 86 f.

1588 *Schwarz/Klinger*, GRUR 1998, 103, 112.

1589 *Nolden*, Abstraktionsprinzip im UrhR, S. 154 f.; *Obergfell*, Filmverträge, S. 86 f.; *Schwarz* in: v. Hartlieb/Schwarz, Hdb. Film-, Fernseh-, Videorecht, Kap. 160 Rn. 8; *Schwarz/Klingner*, UFITA 138 (1999), 29, 47 f.

1590 *Nolden*, Abstraktionsprinzip im UrhR, S. 155; *Schwarz/Klinger*, GRUR 1998, 103, 106 f.: Eine andere Interessenlage ist nur hinsichtlich der Urheber filmunabhängiger vorbestehender Werke gegeben.

1591 *Schwarz* in: v. Hartlieb/Schwarz, Hdb. Film-, Fernseh-, Videorecht, Kap. 160 Rn. 8; *Obergfell*, Filmverträge, S. 87.

Die erwähnten Sondervorschriften verfolgen insgesamt das Ziel, die Verwerter gegenüber den Urhebern in Abhängigkeitsverhältnissen zu privilegieren. Während der Werkverwerter das volle Investitionsrisiko trägt, ist der Urheber faktisch durch seine Vergütungsansprüche aus dem Arbeits-, Dienst- oder Auftragsverhältnis wirtschaftlich abgesichert und daher i.d.R. nicht darauf angewiesen, sein Werk zu verwerten.[1592] Zudem ist eine Werkverwertung im gewerblichen Umfang, wie sie z. B. durch das Softwareunternehmen oder im Bereich der angewandten Kunst erfolgt, durch den einzelnen Urheber aufgrund fehlender finanzieller, personeller und organisatorischer Mittel regelmäßig nicht möglich. Ein berechtigtes Interesse an der eigenständigen Ausübung durch den Urheber besteht oftmals nicht. Das Investitionsschutzinteresse der Verwerter ist hier von zentraler Bedeutung, zumal das Kostenrisiko nur tragbar ist, wenn die Verwertung nicht durch die Geltendmachung von Verbotsrechten der Urheber beeinträchtigt oder sogar verhindert werden kann. Dabei werden diese oftmals als Druckmittel eingesetzt, um eine weitere finanzielle Beteiligung zu erreichen. Der bessere Weg wäre aber, eine solche über § 32a UrhG durchzusetzen.

Von besonderer Bedeutung ist in diesem Kontext auch die Frage, ob sich eine zeitliche Beschränkung des Abhängigkeitsverhältnisses allgemein auf den Lizenzbestand auswirkt, also gleichsam eine dingliche Beschränkung der Lizenz bedingt. Zum Teil wird vertreten, dass die Nutzungsrechtseinräumung auf die Dauer des Arbeitsverhältnisses beschränkt sei und mit diesem ende.[1593] Die Annahme einer zeitlich auf das Arbeitsverhältnis beschränkten Rechtseinräumung widerspricht jedoch dem arbeitsrechtlichen Austauschgedanken,[1594] wonach das Arbeitsergebnis dem Arbeitsgeber grundsätzlich zeitlich unbeschränkt zusteht.[1595] Schließlich sei es der Arbeitgeber, der in die Herstellung und Verwertung des Rechts durch Vorfinanzierung des Schaffensprozesses investiert und damit das volle Kostenrisiko trägt. Im Gegenzug erhält der Arbeitnehmer für das Werkschaffen und ggfs. auch im Vorgriff für die später erfolgende Verwertung einen Arbeitslohn durch den Arbeitgeber.[1596] Eine kausale Abhängigkeit zwischen dem Arbeitsverhältnis und der Einräumung der Lizenz wird daher nach überzeugender Auffassung abgelehnt.[1597] Denn in vielen

1592 *Kraßer* in: FS Schricker I, S. 77, 88; *Sack*, BB 1991, 2165, 2166; *Schweikart*, Interessenlage im Urheberrecht, S. 24, 29 f., m.w.N.

1593 *Wandtke*, GRUR 1999, 390, 394; *ders.* in: Wandtke/Bullinger, UrhR, § 43 Rn. 76.

1594 *Sack*, BB 1991, 2165, 2169; *Kraßer* in: FS Schricker I, S. 77, 97: Die Lohnzahlungen bilden die Gegenleistung für die Einräumung der Nutzungsrechte. Ein darüber hinausgehender Vergütungsanspruch für die Nutzung nach Beendigung des Arbeitsverhältnisses besteht nicht.

1595 *Sack*, BB 1991, 2165, 2169.

1596 *Nolden*, Abstraktionsprinzip im UrhR, S. 143; vgl. ferner §§ 32 ff. UrhG, die einen hinreichenden materiellen Schutz des Arbeitnehmerurhebers gewährleisten.

1597 OLG München, Schulze, RzU, OLGZ 209, 1, 6 ff. (Ein Ausscheiden aus dem Arbeits- oder Dienstverhältnis begründet keinen Wegfall der Geschäftsgrundlage für die Nutzungsrechtseinräumung.); *Kraßer* in: FS Schricker I, S. 77, 97; *Dreier* in:

Fällen sei klar, dass das erstellte Werk auch nach Beendigung des Arbeitsverhältnisses durch den Arbeitgeber weiter genutzt werden soll.[1598] Eine anderweitige Regelung sei dagegen möglich, muss aber klar zum Ausdruck kommen.[1599]

Zusammenfassend ist festzuhalten, dass ein Heimfall der Unterlizenz die Wertungen des Gesetzgebers ins Gegenteil verkehren würde, wenn der gegenüber sonstigen Lizenzgeschäften privilegierte Rechtserwerb keinen dauerhaften Bestand hätte. Der Wegfall der Nutzungsberechtigung des Unterlizenznehmers nach Beendigung des Hauptlizenzvertrages wäre unbillig.[1600] Ist innerhalb dieser besonderen Rechtsverhältnisse der Lizenzvertrag rechtswirksam beendet worden, sollte dies grundsätzlich nicht auf den Bestand der Unterlizenz durchschlagen. Dies gebietet die besondere Interessenlage. Jedoch verbleibt dem Urheber die Möglichkeit, die dingliche Rechtsposition des Unterlizenznehmers ggf. direkt anzugreifen – so vor allem, wenn persönlichkeitsrechtliche Belange verletzt werden. Welche Möglichkeiten hier offen stehen, die abgespaltenen Enkelrechte wieder heimzuholen, soll noch geklärt werden.

2. Der Leistungsschutzberechtigte als Lizenzgeber

Ein besonderer Beurteilungsmaßstab könnte auch für den durch das Urheberrechtsgesetz privilegierten Leistungsschutzberechtigten, wie z. B. den Filmhersteller, den Tonträgerhersteller, den Datenbankhersteller etc., anzusetzen sein, auf deren Seiten rein kommerzielle Interessen streiten. All diesen Berechtigten ist gemein, dass sich in ihrer Hand eine komplexe Rechtsstruktur von urheberrechtlichen Nutzungsrechten und Leistungsschutzrechten vereinigt. Beispielhaft soll hier der Filmhersteller hervorgehoben werden:

Der Filmhersteller ist nicht nur Hauptlizenznehmer vorbestehender Werke, der Rechte am Filmwerk und der Leistungsschutzrechte der am Film Beteiligten. Gleichzeitig ist er selbst Inhaber eines Leistungsschutzrechts gem. § 94 UrhG, um eine sinnvolle Verwertung des von ihm produzierten Films zu gewährleisten.[1601] Es stellt sich die Frage, wie sich ein Bruch in der Rechtekette zwischen dem Filmhersteller und dem Verwerter erster Stufe auf einen nachgeordneten Verwerter auswirkt.

Die gesamte Struktur der §§ 88 ff. UrhG bezweckt einen besonderen Schutz des Filmherstellers, der seine Investitionen in die Filmherstellung durch eine angemessene Verwertbarkeit gesichert sehen will.[1602] Daher wird ein Rückfall der

Dreier/Schulze, UrhG, § 43 Rn. 20; *Nolden*, Abstraktionsprinzip im UrhR, S. 143; *Hunziker*, UFITA 101 (1985) 49, 60.

1598 BAG, GRUR 1984, 430, 432 – „Statikprogramme".

1599 BAG, GRUR 1984, 430, 432 – „Statikprogramme".

1600 *Schwarz/Klinger*, GRUR 1998, 103, 112, für die Filmlizenz; hinsichtlich der Softwarelizenz vgl. *Hoeren*, CR 2005, 773, 775.

1601 *Brehm*, Filmrecht, S. 72 f.

1602 BT-Drucks. IV/270, S. 35 f.; *Schwarz/Klinger*, UFITA 138 (1999) 29, 35 f.; *N. Reber* in: v. Hartlieb/Schwarz, Hdb. Film-, Fernseh-, Videorecht, Kap. 51 Rn. 1; *Roth*, Filmrechte in der Insolvenz, S. 49; *Brehm*, Filmrecht, S. 73.

Unterlizenzen allgemein befürwortet.[1603] Diese Auffassung verkennt jedoch, dass Sinn und Zweck der Sonderregelungen sich auf die Beziehungen zu den vielfältigen Urhebern und Berechtigten am Filmwerk beschränken und nicht auf die untergeordneten Rechtsverhältnisse, die eigenständig zu beurteilen sind, ausgeweitet werden können. Eine Sonderstellung hinsichtlich untergeordneter Verwerter kann folglich nicht begründet werden, sodass weitere Kriterien für eine Beurteilung des Bestands der Unterlizenz nach Wegfall der Hauptlizenz heranzuziehen sind. Dies gilt auch in Bezug auf alle anderen Leistungsschutzberechtigten.

3. *Die Lizenzierung über zur Wahrnehmung der Rechte des Urhebers Berechtigte*

Einen Sonderfall bildet die Lizenzierung von Nutzungsrechten über Wahrnehmungsgesellschaften, Verwertungsgesellschaften, Lizenzmanager und gleichartig operierende Gesellschaften, die damit betraut sind, die Rechte der Urheber oder auch Leistungsschutzberechtigten in deren Interesse wahrzunehmen.

Wahrnehmungsgesellschaften fungieren als Mittler der urheberrechtlich geschützten Leistung, d. h. eine Verwertung findet nicht statt.[1604] Im Vordergrund steht hier der (treuhänderische) Wahrnehmungs- bzw. Geschäftsbesorgungsvertrag.

Die meisten Wahrnehmungsverträge enthalten Klauseln, die einen Rückfall nach Vertragsbeendigung ohne Rückübertragungsakt anordnen.[1605] Kündigt der Urheber bzw. Leistungsschutzberechtigte den Vertrag, endet mit dem Wahrnehmungsvertrag auch die Berechtigung zur treuhänderischen Ausübung der eingeräumten Rechte im eigenen Namen.[1606] Ein solcher Rückfall ist freilich interessengerecht, da die Verwertungsgesellschaft nach Beendigung kein schützenswertes Interesse an der Zurückbehaltung der eingeräumten Rechte hat.[1607] Im Fall einer Lizenzkette fällt die Hauptlizenz also anheim. Damit ist jedoch noch nicht gesagt, was mit den Nutzungsberechtigungen der Verwerter passiert, die ihre Rechte mittelbar über eine Wahrnehmungsgesellschaft ableiten.

Die Lizenzierung über Wahrnehmungsgesellschaften ist für einige Verwerter bzw. Nutzer oftmals der einzig mögliche Weg, wenn Nutzungsberechtigungen nicht

---

1603 *Nolden*, Abstraktionsprinzip im UrhR, S. 155.

1604 *Haberstumpf/Hintermeier*, Einf. Verlagsrecht, S. 45.

1605 Vgl. etwa GEMA Muster-Berechtigungsvertrag (Fassung: 2010), § 11; VG Bild-Kunst Muster-Wahrnehmungsvertrag, § 11; GÜFA Muster-Berechtigungsvertrag für Produzenten, § 9 Abs. 2; GVL Muster-Wahrnehmungsvertrag für ausübende Künstler (Fassung: 01.02.2012), § 7 Abs. 3; VFF Muster-Wahrnehmungsvertrag für Filmhersteller (Fassung: 06.09.2012), Nr. 7.

1606 BGH, GRUR 1966, 567, 569 – „GELU".

1607 *Nolden*, Abstraktionsprinzip im UrhR, S. 139.

direkt vom Urheber eingeholt werden können.[1608] Zudem können etliche Verwertungsrechte nur durch Verwertungsgesellschaften wahrgenommen werden (vgl. etwa §§ 20b I 1, 26 V, 27 III UrhG). Die Zwischenschaltung einer zur Wahrnehmung der Rechte betrauten Gesellschaft ist aber nur dann sinnvoll, wenn ein störungsfreier Durchgangserwerb gewährleistet ist, d.h. wenn die Verwerter auf den Bestand der Rechte vertrauen können.[1609] Einige Verwertungsgesellschaften, wie z.B. die *VG Bild-Kunst* und die *GEMA*, haben die Problematik von Lizenzketten erkannt und in ihre Wahrnehmungsverträge Rückfallklauseln mit Drittschutz eingefügt:

VG Bild-Kunst Wahrnehmungsvertrag für die Berufsgruppen I und II, § 11:

„Die vor Beendigung dieses Wahrnehmungsvertrages für die Nutzung von Werken des ausgeschiedenen Berechtigten abgeschlossenen Verträge mit Dritten sind mit Wirkung für und gegen den Berechtigten auch über den Zeitpunkt des Ablaufs des Wahrnehmungsvertrages abgeschlossen."[1610]

GEMA Muster-Berechtigungsvertrag, § 11:

„Mit Beendigung des Vertrages fallen die Rechte an den bisherigen Berechtigten zurück, ohne dass es einer besonderen Rückübertragung bedarf. Jedoch soll zur Vermeidung einer Störung der öffentlichen Musikpflege die Auseinandersetzung bezüglich der zurückfallenden Urheberrechte in der Weise erfolgen, dass die Musikverbraucher, deren Verträge vor Beendigung dieses Berechtigungsvertrages für die Nutzung von Werken des ausgeschiedenen Berechtigten abgeschlossen wurden und über den Zeitpunkt des Ablaufs des Berechtigungsvertrages hinaus bestehen, für die ganze Dauer ihrer Verträge zur Nutzung befugt bleiben."[1611]

Wird der Wahrnehmungsvertrag beendet, erscheint es grundsätzlich interessengerecht, einen Fortbestand der Unterlizenzen anzunehmen, denn die Verwertung durch Dritte war ja gerade das Ziel des abgeschlossenen Wahrnehmungsvertrages und der damit verbundenen (treuhänderischen) Rechtseinräumung. Diese Auffassung vertrat auch das OLG Hamburg in der Entscheidung „Feliksas Bajoras" vom 23.10.1997. Das Gericht stellte fest, dass die von der ehemaligen staatlichen *Allunions-Agentur für Urheberrechte* der UdSSR vergebenen Nutzungsrechte an einem Werk des Komponisten *Bajoras* auch nach Auflösung der Organisation fortbestehen und betonte dabei, dass die Agentur kein typischer Nutzungsberechtigter erster Stufe, sondern eine Art gesetzlicher Vertreter für die Nutzungsrechtsvergabe gewesen sei.[1612] Der Entscheidung ist im Ergebnis zuzustimmen. Das Interesse der Nutzer bzw. Verwerter

---

1608 Zur wirtschaftlichen Bedeutung von Wahrnehmungsgesellschaften in der Lizenzkette siehe 2. Teil, C.

1609 So auch *Nolden*, Abstraktionsprinzip im UrhR, S. 140.

1610 Abrufbar unter: http://www.bildkunst.de/uploads/media/WV_BG_I-II_Muster.pdf.

1611 Abrufbar unter: https://www.gema.de/fileadmin/user_upload/Musikurheber/Informationen/Berechtigungsvertrag.pdf.

1612 OLG Hamburg, GRUR Int. 1998, 431, 435 – „Feliksas Bajoras".

überwiegt im speziellen Fall der Lizenzierung über Wahrnehmungsgesellschaften, sodass die Verträge auch nach Beendigung des Wahrnehmungsvertrages in dem gewährten Umfang fortbestehen.

IV. Die Vertragsgestaltung als Beurteilungskriterium?

Ein weiteres Kriterium der Beurteilung des Fortbestands der Unterlizenz könnte die besondere Ausgestaltung des Haupt- und auch des Unterlizenzvertrages im Einzelfall darstellen.

So sind z.B. im Hauptlizenzverhältnis Konstellationen denkbar, in denen sich der Schutzrechtsinhaber seiner Befugnisse nahezu vollständig begibt. Dies könnte im Fall der Vertragsbeendigung für einen Bestand der Unterlizenz sprechen. Solche Vertragsgestaltungen sind im Urheberrecht von besonderer Relevanz, da hier eine translative Übertragung nicht möglich ist.[1613] Im Rahmen von sog. Buy-out-Verträgen wird durch die Vertragsparteien ein einmaliger Leistungsaustausch in Form einer möglichst umfassenden Verfügung über die Nutzungsrechte angestrebt. Derartige Verträge sind typischerweise so ausgestaltet, dass sich der Urheber gegen ein Pauschalhonorar zur ausschließlichen, inhaltlich und räumlich unbeschränkten Nutzungsrechtseinräumung für die gesamte Dauer der urheberrechtlichen Schutzfrist verpflichtet.[1614] Wirtschaftlich bedeutet eine solche Vertragsgestaltung faktisch den Kauf sämtlicher urheberrechtlicher Befugnisse. Regelmäßig ist hiermit eine Generaleinwilligung zur Unterlizenzierung verbunden. Rechtlich sind derartige Verträge oftmals als Kaufverträge ausgestaltet. Ob tatsächlich ein Rechtskauf vorliegt, ist danach zu beurteilen, ob die Überlassung für immer oder auf Zeit erfolgt und ob die Parteien im zweiten Fall damit rechnen, dass das Recht nach Ablauf der Vertragszeit bzw. nach dem ersten ordentlichen Kündigungstermin noch werthaltig ist. Ist das Recht für die Parteien nach Vertragsende wertlos oder ist es von vornherein für immer überlassen, liegt i.d.R. ein Rechtskauf vor. In allen anderen Fällen wird für eine Anwendbarkeit der Regelungen über die Rechtspacht plädiert.[1615] Eine derartige Vertragsgestaltung im Hauptlizenzverhältnis könnte für den Unterlizenznehmer einen Vertrauenstatbestand gesteigerter Art begründen. Dies bedeutet jedoch nicht, dass das Vertragsverhältnis unauflösbar ist. So sind vielfältige Gründe der Beendigung des Hauptlizenzverhältnisses denkbar, die einen Fortbestand der Unterlizenz nicht rechtfertigen. Die Ausgestaltung des Hauptlizenzvertrages gilt mithin nicht als entscheidungserhebliches Kriterium.

Etwas anderes könnte jedoch im Hinblick auf die Ausgestaltung des Umfangs der Unterlizenz gelten. Ist die Unterlizenz als Einmallizenz erteilt worden und ist

---

1613 Vgl. § 29 I UrhG sowie die Ausführungen zum monistischen Prinzip unter 4. Teil, A. III. 2.

1614 Hierzu ausführlich: *Jani*, Buy-Out-Vertrag, S. 39 ff.; *v. Westerholt/Joppich*, ZUM 2003, 262, 263; *v. Frentz/Marrder*, ZUM 2003, 94, 97, bezeichnen solche Vertragskonstellationen im Filmgeschäft als „outright sale“.

1615 *Harke* in: MüKo, BGB/Bd. 3/2012, § 581 Rn. 18.

die Nutzungsberechtigung bereits verbraucht, stellt sich die Problematik eines Fortbestands erst gar nicht. Ist die Unterlizenz als ausschließliche Befugnis ausgestaltet – ist es also der Wille der Vertragsparteien, dass der mittelnde Berechtigte einzelne Rechte gar nicht selbst ausübt –, muss geprüft werden, ob nicht ein Fall der translativen Weiterübertragung vorliegt, sodass der Dritte in die Rechtsstellung des direkten Vertragspartners eintritt. Der Zweifelsfall spricht jedoch für eine Unterlizenzierung.[1616] Fraglich bleibt, ob die besondere ausschließliche Rechtsstellung einen Fortbestand generell rechtfertigt.[1617] Eine solche Vertragskonstellation lag dem Fall „Take Five"[1618] zugrunde. Das LG München I sprach sich hier trotz ausschließlicher Nutzungsberechtigung des Unterlizenznehmers für einen Wegfall des Verlagsrechts nach Beendigung des Hauptlizenzvertrages aus.[1619] Dieses Ergebnis überzeugte in den Folgeinstanzen nicht.[1620] Denn auch wenn die Gefahr bestehe, dass der ursprüngliche Verleger bis zum Ablauf der Schutzfrist des streitgegenständlichen Werkes gehindert wäre, eine eigenständige Verwertung vorzunehmen oder durch Lizenzierung an Dritte vornehmen zu lassen,[1621] sei dies ein Risiko, dass er mit der Zustimmung zur Unterlizenzierung zumindest billigend in Kauf genommen hat und nicht nachträglich zulasten des Berechtigten überlagern kann.[1622] Ein genereller Fortbestand lässt sich aber aus einer solchen Rechtsstellung nicht ableiten.

Mithin erweisen sich die verschieden denkbaren Vertragskonstellationen nicht als entscheidungserhebliches Kriterium für die Beurteilung des Rechtsbestands der Unterlizenz, auch wenn hierdurch eine starke Rechtsposition des Unterlizenznehmers begründet wird.

V. Die „Werthaltigkeit" des Schutzrechts als Kriterium der Risikozuordnung?

Fraglich ist, ob eine Differenzierung zwischen Werken, die ökonomisch besonders bedeutsam sind, und solchen Schutzgütern, die einer besonderen „Werthaltigkeit" entbehren, ein maßgebliches Beurteilungskriterium für den Fortbestand der Unterlizenz darstellen kann. So könnte argumentiert werden, dass ein Fortbestand den Schutzrechtsinhaber im Zweifelsfall in ökonomischer Hinsicht überhaupt nicht beeinträchtigt. Eine solche Betrachtungsweise führt jedoch zu einer systematischen Inkonsistenz. Entscheidet man sich für einen Schutz, muss dieser mit allen Konsequenzen auch für solche geistigen Leistungen gelten, die von geringer

1616 Siehe 2. Teil, B.

1617 Vgl. *Haberstumpf* in: FS Hubmann, S. 127, 141, der den Subverleger in dieser Vertragskonstellation für besonders schutzwürdig hält.

1618 Zum Sachverhalt siehe 3. Teil, B. IV.

1619 LG München I, InstGE 12, 154, 157 ff. – „Take Five".

1620 BGH, GRUR 2012, 914, Rn. 19 – „Take Five"; OLG München, BeckRS 2012, 05500 – „Take Five".

1621 So die Argumentation des LG München I, InstGE 12, 154, 159 – „Take Five".

1622 So auch BGH, GRUR 2012, 914, Rn. 19 – „Take Five".

ökonomischer Relevanz sind. Eine systemwidrige Trennung, die von der vorgelagerten gesetzgeberischen Entscheidung zugunsten eines Schutzes abweicht, verbietet sich grundsätzlich.

Die „Werthaltigkeit“ des Schutzrechts eignet sich damit nicht als Beurteilungskriterium für den Bestand der Unterlizenz nach Wegfall der Hauptlizenz.

VI. Der Rang der Unterlizenz und die Stufe der Vertragsbeendigung innerhalb der Lizenzkette

Der Rang innerhalb der Lizenzkette ist ein weiterer Parameter, der einen Hinweis auf das Schicksal der Unterlizenz geben könnte. Je weiter hinten ein Lizenznehmer in der Rechtekette steht, umso schwieriger stellt sich eine effektive Absicherung gegen einen möglichen Rechtsverlust dar – seine Verhandlungsmacht ist erheblich beschränkt. Der Unterlizenznehmer bedarf daher eines besonderen Schutzes. Ein genereller Fortbestand kann dadurch jedoch nicht begründet werden.

Auch anhand der Stufe der Beendigung kann keine allgemeine Aussage getroffen werden. Tritt ein Störfaktor zwischen dem Schutzrechtsinhaber und seinem Vertragspartner auf, ist das Interesse an einem Rückfall der Unterlizenz vor allem dann groß, wenn persönlichkeitsrechtliche Belange betroffen sind. Betrifft die Störung dagegen nur ein nachgeschaltetes Glied, stehen sich kommerzielle Interessen gegenüber. Für eine interessengerechte Beurteilung müssen also weitere Kriterien hinzugezogen werden.

Dem Rang der Unterlizenz und auch der Stufe des Störfaktors innerhalb der Lizenzkette können damit keine allgemein gültigen Aussagen hinsichtlich des Fortbestands der Unterlizenz entnommen werden.

VII. Der Beendigungsgrund und die Risikosphäre

Einen entscheidenden Aspekt für die Beurteilung der Bestandsfestigkeit der Unterlizenz stellen der Beendigungsgrund und die darin wurzelnde Risikozuordnung dar. Von Relevanz ist hier die zentrale Frage, in wessen Risikosphäre der Umstand fällt, der zu einer Beendigung des Hauptlizenzverhältnisses geführt hat.

In der Literatur wird eine Differenzierung zwischen ordentlichen und außerordentlichen Beendigungsgründen vorgeschlagen: Die ordentliche Beendigung des Hauptlizenzvertrages sei schließlich für den Unterlizenznehmer vorhersehbar und entsprechend einkalkulierbar, weshalb seine Berechtigung enden müsse. Bei der außerordentlichen Beendigung spreche dagegen die Interessenlage für die Annahme eines Fortbestands.[1623] Diese Differenzierung für sich genommen reicht jedoch nicht aus, um eine angemessene Beurteilung vornehmen zu können. Dies erkannte auch das OLG München in der Entscheidung „Blu-ray Disc“ und nahm eine umfassende

1623 *Beck*, Lizenzvertrag im Verlagswesen, S. 82, 84; *v. Hase*, Musikverlagsvertrag, S. 44 ff.; *Karow*, Rechtsstellung des Subverlegers, S. 82 ff.; *Lange*, Lizenzvertrag im Verlagswesen, S. 96; *Haberstumpf* in: FS Hubmann, S. 127, 140 f. sowie S. 143.

Interessenwertung anhand der Betrachtung des Beendigungsgrundes vor.[1624] Hervorzuheben ist, dass das Gericht die Tatsache, dass die Unterlizenznehmerin nicht die Ursache für die Kündigung wegen Zahlungsunfähigkeit gesetzt hatte, in die Abwägungsentscheidung einbezog.[1625] Ähnlich ging auch das OLG Stuttgart in einem früheren Fall vor, indem es das Kriterium der Vorhersehbarkeit bei der Beurteilung berücksichtigte.[1626]

Der durch die Rechtsprechung eingeschlagene Weg überzeugt. Bei der Entscheidungsfindung sollten sowohl objektiv feststellbare als auch subjektive Faktoren der Beendigung des Hauptlizenzverhältnisses Berücksichtigung finden – erstere im Rahmen einer Untersuchung des Beendigungstatbestands, letztere im Kontext einer ggf. notwendigen Abwägung, die letztlich auch der I. Zivilsenat des BGH seinen Entscheidungen durchweg zugrunde legte.

B. Die unterschiedlichen Fälle des Wegfalls des Tochterrechts und deren Auswirkungen auf den Fortbestand der Enkelrechte

Die Gründe der Beendigung eines Hauptlizenzvertrages und ein damit verbundener Rückfall der Tochterrechte können vielfältiger Art sein und sich unterschiedlich auf den Fortbestand der Enkelrechte auswirken. Für die Untersuchung der Problematik wurden bereits in der Literatur unterschiedliche Ansätze vorgeschlagen:

So befürwortet *Behrendt* eine Differenzierung zwischen drei Beendigungstatbeständen.[1627] Das natürliche Ende des Hauptlizenzvertrages durch Ablauf der im Vertrag vorgesehenen Zeit soll regelmäßig zu einem Wegfall der Berechtigung des Unterlizenznehmers führen.[1628] Die vorzeitige, im Vertrag nicht geregelte Beendigung des Hauptlizenzvertrages, wie z. B. die Kündigung aus wichtigem Grund oder die Kündigung infolge Nichtzahlung der fälligen Lizenzgebühr, soll dagegen die Unterlizenz unberührt lassen.[1629] Die dritte Alternative erfasst das vorzeitige Ende des Hauptlizenzvertrages aufgrund einer im Vertrag vorgesehenen Klausel. Der Vollrechtsinhaber könnte sich z. B. vertraglich ein Kündigungsrecht vorbehalten haben. Auch hier habe der Fortfall der Hauptlizenz auf den Bestand des Enkelrechts keinen Einfluss. Denn regelmäßig sei davon auszugehen, dass der im Vertrag enthaltene

---

1624 OLG München, GRUR-RR 2011, 303, 304 – „Blu-ray Disc".

1625 OLG München, GRUR-RR 2011, 303, 304 – „Blu-ray Disc".

1626 OLG Stuttgart, FuR 1984, 393, 397 – „Puzo-Bestseller": „Im Falle der vorzeitigen unfreiwilligen Beendigung des urheberrechtlichen Nutzungsrechts wirkt sich eine diesem schon bei der Begründung des Nutzungsrechts innewohnende Schwäche aus, die sich (...) auch unmittelbar auf das Lizenzrecht auswirken kann."

1627 *Behrendt*, GRUR 1933, 199.

1628 *Behrendt*, GRUR 1933, 199, 201.

1629 *Behrendt*, GRUR 1933, 199, 201.

Vorbehalt nicht dinglicher Natur sei.[1630] *Haberstumpf* schlägt vor, zwischen der ordentlichen und außerordentlichen Beendigung des Hauptlizenzvertrages zu differenzieren. Nur im ersten Fall soll der Unterlizenznehmer seine Berechtigung verlieren, weil er sich hierauf einstellen könne.[1631] Ähnlich unterscheidet *Esser* zwischen „willensabhängigen" und „willensunabhängigen" Vertragsbeendigungen.[1632]

Diese Ansätze erscheinen nicht durchweg plausibel. Viele Probleme bleiben unberücksichtigt und aufgegriffene Sachverhalte werden zu pauschalisierend abgehandelt. Die nachfolgende Untersuchung soll daher einen überzeugenderen Lösungsansatz bieten.

Der Entscheidung sollte in einem ersten Schritt eine Betrachtung des jeweils objektiv vorliegenden Beendigungstatbestands zugrunde gelegt werden. Hierbei erscheint es sinnvoll, eine Kategorisierung zwischen dinglich wirkenden Beendigungsgründen und solchen, die auf der Vertragsebene angreifen, vorzunehmen. Von besonderer Relevanz ist dabei, ob der Beendigungstatbestand rein kommerzieller oder ideeller Natur ist. Ebenso muss berücksichtigt werden, ob der Grund der Beendigung in der „Natur" des Rechts wurzelt. Ferner muss geklärt werden, wie sich ein Wegfall der Existenz des vorgelagerten Berechtigten auf die Unterlizenz auswirkt. Als Sonderfall soll auch die Insolvenz und mögliche Auswirkungen auf die Unterlizenz untersucht werden. Die Untersuchung rein objektiver Tatsachen wird jedoch nicht immer zu einem interessengerechten Ergebnis führen. Daher erscheint es ggf. in einem zweiten Schritt notwendig, zu prüfen, ob eine Abwägung anhand der subjektiven Interessen der Beteiligten und der konkreten Umstände des Einzelfalls vorgenommen werden muss.

I. Die dinglich wirkenden Gründe der Beendigung einer Nutzungsberechtigung

Dinglich wirkende Gründe der Beendigung einer Nutzungsberechtigung sind regelmäßig unabhängig von einer bestehenden vertraglichen Beziehung. Daher liegt die Annahme nahe, dass derartige Gründe gleichsam auch die Enkelrechte zu Fall bringen. Es wird sich allerdings zeigen, dass eine solche Rechtsfolge nicht immer eintritt. Zunächst sollen die dinglich wirkenden Beendigungsrechte in der Sphäre des Urheberpersönlichkeitsrechts untersucht werden. Sodann erfolgt eine Betrachtung der Auswirkungen dinglich wirkender Beschränkungen der Lizenz, die zu einer Beendigung der Nutzungsberechtigung des Hauptlizenznehmers führen.

1630 *Behrendt*, GRUR 1933, 199, 202.

1631 *Haberstumpf* in: Büscher/Dittmer/Schiwy, GewRS/UrhR/MedienR, Kap. 12, § 35 UrhG Rn. 4; *ders.* in: FS Hubmann, S. 127, 140 ff.

1632 *Esser*, Urheberrechtliche Lizenzen in der Insolvenz, S. 117 ff.

1. *Die dinglich wirkenden Beendigungsrechte in der Sphäre des Urheberpersönlichkeitsrechts*

Das Urheberrecht schützt den Rechtsinhaber nicht nur in seinen kommerziellen Belangen, sondern ermöglicht es dem Urheber auch, wegen Verletzungen seiner persönlichkeitsrechtlichen Interessen eine Beendigung der Nutzungsbeziehung herbeizuführen. Ausfluss des Urheberpersönlichkeitsrechts sind das Rückrufsrecht wegen gewandelter Überzeugung nach § 42 UrhG, das Rückrufsrecht wegen Nichtausübung gem. § 41 UrhG sowie das Rückrufsrecht nach § 34 III 2 UrhG bei einer wesentlichen Änderung der Programm- oder Eigentumsstruktur des lizenznehmenden Unternehmens, wobei anzumerken ist, dass – mit Ausnahme des Rechts nach § 42 UrhG – diese Rechte gleichfalls auch den vermögensrechtlichen Interessen des Urhebers zu dienen bestimmt sind.[1633]

Die Besonderheit des Rückrufs ist, dass dieser zum Schutz der ideellen Interessen des Urhebers nicht an eine vertragliche Beziehung anknüpft. Die Rückrufsrechte des Urhebers sind im Voraus unverzichtbare (vgl. §§ 41 IV 1, 42 II, 34 V 1 UrhG) Gestaltungsrechte mit unmittelbar verfügender (dinglicher) Wirkung (vgl. § 41 V UrhG).[1634] D.h. der Rückruf ist weder auf das Verpflichtungsgeschäft noch auf das Verfügungsgeschäft gerichtet, sondern betrifft das Nutzungsrecht selbst,[1635] obgleich die h.L. eine gleichzeitige Auflösung des zugrunde liegenden schuldrechtlichen Vertrages *ex nunc* annimmt.[1636] Das Nutzungsrecht fällt damit automatisch mit Wirkung für die Zukunft an den Urheber zurück.[1637] Diese Rechte kann ausschließlich der Urheber (ggf. auch sein Rechtsnachfolger) sowohl gegenüber seinem direkten Vertragspartner als auch gegenüber dem Unterlizenznehmer geltend machen.[1638]

Zum Teil wird daher die Auffassung vertreten, dass ein Rückruf der Nutzungsrechte, der aus Gründen der Gefährdung ideeller Interessen erklärt wird, regelmäßig auch auf die Unterlizenz durchschlägt und damit die abgeleiteten Rechte gleichfalls

---

1633 *Rauda*, GRUR 2010, 22, 23.

1634 *Wandtke/Bullinger* in: Wandte/Bullinger, UrhR, § 41 Rn. 1; *Nolden*, Abstraktionsprinzip im UrhR, S. 126.

1635 *Forkel*, Gebundene Rechtsübertragungen, S. 153; *Picot*, Abstraktion und Kausalabhängigkeit, S. 101.

1636 *Schulze* in: Dreier/Schulze, UrhG, § 41 Rn. 37; *Schricker/Peukert* in: Schricker/Loewenheim, UrhR, § 41 Rn. 24; *Wandtke* in: Wandtke/Bullinger, UrhR, § 41 Rn. 28; *J.B. Nordemann* in: Fromm/Nordemann, UrhR, § 41 Rn. 42; *Picot*, Abstraktion und Kausalabhängigkeit, S. 102, begründet diese Rechtsfolge anhand einer teleologische Reduktion.

1637 *Schricker/Peukert* in: Schricker/Loewenheim, UrhR, § 41 Rn. 24; *J.B. Nordemann* in: Fromm/Nordemann, UrhR, § 41 Rn. 40; siehe auch OLG München, ZUM 2008, 519, 520 – „Verfilmungsrecht".

1638 BT-Drucks. IV/270, S. 60 f.; *Beck*, Lizenzvertrag im Verlagswesen, S. 48; *Schricker/Peukert* in: Schricker/Loewenheim, UrhR, § 41 Rn. 24; *J.B. Nordemann* in: Fromm/Nordemann, UrhR, § 41 Rn. 7 f.

zum Erlöschen bringt.[1639] Diese Ansicht teilte der BGH in der „Reifen Progressiv"-Entscheidung für den Fall eines Rückrufs wegen unzureichender Ausübung gegenüber dem Hauptlizenznehmer nicht.[1640] Für welche Fälle ein Rückfall anzunehmen ist, soll nachfolgend mit Blick auf die beteiligten Interessen untersucht werden.

a. Der Rückruf von Nutzungsrechten wegen Nichtausübung nach § 41 UrhG

Das Rückrufsrecht wegen Nichtausübung nach § 41 UrhG dient dem schutzwürdigen Interesse des Urhebers, sein Werk zu veröffentlichen (vgl. § 12 UrhG), als entscheidende Voraussetzung dafür, dass Werk und Schöpfer bekannt werden.[1641] Übt der Nutzungsberechtigte die ihm eingeräumten ausschließlichen Nutzungsrechte nicht oder nur unzureichend aus und werden dadurch berechtigte Interessen des Urhebers verletzt (§ 41 I 1 UrhG), kann dieser nach Abwägung seiner Interessen mit denen des Verwerters und nach Setzen einer Nachfrist (§ 41 III UrhG) die Nutzungsrechte zurückrufen, soweit die fehlende oder unzureichende Ausübung des Nutzungsrechts nicht überwiegend auf Umständen beruht, deren Behebung dem Urheber zuzumuten ist (§ 41 I 2 UrhG).[1642]

Die Besonderheit des Rückrufsrechts wegen Nichtausübung besteht in dem bereits erwähnten doppelten Schutzziel.[1643] Da ein eingeräumtes ausschließliches Nutzungsrecht quasi eine Nutzungssperre für den Urheber bedeutet, muss dem Urheber die Möglichkeit gewährt werden, eine solche Vereinbarung wieder lösen zu können, soweit urheberpersönlichkeitsrechtliche Belange – der Urheber möchte u.U. durch eine weitreichende Werkverwertung bekannt werden – oder auch verwertungsrechtlichen Interessen – der einkommensorientierte Urheber möchte an einer Werkverwertung verdienen – einer Weiternutzung durch den ausschließlichen Lizenznehmer entgegenstehen.[1644] Die Norm enthält damit sowohl eine persönlichkeitsrechtliche als auch eine verwertungsrechtliche Komponente.[1645]

Dem Urheber steht dadurch ein erhebliches Druckmittel zur Verfügung, auch soweit eine Pflicht zur Ausübung weder gesetzlich besteht noch vertraglich

---

1639 *Beck*, Lizenzvertrag im Verlagswesen, S. 3 f. sowie S. 88 f.; *Katzenberger*, GRUR Int. 1983, 410, 421, spricht von einer „Drittwirkung der Rückrufsrechte".

1640 BGH, GRUR 2009, 946 – „Reifen Progressiv".

1641 BT-Drucks. IV/270, S. 60; *Alexander*, ZUM 2011, 382, 385.

1642 Zu den einzelnen Voraussetzungen des Rückrufs ausführlich: *Schricker/Peukert* in: Schricker/Loewenheim, UrhR, § 41 Rn. 13 ff.; *Möhring* in: FS Bappert, S. 129, 142 f.

1643 Siehe Nachw. Fn. 1633.

1644 *Wandtke* in: Wandtke/Bullinger, UrhR, § 41 Rn. 2; *Schulze* in: Dreier/Schulze, UrhG, § 41 Rn. 1.

1645 *Forkel*, Gebundene Rechtsübertragungen, S. 152; *Katzenberger*, GRUR Int. 1983, 410, 411; *Rauda*, GRUR 2010, 22, 23; *v. Gamm*, UrhG, § 41 Rn. 8; *Schricker/Peukert* in: Schricker/Loewenheim, UrhR, § 41 Rn. 4; vgl. auch BGH, GRUR 1955, 201, 204 – „Cosima Wagner"; anders dagegen *Ulmer*, Urheber- und Verlagsrecht, S. 372 f., der hierin einen rein persönlichkeitsrechtlich motivierten Tatbestand sieht.

vereinbart wurde.[1646] Erfolgt keine hinreichende Kommerzialisierung, besteht die Gefahr, dass der Verwerter sein Nutzungsrecht verliert.[1647] Anknüpfungspunkt des Rückrufsrechts ist folglich nicht eine bestehende vertragliche Beziehung, sondern die Frage, ob ein ausschließlich berechtigter Lizenznehmer, egal auf welcher Stufe der Lizenzkette er sich befindet, seine Berechtigung im Interesse des Urhebers tunlich ausübt.[1648] Der Urheber kann also auch ein Rückrufsrecht gegenüber dem Unterlizenznehmer erfolgreich geltend machen, allerdings nur in der Fallkonstellation, dass der ausschließliche Hauptlizenznehmer eine ausschließliche Unterlizenz erteilt hat, sodass dieser der einzige Ausübungsberechtigte ist und die entsprechenden Voraussetzungen des Rückrufs vorliegen. Hat dagegen der ausschließliche Hauptlizenznehmer nur eine einfache Unterlizenz erteilt, schließt bereits der Wortlaut des § 41 I 1 UrhG ein Rückrufsrecht gegenüber dem einfachen Berechtigten aus. Der Urheber muss sich in diesem Fall an den ausschließlich Berechtigten halten. Mithin stellt sich die Frage, ob mit dem Rückruf der ausschließlichen Hauptlizenz gleichsam ein Rückfall aller davon abgeleiteten einfachen Lizenzen verbunden ist.

Zum Teil wird argumentiert, dass durch den Rückruf das Werk vollständig dem Rechtsverkehr entzogen werden soll, was nur dann möglich sei, wenn der Urheber alle Nutzungsrechte vollständig zurückerhält.[1649] Eine solch pauschalisierende Annahme schießt jedoch über das Schutzziel der Norm hinaus. Aber auch ein genereller Fortbestand der einfachen Enkelrechte nach Rückruf des Tochterrechts[1650] erscheint nicht in jeder denkbaren Fallkonstellation sachgerecht, insbesondere dann nicht, wenn den Unterlizenznehmer eine Verwertungspflicht trifft.

Denkbar ist, dass weder der ausschließliche Hauptlizenznehmer noch sein Unterlizenznehmer nach Ablauf der entsprechenden Nutzungsfrist nach § 41 II UrhG eine Verwertung vorgenommen haben – trotz Verwertungspflicht. Der Urheber kann sein Rückrufsrecht dann nur gegenüber dem ausschließlichen Lizenznehmer ausüben, mit der Folge, dass diesem eine angemessene Frist zur hinreichenden Ausübung des Nutzungsrechts zu setzen ist (§ 41 III 1 UrhG). In diesem Zeitraum liegt es dann an ihm, einen Rückfall zu verhindern, indem er selbst Verwertungshandlungen vornimmt bzw. seinen Unterlizenznehmer dazu anhält. Sind beide nicht dazu im Stande und beruht die objektiv bereits feststehende Unzulänglichkeit der

1646 Bei der Ausübungspflicht handelt es sich um eine Obliegenheit, deren Verletzung keine Schadensersatzansprüche begründet, wohl aber die Rechtsposition des Verwerters verschlechtert, indem ein Rückrufsrecht des Urhebers entsteht. Die h.L. verwendet hierfür den Begriff „Ausübungslast". Siehe hierzu: *Ulmer*, Urheber- und Verlagsrecht, S. 373; *Schricker/Peukert* in: Schricker/Loewenheim, UrhR, § 41 Rn. 13; *Schack*, Urheber- und Urhebervertragsrecht, Rn. 634.

1647 *Rauda*, GRUR 2010, 22, 23.

1648 *Picot*, Abstraktion und Kausalabhängigkeit, S. 101; *Berger* in: Berger/Wündisch, Urhebervertragsrecht, § 1 Rn. 199.

1649 *Nolden*, Abstraktionsprinzip im UrhR, S. 125.

1650 So etwa *Hoeren*, CR 2005, 773, 776 f., der dies dem Sinn und Zweck des § 41 UrhG entnehmen will.

Nutzung auch nicht auf Umständen, deren Behebung dem Urheber zuzumuten sind, so erscheint es interessengerecht, nicht nur einen Rückfall der Hauptlizenz, sondern auch der Unterlizenz anzunehmen. Im Interesse des Urhebers soll dann die Möglichkeit bestehen, sein Werk anderweitig verwerten zu können, ohne dass das Urheberrecht durch Rechte belastet bleibt, die die Marktchancen verschlechtern. Dem persönlichkeitsrechtlichen Interesse des Urhebers, seinem Werk durch die Verwertung einem Bekanntheitsgrad zu verhelfen, möglicherweise auch das Interesse der Öffentlichkeit im Hinblick auf zukünftige Werke auf sich zu lenken, parallel zu dem Interesse, eine angemessene Vergütung zu erlangen, die regelmäßig bei fehlender Auswertung nicht realisiert werden kann, müssen in diesem Fall der Vorrang gewährt werden vor einem schlichten „Freihalteinteresse“ des Unterlizenznehmers. Kann weder er noch der ausschließliche Lizenznehmer das Werk hinreichend verwerten (vgl. auch den Fall der Unmöglichkeit nach § 41 III 2, 1. Alt. UrhG mit der Konsequenz, dass eine Nachfristsetzung entbehrlich ist) bzw. will er ohnehin keine Verwertung vornehmen (vgl. § 41 III 2, 2. Alt. UrhG), würde es nicht sachgerecht erscheinen, einen Fortbestand anzunehmen. Der wirksam ausgeübte Rückruf gegenüber dem ausschließlichen Hauptlizenznehmer muss dann auch gegenüber dem einfachen Unterlizenznehmer Wirkung entfalten. Alles andere würde den Sinn und Zweck der Norm ins Gegenteil verkehren. Schließlich kann ein Eingriff in die kommerziellen Interessen des Unterlizenznehmers im Einzelfall ggf. durch einen finanziellen Ausgleich über § 41 VI UrhG kompensiert werden.

In Bezug auf die bestehenden Nutzungsfristen ist jedoch einzulenken. Hat der Urheber einer Unterlizenzierung zugestimmt, muss sichergestellt sein, dass auch dem neuen Verwerter eine ausreichende Zeitspanne zur Ausübung des Nutzungsrechts gegeben wird. Zum Schutz des Unterlizenznehmers muss daher im Zeitpunkt der Unterlizenzierung ein Neulauf der Frist eintreten.[1651] Dem Einwand der Verschleppung der Verwertung durch Weiterübertragung oder weitere Unterlizenzierung kurz vor Fristablauf kann mit dem Argument entgegengetreten werden, dass der Urheber durch das Recht, die notwendige Zustimmung (§§ 34 I, 35 I UrhG) zu verweigern, einen angemessenen Schutz erfährt.[1652]

Im Hinblick auf die „Reifen Progressiv“-Entscheidung des BGH[1653] bleibt damit zu sagen, dass die Erwägungen des entscheidenden Senats im speziellen Fall sachgerecht waren. Eine unzureichende Ausübung der Unterlizenznehmerin wurde hier nicht vorgetragen. Lediglich die Nichtausübung seitens der Hauptlizenznehmerin wurde gerügt, sodass ein Rückfall der Unterlizenz nicht gerechtfertigt werden konnte.

1651 So bereits der Vorschlag der amtl. Begr., BT-Drucks. IV/270, S. 60; ebenso *J.B. Nordemann* in: Fromm/Nordemann, UrhR, § 41 Rn. 30.

1652 BT-Drucks. IV/270, S. 60.

1653 BGH, GRUR 2009, 946 – „Reifen Progressiv“.

Im Ergebnis erscheint ein Bestand sowohl der einfachen als auch der ausschließlichen Unterlizenz im Kontext des § 41 UrhG immer dann gerechtfertigt, wenn eine ausreichende Verwertung durch den Unterlizenznehmer vorgenommen wird.

b. Exkurs: Das Rücktrittsrecht des Verfassers nach § 17 VerlG

Gem. § 17 S. 3 VerlG ist der Verfasser berechtigt, bei Nichtausübung des Rechts zur Neuauflage vom Vertrag zurückzutreten.[1654] Auch wenn der Wortlaut von einem Rücktrittsrecht spricht, handelt es sich der Sache nach um ein Recht zum Rückruf des dem Verleger übertragenen Werknutzungsrechts wegen Nichtausübung, das insofern mit dem Rückrufsrecht des § 41 UrhG verwandt ist.[1655] Übt der Verfasser sein Rücktrittsrecht wirksam aus, wird das Verlagsverhältnis für die Zukunft beendet[1656] und der Verleger verliert das Recht, eine neue Auflage herzustellen.[1657] Hinsichtlich der bereits veranstalteten Auflagen bleibt das Vertragsverhältnis im Zweifel (vgl. § 38 II VerlG) solange bestehen, bis die bisherige Auflage vergriffen ist (§ 29 I VerlG).[1658] Das Verlagsrecht für die bisherige Auflage bleibt also unberührt, sodass auch die abgeleitete Unterlizenz fortbesteht. Lediglich das Recht zur Veranstaltung neuer Auflagen wird für die Zukunft zum Erlöschen gebracht.[1659] Durch das Rücktrittsrecht nach § 17 VerlG soll der Verfasser gleichermaßen wie durch das Rückrufsrecht nach § 41 UrhG in seinen ideellen und kommerziellen Interessen an einer angemessenen Verbreitung seines Werkes geschützt werden.

Mithin sind zum Fortbestand der Enkelrechte die gleichen Erwägungen anzustellen. Soweit der Verleger das Recht zur Neuauflage einem anderen Verlag eingeräumt hat und dieser von seinem Recht hinreichend Gebrauch macht, kann ein erklärter Rücktritt diesem gegenüber keine Wirkung entfalten. Sollte dies nicht der Fall sein, muss der Verfasser in der Lage sein, auch gegenüber dem Subverleger das Recht zur Neuauflage zum Erlöschen zu bringen, um eine anderweitige Verwertung vornehmen zu können. Im Interesse des Verfassers muss der Rücktritt dann auch gegenüber dem Subverleger Wirkung entfalten. Der Rücktritt greift jedoch in dieser Beziehung nicht an ein bestehendes Schuldverhältnis an, vielmehr wirkt er wie der Rückruf auf den Bestand des dinglichen Rechts ein. Die Wortwahl des Gesetzgebers

1654 BGH, GRUR 2011, 810, 811 – „World's End".

1655 BGH, GRUR 1970, 40, 43 – „Musikverleger"; *Ulmer*, Urheber- und Verlagsrecht, S. 460; *Schricker*, Verlagsrecht, § 17 Rn. 10; zur Abgrenzung vgl. BGH, GRUR 1986, 613 – „Ligäa": Wenn den Verleger eine Vervielfältigungs- und Verbreitungspflicht trifft, als Kern des Verlagsvertrages, verdrängt die speziellere Norm das allgemeine Rückrufsrecht nach § 41 UrhG.

1656 BGH, GRUR 1955, 256, 258 – „Ludwig Thoma; BGH, GRUR 1970, 40, 43 – „Musikverleger".

1657 *Schricker*, Verlagsrecht, § 17 Rn. 13.

1658 *Schricker*, Verlagsrecht, § 17 Rn. 14.

1659 *Schricker*, Verlagsrecht, § 17 Rn. 15.

und insbesondere der Verweis des § 37 VerlG sind hier verfehlt.[1660] Damit bedarf es auch gegenüber dem Subverleger einer Fristsetzung (§ 17 S. 2 VerlG), sodass dieser die Freiheit hat, zu entscheiden, ob er von seinem Recht zur Neuauflage doch noch Gebrauch machen will.

c. *Das Rückrufsrecht wegen gewandelter Überzeugung nach § 42 UrhG*

Das Rückrufsrecht wegen gewandelter Überzeugung ist primär persönlichkeitsrechtlich motiviert[1661] und weist einen besonderen Bezug zum Veröffentlichungsrecht nach § 12 UrhG auf,[1662] das die Entscheidung über das Ob und Wie der Veröffentlichung allein dem Urheber zuweist. Schutzgegenstand ist die persönliche Verbindung – das „innere Band" – zwischen dem Urheber und seinem Werk, welche nach der Veröffentlichung Veränderungen unterliegen kann.[1663] Entspricht das geschaffene Werk nicht mehr seiner Überzeugung, hält er es z.B. nach neuem Erkenntnisstand für fehlerhaft, überholt oder hat sich seine Einstellung zum Werk anderweitig geändert,[1664] und ist ihm die Verwertung des Werkes nicht mehr zumutbar (§ 42 I 1 UrhG),[1665] kann er die eingeräumten Nutzungsrechte zurückrufen und damit das Werk aus der Öffentlichkeit zurückziehen. Dies ist allerdings nur für die Zukunft möglich, d.h. weitere Nutzungen des Werkes kann der Urheber zwar verhindern, bestehende Werkexemplare können dagegen nicht zurückgefordert werden.[1666] Zum Schutz des Urhebers soll ein Rückruf unter besonderen Voraussetzungen (§ 42 I 2 UrhG) auch nach dem Tod des Urhebers möglich sein.

Dem persönlichkeitsrechtlichen Interesse des Urhebers an einem Rückruf stehen die Verwerterinteressen entgegen. In Abwägung beider hat sich der Gesetzgeber für die Einführung einer Entschädigungsregelung in § 42 III UrhG entschieden. Demnach tritt die Wirkung des Rückrufs erst ein, wenn der Urheber dem Lizenznehmer eine angemessene Entschädigung oder entsprechende Sicherheit geleistet hat (§ 42 III 3 UrhG). Hierbei handelt es sich um ein echtes Tatbestandsmerkmal,

---

1660 Ebenso bezeichnet *Schricker*, Verlagsrecht, § 17 Rn. 15, die Verweisung als irreführend. Anders dagegen ordnet er das Rücktrittsrecht nach § 17 VerlG als Kündigungsrecht ein.

1661 BT-Drucks. IV/270, S. 61; *Pahlow*, GRUR 2010, 112, 113; *Dietz/Peukert* in: Schricker/Loewenheim, UrhR, § 42 Rn. 1.

1662 *Alexander*, ZUM 2011, 382, 385; *Rauda*, GRUR 2010, 22, 23; *Dietz/Peukert* in: Schricker/Loewenheim, UrhR, § 42 Rn. 2.

1663 *Alexander*, ZUM 2011, 382, 385.

1664 *Rauda*, GRUR 2010, 22, 24 f., zu den Anforderungen an das Tatbestandsmerkmal der gewandelten Überzeugung nach § 42 UrhG.

1665 Zu den Voraussetzungen der Unzumutbarkeit: *Rauda*, GRUR 2010, 22, 25.

1666 BT-Drucks. IV/3401, S. 6; OLG Celle, ZUM 2000, 325, 326 – „Dissertationsexemplare": Kein Rückforderungsrecht bei gewandelter Überzeugung aufgrund Erschöpfung des Verbreitungsrechts gem. § 17 II UrhG.

d.h. von der Zahlung hängt die Wirksamkeit des Rückrufs ab.[1667] Außerdem trifft den Urheber, der sein Werk erneut verwerten will, eine Wiederanbietungspflicht (§ 42 IV UrhG), sodass der Urheber sich nicht mit dem Argument der gewandelten Überzeugung lösen kann, um eine anderweitige Verwertung vorzunehmen.[1668]

Die Entschädigungspflicht zum einen und der fehlschlagende Anspruch auf Herausgabe der körperlichen Werkexemplare zum anderen sind zwar Ursachen für die bislang geringe Praxisrelevanz der Norm.[1669] Die Bedeutung des Rückrufs wegen gewandelter Überzeugung könnte sich jedoch in der Web 2.0-Ära ändern. Immer mehr Internetnutzer produzieren mediale Inhalte selbst und verbreiten diese durch das breite Wirkungsspektrum des World Wide Web. Problematisch erscheint, dass das Internet nicht vergisst.[1670] Die Frage, ob sich der Rückruf auch auf die Unterlizenz auswirkt, könnte daher in Zukunft von weitaus größerer praktischer Bedeutung sein und soll nicht unbeantwortet bleiben.

Wird eine Lizenz gem. § 42 UrhG zurückgerufen, spricht sich die h.L. generell für einen Rückfall aller abgeleiteten Nutzungsrechte aus, egal ob es sich um ausschließliche oder einfache Berechtigungen handelt und unabhängig von der Stufe der Lizenzierung.[1671] Dies erscheint interessengerecht, denn durch den Rückruf soll das Werk vollständig dem Rechtsverkehr entzogen werden. Dies ist nur dann möglich, wenn alle Berechtigungen anheimfallen. Wichtig ist allerdings, dass das Rückrufsrecht gegenüber allen Nutzungsberechtigten tatsächlich geltend gemacht werden muss, d.h. der Rückruf muss auch gegenüber dem Unterlizenznehmer erklärt werden, denn nur dann kann ein Rückfall eintreten. Den Vertragspartner trifft hierbei eine Informationspflicht gegenüber dem Urheber hinsichtlich der Identität der Inhaber der abgeleiteten Rechte, deren Verletzung Schadensersatzansprüche auslösen kann.[1672]

Ein unmittelbarer Rückruf gegenüber dem Unterlizenznehmer ist damit möglich. Ein „Durchschlagen" des Rückrufs der Hauptlizenz auf die Unterlizenz ist dagegen im Interesse des Unterlizenznehmers abzulehnen, der sich andernfalls nicht auf die Entschädigungsregelung des § 42 III UrhG berufen könnte.[1673]

1667 *Rauda*, GRUR 2010, 22, 23; *Dietz/Peukert* in: Schricker/Loewenheim, UrhR, § 42 Rn. 29.

1668 BT-Drucks. IV/270, S. 61; *Rauda*, GRUR 2010, 22, 27; *Schack*, Urheber- und Urhebervertragsrecht, Rn. 635.

1669 *J.B. Nordemann* in: Fromm/Nordemann, UrhR, § 42 Rn. 2; vgl. auch OLG Celle, ZUM 2000, 325, 326 – „Dissertationsexemplare".

1670 *Rauda*, GRUR 2010, 22, 23.

1671 *Karow*, Rechtsstellung des Subverlegers, S. 86; *J.B. Nordemann* in: Fromm/Nordemann, UrhR, § 42 Rn. 15; *Nolden*, Abstraktionsprinzip im UrhR, S. 126.

1672 *J.B. Nordemann* in: Fromm/Nordemann, UrhR, § 42 Rn. 15.

1673 So auch *Dieselhorst*, CR 2010, 69, 71; *Rauer/Ettig*, WRP 2012, 1198, 1201 f.

d. *Exkurs: Das Rücktrittsrecht des Verfassers wegen veränderter Umstände nach § 35 VerlG*

Treten im Rahmen des Verlagsverhältnisses veränderte Umstände ein, die für den Verfasser bei Vertragsschluss nicht vorhersehbar waren, hat er das Recht, vom Verlagsvertrag zurückzutreten, solange mit der Vervielfältigung noch nicht begonnen wurde (§ 35 I 1 VerlG). Derartige Umstände müssen so gravierend sein, dass der Verfasser im Fall ihrer Kenntnis nach objektiven Maßstäben von einer Werkveröffentlichung Abstand genommen hätte.[1674] Unerheblich sind die persönlichen Verhältnisse des Verlegers.[1675] Zum Rücktritt berechtigt vor allem eine Änderung der religiösen, politischen oder wissenschaftlichen Anschauung des Verfassers.[1676] Tritt der Verfasser zurück, darf er das Werk innerhalb eines Jahres nicht anderweitig verlegen lassen und er schuldet dem Verleger Ersatz seiner Aufwendungen (§ 35 II VerlG).

Die Regelung überschneidet sich in ihrem Anwendungsbereich mit dem Rückrufsrecht nach § 42 UrhG. Keiner der beiden Behelfe schließt aber den anderen aus, vielmehr stehen sie in Konkurrenz zueinander.[1677] Das Schutzziel ist damit dasselbe: Der Urheber bzw. Verfasser soll ein Werk, das nicht mehr seiner Überzeugung entspricht, der Öffentlichkeit wieder entziehen, speziell eine geplante Vervielfältigung und Verbreitung verhindern können, wenn sein wissenschaftlicher, künstlerischer oder literarischer oder sogar sein menschlicher Ruf in der Öffentlichkeit gefährdet ist.[1678]

Der Zweck der Norm kann auch hier nur dann erreicht werden, wenn auch die Subverlagsrechte wieder anheimfallen. Ob es insoweit notwendig ist, den Wortlaut des § 35 I VerlG teleologisch zu reduzieren, kann dahingestellt bleiben, denn dem Urheber bleibt schließlich die Möglichkeit, einen Rechterückfall über § 42 UrhG herbeizuführen.

e. *Das Rückrufsrecht des Urhebers bei Veräußerung des Unternehmens des Lizenznehmers nach § 34 III 2 UrhG*

Ein weiteres Rückrufsrecht wird dem Urheber gem. § 34 III 2 UrhG für den Fall der Unternehmensveräußerung des Lizenznehmers gewährt.[1679] Grund hierfür ist, dass § 34 III 1 UrhG bei der Gesamtveräußerung eines Unternehmens oder der Veräußerung von Unternehmensteilen vom Erfordernis der Zustimmung für die Nutzungsrechtsübertragung eine Ausnahme macht, da es dem Unternehmer unzumutbar wäre, vor der Veräußerung mit sämtlichen Urhebern, mit denen Nutzungsverträge

---

1674 *Schricker*, Verlagsrecht, § 35 Rn. 5.
1675 *Schricker*, Verlagsrecht, § 35 Rn. 5.
1676 *Schricker*, Verlagsrecht, § 35 Rn. 6.
1677 *Schricker*, Verlagsrecht, § 35 Rn. 28.
1678 *Schricker*, Verlagsrecht, § 35 Rn. 1.
1679 Zu den einzelnen Voraussetzungen des Rückrufsrechts nach § 34 III 2 UrhG: *Berger* in: FS Schricker II, S. 223, 227 ff.

abgeschlossen wurden, in Kontakt treten zu müssen.[1680] Dadurch könnten jedoch berechtigte Interessen des Urhebers derart schwerwiegend verletzt sein, dass es ihm nicht zugemutet werden kann, die Nutzung seiner Werke durch den Erwerber hinzunehmen.[1681] Auch diese Norm beinhaltet damit beide Schutzrichtungen, eine persönlichkeitsrechtliche und eine verwertungsrechtliche.[1682] Anerkannt ist, dass das Rückrufsrecht aus Gründen der Rechtssicherheit nur befristet ausgeübt werden kann, wobei die Dauer weitestgehend umstritten ist.[1683] Gefordert wird in diesem Zusammenhang eine Informationspflicht des Veräußerers gegenüber dem Urheber.[1684] Weil die Ursache des Rückrufs in der Sphäre des Lizenznehmers liegt, trifft den Urheber hier keine Entschädigungspflicht.[1685]

Fraglich ist, ob sich ein wirksam ausgeübter Rückruf nach § 34 III 2 UrhG auch auf die durch das Erwerberunternehmen erteilten Unterlizenzen auswirkt. Solche Fälle sind durchaus denkbar, z.B. wenn kleine Verlage von größeren aufgekauft und Verlagslizenzen an Tochterunternehmen oder auch an externe Verlage erteilt werden, weil die Werke des Urhebers nicht mehr in das Verlagsrepertoire passen, sich aber dennoch als lukrativ erweisen.

Zuvorderst stellt sich die nicht unberechtigte Frage, wie sich das Rückrufsrecht allgemein auf die Rechtsverhältnisse auswirkt. Problematisch erscheint, dass der Norm ein Verweis auf § 41 V UrhG, wie ihn der Gesetzgeber in § 42 V UrhG geregelt hat, fehlt. Die Rechtsfolge ist daher umstritten:

Die h.L. spricht sich auch hier für eine unmittelbar verfügende Wirkung aus, sodass das Nutzungsrecht automatisch *ex nunc* an den Urheber zurückfällt.[1686] Für eine dingliche Wirkung spricht offenkundig die Verwendung der Begrifflichkeit „Rückruf". Dagegen wird argumentiert, dass die Interessenlage hier anders gelagert sei. Der Rückruf könne in den Fällen der §§ 41, 42 UrhG gegenüber jedem (ausschließlichen) Nutzungsberechtigten geltend gemacht werden und führt ggf.

1680 *Spautz* in: Möhring/Nicolini, UrhG, § 34 Rn. 14.

1681 *Wernicke/Kockentiedt*, ZUM 2004, 348, 349 ff., ausführlich zur Voraussetzung der Unzumutbarkeit für den Urheber nach Treu und Glauben.

1682 *Rauda*, GRUR 2010, 22, 23.

1683 *Schulze* in: Dreier/Schulze, UrhG, § 34 Rn. 39, schlägt eine Anknüpfung an § 314 III BGB vor und plädiert für eine Frist von mind. 2 Monaten (in Anlehnung an § 28 I VerlG a.F.); nach a.A. erscheint die Monatsfrist des § 613a VI 1 BGB als angemessen, so z.B. *Berger* in: FS Schricker II, S. 223, 232; *J.B. Nordemann* in: Fromm/Nordemann, UrhR, § 34 Rn. 33; *Wernicke/Kockentiedt*, ZUM 2004, 348, 353 f., halten eine Bestimmung der Fristdauer nach den Umständen des Einzelfalls für wahrscheinlich.

1684 *Wernicke/Kockentiedt*, ZUM 2004, 348, 354; *J.B. Nordemann* in: Fromm/Nordemann, UrhR, § 34 Rn. 33.

1685 *Schack*, Urheber- und Urhebervertragsrecht, Rn. 635.

1686 *Berger* in: FS Schricker II, S. 223, 232; *Schack*, Urheber- und Urhebervertragsrecht, Rn. 633; *Schricker/Loewenheim* in: Schricker/Loewenheim, UrhR, § 34 Rn. 47; *Schulze* in: Dreier/Schulze, UrhG, § 34 Rn. 39.

zu einer Entschädigungspflicht, während § 34 III UrhG anders strukturiert sei. Der Rückrufsgegner ist hier allein der Unternehmenserwerber, dem bewusst kein Recht auf Entschädigung eingeräumt wird.[1687] Die Norm bewirke daher lediglich einen Anspruch auf Rückübertragung der Nutzungsrechte und habe damit eine schuldrechtliche Wirkung.[1688] Letztere Auffassung hätte zur Konsequenz, dass ein etwaiger Rückruf die abgeleiteten Nutzungsrechte unberührt ließe, insbesondere da ein Rückruf nach § 34 III 2 UrhG gegenüber einem anderen Berechtigten als dem Unternehmenserwerber nach dem Wortlaut der Norm ausgeschlossen ist. Lediglich *Nordemann* vertritt die Auffassung, dass im Fall des Rückrufs auch alle übrigen abgeleiteten Rechte zurückfallen.[1689]

Die Annahme eines pauschalen Rückfalls aller abgeleiteten Nutzungsrechte überschreitet freilich den Schutzrahmen des § 34 III 2 UrhG. Der Urheber soll verhindern können, dass eine ihm unzumutbare Person sein Werk verwertet.[1690] Diese Unzumutbarkeit kann möglicherweise in der Person des Erwerbers, muss aber nicht in der Person des Unterlizenznehmers begründet sein. Die Ursache des Rückrufs wurzelt allein in der Person des Unternehmenserwerbers.[1691] Ausschlaggebendes Argument für einen Fortbestand der Unterlizenz ist schließlich, dass auch nach der Unternehmensveräußerung die Verwertung in der Rechtekette nur mit Zustimmung des Urhebers möglich ist. Hätte eine Unzumutbarkeit auch in Bezug auf die Person des Unterlizenznehmers bestanden, hätte der Urheber seine Zustimmung verweigern können. Hat er dies nicht getan, kann er sich nicht nachträglich darauf berufen, dass er aus persönlichen oder wirtschaftlichen Gründen nicht mit der Person des Verwerters einverstanden ist. Eine Prüfpflicht obliegt ihm im Voraus. Kommt er dieser nicht nach, kann er das übernommene Risiko nicht nachträglich auf den Unterlizenznehmer abwälzen. Dies wäre mit Blick auf das Investitionsschutzinteresses des Unterlizenznehmers nicht interessengerecht.

Ein Rückfall der Unterlizenz kann damit für den Fall des Rückrufs der Hauptlizenz gem. § 34 III 2 UrhG nicht begründet werden.

f. Verträge über unbekannte Nutzungsarten und der Widerruf nach § 31a I 3 UrhG

Neue Nutzungsarten beinhalten oftmals ein erhebliches Umsatzpotential vor allem für die Unterhaltungsindustrien.[1692] Der Gesetzgeber kam daher dem Regelungsbedürfnis nach und führte im *Zweiten Korb* § 31a UrhG ein, wonach Verträge über unbekannte Nutzungsarten ab dem 01.01.2008[1693] unter bestimmten Voraussetzung,

---

1687 *Nolden*, Abstraktionsprinzip im UrhR, S. 132.
1688 *Nolden*, Abstraktionsprinzip im UrhR, S. 133.
1689 *J.B. Nordemann* in: Fromm/Nordemann, UrhR, § 34 Rn. 34.
1690 *Nolden*, Abstraktionsprinzip im UrhR, S. 133.
1691 So auch *Nolden*, Abstraktionsprinzip im UrhR, S. 133.
1692 *Frey/Rudolph*, ZUM 2007, 13.
1693 Vgl. die Übergangsregelung nach § 137l UrhG.

speziell dem Schriftformerfordernis (§ 31a I 1 UrhG), zulässig sind.[1694] In der Lizenzkette besteht dagegen Vertragsfreiheit.[1695] Der Erwerber eines Nutzungsrechts an einer unbekannten Nutzungsart kann also auch Unterlizenzen erteilen.[1696] Die Norm soll den Urheber als ursprünglichen Inhaber aller Rechte schützen und ist damit Ausfluss seines Urheberpersönlichkeitsrechts.[1697] Ihm steht deshalb das Recht zu, die Rechtseinräumung gem. § 31a I 3 UrhG zu widerrufen.[1698] Zu berücksichtigen ist, dass das Widerrufsrecht nach Ablauf von drei Monaten erlischt, nachdem der andere die Mitteilung über die beabsichtigte Aufnahme der neuen Art der Werknutzung an den Urheber unter der ihm zuletzt bekannten Anschrift abgesendet hat (§ 31a I 4 UrhG).

Übt der Urheber sein Widerrufsrecht wirksam aus, fallen die eingeräumten Rechte an den zuvor unbekannten Nutzungsarten an den Urheber zurück, und zwar entsprechend der h.L. mit Wirkung *ex tunc*.[1699] Für eine bestehende Unterlizenz ergeben sich hieraus folgende Implikationen: Ist die Verfügung auf der ersten Ebene der Lizenzkette von Anfang an nichtig, so konnte aufgrund des fehlenden Gutglaubensschutzes im Lizenzverkehr[1700] der Unterlizenzgeber nicht wirksam verfügen, sodass das dingliche Rechtsgeschäft auf untergeordneter Ebene gleichfalls nichtig ist. Der Widerruf wirkt sich damit auch auf alle abgeleiteten Nutzungsrechte aus.[1701]

Dieses Ergebnis erscheint im Hinblick auf die Wahrung der urheberpersönlichkeitsrechtlichen Befugnisse interessengerecht. Der Urheber soll frei darüber entscheiden können, ob er mit der Nutzung seines Werkes auf die neue Art einverstanden ist. Diese Entscheidungsfreiheit wäre ihm genommen, würde eine Verwertung durch den Unterlizenznehmer für zulässig erklärt werden.

Der Widerruf darf jedoch nicht dazu benutzt werden, um eine Verwertung durch eine andere Person vornehmen zu lassen. Auch wenn der Gesetzgeber einer solchen unangemessenen Rechtsausübung nicht entgegengetreten ist, ist das Verhalten des Urhebers dennoch an den Grundsätzen von Treu und Glauben nach § 242 BGB

1694 BT-Drucks. 16/1828, S. 22, 24.

1695 *Spindler* in: Schricker/Loewenheim, UrhR, § 31a Rn. 20.

1696 *Frey/Rudolph*, ZUM 2007, 18; *Spindler* in: Schricker/Loewenheim, UrhR, § 31a Rn. 20.

1697 *Spindler* in: Schricker/Loewenheim, UrhR, § 31a Rn. 20; vgl. auch BT-Drucks. 16/5939, S. 31 f.; BT-Drucks. 16/1828, S. 24.

1698 Zu den Voraussetzungen des Widerrufs nach § 31a I 3 UrhG: *Schulze*, UFITA 2007/Bd. III, 641, 667 ff.

1699 *Schulze*, UFITA 2007/Bd. III, 641, 671; *Spindler* in: Schricker/Loewenheim, UrhR, § 31a Rn. 81 sowie Rn. 59; *Schulze* in: Dreier/Schulze, UrhG, § 31a Rn. 96; *Wandtke/Grunert* in: Wandtke/Bullinger, UrhR, § 31a Rn. 75; a.A. *J.B. Nordemann* in: Fromm/Nordemann, UrhR, § 31a Rn. 59.

1700 Siehe Nachw. Fn. 1112.

1701 *Schulze*, UFITA 2007/Bd. III, 641, 651 sowie 670 f.; *Spindler* in: Schricker/Loewenheim, UrhR, § 31a Rn. 81; im Ergebnis ebenso *J.B. Nordemann* in: Fromm/Nordemann, UrhR, § 31a Rn. 61, allerdings unter Heranziehung des Kausalitätsprinzips.

zu messen. Schließlich soll der Widerruf nicht den vermögenswerten Interessen dienen – hierfür bietet der § 32c UrhG ausreichend Möglichkeiten –, sondern den Urheber in seinen geistigen und persönlichen Beziehungen zum Werk schützen.[1702]

g. *Fazit*

Die Rückrufsrechte des Urhebers sind in ihrer Wirkung umfassend und greifen zum Schutz der ideellen Interessen auch über die vertragliche Ebene hinaus in den Rechtsbestand der Unterlizenz ein. Gezeigt werden konnte, dass ein Rückfall der Unterlizenz nur dann eintritt, wenn die Interessen des Urhebers tatsächlich durch das Handeln oder auch Unterlassen des Unterlizenznehmers bedroht sind. Im Fall der gewandelten Überzeugung konnte dies bejaht werden. Hinsichtlich einer unzureichenden Ausübung wurde aufgezeigt, dass eine Betrachtung im Einzelfall zwingend notwendig erscheint. Dagegen konnte ein Rückfall der abgeleiteten Rechte bei einer Unternehmensveräußerung verneint werden. Grundsätzlich überwiegen die urheberpersönlichkeitsrechtlichen Interessen, wenn sich der Urheber nachträglich gegen eine Verwertung seines Werkes auf eine ihm zum Zeitpunkt des Vertragsschlusses unbekannte Nutzungsart ausspricht, sodass der wirksame Widerruf auch auf die Rechtseinräumung im Unterlizenzverhältnis durchschlägt.

2. *Der Heimfall der Enkelrechte aufgrund dinglicher Beschränkung der Lizenz*

In der Literatur wird die Auffassung vertreten, dass das „natürliche Erlöschen“ der Hauptlizenz zu einem Heimfall der Enkelrechte führt.[1703] Gemeint ist damit ein Erlöschen, das in der Natur der Lizenz selbst begründet ist.[1704] Die Reichweite der Unterlizenz sei schließlich durch den dinglichen Bestand der Hauptlizenz beschränkt.[1705] In welchen Fällen der Beendigung der Nutzungsberechtigung des Hauptlizenznehmers aufgrund dinglicher Beschränkung gleichsam ein Heimfall der Unterlizenz anzunehmen ist, soll nachfolgend untersucht werden.

a. *Der Wegfall der Lizenz aufgrund zeitlicher Befristung*

Die Möglichkeit der zeitlichen Befristung der Lizenz ist in § 31 I 2 UrhG gesetzlich verankert. Eine ausdrückliche Regelung zur Beendigung des Vertragsverhältnisses bei bestimmter Vertragsdauer enthält darüber hinaus § 29 III VerlG, wonach der

---

1702 So auch *Berger*, GRUR 2005, 907, 909.

1703 *Nolden*, Abstraktionsprinzip im UrhR, S. 41; so bereits auch schon *Behrendt*, GRUR 1933, 199, 201, der von „natürlichen Beendigungsgründen“ spricht.

1704 *Nolden*, Abstraktionsprinzip im UrhR, S. 41.

1705 *Behrendt*, GRUR 1933, 199, 201; *Bühling*, GRUR 1998, 196, 198; a.A. *Sieger*, FuR 1983, 580, 586.

Verleger nach Ablauf der festgelegten Zeit nicht mehr zur Verbreitung etwaiger noch vorhandener Exemplare berechtigt ist.[1706]

Erhält der Hauptlizenznehmer eine zeitlich beschränkte Lizenz und endet die Zeitdauer, spricht sich die h.L. für einen Fortfall der davon abgeleiteten Rechte *ipso iure* aus.[1707] Grund hierfür ist die dingliche Rechtsnatur der zeitlichen Befristung, die der Lizenz innewohnt. Diese dingliche Schranke der Hauptlizenz gilt auch für jede weitere Unterlizenz.[1708] Denn alles andere wäre mit dem im Lizenzverkehr fehlenden Gutglaubensschutz unvereinbar, wonach der Unterlizenznehmer nicht mehr Rechte erwerben kann, als der Hauptlizenznehmer selbst hat.[1709]

Ein Fortbestand der dinglichen Unterlizenz über die zeitlich beschränkte Dauer der Hauptlizenz hinaus wird nur dann für möglich gehalten, wenn der Inhaber des Mutterrechts den Hauptlizenznehmer zur Einräumung einer solchen Lizenz ermächtigt hat (§ 185 BGB).[1710] In einem solchen Fall entspricht die fortdauernde Nutzungsberechtigung des Unterlizenznehmers dem Interesse der Beteiligten, sodass der Inhaber des Mutterrechts nicht schutzwürdig ist.

b. Der Wegfall der Lizenz aufgrund inhaltlicher Beschränkung

Fälle, in denen das Hauptlizenzverhältnis aufgrund einer inhaltlichen Beschränkung sein Ende findet, sind denkbar, wenn die Nutzungsberechtigung quantitativ beschränkt ist; so z. B. auf die Produktion einer bestimmten Menge, auf eine bestimmte Zahl von Auflagen, Abzügen (vgl. §§ 29 I, 5 VerlG) oder Aufführungen.[1711] Auch hierbei handelt es sich regelmäßig um eine dinglich wirkende Aufspaltung der Lizenz, die gleichermaßen die Berechtigung des Unterlizenznehmers in ihrer Reichweite beschränkt. Ist das im Hauptlizenzvertrag festgelegte quantitative Maß erreicht, gerät auch die Unterlizenz in Fortfall, denn auch hier fehlt es an dem notwendigen Gutglaubensschutz, um eine weitergehende Berechtigung des Unterlizenznehmers begründen zu können. Hat dagegen der Inhaber des Mutterrechts einer darüber hinausgehenden Nutzungsmöglichkeit des Unterlizenznehmers zugestimmt, muss

---

1706 *Fink*, Beendigung von Dauerschuldverhältnissen, S. 59 f.

1707 OLG München, FuR 1983, 605, 607 – „Alexis Sorbas“; *Nordemann*, GRUR 1970, 174; *Platho*, FuR 1984, 135, 138; *Karow*, Rechtsstellung des Subverlegers, S. 83; *v. Hase*, Musikverlagsvertrag, S. 44 f.; *Fink*, Beendigung von Dauerschuldverhältnissen, S. 30 f.; *Nolden*, Abstraktionsprinzip im UrhR, S. 41, 134; *Esser*, Urheberrechtliche Lizenzen in der Insolvenz, S. 117; so wohl auch die amtl. Begr. zum UrhG, BT-Drucks. IV/270, S. 30.

1708 *Beck*, Lizenzvertrag im Verlagswesen, S. 82; *Karow*, Rechtsstellung des Subverlegers, S. 83.

1709 *Nordemann*, GRUR 1970, 174; *Behrendt*, GRUR 1933, 199, 201; *Nolden*, Abstraktionsprinzip im UrhR, S. 134; *Karow*, Rechtsstellung des Subverlegers, S. 83; *v. Hase*, Musikverlagsvertrag, S. 45; *Fink*, Beendigung von Dauerschuldverhältnissen, S. 31.

1710 *Beck*, Lizenzvertrag im Verlagswesen, S. 82.

1711 Zu den möglichen inhaltlichen Beschränkungen einer Lizenz siehe 2. Teil, A. III.

er sich daran festhalten lassen. In diesem Fall besteht die Unterlizenz in dem durch die Parteien gebilligten quantitativ-zeitlichen Umfang fort.

c. Die Auswirkungen des Wegfalls des Schutzrechts auf die Enkelrechte

Gerät das geschützte Immaterialgüterrecht in Verfall, stellt sich die Frage, ob der Unterlizenznehmer weiterhin berechtigt ist, Verwertungshandlungen vorzunehmen.

aa. Der Ablauf der Schutzfrist

Das Urheberrecht erlischt 70 Jahre nach dem Tod des Urhebers (§ 64 UrhG). Das Werk wird damit gemeinfrei und kann von jedermann genutzt werden.[1712] Alle immateriellen Ausschließlichkeitsrechte – mit Ausnahme der Marke[1713] – unterliegen einem Verfallsdatum.[1714] Das gesetzliche Monopolisierungsversprechen soll nach einem gewissen Zeitraum, in dem der Schöpfer sein Recht durch Verwertung ausreichend ausgeschöpft und seine Inventionskosten hinreichend amortisiert hat, zugunsten der Allgemeinheit aufgelöst werden und das Werk soll den im freien Wettbewerb agierenden Verwertern zugänglich sein. Das immaterielle Eigentum wird damit zum Gemeingut.

Es wäre mithin verfehlt, einen Fortbestand aller abgespaltenen Lizenzrechte, die ein Vorgehen gegen andere Verwerter ermöglichen könnten, anzunehmen. Nach überzeugender Auffassung, erlöschen mit zeitlichem Ablauf der Ausschließlichkeitsrechte gleichsam alle eingeräumten Lizenzen und Unterlizenzen.[1715] Nicht ohnehin wird die Laufzeit von Lizenzverträgen regelmäßig auf die Dauer des Schutzrechts begrenzt, auch soweit keine ausdrückliche Vereinbarung getroffen wurde.[1716] Wurden Lizenzgebühren darüber hinaus entrichtet, besteht die Möglichkeit der Rückforderung durch Umwandlung des Unterlizenzvertrages in ein Abwicklungsverhältnis, denn das Schuldverhältnis bleibt hiervon unberührt.

1712 *v. Gamm*, UrhG, § 64 Rn. 7; *Lüft* in: Wandtke/Bullinger, UrhR, § 64 Rn. 13; *Soppe* in: Ahlberg/Götting, BeckOK UrhG, § 31 Rn. 48; *Fink*, Beendigung von Dauerschuldverhältnissen, S. 62.

1713 Die Marke schützt schließlich keine geistige Leistung im Interesse der Allgemeinheit, sondern erfüllt lediglich die Funktion, Waren und Dienstleistungen eines Unternehmens von denjenigen anderer Unternehmen zu unterscheiden (vgl. § 3 I MarkenG).

1714 Z.B. beträgt die Schutzdauer des Patents maximal 20 Jahre (§ 16 I 1 PatG), des Gebrauchsmuster maximal 10 Jahre (§ 22 I GebrMG).

1715 *v. Gamm*, UrhG, § 64 Rn. 7; *Nolden*, Abstraktionsprinzip im UrhR, S. 134; *Karow*, Rechtsstellung des Subverlegers, S. 73; *v. Hase*, Musikverlagsvertrag, S. 45; *Lüft* in: Wandtke/Bullinger, UrhR, § 64, Rn. 13; *Ullmann* in: Benkard, PatG, § 15 Rn. 64.

1716 *Haberstumpf* in: Büscher/Dittmer/Schiwy, GewRS/UrhR/MedienR, Kap. 10, § 31 UrhG Rn. 9; *Pahlow*, Lizenz, S. 739 f.; *Groß*, Lizenzvertrag, Rn. 477; *Plassmeier/Steden*, Lizenzverträge, § 1 Rn. 52; *Wohlfarth*, Taschenbuchrecht, S. 119; vgl. auch BGH, GRUR 2001, 223, 224 – „Bodenwaschanlage".

bb. Der Verzicht auf das Schutzrecht

Ein Verzicht des Urhebers auf sein Ausschließlichkeitsrecht im Ganzen ist grundsätzlich nicht möglich.[1717] Lediglich der Miturheber ist gem. § 8 IV UrhG in der Lage, auf seinen Anteil an den Verwertungsrechten zugunsten der anderen Miturheber zu verzichten, sodass dieser Teil den anderen Miturhebern anwächst. Bestehende Lizenzverträge bleiben jedoch hiervon unberührt.[1718]

Anders ist es dem Patentinhaber freigestellt, auf sein Patent durch schriftliche Erklärung an das Deutsche Patent- und Markenamt zu verzichten (§ 20 I Nr. 1 PatG). Der Verzicht bringt das Ausschließlichkeitsrecht *ex nunc* zum Erlöschen.[1719] Damit wird die Erfindung zum Gemeingut. Soweit aber der Patentinhaber über sein Patentrecht durch Erteilung einer ausschließlichen Lizenz teilweise verfügt hat, wird angenommen, dass ein Verzicht grundsätzlich nur mit Zustimmung des ausschließlichen Lizenznehmers möglich sei.[1720] Bei fehlender Zustimmung liege damit kein materiell wirksamer Verzicht vor, sodass die Lizenz fortbesteht, auch wenn bereits die Löschung des Patents in der Patentrolle vorgenommen wurde.[1721] Dieser Auffassung kann nicht gefolgt werden. Zwar obliegt dem Patentinhaber grundsätzlich eine Pflicht zur Aufrechterhaltung des Patents.[1722] Hierbei handelt es sich jedoch nicht um eine Verpflichtung *ipso iure*, sondern lediglich um eine Obliegenheit, ggf. auch um eine Verpflichtung *inter partes*, an deren Nichtbeachtung Schadensersatzansprüche geknüpft sein können. Der Patentinhaber soll in freier Verantwortung und alleiniger Bestimmung über sein Recht verfügen können. Eine Einschränkung des ihm durch Art. 14 I GG zugedachten Selbstbestimmungsrechts[1723] erscheint nicht gerechtfertigt. Somit wandelt sich die geschützte Erfindung im Fall des Verzichts zum Gemeingut und die hieran erteilten Lizenzen erlöschen. Die negativen Folgen eines Verzichts für die Lizenznehmer sind über das Leistungsstörungsrecht zu kompensieren.

cc. Der Fortfall des Schutzrechts aufgrund objektiver Tatsachen

Besondere Regelung zum Fortfall des Schutzrechts über den Verzicht und den Ablauf hinaus enthält das Urheberrechtsgesetz mangels eines formalisierten Verfahrens als Voraussetzung für die Entstehung des Schutzrechts im Gegensatz zum Patentgesetz nicht.

1717 *Schricker/Loewenheim* in: Schricker/Loewenheim, UrhR, § 33 Rn. 18; *J.B. Nordemann* in: Fromm/Nordemann, UrhR, § 33 Rn. 11; *Gleiss*, Fehlen und Wegfall des Schutzrechtes, S. 146.

1718 *Fink*, Beendigung von Dauerschuldverhältnissen, S. 77 f.

1719 BGH, GRUR 1999, 571, 572 – „Künstliche Atmosphäre“; *Mes*, PatG/GebrMG, § 20 PatG Rn. 21; *Osterrieth*, Patentrecht, Rn. 268.

1720 LG Düsseldorf, NJW 1953, 110 – „Patent-Verzicht“; *Kraßer*, Patentrecht, § 26 A. I. a) 4.

1721 LG Düsseldorf, NJW 1953, 110 – „Patent-Verzicht“.

1722 *Groß*, Lizenzvertrag, Rn. 266; *Osterrieth*, Patentrecht, Rn. 351 sowie Rn. 366; *McGuire*, Lizenz, S. 699 f., m.w.N.

1723 Siehe Nachw. Fn. 817.

Das Patentrecht regelt in § 21 PatG die Möglichkeit des Widerrufs des Patents und nach § 22 PatG kann das Patent für nichtig erklärt werden, wenn es an den materiellen oder formellen Voraussetzungen für das Entstehen des Patents mangelt. Die vormals geschützte Erfindung wird in diesen Fällen gemeinfrei. Damit erlischt nicht nur das Patent, sondern auch alle abgeleiteten Lizenzen. Die Nutzung wird damit ohne den Bestand einer Lizenz für jedermann möglich. In der Literatur herrscht hierüber Einigkeit, diskutiert wird lediglich die Frage nach einer Rückforderung von Lizenzgebühren.[1724] Hinsichtlich der Berechtigung des Unterlizenznehmers ist allerdings Folgendes zu berücksichtigen. Ist der Bestand des Mutterrechts und damit dessen dingliche Reichweite *ex tunc* weggefallen, weil das Schutzrecht nicht wirksam entstanden ist (vgl. § 21 III 1 PatG), konnte der vermeintliche Rechtsinhaber niemals eine wirksame Unterlizenz bestellen.[1725] Wird das Schutzrecht dagegen mit Wirkung *ex nunc* aufgelöst, endet die privilegierte Rechtsstellung des Unterlizenznehmers erst in diesem Zeitpunkt.

Eine weitere Besonderheit ergibt sich aus der Patentvindikation nach § 8 PatG. Nach überzeugender Auffassung erlöschen mit der Eintragung des Berechtigten in das Register (§ 30 III 3 PatG) die von dem Nichtberechtigten zuvor eingeräumten Lizenzen, d. h. § 15 III PatG findet hier keine Anwendung.[1726] Dies erscheint interessengerecht, denn schließlich hat der Berechtigte, dessen Erfindung von einem Nichtberechtigten angemeldet wurde, niemals einer Lizenzierung zugestimmt.

Trotz fehlender vergleichbarer Regelungen im Urheberrechtsgesetz sind ähnliche Konstellationen denkbar. Z.B. wenn ein Lizenzvertrag über die Verwertung eines vermeintlichen Werkes abgeschlossen wurde, sich nachträglich jedoch herausstellt, dass die Schutzvoraussetzungen des § 2 II UrhG nicht erfüllt sind.[1727] In diesem Fall lässt sich der patentrechtliche Ansatz übertragen. Wenn nie ein schutzfähiges Werk vorgelegen hat, konnte auch kein Urheberrecht entstehen, sodass hiervon auch keine Rechte abgeleitet werden konnten.[1728] Somit fehlte dem Lizenzvertrag von Anfang an der Vertragsgegenstand.[1729] Ein gutgläubiger Erwerb scheidet grundsätzlich aus.[1730] Auch hier bleibt lediglich die Problematik zu lösen, ggf. gezahlte Lizenzgebühren rückabzuwickeln.[1731]

1724 *Lunze*, ZGE 3 (2011), 282, 284 ff.; *McGuire/v. Zumbusch/Joachim*, GRUR Int. 2006, 682, 688 f.; *Nirk*, GRUR 1970, 329, 336 ff.; vgl. auch RG, GRUR 1943, 35, 38 – „Aluminiumblatt".

1725 *Pahlow*, Lizenz, S. 398.

1726 *Ohl*, GRUR 1992, 78, 79; *Benkard*, PatG, § 15 Rn. 113.

1727 Vgl. BGH, GRUR 1993, 40 ff. – „Keltisches Horoskop".

1728 *Lunze*, ZGE 3 (2011), 282, 284, allerdings krit. hinsichtlich einer Rückabwicklung des Vertragsverhältnisses.

1729 *Gleiss*, Fehlen und Wegfall des Schutzrechtes, S. 151.

1730 Siehe Nachw. Fn. 1112.

1731 *Gleiss*, Fehlen und Wegfall des Schutzrechtes, S. 148 ff.

dd. Sonderfall: Verträge über künftige Werke

Einen besonderen Fall der Beschränkung der dinglichen Reichweite der Lizenz und einen damit einhergehenden Fortfall der Nutzungsberechtigung regelt § 40 III UrhG, wonach die Einräumung von Nutzungsrechten an einem künftigen Werk unwirksam wird, wenn der Verpflichtungsvertrag beendet und das Werk noch nicht abgeliefert wurde. Erfasst sind damit Vorausverfügungen über das Urheberrecht am künftigen Werk,[1732] die ähnlich wie die Vorausabtretung einer noch nicht entstandenen Forderung dingliche Wirkung entfaltet.[1733] Die Einräumung des Nutzungsrechts ist zwar noch nicht vollends durchgeführt, soweit das Werk nicht geschaffen und abgeliefert wurde,[1734] dennoch ist das Verfügungsgeschäft wirksam und abstrakt vom Verpflichtungsgeschäft zu beurteilen.[1735]

Um diese Problematik zu lösen, ordnet der Gesetzgeber zum Schutz des Urhebers, der die Möglichkeit haben soll, die Verwertung seines Werkes, das zum Zeitpunkt des Vertragsschlusses noch nicht existiert hat, nochmal zu überdenken, in § 40 III UrhG die Unwirksamkeit der Nutzungsrechtseinräumung an, wenn sich der Urheber noch vor Ablieferung des Werkes für eine Vertragsbeendigung entscheidet. In diesem Fall erlöschen auch alle abgeleiteten Lizenzberechtigungen,[1736] die bis dahin nur als Anwartschaftsrechte und mithin als „leere Hülle" bestanden. Es erscheint somit sachgerecht, auch ein Erlöschen der abgeleiteten Enkelrechte anzunehmen, denn andernfalls könnte der Unterlizenznehmer aus eigenem Recht gegen Dritte oder gegen den Urheber vorgehen, auch wenn ein endgültiges Erstarken der Berechtigung zum Vollrecht nicht mehr beabsichtigt ist. Ziel ist es schließlich, dem Urheber die Chance zu geben, nach Abschluss des Schöpfungsaktes und noch vor Ablieferung die persönliche Beziehung zu seinem Werk neu zu überdenken und ggf. keine oder andere Verwertungsmöglichkeiten zu suchen. Dies ist nur dann möglich, wenn er bestehende dingliche Nutzungsberechtigungen wieder vollständig zum Erlöschen bringen kann.

d. Der Verzicht auf die Hauptlizenz

Für den Fall des Verzichts des Hauptlizenznehmers auf seine Lizenz ordnet § 33 S. 2, 2. Alt. UrhG die Weiterwirkung aller abgeleiteten Nutzungsrechte an.

1732 *Schricker/Peukert* in: Schricker/Loewenheim, UrhR, § 40 Rn. 3.

1733 *J.B. Nordemann* in: Fromm/Nordemann, UrhR, § 40 Rn. 11; vgl. auch *Schulze* in: Dreier/Schulze, UrhG, § 40 Rn. 7.

1734 Die Vorausverfügung begründet zunächst eine Anwartschaft auf das eingeräumte Nutzungsrecht (OLG München, NJW 2001, 618, 619 – „Regievertrag"), das erst mit Ablieferung des Werkes zum Vollrecht erstarkt (*Wandtke* in: Wandtke/Bullinger, UrhG, § 40 Rn. 20).

1735 *Schricker/Peukert* in: Schricker/Loewenheim, UrhR, § 40 Rn. 17.

1736 *Wandtke* in: Wandtke/Bullinger, UrhR, § 40 Rn. 19, spricht insoweit von einem automatischen Heimfall; ebenso: *Schulze* in: Dreier/Schulze, UrhG, § 40 Rn. 24; *Schricker/Peukert* in: Schricker/Loewenheim, UrhR, § 40 Rn. 17.

D.h. es tritt zwar ein Heimfall des Nutzungsrechts ein, auf das verzichtet wurde, hiervon abgeleitete dingliche Rechte muss der Urheber jedoch weiterhin gegen sich gelten lassen,[1737] egal auf welcher Stufe der Lizenzkette der Verzicht erfolgt.[1738] Dies erscheint interessengerecht, um den Unterlizenznehmer gegen einseitige Eingriffe in seine Rechtsstellung zu schützen.[1739] Der Verzicht betrifft jedoch – vergleichbar mit der Aufhebung des Nießbrauchs nach § 1064 BGB – ausschließlich die dingliche Berechtigung. Das zugrunde liegende Schuldverhältnis bleibt hiervon mit allen Rechten und Pflichten unberührt und kann nur durch ein zweiseitiges Rechtsgeschäft, also einen Erlassvertrag i.S.v. § 397 BGB oder einen Aufhebungsvertrag, beseitigt werden,[1740] mit der Konsequenz, dass eine Abwicklung der dem Urheber noch zustehenden Lizenzansprüche möglich erscheint.

Im Patentrecht existiert eine solche Regelung nicht. Der Unterlizenznehmer ist jedoch auch hier schutzwürdig. Der in § 15 III PatG geregelte Fall des Rechtsübergangs ist vergleichbar mit dem Verzicht auf die Lizenz, sodass die ähnliche Interessenlage für eine analoge Anwendung spricht. Eine durch den Gesetzgeber beabsichtigte Regelungslücke ist zudem nicht ersichtlich, sodass eine Schutzausweitung im Interesse des Unterlizenznehmers geboten erscheint. Ein Abweichen vom Schutz des urheberrechtlichen Unterlizenznehmers ließe sich ferner nicht rechtfertigen.

e. Fazit

Gerät die Hauptlizenz aufgrund einer dinglichen Beschränkung in Verfall, fällt auch die Nutzungsberechtigung des Unterlizenznehmers regelmäßig anheim. Grund hierfür ist der fehlende Gutglaubensschutz im Immaterialgüterrechtsverkehr. Etwas anderes gilt jedoch, wenn die Unterlizenz mit Zustimmung der Schutzrechtsinhabers über den Bestand des Tochterrechts hinaus mit dinglicher Wirkung erteilt wurde. Fällt dagegen das Schutzrecht nach Vertragsschluss fort oder gelangt es erst gar nicht zur Entstehung, führt die Gemeinfreiheit des Vertragsgegenstands zu einem Erlöschen der Nutzungsberechtigung zugunsten der Allgemeinheit. Einen ähnlich gelagerten Fall betreffen die Verträge über künftige Werke, mit der Maßgabe, dass hier nicht die Entstehung des Werkschutzes von Relevanz ist, sondern die Ablieferung des Werkes. Mit Beendigung des Hauptlizenzvertrages erlöschen grundsätzlich alle abgeleiteten Anwartschaftsrechte und damit auch die Unterlizenz, soweit das Werk nicht abgeliefert wurde. Dagegen berührt der Verzicht des Hauptlizenznehmers den Bestand der Enkelrechte grundsätzlich nicht.

1737 *Schricker/Loewenheim* in: Schricker/Loewenheim, UrhR, § 33 Rn. 19; *Wandtke/Grunert* in: Wandtke/Bullinger, UrhR, § 33 Rn. 7.
1738 *Schricker/Loewenheim* in: Schricker/Loewenheim, UrhR, § 33 Rn. 20.
1739 *Schricker/Loewenheim* in: Schricker/Loewenheim, UrhR, § 33 Rn. 21.
1740 *Nolden*, Abstraktionsprinzip im UrhR, S. 136.

3. *Die fehlende Zustimmung zur Unterlizenzierung*

Dass die zur Unterlizenzierung erforderliche Zustimmung des Schutzrechtsinhabers Voraussetzung für die wirksame Einräumung der Unterlizenz ist, wurde bereits umfangreich erörtert.[1741] Da es sich gleichermaßen um eine dingliche Beschränkung der Lizenzerteilung handelt, sei der Vollständigkeit halber nochmals wiederholt: Fehlt die Zustimmung des Schutzrechtsinhabers zur Unterlizenzierung und liegt auch kein Ausnahmetatbestand vor, kann kein wirksamer dinglicher Erwerb durch die Person des Unterlizenznehmers stattfinden, sodass der vermeintliche Unterlizenznehmer zu keinem Zeitpunkt zur Nutzung befugt ist.[1742] Die Unterlizenz ist von Anfang an nicht entstanden.

II. Die Existenz des Vertragspartners und die Frage des Fortbestands

Weiterhin stellt sich die Frage, ob die Existenz der Person des Schutzrechtsinhabers oder auch des Unterlizenzgebers maßgeblich für den Bestand der Unterlizenz ist. Zu denken ist hier insbesondere an den Wechsel der Vertragsparteien durch Gesamt- und Einzelrechtsnachfolge.

Handelt es sich beim Schutzrechtsinhaber bzw. beim Hauptlizenznehmer um eine natürliche Person, wird das Vertragsverhältnis durch den Tod grundsätzlich nicht beendet. Dieses wird mit den Erben fortgesetzt.[1743] Gleiches gilt für die Gesamtrechtsnachfolge in Fällen, wie z. B. der Fusion von Gesellschaften, Umwandlungen und Einbringungen, in denen der Rechtsnachfolger an die Stelle des Rechtsvorgängers rückt.[1744]

Auch bei der Einzelrechtsnachfolge ist die Rechtslage eindeutig. Während ein Wechsel des Urhebers nur in Ausnahmefällen nach § 29 I UrhG möglich ist, können Patentrechte nach § 15 I PatG frei übertragen werden. Ein solcher Inhaberwechsel berührt nach dem Willen des Gesetzgebers bestehende Nutzungsrechte bzw. Lizenzen grundsätzlich nicht (§ 33 S. 2, 1. Alt. UrhG, § 15 III, 1. Alt. PatG). Dies gilt gleichfalls für die abgeleiteten dinglichen Unterlizenzen. Ebenso vom Wortlaut der Normen erfasst ist der Wechsel der Rechtsinhaberschaft des unterlizenzierenden Hauptlizenznehmers. Auch in diesem Fall bestehen die abgeleiteten Enkelrechte fort.[1745]

Einen Sonderfall bildet dagegen die Konstellation der Beendigung der Existenz des Unterlizenzgebers als juristische Person ohne Überleitung der Rechte auf Dritte als Rechtsnachfolger; so z. B. wenn die lizenznehmende Gesellschaft nach Abschluss des Insolvenzverfahrens und Liquidation gelöscht wird. Folgerichtig fallen

---

1741 Siehe hierzu die Ausführungen unter 6. Teil, A. II.

1742 Vgl. auch LG Hamburg, ZUM-RD 2009, 403, 406 – „Schreibtischunterlage".

1743 *Krüger-Nieland*, UFITA 89 (1981), 17, 21, hinsichtlich des Verlagsvertrages.

1744 *Plassmeier/Steden*, Lizenzverträge, § 1 Rn. 80.

1745 *Schricker/Loewenheim* in: Schricker/Loewenheim, UrhR, § 33 Rn. 17.

die Lizenzrechte der gelöschten Gesellschaft an den Inhaber des Mutterrechts zurück, denn die Zweckbestimmung, also die Verwertung der lizenzierten Rechte, kann nicht mehr erreicht werden, wenn der Lizenznehmer endgültig aufhört zu existieren.[1746] Eine andere Wertung, so deutet auch das OLG München an, könnte dann vorzunehmen sein, wenn vor der Liquidation über die Rechte verfügt wurde, sodass damit gewährleistet ist, dass auch künftig eine sinnvolle Verwertung vorgenommen werden kann.[1747] Fraglich ist, ob bestehende Unterlizenzen auch dann fortbestehen, wenn die lizenzgebende Gesellschaft gelöscht wurde. Die Interessenlage ist hier vergleichbar mit dem Fall des Verzichts des Hauptlizenznehmers. Der Unterlizenznehmer hat, soweit er Verwertungshandlungen bereits vorgenommen hat oder dies zumindest beabsichtigt, ein schutzwürdiges Interesse am Bestand seiner Berechtigung. Daher muss der Schutzrechtsinhaber, der einer Verwertung durch die Person des Unterlizenznehmers zugestimmt hat, die bestehende Unterlizenz auch dann gegen sich gelten lassen, wenn das Tochterrecht aufgrund Beendigung der Existenz des Unterlizenzgebers wieder an ihn zurückgefallen ist. Eine analoge Anwendung des § 33 S. 2, 2. Alt. UrhG erscheint in diesem Fall interessengerecht.

Im Ergebnis ist festzuhalten, dass ein Wechsel in der Inhaberschaft des Immaterialgüterrechts und auch in der Person eines vorgeschalteten Lizenznehmers in der Lizenzkette den Bestand der abgeleiteten Rechte und damit auch der Unterlizenz grundsätzlich nicht berührt. Dies gilt auch, wenn der Unterlizenzgeber, etwa durch Löschung der lizenznehmenden Gesellschaft, aufhört zu existieren.

III. Die Beendigung des schuldrechtlichen Hauptlizenzvertrages und die Frage des Fortbestands der Enkelrechte

Während die Frage des Fortbestands der Unterlizenz in Fällen des Wegfalls der dinglichen Berechtigung in allen denkbaren Konstellationen relativ eindeutig beantwortet werden konnte, soll nunmehr die Frage geklärt werden, wie sich verschiedene Beendigungsgründe, die primär den schuldrechtlichen Hauptlizenzvertrag angreifen, auf den Bestand der Hauptlizenz auswirken. Denkbare Fallgestaltungen sind mannigfaltig und die zu berücksichtigenden Interessen sehr unterschiedlich, weshalb eine allgemeine Beurteilung kaum möglich ist. Sinnvoll erscheint es daher, für die Untersuchung eine Differenzierung zwischen anfänglichen und nachträglichen Beendigungsgründen vorzunehmen. Denn wie sich zeigen wird, spielen die Frage nach der kausalen Abhängigkeit von Verpflichtungs- und Verfügungsgeschäft sowie der Grundsatz des Gutglaubensschutzes eine zentrale Rolle.

1746 OLG München, NJW-RR 1994, 1478, 1479 – „Das große Buch der Jagd", speziell für den Verlagsvertrag.

1747 OLG München, NJW-RR 1994, 1478, 1479 – „Das große Buch der Jagd".

1. *Der von Beginn an nicht bestehende Hauptlizenzvertrag – Beendigungsgründe* ex tunc

Wird der Hauptlizenzvertrag mit Wirkung *ex tunc* beendet, stellt sich die Frage, ob damit auch die Berechtigung des Hauptlizenznehmers von Anfang an entfallen ist. In diesem Fall wäre der Lizenznehmer niemals dinglich berechtigt gewesen, eine wirksame Unterlizenz zu erteilen, denn infolge des fehlenden Gutglaubensschutzes[1748] kann der erste Lizenznehmer nicht mehr Rechte übertragen, als ihm selbst eingeräumt worden sind. Für eine solche *ex tunc* Nichtigkeit des Verfügungsgeschäfts im Unterlizenzverhältnis spricht sich ein Teil der Literatur aus,[1749] ohne jedoch zu berücksichtigen, dass es hierfür einer Zugrundelegung des Kausalitätsprinzips im Hauptlizenzverhältnis bedarf. Eine Beurteilung erfordert zwingend eine Betrachtung des jeweiligen Grundes der Beendigung des Verpflichtungsgeschäfts und eines möglichen Rechtsschutzbedürfnisses. Nur wenn der Beendigungsgrund mit Wirkung *ex tunc* auf das dingliche Hauptlizenzverhältnis durchschlägt, kann ein Rechterückfall aufgrund fehlenden Gutglaubensschutzes innerhalb der Lizenzkette dogmatisch begründet werden.

a. *Die Nichtigkeit des Rechtsgeschäfts nach § 134 BGB*

Die Nichtigkeit des Hauptlizenzvertrages aufgrund eines gesetzlichen Verstoßes ist davon abhängig, ob der Sinn und Zweck des einzelnen Verbotsgesetzes[1750] die Nichtigkeit fordert.

Aus praktischer Sicht wurden in diesem Kontext vereinzelt Vertragsklauseln auf ihre wettbewerbsbeschränkende Wirkung i.S.v. § 1 GWB untersucht.[1751] Diskutiert wurde auch, ob der Abschlusszwang des § 11 WahrnG ein gesetzliches Verbot darstellt, dem Urheber bestimmte Nutzungsarten vertraglich vorzubehalten.[1752] Denkbar sind zudem Fälle des Verstoßes gegen Tarifvereinbarungen, die u.a. im Presse-, Rundfunk- und Filmbereich etabliert sind. Hauptanwendungsfälle der Nichtigkeit eines Lizenzvertrages nach § 134 BGB betreffen Nutzungsverträge, die auf die Verwertung von Werken gerichtet sind, deren Herstellung und Verbreitung gerade durch das Verbotsgesetz unterbunden werden sollen; so z.B. bei einem Verlagsvertrag über bestimmte pornografische oder gewaltverherrlichende Werke.[1753]

1748 Siehe Nachw. Fn. 1112.

1749 *Pahlow*, Lizenz, S. 463; *Nolden*, Abstraktionsprinzip im UrhR, S. 79.

1750 Zum Gesetzesbegriff des § 134 BGB: *Armbrüster* in: MüKo, BGB/Bd. 1/2012, § 134 Rn. 30 ff.

1751 Vgl. z.B. LG Düsseldorf, BeckRS 2012, 09376; *Groß*, Lizenzvertrag, Rn. 52.

1752 OLG Hamburg, ZUM 2006, 335, 339 f. – „Klingeltöne".

1753 *Wandtke/Grunert* in: Wandtke/Bullinger, UrhR, Vor. §§ 31 ff. Rn. 118; vgl. auch BGH, GRUR 1981, 530 ff. – „PAM-Kino", zur Frage, unter welchen Voraussetzungen ein Verleihvertrag über einen pornographischen Spielfilm gegen ein gesetzliches Verbot verstößt; OLG Hamburg, GRUR 1980, 998 ff. – „Tiffany".

Fordert der Sinn und Zweck des Verbotsgesetzes die Nichtigkeit des Lizenzvertrages *ex tunc*, liegt es nahe, eine Fehleridentität anzunehmen, die auch die dingliche Rechtseinräumung im Hauptlizenzverhältnis zu Fall bringt,[1754] sodass auf Seiten des Unterlizenznehmers zu keiner Zeit ein dinglich wirksamer Rechtserwerb erfolgen konnte. Auch eine Zustimmung des Schutzrechtsinhabers kann in diesem Fall nicht zugunsten eines Fortbestands der Unterlizenz ausgelegt werden, da dies dem Schutzziel des gesetzlichen Verbots entgegenstehen würde.

Verlangt jedoch der Sinn und Zweck des Verbotsgesetzes eine andere Sanktion als eine *ex tunc* eingreifende Nichtigkeit – so z. B. die arbeitsrechtlichen Bestimmungen, wenn es schon zur Leistung von Diensten gekommen ist (Beschränkung der Nichtigkeitswirkung auf die Zukunft), oder auch die kartellrechtswidrigen Absprachen (*ex nunc* Nichtigkeit bzw. schwebende Unwirksamkeit)[1755] –, kann ein Erlöschen der Enkelrechte dogmatisch nicht begründet werden.

Darüber hinaus muss berücksichtigt werden, dass die Nichtigkeit auch nur einzelne Klauseln oder Teile des Rechtsgeschäfts betreffen kann, so z. B. bei preisrechtlichen Verbotsgesetzen.[1756] Nicht jede Teilnichtigkeit nach § 139 BGB führt automatisch zur Gesamtnichtigkeit des Vertrages.[1757] Nur wenn mit der Einräumung der Lizenz der nichtige Teil des Vertrages unmittelbar verknüpft ist, liegt eine Unwirksamkeit des gesamten Lizenzvertrages vor.[1758]

Ob also die Berechtigung des Unterlizenznehmers infolge einer Nichtigkeit des Hauptlizenzvertrages nach § 134 BGB entfällt, ist maßgeblich vom Schutzzweck des einschlägigen Verbotsgesetzes abhängig. Soll hierdurch die Verwertung des Schutzgegenstands allgemein verhindert werden, erscheint es sachgerecht, ein Entfallen der Nutzungsberechtigung aller Lizenznehmer anzunehmen. I.d.R. wird in einem solchen Fall auch der Unterlizenzvertrag aufgrund des Verwertungsverbots nichtig sein. Richtet sich das Verbotsgesetz dagegen nicht gegen die Vermarktung an sich, liegt die Annahme nahe, dass die Unterlizenz von Bestand ist. Eine Einzelfallbetrachtung ist damit unausweichlich.

b. *Die Nichtigkeitsgründe nach § 138 BGB*

In der immaterialgüterrechtlichen Literatur findet das Rechtsinstitut der Sittenwidrigkeit nur am Rande Erwähnung. Dennoch sind die Nichtigkeitsgründe nach § 138 BGB in der Praxis von besonderer Relevanz.

1754 OLG Hamburg, GRUR 1980, 998, 1000 – „Tiffany"; *Wandtke/Grunert* in: Wandtke/Bullinger, UrhR, Vor. §§ 31 ff. Rn. 119.

1755 *Armbrüster* in: MüKo, BGB/Bd. 1/2012, § 134 Rn. 104.

1756 *Armbrüster* in: MüKo, BGB/Bd. 1/2012, § 134 Rn. 107.

1757 LG München I, ZUM 2007, 580, 583; *Busche* in: MüKo, BGB/Bd. 1/2012, § 139 Rn. 24: Maßgeblich für die Beurteilung ist zunächst eine Prüfung der Zerlegbarkeit der Regelung und bejahendenfalls die Ermittlung des hypothetischen Parteiwillens.

1758 Vgl. OLG Frankfurt, ZUM 2003, 957, 960; LG Frankfurt a.M., CR 2006, 729, 732.

aa. Wucherische Rechtsgeschäfte und der Fortbestand der Enkelrechte

Stehen die vereinbarte Leistung und Gegenleistung in einem auffälligen Missverhältnis zueinander[1759] und ist der Vertragsschluss durch die Ausbeutung der Zwangslage, der Unerfahrenheit, des Mangels an Urteilsvermögen oder der erheblichen Willensschwäche des Bewucherten verwirklicht worden,[1760] liegt ein Wuchergeschäft i.S.v. § 138 II BGB vor.

Bereits das erste Tatbestandmerkmal bereitet im Lizenzverkehr Schwierigkeiten,[1761] denn das Verhältnis von Leistung und Gegenleistung ist zum Zeitpunkt des Vertragsschlusses rechnerisch häufig nicht feststellbar.[1762] Zudem handelt es sich grundsätzlich um gewagte Geschäfte mit Risiken für beide Seiten.[1763] Wirken sich derartige Risiken sehr ungleich aus, ist der richtige Weg, eine Lösung über die Grundsätze nach § 314 BGB oder auch § 313 BGB herbeizuführen. Sollte jedoch ein solches Missverhältnis bereits bei Vertragsschluss bestehen und durch die Ausbeutung einer benachteiligten Situation des Vertragspartners zustande gekommen sein, bedarf es eines Schutzes des Bewucherten. Denkbar sind solche Fälle im Bereich der Künstlerverträge[1764] oder auch bei den sich in einem Abhängigkeitsverhältnis befindenden Arbeitnehmerurhebern, also insbesondere dann, wenn die Vertragsparität erheblich gestört ist.

Das Erfüllungsgeschäft zu einem wucherischen Verpflichtungsgeschäft ist nach h.M. als von Anfang an nichtig anzusehen.[1765] Der Bewucherte hat dem Hauptlizenznehmer somit niemals wirksam ein Nutzungsrecht eingeräumt, sodass dieser zu keiner Zeit wirksam über die vermeintliche Teilberechtigung verfügen konnte. D.h. für die Unterlizenz, dass diese niemals in der Person des Unterlizenznehmers entstehen konnte. Die Nutzung war mithin von Anfang an unberechtigt. Dies erscheint interessengerecht, denn andernfalls könnte ein notwendiger Schutz nicht vollumfänglich gewährleistet werden. Die sittenwidrige Ausbeutung des Schutzrechtsinhabers darf diesem schließlich nicht zum Nachteil gereichen.

1759 *Sack/Fischinger* in: Staudinger, BGB/Buch 1/2011, § 138 Rn. 206 ff.

1760 *Sack/Fischinger* in: Staudinger, BGB/Buch 1/2011, § 138 Rn. 299 ff.

1761 Vgl. *Katzenberger*, GRUR Int. 1983, 410, 414, unter Bezugnahme auf BGH, GRUR 1962, 256 – „Im weißen Rößl".

1762 *Sack/Fischinger* in: Staudinger, BGB/Buch 1/2011, § 138 Rn. 212.

1763 BGH, GRUR 1957, 595, 596 – „Verwandlungstisch"; BGH, GRUR 1960, 44, 46 – „Uhrgehäuse"; BGH, GRUR 1961, 27, 28 – „Holzbauträger"; BGH, GRUR 1961, 466, 468 – „Gewinderollkopf"; BGH, GRUR 1982, 481, 482 – „Hartmetallkopfbohrer"; *Ullmann* in: Benkard, PatG, § 15 Rn. 158.

1764 Vgl. z.B. BGH, GRUR 1989, 198 ff. – „Künstlerverträge".

1765 BGH, NJW 1982, 2767, 2768; BGH, NJW 1994, 1275; BGH, NJW 1994, 1470; *Baur/Stürner*, Sachenrecht, § 5 Rn. 51; *Armbrüster* in: MüKo, BGB/Bd. 1/2012, § 138 Rn. 164; *Sack/Fischinger* in: Staudinger, BGB/Buch 1/2011, § 138 Rn. 263; *Jauernig* in: Jauernig, BGB, § 138 Rn. 25.

Fraglich bleibt jedoch, wie eine erteilte Zustimmung zur Unterlizenz in diesem Zusammenhang zu werten ist. Auch ein unbeteiligter Dritter soll grundsätzlich keinen Vorteil aus der misslichen Lage des Schutzrechtsinhabers ziehen können. Regelmäßig wird die Zustimmung gleichfalls auf einer Ausbeutung der Unwissenheit, Zwangslage oder dergleichen beruhen. Ein Fortbestand der Enkelrechte erscheint dann nicht gerechtfertigt.

bb. Der sittenwidrige Hauptlizenzvertrag und der Fortbestand der Enkelrechte

Während im Rahmen des Wuchertatbestands nach § 138 II BGB angenommen wird, dass nicht nur der schuldrechtliche Vertrag, sondern auch das dingliche Rechtsgeschäft unwirksam ist, wird allgemein die Auffassung vertreten, dass das sittenwidrige schuldrechtliche Rechtsgeschäft gem. § 138 I BGB nicht durchweg zur Nichtigkeit auch des Erfüllungsgeschäfts führt,[1766] denn das dingliche Rechtsgeschäft sei „sittlich neutral".[1767] Ein Durchschlagen der Unwirksamkeit ist nur dann anerkannt, wenn die Unsittlichkeit gerade im Vollzug der Leistung liegt.[1768] Dies und die Tatsache, dass die Prüfung, ob ein Rechtsgeschäft sittenwidrig ist, eine Gesamtwürdigung aller objektiven und subjektiven Umstände des Einzelfalls erfordert,[1769] erschweren eine allgemeine Beurteilung des Bestands der Unterlizenz. Die nachfolgende Untersuchung kann daher nur anhand typischer Fälle der Sittenwidrigkeit vorgenommen werden.

Der Umstand, dass die Gewinn- und Verlustaussichten sehr ungleich verteilt sind und dies zum wirtschaftlichen Zusammenbruch führen kann, begründet allein noch keine Sittenwidrigkeit.[1770] Vielmehr ist nach dem Einwirken anderer Sittenwidrigkeitselemente zu suchen.[1771] Bekannte Fälle betreffen oftmals einzelne knebelnde Regelungen in Künstlerverträgen. So ist z.B. ein Vertrag, durch den ein Autor auf Dauer von jeder Einwirkung auf die Verwertung seiner wesentlichen Werke abgeschnitten wird und der ihn der Wirkung nach urheberrechtlich für immer entmündigt, regelmäßig sittenwidrig.[1772] Auch das Zusammenspiel einzelner Regelungen eines Künstlervertrages kann in einer Gesamtschau als sittenwidrig einzustufen

1766 BGH, NJW 1973, 613, 615; OLG Karlsruhe, ZUM-RD 2007, 76, 78 – „Popmusiker"; *Jauernig*, JuS 1994, 721, 725.

1767 *Larenz/Wolf*, BGB AT, § 41 Rn. 67; *Armbrüster* in: MüKo, BGB/Bd. 1/2012, § 138 Rn. 165; *Srocke*, Abstraktionsprinzip im UrhR, S. 33.

1768 RGZ 145, 152, 154; BGH, NJW 1973, 613, 615; vgl. auch BGH, NJW 1997, 860; *Jauernig*, JuS 1994, 721, 725; *Larenz/Wolf*, BGB AT, § 41 Rn. 70; *Sack/Fischinger* in: Staudinger, BGB/Buch 1/2011, § 138 Rn. 169, m.w.N.

1769 *Wandtke/Grunert* in: Wandtke/Bullinger, UrhR, Vor. §§ 31 ff. Rn. 120.

1770 BGH, DtZ 1995, 285, 288; *Ullmann* in: Benkard, PatG, § 15 Rn. 158.

1771 *Armbrüster* in: MüKo, BGB/Bd. 1/2012, § 138 Rn. 37.

1772 LG Berlin, GRUR 1983, 438, LS – „Joseph Roth"; hierzu auch *Schulze* in: Dreier/Schulze, UrhG, § 31 Rn. 117.

sein.[1773] Unwirksam sind insbesondere auch Vertragsbestimmungen, durch die der Künstler weitestgehend der Dispositions- und Entscheidungsbefugnis des Verwerters ausgesetzt ist, sodass praktisch alle Entscheidungen betreffend die künstlerische Betätigung dem Verwerter zustehen.[1774] Freiheitsbeschränkungen, die eine langfristige Bindung schaffen und einen Verlust der wirtschaftlichen Selbstständigkeit des Vertragspartners bedingen, sind damit die häufigsten Fälle der Sittenwidrigkeit im Bereich der Lizenzverträge. Sittenwidrig sind Beschränkungen aber nur dann, wenn die wirtschaftliche Bewegungsfreiheit im Ganzen oder zumindest in einem wesentlichen Teil gelähmt ist.[1775] Ob sich die Sittenwidrigkeit des Hauptlizenzvertrages in solchen Fällen auch auf den Bestand der Unterlizenz auswirkt, bleibt fraglich.

Eine solche Fallkonstellation lag z. B. der Entscheidung „Popmusiker" des OLG Karlsruhe vom 25.10.2006[1776] zugrunde. Das Gericht plädierte hier für eine Verknüpfung des nichtigen schuldrechtlichen Vertrages mit dem Erfüllungsgeschäft, sodass es bereits an einer wirksamen Einräumung von Nutzungsrechten durch den Leistungsschutzberechtigten an den Tonträgerhersteller fehlte und mithin der Unterlizenznehmer von diesem keine Nutzungsrechte erlangen konnte.[1777]

Aufgrund der engen Verbindung zwischen Lizenzvertrag und Lizenzeinräumung liegt es durchaus nahe, dass hinsichtlich des freiheitsbeschränkenden Umfangs der Rechtseinräumung die Sittenwidrigkeit nicht nur die schuldrechtliche Abrede betrifft. Konsequenterweise ist dann eine Fehleridentität anzunehmen, sodass die Nichtigkeit des Lizenzvertrages nach § 138 I BGB auch die Nichtigkeit des Verfügungsgeschäfts zur Folge hat.[1778] Fraglich ist nur, ob sich der Fehler auch rückwirkend auf die Nutzungsrechtseinräumung im Unterlizenzverhältnis auswirkt. Dem könnte die Zustimmung zur Unterlizenzierung entgegenstehen. Soweit die Zustimmung nicht durch die Ausbeutung der Zwangslage oder Unwissenheit des Schutzrechtsinhabers zustande gekommen ist, liegt die Annahme nahe, dass eine Verwertung durch den Unterlizenznehmer auf einer freien Willensentscheidung des Schutzrechtsinhabers beruhte, sodass ein Rückfall der Enkelrechte nicht interessengerecht erscheint. Anders ist die Interessenlage dagegen, wenn die erforderliche Zustimmung vertraglich fingiert wurde und damit keine Kontrolle darüber bestand,

---

1773 OLG Karlsruhe, ZUM-RD 2007, 76, 78 – „Popmusiker": Im vorliegenden Fall wurde der Pop-Sänger verpflichtet, dem Tonträgerunternehmen nahezu ausschließlich für Tonaufnahmen zur Verfügung zu stehen und umfassende Nutzungsrechte an seinen Darbietungen einzuräumen, durch die dem Tonträgerunternehmen die Befugnis eröffnet wurde, die eingeräumten Nutzungsrechte ohne irgendwelche Mitwirkungsrechte des Sängers weiter zu verwerten und die Laufzeit des Vertrages nahezu beliebig zu verlängern.

1774 BVerfG, GRUR 2005, 880, 882 – „Xavier Naidoo"; LG Berlin, ZUM 2007, 754, 756.

1775 KG, UFITA 86 (1980), 230, 234 – „Tangerine Dream".

1776 OLG Karlsruhe, ZUM-RD 2007, 76 – „Popmusiker".

1777 OLG Karlsruhe, ZUM-RD 2007, 76, 79 – „Popmusiker".

1778 OLG Karlsruhe, ZUM-RD 2007, 76, 78 – „Popmusiker".

durch wen eine Verwertung vorgenommen wird. Nur in diesem Fall erscheint die Unwirksamkeit der dinglichen Berechtigung zur Unterlizenzierung und mithin ein Rückfall der Unterlizenz gerechtfertigt.

cc. Exkurs: Die Sittenwidrigkeit von Vereinbarungen über urheberpersönlichkeitsrechtliche Befugnisse

Im Kontext der Sittenwidrigkeit stehen in der urheberrechtlichen Diskussion vordergründig Verträge, durch die sich der Urheber seiner persönlichkeitsrechtlichen Befugnisse begibt; so vor allem bei Ghostwriter-Vereinbarungen.[1779] Eine gänzliche Entäußerung i.S. einer translativen Übertragung oder konstitutiven Rechtseinräumung wird von der h.L. abgelehnt.[1780] Lediglich schuldrechtliche Abreden und auch schlichte Einwilligungen werden im Interesse des Urhebers für möglich gehalten, allerdings nur bis zur Grenze der Sittenwidrigkeit.[1781] Zulässig sind derartige Abreden i.d.R. in Bezug auf politische Reden und zeitgeschichtliche Texte.[1782] In anderen Bereichen muss zwingend eine Einzelfallbeurteilung erfolgen – bei Wissenschaftlern, Komponisten, Bildhauern und Schriftstellern unter besonderer Berücksichtigung der beruflich eminent wichtigen Ehre.[1783] Soweit derartige Verpflichtungen zulässig sind, können diese grundsätzlich nur Wirkung *inter partes* entfalten, sodass sich der Unterlizenznehmer, so z.B. ein Verlag, niemals wirksam darauf berufen kann. Die Problematik des Fortbestands stellt sich hier also nicht. Hat dagegen der Urheber einer Verwertung durch einen Dritten mit gleicher Einschränkung seiner persönlichkeitsrechtlichen Befugnisse zugestimmt, ist im Fall eines Bruchs der Rechtekette und eines rechtmäßigen Fortbestands der Unterlizenz zu hinterfragen, ob dann nicht eine unzulässige Rechtsausübung i.S.v. § 242 BGB vorliegt, wenn der Urheber hiervon Abstand nehmen will. Die (konkludente) schlichte Einwilligung, die dann auch gegenüber dem Unterlizenznehmer gilt, muss jedoch zum Schutz

---

1779 *Leuze*, GRUR 2010, 307 ff.; *Peifer*, GRUR-Prax 2010, 105; *Fechner*, Geistiges Eigentum und Verfassung, S. 279 f.; *Schulze* in: Dreier/Schulze, UrhG, § 13 Rn. 31.

1780 *Leuze*, GRUR 2010, 307, 308; *Schricker/Loewenheim* in: Schricker/Loewenheim, UrhR, Vor. §§ 28 ff. Rn. 58; *Bullinger* in: Wandtke/Bullinger, UrhR, § 13 Rn. 22; *Fechner*, Geistiges Eigentum und Verfassung, S. 280: Dem Urheber soll kein Schutz aufgezwungen werden, den er nicht in Anspruch nehmen will, insb. wenn er dadurch in seinem wirtschaftlichen Interesse gestört wird. So auch *Obergfell*, ZGE 3 (2011), 202, 214 ff.

1781 OLG Frankfurt, GRUR 2010, 221, 222 f. – „betriebswirtschaftlicher Aufsatz"; *Obergfell*, ZGE 3 (2011), 202, 216; *Dustmann* in: Fromm/Nordemann, UrhR, § 13 Rn. 19; *Dietz/Peukert* in: Schricker/Loewenheim, UrhR, § 13 Rn. 25; *Kroitzsch* in: Möhring/Nicolini, UrhG, § 13 Rn. 22; vgl. auch *Bullinger* in: Wandtke/Bullinger, UrhR, § 13 Rn. 22, der einen Eingriff in den unabdingbaren Kern des § 13 UrhG für unzulässig erachtet.

1782 *Peifer*, GRUR-Prax 2010, 105; *Leuze*, GRUR 2010, 307.

1783 *Kroitzsch* in: Möhring/Nicolini, UrhG, § 13 Rn. 22; vgl. auch OLG Frankfurt, GRUR 2010, 221, 223 – „betriebswirtschaftlicher Aufsatz".

der persönlichkeitsrechtlichen Interessen des Urhebers unter dem Grundsatz der jederzeitigen Widerruflichkeit stehen.[1784]

c. Die rückwirkende Vertragsauflösung durch Anfechtung

Die rückwirkende Vertragsauflösung durch Anfechtung gem. § 142 I BGB, als Rechtsinstitut der vorzeitigen Vertragsbeendigung, knüpft an Fehler an, die im Vertragsschluss begründet liegen. Wer bei Abgabe einer Willenserklärung im Irrtum war oder durch Täuschung oder Drohung zur Abgabe der Willenserklärung bestimmt worden ist, ist anfechtungsberechtigt (§§ 119, 120 und 123 BGB). Dies gilt auch für die Parteien des Lizenzvertrages.[1785] Die praktische Relevanz ist in diesem Bereich enorm. So unterliegen z. B. Lizenzverträge, die im Netz abgeschlossen werden, oftmals Eingabefehlern, die als Erklärungsirrtum gem. § 119 I, 2. Alt. BGB beachtlich sein können. Der Vertragspartner kann sich auch über die Bedeutung einer Regelung im Lizenzvertrag irren, sodass ein Inhaltsirrtum gem. § 119 I, 1. Alt. BGB vorliegt, der zur Anfechtung berechtigt; so z. B. wenn der Lizenzgeber das Wort „Alleinbenutzungsrecht" dahingehend auffasst, dass er sich zwar der eigenen Benutzung in Zukunft enthalten muss, dabei aber noch andere Lizenzen vergeben darf, während der Lizenznehmer den Vertrag so versteht, dass ihm eine exklusive Nutzungsbefugnis eingeräumt wurde. Weiterhin kann auch ein Irrtum über die Schutzrechtslage einen erheblichen Motivirrtum gem. § 119 II BGB begründen.[1786] Irrtümer über den wirtschaftlichen Wert des Lizenzgegenstands,[1787] über die gewerbliche Verwertbarkeit und über den gewerblichen Erfolg der Auswertung[1788] sind dagegen unbeachtliche Motivirrtümer. Eine zur Anfechtung berechtigende arglistige Täuschung i.S.v. § 123 BGB kann z. B. in den Fällen wissentlich unrichtiger Angaben zur Schutzrechtsinhaberschaft[1789] oder zur Schutzrechtslage[1790] bestehen.

Liegt einer der genannten Anfechtungsgründe vor und wurde die Anfechtung wirksam und fristgerecht erklärt, ist der Lizenzvertrag *ex tunc* nichtig (§ 142 I BGB). Fraglich bleibt, wie sich die Beendigung des Hauptlizenzvertrages in diesem Fall auf den Bestand der Enkelrechte auswirkt.

1784 BGH, GRUR 2010, 628, 632 – „Vorschaubilder I".

1785 *Mes*, PatG/GebrMG, § 15 PatG Rn. 78.

1786 So z. B. wenn nur eine Patentanmeldung statt eines vermeintlich erteilten Patents vorliegt, BGH, GRUR 1998, 650, 652 – „Krankenhausmüllentsorgungsanlage".

1787 BGH, GRUR 1951, 471, 472 – „Filmverwertungsvertrag"; *Mes*, PatG/GebrMG, § 15 PatG Rn. 78.

1788 RGZ 33, 103, 104; BGH, GRUR 1951, 471, 472 – „Filmverwertungsvertrag", unter Hinweis auf die Natur des Lizenzvertrages als gewagtes Geschäft; *Ullmann* in: Benkard, PatG, § 15 Rn. 17.

1789 Vgl. LG München I, InstGE 11, 134, 139 ff. – „Elektrolyse Fußbäder".

1790 Vgl. BGH, GRUR 1998, 650 ff. – „Krankenhausmüllentsorgungsanlage": Hier erfolgte ein Hinweis auf den Patentschutz bei in Wahrheit lediglich vorliegender veröffentlichter Patentanmeldung.

Vertreten wird, dass der Lizenznehmer damit rückwirkend zum Nichtberechtigten auch hinsichtlich der Einräumung der Enkelrechte wird.[1791] Um die Frage angemessen beantworten zu können, muss auch hier geklärt werden, ob die Nichtigkeit des Verpflichtungsgeschäfts kausal mit dem Verfügungsgeschäft verbunden ist.[1792] Die h.L. lehnt eine solche kausale Verknüpfung ab und fordert eine Doppelanfechtung, d.h. das Verfügungsgeschäft muss separat angefochten werden.[1793] Der Grund der Anfechtung schlägt damit im Regelfall nicht durch, sodass das dingliche Verfügungsgeschäft wirksam bleibt und finanzielle Nachteile nur über einen Bereicherungsausgleich ausgeglichen werden können.[1794] Mithin blieben auch die Enkelrechte von der Anfechtung unberührt. Mit Blick auf die Interessen des Schutzrechtsinhabers erscheint ein solches Ergebnis jedoch dann nicht sachgerecht, wenn dieser sich entgegen seinem freiheitlichen Willen seiner dinglichen Befugnisse begeben hat. Hierfür spricht auch die enge Verknüpfung von Lizenzvertrag und Lizenzeinräumung. Voraussetzung ist jedoch, dass der Irrtum sich auch auf Inhalt und Reichweite des dinglichen Rechtsgeschäfts bezieht, also ein Doppelmangel vorliegt.[1795] Dann ist die Anfechtungserklärung so zu deuten, dass damit nicht nur das Verpflichtungsgeschäft, sondern auch das Verfügungsgeschäft beseitigt werden soll. Denkbar ist dies z.B. bei einer arglistigen Täuschung oder Drohung, wenn der täuschungsbedingte Irrtum oder die durch Drohung hervorgerufene Zwangslage im Zeitpunkt der Bewirkung des Erfüllungsgeschäfts noch andauert.[1796] Da ein gutgläubiger Erwerb nicht möglich ist,[1797] konnte der Unterlizenznehmer dann aufgrund der Nichtigkeit der Verfügung *ex tunc* kein Nutzungsrecht erwerben. Verfügungen des Hauptlizenznehmers zugunsten des Unterlizenznehmers wären insoweit unwirksam, da sie von einem Nichtberechtigten vorgenommen wurden. Im Ergebnis bleibt es damit bei der Anwendbarkeit des Abstraktionsprinzips, sodass im Einzelfall zu prüfen ist, ob eine Doppelanfechtung vorliegt.

Gegen derartige „Drittwirkungen“ wird jedoch eingewandt, dass diese die Wertungen des § 142 II BGB überdehnen würden, der als einzige Regelung die Rechtswirkungen der Anfechtung auf Dritte erweitert.[1798] Schließlich sei es der Tenor der Norm, dass den Anfechtungsgegner die Rechtsfolgen zwar unmittelbar treffen, als

---

1791 *Koch* in: Hoeren/Sieber, Multimedia-Recht, Teil 26.1 Rn. 73.

1792 Vgl. *Nolden*, Abstraktionsprinzip im UrhR, S. 98.

1793 *Busche* in: MüKo, BGB/Bd. 1/2012, § 142 Rn. 15; *Wendtland* in: Bamberger/Roth, BeckOK BGB, § 142 Rn. 7; *Jauernig*, JuS 1994, 721, 724.

1794 *Busche* in: MüKo, BGB/Bd. 1/2012, § 142 Rn. 15; *Wendtland* in: Bamberger/Roth, BeckOK BGB, § 142 Rn. 7; *Jauernig*, JuS 1994, 721, 724.

1795 Vgl. *Busche* in: MüKo, BGB/Bd. 1/2012, § 142 Rn. 15.

1796 *Wendtland* in: Bamberger/Roth, BeckOK BGB, § 142 Rn. 7.

1797 Siehe Nachw. Fn. 1112.

1798 *Nolden*, Abstraktionsprinzip im UrhR, S. 38, 99: Bei Kenntnis der Anfechtbarkeit ist die gesamte bisherige Nutzung rückwirkend als rechtswidrig zu betrachten. Dem Lizenzgeber steht damit ein verschuldensunabhängiger deliktischer Schadensersatzanspruch zu.

Ausgleich diesem aber ein verschuldensunabhängiger Ersatz des Vertrauensschadens nach § 122 BGB zusteht. Dritte, denen ein solcher Anspruch versagt bleibt, sollen daher von den Rechtswirkungen der Anfechtung ausgenommen bleiben.[1799] Dieser Auffassung kann in Bezug auf die hier angesprochenen Fälle nicht gefolgt werden. Wenn das Interesse des Schutzrechtsinhabers tatsächlich eine Doppelanfechtung gebietet, wäre es widersprüchlich, den Schutz zugunsten Dritter einzuschränken. Zu überlegen wäre allerdings, ob dem Unterlizenznehmer ein Anspruch auf Ersatz des erlittenen Vertrauensschadens gegenüber dem Anfechtenden nach § 122 BGB zuzubilligen ist, soweit auch hier eine Unwirksamkeit der Rechtseinräumung auf untergeordneter Ebene eingetreten ist. Im Rahmen des Anspruchs ist grundsätzlich nur das negative Interesse ersatzfähig. Die Verletzung eines positiven Interesses an der Vertragserfüllung kann nur im direkten Schuldverhältnis kompensiert werden. Da bei der empfangsbedürftigen Willenserklärung ausschließlich der Erklärungsempfänger ersatzberechtigt ist,[1800] muss hinterfragt werden, ob sich der Irrtum auch in der Zustimmung zur Unterlizenzierung fortsetzte. Denn dann könnte dem Unterlizenznehmer nach den Wertungen der Norm auch ein Anspruch auf Ersatz des Vertrauensschadens zustehen. Aber auch eine Drittschadensliquidation könnte in Betracht zu ziehen sein. Durch die Möglichkeiten der Schadenskompensation wäre der Unterlizenznehmer jedenfalls nicht unangemessen benachteiligt.

d. Der formunwirksame Lizenzvertrag

Lizenzverträge können i.d.R. formlos abgeschlossen werden.[1801] Gesetzliche Formvorschriften enthält nur das Urheberrechtsgesetz für Verträge über künftige Werke und unbekannte Nutzungsarten. Daneben besteht die Möglichkeit der Vereinbarung einer Form.

aa. Verträge über künftige Werke

Eine Ausnahme von der Formfreiheit gilt für Verträge über künftige Werke, die gem. § 40 I UrhG der Schriftform (§ 126 BGB) bedürfen. Der Urheber soll dadurch vor zu weitgehenden Bindungen geschützt werden.[1802] Bei Nichteinhaltung ordnet § 125 BGB die Unwirksamkeit des Rechtsgeschäfts an.[1803] Dies muss sinnvoller Weise auch für die Vorausverfügung gelten, denn andernfalls würde die Warnfunktion des Formerfordernisses ins Leere laufen. Der Urheber soll in Anbetracht der Reichweite der Verpflichtung vor unüberlegten und übereilten Bindungen geschützt werden.

1799 *Nolden*, Abstraktionsprinzip im UrhR, S. 99 f.

1800 *Armbrüster* in: MüKo, BGB/Bd. 1/2012, § 122 Rn. 14.

1801 *Schmoll* in: Büscher/Dittmer/Schiwy, GewRS/UrhR/MedienR, Kap. 12, Rn. 123; *Groß*, Lizenzvertrag, Rn. 46.

1802 *v. Gamm*, UrhG, § 40 Rn. 1; *Schricker/Peukert* in: Schricker/Loewenheim, UrhR, § 40 Rn. 2; *Schulze* in: Dreier/Schulze, UrhG, § 40 Rn. 1.

1803 *Schulze* in: Dreier/Schulze, UrhG, § 40 Rn. 15; *Wandtke* in: Wandtke/Bullinger, UrhR, § 40 Rn. 13.

Für dieses Ergebnis spricht auch die Wertung des § 40 III UrhG, wonach Verfügungen über künftige Werke unwirksam sind, die bei Beendigung des Vertrages – infolge Kündigung – noch nicht abgeliefert wurden. Soll das Abstraktionsprinzip für den Fall der Kündigung ausgeschlossen sein, muss dies erst Recht für den Fall der Formunwirksamkeit gelten.

Die Unwirksamkeit betrifft mithin auch das dingliche Rechtsgeschäft,[1804] sodass im Fall der Formunwirksamkeit des Hauptlizenzvertrages aufgrund des fehlenden Gutglaubensschutzes kein wirksamer Rechtserwerb im Unterlizenzverhältnis stattfinden konnte.

Etwas anderes könnte anzunehmen sein, wenn eine Heilung der Formunwirksamkeit eingetreten ist. Eine solche ist nach dem Willen des Gesetzgebers (vgl. §§ 311b I 2, 518 II, 766 S. 3 BGB) durch Erfüllung möglich. Eine ausdrückliche Regelung existiert für Verträge über künftige Werke jedoch nicht. Inwieweit dieser Grundsatz übertragen werden kann, bleibt damit fraglich.[1805] Dagegen wird argumentiert, dass die Annahme einer Heilung zur Entwertung der Warnfunktion führen würde.[1806] Die h.L. spricht sich allerdings dafür aus, dass der formlos geschlossene Lizenzvertrag durch die Ablieferung des Werkes bestätigt und damit neu vorgenommen werden kann (vgl. § 141 II BGB).[1807] Letzterer Auffassung ist zuzustimmen. Hat der Urheber sein Werk abgeliefert, ist aus Sicht des objektiven Empfängerhorizonts darin der bestätigende Wille zu erblicken, an dem formunwirksamen Vertrag festzuhalten, sodass die nachträgliche Berufung auf eine Formunwirksamkeit als *venire contra factum proprium* gem. § 242 BGB unzulässig wäre. Die Parteien sind mithin verpflichtet, einander zu gewähren, was sie haben würden, wenn der Vertrag von Anfang an gültig gewesen wäre. Auch die Vorausverfügung über die Nutzungsrechte ist im Fall der Ablieferung des Werkes und unter der Voraussetzung, dass der Urheber hierfür die Zustimmung erteilt hat, wirksam.

bb. Verträge über unbekannte Nutzungsarten

Ein weiteres Schriftformerfordernis gilt gem. § 31a I 1 UrhG für Verträge über unbekannte Nutzungsarten, das grundsätzlich nicht abbedungen werden kann und damit auch gegenüber Dritten Wirkung entfaltet.[1808] Bereits der Wortlaut der Norm deutet darauf hin, dass sich die Schriftform auf den gesamten Vertragsinhalt erstreckt, also nicht nur auf das Verpflichtungsgeschäft, sondern auch auf den Vertrag, durch

---

1804 So im Ergebnis auch *Schricker/Peukert* in: Schricker/Loewenheim, UrhR, § 40 Rn. 14, die allerdings auf den rechtlichen Zusammenhang von Verpflichtungs- und Verfügungsgeschäft und den Willen der Vertragsparteien abstellen.

1805 Ablehnend: *J.B. Nordemann* in: Loewenheim, Hdb. UrhR, § 26 Rn. 8; *Schricker/Peukert* in: Schricker/Loewenheim, UrhR, § 40 Rn. 14.

1806 *Nolden*, Abstraktionsprinzip im UrhR, S. 96.

1807 *Ulmer*, Urheber- und Verlagsrecht, S. 399; *J.B. Nordemann* in: Loewenheim, Hdb. UrhR, § 26 Rn. 8; *Schricker/Peukert* in: Schricker/Loewenheim, UrhR, § 40 Rn. 14.

1808 *Spindler* in: Schricker/Loewenheim, UrhR, § 31a Rn. 55.

den der Urheber Rechte für unbekannte Nutzungsarten einräumt.[1809] Wurde das Formerfordernis nicht eingehalten, ist das gesamte Lizenzgeschäft von Anfang an nichtig (§ 125 S. 1 BGB), sodass auch die hiervon abgeleiteten Enkelrechte infolge des fehlenden Gutglaubensschutzes[1810] nicht wirksam entstehen konnten. Dieses Ergebnis erscheint interessengerecht. Der Urheber soll davor gewarnt werden, voreilig über ihn noch unbekannte Verwertungsformen zu verfügen und sich seiner urheberrechtlichen Befugnisse weitestgehend zu begeben.

Auch hier wird einstimmig eine Heilungsmöglichkeit abgelehnt,[1811] da andernfalls der Schutzzweck der Norm ins Leere liefe.[1812] Allerdings wird die Möglichkeit der Bestätigung in Erwägung gezogen,[1813] sodass die Parteien im Zweifel verpflichtet sind, sich gegenseitig dasjenige zu gewähren, was sie haben würden, wenn der Vertrag von Anfang an gültig gewesen wäre (§ 141 II BGB). Eine solche Bestätigung könnte in der Nichtausübung des Widerrufrechts innerhalb der Frist nach § 31a I 4 UrhG zu sehen sein sowie in der Vereinbarung einer Vergütung gem. § 32c I UrhG nach Bekanntwerden der neuen Nutzungsart. Die Unterlizenz hat im Fall der Bestätigung Bestand.

cc. Die Nichteinhaltung der vereinbarten Form

Die Parteien können bei gesetzlich formfreien Rechtsgeschäften vereinbaren, dass das betreffende Rechtsgeschäft einer Form unterliegen soll (vgl. § 125 S. 2 BGB). Häufig ist derartigen Erfordernissen nur ein deklaratorischer Charakter zum Zweck der Beweissicherung zuzuordnen, sodass die Wirksamkeit des Rechtsgeschäfts hiervon nicht abhängig ist. [1814] Die Nichteinhaltung der Form hat somit keinerlei Auswirkungen auf den Bestand der Unterlizenz. Soll dagegen nach dem Willen der Vertragsparteien dem Formerfordernis eine konstitutive Wirkung zukommen, wollen sie also nicht nur eine klare Beweislage schaffen, sondern gerade auch einen Schutz vor Übereilung gewährleisten, ist das Rechtsgeschäft ohne Beachtung der Form im Zweifel unwirksam (§ 125 S. 2 BGB). Die praktische Relevanz einer solchen Nichtigkeit ist marginal, denn allgemein anerkannt ist, dass das Formerfordernis durch die Parteien jederzeit wieder (konkludent) formfrei außer Kraft gesetzt werden kann.[1815]

1809 *Spindler* in: Schricker/Loewenheim, UrhR, § 31a Rn. 67.

1810 Siehe Nachw. Fn. 1112.

1811 *J.B. Nordemann* in: Fromm/Nordemann, UrhR, § 31a Rn. 51; *Wandte/Grunert* in: Wandtke/Bullinger, UrhR, § 31a Rn. 61; *Spindler* in: Schricker/Loewenheim, UrhR, § 31a Rn. 71.

1812 *Wandte/Grunert* in: Wandtke/Bullinger, UrhR, § 31a Rn. 61.

1813 *Wandte/Grunert* in: Wandtke/Bullinger, UrhR, § 31a Rn. 62; *J.B. Nordemann* in: Fromm/Nordemann, UrhR, § 31a Rn. 51.

1814 *Einsele* in: MüKo, BGB/Bd. 1/2012, § 125 Rn. 69.

1815 *Einsele* in: MüKo, BGB/Bd. 1/2012, § 125 Rn. 70.

e. *Schwebend unwirksame Verträge*

Der Vertragsschluss mit einem beschränkt Geschäftsfähigen (§ 108 BGB), mit einem Vertreter ohne Vertretungsmacht (§ 177 BGB) und im Fall des Selbstkontrahierens gem. § 181 BGB führt regelmäßig zu Schwierigkeiten bei der Vertragsabwicklung. Von Relevanz für die Frage des Fortbestands der Enkelrechte innerhalb der Lizenzkette sind hier Fälle, in denen nicht nur das Verpflichtungsgeschäft, sondern auch das Verfügungsgeschäft auf der ersten Stufe spätestens durch das Versagen der erforderlichen Genehmigung endgültig unwirksam geworden ist und ein abgeleiteter Rechtserwerb auf untergeordneter Stufe aufgrund der fehlenden Berechtigung des Verfügenden gleichfalls nichtig ist. Die Wirksamkeit des Verfügungsgeschäfts ist in solchen Fällen grundsätzlich unabhängig von der Wirksamkeit des Verpflichtungsgeschäfts zu beurteilen. Wie sich die einzelnen Störungsfälle auf den Bestand der Enkelrechte auswirken, bleibt damit fraglich.

aa. Der Vertragsschluss mit einem Minderjährigen

Fälle des Vertragsschlusses mit einem Minderjährigen sind im Urheberrecht häufig anzutreffen. Kreativität kennt keine Altersgrenzen. Auch ein Minderjähriger kann Werkurheber sein.[1816] Die Rechte eines minderjährigen Urhebers verwaltet i.d.R. sein gesetzlicher Vertreter (gem. §§ 1629, 1626 BGB die Eltern).[1817] Die Regeln der §§ 104 ff. BGB finden Anwendung.

Hat ein beschränkt geschäftsfähiger Schutzrechtsinhaber (§§ 106, 2 BGB) über seine Befugnisse verfügt, ist darin kein rechtlich vorteilhaftes Geschäft (§ 107 BGB) zu erblicken, das eine Wirksamkeit begründen könnte. Liegt eine Einwilligung (§ 183 S. 1 BGB) oder eine Genehmigung (§ 184 I BGB) der gesetzlichen Vertreter zum Lizenzgeschäft nicht vor, ist gem. §§ 107, 108 BGB weder das schuldrechtliche noch das dingliche Rechtsgeschäft wirksam zustande gekommen. Mithin konnte der Unterlizenznehmer seine Rechtsposition auch nicht gutgläubig erwerben.

Gleiches Ergebnis gilt hinsichtlich der Rechte des geschäftsunfähigen Urhebers (§ 104 UrhG). Zur Einräumung einzelner Rechte bedarf er gem. § 105 I UrhG ausnahmslos der Zustimmung seines gesetzlichen Vertreters, sodass auch hier eine Verwertung durch den Unterlizenznehmer ohne Wissen und Wollen der Vertretungsbefugten nicht möglich ist.

Problematisch ist allerdings, dass eine Vertretung im höchstpersönlichen Bereich grundsätzlich nicht vorgenommen werden darf.[1818] Die Ausübung urheberpersönlichkeitsrechtlicher Befugnisse obliegt allein dem Minderjährigen. Dies kann jedoch nicht einschränkungslos gelten. Die h.L. stellt auf die natürliche Einsichtsfähigkeit

1816 *Schulze* in: Dreier/Schulze, UrhG, § 2 Rn. 10; *Schack*, Urheber- und Urhebervertragsrecht, Rn. 302.

1817 *Schack*, Urheber- und Urhebervertragsrecht, Rn. 302; *Thum* in: Wandtke/Bullinger, UrhR, § 7 Rn. 5.

1818 *Thum* in: Wandtke/Bullinger, UrhR, § 7 Rn. 5.

des Minderjährigen ab.[1819] Vorzugswürdiger ist dagegen die Doppelzuständigkeit als Lösungsmodell, sodass der Minderjährige nicht gegen den Willen seines gesetzlichen Vertreters eine Einwilligung erteilen darf, der Wille der Eltern aber auch niemals entgegen dem Willen des Minderjährigen durchgesetzt werden kann.[1820]

bb. Der Vertragsschluss mit einem Vertreter ohne Vertretungsmacht

Vertreter ohne Vertretungsmacht können sowohl auf Seiten des Schutzrechtsinhabers als auch auf Seiten des Verwerters in Erscheinung treten; so insbesondere im Rahmen von geschäftlichen Betriebsabläufen. Hat der Vertreter des Urhebers ohne die erforderliche Vertretungsmacht (§ 164 I 1 BGB) gehandelt und verweigert der Vertretene, dem Geschäftsschluss nachträglich zuzustimmen (§ 177 BGB), ist sowohl das Verpflichtungsgeschäft als auch das Verfügungsgeschäft unwirksam,[1821] sodass der Unterlizenznehmer auch in diesem Fall wegen des fehlenden Gutglaubensschutzes[1822] die Lizenzberechtigung nicht wirksam erwerben konnte. Dies erscheint interessengerecht, sofern sich der Schutzrechtsinhaber seiner Befugnisse überhaupt nicht entäußern wollte.

Liegt der Fehler im Vertragsschluss dagegen auf Seiten des Hauptlizenznehmers und hat der Schutzrechtsinhaber einer Verwertung durch den Unterlizenznehmer zugestimmt, gestaltet sich die Rechtslage ähnlich wie im Fall des Verzichts des Nutzungsrechtsinhabers.[1823] Soweit der Unterlizenznehmer und auch der Schutzrechtsinhaber ihr Interesse an einer Verwertung bekundet haben, erscheint es nicht interessengerecht, eine anfängliche Unwirksamkeit des dinglichen Erwerbs in der Person des Unterlizenznehmers anzunehmen. Ein wirksamer Durchgangserwerb kann allerdings dogmatisch nicht begründet werden, wenn der Hauptlizenznehmer von Anfang an nicht dinglich Berechtigter war. In diesem Fall ist die Zustimmung zur Unterlizenzierung nach Treu und Glauben dahingehend auszulegen, dass eine Verwertung auch ohne den Mittler vorgenommen werden würde, dieser also nur als eine Art Erwerbsvertreter des Unterlizenznehmers in Erscheinung getreten ist. Das Recht zur Verwertung des Schutzgegenstands ist damit direkt auf den Unterlizenznehmer übergegangen. Im Ergebnis handelt es sich um eine Umdeutung des nichtigen Rechtsgeschäfts (vgl. § 140 BGB). Das nichtige Rechtsgeschäft weist alle wesentlichen Merkmale des anderen zulässigen Rechtsgeschäfts auf, in das umgedeutet werden soll, mit (annähernd) gleichen, aber nicht weitergehenden

---

1819 *Schack*, Urheber- und Urhebervertragsrecht, Rn. 302; *Thum* in: Wandtke/Bullinger, UrhR, § 7 Rn. 5.

1820 *Kohte*, AcP 185 (1985), 105, 145; *Klass*, AfP 2005, 507, 516; *dies.*, Realitätsfernsehen, S. 275; vgl. auch BGH, NJW 1974, 1947, 1950 – „Nacktaufnahmen“.

1821 *Ellenberger* in: Palandt, BGB, § 177 Rn. 5; *Schramm* in: MüKo, BGB/Bd. 1/2012, § 177 Rn. 21.

1822 Siehe Nachw. Fn. 1112.

1823 Siehe hierzu die Ausführungen unter 6. Teil, B. I. 2. d.

Wirkungen.[1824] Denn zum einen ist die Reichweite der Berechtigung bereits durch die Vorgaben der (unwirksamen) Abrede im übergeordneten Lizenzverhältnis beschränkt. Zum anderen kann sie nicht weiter reichen, als der Schutzrechtsinhaber seine Zustimmung erteilt hat. Nur somit kann dem Parteiwillen angemessen Rechnung getragen werden.

cc. Das Insichgeschäft in der Lizenzkette

Fälle, in denen der vertretungsbefugte Vertreter des Schutzrechtsinhabers mit sich selbst einen Lizenzvertrag abschließt und dann eine Unterlizenzierung vornimmt, sind in der Praxis kaum denkbar. Hier kann es sich möglicherweise nur um eine fragwürdige Umgehung der Interessen des Schutzrechtsinhabers handeln, insbesondere wenn die erforderliche Zustimmung zur Unterlizenzierung durch das Handeln des Vertreters ersetzt wird. Fälle, in denen der Vertreter des Schutzrechtsinhabers gleichzeitig als Vertreter des Lizenznehmers in Erscheinung tritt, können im Geschäftsverkehr ebenso zu einer Interessenkollision führen. Der Schutzrechtsinhaber soll sich dann gem. § 181 BGB nicht an einem solchen Vertragsschluss festhalten lassen müssen, außer er genehmigt diesen.[1825] Verweigert er die Genehmigung, ist das Schicksal der Unterlizenz fraglich.

Grundsätzlich muss differenziert werden, ob die Zustimmung zur Unterlizenzierung durch den berechtigten Vertreter im Namen des Vertretenen erfolgt ist oder auf einer freien Willensentscheidung des Schutzrechtsinhabers beruht. Im ersten Fall setzt sich die bestehende Interessenkollision mit aller Wahrscheinlichkeit auch im Unterlizenzverhältnis fort, sodass sich die Unwirksamkeit des Rechtsgeschäfts auch auf nachgelagerter Stufe durchsetzen muss. Dies ist anzunehmen für den Fall des Selbstkontrahierens. Hat also der Vertreter als Hauptlizenznehmer eine Unterlizenz erteilt und hat der Schutzrechtsinhaber weder das Rechtsgeschäft auf erster Stufe noch die Rechtseinräumung auf zweiter Stufe genehmigt, wäre es nicht interessengerecht, wenn ein Durchgangserwerb zustande gekommen wäre. Hat der Schutzrechtsinhaber dagegen sein Interesse an einer Geschäftsbeziehung zum vermeintlichen Unterlizenznehmer bekundet, möchte dieser aber zum Vertreter in keiner rechtsgeschäftlichen Beziehung stehen, könnte auch hier eine Umdeutung i.S.v. § 140 BGB vorgenommen werden, soweit dies den Parteiinteressen entspricht.

Im Fall der Mehrvertretung ist zu berücksichtigen, dass hier die Genehmigung der Vertretenen beider Seiten notwendig ist. Verweigert auch nur einer die Genehmigung, ist das gesamte Rechtgeschäft endgültig unwirksam, sodass auch der Unterlizenznehmer nicht wirksam erwerben konnte. Ist es dagegen im Interesse des Schutzrechtsinhabers und des vermeintlichen Unterlizenznehmers, weiterhin eine Verwertung des Schutzrechts vorzunehmen, könnte auch hier eine Umdeutung

---

1824 Vgl. *Jauernig* in: Jauernig, BGB, § 140 Rn. 4.

1825 *Schramm* in: MüKo, BGB/Bd. 1/2012, § 181 Rn. 41; *Jauernig* in: Jauernig, BGB, § 181 Rn. 14.

vorgenommen werden; so insbesondere wenn der Schutzrechtsinhaber selbst einer Unterlizenzierung zugestimmt hat.

f. Unwirksame AGB

Vertragsschlüsse im Lizenzbereich können auch unter Einbeziehung allgemeiner Geschäftsbedingungen zustande kommen. Praktische Anwendungsfälle betreffen z. B. die Einräumung von Nutzungsrechten an urheberrechtlich geschütztem *user generated content* an die Betreiber sozialer Netzwerke wie z. B. *Facebook*, *Twitter* und Co.[1826] oder auch Bild- und Musikdatenbanken wie *YouTube* und *Flickr* im Internet.[1827] Auch im journalistischen Bereich finden häufig für eine Vielzahl von Verträgen vorformulierte Vertragsbedingungen Anwendung.[1828] Um das Machtungleichgewicht im Verbraucherbereich zwischen dem Verwender und dem Vertragspartner auszugleichen, finden die Regelungen der §§ 305 ff. BGB auch im Lizenzverkehr Anwendung.[1829] Grundvoraussetzung ist, dass es sich um wirksam in den Vertrag einbezogene Geschäftsbedingungen i.S.v. § 305 BGB handelt.[1830] Probleme in diesem Bereich bereiten oftmals überraschende Klauseln, die gem. § 305c BGB grundsätzlich nicht Vertragsbestandteil werden,[1831] und auch Klauseln, die der Inhaltskontrolle nach §§ 307 ff. BGB nicht standhalten.[1832] Die Reichweite der Nutzungsrechtseinräumung ist regelmäßig an der Zweckübertragungsregel nach § 31 V UrhG als gesetzliches Leitbild des § 307 II Nr. 1 BGB zu messen.[1833] Als weitere Leitbilder anerkannt sind das Zustimmungserfordernis zur Weiterübertragung von Nutzungsrechten und

---

1826 Vgl. *Solmecke/Dam*, MMR 2012, 71 ff.

1827 Vgl. z. B. LG Hamburg, ZUM-RD 2009, 403 – „Schreibtischunterlage“, zur Nutzung von Fotos aus einer Internet-Bilddatenbank.

1828 Vgl. LG Berlin, K&R 2007, 588 ff. – „Springer-Honorarregelungen“.

1829 *Berberich*, ZUM 2006, 205, 206; *Castendyk*, ZUM 2007, 169, 170.

1830 *Schricker/Loewenheim* in: Schricker/Loewenheim, UrhR, § 28 Rn. 31 f.; *Schack*, Urheber- und Urhebervertragsrecht, Rn. 1086 ff.; *Castendyk*, ZUM 2007, 169, 170 f.; *Berberich*, MMR 2010, 736 f.; zur Anwendbarkeit und zu entspr. Modifikationen im unternehmerischen Geschäftsverkehr vgl. *Acker/Thum*, GRUR 2008, 671, 672.

1831 *Berberich*, MMR 2010, 736, 737; *Solmecke/Dam*, MMR 2012, 71, 72; vgl. auch LG Hamburg, ZUM-RD 2009, 403, 405 – „Schreibtischunterlage“.

1832 *Solmecke/Dam*, MMR 2012, 71, 72; vgl. auch *Castendyk*, ZUM 2007, 169, 172 ff.

1833 OLG Zweibrücken, ZUM 2001, 346, 347 f. – „ZDF-Komponistenvertrag“; OLG Hamburg, GRUR-RR 2011, 293, 294 – „Buy-out mit Pauschalabgeltung“; *Haberstumpf*, Hdb. UrhR, Rn. 404; *Schack*, Urheber- und Urhebervertragsrecht, Rn. 1086; *Donle*, Bedeutung des § 31 V UrhG, S. 278; *Berberich*, ZUM 2006, 205, 207; *ders.*, MMR 2010, 736, 739; *Solmecke/Dam*, MMR 2012, 71, 72; *Schulze*, GRUR 2012, 993, 994; a.A. BGH, GRUR 1984, 45, 48 f. – „Honorarbedingungen: Sendevertrag“; BGH, GRUR 1984, 119, 121 – „Synchronisationssprecher“ sowie aktuell BGH, GRUR 2012, 1031, 1035 – „Honorarbedingungen Freie Journalisten“: Der BGH sieht hierin lediglich eine Auslegungsregel. Dagegen will *Castendyk*, ZUM 2007, 169, 174, die Norm lediglich einzelfallbezogen anwenden.

zur Unterlizenzierung,[1834] § 11 S. 2 UrhG,[1835] das Recht auf Urheberbenennung gem. § 13 UrhG,[1836] das Entstellungsverbot des § 14 I UrhG sowie das Änderungsverbot nach § 39 UrhG.[1837]

Fraglich ist, wie sich die Nichtigkeit einer Klausel im Hauptlizenzvertrag auf den Bestand der Unterlizenz auswirkt.

Unwirksam ist regelmäßig nur die beanstandete Klausel, der Restvertag bleibt im Übrigen wirksam (§ 306 I BGB).[1838] An die Stelle der unwirksamen Klausel treten gem. § 306 II BGB die gesetzlichen Vorschriften. Für die Untersuchung sind nur die Klauseln von Relevanz, die die Nutzungsrechtseinräumung betreffen und mithin den Bestand der Enkelrechte gefährden könnten, also solche die an § 31 V UrhG und § 35 I 1 UrhG zu messen sind.

Richtet sich der Verstoß auf den Umfang der Nutzungsrechtseinräumung, wäre gem. § 306 I BGB die gesamte Nutzungsrechtseinräumung unwirksam. Diese Annahme kann jedoch nicht für den Lizenzverkehr Geltung beanspruchen. Ziel der Inhaltskontrolle ist es hier, die Zweckübertragungsregel auch gegenüber verklausulierten, zwecküberschreitenden Rechtseinräumungen durchzusetzen. Mit der vollständigen Unwirksamkeit der Nutzungsrechtseinräumung wäre den Vertragsparteien aber nicht gedient.[1839] Vorgeschlagen wird daher, ausnahmsweise eine geltungserhaltende Reduktion in Bezug auf die Nutzungen vorzunehmen, die der Vertragszweck erfordert.[1840] Nach a.A. sei zwar eine Gesamtnichtigkeit der Klausel anzunehmen. Unter Berücksichtigung des beabsichtigten Vertragszwecks soll die Rechtseinräumung im Interesse der Parteien dennoch in dem nach § 31 V UrhG erforderlichen Umfang vorgenommen worden sein (z.B. konkludent durch das Hochladen von Bildern auf sozialen Plattformen).[1841] Im Ergebnis sprechen beide Auffassungen für einen Fortbestand auch der Unterlizenz.

Problematisch sind dagegen Klauseln, die die erforderliche Zustimmung zur Weiterverwertung entbehrlich machen.[1842] Diese könnten als überraschende Klauseln

---

1834 BGH, GRUR 1984, 45, 52 – „Honorarbedingungen: Sendevertrag"; OLG Zweibrücken, ZUM 2001, 346, 347 – „ZDF-Komponistenvertrag"; LG Mannheim, MMR 2010, 323, 324; *Acker/Thum*, GRUR 2008, 671, 674 f.

1835 OLG Hamburg, GRUR-RR 2011, 293, 296 f. – „Buy-out mit Pauschalabgeltung"; LG Hamburg, ZUM 2010, 72, 73; LG Berlin, K&R 2007, 588, 589 – „Springer-Honorarregelungen"; a.A. BGH, GRUR 2012, 1031, 1036 – „Honorarbedingungen Freie Journalisten".

1836 LG Berlin, K&R 2007, 588, 590 – „Springer-Honorarregelungen".

1837 LG Hannover, BeckRS 2008, 11525.

1838 *Basedow* in: MüKo, BGB/Bd. 2/2012, § 306 Rn. 7.

1839 *Nolden*, Abstraktionsprinzip im UrhR, S. 119.

1840 *Nolden*, Abstraktionsprinzip im UrhR, S. 119 f.

1841 *Solmecke/Dam*, MMR 2012, 71, 72.

1842 *Facebook* lässt sich bspw. unter Punkt 2.1. der AGB eine übertragbare, unterlizenzierbare IP-Lizenz einräumen, abrufbar unter: http://www.facebook.com/legal/terms. YouTube lässt sich von seinen Nutzern unter Punkt 10.1. der Nutzungsbedingungen

gem. § 305c BGB unwirksam sein; so z. B. wenn die Unterlizenzierung zum Betrieb der Website, insbesondere zur Ermöglichung der Teilnahme des Nutzers an einem sozialen Netzwerk, nicht erforderlich ist und der Schutzrechtsinhaber daher mit einer derart weitgehenden Rechtseinräumung nicht rechnen konnte.[1843] Auch könnte sich eine Unwirksamkeit aus § 307 I 2 BGB ergeben, wenn die Klausel den Schutzrechtsinhaber wegen fehlender Klarheit und Verständlichkeit unangemessen benachteiligt, insbesondere wenn angemessene Vergütungsregeln für eine weitere Verwertung fehlen.[1844] Derartige Klauseln könnten auch gem. § 307 II Nr. 1 BGB nichtig sein. Denn hierdurch wird von der wesentlichen Grundwertung des § 35 I UrhG abgewichen. Mithin wäre die Rechtseinräumung auf untergeordneter Ebene aufgrund der die Zustimmung ersetzenden Klausel nichtig. Dieses Ergebnis entspricht dem grundlegenden ideellen und kommerziellen Interesse des Urhebers, Verwertungen seines Werkes kontrollieren zu können. Dagegen wird argumentiert, dass im Interesse des reibungslosen Geschäftsverkehrs u.U. solche Klauseln notwendig sind, denn vor allem Medienunternehmen, wie Verlage, verwenden häufig solche Regelungen.[1845] In Abwägung des Interesses an einer Absicherung der Verkehrsfreiheit mit dem Schutzbedürfnis des Urhebers wird daher vorgeschlagen, eine Differenzierung hinsichtlich der Gestaltungshöhe des Werkes vorzunehmen: Formularmäßige Vereinbarungen über die freie Weiterübertragbarkeit sollen nur dann unwirksam sein, wenn das Werk eine besondere persönliche Beziehung zum Urheber aufweist und ein anspruchsvolles Niveau erreicht, das über das Alltägliche hinausgeht.[1846] Dieser Auffassung kann nicht gefolgt werden.[1847] Denn das Urheberrechtsgesetz unterscheidet grundsätzlich nicht zwischen niveauvollen und anspruchslosen Werken. Wird der Schutz gewährleistet, muss er auch in aller Konsequenz durchgesetzt werden. Vielmehr muss im Einzelfall hinterfragt werden, ob derartige Klauseln überraschend und/oder unangemessen sind. Ein Gebot, in welcher Form die Zustimmung zu erteilen ist, kann der Norm jedenfalls nicht entnommen werden. Daher muss auch die formularmäßige Einwilligung generell zulässig sein.[1848]

---

eine Lizenz mit dem Recht der Unterlizenzierung einräumen, abrufbar unter: http://www.youtube.com/t/terms.

1843 Vgl. *Solmecke/Dam*, MMR 2012, 71, 72.

1844 LG Hamburg, ZUM-RD 2009, 403, 405 – „Schreibtischunterlage".

1845 *Acker/Thum*, GRUR 2008, 671, 672; vgl. auch LG Berlin, K&R 2007, 588, 592 f. – „Springer-Honorarregelungen".

1846 *Acker/Thum*, GRUR 2008, 671, 676 f.

1847 Vgl. auch BGH, GRUR 1984, 45, 52 – „Honorarbedingungen: Sendevertrag", eine solche Unterscheidung nicht vornehmend und die freie Weiterübertragbarkeit ablehnend; ebenso OLG Zweibrücken, ZUM 2001, 346, 347 – „ZDF-Komponistenvertrag".

1848 LG Berlin, K&R 2007, 588, 592 – „Springer-Honorarregelungen".

g. *Fazit*

Die Beendigungsgründe *ex tunc* führen grundsätzlich nur dann zu einem Fortfall der Unterlizenz, wenn der Fehler des schuldrechtlichen Geschäfts auch auf die dingliche Verfügung durchschlägt, denn dann konnte der Unterlizenznehmer zu keinem Zeitpunkt das Nutzungsrecht gutgläubig erwerben. Im Einzelfall muss geklärt werden, ob das Rechtsschutzbedürfnis des Schutzrechtsinhabers auch einen Rückfall der Rechte des Unterlizenznehmers erfordert und insbesondere, ob sich der Fehler des Rechtsgeschäfts auch in der erteilten Zustimmung zur Unterlizenzierung fortsetzt.

2. *Die Beendigung des Hauptlizenzvertrages mit Wirkung* ex nunc

Die nachträgliche Beendigung des Hauptlizenzvertrages mit Wirkung *ex nunc* ist durch Rücktritt, Kündigung und im Rahmen von gegenseitigen Vertragsanpassungen möglich.[1849] Die Gründe hierfür sind vielfältiger Natur und liegen insbesondere im Bereich der Leistungsstörungen. Welche Art der einseitigen Vertragsbeendigung in Betracht zu ziehen ist, hängt aufgrund des Dauerschuldcharakters des Lizenzvertrages entscheidend davon ab, ob dieser bereits in Vollzug gesetzt wurde.[1850] Nach Leistungsaustausch und mindestens teilweiser Durchführung des Vertragsverhältnisses verdrängt nach h.M. das Recht zur außerordentlichen Kündigung das Rücktrittsrecht.[1851] Maßgeblich für die Beurteilung, wann mit der „Durchführung“ begonnen wurde, sollte der Zeitpunkt sein, in dem der Verwerter rechtlich (hierzu notwendig ist die vollständige Einräumung der Lizenz) und tatsächlich (soweit weitere Leistungen erforderlich sind, wie z.B. die Ablieferung des Werkes oder die Übergabe von Informationen) in die Lage versetzt wurde, die Lizenz zu nutzen, und damit berechtigterweise substantielle Investitionen mit dem Ziel der Verwertung tätigen konnte.

1849 *Wandtke/Grunert* in: Wandtke/Bullinger, UrhR, Vor. §§ 31 ff. Rn. 49.

1850 Vgl. *Ernst* in: MüKo, BGB/Bd. 2/2012, § 323 Rn. 35; *Fikentscher/Heinemann*, Schuldrecht, Rn. 572.

1851 Vgl. RG, GRUR 1943, 78, 80 – „Fahrtrichtungsanzeiger“; BGH, GRUR 1959, 616, 617 – „Metallabsatz“ (Ein rückwirkender Rücktritt würde hinsichtlich Lizenzverträgen, die bereits zur Durchführung gelangt sind, zu einer „erheblichen Verwirrung der Rechtsbeziehungen der Beteiligten führen.“); BGH, Urteil v. 13.07.1982, Az. X ZR 50/81 – „Skiliegesitz“ (Eine Auflösung des Lizenzvertrages durch Rücktritt ist ausgeschlossen, wenn der Vertrag bereits zur Durchführung gelangt ist.); BGH, GRUR 2004, 532, 534 – „Nassreinigung“ („Nach nur teilweiser Durchführung eines Lizenzvertrags über Patentrechte ist den Parteien ein Rücktritt grundsätzlich verwehrt; an seine Stelle tritt in der Regel die Kündigung aus wichtigem Grund.“); *Ullmann* in: Benkard, PatG, § 15 Rn. 165, 206; *Pahlow*, Lizenz, S. 320 f., 404 f.; *McGuire*, Lizenz, S. 717.

a. *Die Beendigung des Hauptlizenzvertrages vor In-Vollzug-Setzen durch Rücktritt*

Da ein Rücktritt vom Hauptlizenzvertag grundsätzlich nur dann möglich ist, sofern das Schuldverhältnis noch nicht in Vollzug gesetzt wurde,[1852] sind die hierfür denkbaren Anwendungsfälle begrenzt. Ein Rücktritt wegen nicht oder nicht vertragsgemäß erbrachter Leistung gem. § 323 BGB kommt z.B. in Betracht, wenn der Schutzrechtsinhaber mit der Gewährung des Nutzungsrechts bzw. den für die Verwertung erforderlichen Informationen in Verzug gerät,[1853] wenn der Lizenzgeber keine oder unzureichende Rechte eingeräumt hat, die dem Lizenznehmer die vereinbarte Verwertung nicht ermöglichen,[1854] oder wenn sich vor oder nach Vertragsschluss herausstellt, dass der lizenzierte Gegenstand nicht die Schutzvoraussetzungen erfüllt. Denkbar ist auch, dass der Lizenznehmer noch vor Beginn der Verwertung in Zahlungsverzug gerät, insbesondere wenn eine Mindest- oder Pauschallizenz geschuldet ist,[1855] und der Schutzrechtsinhaber unter den Voraussetzungen des § 323 BGB zurücktreten kann.

Weitere gesetzliche Rücktrittsrechte, die hier einzuordnen sind, regelt das Verlagsgesetz. § 30 VerlG räumt dem Verleger unter bestimmten Voraussetzungen ein Rücktrittsrecht ein, wenn der Verfasser das Werk nicht rechtzeitig abliefert.[1856] § 32 VerlG ermöglicht dem Verfasser bei einer Leistungsstörung vom Vertrag zurückzutreten, sowohl vor als auch nach In-Vollzug-Setzen. Zu letzterem Fall soll im Rahmen der Kündigung aus wichtigem Grund Bezug genommen werden.

Übt eine Partei ein gesetzliches Rücktrittsrecht aus, führt dies zu einer Rückabwicklung des Vertrages nach den Regeln der §§ 346 ff. BGB. Der schuldrechtliche Vertrag entfällt damit nicht, sondern wandelt sich in ein Rückgewährschuldverhältnis um. Die Parteien sind verpflichtet, die empfangenen Leistungen zurückzugewähren. Kommt es zum Rücktritt einer der Parteien des Hauptlizenzvertrages, ist fraglich, was mit der bereits eingeräumten Unterlizenz passiert.

Vertreten wird, dass die Unterlizenz spätestens mit dem Ende des Rückgewährschuldverhältnisses entfällt.[1857] Dagegen wird argumentiert, dass der Rücktritt grundsätzlich nur das Schuldverhältnis angreift und daher auch nur gegenüber dem direkten Vertragspartner ausgeübt werden kann, sodass die Enkelrechte – aufgrund ihrer dinglichen Rechtsnatur – hiervon unberührt bleiben.[1858]

1852 Siehe Nachw. Fn. 1851.
1853 *McGuire*, Lizenz, S. 717.
1854 *Nolden*, Abstraktionsprinzip im UrhR, S. 117.
1855 *McGuire*, Lizenz, S. 717.
1856 Zu den Voraussetzungen des Rücktrittsrechts nach § 30 VerlG siehe *Schricker*, Verlagsgesetz, § 30 Rn. 21 f.
1857 *Pahlow*, Lizenz, S. 463.
1858 *Pahlow*, GRUR 2010, 112, 115; *Koch* in: Hoeren/Sieber, Multimedia-Recht, Teil 26.1 Rn. 73.

Eine andere Auffassung vertrat dagegen das OLG Hamburg in der Entscheidung „Kinderfernseh-Sendereihe".[1859] Der Rücktritt des Leistungsschutzberechtigten vom Hauptlizenzvertrag wegen Verzugs mit der Gegenleistung sollte im vorliegenden Fall zu einem automatischen Rückfall der Enkelrechte führen. Hauptargument hierfür war, dass das Abstraktionsprinzip nicht gelte.[1860] Der Streit um die abstrakte oder kausale Natur der Rechtsbeziehung ist für die Frage des Fortbestands der Enkelrechte jedoch irrelevant, denn auch bei einer Kausalabhängigkeit käme es nicht zu einem automatischen Rechterückfall.[1861] Zudem muss berücksichtigt werden, dass im gegebenen Fall zwar keine Verwertungshandlungen durch die Hauptlizenznehmerin vorgenommen wurden, allerdings der unterlizenznehmende Fernsehsender das Audiomaterial bereits ausgestrahlt hatte.

Die zeitlich strikte Trennung zwischen Rücktritt und Kündigung anhand des Merkmals des In-Vollzug-Setzens ist damit nicht nur für die Frage der Rückabwicklung erbrachter Leistungen von Bedeutung, sondern auch für die Beurteilung des Bestands der Unterlizenz, weshalb hier nicht streng daran anzuknüpfen ist, ob der Vertrag in der Praxis gekündigt oder von diesem zurückgetreten wurde. Aus praktischer Sicht ist vielmehr von Relevanz, ob eine Verwertung für den Unterlizenznehmer in Zukunft dennoch möglich wäre und dieser auf den Bestand seines Rechts vertrauen konnte. Hierbei muss differenziert werden, welche Art der Leistungsstörung vorliegt. Im Rahmen der nachfolgenden Untersuchung werden daher hinsichtlich beider Rechtsinstitute Parallelen in der Argumentation anzutreffen sein.

aa. Die Unmöglichkeit der Einräumung der Lizenz

Wurde bereits über ein vermeintliches Schutzrecht vorausverfügt und ist die vollständige Einräumung der Nutzungsberechtigung für den Schutzrechtsinhaber endgültig unmöglich geworden i.S.v. § 275 I BGB (z.B. weil sich herausgestellt hat, dass die Schutzfrist abgelaufen ist, die Schutzvoraussetzungen nicht erfüllt sind oder ein Verzicht auf das Schutzrecht vorliegt),[1862] sind hier gleiche Erwägungen anzustellen wie für den Fall des Wegfalls des Schutzrechts.[1863] Ist das lizenzierte Schutzrecht untergegangen, erscheint es interessengerecht, dass alle Berechtigungen erlöschen. Denn der Unterlizenznehmer hat noch keine tauglichen Rechte erlangt, auf dessen Bestand er hätte vertrauen können. Dadurch konnte rein faktisch auch noch keine Verwertung vorgenommen werden.

1859 OLG Hamburg, GRUR 2002, 335 – „Kinderfernseh-Sendereihe".

1860 OLG Hamburg, GRUR 2002, 335, 336 – „Kinderfernseh-Sendereihe"; ebenso in der Vorinstanz LG Hamburg, ZUM 1999, 858, 859 – „Sesamstraße".

1861 Siehe hierzu die Ausführungen unter 5. Teil, C. II. 2.; ebenso: *Picot*, Abstraktion und Kausalabhängigkeit, S. 66; *Nolden*, Abstraktionsprinzip im UrhR, S. 115.

1862 Vgl. *Manz/Ventroni/Schneider*, ZUM 2002, 409, 412 f., zu den typischen Leistungsstörungen im Bereich der Unmöglichkeit.

1863 Siehe hierzu die Ausführungen unter 6. Teil, B. I. 2. c.

In solch einem Fall ist für die Vertragsparteien meist nur noch von Relevanz, vergebliche Lizenzzahlungen rückabzuwickeln. Eine Anwendung der §§ 346 ff. BGB ist dafür der richtige Weg. Der Unterlizenznehmer könnte über eine Drittschadensliquidation schadlos gehalten werden, indem er seine fehlgeschlagenen Investitionen, die er im Vertrauen auf den Erhalt der Lizenzberechtigung getätigt hat, gegenüber dem Hauptlizenznehmer geltend macht und dieser die Ansprüche als eigenen Schaden über § 281 BGB auf den Lizenzgeber abwälzt.[1864]

Weiterhin können einer Verwertung auch persönliche Gründe entgegenstehen, die in der Person des Schutzrechtsinhabers begründet sind (vgl. § 275 II BGB). Von Relevanz sind Fälle außerhalb des Anwendungsbereichs des § 42 UrhG.[1865] Ein Rücktritt vom Lizenzvertrag gem. § 326 V BGB ist aber nur dann möglich, wenn die Nutzungsbefugnis noch nicht vollständig eingeräumt wurde. Hat der Unterlizenznehmer noch nicht mit der Verwertung begonnen, ist sein Vertrauen in den Bestand der Unterlizenz weniger schutzwürdig, auch wenn bereits über das Schutzrecht vorausverfügt wurde. Das Anwartschaftsrecht kann dann aufgrund der persönlichen Unmöglichkeit nicht mehr zur vollen Lizenzberechtigung erstarken. Letztlich wird eine zukünftige Verwertung nicht möglich sein, sodass für den Unterlizenznehmer nur noch von Interesse ist, erlittene Schäden auszugleichen.

Aus dogmatischer Sicht bewirkt der Rücktritt vom Hauptlizenzvertrag wegen Unmöglichkeit der Leistung zwar keinen Rückfall der Unterlizenz, sondern wandelt das primäre Schuldverhältnis lediglich in ein Abwicklungsverhältnis um, das grundsätzlich nur relative Wirkung entfaltet. Aus Gründen der Rechtssicherheit erscheint es jedoch notwendig, bestehende Anwartschaftsrechte erlöschen zu lassen.

bb. Die Nichtverwertung trotz Ausübungspflicht

Die Nichtverwertung der Lizenz kann nur dann zu einer Vertragsbeendigung führen, wenn eine Ausübungspflicht besteht. Für den ausschließlich Berechtigten urheberrechtlicher Nutzungsrechte bedarf es einer solchen Vereinbarung nicht, denn die Obliegenheit zur Ausübung ist mittelbar § 41 UrhG zu entnehmen.[1866] Für alle anderen Lizenznehmer kann sich eine solche Nebenpflicht entweder aus dem Kontext der Vertragsgestaltung oder aus einer konkreten Abrede ergeben.[1867]

Problematisch erscheint die Durchsetzung des Interesses des Schutzrechtsinhabers an einer hinreichenden Verwertung vor allem dann, wenn der Unterlizenznehmer als einziger nutzungsberechtigt ist – so im Fall einer exklusiven Unterlizenz – und dieser eine Verwertung nicht vornimmt. Die schuldrechtliche Verpflichtung besteht nur gegenüber dem direkten Vertragspartner. Dem Schutzrechtsinhaber sollte bewusst sein, dass wenn er der Erteilung einer ausschließlichen Unterlizenz

---

1864 *Nolden*, Abstraktionsprinzip im UrhR, S. 117.
1865 Zum Rückruf wegen gewandelter Überzeugung nach § 42 II UrhG siehe 6. Teil, B. I. 1. c.
1866 Siehe hierzu die Ausführungen unter 6. Teil, B. I. 1. a.
1867 Siehe Nachw. Fn. 142.

zugestimmt hat, sein Vertragspartner faktisch nicht mehr dazu befugt ist, weitere Verwertungshandlungen vorzunehmen. Ein Vorgehen gegen diesen wäre als rechtsmissbräuchlich i.S. eines Widerspruchs zu seinem früheren Verhalten[1868] zu werten. Zu überlegen wäre jedoch, ob in solchen Fallkonstellation eine Verantwortlichkeit für Dritte nach § 278 BGB einschlägig sein könnte. Die Zurechnung des Verhaltens eines Dritten kann nur unter bestimmten Voraussetzungen vorgenommen werden.[1869] Entscheidend ist, dass die Lizenzverwertung im Bereich des durch den Hauptlizenznehmer geschuldeten Gesamtverhaltens liegen muss.[1870] Nur dann hätte der mittelnde Lizenznehmer sicherzustellen, dass die ihn treffende Ausübungsverpflichtung durch den Dritten erfüllt wird. Der Rücktritt nach erfolglosem Ablauf einer angemessenen Frist, innerhalb derer der Hauptlizenznehmer auf eine noch mögliche Verwertung durch den Unterlizenznehmer hinzuwirken hat, führt dann zwar noch nicht zur Beendigung der Nutzungsberechtigung des Unterlizenznehmers. Dem Urheber verbleibt hierfür die Möglichkeit, die ausschließliche Unterlizenz über einen Widerruf nach 41 UrhG anheimfallen zu lassen. Im Hinblick auf andere Schutzrechtsinhaber erscheint ein Fortbestand der Unterlizenz ebenfalls nicht interessengerecht. Wie ein berechtigter Heimfall der Enkelrechte für diese rechtstechnisch konstruiert werden kann, soll im siebenten Teil der Arbeit untersucht werden.[1871]

cc. Exkurs: Die Nichtausübung des Verlagsrechts

Erfüllt der Verleger seine Publikationspflicht nicht, sobald ihm das vollständige Werk zugegangen ist, steht dem Verfasser ein Rücktrittsrecht nach § 32 VerlG i.V.m. § 30 VerlG zu.[1872] Die Pflicht des Verlegers zur Vervielfältigung und Verbreitung ist in §§ 1 S. 2, 14 S. 1 VerlG gesetzlich verankert, sodass es einer konkreten Vereinbarung nicht bedarf. Sollte ein eingesetzter Subverleger dieser Pflicht nicht nachkommen, steht es dem Urheber frei, sich des Rückrufsrechts nach § 41 UrhG zu bedienen, um die Nutzungsberechtigung des Subverlegers direkt zu beenden, sodass es der schwierigen Konstruktion über eine vertragliche Auflösung nicht bedarf.

dd. Der Verzug des Schutzrechtsinhabers mit der Leistung

Befindet sich der Schutzrechtsinhaber in Verzug mit der Ablieferung des Schutzgegenstands bzw. mit der Übermittlung wichtiger Informationen, ohne die eine Verwertung nicht vorgenommen werden kann, und ist der Hauptlizenznehmer wirksam vom Vertrag zurückgetreten, ist anzunehmen, dass eine vollständige

---

1868 Vgl. *Grüneberg* in: Palandt, BGB, § 242 Rn. 55.

1869 Der Unterlizenznehmer müsste nach den tatsächlichen Gegebenheiten mit dem Willen des Hauptlizenznehmers in dessen Gesamtpflichtenkreis tätig werden, vgl. BGH, NJW 1954, 1193; BGH, NJW 1996, 451.

1870 Vgl. *Grüneberg* in: Palandt, BGB, § 278 Rn. 12.

1871 Siehe hierzu 7. Teil, A. IV.

1872 *Schricker*, Verlagsrecht, § 32 Rn. 2.

dingliche Verfügung noch nicht stattgefunden und auch der Unterlizenznehmer lediglich ein Anwartschaftsrecht erlangt hat. Ein Bestandsschutz kann dann noch nicht eingetreten sein, insbesondere da mit einer Verwertung noch nicht begonnen werden konnte. Ebenso wie im Fall der Unmöglichkeit erscheint es interessengerecht, die eingeräumten Anwartschaftsrechte und damit auch die Berechtigung des Unterlizenznehmers mit Rücktritt vom Vertrag untergehen zu lassen. Hierauf deutet § 40 III UrhG hin, der im Fall der Beendigung eines Vertrages über ein künftiges Werk die Unwirksamkeit der Verfügungen über das noch nicht abgelieferte Werk statuiert. Für vergleichbare Fälle, in denen der Schutzgegenstand bereits existiert, erscheint zumindest eine analoge Anwendung geboten.

ee. Exkurs: Der Verzug des Verfasser mit der Ablieferung des Werkes

Der Verzug des Verfasser mit der Ablieferung des Werkes berechtigt den Verleger, nach erfolglosem Ablauf einer angemessenen Frist und soweit die nicht rechtzeitige Ablieferung für den Verleger nicht nur einen unerheblichen Nachteil mit sich bringt, vom Verlagsvertrag gem. § 30 VerlG zurückzutreten. Hier gelten die gleichen Erwägungen wie zum Verzug mit der Leistung. Der Bestand der Nutzungsberechtigung des Unterlizenznehmers scheitert aufgrund einer analogen Anwendung des § 40 III UrhG, die infolge der vergleichbaren Interessenlage geboten erscheint.

ff. Der Verzug des Lizenznehmers mit der Gegenleistung

Ein Rücktritt des Schutzrechtsinhabers wegen Verzugs mit der Zahlung der Lizenzgebühr betrifft gleichfalls nur den schuldrechtlichen Lizenzvertag zwischen Schutzrechtsinhaber und Hauptlizenznehmer. Dem Schutzrechtsinhaber kann es freilich nicht zugemuteten werden, an einer Vertragsbeziehung zu einer Person festhalten zu müssen, dessen Zahlungswilligkeit und/oder -fähigkeit in Frage steht. Dies bedeutet jedoch nicht, dass der Unterlizenznehmer ebenso außer Stande wäre, seine Lizenzschuld zu begleichen. Es wäre dann nicht sachgerecht, die Unzuverlässigkeit des zwischengeschalteten Lizenznehmers ihm zum Nachteil werden zu lassen, insbesondere wenn die Mittelsperson die Lizenzgebühren lediglich weiterleiten muss. Anders wäre die Rechtslage zu beurteilen, wenn der Verzug auf einem Verschulden bzw. Mitverschulden des Unterlizenznehmers beruht, dieser also mit seinen Zahlungen bei seinem Vertragspartner in Verzug ist und der Hauptlizenznehmer deshalb nicht leisten kann. Dann wäre es nicht interessengerecht, einen Bestand der Unterlizenz anzunehmen, auch soweit die Nutzungsberechtigung bereits mit dinglicher Wirkung übertragen wurde. Wie ein berechtigter Rückfall der Unterlizenz dogmatisch begründet werden kann, soll im siebenten Teil der Arbeit untersucht werden.[1873]

1873 Siehe hierzu 7. Teil, A. IV.

b. Die Beendigung des Hauptlizenzvertrages nach In-Vollzug-Setzen

Die Folgen der Beendigung des Hauptlizenzvertrages, nachdem mit der Verwertung des Schutzgegenstands innerhalb der Lizenzkette begonnen wurde, sind äußerst komplex. Regelungen über Leistungsstörungen fehlen im Urheberrechtsgesetz gänzlich.[1874] Nur das Verlagsgesetz regelt einzelne Rechte zur außerordentlichen Beendigung des Verlagsvertrages. Für alle anderen Fälle muss geprüft werden, welches Haftungsregime des Bürgerlichen Gesetzbuches Anwendung findet. Dies wurde bislang danach beurteilt, welchem der geregelten Typen vertraglicher Schuldverhältnisse sich der Lizenzvertrag im Einzelfall zuordnen lässt.[1875] Dies führt jedoch häufig zu erheblichen Unsicherheiten in der Rechtsanwendung. Überzeugender erscheint daher der Ansatz, auf Lizenzverträge stets die Regelungen des allgemeinen Leistungsstörungsrechts anzuwenden.[1876]

Eine Beendigung des Hauptlizenzvertrages nach In-Vollzugsetzen ist denkbar als ordentliche oder als außerordentliche Kündigung. Wie sich beide Fälle auf den Bestand der Enkelrechte auswirken, soll nachfolgend geklärt werden.

aa. Die ordentliche Kündigung des Hauptlizenzvertrages

Durch die ordentliche Kündigung wird das Schuldverhältnis mit Wirkung *ex nunc* aufgelöst. Die vor der Kündigung erbrachten Leistungen behalten ihren Rechtsgrund. Lediglich vorgeleistete Rechte oder Zahlungen werden rückabgewickelt.

Ein Recht zur ordentlichen Kündigung des Lizenzvertrages kann sich zum einen aus dem Gesetz ergeben, wobei weitestgehend Uneinigkeit über die Zulässigkeit herrscht.[1877] Bei Lizenzverträgen, die sich im Bereich des Kauf-, Werk- oder Werklieferungsvertrages bewegen, wird ein solches generell abgelehnt.[1878] Bei Verträgen mit Dauerschuldcharakter wird die ordentliche Kündigung zwar für zulässig gehalten, unklar ist jedoch, welche Regelungen in Abhängigkeit der vertraglichen Ausgestaltung heranzuziehen sind.[1879] Zum anderen haben die Vertragsparteien die

---

1874 Auch die Gesetze der gewerblichen Schutzrechte enthalten hierzu keine Regelungen.

1875 Vgl. z.B. BGH, GRUR 1979, 768, 769 – „Mineralwolle“; BGH, GRUR 1970, 547, 548 f. – „Kleinfilter“; *Nirk*, GRUR 1970, 329, 330; *Kraßer/Schmid*, GRUR Int. 1982, 324, 328; *Ohl*, GRUR 1992, 78, 79, plädiert für eine entsprechende Anwendung der §§ 626, 723 BGB.

1876 *McGuire*, Lizenz, S. 731; *Fitzner/Petri* in: FS Eisenhardt, S. 219, 222; *Schwarz/Klinger*, UFITA 138 (1999) 29, 33; *Ilzhöfer/Engels*, PatR/MarkenR/UrhR, Rn. 1519.

1877 Zum Meinungsstand: *Strenkert*, Beendigung des Lizenzvertrages, S. 11 ff.

1878 *Loewenheim/J.B. Nordemann* in: Loewenheim, Hdb. UrhR, § 26 Rn. 15; *Strenkert*, Beendigung des Lizenzvertrages, S. 41.

1879 *Strenkert*, Beendigung des Lizenzvertrages, S. 101 ff., 150 f., tendiert zu einer Anwendung der pachtrechtlichen Regelung nach § 584 BGB, hält aber Schranken in Form einer Verlängerung der Kündigungsfrist und/oder eines Investitionsersatzes im Hinblick auf Investitionsschutzinteressen im Einzelfall für notwendig. Diskutiert wird auch immer wieder eine Anwendbarkeit des § 544 BGB bei Verträgen über mehr als 30 Jahre (bejahend: *Fink*, Beendigung von Dauerschuldverhältnissen,

Möglichkeit, vertraglich ein Kündigungsrecht zu vereinbaren, um damit auf die dem Vertragsverhältnis immanenten, vorhersehbaren Risiken angemessen reagieren zu können. So kann z.B. die Lizenz ohne zeitliche Befristung eingeräumt werden, mit der Option, das Vertragsverhältnis nach einer Mindestlaufzeit von x Jahren ordentlich zu kündigen.

Die Kündigung wirkt nach ihrer Konzeption grundsätzlich nur *inter partes.* Auch wenn das Tochterrecht mit Wirkung *ex nunc* heimfallen sollte, hat dies regelmäßig keine Auswirkungen auf den Bestand der Unterlizenz.[1880] Die besondere Interessenlage im Einzelfall könnte diesem Ergebnis entgegenstehen; so vor allem wenn der Schutzrechtsinhaber mit der Kündigung einen Rückfall aller abgeleiteten Rechte bezweckt.

Da der Unterlizenznehmer mit Zustimmung des Schutzrechtsinhabers eine dingliche Rechtsposition erlangt und soweit er bereits Aufwendungen zur Verwertung des Schutzrechts unternommen hat, sind seine Investitionen und sein Vertrauen in den Bestand seiner Rechtsposition schützenswert.[1881]

Fraglich ist, ob eine andere Wertung vorzunehmen wäre, wenn er mit der Beendigung hätte rechnen müssen. Auch wenn Kündigungsrechte im vorgelagerten Rechtsverhältnis für den Unterlizenznehmer erkennbar sein sollten, das tatsächliche Vorliegen eines Beendigungsgrundes ist für diesen niemals vorhersehbar, denn Kündigungsgründe können jederzeit während der Vertragslaufzeit auftreten.[1882] Das Interesse an einer Vorhersehbarkeit möglicher rechtlicher Konsequenzen gebiete es daher, dass die Unterlizenz auch nach Beendigung des Vertrages durch Kündigung fortbesteht.[1883]

Etwas anderes könnte dagegen gelten, wenn der Unterlizenzvertrag auf Kündigungsregelungen des Hauptlizenzvertrages verweist oder wenn die Zustimmung zur Unterlizenzierung unter der auflösenden Bedingung der ordentlichen Kündigung des Hauptlizenzvertrages erteilt wurde. Ein Fortbestand der Unterlizenz erscheint dann aufgrund der dinglichen Beschränkung der Berechtigung nicht gerechtfertigt.

Wurde dagegen eine Unterlizenz mit dinglicher Reichweite entsprechend der Hauptlizenz erteilt, hat der Schutzrechtsinhaber im Fall der ordentlichen Kündigung des Hauptlizenzvertrages über den Bestand des Tochterrechts hinaus die Verwertung durch den Unterlizenznehmer zu dulden.

S. 294 ff.; ablehnend: *Kohnen*, Beendigung von Nutzungsrechten, S. 170 f.; *Strenkert*, Beendigung des Lizenzvertrages, S. 70 f., zumindest für das Urheberrecht; *Loewenheim/J.B. Nordemann* in: Loewenheim, Hdb. UrhR, § 26 Rn. 15).

1880 *Nolden*, Abstraktionsprinzip im UrhR, S. 107.

1881 Vgl. auch *Behrendt*, GRUR 1933, 199, 201.

1882 *Nolden*, Abstraktionsprinzip im UrhR, S. 107.

1883 *Nolden*, Abstraktionsprinzip im UrhR, S. 108.

bb. Exkurs: Das Kündigungsrecht bei Verträgen über künftige Werke

Ein gesetzliches Kündigungsrecht für beide Parteien normiert § 40 I 2 UrhG bei Verträgen über die Einräumung von Nutzungsrechten an einem künftigen Werk. Die Kündigung ist erst nach Ablauf von fünf Jahren nach Vertragsschluss und mit einer Frist von sechs Monaten möglich (§ 40 I 2, 3 UrhG).

Unstrittig ist, was in diesem Fall mit den Nutzungsrechten an den Werken passiert, die zum Zeitpunkt der Kündigung noch nicht abgeliefert worden sind. § 40 III UrhG erklärt mit Beendigung des Vertrages die Verfügungen für unwirksam.[1884] Fraglich ist dagegen, wie sich die Kündigung auf die Nutzungsrechte an den bereits abgelieferten Werken auswirkt. Aus dem Umkehrschluss zu § 40 III UrhG folgt, dass die Vorausverfügung mit Entstehung und Ablieferung des Werkes die Wirkung einer voll durchgeführten Nutzungsrechtseinräumung erlangt. Damit wird ein Tatbestand geschaffen, auf den der Unterlizenznehmer vertrauen darf. Trotz Beendigung des schuldrechtlichen Vertrages bleiben die eingeräumten Nutzungsrechte an den bereits abgelieferten Werken wirksam.[1885] Die Enkelrechte bestehen also fort.

cc. Die außerordentliche Kündigung des Hauptlizenzvertrages aus wichtigem Grund

Die außerordentliche Kündigung aus wichtigem Grund ist in der Praxis das häufigste und bedeutendste Rechtsmittel zur Beendigung von Lizenzverträgen.[1886] Soweit keine speziellere Kündigungsvorschrift einschlägig ist, findet für den Fall der außerordentlichen Vertragsbeendigung regelmäßig § 314 BGB Anwendung.[1887] Aufgrund fehlender Regelungen im Urheberrechtsgesetz[1888] erscheint eine Anwendung der Norm auf den Lizenzvertrag zweckgemäß. Damit erübrigt sich die bislang übliche analoge Anwendung miet- oder pachtrechtlicher Vorschriften,[1889] die in den wenigsten Fällen auf Lizenzsachverhalte einschränkungslos übertragen werden konnten.

Die Kündigung aus wichtigem Grund nach § 314 I 1 BGB erfordert, dass dem kündigenden Teil unter Berücksichtigung aller Umstände des Einzelfalls und unter Abwägung der beiderseitigen Interessen die Fortsetzung des Vertragsverhältnisses bis zur vereinbarten Beendigung oder bis zum Ablauf einer Kündigungsfrist nicht zugemutet werden kann. Als wichtiger Grund kommen vor allem schwere

---

1884 Siehe hierzu die Ausführungen unter 6. Teil, B. I. 2. c. dd.

1885 *v. Gamm*, UrhG, § 40 Rn. 9; *Schricker/Peukert* in: Schricker/Loewenheim, UrhR, § 40 Rn. 17; *Wandtke* in: Wandtke/Bullinger, UrhR, § 40 Rn. 20.

1886 *Pahlow*, GRUR 2010, 112, 115; *Manz/Ventroni/Schneider*, ZUM 2002, 409, 419; *Kohnen*, Beendigung von Nutzungsrechten, S. 173; vgl. auch *Schricker/Loewenheim* in: Schricker/Loewenheim, UrhR, § 31 Rn. 63, einen Überblick über die Rspr. zur Kündigung aus wichtigem Grund gebend.

1887 *Fikentscher/Heinemann*, Schuldrecht, Rn. 573.

1888 Lediglich das Verlagsgesetz enthält besondere Regelungen, z. B. §§ 32, 45 I 1 VerlG.

1889 *Manz/Ventroni/Schneider*, ZUM 2002, 409, 419.

Störungen der Vertrauensgrundlage,[1890] insbesondere auch durch die Verletzung vertraglicher Leistungs- und Schutzpflichten,[1891] in Betracht. Ein Verschulden ist dagegen nicht erforderlich.[1892] Es handelt sich hierbei um die *ultima ratio*, die nur dann Anwendung findet, wenn eine Lösung auf anderem Weg nicht möglich oder zumutbar ist.[1893]

Liegt dagegen der wichtige Grund in der Pflichtverletzung einer der Vertragsparteien (vgl. § 314 II BGB), ist weitere Voraussetzung für die Kündigung, dass dem Vertragspartner Gelegenheit geboten wird, Abhilfe zu schaffen. Es bedarf also einer Fristsetzung bzw. Abmahnung nach § 314 II 2 BGB. Eine starre Kündigungsfrist wird von der h.M. abgelehnt. Die Frist sei einzelfallbezogen zu bemessen, sodass dem zur Kündigung Berechtigten eine angemessene Nachprüfungs- und Überlegungsfrist zusteht.[1894]

Die außerordentliche Kündigung beseitigt das Vertragsverhältnis mit Wirkung *ex nunc*.[1895] Wird der Hauptlizenzvertrag außerordentlich gekündigt, ist das Schicksal der Enkelrechte fraglich.

Die Kündigung des Hauptlizenzvertrages greift grundsätzlich nur das Schuldverhältnis an und kann daher nur gegenüber dem direkten Vertragspartner ausgeübt werden.[1896] Die Enkelrechte bleiben daher – aufgrund ihrer dinglichen Rechtsnatur – von der Kündigung unberührt.[1897] Im Hinblick auf das Bestandsschutzinteresse des Unterlizenznehmers erscheint es zwar allgemein ungerechtfertigt, diesen mit dem Verlust seiner Rechtsstellung und den damit verbundenen wirtschaftlichen Nachteilen für ein Verhalten zu bestrafen, das ihm offensichtlich nicht zuzurechnen ist.[1898] Unter Berücksichtigung der unterschiedlichen Störfaktoren, die Ursache einer außerordentlichen Kündigung des Hauptlizenzvertrages sein können, muss hinterfragt werden, ob nicht doch ein Verhalten des Unterlizenznehmers dazu beigetragen haben könnte, sodass die Interessenlage anders gewichtet werden müsste. Nachfolgend sollen daher einzelne mögliche Gründe der Beendigung in die Untersuchung einbezogen werden.

1890 *Stadler* in: Jauernig, BGB, § 314 Rn. 5.

1891 *Gaier* in: MüKo, BGB/Bd. 2/2012, § 314 Rn. 11; *Stadler* in: Jauernig, BGB, § 314 Rn. 6.

1892 *Fikentscher/Heinemann*, Schuldrecht, Rn. 573; *Manz/Ventroni/Schneider*, ZUM 2002, 409, 419; *Grüneberg* in: Palandt, BGB, § 314 Rn. 7.

1893 OLG Celle, ZUM 1986, 213, 217 – „Arno Schmidt"; OLG München, ZUM 1992, 147, 151; *Spautz* in: Möhring/Nicolini, UrhG, § 31 Rn. 57.

1894 BGH, GRUR 1990, 443, 446 – „Musikverleger IV"; *Fink*, Beendigung von Dauerschuldverhältnissen, S. 220 ff.; *Loewenheim/J.B. Nordemann* in: Loewenheim, Hdb. UrhR, § 26 Rn. 22.

1895 *Manz/Ventroni/Schneider*, ZUM 2002, 409, 419; *Stadler* in: Jauernig, BGB, § 314 Rn. 8; *Gaier* in: MüKo, BGB/Bd. 2/2012, § 314 Rn. 23.

1896 *Pahlow*, GRUR 2010, 112, 116.

1897 *Koch* in: Hoeren/Sieber, Multimedia-Recht, Teil 26.1 Rn. 73.

1898 Vgl. *Haberstumpf* in: FS Hubmann, S. 127, 141, hinsichtlich des Verlagsvertrages.

(1) Die außerordentliche Kündigung durch den Schutzrechtsinhaber aufgrund von Leistungsstörungen

Ein denkbarer Fall der Leistungsstörung im Vertragsverhältnis betrifft den Verzug mit der Lizenzgebühr.[1899] Die Kündigung ist erst dann möglich, wenn der Schutzrechtsinhaber seinem Vertragspartner erfolglos eine angemessene Frist gesetzt hat. Die Fristsetzung könnte allerdings gem. § 314 II 3 BGB i.V.m. § 323 II BGB entbehrlich sein. Der Bestand der dinglichen Unterlizenz wird durch die Kündigung des Hauptlizenzvertrages wegen Zahlungsverzugs grundsätzlich nicht berührt.[1900] Hier gelten gleiche Erwägungen wie beim Rücktritt.[1901] Sofern jedoch dem Unterlizenznehmer eine Mitverantwortung am Zahlungsverzug zuzurechnen ist, soll der Schutzrechtsinhaber sich gerechter Weise nicht an der erteilten Zustimmung zur Unterlizenzierung festhalten lassen müssen, sofern das Vertrauensverhältnis zum Unterlizenznehmer durch dessen Verhalten erheblich gestört wäre.

Eine außerordentliche Kündigung kann auch aufgrund einer vertragswidrigen Nutzung erklärt werden.[1902] Fraglich ist, ob es sich um eine vertragswidrige Nutzung des Hauptlizenznehmers selbst handeln muss oder ob der Schutzrechtsinhaber sich durch das Mittel der außerordentlichen Kündigung auch gegen ein Verhalten des Unterlizenznehmers zur Wehr setzen kann, wobei freilich nur die Parameter maßgeblich sein können, die im Hauptlizenzverhältnis wirksam vereinbart wurden. Das Verhalten des Unterlizenznehmers muss sich der Hauptlizenznehmer nicht in jedem Fall zurechnen lassen. Dies wäre nur im Rahmen von § 278 BGB möglich. Ob der Unterlizenznehmer als Erfüllungsgehilfe des Hauptlizenznehmers auftritt, ist einzelfallabhängig zu klären. Darüber hinaus könnten deliktische Ansprüche in Frage kommen, wenn der Unterlizenznehmer über seine dingliche Berechtigung hinaus handelt. Lediglich schuldrechtlich wirkende Beschränkungen im Hauptlizenzverhältnis können dagegen nicht direkt gegenüber dem Unterlizenznehmer durchgesetzt werden.[1903] Ein Fehlverhalten des Hauptlizenznehmers bzw. seines Erfüllungsgehilfen kann damit zwar zu einer Beendigung des Hauptlizenzvertrages mit Wirkung *ex nunc* führen, die Nutzungsberechtigung des Unterlizenznehmers

---

1899 BGH, GRUR 2012, 916 ff. – „M2 Trade"; OLG Brandenburg, Urteil v. 30.03.2010, Az. 6 U 76/06, S. 21 – „M2Trade", zur Kündigung wegen Zahlungsverzugs in der Lizenzkette; vgl. LG München I, ZUM-RD 2009, 619 , 622 – „Filmauswertung", zur Kündigung wegen wiederholtem Abrechnungsverzugs.

1900 So auch BGH, GRUR 2012, 919, 918 f. – „M2 Trade"; OLG Brandenburg, Urteil v. 30.03.2010, Az. 6 U 76/06, S. 19 f. – „M2Trade".

1901 Siehe hierzu die Ausführungen unter 6. Teil, B. III. 2. a. dd.

1902 Vgl. z.B. BGH, GRUR-RR 2009, 284, Rn. 20 f. – „Nassreiniger": Kündigungsrecht, wenn die geschützte Erfindung nicht in dem Umfang oder auf die Art und Weise hergestellt und in den Verkehr gebracht wird, wie es vertraglich vereinbart wurde, nach erfolglosem Ablauf einer angemessenen Frist.

1903 Zu empfehlen ist, die dingliche Zustimmung zur Unterlizenzierung an die Bedingung der Einhaltung der auferlegten Pflichten aus dem Hauptlizenzverhältnis zu knüpfen.

besteht jedoch vorerst fort. Wie ein Rückfall der Unterlizenz herbeigeführt werden kann, bleibt zu klären.[1904]

Darüber hinaus kann ein Recht zur Kündigung wegen Nichtausübung des Nutzungsrechts vorliegen, vorausgesetzt, dass eine Ausübungspflicht besteht. Von praktischer Relevanz ist der Fall der Vergabe einer exklusiven Unterlizenz. Für die Beurteilung des Fortbestands der Unterlizenz gelten hier ähnliche Erwägungen wie zum Rücktritt wegen Nichtausübung.[1905] Erfolgt eine Auswertung weder durch den Hauptlizenznehmer noch durch den Unterlizenznehmer, erscheint nach Ablauf einer angemessenen Frist, in der Abhilfe geschafft werden kann, nur ein Rückfall aller abgeleiteten Rechte interessengerecht. Wie ein berechtigter Rückfall der Unterlizenz außerhalb des Anwendungsbereichs des § 41 UrhG dogmatisch konstruiert werden kann, soll im siebenten Teil der Arbeit aufgezeigt werden.[1906]

(a) Exkurs: Das Beendigungsrecht des Verfassers bei nicht vertragsgemäßer Verwertung

Das gesetzliche Rücktrittsrecht nach § 32 VerlG i.V.m. § 30 VerlG ermöglicht dem Verfasser ein Vorgehen gegen den Verleger, wenn dieser seiner Pflicht zur vertragsgemäßen Leistung nicht nachkommt.[1907] Ein Verschulden des Verlegers ist nicht erforderlich.[1908] Art und Umfang der Verpflichtung ergeben sich entweder aus Parteivereinbarungen oder, soweit eine vertragliche Regelung nicht vorliegt, aus den gesetzlichen Vorschriften.[1909] Grundsätzlich bedarf es einer Nachfristsetzung, um dem Verleger die Gelegenheit zu geben, doch noch vertragsgemäß zu erfüllen (§ 32 VerlG i.V.m. § 30 VerlG).[1910] Wurde bereits mit der Verwertung begonnen, erweist sich die Rückabwicklung des Vertrages als schwierig. Die Regelungen der §§ 346 ff. BGB sind nicht anzuwenden. Hierfür spricht insbesondere § 37 VerlG, der einen ausdrücklichen Verweis nicht enthält. Auch wenn der Gesetzgeber explizit von einem „Rücktritt“ spricht, ist der Wortlaut eingeschränkt auszulegen. Denn tatsächlich muss hier eine Auflösung des Vertrages mit Wirkung für die Zukunft vorgenommen werden. Die zuvor getroffenen Annahmen[1911] gelten daher gleichermaßen. Die Unterlizenz ist somit grundsätzlich von Bestand. Soweit jedoch dem Unterlizenznehmer ein Fehlverhalten vorzuwerfen ist, das zur Beendigung des Hauptlizenzvertrages geführt hat, erscheint ein Rückfall der Enkelrechte

---

1904 Siehe hierzu 7. Teil, A. IV.
1905 Siehe hierzu die Ausführungen unter 6. Teil, B. III. 2. a. bb.
1906 Siehe hierzu 7. Teil, A. IV.
1907 Vgl. BGH, GRUR 1988, 303, 305 – „Sonnengesang“.
1908 *Krüger-Nieland*, UFITA 89 (1981), 17, 20.
1909 *Schricker*, Verlagsrecht, § 32 Rn. 2.
1910 *Schricker*, Verlagsrecht, § 32 Rn. 5.
1911 Siehe hierzu 6. Teil, B. III. 2. b. cc. (1).

interessengerecht. Die dogmatische Konstruktion eines solchen soll im siebenten Teil der Arbeit untersucht werden.[1912]

(b) Exkurs: Das Kündigungsrecht des Verfassers bei Sammelwerken

Dem Verfasser eines Beitrags zu einem Sammelwerk wird gem. § 45 I 1 VerlG ein spezielles Kündigungsrecht eingeräumt, wenn sein Beitrag nicht innerhalb eines Jahres nach der Ablieferung an den Verleger veröffentlicht wurde. Das Interesse an einer zeitnahen Publikation ist aufgrund des Aktualitätsbezugs solcher Beiträge besonders schutzwürdig, weshalb der Gesetzgeber die Regelung einer Ausübungsfrist für notwendig hielt. Gleiche Pflicht muss mithin auch den Subverleger treffen. Im Fall des Verstreichens der Jahresfrist muss dem Verfasser daher die Möglichkeit gegeben sein, die Unterlizenz wieder heimzuholen, um einen anderen Verlag mit der Verwertung betrauen zu können. Mit welchem rechtstechnischen Instrument die Interessen des Verfassers durchgesetzt werden könnten, soll im siebenten Teil der Arbeit untersucht werden.[1913]

(2) Die außerordentliche Kündigung durch den Hauptlizenznehmer aufgrund von Leistungsstörungen

Liegt eine Leistungsstörung in der Risikosphäre des Schutzrechtsinhabers begründet, muss auch für den Hauptlizenznehmer die Möglichkeit bestehen, den Hauptlizenzvertrag außerordentlich zu kündigen. Vielfach diskutiert wurde, ob ein Abweichen vom Pflichtenprogramm des Schuldners der Leistung zu einer Anwendung eines speziellen Mängelgewährleistungsrechts führt.[1914] Nach überzeugender Auffassung lassen sich die Rechtsfolgen von Leistungsstörungen durch das allgemeine Schuldrecht adäquat bewältigen, sodass es eines Rückgriffs auf die Regelungen eines fremden Vertragstypus nicht bedarf.[1915] Bei der Beendigung des Dauerschuldverhältnisses könnte also § 314 II BGB i.V.m. dem allgemeinen Leistungsstörungsrecht Anwendung finden. Eine Streitentscheidung ist jedoch im Hinblick auf den Untersuchungsgegenstand nicht von Bedeutung. Die Frage soll daher nicht weiter diskutiert werden.

1912 Siehe hierzu die Ausführungen unter 7. Teil, A. IV.

1913 Siehe hierzu die Ausführungen unter 7. Teil, A. IV.

1914 Vgl. *Heussen*, GRUR 1987, 779, 790, der eine „modulare“ Konstruktion vorschlägt; *Haedicke*, GRUR 2004, 123, 125 f., plädiert für eine Anwendung des kaufrechtlichen Sachmängelgewährleistungsrechts; *Pahlow*, Lizenz, spricht sich hinsichtlich der einfachen Lizenz für eine modifizierte Anwendung der pachtrechtlichen Vorschriften nach §§ 581 II, 536 ff. BGB aus (S. 299 ff.), wohingegen in Bezug auf die ausschließliche Lizenz das Kaufmängelgewährleistungsrecht anzuwenden sei (S. 399 ff.); dagegen plädiert *Osterrieth* in: Pfaff/Osterrieth, Lizenzverträge, B. Rn. 183 ff., insgesamt für eine Anwendung pachtrechtlicher Bestimmungen.

1915 BGH, GRUR 1979, 768, 769 – „Mineralwolle“.

Denkbare Beendigungsfälle sind im Bereich der Nichtleistung und Schlechtleistung angesiedelt, etwa wenn das Schutzrecht in Verfall gerät, der Zweck, welchem die Verwertung des Schutzgegenstands dient, wegfällt (vgl. auch § 18 VerlG) oder sich die Untauglichkeit des Schutzgegenstands zum vertragsgemäßen Gebrauch[1916] herausstellt. Sachmängel liegen immer dann vor, wenn das Werk unvollständig ist oder nicht den vereinbarten Umfang aufweist. Ein Rechtsmangel besteht z. B., wenn der Lizenzgeber das Nutzungsrecht zwar verschaffen kann, dieses aber mit einer unbekannten einfachen Lizenz, einem Nießbrauch oder einem Pfandrecht belastet ist, oder wenn der lizenzierte Gegenstand Rechte Dritter verletzt. Grundsätzlich bedarf es einer Fristsetzung, um dem Schutzrechtsinhaber die Möglichkeit zu geben, Abhilfe zu schaffen (§ 314 II 1 BGB), die allerdings gem. § 314 II 2 BGB i.V.m. § 323 II BGB entbehrlich sein kann. Auch im Fall der Unmöglichkeit der Leistung bedarf es einer Fristsetzung gem. § 326 V BGB nicht.

Stellt sich – nachdem bereits Verwertungshandlungen vorgenommen wurden – heraus, dass eine Verwertung am Markt in dem vertraglich bestimmten Umfang nicht möglich ist, erscheint ein etwaiges Interesse des Unterlizenznehmers am Bestand seiner Rechtsposition unwahrscheinlich. Vielmehr wird dieser daran interessiert sein, den entstandenen Schaden zu kompensieren. Die Möglichkeit einer Drittschadensliquidation ist dann in Betracht zu ziehen.

Für den Verlagsvertrag sind Sondervorschriften (vgl. §§ 18, 31, 33 VerlG) zu berücksichtigen. Für den Bestand der Unterlizenz gilt hier nichts anderes.

(3) Die außerordentliche Kündigung aufgrund schwerer Störung des Vertrauensverhältnisses

Die Kündigung aus wichtigem Grund nach § 314 I BGB erfasst Gründe der Vertragsbeendigung über die möglichen Leistungsstörungen hinaus, geschuldet dem dauerhaften Charakter der Rechtsbeziehung der Vertragspartner, die regelmäßig in besonderem Maße auf gegenseitigem Vertrauen beruht[1917]. Störungen im Vertrauensverhältnis der Parteien sind keine Seltenheit. Liegen Tatsachen vor, die unter Berücksichtigung aller Umstände und unter Abwägung der beiderseitigen Interessen die Fortsetzung des Vertrages für den Kündigenden unzumutbar machen,[1918] besteht die Möglichkeit, sich durch Kündigung vom Vertrag zu lösen.

Die Anforderungen an das Rechtsmittel der außerordentlichen fristlosen Kündigung als *ultima ratio* sind hoch gesteckt.[1919] Zunächst muss ein tiefgreifendes

---

1916 Der Schutzrechtsinhaber haftet für die technische Ausführbarkeit, nicht jedoch für die nutzungsbringende Verwertbarkeit am Markt: RGZ 106, 362, 366 – „Tausend und eine Frau"; BGH, GRUR 2001, 223, 226 – „Bodenwaschanlage"; *Mes*, PatG/GebrMG, § 15 PatG Rn. 53.

1917 *Lößl*, Rechtsnachfolge in Verlagsverträge, S. 18.

1918 Vgl. BGH, GRUR 1977, 551, 553 – „Textdichteranmeldung"; BGH, GRUR 1982, 41, 44 – „Musikverleger III"; BGH, GRUR 1990, 443, 444 f. – „Musikverleger IV".

1919 OLG München, ZUM 1992, 147, 151.

persönliches Zerwürfnis der Vertragsparteien eingetreten sein.[1920] Persönliche Differenzen allein begründen i.d.R. kein Kündigungsrecht.[1921] Ein wichtiger Grund zur außerordentlichen Kündigung setzt nach Ansicht der Rspr. eine schwere Erschütterung des Vertrauensverhältnisses zwischen den Vertragsparteien voraus, die ein „gedeihliches Zusammenwirken" nach den Gesamtumständen nicht mehr erwarten lässt,[1922] bzw. muss eine Störung des Vertrauensverhältnisses vorliegen, wodurch die Fortsetzung des Vertragsverhältnisses dem Kündigenden nicht mehr zugemutet werden kann[1923].

Die Rspr. tendiert dazu, Leistungsstörungen im Lizenzverkehr über § 314 I BGB zu lösen, statt die Regelungen des allgemeinen Leistungsstörungsrechts anzuwenden. Ein wichtiger Grund wurde z. B. bejaht, wenn der Vertragspartner seine Pflichten schlecht oder gar nicht erfüllt hat.[1924] Ob nun der Weg über § 314 I BGB oder § 314 II BGB gewählt wird, ist im Ergebnis unerheblich, da bei der Interessenabwägung im Rahmen von § 314 I BGB gleichermaßen zu berücksichtigen ist, ob eine Fristsetzung oder Abmahnung erfolgte oder ob diese ggf. aufgrund besonderer Umstände entbehrlich war. Von Relevanz sind daher an dieser Stelle nur die Gründe, die nicht auf der Verletzung einer Vertragspflicht beruhen und mithin über das allgemeine Leistungsstörungsrecht gelöst werden können; so z. B. der Fall der Verdachtskündigung[1925], das Vorliegen persönlicher Zerwürfnisse[1926] oder wenn persönlichkeitsrechtliche Befugnisse des Urhebers betroffen sind[1927].

Allgemein erscheint es nicht interessengerecht, die Rechtsposition des Unterlizenznehmers von persönlichen Umständen der Vertragsparteien der vorgelagerten Ebene abhängig zu machen. Die lediglich schuldrechtliche Auflösung des Hauptlizenzvertrages berührt den dinglichen Bestand der Unterlizenz grundsätzlich nicht. Fraglich ist dagegen, ob auch ein Verhalten des Unterlizenznehmers einen wichtigen Grund darstellen kann. Voraussetzung hierfür wäre, dass dem Hauptlizenznehmer das Verhalten des Unterlizenznehmers nach § 278 BGB zuzurechnen ist. Dies kann nicht ohne Weiteres angenommen werden. Vielmehr wird es auf das Verhalten

---

1920 BGH, GRUR 1964, 326, 331 – „Subverleger"; BGH, GRUR 1982, 41, 45 – „Musikverleger III"; vgl. KG, UFITA 86 (1980), 230, 234 – „Tangerine Dream".

1921 OLG Frankfurt, WRP 1988, 333; *Krüger-Nieland*, UFITA 89 (1981), 17, 33.

1922 BGH, GRUR 1959, 51, 53 – „Subverlagsvertrag"; OLG Celle, ZUM 1986, 213, 217 – „Arno Schmidt".

1923 BGH, GRUR 1970, 40, 41 f. – „Musikverleger"; BGH, GRUR 1982, 41, 45 – „Musikverleger III"; BGH, GRUR 1990, 443, 444 – „Musikverleger IV"; OLG München, ZUM 1992, 147, 150; LG Passau, NJW-RR 1992, 759, 760.

1924 Vgl. BGH, GRUR 1959, 51 ff. – „Subverlagsvertrag"; BGH, GRUR 1974, 789 ff. – „Hofbräuhaus-Lied"; OLG Hamm, GRUR 1978, 436 f. – „Herz mit Paprika"; LG München, GRUR 1987, 911 – „Vertragskündigung".

1925 Vgl. BGH, GRUR 1977, 551, 553 – „Textdichteranmeldung".

1926 Vgl. BGH, GRUR 1982, 41, 45 – „Musikverleger III"; BGH, GRUR 1990, 443, 445 – „Musikverleger IV".

1927 Vgl. LG Berlin, UFITA 21 (1956), 94, 96 f. – „Ralph Erwin".

des direkten Vertragspartners ankommen, also ob er z. B. den Unterlizenznehmer deckt oder ob er sich um Abhilfe bemüht[1928]. Wie ein Entzug der Berechtigung des Unterlizenznehmers bei Vorliegen eines Fehlverhaltens rechtstechnisch konstruiert werden kann, soll im siebenten Teil der Arbeit untersucht werden.[1929]

c. Gegenseitige inhaltliche Änderungen des Hauptlizenzvertrages

Auf das Vertragsverhältnis kann nicht nur einseitig durch Gestaltungsrechte, sondern auch beiderseitig eingewirkt werden. Von praktischer Bedeutung sind Inhaltsänderungen, die auf den Bestand der Nutzungsrechte einwirken. Nachfolgend soll untersucht werden, wie sich die einvernehmliche Vertragsaufhebung und die Auflösung des Hauptlizenzvertrages wegen einer Störung der Geschäftsgrundlage nach § 313 BGB auf den Bestand der Unterlizenz auswirken.

aa. Die einvernehmliche Vertragsaufhebung

Den Vertragsparteien steht es jederzeit frei, den Hauptlizenzvertrag einvernehmlich vorzeitig durch Vertrag aufzuheben.[1930] Der Aufhebungsvertrag beendet das Schuldverhältnis i.d.R. mit Wirkung für die Zukunft, die Vereinbarung einer rückwirkenden Beseitigung des Schuldverhältnisses steht den Parteien allerdings frei.[1931] Der Geltungsbereich einer solchen Vereinbarung beschränkt sich grundsätzlich auf das Verhältnis der Vertragsparteien und wirkt mithin *inter partes.*[1932] Die Annahme eines Rückfalls der Unterlizenz würde sich daher wie ein unzulässiger Vertrag zu Lasten Dritter auswirken.[1933]

Gegen einen Heimfall der Unterlizenz spricht auch, dass der Unterlizenznehmer aufgrund der Zustimmung des Schutzrechtsinhabers auf den Bestand der Unterlizenz vertrauen konnte. Das Risiko der einvernehmlichen Vertragsbedingung ist für diesen i.d.R. nicht vorhersehbar und einkalkulierbar.[1934] Der Unterlizenznehmer ist vor allem auch dann schutzwürdig, wenn beide mit der Absicht zusammengewirkt haben, den Unterlizenznehmer zu schädigen.

Zur Lösung der Problematik wird auch eine Analogie zu § 33 S. 2 UrhG vorschlagen, mit der Begründung, dass kein Unterschied zwischen den Rechtswirkungen des zweiseitigen Aufhebungsvertrages und des einseitigen Verzichts bestehe.[1935]

1928 BGH, GRUR 1964, 326, 331 – „Subverleger".

1929 Siehe hierzu die Ausführungen unter 7. Teil, A. IV.

1930 Vgl. *Gehrlein/Sutschet* in: Bamberger/Roth, BeckOK BGB, § 311 Rn. 35, betonen, dass dies aus dem Grundsatz der Vertragsfreiheit folgt; *Stadler* in: Jauernig, BGB, § 311 Rn. 19.

1931 *Emmerich* in: MüKo, BGB/Bd. 2/2012, § 311 Rn. 20; *Fink*, Beendigung von Dauerschuldverhältnissen, S. 70.

1932 OLG München, BeckRS 2012, 05500 – „Take Five".

1933 *Nordemann*, NJW 1992, 1372; *Nolden*, Abstraktionsprinzip im UrhR, S. 118.

1934 So auch BGH, GRUR 2012, 914, Rn. 19 – „Take Five".

1935 *Nolden*, Abstraktionsprinzip im UrhR, S. 118 f.

Der Ansatz erscheint interessengerecht. Denn grundsätzlich gilt: Wollen die Vertragsparteien die Geschäftsbeziehung einvernehmlich und endgültig beenden, muss auch der berechtigte Dritte in diese Entscheidung einbezogen werden,[1936] wenn der Schutzrechtsinhaber einen Heimfall aller abgeleiteten Rechte bezweckt.

Der Unterlizenznehmer kann sich in der gegebenen Konstellation jedenfalls auf eine gesicherte dingliche Rechtsposition berufen.

bb. Die Vertragsauflösung nach den Grundsätzen der Störung der Geschäftsgrundlage

Die Grundsätze der Störung der Geschäftsgrundlage finden auch auf Lizenzverträge Anwendung.[1937] Die Vertragsauflösung durch Rücktritt oder Kündigung wegen einer Störung der Geschäftsgrundlage bedarf keiner Fristsetzung[1938] und kommt als *ultima ratio* nur dann in Betracht, wenn eine Anpassung nicht möglich oder zumutbar ist (§ 313 III BGB). Eine Überschneidung mit dem außerordentlichen Kündigungsrecht nach § 314 BGB ist denkbar. Insoweit bleibt § 313 BGB neben § 314 BGB subsidiär anwendbar.[1939] Vom Anwendungsbereich ausgeschlossen sind somit Fälle der Vertragsauflösung wegen Leistungsstörungen und aufgrund der Erschütterung des Vertrauensverhältnisses, sodass sich die Fälle der unvorhersehbaren schwerwiegenden Änderungen der Verhältnisse auf Äquivalenzstörungen beschränken; so z. B. wegen Veränderungen der politischen Verhältnisse, staatlichen Einfuhrsperren, Gesetzesänderungen, Währungsumstellungen und dergleichen.[1940] Bei urheberrechtlichen Lizenzverträgen ist zu beachten, dass § 32a UrhG als speziellere Regelung Anwendung findet, soweit sich die Störung auf die Höhe der Vergütung bezieht. Eine Vertragsbeendigung als Rechtsfolge sieht diese Regelung gerade nicht vor.[1941]

Derartige schwerwiegende Störungen betreffen i.d.R. die gesamte Lizenzkette, sodass es im Interesse der Parteien sein wird, die Vertragsbeziehungen auf allen Ebenen enden zu lassen. Ist dagegen lediglich ein Nachteil zulasten des Schutzrechtsinhabers eingetreten und begehrt der Unterlizenznehmer die weitere Nutzung

---

1936 Vgl. BGH, GRUR 1986, 278, 279 f. – „Alexis Sorbas“: Selbst bei einem vereinbarten Rechterückfall auf erster Ebene besteht die Unterlizenz fort, wenn dies den beiderseitigen Parteiinteressen entspricht. Hier wurde aus der Erklärung, dass der Unterlizenzgeberin die Erlöse aus dem Unterlizenzvertrag nach wie vor zuständen, und der entsprechenden Zustimmung der Rechtsnachfolgerin des Urhebers ein entsprechender Parteiwille zu einer lediglich teilweisen Auflösung geschlussfolgert.

1937 Vgl. BGH, DtZ 1995, 285, 289 f.; LG München I, ZUM 2009, 794, 801; LG Düsseldorf, BeckRS 2009, 08738; *Groß*, Lizenzvertrag, Rn. 87 f.

1938 *Finkenauer* in: MüKo, BGB/Bd. 2/2012, § 313 Rn. 111.

1939 *Unberath* in: Bamberger/Roth, BeckOK BGB, § 313 Rn. 13; *Schricker/Loewenheim* in: Schricker/Loewenheim, UrhR, § 31 Rn. 56.

1940 Vgl. RGZ 106, 362, 367 f. – „Tausend und eine Frau“, zum Wegfall der Geschäftsgrundlage bei einem Filmverwertungsvertrag; BGH, DtZ 1995, 285, 289 f.

1941 *Manz/Ventroni/Schneider*, ZUM 2002, 409, 418; *Kohnen*, Beendigung von Nutzungsrechten, S. 172.

des Lizenzgegenstands, muss geprüft werden, ob sich die Unzumutbarkeit in diesem Rechtsverhältnis fortsetzt, sodass ein Heimfall der Unterlizenz gerechtfertigt sein könnte.[1942]

d. Fazit

Die Beendigung des Hauptlizenzverhältnisses mit Wirkung *ex nunc* durch Rücktritt oder Kündigung berührt den Rechtsbestand der Unterlizenz grundsätzlich nicht. Liegt dagegen ein Fehlverhalten des Unterlizenznehmers vor, das zur Vertragsbeendigung beigetragen hat, erscheint ein Bestand der Unterlizenz nicht gerechtfertigt. Mit welchem rechtstechnischen Instrument ein berechtigter Heimfall der Unterlizenz herbeigeführt werden kann, soll im siebenten Teil der Arbeit näher erörtert werden. Auch die einvernehmliche Vertragsaufhebung lässt den Bestand der Unterlizenz regelmäßig unberührt. Liegt dagegen eine schwerwiegende Störung der Geschäftsgrundlage vor, erscheint eine Beendigung der nachgelagerten Nutzungsberechtigungen interessengerecht, soweit sich die Unzumutbarkeit zulasten des Schutzrechtsinhabers in dieser Rechtsbeziehung fortsetzt.

IV. Sonderfall: Die Beendigung des Hauptlizenzverhältnisses aufgrund Insolvenz

Die Frage des Fortbestands der Unterlizenz ist im Fall der Insolvenz des Unternehmens des Schutzrechtsinhabers[1943] und auch in der Insolvenz eines in der Lizenzkette vorgelagerten Lizenznehmers in der Literatur äußerst umstritten.[1944] Die Frage der Insolvenzfestigkeit der Lizenz wurde bereits im Rahmen der durch die Verfasserin erstellten Diplomarbeit zum Thema „Die Lizenzen in der Insolvenz" vom 24.07.2009 untersucht. Die Problematik der Lizenzketten war dabei nicht Gegenstand der Untersuchung, sodass nachfolgend lediglich an die Grundsatzdiskussion zur Insolvenzfestigkeit von Lizenzen angeknüpft werden kann, diese aber unter Berücksichtigung der Entwicklungen in Rechtsprechung und Lehre fortgeschrieben werden sollen.

De lege lata sind Lizenzverträge mit einem „Insolvenzmakel" behaftet, denn seit Inkrafttreten der Insolvenzordnung am 01.01.1999 steht das Schicksal der Lizenzverträge bei Eröffnung des Insolvenzverfahrens auf einer unsicheren Rechtsgrundlage.[1945] Eine Sonderregelung über die Insolvenzfestigkeit der Lizenz existiert nicht[1946] und eine Analogie zu § 108 InsO wird aufgrund des einschränkenden

1942 Siehe hierzu die Ausführungen unter 7. Teil, A. IV.

1943 Die Insolvenz einer natürlichen Person soll hier ausgeklammert bleiben. Hier sind Sonderregelungen zu beachten (bei der Urheberinsolvenz insb. das Zustimmungserfordernis nach § 113 UrhG).

1944 Zum Meinungsstreit: *Malitz/Coumont*, InsVZ 2010, 83, 84 ff.

1945 *Berger*, GRUR 2013, 321.

1946 *Schmid/Kampshoff*, GRUR-Prax 2009, 50.

Anwendungsbereichs auf unbewegliche Sachen durch die h.L. abgelehnt.[1947] Es besteht damit allgemein die Gefahr, dass der Insolvenzverwalter, der die Abwicklung bestehender Lizenzverträge vorzunehmen hat (vgl. § 80 I InsO), die Erfüllung des Lizenzvertrages gem. § 103 I InsO ablehnt. Dies wird in der Lizenzgeberinsolvenz regelmäßig der Fall sein, wenn sich ihm die Gelegenheit bietet, das geschützte Rechtsgut anderweitig gewinnbringend zu verwerten. In der Lizenznehmerinsolvenz wird sich der Insolvenzverwalter möglicherweise für eine Nichterfüllung entscheiden, wenn fällige Zahlungen nicht mehr geleistet werden können oder die Lizenz für die Geschäftsausübung nicht mehr notwendig ist, weil z.B. das Unternehmen liquidiert werden soll. Der Insolvenzverwalter folgt insoweit seiner Verpflichtung, seine Verwaltungs- und Verwertungskompetenz im Interesse und zum Vorteil der Gesamtheit der Insolvenzgläubiger auszuüben (vgl. § 1 S. 1 InsO).[1948]

Um das Schicksal der Unterlizenz in beiden Konstellationen klären zu können, muss zunächst das viel diskutierte Problem der Insolvenzfestigkeit der Lizenz erörtert werden. Hierbei muss erstens untersucht werden, ob der Anwendungsbereich des § 103 InsO überhaupt eröffnet ist. Ist dies der Fall, muss zweitens geklärt werden, welche Rechtsfolge mit der Erfüllungsablehnung durch den Insolvenzverwalter verbunden ist, speziell welche Auswirkungen eine solche auf die Unterlizenz hat.

1. *Das Wahlrecht des Insolvenzverwalters nach § 103 InsO und die Anwendbarkeit auf Lizenzverträge*

Mit dem in § 103 InsO verankerten Wahlrecht, einen gegenseitigen Vertrag erfüllen zu können oder die Erfüllung abzulehnen, erhält der Insolvenzverwalter ein Instrument an die Hand, das es ihm ermöglicht und ihn zugleich verpflichtet, das Massevermögen zugunsten der Gesamtgläubigerschaft bestmöglich zu vermehren und vor Verlusten zu bewahren.[1949] Dadurch wird ihm die Möglichkeit eröffnet, die privatrechtliche Maxime *pacta sunt servanda* zugunsten einer massegünstigeren Verwertung des Vertragsgegenstands zu durchbrechen.[1950]

Bei der Ausübung des Wahlrechts ist der Insolvenzverwalter ausschließlich den Interessen der Insolvenzgläubiger verpflichtet.[1951] Maßstab der zu treffenden

1947 *v. Westerholt/Joppich*, ZUM 2003, 262, 263; *McGuire*, GRUR 2009, 13, 14 f.; *Slopek*, WRP 2010, 616, 619; *Weber/Hötzel*, NZI 2011, 432, 433; *Brinkmann*, NZI 2012, 735, 739; *Heimberg*, Lizenzen in der Insolvenz, S. 158 f.; a.A. *Fezer*, WRP 2004, 793, 802 f.; *Plesser* in: FS Raue, S. 611, 612 ff.; *Koehler/Ludwig*, WRP 2006, 1342, 1344 f., plädieren für eine analoge Anwendung von § 108 InsO auf Lizenzverträge.

1948 Vgl. *Ganter/Lohmann* in: MüKo, InsO/Bd. 1/2013, § 1 Rn. 7.

1949 *Bullinger* in: Wandtke/Bullinger, UrhR, § 103 InsO Rn. 2; *Kreft* in: MüKo, InsO/Bd. 2/2013, § 103 Rn. 2; *Kroth* in: Braun, InsO, § 103 Rn. 2; *Hess*, InsR Bd. I, § 103 Rn. 3; *Dahl* in: Runkel, AH InsR, § 8 Rn. 29; *Abel*, NZI 2003, 121, 124.

1950 *Witz* in: FS Schilling, S. 393, 394 f.; *Dahl* in: Runkel, AH InsR, § 8 Rn. 2.

1951 *Wegener* in: Uhlenbruck, InsO, § 103 Rn. 97; *Pahlow*, Lizenz, S. 468; *Marotzke* in: Kreft, InsO, § 103 Rn. 40.

Entscheidung ist die bestmögliche Verwertung des Schuldnervermögens zum Zweck der gemeinschaftlichen Befriedigung der Gläubiger.[1952] Handelt er diesem Grundsatz zuwider, macht er sich gem. § 60 InsO gegenüber der Masse schadensersatzpflichtig. Daneben soll der Schutz des Vertragspartners durch den Erhalt des funktionellen Synallagmas gewahrt werden. Der Vertragspartner soll nur leisten müssen, wenn der Insolvenzverwalter ihm im Gegenzug eine vollwertige Gegenleistung anbieten kann.[1953]

Die Anwendbarkeit des § 103 InsO auf den Lizenzvertrag ist allgemein anerkannt.[1954] Für den Verlagsvertrag ordnet § 36 I VerlG die Anwendung des § 103 InsO sogar ausdrücklich an. Ob dem Insolvenzverwalter im konkreten Fall das Wahlrecht aus § 103 InsO zusteht, bedarf jedoch einer genaueren Prüfung der materiellen Voraussetzungen.

Zunächst muss eine synallagmatische Verknüpfung der Verpflichtungen der Vertragspartner vorliegen.[1955] Dies kann für den Lizenzvertrag, der von Natur aus ein gegenseitiger Vertrag ist,[1956] bejaht werden.[1957]

Weitere Voraussetzung ist die beiderseitige Nichterfüllung der geschuldeten Leistungen, wobei darauf abgestellt werden muss, ob der vertraglich geschuldete Leistungserfolg eingetreten ist.[1958] Es stellt sich die Frage, wann eine Vollständigkeit der Leistung i.S.v. § 103 I InsO vorliegt.

Grundsätzlich ist die Vollständigkeit davon abhängig, was vertraglich als Erfüllung geschuldet wird und ob im Zeitpunkt der Eröffnung des Insolvenzverfahrens der Leistungserfolg eingetreten ist.[1959] Teilweise wird vertreten, dass das Vorliegen des Tatbestandsmerkmals „vollständig“ ausschließlich anhand der synallagmatischen Hauptleistungspflichten zu beurteilen ist.[1960] Nach a.A. müssen die Haupt- und die Nebenleistungspflichten einzeln geprüft werden, ob ihre Erfüllung im

---

1952 BVerfG, NJW 2006, 2613, 2614; BGH, NJW 2006, 2485, 2487; vgl. auch BGH, NJW 1995, 1966, 1967: Das Wahlrecht ist zum Vorteil der Gesamtheit der Gläubiger auszuüben.

1953 *Andres* in: Andres/Leithaus, InsO, § 103 Rn. 5; *Dahl* in: Runkel, AH InsR, § 8 Rn. 11.

1954 BGH, GRUR 2006, 435, 437 – „Softwarenutzungsrecht“; LG Mannheim, DZWIR 2003, 479, 481 – „Softwarelizenzvertrag“; LG München I, GRUR-RR 2012, 142, 143 – „Insolvenzfestigkeit“; *Abel*, NZI 2003, 121, 124; *Brauer/Sopp*, ZUM 2004, 112, 119; *Berger*, GRUR 2004, 20; *ders.*, NZI 2006, 380; *Pahlow*, WM 2008, 2041, 2043; *Wegener* in: Uhlenbruck, InsO, § 103 Rn. 38; *Huber* in: MüKo, InsO/Bd. 2/2013, § 103 Rn. 76; *Lütje* in: Möhring/Nicolini, UrhG, § 112 Rn. 13.

1955 *Kroth* in: Braun, InsO, § 103 Rn. 6; *Huber* in: MüKo, InsO/Bd. 2/2013, § 103 Rn. 55.

1956 BGH, GRUR 1979, 768, 769 – „Mineralwolle“; *Nirk*, GRUR 1970, 329, 330; *Osterrieth*, Patentrecht, Rn. 322.

1957 LG Mannheim, DZWIR 2003, 479, 481 – „Softwarelizenzvertrag“; *Wegener* in: Uhlenbruck, InsO, § 103 Rn. 38; *Hauck*, AcP 211 (2011), 626, 650.

1958 *Wegener* in: Uhlenbruck, InsO, § 103 Rn. 57 ff.; *Kroth* in: Braun, InsO, § 103 Rn. 19 ff.

1959 *Ringstmeier* in: Beck/Depré, Praxis der Insolvenz, § 21 Rn. 23, 25.

1960 *Pape/Uhlenbruck*, Insolvenzrecht, Kap. 31 Rn. 6; *Brandt*, NZI 2001, 337, 340; *Brauer/Sopp*, ZUM 2004, 112, 119 f.; a.A. *Wallner*, ZIP 2004, 2073, 2076.

Insolvenzverfahren noch aussteht, sodass das bereits eingeräumte Nutzungsrecht fortbesteht, die noch offenstehenden Ansprüche auf Erhaltung der Nutzungsfähigkeit sowie sonstige Leistungen hingegen erlöschen.[1961] Die h.M. nimmt dagegen eine gesamtheitliche Betrachtung vor und kommt zu dem Schluss, dass eine Erfüllung des Lizenzvertrages i.S. der Norm nicht vorliegt, solange auch nur eine vertragliche Nebenleistungspflicht aussteht und sofern diese nicht völlig unbedeutend ist.[1962] Eine Ausweitung des Wahlrechts entspricht jedenfalls der Zielsetzung der Insolvenzordnung, eine größtmögliche Masseanreicherung zu erzielen,[1963] weshalb der h.M. zuzustimmen ist. Fraglich bleibt, welche Implikationen sich hieraus für die Beurteilung einzelner Lizenzverträge ergeben.

Hinsichtlich der Hauptleistungspflicht des Lizenzgebers könnte eine vollständige Erfüllung vorliegen, wenn sich die Erfüllungsleistung als einmaliger abgeschlossener Akt der Rechtseinräumung vollzieht. Bei der rein schuldrechtlichen Lizenz wird dies verneint, mit der Begründung, dass die Nutzungsberechtigung ständig vermittelt werden muss.[1964] Da die Lizenz lediglich eine Berechtigung gegenüber dem Vertragspartner beinhaltet, wird auf eine ähnliche Wirkung wie bei der Rechtspacht (§ 581 I BGB) rekurriert, d.h. der Lizenzgeber ist zur dauerhaften Überlassung des Lizenzgegenstands verpflichtet.[1965] Unter der Annahme eines solchen vertraglichen Anspruchs liegt eine vollständige Erfüllung seitens des Lizenzgebers nicht vor.

Die Einräumung der dinglichen Lizenz vollzieht sich dagegen als einmaliger und abgeschlossener Akt der Rechtseinräumung.[1966] Vom Vollzugsgeschäft zu unterscheiden ist jedoch das schuldrechtliche Verpflichtungsgeschäft, aus dem i.d.R. Nebenleistungspflichten erwachsen, die dazu führen, dass der Lizenzvertrag als noch nicht vollständig erfüllt anzusehen ist i.S.v. § 103 I InsO.[1967] So trifft z.B. den

---

1961 *Wilmowsky*, NZI 2013, 377, 379 ff.

1962 BGH, NJW 1972, 875, 876; LG Mannheim, DZWIR 2003, 479, 481 – „Softwarelizenzvertrag"; *Graf/Wunsch*, ZIP 2002, 217, 218; *Abel*, NZI 2003, 121, 124; *Dieselhorst*, CR 2010, 69, 75; *Andres* in: Andres/Leithaus, InsO, § 103 Rn. 16; *Huber* in: Gottwald, InsR-Hdb., § 34 Rn. 22; *Wegener* in: Uhlenbruck, InsO, § 103 Rn. 58; *Huber* in: MüKo, InsO/Bd. 2/2013, § 103 Rn. 123; *Kroth* in: Braun, InsO, § 103 Rn. 20: Negativ formuliert fehlt es an der vollständigen Erfüllung, wenn auch nur ein kleiner Teil von verhältnismäßiger Geringfügigkeit noch aussteht. *Klauze*, Nutzungsrechte in der Insolvenz, S. 35, schlägt in diesem Kontext vor, bei der Beurteilung der Unvollständigkeit auf den Wert für die Insolvenzmasse abzustellen.

1963 *Klauze*, Nutzungsrechte in der Insolvenz, S. 33.

1964 Vgl. *Wiedemann*, Lizenzen in der Insolvenz, Rn. 1127, m.w.N.

1965 *Pahlow*, Lizenz, S. 296 f.; *Harke* in: MüKo, BGB/Bd. 3/2012, § 581 Rn. 18.

1966 BGH, GRUR 2009, 946, Rn. 20 – „Reifen Progressiv"; zust. *Dieselhorst*, CR 2010, 69, 73 f.; *Slopek*, WRP 2010, 616, 617; *v. Frentz/Masch*, ZIP 2011, 1245, 1246; *dies.*, ZUM 2012, 886, 887; *Klawitter*, GRUR-Prax 2012, 425, 428; so bereits auch *Esser*, Urheberrechtliche Lizenzen in der Insolvenz, S. 153. Siehe hierzu auch die Ausführungen unter 5. Teil, C. IV.

1967 *Heim*, GRUR 2012, 95, 98: Vollständig erfüllt sei der Lizenzvertrag daher erst mit Vertragsbeendigung.

Lizenzgeber während der Dauer des Lizenzvertrages regelmäßig die Obliegenheit, im Rahmen der Sukzessionsschutzregelungen die Reichweite der dinglichen Lizenz zu respektieren, die auch als dauerhafte Duldungspflicht bezeichnet werden kann. Bei gewerblichen Schutzrechten besteht zudem die Pflicht des Lizenzgebers, das eingeräumte Recht über die Vertragslaufzeit hinweg aufrechtzuerhalten.[1968] Bei Lizenzverträgen liegt daher eine vollständige Erfüllung i.d.R. erst am Ende der Vertragslaufzeit vor.[1969] Hiervon sind jedoch Ausnahmen zu machen, sodass es sinnvoll erscheint, eine nähere Betrachtung der vertraglichen Gestaltung des Schuldverhältnisses im Einzelfall vorzunehmen.

So wird die Auffassung vertreten, dass Lizenzverträge, die als Rechtskauf ausgestaltet sind[1970] und bei denen die Lizenz vollständig und endgültig gegen Zahlung eines einmaligen Entgelts eingeräumt wurde, nicht dem Wahlrecht des Insolvenzverwalters unterfallen.[1971] Zustimmung hat diese Auffassung jüngst durch das LG München I erfahren.[1972] Im Bereich der Softwareüberlassung, insbesondere bei der Überlassung von Standardsoftware gegen Einmalzahlung[1973] und auch bei der Überlassung der Nutzungsrechte am Film gegen Festpreis für alle Zeiten und alle Gebiete[1974], wird mit dieser Begründung zum Teil eine Insolvenzfestigkeit angenommen. Aber auch hier können sich aus dem Vertrag Nebenleistungspflichten ergeben, die eine Anwendbarkeit des § 103 InsO begründen könnten.[1975]

1968 *Abel*, NZI 2003, 121, 124; *Adolphsen*, DZWIR 2003, 228, 229; *Berger*, GRUR 2013, 321, 325.

1969 *McGuire*, GRUR 2009, 13, 17; *Hauck*, AcP 211 (2011), 626, 650; *Koehler/Ludwig*, NZI 2007, 79, 83; *Slopek*, WRP 2010, 616, 617; *v. Westerholt/Joppich*, ZUM 2003, 262, 263; *Oeter/Ruttig*, ZUM 2003, 611, 614.

1970 Vgl. *Harke* in: MüKo, BGB/Bd. 3/2012, § 581 Rn. 18, schlägt als Abgrenzungskriterien vor, zu untersuchen, ob eine dauerhafte oder zeitlich begrenzte Überlassung vorliegt und ob die Parteien im zweiten Fall damit rechnen, dass das Recht nach Ablauf der Vertragszeit bzw. nach dem ersten ordentlichen Kündigungstermin noch werthaltig ist.

1971 *Nolden*, Abstraktionsprinzip im UrhR, S. 166; *Esser*, FD-InsR 2012, 336622; *Klawitter*, GRUR-Prax 2012, 425, 428; vgl. *Witz* in: FS Schilling, S. 393, 396: Je stärker der Lizenzvertrag dem Rechtskauf angenähert ist, desto eher kann eine frühzeitige Erfüllung angenommen werden. A.A. *Stickelbrock*, WM 2004, 549, 558; *Lütje* in: Möhring/Nicolini, UrhG, § 112 Rn. 13.

1972 LG München I, GRUR-RR 2012, 142, 143 f. – „Insolvenzfestigkeit": Das Gericht nahm eine Insolvenzfestigkeit der einfachen Patentlizenz im Rahmen eines Kreuz-Lizenzvertrages an, bei dem die Lizenzeinräumung gegenseitig, unwiderruflich und unentgeltlich erfolgte. Zust. *Brinkmann*, NZI 2012, 735, 740.

1973 *Berger*, CR 2006, 505, 506 f.; *Redeker*, ITRB 2005, 263, 264; *Grützmacher*, CR 2006, 289, 290; *Bullinger/Hermes*, NZI 2012, 492, 493.

1974 *v. Frentz/Marrder*, ZUM 2003, 94, 99; *Kreuzer/U. Reber* in: v. Hartlieb/Schwarz, Hdb. Film-, Fernseh-, Videorecht, Kap. 293 Rn. 27.

1975 LG München I, GRUR-RR 2012, 142, 143 – „Insolvenzfestigkeit"; vgl. auch LG Mannheim, DZWIR 2003, 479, 481 – „Softwarelizenzvertrag"; *Grützmacher*, CR

Auf Seiten des Lizenznehmers wird die vollständige Erfüllung vielfach vom Zahlungsmodell abhängig gemacht.[1976] Vertreten wird, dass das Wahlrecht nach § 103 InsO abzuwenden sei, indem der Lizenznehmer seiner Gegenleistungspflicht durch Zahlung einer einmaligen Lizenzgebühr (sog. Flat Fee) vollständig erfüllt.[1977] Aber auch hier müssen etwaige den Lizenznehmer treffende Nebenpflichten berücksichtigt werden.[1978] So könnte dem Lizenznehmer eine Ausübungspflicht obliegen.[1979] Eine solche ist z. B. für den Verlagsvertrag ausdrücklich in § 1 S. 2 VerlG vorgesehen (vgl. auch §§ 30, 32 VerlG); für den urheberrechtlichen Lizenzvertag ergibt sich eine solche aus § 41 UrhG. Auch trifft den Lizenznehmer regelmäßig die Obliegenheit zur vertragsgemäßen Verwertung. Zudem könnte er verpflichtet sein, nach Ablauf der Lizenzzeit das zur Auswertung zur Verfügung gestellte Werk oder sonstiges Material oder auch das dingliche Nutzungsrecht wieder an den Lizenzgeber rückzuübertragen, oder ihn könnte die Pflicht zur Rechtsverteidigung bei Rechtsverletzungen durch Dritte treffen.[1980]

Es zeigt sich, dass ein Lizenzvertrag häufig mit verschiedenen Nebenpflichten verbunden ist. Jedoch weisen *Hölder/Schmoll* zutreffend darauf hin, dass es nicht Sinn und Zweck des § 103 InsO sein kann, „...dem Insolvenzverwalter zu ermöglichen, ein bereits völlig aus dem Vermögen des Schuldners herausgelöstes Gut quasi an dem dünnen Faden der nicht erfüllten Nebenpflichten ohne jeden Sachzusammenhang wieder in die Masse zurückzuziehen."[1981] So erkennt auch die Rechtsprechung an, dass, soweit der Lizenzgeber ein ausschließliches, zeitlich und inhaltlich unbeschränktes sowie unwiderrufliches Nutzungsrecht einräumt und hierfür weder Lizenzgebühren, Auswertungs- oder Abrechnungspflichten noch eine Erlösbeteiligung vereinbart wurden, es sich nicht um einen andauernden

---

2006, 289, 290; *Weber/Hötzel*, NZI 2011, 432, 433 f.; *Spies*, Insolvenzfestigkeit von Lizenzen, S. 59 f.; *Bullinger* in: Wandtke/Bullinger, UrhR, § 103 InsO Rn. 7. Dagegen liegt bei einer Sicherungslizenz eine vollständige Erfüllung bereits mit Erteilung der Lizenz vor (*Woeste*, Immaterialgüterrechte als Kreditsicherheit, S. 113).

1976 *Abel*, NZI 2003, 121, 124.

1977 *Pahlow*, Lizenz, S. 354; *Bartenbach*, Patentlizenz- und Know-how-Vertrag, Rn. 655; *Witz* in: FS Schilling, S. 393, 396; *v. Frentz/Marrder*, ZUM 2001, 761, 770; *dies.*, ZUM 2003, 94, 99 f.; *Abel*, NZI 2003, 121, 124; *Straßer*, ZUM 1999, 928, 933.

1978 *Spies*, Insolvenzfestigkeit von Lizenzen, S. 60 f.; *Scholz*, Lizenzen in der Insolvenz, S. 24 f.; *Berger*, ZInsO 2007, 1142.

1979 BGH, GRUR 2000, 138 – „Knopflochnähmaschine"; BGH, GRUR 1980, 38, 40 – „Fullplastverfahren", zur Möglichkeit der Vereinbarung einer Ausübungspflicht im Rahmen einer einfachen Lizenz; *Cepl*, NZI 2000, 357, 361, beantwortet die Frage, ob eine Ausübungspflicht besteht, in Abhängigkeit des Umfangs der übertragenen Rechte; *v. Frentz/Marrder*, ZUM 2001, 761, 769, nehmen eine Ausübungspflicht regelmäßig dann an, wenn eine nutzungsabhängige Vergütung vereinbart wurde.

1980 Nach a.A. (z. B. *Klauze*, Nutzungsrechte in der Insolvenz, S. 38) handelt es sich hierbei um unbedeutende Nebenleistungspflichten, die für die Beurteilung der vollständigen Erfüllung nicht von Relevanz sind.

1981 *Hölder/Schmoll*, GRUR 2004, 830, 835.

Leistungsaustausch handelt, sondern um einen einmaligen abgeschlossenen Akt der Rechtseinräumung.[1982]

Im Ergebnis ist festzuhalten, dass der Lizenzvertrag i.d.R. erst mit Ende der vertraglichen Laufzeit vollständig erfüllt ist i.S.v. § 103 I InsO und mithin unter das Wahlrecht des Insolvenzverwalters fällt. Eine Einzelfallbetrachtung in Bezug auf die Vertragsgestaltung sollte jedoch immer vorgenommen werden,[1983] auch wenn der BGH zu einer weiten Auslegung der Norm tendiert[1984].

2. Die Rechtswirkungen des Wahlrechts des Insolvenzverwalters

Die Auswirkungen der Insolvenzeröffnung auf noch nicht vollständig erfüllte Verträge und die davon abhängigen Rechtswirkungen des ausgeübten Wahlrechts sind nicht unmittelbar der Insolvenzordnung zu entnehmen.[1985] Der BGH vertrat in st.Rspr. bis zum Jahr 2002 die Erlöschenstheorie,[1986] wonach die Eröffnung des Insolvenzverfahrens zum Erlöschen der gegenseitigen Erfüllungsansprüche führte. Es fand damit eine materielle Umgestaltung der Ansprüche statt. An die Stelle des gegenseitigen Vertrages trat mit der Wahl der Nichterfüllung durch den Insolvenzverwalter der einseitige Anspruch des anderen Teils auf Schadensersatz wegen Nichterfüllung. Die Ansprüche konnten nur durch Erklärung der Erfüllungswahl des Insolvenzverwalters mit bisherigem Inhalt wieder neu begründet werden.[1987] An dieser Theorie wurde im Schrifttum massive Kritik geübt,[1988] sodass der BGH sich mit Urteil vom 25.04.2002[1989] von dieser Lehre verabschiedete. Die Eröffnung des Insolvenzverfahrens bewirkt nach nunmehr h.M.[1990] kein Erlöschen der Erfüllungsansprüche aus gegenseitigen Verträgen i.S. einer materiell-rechtlichen Umgestaltung. Lediglich die Durchsetzbarkeit der noch offenen Ansprüche, soweit sie sich

1982 LG München I, ZUM-RD 2007, 498, 503 – „Vereinswappen"; vgl. auch LG Hamburg, NJW 2007, 3215, 3216.

1983 So auch *Witz* in: FS Schilling, S. 393, 396; *Bullinger/Hermes*, NZI 2012, 492, 494.

1984 So z.B. BGH, NJW 1972, 875, 876.

1985 *Lachmann*, Insolvenz, Rn. 938.

1986 BGH, NJW 1988, 1790, 1791; BGH, NJW 1989, 1282, 1283; BGH, NJW 1992, 507, 508; BGH, NJW 1995, 1966 f.

1987 *Graf/Wunsch*, ZIP 2002, 2117, 2119; *Wegener* in: Uhlenbruck, InsO, § 103 Rn. 6; *Dahl* in: Runkel, AH InsR, § 8 Rn. 12; *Huber* in: Gottwald, InsR-Hdb., § 34 Rn. 39.

1988 Z.B. *Gerhardt* in: FS Merz, S. 117, 121 ff.; *Tintelnot*, ZIP 1995, 616, 618 f.; *Graf/Wunsch*, ZIP 2002, 2117, 2119.

1989 BGH, NJW 2002, 2783 – „Erlöschenstheorie".

1990 BGH, NJW 2002, 2783, 2785 – „Erlöschenstheorie"; BGH, NJW 2003, 2744, 2745; BGH, GRUR 2006, 435, 437 – „Softwarenutzungsrecht"; BGH, NZI 2007, 335; LG Mannheim, DZWIR, 479, 481 – „Softwarelizenzvertrag"; LG Hamburg, NJW 2007, 3215, 3216; *Graf/Wunsch*, ZIP 2002, 2117, 2120; *v. Westerholt/Joppich*, ZUM 2003, 262, 264; *Scholz*, Lizenzen in der Insolvenz, S. 27; *Kreft* in: MüKo, InsO/Bd. 2/2013, § 103 Rn. 4a; *Andres* in: Andres/Leithaus, InsO, § 103 Rn. 2.

auf Gegenleistungen für vor Verfahrenseröffnung erbrachte Leistungen beziehen, wird im Insolvenzverfahren verhindert.

a. Die Nichtausübung des Wahlrechts

Der Insolvenzgläubiger ist grundsätzlich nicht verpflichtet, den Insolvenzverwalter zur Ausübung des Wahlrechts aufzufordern oder eine Forderung zur Insolvenztabelle anzumelden. Dies folgt aus dem Wortlaut des § 103 II 1 InsO („kann").[1991] Hat der Insolvenzverwalter keine entsprechende Erklärung abgegeben und wurde im Insolvenzplan keine Regelung getroffen, wird der Vertrag insolvenzrechtlich „ignoriert", d.h. er besteht fort. Die gegenseitigen Ansprüche bleiben jedoch während des Insolvenzverfahrens nicht durchsetzbar. Nach Beendigung des Insolvenzverfahrens sind die Vertragspartner berechtigt, die ihnen jeweils gebührenden Ansprüche einzufordern (§ 201 I InsO).[1992] Da häufig Zahlungen und notwendige Nutzungshandlungen in Frage stehen, ist dieser Fall für die wirtschaftliche Praxis i.d.R. nicht von Bedeutung.

b. Die Erfüllungswahl des Insolvenzverwalters

Wählt der Insolvenzverwalter die Erfüllung, hat er gem. § 103 I InsO den Vertrag anstelle des Insolvenzschuldners zu erfüllen und kann vom Vertragspartner die geschuldeten Leistungen verlangen.[1993] Die zunächst nicht durchsetzbaren Ansprüche der Vertragspartner erhalten die Rechtsqualität von originären Masseforderungen bzw. Masseverbindlichkeiten, wobei letztere vorzugsweise zu befriedigen sind (§ 55 I Nr. 2 InsO).[1994] Die Erfüllungswahl führt nicht zu einer inhaltlichen oder anderweitigen Veränderung des Vertrages.[1995] Zu beachten ist, dass eine zeitliche Spaltung des Vertragsverhältnisses in vor und nach der Insolvenzeröffnung vorgenommen wird, die insolvenzrechtlich zu verstehen ist. Der Vertragspartner des Schuldners kann Erfüllungsansprüche, die vor Eröffnung des Insolvenzverfahrens entstanden

1991 *Ringstmeier* in: Beck/Depré, Praxis der Insolvenz, § 21 Rn. 27.

1992 *Kroth* in: Braun, InsO, § 103 Rn. 61; *Ringstmeier* in: Beck/Depré, Praxis der Insolvenz, § 21 Rn. 28; *Klauze*, Nutzungsrechte in der Insolvenz, S. 94.

1993 *Zeising*, MittdtPatA 2001, 240; *Abel*, NZI 2003, 121, 124; *Wegener* in: Wimmer, FK-InsO, § 103 Rn. 65.

1994 BGH, NJW 2002, 2783, 2785 – „Erlöschenstheorie"; *Witz* in: FS Schilling, S. 393, 397; *v. Westerholt/Joppich*, ZUM 2003, 262, 268; *Heimberg*, Lizenzen in der Insolvenz, S. 122; *Huber* in: Gottwald, InsR-Hdb., § 34 Rn. 49, § 35 Rn. 20 f.; *Ahrendt* in: Schmidt, HambKomm InsR, § 103 Rn. 29; *Berger*, GRUR 2013, 321, 322.

1995 *Dahl* in: Runkel, AH InsR, § 8 Rn. 48; *Ahrendt* in: Schmidt, HambKomm InsR, § 103 Rn. 30; *Kreft* in: MüKo, InsO/Bd. 2/2013, § 103 Rn. 41; *Abel*, NZI 2003, 121, 124.

sind, nur als Insolvenzforderung geltend machen (§§ 38, 174 InsO).[1996] Die Resterfüllungsansprüche entstehen mit Erfüllungswahl neu.[1997]

Im Fall der Lizenzgeberinsolvenz kann der Hauptlizenznehmer die Weiternutzung der Lizenz verlangen. Gleiches gilt hinsichtlich der Insolvenz des Lizenznehmers. Die Erfüllungswahl hat damit keinerlei Auswirkungen auf das Unterlizenzverhältnis.

c. *Die Nichterfüllungswahl des Insolvenzverwalters*

Wählt der Insolvenzverwalter die Nichterfüllung des Lizenzvertrages, bleiben die gegenseitigen Ansprüche aus dem Vertrag dauerhaft nicht durchsetzbar. Es bleibt also bei den mit der Verfahrenseröffnung verbundenen Rechtsfolgen. Die Erklärung des Insolvenzverwalters hat somit nach h.M. lediglich deklaratorische und keine rechtsgestaltende Wirkung.[1998]

Dem Vertragspartner des Schuldners verbleibt die Möglichkeit, einen Schadensersatzanspruch wegen Nichterfüllung gem. § 103 II 1 InsO geltend zu machen. In diesem Fall wandelt sich der undurchsetzbare Erfüllungsanspruch des Vertragspartners in einen Schadensersatzanspruch.[1999] Diesen kann er jedoch nur als Insolvenzgläubiger (§ 38 InsO) durchsetzen. D.h. der Anspruch ist als Insolvenzforderung zur Tabelle anzumelden und wird im Verfahren lediglich in Höhe der Quote bedient. Der Vertragspartner soll damit selbst entscheiden können, ob er mit seiner Forderung gem. § 103 II 1 InsO am Insolvenzverfahren teilnimmt oder nach Verfahrensbeendigung die Durchsetzung seiner Ansprüche sucht.[2000] Macht der Vertragspartner einen Schadensersatzanspruch geltend, erlischt der ursprüngliche Vertrag endgültig und wird durch die Insolvenzforderung des Vertragspartners ersetzt. Nur dann vollzieht sich eine materielle Umgestaltung des Vertrages.[2001]

1996 *Ringstmeier* in: Beck/Depré, Praxis der Insolvenz, § 21 Rn. 33 ff.

1997 *Brauer/Sopp*, ZUM 2004, 112, 121; vgl. hierzu BGH, NJW 2002, 2783, 2786 – „Erlöschenstheorie".

1998 BGH, NJW 2002, 2783, 2785 – „Erlöschenstheorie"; BGH, NJW 2003, 2744, 2745; BGH, GRUR 2006, 435, 437 – „Softwarenutzungsrecht"; LG Hamburg, NJW 2007, 3215, 3217; *Lachmann*, Insolvenz, Rn. 947; *Dahl* in: Runkel, AH InsR, § 8 Rn. 54; *Bärenz*, NZI 2006, 72, 74; *Huber* in: Gottwald, InsR-Hdb., § 34 Rn. 46, 48; *Hess*, InsR Bd. I, § 103 Rn. 8; *Kreft* in: MüKo, InsO/Bd. 2/2013, § 103 Rn. 20; *Andres* in: Andres/Leithaus, InsO, § 103 Rn. 34; *Kroth* in: Braun, InsO § 103 Rn. 58; *Marotzke* in: Kreft, InsO, § 103 Rn. 44; *Spies*, Insolvenzfestigkeit von Lizenzen, S. 64.

1999 *Klauze*, Nutzungsrechte in der Insolvenz, S. 83; *Scholz*, Lizenzen in der Insolvenz, S. 29; *Huber* in: Gottwald, InsR-Hdb., § 34 Rn. 46, Rn. 48; *Huber* in: MüKo, InsO/Bd. 2/2013, § 103 Rn. 176; *Hess*, InsR Bd. I, § 103 Rn. 8.

2000 *Bärenz*, NZI 2006, 72, 74; *Huber* in: Gottwald, InsR-Hdb., § 34 Rn. 48; *Hess*, InsR Bd. I, § 103 Rn. 8.

2001 *Lachmann*, Insolvenz, Rn. 952; *Kreft* in: MüKo, InsO/Bd. 2/2013, § 103 Rn. 18, 22; *Andres* in: Andres/Leithaus, InsO, § 103 Rn. 34; *Bullinger* in: Wandtke/Bullinger, UrhR, § 103 InsO Rn. 3.

Fraglich ist, wie sich die Erfüllungsablehnung des Insolvenzverwalters auf die Enkelrechte auswirkt. Maßgeblich ist auch hier die rechtliche Natur der Lizenz. Der Inhaber einer lediglich schuldrechtlich wirkenden Lizenz verliert mit der Erfüllungsablehnung seine Nutzungsbefugnis, da der schuldrechtliche Anspruch auf Nutzungsrechtseinräumung nicht mehr durchsetzbar bzw. mit Geltendmachung einer Schadensersatzforderung gem. § 103 II 2 InsO erloschen ist.[2002] Da die Unterlizenz in diesem Fall gleichermaßen nur schuldrechtlicher Natur sein kann, teilt sie das Schicksal der Hauptlizenz.[2003] Der Rechtsbestand der dinglichen Unterlizenz ist dagegen ebenso unklar wie das Schicksal der dinglichen Hauptlizenz und soll nachfolgend für die Insolvenz des Inhabers des Schutzrechts und für die Insolvenz des vorgelagerten Lizenzgebers separat untersucht werden.

aa. Die Auswirkungen der Erfüllungsablehnung in der Lizenzgeberinsolvenz

In der Insolvenz des Lizenzgebers wird der Insolvenzverwalter häufig dazu geneigt sein, die Nichterfüllung des Lizenzvertrages zu erklären, um die Lizenz bzw. das dahinter stehende Schutzrecht anderweitig verwerten zu können, anstatt langfristig angelegte Lizenzverträge weiterzuführen, denn eine schnelle Abwicklung wird sich für die Insolvenzmasse regelmäßig günstiger auswirken.[2004]

Mit Aufgabe der Erlöschenstheorie durch den BGH[2005] wurde für die dinglich wirkende Lizenz ein Problemkreis geschaffen, in dessen Mittelpunkt die viel diskutierte Frage steht, ob die Lizenz trotz Erfüllungsablehnung des Insolvenzverwalters wirksam fortbesteht und mithin auch die Unterlizenzen von Bestand sind.[2006] Aufgrund der Annahme, dass es mit der Erfüllungsablehnung bei der Undurchsetzbarkeit der vertraglichen Ansprüche bleibt, scheitert seit Aufgabe der Erlöschenstheorie durch den BGH eine bereicherungsrechtliche Rückabwicklung der dinglichen Lizenz über § 812 I 1, 1. Alt. BGB. Denn der Erwerbsgrund für die Lizenz fällt durch die Wahl der Nichterfüllung nicht weg.[2007] Insbesondere greift der Ausnahmetatbestand des

---

2002 *Kellenter* in: FS Tilmann, S. 807, 815; *Bullinger/Hermes*, NZI 2012, 492, 494; *v. Frentz/Masch*, ZUM 2012, 886, 887; ähnlich auch *Wallner*, NZI 2002, 70, 77; vgl. auch BGH, NZI 2007, 335, zur Insolvenz des Mieters einer beweglichen Sache; hinsichtlich der einfachen Lizenz, derer eine schuldrechtliche Wirkung zugeschrieben wird: *Bausch*, NZI 2005, 289, 295; *Pahlow*, WM 2008, 2041, 2044; *Hauck*, AcP 211 (2011), 626, 653.

2003 Vgl. *Ganter*, NZI 2011, 833, 840; so bereits auch *Goldschmidt*, UFITA 2 (1929), 1, 18.

2004 *Schleich/Götz*, DZWIR 2008, 58, 89; *Hausmann*, ZUM 1999, 914, 923.

2005 Siehe Nachw. Fn. 1989.

2006 Zum Meinungsstand: *Weber/Hötzel*, NZI 2011, 432, 433, 434 f.

2007 Vgl. hierzu BGH, GRUR 2006, 435, 437 – „Softwarenutzungsrecht"; LG Hamburg, NJW 2007, 3215, 3216; *Witz* in: FS Schilling, S. 393, 398 f.; *Bärenz*, NZI 2006, 72, 73; *Andres* in: Andres/Leithaus, InsO, § 103 Rn. 4; *Heimberg*, Lizenzen in der Insolvenz, S. 130: Auch der insolvenzrechtlich modifizierte Vertrag stellt einen bereicherungsrechtlichen Rechtsgrund dar.

§ 813 BGB nicht, da die Einrede der mangelnden Durchsetzbarkeit im Zeitpunkt der Übertragung noch nicht bestand.[2008] Im Ergebnis wäre die dingliche Lizenz insolvenzfest, was im Fall der Insolvenz des Lizenzgebers im Interesse des Lizenznehmers[2009] wäre.

Abweichend davon entschied das LG Mannheim mit Urteil vom 27.06.2003 für eine Softwarelizenz, dass bereits die Erfüllungsverweigerung des Insolvenzverwalters zum Wegfall des ausschließlichen Lizenzrechts führe.[2010] Dies entspricht derzeit einer breiten Auffassung im Schrifttum, wonach Lizenzen an Urheberrechten und gewerblichen Schutzrechten nicht insolvenzfest sind.[2011] Das LG Mannheim geht zwar vom Grundsatz der Undurchsetzbarkeit der gegenseitigen Ansprüche mit Eröffnung des Insolvenzverfahrens aus. Abweichend von der h.M.[2012] nimmt das Gericht jedoch an, dass sich der Erfüllungsanspruch des Vertragspartners bei Erfüllungsablehnung automatisch in einen Schadensersatzanspruch wegen Nichterfüllung wandelt.[2013] Der Lizenzvertrag würde somit faktisch beendet.[2014] Dieser Auffassung folgte auch die Bundesregierung in ihrer Begründung zum Regierungsentwurf u. a. zur Regelung der Insolvenzfestigkeit von Lizenzen vom 31.08.2007.[2015] Ähnlich wird auch vertreten, dass in der Erfüllungsablehnung eine Kündigung des Lizenzvertrages zu erblicken sei.[2016] Z.T. wird behauptet, dass sowohl der Lizenzvertrag als auch die Lizenz erlöschen[2017] oder dass mit der Erfüllungsablehnung der

2008 *Pahlow*, WM 2008, 2041, 2044.

2009 Zur Interessenlage: *Hölder/Schmoll*, GRUR 2004, 830 f.; *Berger*, CR 2006, 505, 509.

2010 LG Mannheim, DZWIR 2003, 479, 481 f. – „Softwarelizenzvertrag".

2011 *Brandt*, NZI 2001, 337, 340; *Abel*, NZI 2003, 121, 125 f.; *ders.* in: Berger/Wündisch, Urhebervertragsrecht, § 13 Rn. 170; *Stickelbrock*, WM 2004, 549, 558; *Berger*, GRUR 2004, 20; *ders.*, NZI 2006, 380 f.; *ders.*, ZInsO 2007, 1142; *Brauer/Sopp*, ZUM 2004, 112, 120; *v. Frentz/Marrder*, ZUM 2003, 94, 100 f.; *Schmoll/Hölder*, GRUR 2004, 743, 747; *Koehler/Ludwig*, WRP 2006, 1342; *Graf-Schlicker/Kexel*, ZIP 2007, 1833, 1837; *Schmid/Kampshoff*, GRUR-Prax 2009, 50; *Trips-Hebert*, ZRP 2007, 225; *Heim*, NZI 2008, 338 f.; *Slopek*, WRP 2010, 616, 618; *Brinkmann*, NZI 2012, 735, 738 f.; *Ahrendt* in: Schmidt, HambKomm InsR, § 103 Rn. 7.

2012 Siehe Nachw. Fn. 1990.

2013 LG Mannheim, DZWIR 2003, 479, 481 – „Softwarelizenzvertrag"; ebenso *Abel*, NZI 2003, 121, 125.

2014 *Abel*, NZI 2003, 121, 126.

2015 BR-Drucks. 600/07, S. 43, 56: Lehnt der Insolvenzverwalter die Erfüllung des Vertrages ab, tritt eine Umgestaltung des Vertragsverhältnisses ein.

2016 *Schmoll/Hölder*, GRUR 2004, 743, 747; ähnlich auch *Scholz*, Lizenzen in der Insolvenz, S. 36.

2017 *Berger*, ZInsO 2007, 1142; *Slopek*, WRP 2010, 616, 618; *Abel* in: Berger/Wündisch, Urhebervertragsrecht, § 13 Rn. 170; vgl. auch *Hausmann*, ZUM 1999, 914, 915, der von einem Enden der Rechte und Pflichten der Vertragsparteien spricht; ähnlich nehmen *Trips/Herbert*, ZRP 2007, 225, ein Erlöschen der Rechte aus dem Vertrag für die Zukunft an.

Rechtsgrund für das zukünftige Behaltendürfen entfällt.[2018] Oder es wird der Schluss gezogen, dass aus der insolvenzrechtlichen Undurchsetzbarkeit der Erfüllungsansprüche das Nichtbestehen des Nutzungsrechts folge.[2019] Fraglich ist, ob diese Meinung noch mit den insolvenzrechtlichen Grundsätzen, die durch die Entscheidung des Kartellsenats vom 25.04.2002 geschaffen wurden,[2020] zu vereinbaren ist.

Die h.L. vertritt jedenfalls in Übereinstimmung mit der st.Rspr. des BGH[2021] die Auffassung, dass die Erfüllungsablehnung des Insolvenzverwalters mangels rechtsgestaltender Wirkung nicht zu einem Erlöschen der zum Zeitpunkt der Verfahrenseröffnung ausstehenden Ansprüche führt[2022] und somit einen Rechterückfall nicht begründen kann.[2023]

Folgt man dagegen der Auffassung, dass mit der Erfüllungsablehnung des Insolvenzverwalters eine Umgestaltung des Vertragsverhältnisses eintritt, eröffnet sich ein weiterer entscheidungserheblicher Streitpunkt, und zwar die bereits erörterte Frage, ob auf das Lizenzverhältnis das Abstraktions- oder das Kausalitätsprinzip anzuwenden ist. In diesem Kontext wird versucht, eine Insolvenzfestigkeit der Lizenz in Anwendung des Abstraktionsprinzips zu begründen.[2024] Nach a.A. sei die Lizenz aufgrund der kausalen Abhängigkeit zwischen Lizenzvertrag und Lizenz

---

2018 *Oeter/Ruttig*, ZUM 2003, 611, 619.

2019 *Brinkmann*, NZI 2012, 735, 739.

2020 BGH, NJW 2002, 2783, 2785 – „Erlöschenstheorie".

2021 BGH, NJW 2002, 2783, 2785 – „Erlöschenstheorie"; bestätigt durch BGH, NJW 2003, 2744, 2745; BGH, NJW 2003, 2744, 2745; BGH, GRUR 2006, 435, 437 – „Softwarenutzungsrecht"; BGH, NJW 2013, 1245 f.; anders dagegen BGH, NZI 2007, 335: In der Insolvenz des Mieters einer beweglichen Sache erlischt bei Erfüllungsablehnung des Insolvenzverwalters gem. § 103 I InsO das Besitzrecht des Mieters, ebenso wie das Besitzrecht des Vorbehaltskäufers.

2022 *Bärenz*, NZI 2006, 72, 74; *Redeker*, ITRB 2005, 263, 264; *Pahlow*, Lizenz, S. 357; *ders.*, WM 2008, 2041, 2043; *Brinkmann*, NZI 2012, 735, 738; *Heimberg*, Lizenzen in der Insolvenz, S. 123; *Roth*, Filmrechte in der Insolvenz, S. 173 f.; *Kroth* in: Braun, InsO, § 103 Rn. 5, 58; *Dahl* in: Runkel, AH InsR, § 8 Rn. 54; *Andres* in: Andres/Leithaus, InsO, § 103 Rn. 34; *Kreft* in: MüKo, InsO/Bd. 2/2013, § 103 Rn. 20.

2023 *Klauze*, Nutzungsrechte in der Insolvenz, S. 136; *Pahlow*, Lizenz, S. 357, hinsichtlich der dinglichen Lizenz; *Witz* in: FS Schilling, S. 393, 398; *Esser*, Urheberrechtliche Lizenzen in der Insolvenz, S. 167; *Nolden*, Abstraktionsprinzip im UrhR, S. 170; *Adolphsen*, DZWIR 2003, 228, 231; *Wallner*, ZIP 2004, 2073, 2079 f.; *Koehler/Ludwig*, NZI 2007, 79, 83 f.; *Wallner*, NZI 2002, 70, 76; *Stickelbrock*, WM 2004, 549, 560.

2024 *Witz* in: FS Schilling, S. 393, 398; *Fezer*, WRP 2004, 793, 807; *Grützmacher*, CR 2006, 289, 291 f.; *Beyerlein*, EWiR 2004, 767, 768; *Schmidt*, WM 2003, 461, 472; dagegen *Abel*, NZI 2003, 121, 126, der sich zwar für eine Anwendung des Abstraktionsprinzips ausspricht, allerdings einen bereicherungsrechtlichen Rückforderungsanspruch in der Lizenznehmerinsolvenz bejaht, da mit der Erfüllungsablehnung der Rechtsgrund für den weiteren Verbleib der Lizenz in der Insolvenzmasse entfällt; ähnlich auch *Oeter/Ruttig*, ZUM 2003, 611, 618 f., die in diesem Fall § 812 BGB analog anwenden wollen.

nicht insolvenzfest. Ein Erlöschen des Lizenzvertrages würde automatisch das Erlöschen der Lizenz nach sich ziehen.[2025]

Vor Aufgabe der Erlöschenstheorie konnte letztere Auffassung in Erwägung gezogen werden.[2026] Nach derzeitiger Rechtslage ist ein Erlöschen des Vertrages jedoch nur bei einer freiwilligen Geltendmachung eines Schadensersatzanspruchs wegen Nichterfüllung durch den Lizenznehmer anzunehmen oder bei etwaigen vertragsbeendenden Handlungen der Vertragsparteien.[2027] Von einem derartigen Handeln seitens des Lizenznehmers kann jedoch nicht ausgegangen werden, wenn für diesen eine Insolvenzfestigkeit der Lizenz in Aussicht steht. Eine dogmatische Begründung, warum das Schuldverhältnis mit der Erfüllungsablehnung erlöschen soll, unterbleibt gänzlich und ist auch nicht ersichtlich. In systematischer Hinsicht muss auch § 119 InsO berücksichtigt werden. Demnach kann die Insolvenzfestigkeit grundsätzlich nicht zur Disposition der Parteien stehen. Eine Interessenabwägung, wie sie im Rahmen einer Anwendbarkeit des Kausalitätsprinzips vorgenommen wird, ist daher im Insolvenzverfahren nicht zulässig. Dennoch bedarf der vorliegende Interessenkonflikt eines Ausgleichs, wie auch der Gesetzgeber erkannt hat.

Ein Gesetzgebungsverfahren zur Lösung wurde zwar in Gang gesetzt. Der durch das Bundeskabinett am 22.08.2007 beschlossene Gesetzesentwurf zur Entschuldung mittelloser Personen, zur Stärkung der Gläubigerrechte sowie zur Regelung der Insolvenzfestigkeit von Lizenzen zur Stärkung der globalen Wettbewerbsfähigkeit und zur Sicherung des Wirtschafts- und Forschungsstandorts Deutschland[2028] scheiterte jedoch in der zweiten Lesung vor dem Bundestag.[2029] Der vorgeschlagene § 108a InsO-RegE enthielt die Regelung, dass ein vom Schuldner als Lizenzgeber abgeschlossener Lizenzvertrag über ein Recht am geistigen Eigentum mit Wirkung für die Insolvenzmasse fortbesteht (§ 108a S. 1 InsO-RegE). Ein Wahlrecht des Insolvenzverwalters sollte damit ausgeschlossen werden. Nebenpflichten aus

---

2025 LG Mannheim, DZWIR 2003, 479, 482 – „Softwarelizenzvertrag"; *Brauer/Sopp*, ZUM 2004, 112, 120; *v. Frentz/Marrder*, ZUM 2003, 94, 100 f.; im Ausgangspunkt auch *Berger*, GRUR 2004, 20, Fn. 2; *ders.*, NZI 2006, 380 f.; *Dahl/Schmitz*, NZI 2007, 626; *Brinkmann*, NZI 2012, 735, 738 f.; *Scholz*, Lizenzen in der Insolvenz, S. 35 ff.; *Abel* in: Berger/Wündisch, Urhebervertragsrecht, § 13 Rn. 170; *Dahl* in: Runkel, AH InsR, § 8 Rn. 63a; *Wegener* in: Wimmer, FK-InsO, § 103 Rn. 77b.

2026 So etwa noch *Schricker*, Verlagsrecht, § 36 Rn. 22; *Ulmer*, Urheber- und Verlagsrecht, S. 469.

2027 Vgl. BGH, GRUR 2006, 435, 437 – „Softwarenutzungsrecht": „Durch die Entscheidung, den Vertrag nicht zu erfüllen, konnte der Kl. jedoch den Eintritt der aufschiebenden Bedingung für den dinglichen Rechtsübergang auf die Bekl. nicht verhindern. Dies wäre möglicherweise der Fall gewesen, wenn durch die Ablehnung der Erfüllung die darauf gerichteten Ansprüche endgültig erloschen wären (so die früher vertretene „Erlöschenstheorie")."

2028 BR-Drucks. 600/07; BT-Drucks. 16/7416.

2029 *Marotzke*, ZGE 2 (2010), 233, 266: Nach aktuellem Stand ist § 108a InsO-RegE als gescheitert anzusehen.

dem Vertrag seien nur soweit zu erfüllen, als dies für die Nutzung des geschützten Rechts zwingend geboten ist (§ 108a S. 2 InsO-RegE). Bei Bestehen eines auffälligen Missverhältnisses zwischen vereinbarter und marktgerechter Vergütung sollte der Verwalter eine Anpassung verlangen können, wobei dem Lizenznehmer dann ein außerordentliches Kündigungsrecht zugestanden hätte (§ 108a S. 3 InsO-RegE).[2030] Die Bundesregierung versuchte damit, den berechtigten Sorgen der lizenznehmenden Unternehmen im Hinblick auf ihre Wettbewerbsfähigkeit Rechnung zu tragen. Deren individuelles Interesse am Fortbestand des Lizenzvertrages auch nach Eröffnung des Insolvenzverfahrens sowie das Interesse der Insolvenzgläubiger an einer möglichst hohen Quote sollten zu einem angemessenen und sachgerechten Ausgleich gebracht werden.[2031] Die Rechtslage in Deutschland sollte damit auch an Länder wie die USA und Japan angepasst werden, in denen Lizenzen bereits insolvenzfest ausgestaltet sind. Erklärtes Ziel war es, den Wirtschafts- und Forschungsstandort Deutschland nachhaltig zu stärken und eine mögliche Abwanderung von Unternehmen ins Ausland zu verhindern, indem Investitionen der Lizenznehmer im Insolvenzfall gesichert werden.[2032]

Ende Januar 2012 nahm sich der Gesetzgeber erneut dieser Thematik an und stellte in einem Referentenentwurf[2033] einen anderen Lösungsweg zur Regelung der Insolvenzfestigkeit von Lizenzen vor. Das Wahlrecht des Insolvenzverwalters sollte bestehen bleiben. Im Fall der Nichterfüllungswahl sollte der Lizenznehmer gem. § 108a I 1 InsO-RefE binnen eines Monats nach Zugang der Ablehnung den Abschluss eines neuen Lizenzvertrages zu angemessenen Bedingungen verlangen können. Die spezielle Problematik von Lizenzketten wurde im zweiten Absatz geregelt, allerdings nur für den Fall, dass der Hauptlizenznehmer insolvent wird. Auch hier sollte der Unterlizenznehmer vom Hauptlizenzgeber den Abschluss eines

2030 BR-Drucks. 600/07, S. 3; BT-Drucks. 16/7416, S. 8; hierzu auch *Graf-Schlicker/Kexel*, ZIP 2007, 1833, 1837; den Gesetzesvorschlag grundsätzlich begrüßend: *Dahl/Schmitz*, NZI 2007, 626, 629 ff.; *Schleich/Götz*, DZWIR 2008, 61 f.; *Spies*, Insolvenzfestigkeit von Lizenzen, S. 101 ff.; *McGuire*, GRUR 2009, 13, 19; krit. dagegen: *Heimberg*, Lizenzen in der Insolvenz, S. 172 ff.; *Berger*, ZInsO 2007, 1142, 1143 f.; *ders.*, GRUR 2013, 321, 330 f.; *Heim*, NZI 2008, 338, 340 ff.; *Trips-Hebert*, ZRP 2007, 225, 227 f., hinsichtlich der unbestimmten Nebenpflichten und der rückwirkenden Vertragsanpassung; *Pahlow*, WM 2008, 2041, 2046 f., kritisiert insb. das Fehlen einer Regelung für die Lizenznehmerinsolvenz, was gerade bei Lizenzketten problematisch ist; ebenso sieht *Schmidt*, WM 2012, 721, 723, Unzulänglichkeiten in Bezug auf Lizenzketten; den Entwurf insgesamt ablehnend: *Mitlehner*, ZIP 2008, 450; *Wündisch/Bauer*, GRUR Int. 2010, 641, 649.

2031 BR-Drucks. 600/07, S. 58; BT-Drucks. 16/7416, S. 30.

2032 BR-Drucks. 600/07, S. 43, 56 ff.; BT-Drucks. 16/7416, S. 24, 29 f.

2033 RefE des BMJ für ein Gesetz zur Verkürzung des Restschuldbefreiungsverfahrens, zur Stärkung der Gläubigerrechte und zur Insolvenzfestigkeit von Lizenzen, v. 18.01.2012, abrufbar unter: http://www.bmj.de/SharedDocs/Downloads/DE/pdfs/RefE_InsoII.pdf?__blob=publicationFile.

Lizenzvertrages zu angemessenen Bedingungen verlangen können.[2034] Im sechs Monate später vorgelegten Regierungsentwurf wurde die Regelung zur Insolvenzfestigkeit von Lizenzen jedoch ersatzlos gestrichen.[2035]

Offensichtlich ist, dass der Gesetzgeber zwar eine Stärkung der Stellung der Lizenznehmer und vor allem auch der Unterlizenznehmer anstrebt. Bis zu einer endgültigen gesetzgeberischen Entscheidung bleibt es jedoch dabei, dass den Gerichten die Aufgabe obliegt, zu prüfen, welche insolvenzrechtlichen Normen bei verfassungskonformer Auslegung einen sachgerechten Weg zur Wahrung des erforderlichen Rechtsschutzes weisen.[2036] Die nachfolgende Untersuchung soll hierzu beitragen.

Gegen die Ansicht des Erlöschens der gegenseitigen Ansprüche bei Erfüllungsablehnung spricht vor allem der Sinn und Zweck des § 103 InsO, der eine solche Interpretation nicht zulässt. Zum Schutz des Vertragspartners soll dieser nur noch dann in die Masse leisten müssen, wenn er dafür die volle vertragliche Gegenleistung erhält.[2037] Lehnt also der Verwalter die Erfüllung ab, soll der Lizenznehmer keine Zahlungen mehr erbringen müssen, wenn die Gefahr besteht, dass ihm die Lizenz nicht eingeräumt werden kann. Wurde die Nutzungsberechtigung bereits vollständig übertragen, sodass mit der Verwertung bereits begonnen werden konnte, besteht die Gefahr der Nichtleistung erst gar nicht. Der Insolvenzverwalter soll die Verträge des Insolvenzschuldners zugunsten einer Masseanreicherung fortführen oder ggf. beenden. Solange der Lizenznehmer seiner Zahlungsverpflichtung nachkommt, kann es nicht allein der Entscheidungsmacht des Insolvenzverwalters obliegen, den Vertrag außerhalb der vertraglich bzw. gesetzlich gewährten Beendigungstatbestände abzuwickeln. Dies ist nicht Sinn und Zweck der Norm. Hat der Insolvenzverwalter eine anderweitige Verwertung des Immaterialgüterrechts im Sinn, muss er den Vertrag kündigen. Die Erfüllungsablehnung für sich genommen kann nicht zu einer faktischen Vertragsbeendigung führen. Im Interesse der Rechtssicherheit soll sich auch der Insolvenzverwalter an die dem Vertragspartner an die Hand gegebenen rechtlichen Instrumente zur Beendigung des Vertragsverhältnisses halten müssen, die im Ergebnis eine gerechte Interessenabwägung gewährleisten.[2038] Denn es erschiene ungerechtfertigt, dem Lizenznehmer das Risiko der Insolvenz

2034 Kritisch hierzu *Bullinger/Hermes*, NZI 2012, 492, 495 ff.; *McGuire*, GRUR 2012, 657, 664, sieht in der Neufassung im Vergleich zum ursprünglichen Entwurf erhebliche Nachteile; *Verweyen*, K&R 2012, 563, 565 f.; *Berger*, GRUR 2013, 321, 331 ff.

2035 RegE des BMJ für ein Gesetz zur Verkürzung des Restschuldbefreiungsverfahrens und zur Stärkung der Gläubigerrechte, v. 12.07.2012, abrufbar unter: http://www.bmj.de/SharedDocs/Downloads/DE/pdfs/RE_Restschuldbefreiungsverfahren.pdf?__blob=publicationFile.

2036 Vgl. BGH, NJW 2004, 2015, 2016.

2037 Siehe Nachw. Fn. 1953.

2038 Der Umstand, dass die Lizenz nach Erfüllungsablehnung beim Lizenznehmer verbleibt, berechtigt grundsätzlich nicht zur außerordentlichen Kündigung (*Heimberg*, Lizenzen in der Insolvenz, S. 141).

aufzubürden. Bedenkt man, dass es oberste Aufgabe des Insolvenzverfahrens ist, eine größtmögliche Masseanreicherung zugunsten der Insolvenzgläubiger zu realisieren, erscheint es nur sachgerecht, bestehende Lizenzverhältnisse, für die laufende Zahlungen erfolgen bzw. bereits erfolgt sind, weiterzuführen. Zudem könnte die Insolvenzmasse durch eine erhebliche Schadensersatzforderung seitens des Lizenznehmers geschmälert werden. Will der Insolvenzverwalter das geschützte Recht veräußern, kann er dies tun, auch wenn das Recht durch eine Lizenz belastet bleibt. Seine umfassenden Verwertungsbefugnisse sind damit nicht in ungerechtfertigter Weise verkürzt.

Ein materiell rechtliches Erlöschen des Vertrages mit der Erfüllungsablehnung des Insolvenzverwalters zu verbinden, erscheint jedenfalls als zu weitgehend.[2039] Der Streit um die Geltung des Abstraktions- oder des Kausalitätsprinzips ist in dieser Konstellation unerheblich.[2040] Die Wertentscheidung, eine rechtliche Umgestaltung des Vertrages erst dann anzunehmen, wenn der Vertragspartner eine Schadensersatzforderung zur Insolvenztabelle anmeldet,[2041] ist als der richtige Weg zu werten.

Fraglich bleibt, was im Fall der fortgesetzten Nutzung durch den Lizenznehmer mit dem Anspruch auf Vergütung der Nutzung passiert.[2042] Könnte dieser ggf. durch den Insolvenzverwalter nicht mehr wirksam durchgesetzt werden? Ein solches Ergebnis ginge zulasten der Masse, sodass es fraglich erscheint, warum der Insolvenzverwalter in der Lizenzgeberinsolvenz überhaupt eine Erfüllung des Vertrages ablehnen sollte. Eine Erfüllungsablehnung liegt immer dann nahe, wenn noch Nebenleistungen zu erbringen sind, wie z.B. Wartungs-, Pflege-, und Schulungsmaßnahmen bei Softwarelizenzverträgen. Hierfür haftet der Insolvenzverwalter persönlich (§ 61 S. 1 InsO), wenn die Masse zur Erfüllung der Verbindlichkeiten nicht ausreicht.[2043] Zur Lösung dieser Problematik wird eine inhaltliche Trennung von Haupt- und Nebenleistungspflichten vorgeschlagen, der sich als gangbarer Weg erweist.[2044] Ein Fortbestand der Lizenz erscheint auf der Wertungsebene grundsätzlich gerechtfertigt, denn schließlich liegt kein ungerechtfertigter „Insolvenzgewinn" auf Seiten des Lizenznehmers vor. Auch soweit der Insolvenzverwalter die Erfüllung ablehnt, kann er den der Einräumung der Lizenz entsprechenden Teil der Gegenleistung fordern, denn der Zahlungsanspruch ist bereits mit Einräumung der Lizenz

---

2039 So auch *Esser*, Urheberrechtliche Lizenzen in der Insolvenz, S. 134; *Heimberg*, Lizenzen in der Insolvenz, S. 123; *Roth*, Filmrechte in der Insolvenz, S. 181; *Adam*, DZWiR 2003, 479, 484; *Redeker*, ITRB 2005, 263, 264; *v. Frentz/Masch*, ZIP 2011, 1245.

2040 *Bärenz*, NZI 2006, 72, 76; *Wallner*, ZIP 2004, 2073, 2079 f.; *Heimberg*, Lizenzen in der Insolvenz, S. 125 f.

2041 *Heimberg*, Lizenzen in der Insolvenz, S. 126 f.: Macht der Lizenznehmer seinen Schaden geltend, hat dies Gestaltungswirkung; die Erfüllungsansprüche erlöschen – an ihre Stelle tritt der Schadensersatzanspruch. Ebenso *Scholz*, Lizenzen in der Insolvenz, S. 29; *Roth*, Filmrechte in der Insolvenz, S. 175 f.

2042 *Berger*, GRUR 2013, 321, 327, sieht hierin ein wesentliches Problem.

2043 *Berger*, CR 2006, 505, 506.

2044 So der überzeugende Ansatz von *Heimberg*, Lizenzen in der Insolvenz, S. 135 ff.

und damit vor Eröffnung des Insolvenzverfahrens entstanden und besteht mithin fort. Insoweit liegt auch keine Gläubigerbenachteiligung vor. Ein „Geschenk des Himmels“ entsteht damit für den Lizenznehmer nicht. Vielmehr wird dadurch erst das Ziel erreicht, die Funktionsfähigkeit des Synallagmas zu erhalten. Dagegen muss der Lizenznehmer berechtigt bleiben, die Lizenzgebühr um den Teil zu kürzen, der die durch die Erfüllungsablehnung undurchsetzbar bleibenden Nebenpflichten betrifft, die letztendlich erst dem Lizenzvertrag seinen Dauerleistungscharakter geben und den Anwendungsbereich des § 103 InsO eröffnen. Dadurch wird das Massevermögen i.d.R. nicht wesentlich geschmälert.[2045]

I.d.S. erkennen auch *v. Frentz/Masch* richtig, dass ein Fortfall der Lizenz eine Systemwidrigkeit in sich bergen würde. Denn Ziel des Insolvenzverfahrens sei es schließlich nicht, das Schuldnervermögen zu mehren, sondern die Insolvenzmasse zu erhalten. Sofern Vermögensverfügungen zugunsten eines Dritten bereits vor Insolvenzeröffnung eingetreten sind und nicht nach §§ 129 ff. InsO angefochten werden können, müssen diese im Interesses des durch Art. 14 GG abgesicherten Vermögensschutzes Bestand haben.[2046]

Es zeigt sich an dieser Stelle, dass § 103 InsO nicht so recht für die Verträge passen will, in denen es nicht um rein schuldrechtlich abzuwickelnde Rechtsverhältnisse geht, sondern werthafte dingliche Rechtspositionen involviert sind.[2047] Hier muss ein gesamtheitlicher Wertungsaspekt Berücksichtigung finden, der in der Insolvenzordnung zum Ausdruck kommt. Der Gesetzgeber räumt erkennbar den Inhabern von Eigentum, Besitz, eigentumsähnlichen sowie dinglichen Rechten in verfassungskonformer Abwägung Vorrang vor einer Stärkung der Masse und der Dispositionsbefugnis des Insolvenzverwalters ein, indem er Aus- und Absonderungsrechte gewährt.[2048] So schützt speziell das Aussonderungsrecht nach § 47 InsO die Inhaber von Vermögensgegenständen, die nicht zum Vermögen des Schuldners gehören,[2049] und insbesondere auch solche, die vor der Eröffnung aus dem Schuldnervermögen ausgeschieden sind.[2050] Nach dem Sinn und Zweck der Norm steht ein Aussonderungsrecht nur demjenigen zu, der sich zu Recht darauf beruft, dass der umstrittene Gegenstand zu seinem Vermögen und nicht zu demjenigen des Schuldners gehört. Die Zuordnung wird i.d.R. nach dinglichen Gesichtspunkten vorgenommen, weil

---

2045 *Heimberg*, Lizenzen in der Insolvenz, S. 137.

2046 *v. Frentz/Masch*, ZIP 2011, 1245 f.

2047 Die Norm passt insoweit nur für den speziellen Fall, in dem lediglich über die Nutzungsberechtigung vorausverfügt wurde und ein Fall der Unmöglichkeit eingetreten ist. Da der Insolvenzverwalter die geschuldete Leistung nicht mehr erbringen kann, soll der Lizenznehmer nicht mehr zahlen müssen. Er kann schließlich nur noch seine vergeblichen Aufwendungen als Schaden zur Tabelle anmelden.

2048 *Bausch*, NZI 2005, 289, 292 f.

2049 *Lachmann*, Insolvenz, Rn. 863; *Ganter* in: MüKo, InsO/Bd. 1/2013, § 47 Rn. 3; *Bäuerle* in: Braun, InsO, § 47 Rn. 1.

2050 *v. Frentz/Masch*, ZIP 2011, 1245, 1249.

das dingliche Recht im Grundsatz ein absolutes Herrschaftsrecht bezeichnet.[2051] Dieser Schutz müsse dementsprechend auch dem Inhaber einer dinglichen Lizenz gewährt werden, sodass der Insolvenzverwalter das Nutzungsrecht während der Laufzeit des Lizenzvertrages zu respektieren hat.[2052] Entscheidend hierfür ist die wertmäßige Zuordnung der Lizenz, also die Frage, ob der Lizenznehmer den Wert zugunsten seines Vermögens bereits vor Insolvenzeröffnung vollständig und endgültig realisiert hat. Dies ist für die Lizenz grundsätzlich der Fall.[2053]

Die dingliche Berechtigung bliebe damit sowohl von der Verfahrenseröffnung als auch von der Erfüllungsablehnung unberührt, denn beide betreffen nur das schuldrechtliche Verpflichtungsgeschäft. Aufgrund der dinglichen Zuordnung zum Vermögen des Lizenznehmers, in das die Lizenz kraft Gewährung durch den Lizenzgeber übergegangen ist, ist die Lizenz haftungsrechtlich nicht dem Vermögen des Insolvenzschuldners zuzuordnen und ist mithin insolvenzfest.[2054] Die Insolvenz soll schließlich nicht eine Umverteilung bewirken. Die haftungsrechtliche Zuweisung nach § 35 InsO muss die vermögensrechtliche Zuweisung der Gegenstände im Insolvenzverfahren generell wahren.[2055] Das in § 103 InsO verankerte Prinzip der Gläubigergleichbehandlung wird damit auch nicht in unzulässiger Weise umgangen.[2056]

Nach weitergehender Auffassung soll eine Aussonderung gar nicht erst erforderlich sein. Da die dinglich abgespaltene Lizenz bereits vor Verfahrenseröffnung

---

2051 BGH, NJW 2003, 3414, 3415 – „Treuhandvereinbarung".

2052 *Wallner*, NZI 2002, 70, 77; *Stöckel/Brandi-Dohrn*, CR 2011, 553, 559; *Haedicke*, ZGE 3 (2011), 377, 398 ff.; *v. Frentz/Masch*, ZIP 2011, 1245, 1249; *Verweyen*, K&R 2012, 563, 564; *Roth*, Filmrechte in der Insolvenz, S. 209 f., hinsichtlich der einfachen und ausschließlichen Lizenz; ähnlich auch *Klauze*, Nutzungsrechte in der Insolvenz, S. 206 f., der den Lizenznehmer für aussonderungsberechtigt hält, ihm allerdings ein Rechtsschutzbedürfnis regelmäßig abspricht; vgl. auch *Woeste*, Immaterialgüterrechte als Kreditsicherheit, S. 112, hinsichtlich der dinglichen Sicherungslizenz; dagegen differenzierend hinsichtlich der einfachen und ausschließlichen Lizenz: *Pahlow*, Lizenz, S. 357 f.; *Bausch*, NZI 2005, 289, 293; *Koehler/Ludwig*, NZI 2007, 79, 82 ff.; *Dieselhorst*, CR 2010, 69, 74 f.; *Hauck*, AcP 211 (2011), 626, 654 ff.; a.A. *Brinkmann* in: Uhlenbruck, InsO, § 47 Rn. 67 (Die Erfüllungsablehnung des Insolvenzverwalters vereitelt das Recht zur Aussonderung.); *ders.*, NZI 2012, 735, 737 f.; *McGuire*, Lizenz, S. 427 ff., eine Anwendbarkeit von § 47 InsO generell ablehnend und aufgrund dessen allgemein eine obligatorische Rechtsnatur der Lizenz annehmend; *Slopek*, WRP 2010, 616, 619, hält es für fraglich, die Lizenz über § 47 InsO dem Wahlrecht des Insolvenzverwalters zu entziehen; vgl. auch *Marotzke*, ZInsO 2012, 1737, 1745, der in diesem Kontext eine Einordnung der Lizenz als kausales Nutzungsrecht für widersprüchlich hält.

2053 *Hirte/Knof*, JZ 2011, 889, 900 f.

2054 *v. Frentz/Masch*, ZIP 2011, 1245, 1249.

2055 *Hirte/Knof*, JZ 2011, 889, 897.

2056 A.A. *Brinkmann*, NZI 2012, 735, 738.

eingeräumt wurde, ist der Lizenznehmer bereits Inhaber der Lizenz geworden, sodass diese erst gar nicht zur Masse gezogen wird (vgl. § 91 I InsO).[2057]

Ob die Lizenz nun ausgesondert werden kann oder gar nicht erst in die Insolvenzmasse fällt, ist für die vorliegende Untersuchung unerheblich, denn beide Auffassungen führen zu dem Ergebnis, dass die dingliche Lizenz insolvenzfest ist.

Der Insolvenzverwalter hätte damit in der Lizenzgeberinsolvenz auch die Nutzung des dinglich berechtigten Unterlizenznehmers zu dulden. Ein Heimfall der Enkelrechte kann nicht über die Erfüllungsablehnung des Insolvenzverwalters in der Insolvenz des Hauptlizenzgebers herbeigeführt werden.[2058] Ein Bestand der Unterlizenz erscheint allgemein interessengerecht – auch soweit man eine Beendigung des Hauptlizenzvertrages annehmen will –, denn das Insolvenzrisiko liegt regelmäßig außerhalb des Einflussbereichs des Unterlizenznehmers.[2059] Damit wird gleichermaßen den Gläubigerinteressen genüge getan, denn das Insolvenzverfahren bezweckt prinzipiell nicht einen Massezuwachs zulasten Dritter, sondern Ziel ist es, die vorhandenen Vermögenswerte in ihrem jeweiligen Zustand zugunsten der Insolvenzgläubiger zu verwerten.[2060] Der Wert der Unterlizenz ist schließlich nicht dem Insolvenzschuldner, sondern dem Lizenznehmer zuzuordnen, der diesen erst durch seine Investitionen in die Verwertung des Schutzrechts realisiert hat. Hier überwiegen die Investitionsschutzinteressen des Lizenznehmers.

Problematisch bleibt, dass über eine solche Lösung wichtige Nebenleistungspflichten, wie etwa Aufrechterhaltungs- oder Verteidigungspflichten, die für eine gesicherte Nutzung möglicherweise zwingend notwendig sind, undurchsetzbar blieben.[2061] Ein möglicher Schadensersatzanspruch nach § 103 II 1 InsO, der ohnehin nur dem direkten Vertragspartner zusteht, hilft auch dann nicht weiter. Eine Lösung könnte insoweit nur über Nachverhandlungen und ggf. eine Anpassung der Lizenzgebühr erreicht werden. Das vorrangige Ziel wird dennoch erreicht: Die Unterlizenz ist in der Lizenzgeberinsolvenz insolvenzfest.[2062]

2057 *Kellenter* in: FS Tilmann, S. 807, 818; *Esser*, Urheberrechtliche Lizenzen in der Insolvenz, S. 169.

2058 A.A. *v. Frentz/Marrder*, ZUM 2003, 94, 101, die einen automatischen Rechterückfall anhand des Kausalitätsprinzips begründen; *Berger*, ZInsO 2007, 1142; *ders.*, GRUR 2013, 321, 324; *McGuire*, GRUR 2012, 657, 660, die insoweit einen gesetzgeberischen Handlungsbedarf sieht.

2059 *Malitz/Coumont*, InsVZ 2010, 83, 86.

2060 *Stöckel/Brandi-Dohrn*, CR 2011, 553, 559.

2061 *Pahlow*, WM 2008, 2041, 2044.

2062 Im Ergebnis ebenso: *Haedicke*, ZGE 3 (2011), 377, 401; *Klawitter*, GRUR-Prax 2012, 425, 427 f.; *Meyer-van Raay*, NJW 2012, 3691, 3693 f.

bb. Die Beendigung des Hauptlizenzvertrages in der Insolvenz des Hauptlizenznehmers

Stellt der Insolvenzverwalter in der Insolvenz des Hauptlizenznehmers die Zahlung der Lizenzgebühren zugunsten der Masse ein und wählt er die Nichterfüllung des Lizenzvertrages, wird der Schutzrechtsinhaber wahrscheinlich daran interessiert sein, den Vertrag wirksam zu beenden und einen Rückfall der Rechte herbeizuführen.[2063] Wie bereits dargelegt, verliert die Lizenz nicht bereits mit Erfüllungsablehnung ihren Bestand.[2064] Der Lizenzgeber wird daher versuchen, den Hauptlizenzvertrag zu kündigen,[2065] bzw. wird er einen Schadensersatzanspruch zur Tabelle anmelden, um damit den Lizenzvertrag für die Zukunft zu beenden und die dingliche Hauptlizenz wieder heimzuholen. Fraglich bleibt, was mit den Enkelrechten passiert, wenn der Hauptlizenzvertrag aufgrund der Nichterfüllungswahl des Insolvenzverwalters wirksam beendet wird.

Die h.L. argumentiert auch hier anhand des Kausalitätsprinzips, des Zweckbindungsgedankens und des fehlenden Gutglaubensschutzes für einen Fortfall der Unterlizenz.[2066] Dem steht entgegen, dass das dinglich abgespaltene Enkelrecht in seinem Bestand unabhängig ist, sodass weder über das Kausalitätsprinzip noch durch die anderen genannten Grundsätze ein Rückfall der Unterlizenz ohne Hinzutreten besonderer Umstände dogmatisch begründet werden kann.[2067] Die Abwicklung

---

2063 *Hausmann*, ZUM 1999, 914, 915; *Reinhard/Lober*, K&R 2006, 126, 127; vgl. auch *Stickelbrock*, WM 2004, 549, 560, die zu Recht feststellt, dass die Nutzungsberechtigung des Insolvenzverwalters aus Wertungsgründen in einem solchen Fall ein Ende finden muss.

2064 Siehe hierzu bereits die Ausführungen unter 6. Teil. B. IV. 2. c. aa.; A.A. *Berger* in: FS Kirchhof, S. 1, 7.

2065 Einer Kündigung könnte allerdings §§ 112, 119 InsO entgegenstehen (vgl. *Wiedemann*, Lizenzen in der Insolvenz, Rn. 1304 ff.; *Woeste*, Immaterialgüterrechte als Kreditsicherheit, S. 114 f.). Anerkannt ist jedoch, dass die Erfüllungsablehnung durch den Insolvenzverwalter den Vertragspartner zur Kündigung des Vertrages aus wichtigem Grund nach § 314 BGB berechtigen kann (*Bärenz*, NZI 2006, 72, 76; zust. *Heimberg*, Lizenzen in der Insolvenz, S. 139 f.; vgl. auch BGH, GRUR 2006, 435, 437 f. – „Softwarenutzungsrechte"). Ähnlich leitet *Cepl*, NZI 2000, 357, 361, ein Kündigungsrecht aus § 242 BGB her, wenn der Lizenznehmer bzw. der Insolvenzverwalter seiner Ausübungspflicht nicht in hinreichendem Maße nachkommt. Anerkannt ist schließlich auch ein Kündigungsrecht wegen eines nach Antragstellung eingetretenen Zahlungsverzugs (*Hausmann*, ZUM 1999, 914, 915, 917; *Reinhard/Lober*, K&R 2006, 126, 127). Weiterhin ist ein insolvenzbedingtes Kündigungsrecht des Urhebers zum Schutz seiner persönlichkeitsrechtlichen Interessen anerkannt (*Peters* in: MüKo, InsO/Bd. 1/2013, § 35 Rn. 352; *Janßen* in: Nerlich/Kreplin, MAH Sanierung und Insolvenz, § 36 Rn. 414).

2066 *Scholz*, GRUR 2009, 1107, 1111; *v. Frentz/Marrder*, ZUM 2003, 94, 101; *Wallner*, ZIP 2004, 2073, 2080 f.; *Reinhard/Lober*, K&R 2006, 126, 129, mit Ausnahme der dinglich wirkenden ausschließlichen Lizenz.

2067 Siehe hierzu bereits die Ausführungen unter 5. Teil, C. II–IV.

der Ansprüche im Insolvenzverhältnis betrifft lediglich die noch nicht erfüllten Teilansprüche und löst damit den Vertrag – ebenso wie die Kündigung nach § 314 BGB – für die Zukunft auf. Der Unterlizenznehmer, der das Schutzrecht verwertet und dessen Liquidität hier nicht in Frage steht, hat zudem ein schutzwürdiges Interesse am Bestand seiner Rechtsposition. Auf die Solvenz des Vertragspartners hat er i.d.R. keinen Einfluss. Es wäre daher nicht interessengerecht, ihm das Insolvenzrisiko aufzubürden. Die dingliche Nutzungsberechtigung verbleibt damit trotz Beendigung des Hauptlizenzvertrages beim Unterlizenznehmer.[2068]

Hierauf wies auch der BGH in der Entscheidung „M2Trade" im Rahmen eines *obiter dictum* in Bezug auf den Vergütungsanspruch hin,[2069] der letztlich auch als Grund für die eingestellten Reformbestrebungen des Gesetzgebers gedeutet wird.[2070]

Zu lösen bleibt die Vergütungsproblematik, denn das Ergebnis wäre freilich unbillig, wenn der Insolvenzverwalter nach wie vor die Lizenzgebühren aus dem Unterlizenzvertrag einstreichen könnte, aufgrund der Nichterfüllungswahl im Hauptlizenzverhältnis jedoch keine Lizenzzahlungen erbringen müsste.[2071] Eine Lösung auf der Rechtsfolgenseite soll im siebenten Teil aufgezeigt werden.[2072] Etwas anderes könnte jedoch dann gelten, wenn der Lizenzvertrag noch nicht in Vollzug gesetzt wurde und mithin ein Rücktritt möglich wäre. Darauf deutet auch § 36 III VerlG hin, der dem Verfasser in der Insolvenz des Verlegers ein solches Rücktrittsrecht einräumt, soweit dieser noch nicht mit der Vervielfältigung begonnen hat.[2073] Mit dem Verlagsvertrag erlischt dann auch das Verlagsrecht gem. § 9 I VerlG. Unklar ist jedoch, ob eine rückwirkende Vertragsauflösung eintritt[2074] oder ob der Vertrag für die Zukunft erlischt. Denn nur in ersterem Fall könnte ein Rückfall der Enkelrechte dogmatisch gerechtfertigt werden. Dies wäre aber nicht sachgerecht, wenn dem Unterlizenznehmer die dingliche Nutzungsberechtigung bereits vollständig eingeräumt wurde und er im Vertrauen auf den Bestand bereits Investitionen

---

2068 Im Ergebnis ebenso: *Hausmann*, ZUM 1999, 914, 921; *Abel*, NZI 2003, 121, 127; *Adolphsen*, DZWIR 2003, 228, 233; *Esser*, Urheberrechtliche Lizenzen in der Insolvenz, S. 171; *Nolden*, Abstraktionsprinzip im UrhR, S. 178; *Roth*, Filmrechte in der Insolvenz, S. 209; *Woeste*, Immaterialgüterrechte als Kreditsicherheit, S. 117, in Bezug auf die Sicherungslizenz; a.A. *Ehle/Schwiddessen*, MMR 2012, 355, 356, 359, die dieses Ergebnis für wirtschaftlich unbillig halten.

2069 BGH, GRUR 2012, 916, 918 – „M2Trade" (Der Unterlizenzgeber habe seinen Vergütungsanspruch an den Hauptlizenzgeber abzutreten. Dieser Abtretungsanspruch sei als Masseverbindlichkeit nach § 55 I Nr. 3 InsO gem. § 53 InsO vorab aus der Insolvenzmasse zu erfüllen.); zust. *Rauer/Ettig*, WRP 2012, 1198, 1202.

2070 *Marotzke*, ZInsO 2012, 1737, 1740.

2071 So die Kritik von *Weber/Hötzel*, NZI 2011, 432, 435; *v. Frentz/Masch*, ZUM 2012, 886, 888, schlagen vor, eine solche „gespaltene Erfüllungswahl" des Insolvenzverwalters an den Grundsätzen von Treu und Glauben zu messen.

2072 Siehe hierzu die Ausführungen unter 7. Teil, A. I.

2073 *Berger* in: FS Kirchhof, S. 1, 10.

2074 So etwa *Schricker*, Verlagsrecht, § 36 Rn. 8; *Rehbinder*, Urheberrecht, Rn. 707.

getätigt, jedoch noch nicht mit der Vervielfältigung begonnen hat. Ein Rücktritt, der den Vertrag mit Wirkung *ex tunc* auflöst, wäre auch systemwidrig. Schließlich ist auch von einer analogen Anwendung des Rücktrittsrechts auf andere Urheberrechtsverträge wegen des Spezialnormcharakters und der besonderen, schwer vergleichbaren Interessenlage im Verlagsrecht abzusehen.[2075]

Im Ergebnis ist festzuhalten: Wird der Hauptlizenzvertrag infolge der Insolvenz des Lizenznehmers wirksam beendet, besteht die Unterlizenz weiterhin fort.[2076] Anzumerken bleibt, dass dieses Ergebnis auch auf den Fall der insolvenzbedingten Kündigung durch den Hauptlizenzgeber – soweit eine solche zulässig ist[2077] – im Fall der Erfüllungswahl übertragen werden kann, denn aus Wertungsgründen kann hier nichts anderes gelten.

3. Fazit

Weder die Insolvenz des Schutzrechtsinhabers noch die Insolvenz eines nachgelagerten Verwerters wirkt sich auf den Bestand der dinglichen Unterlizenz aus. Dies gilt auch, soweit der Insolvenzverwalter die Nichterfüllung des Hauptlizenzvertrages nach § 103 InsO wählt oder der Vertrag insolvenzbedingt gekündigt wird. Denn es erschiene nicht interessengerecht, dem Unterlizenznehmer im Hinblick auf seine getätigten Investitionen das Insolvenzrisiko aufzubürden.

C. Der Verwirkungseinwand

Ein Fortbestand der Unterlizenz könnte auch anhand einer Verwirkung des Verbietungsrechts des Schutzrechtsinhabers begründet werden. Das OLG München berücksichtigte diesen Aspekt ausdrücklich in der Entscheidung „Take Five“ vom 20.01.2011.

Hierfür erforderlich ist zum einen das Vorliegen eines Zeitmoments, d. h. der Schutzrechtsinhaber muss über einen gewissen Zeitraum untätig gewesen sein, er muss also die fortgesetzte Verwertung durch den Unterlizenznehmer gebilligt haben.[2078] Zum anderen muss ein vertrauensbegründender Umstand hinzukommen. Im vorliegenden Fall konnte der Unterlizenznehmer aufgrund der über viele Jahre hinweg währenden Zusammenarbeit der Parteien in Kenntnis der Rechtslage, einhergehend mit einer langjährigen Abrechnungspraxis, berechtigterweise auf

---

2075 *Hausmann* in: FS Schwarz II, S. 81, 86 f.

2076 Dieses Ergebnis steht freilich unter der zuvor getroffenen Annahme, dass der Unterlizenzvertrag weiterhin fortbesteht. Wählt der Insolvenzverwalter die Nichterfüllung des Unterlizenzvertrages – was allerdings zum Nachteil der Masse wäre, soweit noch Lizenzzahlungen ausstehen – und wird der Lizenzvertrag wirksam gekündigt, fällt das Enkelrecht an den Schutzrechtsinhaber zurück. Vgl. hierzu auch *Ehle/Schwiddessen*, MMR 2012, 355, 359.

2077 Hierzu ausführlich *Hausmann*, ZUM 1999, 914, 916 f.

2078 OLG München, BeckRS 2012, 05500 – „Take Five“, hier zwei Jahre.

den Bestand seiner Nutzungsrechte vertrauen.[2079] Mithin kam das OLG München zu dem Schluss, dass in einem solchen Fall neben dem Fortbestand des Enkelrechts auch von einem konkludenten Abschluss eines Lizenzvertrages auszugehen sei.[2080]

Dem ist zuzustimmen. Im Fall der Verwirkung überwiegt allgemein das Bestandsinteresse des Unterlizenznehmers. Die Berufung des Schutzrechtsinhabers auf einen Heimfall der Unterlizenz wäre rechtsmissbräuchlich (vgl. § 242 BGB).

D. Zusammenfassung

1. Die Kategorisierung verschiedener Arten von Lizenzgeschäften und die Berücksichtigung unterschiedlicher Beendigungstatbestände führen zu einem gerechten Interessenausgleich für die Frage des Fortbestands der Unterlizenz nach Beendigung des Hauptlizenzvertrages.
2. Maßgebliche Kriterien für die Begründung eines Fortbestands der Unterlizenz sind:
   a. die Vereinbarung einer dinglich wirkenden Unterlizenz (S. 260) und
   b. die Zustimmung des Schutzrechtsinhabers zur Unterlizenzierung (S. 261).
3. Darüber hinaus bedarf es häufig einer Abwägungsentscheidung, in dessen Kontext verschiedene objektive und subjektive Elemente denkbarer Vertragskonstellationen zu berücksichtigen sind. Im Rahmen der Untersuchung konnten zwei wesentliche Faktoren herausgearbeitet werden:
   a. Zum einen muss in die Abwägung einbezogen werden, ob ein besonderes Vertragsverhältnis vorliegt, im Rahmen dessen eine spezielle Interessenlage zu berücksichtigen ist (S. 263 ff.). So hat der Urheber, der seine Nutzungsberechtigung aufgrund eines Abhängigkeitsverhältnisses, wie z. B. eines Arbeits- bzw. Dienstverhältnisses oder auch im Rahmen einer Filmproduktion, übertragen hat, eine fortbestehende Unterlizenz regelmäßig zu dulden, soweit der Lizenzvertrag im Hauptverhältnis beendet wurde oder auch das Arbeitsverhältnis ein Ende findet (S. 268). Dagegen lässt sich eine solche generelle Annahme hinsichtlich einzelner Leistungsschutzberechtigter, wie z. B. des Filmherstellers, als Hauptlizenzgeber nicht treffen (S. 269). Allerdings bestehen Lizenzen, die im Rahmen von Wahrnehmungs- bzw. Geschäftsbesorgungsverträgen übertragen wurden, auch nach Beendigung des Wahrnehmungsvertrages in dem gewährten Umfang regelmäßig fort (S. 270 f.).
   b. Zum anderen muss bei der Abwägung der Beendigungstatbestand und die darin wurzelnde Risikozuordnung berücksichtigt werden (S. 273).
4. Anhand einer systematischen Untersuchung verschiedener abstrakter Beendigungstatbestände im Hauptlizenzverhältnis (S. 274 ff.) konnte gezeigt werden, dass hinsichtlich der Frage des Fortbestands der Unterlizenz Fallgruppen

2079 OLG München, BeckRS 2012, 05500 – „Take Five".
2080 OLG München, BeckRS 2012, 05500 – „Take Five".

existieren. Eine pauschalisierende Annahme kann jedoch nicht in allen Fällen getroffen werden. Vielmehr hat sich gezeigt, dass ggf. eine Abwägung vorgenommen werden muss, unter Berücksichtigung der jeweiligen subjektiven Interessen und konkreten Umstände des Einzelfalls. Demgemäß konnten folgende Erkenntnisse gewonnen werden:

a. Dinglich wirkende Beendigungstatbestände schlagen regelmäßig auch auf das Unterlizenzverhältnis durch. Hierzu zählen insbesondere die in der Sphäre des Urheberpersönlichkeitsrechts wurzelnden Rückrufs- und Widerrufsrechte, aber nur soweit die Interessen des Urhebers tatsächlich durch das Handeln oder auch Unterlassen des Unterlizenznehmers bedroht sind. Eine Abwägungsentscheidung unter Einbeziehung aller wesentlichen Interessen und Umstände ist in diesem Zusammenhang unentbehrlich (S. 287). Dagegen führen dinglich wirkende Beschränkungen der Hauptlizenz, aufgrund deren die Berechtigung des Hauptlizenznehmers ein Ende findet, infolge des fehlenden Gutglaubensschutzes im Immaterialgüterrechtsverkehr grundsätzlich auch zum Heimfall der Enkelrechte. Soweit das geschützte Immaterialgüterrecht in Verfall gerät bzw. erst gar nicht zur Entstehung gelangt, führt die Gemeinfreiheit des Vertragsgegenstands zu einem Erlöschen der Nutzungsberechtigung zugunsten der Allgemeinheit (S. 293). Nur der Verzicht eines vorgelagerten Lizenznehmers wirkt sich grundsätzlich nicht auf den Bestand der Enkelrechte aus (S. 293).
b. Weiterhin konnte festgestellt werden, dass ein Wechsel in der Inhaberschaft des Immaterialgüterrechts und auch in der Person eines vorgeschalteten Lizenznehmers in der Lizenzkette den Bestand der abgeleiteten Rechte und damit auch die Unterlizenz grundsätzlich nicht berühren (S. 295).
c. Schwieriger zu beurteilen sind dagegen all jene Beendigungsgründe, die auf der Vertragsebene angreifen. Als zweckmäßig erwies sich in diesem Zusammenhang eine Differenzierung zwischen den Beendigungstatbeständen mit Wirkung *ex tunc* und *ex nunc* (S. 295 ff.).
d. Hinsichtlich ersterer wurde festgestellt, dass im Rahmen der Beurteilung der Bestandsfestigkeit der Unterlizenz maßgeblich darauf abzustellen ist, ob der Fehler des schuldrechtlichen Geschäfts auch auf die dingliche Verfügung durchschlägt, denn dann konnte der Unterlizenznehmer zu keinem Zeitpunkt das Nutzungsrecht gutgläubig erwerben (S. 313). Dies gilt insbesondere für die Beendigungstatbestände nach §§ 134, 138 BGB sowie hinsichtlich der wirksam angefochtenen und formunwirksamen Lizenzverträge. Auch der endgültig unwirksame Hauptlizenzvertrag mit einem Minderjährigen lässt die Berechtigung des Unterlizenznehmers entfallen. Dagegen ist beim Vertragsschluss mit einem Vertreter ohne Vertretungsmacht zu differenzieren, auf welcher Seite dieser in Erscheinung getreten ist. Auf Seiten des Hauptlizenzgebers muss auch hier ein Wegfall der Berechtigung des Unterlizenznehmers eintreten. Hat der *falsus procurator* dagegen als Mittler agiert, erscheint es interessengerecht, einen Fortbestand der Unterlizenz anzunehmen und die Zustimmung des Hauptlizenzgebers zur Unterlizenzierung in

einen direkten Vertragsschluss umzudeuten. Liegt ein Fall des Selbstkontrahierens oder der Mehrvertretung vor, muss in der jeweiligen Konstellation geprüft werden, ob sich der Fehler im Vertragsschluss auch auf die erteilte Zustimmung zur Unterlizenzierung bezieht. Andernfalls könnte auch hier eine Umdeutung zugunsten des Unterlizenznehmers vorgenommen werden. Darüber hinaus konnte festgestellt werden, dass sich unwirksame allgemeine Geschäftsbedingungen regelmäßig nur dann auf den Bestand der Unterlizenz auswirken, wenn sie die Zustimmung zur Unterlizenzierung in unzulässiger Weise fingieren. Dem Rechtserwerb des Unterlizenznehmers ist dann das vertrauensbegründende Moment entzogen, sodass ein Heimfall der Unterlizenz gerechtfertigt erscheint.

e. Dagegen berühren all jene Gründe, die einen Rücktritt oder eine Kündigung rechtfertigen und damit den Hauptlizenzvertrag mit Wirkung *ex nunc* beenden, grundsätzlich nicht den Bestand der Enkelrechte. Dieses Ergebnis überzeugt zwar dogmatisch, erscheint allerdings dann nicht gerechtfertigt, wenn ein Verhalten des Unterlizenznehmers maßgeblich zur Auflösung des Vertragsverhältnisses beigetragen hat. Eine wertungsmäßige Korrektur im Interesse des Hauptlizenzgebers erscheint zwingend erforderlich. Eine Lösungsmöglichkeit soll im Folgenden erörtert werden. Darüber hinaus konnte festgestellt werden, dass auch die einvernehmliche Vertragsaufhebung den Bestand der Unterlizenz regelmäßig nicht beeinträchtigt. Liegt dagegen eine schwerwiegende Störung der Geschäftsgrundlage vor, erscheint eine Beendigung auch der nachgelagerten Nutzungsberechtigungen interessengerecht, soweit sich die Unzumutbarkeit zulasten des Schutzrechtsinhabers in dieser Rechtsbeziehung fortsetzt. (S. 330)
f. Einen Sonderfall stellt die Insolvenz eines Vertragspartners im Hauptlizenzverhältnis dar. Die Untersuchung konnte zeigen, dass sowohl in der Insolvenz des Schutzrechtsinhabers (Hauptlizenzgeber) als auch in der Insolvenz eines nachgelagerten Lizenznehmers (Unterlizenzgeber) der Fortbestand der Enkelrechte bei Insolvenzeröffnung und auch bei Erfüllungsablehnung des Insolvenzverwalters dogmatisch gerechtfertigt werden kann und gleichermaßen interessengerecht erscheint. (S. 351)

5. Schließlich konnte festgestellt werden, dass auch ein vertrauensbegründendes Verhalten des Hauptlizenzgebers im Rahmen einer Abwägung nach den Grundsätzen von Treu und Glauben berücksichtigungsfähig ist (S. 352).

7. Teil: Die Konsequenzen des Fortbestands der Unterlizenz und die damit verbundenen Fragen der Rechtsdurchsetzung auf zivilrechtlicher Ebene

Die Konsequenzen des Fortbestands der Unterlizenz sind bislang ungeklärt.[2081] Gefordert wird, dass im Gegenzug ein monetärer Ausgleichsanspruch des Inhabers des Mutterrechts entstehen muss, denn andernfalls ließe sich ein Fortbestand nicht interessengerecht rechtfertigen.[2082] Auf welcher rechtlichen Grundlage ein solcher Anspruch begründet werden kann, bleibt fraglich, zumal ein primäres Schuldverhältnis zwischen beiden Parteien, aus dem etwaige Rechte, aber auch mögliche Pflichten abgeleitet werden könnten, nicht besteht. Die Durchsetzung verschiedener Rechte und Pflichten des Schutzrechtsinhabers und auch des Unterlizenznehmers gestaltet sich in dieser Konstellation äußerst schwierig.

A. Die Rechte und Pflichten des Schutzrechtsinhabers bei Fortbestand der Unterlizenz

Welche Konsequenzen für den Inhaber des Mutterrechts mit dem Fortbestand der Unterlizenz verbunden sind, insbesondere ob dieser berechtigt ist, einen finanziellen Ausgleich für die Nutzung seines Schutzrechts zu fordern, und ob ihn möglicherweise Pflichten gegenüber dem Unterlizenznehmer treffen, muss geklärt werden. Darüber hinaus ist zu untersuchen, auf welcher dogmatischen Grundlage dennoch ein „berechtigter" Heimfall der Unterlizenz konstruiert werden kann, wenn die Interessenlage einen solchen Fortfall erfordert.

I. Der Anspruch auf Zahlung der Lizenzgebühr

Stimmt der Schutzrechtsinhaber einer Unterlizenzierung zu, tut er dies regelmäßig in der Absicht, hieraus einen Gewinn zu erzielen.[2083] Im Fall des Fortbestands der Unterlizenz ist zunächst zu klären, ob sich die Frage nach einer angemessenen Beteiligung des Schutzrechtsinhabers überhaupt stellt.

Möglicherweise könnte die geschuldete Gegenleistung des Hauptlizenznehmers bereits durch eine einmalige Zahlung abgegolten sein; so z. B. wenn ein Buy-out-Vertrag abgeschlossen wurde. Eine solche Vertragsgestaltung schließt jedoch die

2081 *Reinhard*, K&R 2009, 712, 717; *Scherenberg*, CR 2007, 7, 9 f.

2082 Vgl. die Bedenken von *Nordemann*, NJW 1992, 1372; *Pahlow*, GRUR 2010, 112, 118; *Marotzke*, ZInsO 2012, 1737, 1749; *Dammler/Melullis*, GRUR 2013, 781, 786 f.

2083 So bereits RGZ 144, 187, 190.

Geltendmachung weiterer Ansprüche des Urhebers grundsätzlich nicht aus. Ein Anspruch auf weitere Beteiligung ist in § 32a UrhG ausdrücklich und unabdingbar (vgl. § 32b UrhG) normiert. Und auch § 32 I 3 UrhG gibt dem Urheber in gewissem Rahmen die Möglichkeit, nachzuverhandeln, falls die Vergütung sich im Nachhinein als unangemessen erweist.[2084]

Aber auch der Unterlizenznehmer könnte seine vertragliche vereinbarte Zahlungsverpflichtung bereits durch Einmalzahlung erfüllt haben. Könnte insoweit die Annahme getroffen werden, dass er nicht mit weiteren Verpflichtungen rechnen muss? Oder könnte auch hier der Urheber eine weitere Beteiligung über § 32a UrhG durchsetzen?

Von erheblicher Bedeutung ist ein Vergütungsanspruch für den Schutzrechtsinhaber jedenfalls dann, wenn Zahlungen des Unterlizenznehmers weiterhin an den Inhaber des Tochterrechts erfolgen und dieser die Lizenzberechtigung – insbesondere die Berechtigung zur Unterlizenzierung – seinerseits auch nicht durch Einmalzahlung abgegolten hat. Muss dieser dann die Zahlung an seinen ehemaligen Vertragspartner auskehren? Oder könnte hier ein direkter Anspruch des Schutzrechtsinhabers gegen den Unterlizenznehmer konstruiert werden?

1. Vertragliche und quasi-vertragliche Ansprüche auf Zahlung der Lizenzgebühr?

Ein Anspruch auf Zahlung einer Lizenzgebühr folgt grundsätzlich nur aus einer schuldrechtlichen Verpflichtung. Ein direktes Schuldverhältnis besteht zwar zwischen dem Schutzrechtsinhaber und dem Unterlizenznehmer nicht, wohl aber zwischen dem Unterlizenzgeber und dem Unterlizenznehmer. Die Zahlungsverpflichtung besteht nach Beendigung des Hauptlizenzvertrages einzig und allein in diesem Rechtsverhältnis fort.

Handelt es sich bei der zwischengeschalteten Person faktisch um eine Art Mittler, der die Lizenzgebühr nur entgegennimmt und an den Schutzrechtsinhaber weiterleitet, könnte die Überlegung angestellt werden, ob es nicht sachgerecht erscheint, dass der Schutzrechtsinhaber sich wegen seines ihm zustehenden Anteils unmittelbar an den Unterlizenznehmer halten kann.[2085] Solche Fälle sind z. B. in der Verlagsbranche oder auch in Bezug auf die Wahrnehmungsgesellschaften denkbar. Eine tatsächliche Verwertungshandlung erfolgt durch diese nicht. Eine ähnliche Mittlerstellung nimmt auch derjenige ein, der eine ausschließliche Unterlizenz erteilt hat und mithin verpflichtet ist, sich eigener Verwertungshandlungen zu enthalten.

2084 Zu den Voraussetzungen des Anspruchs des Urhebers auf Einwilligung in eine Änderung eines Vertrages: *Wandtke/Grunert* in: Wandtke/Bullinger, UrhR, § 32 Rn. 16 ff.

2085 *Beck*, Lizenzvertrag im Verlagswesen, S. 90 f.

In diesem Kontext wird diskutiert, ob der Schutzrechtsinhaber das Recht hat, von seinem ehemaligen Vertragspartner die Abtretung der Rechte aus dem Unterlizenzvertrag zu fordern.[2086] Auch das OLG Brandenburg argumentierte im Fall „M2Trade“, dass den Interessen des Schutzrechtsinhabers an einer Vergütung dadurch Rechnung getragen werden könne, dass er sich die Entgeltansprüche des Unterlizenzgebers abtreten lässt.[2087] Eine solche Forderungsabtretung ist grundsätzlich nur möglich, wenn Altgläubiger und Neugläubiger darüber einig sind (§ 398 S. 1 BGB) – einer Mitwirkung des Schuldners bedarf es i.d.R. nicht.[2088] In Bezug auf die Abtretung der Lizenzforderung erscheint ein Zustimmungserfordernis des Unterlizenznehmers in Folge einer besonderen Schutzbedürftigkeit jedenfalls nicht geboten. Fraglich ist jedoch, woraus ein solcher Anspruch für alle Arten von Lizenzverträgen abgleitet werden könnte.

Auch wenn in der Praxis vereinzelt Vereinbarungen anzutreffen sind, wonach der Hauptlizenznehmer die Lizenzgebühren, die der Unterlizenznehmer an ihn zahlt, entweder ganz oder zum Teil an den Lizenzgeber abzuführen hat,[2089] wird es an einer ausdrücklichen Vereinbarung zwischen dem Schutzrechtsinhaber und seinem ehemaligen Vertragspartner häufig fehlen.[2090]

Möglicherweise könnte aber eine stillschweigende Übertragung der Rechte aus dem Lizenzvertrag in der Auflösung des Hauptlizenzvertrages zu sehen sein. Dies ist nur dann anzunehmen, wenn die vorzeitige Beendigung des Lizenzvertrages gegenseitig vereinbart wurde. Liegt dagegen eine einseitig herbeigeführte Vertragsbeendigung vor (z. B. durch eine außerordentliche Kündigung), bleibt für eine solche Annahme kein Raum.[2091]

Denkbar wäre auch, nach Treu und Glauben eine nachvertragliche Pflicht des Hauptlizenznehmers zur Übertragung des Zahlungsanspruchs auf den Schutzrechtsinhaber gem. § 242 BGB anzunehmen. Eine solche Treuepflicht wird z. B. für den Verleger bejaht:[2092] Aufgrund seiner Mittlerstellung verwaltet dieser das Lizenzrecht nicht nur im eigenen Interesse, sondern vor allem auch im Interesse des Urhebers. Scheidet der Verleger aus, erfordert die Treuepflicht gegenüber dem Urheber, dass er diesem dazu verhilft, in unmittelbare Rechtsbeziehung zum Lizenznehmer zu gelangen, denn nur auf diese Weise könne ein sinnvoller Rechtszustand aufrechterhalten bleiben.

Fraglich bleibt, in welchem Umfang der Anspruch entsteht. Denn u.U. könnte ein Verdienst des Vermittlers am Zustandekommen des Unterlizenzverhältnisses

---

2086 *Beck*, Lizenzvertrag im Verlagswesen, S. 90 f.

2087 OLG Brandenburg, Urteil v. 30.03.2010, Az. 6 U 76/06, S. 21 – „M2Trade“.

2088 *Roth* in: MüKo, BGB/Bd. 2/2012, § 398 Rn. 3.

2089 *Groß*, Lizenzvertrag, Rn. 235.

2090 *Hahn*, Verbotsrecht des Lizenznehmers, S. 49.

2091 *Nordemann*, GRUR 1970, 174, 176.

2092 *Beck*, Lizenzvertrag im Verlagswesen, S. 90; *Karow*, Rechtsstellung des Subverlegers, S. 88; *Wohlfarth*, Taschenbuchrecht, S. 165; *Ulmer*, Urheber- und Verlagsrecht, S. 468; wohl auch *Haberstumpf/Hintermeier*, Einf. Verlagsrecht, S. 202.

im Rahmen des Vergütungsanspruchs abzugsfähig sein. Hier muss hinterfragt werden, auf welcher Leistung die Vergütung beruht.[2093] Ebenso relevant könnte die Tatsache sein, wer die Vertragsbeendigung verschuldet hat.[2094] Hat der Mittler die Vertragsbeendigung vorsätzlich oder grob fahrlässig herbeigeführt, ist ihm nach dem Grundsatz der Billigkeit (vgl. § 242 BGB) ein vergütungsfähiger Anteil an der Vermittlung abzuerkennen. Zudem könnte bei der Weiterlizenzierung auch eine geringere Lizenzgebühr als im Hauptverhältnis vereinbart worden sein.[2095] Insbesondere konzerninterne Lizenzen werden häufig gratis oder zu konzerninternen „Freundschaftspreisen" erteilt.[2096] Es wäre aber nicht interessengerecht, den Schutzrechtsinhaber an diese geringere Lizenzgebühr zu binden, nachdem er durch die Beendigung des Hauptlizenzvertrages die daraus resultierende höhere Gebühr eingebüßt hat. Da das Rechtsverhältnis auf § 242 BGB beruht, könnte die Vergütung im Rahmen dieser Vorschrift angepasst werden.

Eine Lösung über § 242 BGB herbeizuführen, erscheint mithin interessengerecht. Für eine solche hat sich schließlich auch der BGH für den ähnlichen Fall des Fortbestands des Besitzrechts des Untermieters nach Beendigung des Hauptmietvertrages entschieden.[2097]

Anstelle der vertraglichen Lösung wird auch ein gesetzlicher Forderungsübergang (vgl. § 412 BGB) in Betracht gezogen, durch den der Inhaber des Mutterrechts automatisch in die Rechtsstellung des ehemaligen Inhabers des Tochterrechts eintritt.[2098] Unklar ist jedoch, auf welcher Grundlage ein solcher beruhen soll. Ein Blick auf die Sukzessionsschutzregelungen des § 33 S. 2 UrhG hilft hier nicht weiter, da nach herrschender Auffassung keine Legalzession der gesamten Rechts- und Pflichtenstellung des Lizenzgebers mit der Übertragung des Schutzrechts einhergeht.[2099] Ein Wechsel im Wege der Rechtsnachfolge ist darüber hinaus in § 34 UrhG normiert.

2093 *Beck*, Lizenzvertrag im Verlagswesen, S. 91.

2094 *Beck*, Lizenzvertrag im Verlagswesen, S. 91 f.

2095 *Dammler/Melullis*, GRUR 2013, 781, 787, weisen auch auf die Problematik von Kreuzlizenzen und Patentpool-Vereinbarungen hin.

2096 *Marotzke*, ZInsO 2012, 1737, 1748, krit. zum Vorschlag des BGH, einen bereicherungsrechtlichen Ausgleich vorzunehmen.

2097 BGH, NJW 1982, 1696, 1698; BGH, NJW 1991, 1815, 816; vgl. hierzu auch *Kunze*, NZM 2012, 740, 743.

2098 *Behrendt*, GRUR 1933, 199, 202, nimmt an, dass der Patentinhaber nach Fortfall der Hauptlizenz in den Unterlizenzvertrag eintritt und ihm damit ein unmittelbarer Anspruch auf Zahlung der Lizenzenzgebühren gegenüber dem Unterlizenznehmer zusteht, währenddessen dieser von seiner Zahlungsverpflichtung gegenüber dem Hauptlizenznehmer frei wird; a.A. *Beck*, Lizenzvertrag im Verlagswesen, S. 89: Ein Eintritt des Urhebers in den Unterlizenzvertrag könne nur durch Vereinbarung der Beteiligten herbeigeführt werden.

2099 *Marotzke*, ZGE 2 (2010), 233, 244, ff.: Der bisherige Patentinhaber bleibt mit allen Rechten und Pflichten Partei des Lizenzvertrages, der neue Patentinhaber tritt lediglich neben seinen Rechtsvorgänger – jedoch nur hinsichtlich der Verpflichtungen, die dem früheren Patentinhaber infolge der Übertragung des Patents

Aber auch hier wird ein gesetzlicher Übergang der Rechte- und Pflichtenstellung des Veräußerers auf den Urheber abgelehnt, da eine Auswechslung des Vertragssubjekts nicht stattfindet – hierfür sei grundsätzlich eine vertragliche Lösung notwendig.[2100]

Eine *cessio legis* des schuldrechtlichen Zahlungsanspruchs scheidet damit aus.[2101]

Eine Lösung, die einer Mitwirkung des Unterlizenzgebers nicht bedarf, könnte dagegen der Anspruch aus §§ 667, 681 S. 2, 687 II, 677 BGB bieten. Fraglich ist jedoch, ob hier eine angemaßte Eigengeschäftsführung des Unterlizenzgebers vorliegt. Objektive Voraussetzung ist die Besorgung eines Geschäfts, das einem fremden Rechts- oder Interessenkreis zugehört, ohne Auftrag oder sonstige Berechtigung.[2102] Der Begriff der Geschäftsbesorgung i.S.v. § 677 BGB ist weit zu verstehen.[2103] Die Unterlizenzierung könnte daher eine solche darstellen. Weiterhin müsste das besorgte Geschäft einem fremden Rechts- oder Interessenkreis zuzuordnen sein; d. h. der Geschäftsführer muss mit dem Bewusstsein (und dem Willen) handeln, in einen fremden Rechtskreis einzugreifen.[2104] Die Unterlizenzierung greift allgemein in den Interessenkreis des Schutzrechtsinhabers ein, denn das Schutzrecht bleibt durch das dingliche Recht belastet. Der Schutzrechtsinhaber hat Nutzungshandlungen des berechtigten Unterlizenznehmers zu dulden. Jedoch könnte das Eigeninteresse des Unterlizenzgebers an einer finanziellen Beteiligung der Annahme einer Fremdheit des Geschäfts entgegenstehen. Die Wahrnehmung eigener Interessen schließt eine Geschäftsführung ohne Auftrag regelmäßig nicht aus.[2105] In der Konstellation eines solchen auch-fremden Geschäfts wird ein Fremdgeschäftsführungswille vermutet.[2106] Problematisch erscheint dagegen die Voraussetzung, dass der Geschäftsführer dem Geschäftsherrn gegenüber nicht zur Geschäftsbesorgung legitimiert gewesen sein darf (§ 677 BGB). Zum Zeitpunkt der Rechtseinräumung an den Unterlizenznehmer konnte sich der Geschäftsführer zum einen auf den Bestand seiner dinglichen Berechtigung stützen. Zum anderen legitimierte die Zustimmung des Schutzrechtsinhabers zur Unterlizenzierung die Geschäftsbesorgung, sodass diese berechtigt war. Ein Anspruch des Schutzrechtsinhabers auf Auskehr der Unterlizenzgebühr kann somit aus §§ 677 ff. BGB nicht hergeleitet werden.

---

unmöglich geworden sind. Vgl. auch *Schricker/Loewenheim* in: Schricker/Loewenheim, UrhR, § 33 Rn. 26.

2100 *Nordemann*, GRUR 1970, 174, 176; *Schricker/Loewenheim* in: Schricker/Loewenheim, UrhR, § 34 Rn. 52.

2101 So auch *Nordemann*, GRUR 1970, 174, 176.

2102 *Seiler* in: MüKo, BGB/Bd. 4/2012, § 687 Rn. 8.

2103 *Seiler* in: MüKo, BGB/Bd. 4/2012, § 677 Rn. 2.

2104 *Seiler* in: MüKo, BGB/Bd. 4/2012, § 677 Rn. 6; *Gehrlein* in: Bamberger/Roth, BeckOK BGB, § 677 Rn. 11.

2105 BGH, NJW 1955, 257, 258; *Seiler* in: MüKo, BGB/Bd. 4/2012, § 677 Rn. 9; *Gehrlein* in: Bamberger/Roth, BeckOK BGB, § 677 Rn. 15.

2106 BGH, NJW-RR 2008, 683, 685, m.w.N.; *Gehrlein* in: Bamberger/Roth, BeckOK BGB, § 677 Rn. 15.

2. *Bereicherungsrechtliche Abschöpfung der Lizenzgebühr?*

Eine Abschöpfung der vereinnahmten Lizenzgebühr könnte möglicherweise auch durch einen bereicherungsrechtlichen Ausgleich nach §§ 812 ff. BGB erfolgen. Ein solcher ist im Bereich der Immaterialgüterrechte allgemein anerkannt.[2107] Eine Leistungskondiktion kommt immer dann in Betracht, wenn ein Lizenzvertrag vorzeitig aufgelöst wird. Der Lizenznehmer kann in diesem Fall die bereits im Voraus gezahlte Lizenzgebühr rückabwickeln, selbst wenn er die vorzeitige Vertragsauflösung zu vertreten hat.[2108] Es stellt sich die Frage, ob auch der Schutzrechtsinhaber die Lizenzgebühren bei seinem ehemaligen Vertragspartner, dem Hauptlizenznehmer, gem. § 812 I 2, 1. Alt. BGB kondizieren kann.

Als „erlangt" i.S.v. § 812 I BGB ist hier der Vermögensvorteil anzusehen, den der Unterlizenzgeber im Rahmen des fortbestehenden Anspruchs auf Entrichtung der Lizenzgebühr gegen den Unterlizenznehmer hat. Fraglich ist jedoch, ob die Bereicherung tatsächlich auf einer Leistung des Schutzrechtsinhabers i.S.v. § 812 I BGB beruht. Leistungsgrund für die Forderung des Unterlizenzgebers ist die Einräumung der Unterlizenz seinerseits an den Unterlizenznehmer. Der Vermögensvorteil ist in diesem Verhältnis also nicht auf eine Leistung des Hauptlizenzgebers zurückzuführen.

Eine direkte Abschöpfung der Lizenzgebühr beim Unterlizenzgeber könnte durch eine Leistungskondiktion gem. § 812 I 2, 1. Alt. BGB allerdings dann erfolgen, soweit man die Annahme trifft, dass es sich bei den vereinnahmten Lizenzgebühren um mittelbare Früchte (vgl. § 99 III BGB) handelt, die als Nutzungen der erlangten Lizenz i.S.v. § 818 I BGB zu qualifizieren sind.[2109] Kondizierbar wäre jedoch nur der tatsächlich vereinnahmte Ertrag, der aufgrund des Rechtsverhältnisses zum Unterlizenznehmer erlangt wurde, und auch erst ab dem Zeitpunkt, in dem der Wegfall des Rechtsgrundes eingetreten ist. Andernfalls käme ein solcher Anspruch einer nachträglichen Preisanpassung gleich, was insoweit nicht sachgerecht erscheint. Ist das Tochterrecht jedoch bereits heimgefallen, besteht auch kein Bereicherungsanspruch auf Herausgabe der Lizenz und mithin kein Anspruch auf Herausgabe der gezogenen Nutzungen.[2110]

Wegen der fehlenden Leistungsbeziehung in Bezug auf die Zahlungsforderung kommt damit nur ein Anspruch wegen Bereicherung in sonstiger Weise in Betracht.

2107 BGH, GRUR 1963, 213, 217 – „Fernsehwiedergabe von Sprachwerken"; BGH, GRUR 1977, 250, 523 ff. – „Kunststoffhohlprofil"; BGH, GRUR 1982, 301, 303 – „Kunststoffhohlprofil II"; BGH, GRUR 1987, 520, 523 – „Chanel No. 5 (I)"; BGH, GRUR 2000, 685, 686 ff. – „Formunwirksamer Lizenzvertrag"; *Lorenz* in: Staudinger, BGB/Buch 2/2007, Vor. §§ 812 ff. Rn. 60, 65.

2108 Vgl. BGH, GRUR 1997, 781, 783 – „Sprengwirkungshemmende Bauteile"; BGH, GRUR 2000, 685, 686 f. – „Formunwirksamer Lizenzvertrag"; LG München I, GRUR 1956, 413, 414.

2109 Vgl. *Schwab* in: MüKo, BGB/Bd. 5/2013, § 818 Rn. 8.

2110 *Beck*, Lizenzvertrag im Verlagswesen, S. 92.

Vorgeschlagen wird eine Lösung über § 812 I 1, 2. Alt. BGB:[2111] Demzufolge greift nach dem Rückfall des Tochterrechts der fortbestehende Erfüllungsanspruch des Hauptlizenznehmers gegen den Unterlizenznehmer in den Zuweisungsgehalt der nunmehr wieder dem Schutzrechtsinhaber zur alleinigen Verwertung zugewiesenen Befugnisse ein. Für diesen Eingriff gibt es im unmittelbaren Verhältnis zwischen Hauptlizenzgeber und Hauptlizenznehmer nach Beendigung des Hauptlizenzvertrages keinen rechtlichen Grund mehr. Der Hauptlizenznehmer sei dem Hauptlizenzgeber daher zur Herausgabe des Erlangten, also zur Abtretung des gegen den Unterlizenznehmer bestehenden Anspruchs auf Zahlung ausstehender Lizenzgebühren, verpflichtet.[2112]

Diesem Ergebnis könnte jedoch der Grundsatz der Subsidiarität der Nichtleistungskondiktion entgegenstehen.[2113] Denn der Hauptlizenzgeber steht hier außerhalb der Leistungsbeziehung. Die Lizenzgebühr des Hauptlizenznehmers ist vielmehr selbst die Gegenleistung für dessen Verfügung.[2114] Zudem kann eine konkrete Eingriffshandlung des Hauptlizenznehmers nicht festgestellt werden, denn weder gebraucht er das Schutzrecht selbst, noch vergibt er neue Lizenzen daran.[2115] Wollte man eine Kondiktion der Lizenzforderung dennoch zulassen, würde dies das schutzwürdige Interesse des Unterlizenznehmers daran verletzten, dass ihm die Einwendungen aus seiner Leistungsbeziehung zum Unterlizenzgeber erhalten bleiben.[2116] Zudem ist regelmäßig ein Verdienst des Unterlizenzgebers am Zustandekommen des Unterlizenzvertrages anzuerkennen, der in diesem Kontext nicht berücksichtigt werden könnte. Ferner bliebe im Fall einer Lizenzierung unter Wert eine Anpassung der Lizenzgebühr unmöglich. Einer vertraglichen Lösung über die Forderungsabtretung, in der die Einwendungen des Schuldners nach § 404 BGB fortbestehen und bei der ggf. auch eine Wertkorrektur vorgenommen werden könnte, ist daher der Vorzug zu gewähren.

Weiterhin muss untersucht werden, ob der Schutzrechtsinhaber einen bereicherungsrechtlichen Anspruch möglicherweise direkt gegen den Unterlizenznehmer geltend machen könnte. Als Erlangtes i.S.v. § 812 BGB ist in diesem Fall die Befugnis zur Benutzung des immateriellen Schutzgegenstands anzusehen.[2117] Da der Gebrauchsvorteil seiner Natur nach nicht herausgegeben werden kann, kommt nur ein Wertersatz in Betracht (§ 818 II BGB), der sich am objektiven Verkehrswert, d. h. an

---

2111 BGH, GRUR 2012, 916, Rn. 26 f. – „M2Trade"; *Esser*, Urheberrechtliche Lizenzen in der Insolvenz, S. 121.

2112 BGH, GRUR 2012, 916, Rn. 27 – „M2Trade".

2113 Vgl. BGH, GRUR 2000, 685, 686 – „Formunwirksamer Lizenzvertrag"; allg. zum Grundsatz der Subsidiarität: BGH, NJW 1977, 2210; BGH, NJW 2007, 3127, 3130.

2114 *Dietrich/Szalai*, MMR 2012, 684, 689.

2115 *Becker*, ZUM 2012, 786, 788.

2116 Vgl. *Schwab* in: MüKo, BGB/Bd. 5/2013, § 812 Rn. 57 f.

2117 BGH, GRUR 1982, 301, 303 – „Kunststoffhohlprofil II".

der angemessenen Lizenzgebühr, orientiert.[2118] Der Unterlizenznehmer wäre dann jedoch dem vertraglichen Anspruch seines Vertragspartners und gleichzeitig dem bereicherungsrechtlichen Anspruch des Schutzrechtsinhabers ausgesetzt und somit doppelt belastet. Dies erscheint nicht sachgerecht. Auch hier stellt sich wiederum das Problem der Relativität der Schuldverhältnisse innerhalb von Leistungsketten. Eine Kondiktion gegenüber dem Dritten muss daher verneint werden.

Darüber hinaus wird ein Anspruch des Schutzrechtsinhabers aufgrund der Belastung seines Rechts auf Herausgabe der vereinnahmten Gebühren bzw. auf Abtretung des Anspruchs auf die künftigen Gebühren gegen den Unterlizenzgeber gem. § 816 BGB diskutiert.[2119] Ein solcher scheitert jedoch an der bestehenden Berechtigung zur Unterlizenzierung.[2120]

Ein Durchgriff in der Rechtekette kommt somit nur noch über § 822 BGB in Betracht. Die Lizenz wird aber i.d.R. nicht unentgeltlich eingeräumt, weshalb ein Anspruch auf Wertersatz gegen den Unterlizenznehmer ausgeschlossen ist.[2121]

Eine bereicherungsrechtliche Kondiktion des Vergütungsanspruchs führt damit allgemein nicht zum gewünschten Ergebnis.

3. Der deliktische Schadensersatzanspruch als Lösungsmöglichkeit?

Die deliktische Haftung wird im Urheberrecht über § 97 UrhG verwirklicht. Fraglich ist, ob in der vorliegenden Konstellation eine Auskehr der Lizenzgebühr hierüber erreicht werden kann.

Zunächst müsste ein Schadensersatzanspruch direkt gegenüber dem Unterlizenznehmer geltend gemacht werden können. Voraussetzung hierfür ist, dass der Unterlizenznehmer rechtswidrig und schuldhaft in das ausschließliche Recht des Schutzrechtsinhabers zur Verwertung seines geschützten Rechtsgutes eingreift. Die mit Zustimmung erteilte Unterlizenz berechtigt aber grundsätzlich zur Nutzung des Immaterialgüterrechts, sodass die selbstständig fortbestehende dingliche Lizenz nicht die Rechte des Schutzrechtsinhabers verletzt. Ein Schadensersatzanspruch gegen den Unterlizenznehmer ist somit ausgeschlossen.[2122]

Möglicherweise könnte jedoch durch die Geltendmachung eines Schadensersatzanspruchs der dem Unterlizenzgeber zugeflossene Gewinn ausgekehrt werden

2118 BGH, GRUR 1982, 301, 303 – „Kunststoffhohlprofil II“; BGH, GRUR 1987, 520, 523 – „Chanel No. 5 (I)“; BGH, GRUR 2000, 685, 686 – „Formunwirksamer Lizenzvertrag“ (Die Lizenzgebühr bemisst sich nach dem objektiven Wert des tatsächlich Erlangten.); *Lorenz* in: Staudinger, BGB/Buch 2/2007, Vor. §§ 812 ff. Rn. 60, 65, § 818 Rn. 29.

2119 *Behrendt*, GRUR 1933, 199, 201 f.; *Becker*, ZUM 2012, 786, 788.

2120 *Pahlow*, GRUR 2010, 112, 118.

2121 Ebenso *Picot*, Abstraktion und Kausalabhängigkeit, S. 74.

2122 *Reinhard*, K&R 2009, 712, 717; *Esser*, Urheberrechtliche Lizenzen in der Insolvenz, S. 121.

(vgl. § 97 II 2 UrhG).[2123] Eine Verwertungshandlung seinerseits liegt hier jedoch nicht vor. Eine Eingriffshandlung könnte lediglich in der Einräumung der Lizenz gesehen werden. Zu einer solchen war er jedoch durch die Zustimmung des Schutzrechtsinhabers berechtigt. Damit scheidet auch ein Schadensersatzanspruch gegen den Unterlizenzgeber aufgrund Fehlens einer rechtswidrigen Verletzungshandlung aus.

4. *Die gesetzliche Haftung des Unterlizenznehmers gem. § 34 IV UrhG als Lösungsmöglichkeit?*

Die Haftungsregelung des § 34 IV UrhG ordnet für den Fall, dass der Urheber der Rechtsübertragung im Einzelfall nicht ausdrücklich zugestimmt hat, eine gesamtschuldnerische Haftung des Erwerbers für die Erfüllung der sich aus dem Vertrag mit dem Urheber ergebenden Verpflichtungen des Veräußerers an.[2124] Fraglich ist, ob anhand dieser Regelung eine Haftung des Unterlizenznehmers allgemein begründet werden kann. Eine direkte Anwendbarkeit auf den Fall der Unterlizenzierung schließt bereits der Wortlaut der Norm aus. Auch hat der Gesetzgeber von einem Verweis in § 35 II UrhG auf die Regelung deutlich abgesehen. Eine analoge Anwendbarkeit scheitert daher bereits an der fehlenden Regelungslücke. Eine Haftung des Unterlizenznehmers kann somit über § 34 IV UrhG nicht begründet werden.[2125]

5. *Der Anspruch des Urhebers auf angemessene Vergütung nach §§ 32 ff. UrhG*

In der Literatur wird allgemein die Forderung erhoben, dass der Urheber die für die Enkelrechte gezahlten Lizenzgebühren erhalten müsse, denn alles andere würde mit § 32 UrhG kollidieren, weil der Urheber dann trotz Verwertung seines Werkes ohne Vergütung bliebe.[2126] Es stellt sich die Frage, ob ein Anspruch des Urhebers gegenüber dem Unterlizenznehmer auf Zahlung der Lizenzgebühr aus § 32 UrhG begründet werden kann.

Ein gesetzlicher Vergütungsanspruch, der gegen den Unterlizenznehmer geltend gemacht werden könnte, lässt sich aus der geltenden Fassung des § 32 UrhG nicht ableiten.[2127]

Dagegen wird vorgeschlagen, einen Anspruch des Urhebers auf eine angemessene Vergütung durch eine entsprechende Anwendung der §§ 32a II, 32c II UrhG

2123 *Berger* in: Berger/Wündisch, Urhebervertragsrecht, § 1 Rn. 195, hält einen Anspruch gegen den Hauptlizenznehmer auf Abtretung des Zahlungsanspruchs im Rahmen eines Schadensersatzverlangens für möglich.

2124 *Schricker/Loewenheim* in: Schricker/Loewenheim, UrhR, § 34 Rn. 55.

2125 So im Ergebnis auch *Brauer/Sopp*, ZUM 2004, 112, 118.

2126 *J.B. Nordemann* in: Fromm/Nordemann, UrhR, § 31 Rn. 37.

2127 Siehe hierzu bereits die Ausführungen unter 4. Teil, A. III. 4. b.

herzuleiten.[2128] Eine Durchgriffshaftung nach § 32a II UrhG würde ein auffälliges Missverhältnis zwischen der Gegenleistung, die der Urheber erhält, und den Erträgen und Vorteilen des jeweiligen Lizenznehmers voraussetzen.[2129] Hierdurch soll der Urheber Nachforderungen gegenüber dem Unterlizenznehmer stellen können, wenn Vergütungsregelungen innerhalb der Lizenzkette eine angemessen Beteiligung des Urhebers an der Verwertung seines Werkes nicht ermöglichen.[2130] Ein solches Missverhältnis wird aber im Unterlizenzverhältnis i.d.R. nicht bestehen, sodass eine direkte Anwendbarkeit nicht in Frage kommt. Zudem soll der Anspruch auf Nachzahlung den vertraglichen Anspruch nicht ersetzen, sondern neben diesen treten. Wollte man eine analoge Anwendbarkeit dennoch bejahen, wäre der Unterlizenznehmer sowohl gegenüber seinem Vertragspartner als auch gegenüber dem Urheber zur Zahlung verpflichtet. Dies erscheint nicht interessengerecht und ist auch nicht Sinn und Zweck der Norm.

Gleiche Erwägungen gelten hinsichtlich des gesetzlichen Vergütungsanspruchs nach § 32c UrhG, der nur für die Aufnahme neuer Nutzungsarten in Betracht kommt.[2131]

6. *Fazit*

Ein Vorgehen des Schutzrechtsinhabers nach § 97 UrhG verhilft diesem nicht zu einer Abschöpfung der durch den Unterlizenznehmer noch zu zahlenden Vergütung. Gleiches konnte hinsichtlich des Haftungsanspruchs aus § 34 IV UrhG und der gesetzlichen Ansprüche aus §§ 32, 32a II, 32c II UrhG festgestellt werden. Ein Vergütungsanspruch des Schutzrechtsinhabers kommt nur über eine vertragliche Lösung in Betracht, unter Verweis auf den Grundsatz von Treu und Glauben nach § 242 BGB. Eine hierfür notwendige Sonderverbindung besteht auch über mehrere Stufen der Lizenzkette hinfort. Denkbar wäre auch ein bereicherungsrechtlicher Anspruch gegen den Unterlizenzgeber auf Abtretung der Lizenzgebühr nach § 812 I 1, 2. Alt. BGB. Dies hätte allerdings den Nachteil, dass die dem Unterlizenznehmer zustehenden Einwendungen in diesem Rechtsverhältnis nicht erhalten blieben und auch ein Verdienst des Unterlizenzgebers am Zustandekommen des Vertrages und ggf. auch eine Mitschuld an der Beendigung des Hauptlizenzverhältnisses nicht berücksichtigt werden könnten.

2128 *Schricker/Peukert* in: Schricker/Loewenheim, UrhR, § 41 Rn. 24; *Pahlow*, GRUR 2010, 112, 118.

2129 *Schulze* in: Dreier/Schulze, UrhG, § 32a Rn. 49; *Schricker/Haedicke* in: Schricker/Loewenheim, UrhR, § 32a Rn. 33.

2130 *Wandtke/Grunert* in: Wandtke/Bullinger, UrhR, § 32a Rn. 26.

2131 Vgl. *Schulze*, UFITA 2007/Bd. III, 641, 653 f. sowie 677 ff., zu den Besonderheiten und Voraussetzungen des Vergütungsanspruch nach § 32c UrhG.

II. Die Durchsetzung von Nebenpflichten

Ob im Fall des Fortbestands der Unterlizenz die dem Unterlizenznehmer obliegenden Nebenpflichten betreffend die Art und Weise der Ausübung seiner Lizenzberechtigung weiterhin durchgesetzt werden können, ist ebenfalls zu hinterfragen.[2132] Hierbei muss differenziert werden, ob es sich um gesetzlich verankerte Nebenpflichten, dingliche Beschränkungen der Lizenz oder um Pflichten rein vertraglicher Natur handelt.

Gesetzlich verankerte Nebenpflichten richten sich regelmäßig gegen den Verwerter, egal auf welcher Lizenzstufe sich dieser befindet. Eine Ausübungspflicht zum Schutz der kommerziellen und auch ideellen Interessen des Urhebers ergibt sich aus dem Rückrufsrecht nach § 41 UrhG[2133] und aus § 1 S. 2 VerlG, korrespondierend zu den Rücktrittsrechten nach §§ 30, 32 VerlG. Weitere dem Verleger obliegende Nebenpflichten enthalten §§ 12, 20, 27 VerlG, die regelmäßig auch den Unterlizenznehmer treffen, denn derartige Pflichten müssen sich wesensmäßig gegen denjenigen richten, der das Werk nutzt.[2134] Die urheberpersönlichkeitsrechtlichen Belange werden darüber hinaus unabhängig vom Bestehen einer schuldrechtlichen Vertragsbeziehung geschützt. Dem Urheber stehen hier die Rechte aus §§ 11–14 UrhG zur Verfügung, die nach § 97 I, II UrhG gegenüber jedermann durchgesetzt werden können.

Ebenso wirken dingliche Beschränkungen gleichsam fort. Denn die Unterlizenz kann grundsätzlich nicht weiter reichen als die Hauptlizenz.[2135] Weitergehende Beschränkungen im Unterlizenzverhältnis sind gleichfalls dinglich bindend, da sie von der Zustimmung des Schutzrechtsinhabers abhängig sind, sodass das Kontrollinteresse des Schutzrechtsinhabers hinreichend gewahrt bleibt.

Fraglich ist dagegen, ob auch rein *inter partes* wirkende Nebenpflichten des Unterlizenznehmers fortwirken. Von Relevanz sind z. B. Auskunftspflichten für die Abrechnung der Lizenzgebühr oder auch die Pflicht zur Wahrung der Vertraulichkeit. Vertreten wird die Auffassung, dass der Unterlizenzgeber verpflichtet sei, die Ansprüche betreffend die Art und Weise der Ausübung an den Schutzrechtsinhaber abzutreten. Denn gerade für den Schutzrechtsinhaber sei es von Bedeutung, den Unterlizenznehmer zur Ausübung anzuhalten und die Art und Weise der Ausübung kontrollieren zu können.[2136] Ein solcher Anspruch könnte aber auch als Treupflicht des Unterlizenzgebers aus § 242 BGB abgeleitet werden. Die Annahme einer pauschalen

2132 Siehe hierzu auch die Bedenken von *Dammler/Melullis*, GRUR 2013, 781, 788.

2133 Hierbei handelt es sich freilich nicht um eine gesetzliche Pflicht, sondern um eine Obliegenheit. Die h.M. spricht insoweit von einer „Ausübungslast“: BGH, GRUR 1970, 40, 43 – „Musikverleger“; BGH, GRUR 2011, 810, 813 – „World's End“; *Ulmer*, Urheber- und Verlagsrecht, S. 373; *Schulze* in: Dreier/Schulze, UrhR, § 41 Rn. 14.

2134 *Beck*, Lizenzvertrag im Verlagswesen, S. 17.

2135 Siehe Nachw. Fn. 241, 242.

2136 *Beck*, Lizenzvertrag im Verlagswesen, S. 90; *Karow*, Rechtsstellung des Subverlegers, S. 88 f.

Übertragung aller Nebenpflichten verbietet sich. Vielmehr soll der Inhaber des Mutterrechts nur diejenigen Nebenpflichten repressiv durch Unterlassungs- und Schadensersatzansprüche durchsetzen können, die tatsächlich sein Kontrollinteresse betreffen und mithin eine Leistungserbringung nach § 242 BGB erfordern. Davon können grundsätzlich nur die Pflichten umfasst sein, die er seinem ehemaligen Vertragspartner auferlegt hat und die auch im Unterlizenzverhältnis fortbestehen.

III. Die Pflichten des Schutzrechtsinhabers

Besteht die Unterlizenz fort und ist der Schutzrechtsinhaber zur Duldung der Berechtigung des Unterlizenznehmers verpflichtet, stellt sich für diesen die Frage, welche weiteren Pflichten ihn treffen könnten. Auch hier bietet es sich an, zwischen gesetzlich geregelten Nebenpflichten, Verpflichtungen kraft dinglicher Rechtsposition des Unterlizenznehmers und vertraglichen Pflichten zu unterscheiden.

Gesetzlich geregelte Nebenleistungspflichten des Schutzrechtsinhabers sind speziell dem Verlagsgesetz zu entnehmen (z. B. in § 2 I VerlG). Eine weitere Obliegenheit ergibt sich aus den Sukzessionsschutzregelungen, wonach Rechtsübertragungen und Weiterlizenzierungen zwar faktisch möglich sind; die Belastung des Schutzrechts mit der Unterlizenz besteht dann allerdings fort, sodass der Schutzrechtsinhaber den Bestand der Unterlizenz zu respektieren hat.

Darüber hinaus können den Schutzrechtsinhaber Verpflichtungen aus der dinglichen Reichweite der Unterlizenz treffen; so vor allem die Pflicht zur Duldung der Ausübung der Lizenz innerhalb der mit seiner Zustimmung erteilten zeitlichen, räumlichen und inhaltlichen Reichweite oder z. B. die Pflicht zur Enthaltung der Nutzung, wenn eine ausschließliche Unterlizenz erteilt wurde.

Schwieriger zu beurteilen ist die Frage, ob den Schutzrechtsinhaber auch eine Verteidigungspflicht gegenüber dem Unterlizenznehmer trifft. Der dinglich berechtigte Lizenznehmer ist nach der hier vertretenen Auffassung grundsätzlich berechtigt, bei Eingriffen Dritter in den Geltungsbereich seiner Nutzungsberechtigung eigenständig dagegen vorzugehen, soweit ein eindeutiges Rechtsschutzbedürfnis vorliegt und prozessökonomische Gründe nicht entgegenstehen.[2137] Dies ist insbesondere dann anzunehmen, wenn lediglich die Nutzungsberechtigung des Unterlizenznehmers von dem rechtswidrigen Eingriff betroffen ist und der Schutzrechtsinhaber kein Interesse an der Rechtsverfolgung hat. Eine Verteidigungspflicht trifft den Urheber in diesem Fall nicht.[2138]

Fraglich ist auch, ob der Schutzrechtsinhaber für etwaige Mängel am Immaterialgüterrecht gegenüber dem Unterlizenznehmer einzustehen hat. Hierfür haftet grundsätzlich nur der direkte Vertragspartner. Der frühere Inhaber des Tochterrechts

---

2137 Siehe hierzu bereits die Ausführungen unter 5. Teil, C. I. 2. b. cc.

2138 Anders dagegen im Patentrecht, wenn eine Nichtigkeits- oder Löschungsklage gegen das Patent erhoben wird. In diesem Fall ist allein der Patentinhaber passivlegitimiert (vgl. § 81 I 2 PatG). Siehe hierzu BGH, GRUR 1996, 190, 195 – „Polyferon“; Bartenbach, Patentlizenz- und Know-how-Vertrag, Rn. 1385.

kann jedoch nach Wegfall seiner Berechtigung nicht mehr Nacherfüllung leisten.[2139] Hierzu in der Lage wäre dann nur der Schutzrechtsinhaber. Eine Haftung für nicht vertragsgemäß erbrachte Leistungen kann aber außerhalb der Vertragsbeziehung grundsätzlich nicht statuiert werden. Hierfür bedarf es einer gesonderten Vereinbarung zwischen dem Schutzrechtsinhaber und dem Unterlizenznehmer, die u.U. auch konkludent erfolgen kann; so z. B. wenn beide sich über Zahlungsmodalitäten geeinigt haben. Eine Übernahmepflicht könnte auch als nachvertragliche Treuepflicht im Rahmen einer Schuldübernahme konstruiert werden.

Weitere Nebenpflichten, wie z.B. bei Softwarelizenzverträgen, die einen stetigen Austausch von Informationen und ggf. spezielle Werk- und Dienstleistungen erfordern, können unerlässlich für die Ausübung der Lizenz durch den Unterlizenznehmer sein. Hat sich der Softwarehersteller vertraglich verpflichtet, die lizenzierte Software weiterzuentwickeln oder erforderliche Anpassungen bei der Fortentwicklung von Betriebssystemen vorzunehmen, wird sich der Hauptlizenznehmer i.d.R. auch gegenüber dem Unterlizenznehmer hierzu verpflichtet haben.[2140] Ohne die Unterstützung des Softwareherstellers kann der Softwarehändler derartigen Verpflichtungen nach Beendigung des Hauptlizenzvertrages oftmals nicht nachkommen.[2141] Eine Pflicht zur Mitwirkung nach Beendigung des Hauptlizenzvertrages könnte dann auch hier als nachvertragliche Treuepflicht begründet werden.

Zuletzt stellt sich die Frage nach einer Aufrechterhaltungspflicht. Eine solche existiert für den Urheber nicht. Dagegen könnte dem Patentinhaber eine Pflicht zur Aufrechterhaltung des Patents gegenüber dem Unterlizenznehmer obliegen. Verzichtet der Patentinhaber auf sein Ausschließlichkeitsrecht oder versäumt er es, die Jahresgebühr zu zahlen, und erlischt deshalb das Patentrecht (§ 20 I Nr. 1, 3 PatG), wird das immaterielle Eigentum zum Gemeingut. Verliert der Unterlizenznehmer hierdurch seine Rechtsposition, stellt sich die Frage, ob der ehemalige Schutzrechtsinhaber im Fall eines schuldhaften Verhaltens hierfür haftbar gemacht werden kann. Dieser haftet i.d.R. nur gegenüber seinem direkten Vertragspartner für den künftigen Bestand des Schutzrechts und seinen Schutzumfang. Da eine solche vertragliche Pflicht gegenüber dem Unterlizenznehmer aufgrund fehlender Vertragsbeziehung nicht besteht, kommt nur ein Haftungsanspruch gegenüber dem Unterlizenzgeber in Betracht. Eine vertragliche Pflicht zur Aufrechterhaltung des Schutzrechts besteht in diesem Verhältnis zwar nicht, dagegen aber die Pflicht, die Lizenz in dem vereinbarten zeitlichen Umfang einzuräumen. Eine Verantwortlichkeit des Lizenzgebers i.S.v. § 276 BGB ist jedoch fraglich und in dem geschilderten Fall wohl zu verneinen. Eine Lösung auf sekundärer Haftungsebene könnte insoweit nur über eine Drittschadensliquidation erzielt werden, sodass eine mittelbare Obliegenheit zur Aufrechterhaltung des Schutzrechts gegenüber dem Unterlizenznehmer konst-

2139 *Pahlow*, GRUR 2010, 112, 117.

2140 *Adolphsen/Tabrizi*, GRUR 2011, 384, 389.

2141 *Meyer-van Raay*, NJW 2012, 3691, 3693; ebenso krit. *Rauer/Ettig*, WRP 2012, 1198, 1201.

ruiert werden könnte. Eine konkrete Übernahme der Pflicht gegenüber dem Unterlizenznehmer ist dagegen nur durch eine vertragliche Schuldübernahme gem. §§ 414 ff. BGB möglich. Dies erfordert einen Schuldübernahmevertrag (§ 415 BGB), durch den sich der Schutzrechtsinhaber verpflichtet, die Pflichten des Unterlizenzgebers zu übernehmen; zudem bedarf die Schuldübernahme gem. § 415 I 1 BGB der Zustimmung des Unterlizenznehmers.[2142] Eine solche konkrete Haftungserweiterung liegt wohl kaum im Interesse des Schutzrechtsinhabers. Allerdings könnte sich eine solche Pflicht aus § 242 BGB ergeben, und zwar in dem Umfang, in dem der Schutzrechtsinhaber bereits gegenüber seinem Vertragspartner verpflichtet war.

Mithin zeigt sich, dass den Schutzrechtsinhaber im Fall des Fortbestands der Unterlizenz hinsichtlich verschiedener Nebenpflichten auch eine Verantwortung gegenüber dem Unterlizenznehmer treffen kann. Dies erscheint aber nur unter dem Aspekt der Aufrechterhaltung einer synallagmatischen Beziehung gerechtfertigt. D.h. eine erweiterte Haftung kann nur dann angenommen werden, wenn der Schutzrechtsinhaber hierfür eine entsprechende Gegenleistung erhält, durch die das Haftungsrisiko kompensiert wird.

IV. Der „berechtigte“ Heimfall der Unterlizenz

Besteht die Unterlizenz trotz des Heimfalls der Hauptlizenz fort, stellt sich aus Sicht des Schutzrechtsinhabers die Frage, unter welchen Umständen dennoch ein „berechtigter“ Rückfall der Unterlizenz herbeigeführt werden kann. Ein deliktischer Unterlassungsanspruch gegen den Unterlizenznehmer scheitert allgemein an der Berechtigung der Unterlizenznehmers.[2143] Ein bereicherungsrechtlicher Herausgabeanspruch kann – soweit man einen solchen bejaht – nur zu einem Ausgleich des finanziellen Missverhältnisses, nicht jedoch zu einem Heimfall der Unterlizenz führen. In bestimmten Fällen könnte der Schutzrechtsinhaber jedoch ein Interesse daran haben, dem Unterlizenznehmer die Berechtigung wieder zu entziehen. Nachfolgend sollen daher andere Möglichkeiten erörtert werden.

1. Die Ausübung vertraglicher Gestaltungsrechte

Bereits diskutiert wurde, inwieweit den Unterlizenzgeber die nachvertragliche Pflicht trifft, Ansprüche aus dem Vertrag mit dem Unterlizenznehmer an den Schutzrechtsinhaber abzutreten. Fraglich ist, ob der Grundsatz von Treu und Glauben auch zu einer zwangsweisen Abtretung der Gestaltungsrechte führt, durch die eine Vertragsbeendigung herbeigeführt werden kann. Im Schrifttum wird dies zum Teil bejaht.[2144] Vertragsbezogene Gestaltungsrechte, wie das Recht zur Vertragskündigung, das Rücktrittsrecht und das Anfechtungsrecht, die der Umgestaltung

2142 Vgl. auch *Nordemann*, GRUR 1970, 174, 176; *v. Frentz/Marrder*, ZUM 2003, 94, 97.
2143 *Esser*, Urheberrechtliche Lizenzen in der Insolvenz, S. 121.
2144 *Beck*, Lizenzvertrag im Verlagswesen, S. 90; *Esser*, Urheberrechtliche Lizenzen in der Insolvenz, S. 121 f.

des Vertragsverhältnisses dienen, können zwar grundsätzlich frei übertragen werden.[2145] Die Annahme einer pauschalen Abtretungspflicht mit der Begründung, der Unterlizenznehmer müsse ohnehin mit der Ausübung der Rechte rechnen[2146], erscheint jedoch aus Gründen der Rechtssicherheit verfehlt. Vielmehr bedarf es einer Einzelfallbetrachtung.[2147] So erscheint es interessengerecht, eine solche Pflicht anzunehmen, wenn der Unterlizenzgeber sich weigert, gegen Pflichtverletzungen des Unterlizenznehmers vorzugehen. Dies könnte der Fall sein, wenn der Zahlungsanspruch bereits an den Schutzrechtsinhaber abgetreten wurde. Das Bestreiten eines Verfahrens wäre dann für den Unterlizenzgeber wohl kaum von Interesse. Werden Lizenzzahlungen direkt an den Schutzrechtsinhaber abgeführt, erscheint es interessengerecht, dass dieser gegen Pflichtverletzungen betreffend die Gegenleistung vorgehen kann. In diesem Fall könnte auch ein konkludenter Vertragsschluss angenommen werden, sodass es der Abtretungskonstruktion nicht bedarf.

Fraglich ist, ob der Schutzrechtsinhaber auch gegen die Verletzung von Nebenleistungspflichten vorgehen kann. Pflichtverletzungen aufgrund der Überschreitung der dinglichen Reichweite der Lizenz greifen massiv in das Kontrollinteresse des Schutzrechtsinhabers ein. Hiergegen kann er zwar einen deliktischen Unterlassungsanspruch geltend machen, ein Entzug der dinglichen Berechtigung ist damit jedoch nicht verbunden. Müsste der Schutzrechtsinhaber trotz des Fehlverhaltens des Unterlizenznehmers weitere Nutzungshandlungen dulden, wäre dies nicht interessengerecht. Hier muss die Möglichkeit bestehen, gegen den Unterlizenznehmer direkt vorzugehen. Die Pflicht zur Abtretung des Rechts zur außerordentlichen Kündigung könnte zu einer adäquaten Lösung führen.

Bei unterlassener Ausübung durch den ausschließlichen Unterlizenznehmer besteht gleichfalls ein Interesse des Schutzrechtsinhabers, dem Unterlizenznehmer die Berechtigung zu entziehen, um das Schutzrecht anderweitig verwerten zu können. Dem Urheber steht hierfür das dingliche Rückrufsrecht nach § 41 UrhG zur Verfügung. Im Patentrecht existieren entsprechende Regelungen nicht, und das auch zu Recht: Hier fehlt es an einer vergleichbaren Vertrauensstellung, die auf die persönlichkeitsrechtliche Prägung des Urheberrechts zurückzuführen ist. Dennoch kann die Nichtausübung einen wichtigen Grund zur außerordentlichen Kündigung des bestehenden Dauerschuldverhältnisses[2148] bzw. einen Rücktrittsgrund darstellen. Zur Wahrung der Interessen des Schutzrechtsinhabers ist eine Abtretung der Rechtsbehelfe des Unterlizenzgebers in diesem Fall geboten.

2145 *Schürnbrand*, AcP 204 (2004), 177, 204 f.; *Busche* in: Staudinger, BGB/Buch 2/2012, § 413 Rn. 13 f.

2146 *Esser*, Urheberrechtliche Lizenzen in der Insolvenz, S. 121 f.

2147 So auch *Schürnbrand*, AcP 204 (2004), 177, 205, im Hinblick auf besondere Umstände bestimmter Vertragsverhältnisse.

2148 *Mes*, PatG/GebrMG, § 15 PatG Rn. 65.

2. Der dingliche Anspruch auf Herausgabe der Unterlizenz?

Zwischen dem Inhaber des Mutterrechts und dem Inhaber des Enkelrechts besteht eine Verbindung auf dinglicher Ebene. Könnte vielleicht ein Rückfall der Unterlizenz gem. § 985 BGB begründet werden?

Dingliche Herausgabeansprüche zielen im Privatrecht i.d.R. auf die Übergabe körperlicher Gegenstände ab.[2149] Für die Immaterialgüterrechte kommen Herausgabeansprüche nur in Bezug auf körperliche Verletzungsgegenstände in Betracht, und zwar im Rahmen von Rückruf- und Entfernungsansprüchen.[2150] Da die Lizenz keine Sache ist, scheitert ein Herausgabeanspruch über ein Eigentümer-Besitzer-Verhältnis.

Will man die Regelungen der §§ 985 f. BGB dennoch auf den Rechtsverkehr mit Lizenzen übertragen,[2151] wäre zu berücksichtigen, dass der Unterlizenznehmer die Einrede des § 986 I 1 BGB wirksam geltend machen könnte, denn der Unterlizenznehmer hat eine dem dinglichen Besitzrecht vergleichbare Nutzungsberechtigung. Liegt dagegen eine Überschreitung der dinglichen Berechtigung vor und wird dadurch das Verwertungsinteresse des Schutzrechtsinhabers verletzt, ist der richtige Weg, einen deliktischen Anspruch geltend zu machen. Ein Rückfall der Lizenz kann jedoch weder im Rahmen eines Herausgabeanspruchs nach § 985 BGB noch im Wege deliktischer Ansprüche herbeigeführt werden. Denn dies würde das zuvor festgestellte Ergebnis des Fortbestands der Unterlizenz ins Gegenteil verkehren.

3. Der Widerruf der Zustimmung zur Unterlizenzierung

Der Fortbestand der Unterlizenz kann sich nachträglich als nicht gerechtfertigt herausstellen, insbesondere wenn dem Unterlizenznehmer ein Fehlverhalten vorzuwerfen ist. Eine vertragliche Lösung über die Abtretung etwaiger Rechtsbehelfe überzeugt in diesem Fall nicht. Denn zum einen versagt dieser Ansatz innerhalb von mehrstufigen Rechteketten. Zum anderen drohen hier zeitliche Verzögerungen, die weitere Schädigungen nach sich ziehen könnten. Um einen „berechtigten" Heimfall der Enkelrechte herbeizuführen, könnte der Widerruf der dinglichen Zustimmung als dogmatischer Lösungsansatz dienen. Es stellt sich die Frage, ob sich der Schutzrechtsinhaber an einer einmal erteilten Zustimmung zur Unterlizenzierung festhalten lassen muss oder ob er durch den Entzug dieser die Unterlizenz wieder anheimfallen lassen kann.

Die Frage nach der Widerruflichkeit einer Einwilligung lässt sich aufgrund des uneinheitlichen Gebrauchs der Begrifflichkeit innerhalb des BGB nicht ohne Weiteres beantworten.[2152] Offensichtlich ist, dass mit Blick auf die im speziellen Fall zu

2149 *Pahlow* in: Pahlow/Eisfeld, Geistiges Eigentum, S. 251.

2150 Hierzu ausführlich *Pahlow* in: Pahlow/Eisfeld, Geistiges Eigentum, S. 251 ff.

2151 So etwa *Schumann*, GRUR 1932, 539, 540, allerdings die Einrede des Unterlizenznehmers nach § 986 I BGB verneinend.

2152 Vgl. *Ohly*, GRUR 2012, 983, 984.

erfüllende Funktion der Einwilligung und die jeweils geschützten Rechtsgüter dem Selbstbestimmungsrecht des Erklärenden Grenzen zu ziehen sind.[2153] Dies gilt vor allem dann, wenn durch einen rechtsgeschäftlichen Willensakt ein Dritter in die Rechtszuständigkeit einbezogen wird, dessen Vertrauen auf den Bestand schutzwürdig ist.

Bei der Einwilligung zur Unterlizenzierung handelt es sich um ein befugniserweiterndes Rechtsgeschäft, durch das dem Erklärungsempfänger die konkret-individuelle Erlaubnis erteilt wird, über einen Teilbereich des Schutzrechts zu verfügen. Sie ist damit der Ermächtigung nach § 185 I BGB sehr ähnlich, mit dem Unterschied, dass der Unterlizenzgeber nicht über ein rein fremdes Recht verfügt, sondern über die ihm zustehenden Nutzungsrechte. Die Erklärung der Einwilligung zur Unterlizenzierung, die das Verfügungsgeschäft im Unterlizenzverhältnis materiell legitimiert, wirkt damit in zwei Richtungen: Sie begründet sowohl einen Vertrauenstatbestand in der Person des verfügenden Unterlizenzgebers als auch in der Person des Unterlizenznehmers als Verfügungsempfänger. An eine Widerruflichkeit sind deshalb im Interesse der Vertragsparteien des Unterlizenzverhältnisses enge Grenzen zu setzen.

Es erscheint zunächst sachgerecht, die den Widerruf zeitlich beschränkende Regelung des § 183 S. 1 BGB auch auf die Einwilligung zur Unterlizenzierung anzuwenden. Der Widerruf ist damit nur bis zur Vornahme des zustimmungsbedürftigen Rechtsgeschäfts möglich, also bis der rechtsgeschäftliche Tatbestand vollständig verwirklicht wurde.[2154] Im Interesse der Parteien, die auf die Einwilligung zur Unterlizenzierung vertrauen, kann der Widerruf nur bis zum Zeitpunkt der Einräumung der Unterlizenz wirksam erklärt werden.[2155] Nach Verwirklichung des Rechtsgeschäfts ist ein Bestandsschutz zugunsten des Unterlizenznehmers eingetreten, der eine freie Widerruflichkeit nicht zulässt.

Eine andere Wertung könnte dann vorzunehmen sein, wenn persönlichkeitsrechtliche Interessen des Schutzrechtsinhabers durch den Unterlizenznehmer verletzt worden sind, sodass eine weitere Ausübung der Lizenz durch den Unterlizenznehmer zu einer unzumutbaren Rechtslage führen würde. Der Urheber erfährt einen besonderen Schutz durch die Art. 2 I GG i.V.m. Art. 1 I GG,[2156] die sich einfachgesetzlich in verschiedenen Rechtsbehelfen niederschlagen, die unabhängig vom Bestand einer vertraglichen Beziehung ausgeübt werden können (vgl. §§ 41 f. UrhG), sodass es i.d.R. eines Rückgriffs auf den Widerruf nicht bedarf. Darüber hinaus gehende Gründe, die in der höchstpersönlichen Sphäre begründet liegen, rechtfertigen einen zeitlich unbeschränkten Widerruf der Einwilligung.

2153 Vgl. *Kohte*, AcP 185 (1985), 105, 137 ff.

2154 *Bayreuther* in: MüKo, BGB/Bd. 1/2012, § 183 Rn. 12; *Gursky* in: Staudinger, BGB/Buch 1/2009, § 183 Rn. 9.

2155 Vgl. *Nordemann*, GRUR 1970, 174, 175.

2156 Siehe Nachw. Fn. 464.

Hinsichtlich vermögensbezogener Gründe wird ein solcher generell abgelehnt.[2157] Dies könnte aber dem Kontrollinteresse des Schutzrechtsinhabers widersprechen. Zwar ist das Bestandsinteresse des Unterlizenznehmers grundsätzlich schutzwürdig. Dies ist auch ein wesentlicher Grund dafür, dass der Widerruf zeitlich befristet ist. Nach Treu und Glauben soll sich der Schutzrechtsinhaber jedoch nicht an einer Willenserklärung festhalten lassen müssen, die zu einer nicht interessengerechten Rechtsfolge führt und deren Rechtswirkung nicht auf andere Art und Weise adäquat beseitigt werden kann. Der Widerruf der Zustimmung muss daher in Ausnahmefällen möglich sein. Hier bedarf es im Einzelfall einer Interessenabwägung nach den Grundsätzen von Treu und Glauben, die folgende Umstände berücksichtigen muss: Die Verwertung soll nicht durch eine Person vorgenommen werden können, die schuldhaft an der Beendigung des Hauptlizenzvertrages beteiligt war. Ein schuldhaftes Verhalten soll diesem nach den Grundsätzen von Treu und Glauben dann nicht zum Vorteil gereichen. Dies ist insbesondere der Fall, wenn der Zahlungsverzug des Hauptlizenznehmers auf eine Pflichtverletzung des Unterlizenznehmers zurückzuführen ist. Schließlich muss der Widerruf auch dann zulässig sein, wenn eine schwerwiegende Störung des Vertrauensverhältnisses vorliegt, der Schutzrechtsinhaber faktisch also zu einer Kündigung nach § 313 BGB berechtigt wäre.

Der Widerruf der Zustimmung wirkt in diesen Fällen wie der Rückruf der urheberrechtlichen Nutzungsrechte, d.h. die dingliche Berechtigung des Unterlizenznehmers fällt automatisch heim.

B. Exkurs: Die Ansprüche des Unterlizenznehmers bei Fortfall der Nutzungsberechtigung

Fällt die Unterlizenz vor Ablauf der vertraglichen Lizenzzeit an den Schutzrechtsinhaber zurück und kommt der Abschluss eines neuen Lizenzvertrages mit dem Schutzrechtsinhaber nicht in Betracht, könnten für den Unterlizenznehmer damit erhebliche Einbußen finanzieller Art verbunden sein. Aus seiner Sicht stellt sich die Frage nach Möglichkeiten der Kompensation seines Vermögensschadens.

Sofern Lizenzgebühren noch nicht erbracht wurden, könnte der Unterlizenznehmer dem Anspruch des Unterlizenzgebers auf Zahlung die Einrede des nicht erfüllten Vertrages gem. § 320 BGB entgegenhalten.[2158] Als Anspruchsgegner eines schuldrechtlichen Schadensersatzanspruchs wegen Nichterfüllung nach §§ 280 ff. BGB kommt nur der Unterlizenzgeber als direkter Vertragspartner in Betracht.[2159] Ein Anspruch auf Schadensersatz wegen eines Rechtsmangels wäre

---

2157 Vgl. *Ohly*, Einwilligung, S. 353.

2158 *Hahn*, Verbotsrecht des Lizenznehmers, S. 49; *Klauze*, Nutzungsrechte in der Insolvenz, S. 156; *Schricker*, Verlagsrecht, § 28 Rn. 27.

2159 Vgl. auch *Hahn*, Verbotsrecht des Lizenznehmers, S. 49; *Schricker*, Verlagsrecht, § 28 Rn. 27; *Nordemann*, GRUR 1970, 174, 176; *Wandtke/Grunert* in: Wandtke/Bullinger, UrhR, § 35 Rn. 8.

ausgeschlossen, denn ein solcher beschränkt sich auf den Zeitpunkt der Rechtsübertragung – die Lizenz wir jedoch ordnungsgemäß eingeräumt worden sein.[2160] Der Unterlizenznehmer könnte ferner einen Schadensersatzanspruch wegen nachträglicher subjektiver Unmöglichkeit der Überlassungspflicht gem. §§ 280 I, III, 283 BGB geltend machen.[2161] Dies setzt ein Verschulden des Unterlizenzgebers an dem anspruchsauslösendem Ereignis voraus. Ein solches ist insbesondere dann anzunehmen, wenn der Grund der Beendigung des Hauptlizenzvertrages auf ein vertragswidriges Verhalten des Hauptlizenznehmers zurückzuführen ist, das zu einer außerordentlichen Beendigung geführt hat. Auch könnte eine Drittschadensliquidation in Betracht gezogen werden. Bereits erbrachte Leistungen können aufgrund des Dauerleistungscharakters des Lizenzverhältnisses grundsätzlich nicht gem. §§ 346, 326 V, 323 BGB rückabgewickelt werden.[2162] Zu viel bezahlte Lizenzgebühren könnten allerdings kondiziert werden.

C. Zusammenfassung

1. Die Konsequenzen des Fortbestands der Unterlizenz nach Beendigung des Hauptlizenzvertrages lassen sich auf zivilrechtlicher Ebene adäquat lösen, sodass ein interessengerechtes Ergebnis für alle Beteiligten erreicht werden kann.
2. Soweit die Zahlungsverpflichtung des Unterlizenznehmers noch nicht vollständig abgegolten und auch im Hauptlizenzverhältnis keine Einmalzahlung erfolgt ist, kann das Interesse des Schutzrechtsinhabers an einer Beteiligung an der Lizenzvergütung sachgerecht durch eine vertragliche Lösung, speziell durch die Verpflichtung des Unterlizenzgebers zur Abtretung des Vergütungsanspruchs als nachvertragliche Treuepflicht gem. § 241 BGB, konstruiert werden (S. 356 ff.). Gegenüber einem bereicherungsrechtlichen Ausgleich hat dieser Ansatz den Vorteil, dass dem Unterlizenznehmer alle Einreden und Einwendungen aus dem Vertragsverhältnis erhalten bleiben. Zudem könnte ggf. eine Anpassung des Anspruchs der Höhe nach vorgenommen werden, wenn eine niedrigere Lizenzgebühr im Unterlizenzverhältnis vereinbart wurde und/oder ein Verdienst des Unterlizenzgebers am Zustandekommen des Unterlizenzvertrages bzw. eine Mitschuld des Unterlizenznehmers an der Beendigung des Hauptlizenzvertrages berücksichtigungsfähig ist. (S. 364)
3. Die Durchsetzbarkeit von Nebenleistungspflichten und Obliegenheiten außerhalb des schuldrechtlichen Verhältnisses kann sowohl für den Unterlizenznehmer als auch für den Schutzrechtsinhaber von Bedeutung sein. Gesetzliche Nebenpflichten und dingliche Beschränkungen der Unterlizenz wirken grundsätzlich fort. Dagegen kann eine Durchsetzbarkeit lediglich

2160 *Klauze*, Nutzungsrechte in der Insolvenz, S. 156.
2161 *Picot*, Abstraktion und Kausalabhängigkeit, S. 152.
2162 *Klauze*, Nutzungsrechte in der Insolvenz, S. 156.

inter partes wirkender Nebenpflichten ausschließlich als Treuepflicht über § 241 BGB gewährleistet werden. (S. 365 f.)

4. Ein „berechtigter“ Heimfall der Unterlizenz kann entweder durch eine Beendigung des Unterlizenzvertrages über eine Abtretung hierzu berechtigender Gestaltungsrechte im Hauptlizenzverhältnis (S. 368 f.) oder durch einen Widerruf der Zustimmung zur Unterlizenzierung (S. 370 ff.) realisiert werden, wobei letzterer Lösungsweg einer abwägenden Entscheidung bedarf. Ein derart schwerer Eingriff in die Rechtsposition des Unterlizenznehmers ist nur unter engen Voraussetzungen zulässig. Notwendig hierfür ist vor allem ein gravierendes Fehlverhalten des Unterlizenznehmers, insbesondere wenn ein solches zur Beendigung des Hauptlizenzvertrages beigetragen hat. Daneben sollte ein Widerruf zulässig sein, wenn die weitere Ausübung durch den Unterlizenznehmer für den Schutzrechtsinhaber eine unzumutbare Rechtslage i.S.v. § 313 BGB darstellt.

Schlussfazit und Ausblick

Die Lizenz ist ein wirtschaftliches Gut von besonderer Bedeutung für die Akteure im Immaterialgüterrechtsverkehr. Sie dient primär als Instrument zur Verwertung eines Schutzrechts. Im Urheberrecht stellt die Lizenz sogar die einzige Verwertungsmöglichkeit dar. Daneben können Lizenzen auch als Sicherungsmittel zur Finanzierung eingesetzt werden. Rechteketten über mehrere Stufen sind in der Praxis keine Seltenheit und teilweise unumgängliches Geschäftsmodell für verschiedene Verwerter, die regelmäßig erhebliche Investitionen in die Auswertung tätigen. Deren Interesse an einer gesicherten Rechtsposition ist von signifikanter Bedeutung für den Wirtschafts- und Kulturstandort Deutschland.

Lizenzkettenkonstruktionen sind durch ein besonderes Risiko gekennzeichnet. Der Unterlizenznehmer hat häufig keinerlei Einfluss auf vorgeschaltete Rechtsverhältnisse. Wird der Hauptlizenzvertrag beendet, war bislang unklar, was mit den abgeleiteten Enkelrechten passiert. Festgestellt werden konnte, dass sich in dieser Konstellation zwei Interessenpositionen von Verfassungsrang gegenüberstehen. Der Urheber begehrt regelmäßig einen Heimfall aller abgeleiteten Rechte zum Schutz seiner vermögensrechtlichen und persönlichkeitsrechtlichen Interessen, währenddessen der Unterlizenznehmer in seiner wirtschaftlichen Existenz und Handlungsfreiheit vom Bestand seiner Berechtigung abhängig ist.

Die allgemeine Zulässigkeit einer Einschränkung der privatautonomen Entscheidungsfreiheit des Urhebers zugunsten des Fortbestands der Unterlizenz konnte anhand einer umfassenden Interessenabwägung im verfassungsrechtlichen Teil der Arbeit begründet werden. Im Rahmen der Untersuchung konnte ferner festgestellt werden, dass in diesem Bereich eine offene Regelungslücke besteht. Der Gesetzgeber hat seine Normierungsaufgabe weithin aus der Hand gegeben und seine Entscheidungskompetenz ausdrücklich auf die rechtsprechende Gewalt verlagert. Der eingeschlagene Weg geht zwar mit einer Rechtsunsicherheit für die Beteiligten einher, eröffnet aber auf zivilrechtlicher Ebene die zweckdienliche Möglichkeit, interessengerechte Lösungen im Rahmen von einzelfallbezogenen Abwägungen zu erzielen, die eine formelle Entscheidung des Gesetzgebers kaum bieten könnte. Die richterliche Lückenfüllung erweist sich als geeignetes Instrument zur Lösung der Frage des Fortbestands im Einzelfall.

Der BGH hat sich dieser Aufgabe angenommen und in den Entscheidungen „Reifen Progressiv“, „Take Five“ und „M2Trade“ den richtigen Weg hin zu einer Interessenabwägung aufgezeigt. Eine konkrete Entscheidung zugunsten einer generellen Bestandsfestigkeit der Unterlizenz wäre aufgrund der Vielzahl denkbarer Fallgestaltungen nicht zu rechtfertigen. Wo das dogmatische Einfallstor für eine Abwägungsentscheidung zu verorten ist, ließ das Gericht jedoch offen. Festgestellt werden konnte, dass eine Verbindung innerhalb der Rechtekette nur über die dingliche Zustimmung zur Unterlizenzierung besteht. In diesem Verhältnis muss eine

Abwägung durch ergänzende Vertragsauslegung erfolgen, die sich an dem Gebot von Treu und Glauben zu orientieren hat.

Ziel der Untersuchung war es, Rechtssicherheit für die Beteiligten zu schaffen. Dieser Maßgabe folgend, konnten konkrete Voraussetzungen sowie Fallgruppen für eine typisierte Interessenabwägung herausgearbeitet werden, die gleichermaßen an dogmatische Grundsatzentscheidungen anknüpften.

Als generelle Voraussetzung für eine Bestandsfestigkeit der Enkelrechte kristallisierte sich die Anerkennung der dinglichen Rechtsnatur der Lizenz heraus. Der BGH bejahte die seit mehr als 100 Jahren umstrittenen Frage in der „Reifen Progressiv"-Entscheidung sowohl für die ausschließliche als auch die einfache Lizenz, ohne hierfür eine Begründung zu liefern. Im Rahmen der verfassungsrechtlichen Untersuchung konnte zwar ein unabweisbares Bedürfnis des Rechtsverkehrs auf Anerkennung der Lizenz als ein durch Art. 14 GG geschütztes Rechtsgut von Verfassungsrang festgestellt werden. Eine Pflicht des Gesetzgebers zur Ausgestaltung der Lizenz als dingliches Recht ließ sich hieraus jedoch nicht ableiten. Eine konkrete gesetzliche Lösung hierfür war auch nicht erforderlich. Vielmehr genügte die Anerkennung der Dinglichkeit der Lizenz durch den BGH. In methodisch zulässiger Weise erfolgte dies durch eine Rechtsfortbildung *extra legem.* Zu berücksichtigen war in diesem Kontext die generelle Bindung des Richters „an Gesetz und Recht" nach Art. 20 III GG. Die bestehende Gesetzeslage ließ keinen Zweifel daran, dass sich die Lizenz nahtlos in das Gesamtsystem der dinglichen Rechte einfügt. Die Lizenz genießt Verfügungs- und Sukzessionsschutz, gewährleistet einen angemessenen absoluten Klageschutz und eine hinreichende Verfügungsmacht. Insbesondere konnte eine vom Gesetzgeber bezweckte unterschiedliche Beurteilung der einfachen und ausschließlichen Lizenz anhand der bestehenden Regelungen nicht hergeleitet werden. Die dichotome Unterscheidung zwischen dinglicher und schuldrechtlicher Lizenz lässt damit den Lizenzparteien die freie Wahl. Letztere soll unter Ausschluss der genannten Wirkprinzipien individuell vereinbart werden können. Über den Wegfall der Berechtigung des Hauptlizenznehmers hinaus kann eine solche allerdings nicht von Bestand sein.

Weiterhin gelangte die Untersuchung zu der Erkenntnis, dass die durch den BGH zuletzt in der Entscheidung „M2Trade" konstatierte kausale Abhängigkeit zwischen Verpflichtungs- und Verfügungsgeschäft im Lizenzverkehr angemessen erscheint. Grundsätzlich kann es nicht Sinn und Zweck des Abstraktionsprinzips sein, notwendige Auslaufzeiten zur Abwicklung des Lizenzverhältnisses zu schaffen. Mit der Beendigung des Lizenzvertrages fällt damit zwangsläufig auch die Lizenz anheim. Eine kausale Abhängigkeit innerhalb der Lizenzkette auf mittelbarer Ebene konnte jedoch nicht festgestellt werden. Ein Heimfall der Unterlizenz ließ sich anhand des Kausalitätsprinzips somit nicht begründen.

Eine Untersuchung aller weiteren Systemgrundsätze des Lizenzverkehrs, die der BGH seiner Entscheidungsfindung zugrunde legte, gelangte zu dem Ergebnis, dass sich diese nicht bzw. nur beschränkt für eine Beurteilung der Bestandsfestigkeit der Unterlizenz eignen. Der Zweckbindungsgedanke und der Sukzessionsschutz ließen keine Interpretation offen. Hingegen konnte anhand des fehlenden

Gutglaubensschutzes festgestellt werden, dass der Grund der Beendigung im Hauptlizenzverhältnis ein maßgebliches Entscheidungskriterium darstellt.

Als zweite wesentliche Voraussetzung für einen Fortbestand der Unterlizenz erwies sich die notwendige Zustimmung zur Unterlizenzierung als manifestierter Wille des Schutzrechtsinhabers, eine Einschränkung seiner Verwertungsbefugnisse hinzunehmen.

Liegen beide Voraussetzungen vor, muss in einem zweiten Schritt untersucht werden, ob besondere Interessenkonstellationen spezieller Vertragsverhältnisse einen Fortbestand der Unterlizenz rechtfertigen könnten. So insbesondere, wenn eine Lizenz aufgrund eines Dienst- bzw. Arbeits- oder Auftragsverhältnisses (z.B. bei der Filmproduktion) eingeräumt oder eine Unterlizenz im Rahmen eines Wahrnehmungs- bzw. Geschäftsbesorgungsvertrages (z.B. durch eine Verwertungsgesellschaft) erteilt wurde. Die jeweilige Interessenlage innerhalb dieser Rechtsverhältnisse muss bei einer Abwägungsentscheidung berücksichtigt werden.

Anhand der anschließenden Untersuchung verschieden denkbarer Beendigungsgründe im Hauptlizenzverhältnis konnte festgestellt werden, dass eine Abwägung aber nur dann geboten ist, wenn nicht bereits der im konkreten Fall vorliegende Beendigungstatbestand zu einem Entfallen der Berechtigung des Unterlizenznehmers führt. So insbesondere im Fall der dinglichen Beschränkungen, die auch über das Vertragsverhältnis hinaus Wirkung entfalten, und in Bezug auf die Beendigungsgründe, die ein Entfallen der Hauptlizenz mit Wirkung *ex tunc* bewirken. Das Prinzip des fehlenden Gutglaubensschutzes führt in diesen Fällen zu einem Heimfall der Unterlizenz. In Bezug auf Beendigungsgründe *ex tunc* erscheint dieses Ergebnis jedoch nicht in jeder Hinsicht interessengerecht. So insbesondere dann, wenn sich der Fehler im Vertragsschluss nicht gleichermaßen auf die Zustimmung zur Unterlizenz bezieht. Hier muss zwingend eine Interessenabwägung erfolgen. Ein Fortbestand der Unterlizenz kann dann aber nur durch eine Umdeutung der fehlerfreien Zustimmung zur Unterlizenzierung rechtstechnisch konstruiert werden. Dagegen ergab eine allgemeine Betrachtung möglicher Beendigungsgründe *ex nunc*, dass hier von einem grundsätzlichen Fortbestand der Unterlizenz auszugehen ist. Erscheint dieses Ergebnis im Einzelfall nicht interessengerecht, muss unter Abwägung aller konkreten Umstände und subjektiven Interessen über einen berechtigten Heimfall der Unterlizenz entschieden werden. Ein solcher kann über einen Widerruf der Zustimmung zur Unterlizenzierung herbeigeführt werden, der grundsätzlich nur in Ausnahmefällen zulässig ist.

Von besonderer Bedeutung waren die Entscheidungen des BGH auch für die viel diskutierte Frage nach der Insolvenzfestigkeit der Lizenz. Der Gesetzgeber scheint diese nunmehr als geklärt anzusehen. Letzte Reformbestrebungen im Rahmen eines Referentenentwurfs im Januar 2012 wurden endgültig ad acta gelegt. Die Untersuchung konnte zeigen, dass weder die Insolvenzeröffnung noch die Erfüllungsablehnung des Insolvenzverwalters die Lizenz in Verfall bringt. Insbesondere Lizenzketten sind damit generell insolvenzfest.

Zu untersuchen war schließlich auch, welche rechtlichen Konsequenzen der Fortbestand der Unterlizenz außerhalb eines existierenden Vertragsverhältnisses zur Folge hat. Wichtig war, die Frage nach einem Vergütungsanspruch des Schutzrechtsinhabers zu klären. Der BGH schlug in einem *obiter dictum* vor, einen bereicherungsrechtlichen Ausgleich vorzunehmen. Die Untersuchung zeigte, dass einer vertraglichen Lösung – auch mit Blick auf wichtige Nebenpflichten – der Vorzug zu gewähren ist.

Zu konstatieren bleibt, dass sich die gewonnen Erkenntnisse zum Urheberrecht auch auf das Patentrecht übertragen lassen. Die Interessenlage ist vergleichbar und die zu berücksichtigenden dogmatischen Konstruktionen im Wesentlichen übereinstimmend. Schließlich verwies auch der BGH in seinen das Urheberrecht betreffenden Entscheidungen auf andere Schutzrechte und fällte diese in Rücksprache mit dem für das Patentrecht zuständigen X. Zivilsenat.

Im Ergebnis ist der BGH einer dringend notwendigen Stärkung der Interessen der Verwerter nachgekommen, ohne jedoch die Schutzrechtsinhaber ungebührlich zu benachteiligen. Abzuwarten bleibt, welche Auswirkungen die Rechtsprechungslinie des BGH auf die Praxis haben wird. Offensichtlich ist, dass sich der Handlungsdruck für die Vertragsgestaltung, insbesondere für den Schutzrechtsinhaber bzw. den Hauptlizenzgeber, erhöht hat. Will er die Nutzungsberechtigungen innerhalb der Lizenzkette auch über die schuldrechtliche Ebene effektiv kontrollieren, bedarf es einer konkreten Regelung, die im Zusammenhang mit der Zustimmung zur Unterlizenzierung getroffen werden sollte.[2163]

2163 Vorgeschlagen wird u. a. eine Harmonisierung der Laufzeiten von Haupt- und Unterlizenzvertrag vorzunehmen, den Wegfall der Hauptlizenz als wichtigen Grund für eine Kündigung des Hauptlizenzvertrages zu definieren, verbunden mit der Verpflichtung des Hauptlizenznehmers, eine entsprechende Kündigung auch auszusprechen, oder ein vertraglicher Verzicht des Kunden auf sein Enkelrecht im Fall der Beendigung des Hauptlizenzvertrages (*Meyer-van Raay*, NJW 2012, 3691, 3693). Denkbar wäre auch, den Hauptlizenznehmer zu verpflichten, die Unterlizenz immer nur unter der auflösenden Bedingung der Existenz des Tochterrechts einzuräumen (*Rauer/Ettig*, WRP 2012, 1198, 1203, m.w.N.).

Literaturverzeichnis

Abel, Paul: Filmlizenzen in der Insolvenz des Lizenzgebers und Lizenznehmers, in: Neue Zeitschrift für das Recht der Insolvenz und Sanierung 2003, S. 121–129 (zit.: *Abel*, NZI 2003, 121).

Acker, Ludwig/Thum, Kai: Zulässigkeit der Vereinbarung der freien Weiterübertragbarkeit von urheberrechtlichen Nutzungsrechten durch AGB, in: Gewerblicher Rechtsschutz und Urheberrecht 2008, S. 671–678 (zit.: *Acker/Thum*, GRUR 2008, 671).

Adam, Roman: Anmerkung zu LG Mannheim, Urteil v. 27.06.2003, Az. 7 O 127/03, in: Deutsche Zeitschrift für Wirtschafts- und Insolvenzrecht 2003, S. 479–484 (zit.: *Adam*, DZWiR 2003, 479).

Adolphsen, Jens: Die Insolvenz im Filmgeschäft, in: Deutsche Zeitschrift für Wirtschafts- und Insolvenzrecht 2003, S. 228–233 (zit.: *Adolphsen*, DZWIR 2003, 228).

Adolphsen, Jens/Tabrizi, Mahdi Daneshzadeh: Zur Fortwirkung zurückgerufener Nutzungsrechte, in: Gewerblicher Rechtsschutz und Urheberrecht 2010, S. 384–390 (zit.: *Adolphsen/Tabrizi*, GRUR 2011, 384).

Ahlberg, Hartwig/Götting, Horst-Peter: Beck'scher Online-Kommentar Urheberrecht, München, Stand: 01.03.2013, Edition: 2 (zit.: *Bearbeiter* in: Ahlberg/Götting, BeckOK UrhG).

Ahrens, Claus: Gewerblicher Rechtsschutz, Tübingen 2008 (zit.: *Ahrens*, Gewerblicher Rechtsschutz).

Ahrens, Hans-Jürgen: Brauchen wir einen Allgemeinen Teil der Rechte des Geistigen Eigentums?, in: Gewerblicher Rechtsschutz und Urheberrecht 2006, S. 617–624 (zit.: *Ahrens*, GRUR 2006, 617).

Alexander, Christian: Urheber- und persönlichkeitsrechtliche Fragen eines Rechts auf Rückzug aus der Öffentlichkeit, in: Zeitschrift für Urheber- und Medienrecht 2011, S. 382–389 (zit.: *Alexander*, ZUM 2011, 382).

Andres, Dirk/Leithaus, Rolf/Dahl, Michael (Hrsg.): Insolvenzordnung, Kommentar, 2. Aufl., München 2011 (zit.: *Bearbeiter* in: Andres/Leithaus, InsO).

Ann, Christoph: Privatrecht und Patentrecht? – Gedanken zur rechtssystematischen Einordnung eines Fachs, in: Gewerblicher Rechtsschutz und Urheberrecht Internationaler Teil 2004, S. 696–699 (zit.: *Ann*, GRUR Int. 2004, 696).

Badura, Peter: Zur Lehre von der verfassungsrechtlichen Institutsgarantie des Eigentums, betrachtete am Beispiel des „geistigen Eigentums, in: Zeitschrift für Urheber- und Medienrecht 1984, S. 552–560 (zit.: *Badura*, ZUM 1984, 552).

—: Privatnützigkeit und Sozialbindung des geistigen Eigentums, in: Ohly, Ansgar/Klippel, Diethelm (Hrsg.), Geistiges Eigentum und Gemeinfreiheit, Heidelberg

2007, S. 45–60 (zit.: *Badura* in: Ohly/Klippel, Geistiges Eigentum und Gemeinfreiheit, S. 45).

Bamberger, Heinz Georg/Roth, Herbert (Hrsg.): Beck'scher Online-Kommentar BGB, München, Stand: 01.11.2013, Edition: 29 (zit.: *Bearbeiter* in: Bamberger/Roth, BeckOK BGB).

Bappert, Walter: Entspricht das gesetzliche Verlagsrecht den modernen Bedürfnissen?, in: Gewerblicher Rechtsschutz und Urheberrecht 1959, S. 582–592 (zit.: *Bappert*, GRUR 1959, 582).

Bärenz, Christian: Von der Erlöschenstheorie zur Theorie der insolvenzrechtlichen Modifizierung – zur Dogmatik der neuen BGH-Rechtsprechung zu § 103 InsO, in: Neue Zeitschrift für das Recht der Insolvenz und Sanierung 2006, S. 72–77 (zit.: *Bärenz*, NZI 2006, 72).

Bartenbach, Kurt: Patentlizenz- und Know-how-Vertrag, 6. Aufl., Köln 2007 (zit.: *Bartenbach*, Patentlizenz- und Know-how-Vertrag).

Bartsch, Michael: Software als Schutzgegenstand absoluter Rechte, in: Leible, Stefan/Lehmann, Matthias/Zech, Herbert (Hrsg.), Unkörperliche Güter im Zivilrecht, Tübingen 2011, S. 247–260 (zit.: *Bartsch* in: Leible/Lehmann/Zech, Unkörperliche Güter im Zivilrecht, S. 247).

Bäuerle, Michael: Vertragsfreiheit und Grundgesetz. Normativität und Faktizität individueller Vertragsfreiheit in verfassungsrechtlicher Perspektive, Baden-Baden 2001 (zit.: *Bäuerle*, Vertragsfreiheit und Grundgesetz).

Baur, Jürgen/Stürner, Rolf: Sachenrecht, 18. Aufl., München 2009 (zit.: *Baur/Stürner*, Sachenrecht).

Bausch, Rainer: Patentlizenz und Insolvenz des Lizenzgebers, in: Neue Zeitschrift für das Recht der Insolvenz und Sanierung 2005, S. 289–295 (zit.: *Bausch*, NZI 2005, 289).

Bechtold, Stefan: Zur rechtsökonomischen Analyse im Immaterialgüterrecht, in: Gewerblicher Rechtsschutz und Urheberrecht Internationaler Teil 2008, S. 484–488 (zit.: *Bechtold*, GRUR Int. 2008, 484).

Beck, Hans Dieter: Der Lizenzvertrag im Verlagswesen, München 1961 (zit.: *Beck*, Lizenzvertrag im Verlagswesen).

Becker, Maximilian: Anmerkung zu BGH, Urteil vom 19. Juli 2012 – I ZR 70/10 – M2Trade, in: Zeitschrift für Urheber- und Medienrecht 2012, S. 786–788 (zit.: *Becker*, ZUM 2012, 786).

Behrendt, Peter: Ende der Unterlizenz durch Beendigung der Hauptlizenz, in: Gewerblicher Rechtsschutz und Urheberrecht 1933, S. 199–202 (zit.: *Behrendt*, GRUR 1933, 199).

Beier, Friedrich-Karl: Die herkömmlichen Patentrechtstheorien und die sozialistische Konzeption des Erfinderrechts, in: Gewerblicher Rechtsschutz und Urheberrecht Internationaler Teil 1970, S. 1–6 (zit.: *Beier*, GRUR Int. 1970, 1).

—: Ausschließlichkeit, gesetzliche Lizenzen und Zwangslizenzen im Patent- und Musterrecht, in: Gewerblicher Rechtsschutz und Urheberrecht 1998, S. 185–195 (zit.: *Beier*, GRUR 1998, 185).

Benkard, Georg (Hrsg.): Patentgesetz, Kommentar, 10. Aufl., München 2006 (zit.: *Bearbeiter* in: Benkard, PatG).

Berberich, Matthias: Die Doppelfunktion der Zweckübertragungslehre bei der AGB-Kontrolle, in: Zeitschrift für Urheber- und Medienrecht 2006, S. 205–211 (zit.: *Berberich*, ZUM 2006, 205).

—: Der Content „gehört“ nicht Facebook! – AGB-Kontrolle der Rechteeinräumung an nutzergenerierten Inhalten, in: Multimedia und Recht 2010, S. 736–741 (zit.: *Berberich*, MMR 2010, 736).

Berger, Christian: Absonderungsrechte an urheberrechtlichen Nutzungsrechten in der Insolvenz des Lizenznehmers, in: Gerhardt, Walter/Haarmeyer, Hans/Kreft, Gerhart (Hrsg.), Insolvenzrecht im Wandel der Zeit: Festschrift für Hans-Peter Kirchhof zum 65. Geburtstag, Recklinghausen 2003, S. 1–14 (zit.: *Berger* in: FS Kirchhof, S. 1).

—: Der Lizenzsicherungsnießbrauch – Lizenzerhaltung in der Insolvenz des Lizenzgebers, in: Gewerblicher Rechtsschutz und Urheberrecht 2004, S. 20–25 (zit.: *Berger*, GRUR 2004, 20).

—: Der Rückruf urheberrechtlicher Nutzungsrechte bei Unternehmensveräußerungen nach § 34 Abs. 3 S. 2 UrhG, in: Ohly, Ansgar (Hrsg.), Perspektiven des geistigen Eigentums und Wettbewerbsrechts, Festschrift für Gerhard Schricker zum 70. Geburtstag, München 2005, S. 223–233 (zit.: *Berger* in: FS Schricker II, S. 223).

—: Verträge über unbekannte Nutzungsarten nach dem „Zweiten Korb“, in: Gewerblicher Rechtsschutz und Urheberrecht 2005, S. 907–912 (zit.: *Berger*, GRUR 2005, 907).

—: Softwarelizenzen in der Insolvenz des Softwarehauses, in: Computer und Recht 2006, S. 505–512 (zit.: *Berger*, CR 2006, 505).

—: Der BGH auf dem Wege zur Anerkennung der Insolvenzfestigkeit von Softwarelizenzen, in: Neue Zeitschrift für das Recht der Insolvenz und Sanierung 2006, S. 380–383 (zit.: *Berger*, NZI 2006, 380).

—: Auf dem Weg zur Insolvenzfestigkeit von Lizenzen – Kritik und Alternativen zum Regierungsentwurf eines neuen § 108a InsO, in: Zeitschrift für das gesamte Insolvenzrecht 2007, S. 1142–1146 (zit.: *Berger*, ZInsO 2007, 1142).

—: Lizenzen in der Insolvenz des Lizenzgebers, in: Gewerblicher Rechtsschutz und Urheberrecht 2013, S. 321–336 (zit.: *Berger*, GRUR 2013, 321).

Berger, Christian/Wündisch, Sebastian (Hrsg.): Urhebervertragsrecht, Baden-Baden 2008 (zit.: *Bearbeiter* in: Berger/Wündisch, Urhebervertragsrecht).

Beyerlein, Thorsten: Kurzkommentar zu LG Mannheim, Urteil v. 27.06.2003, Az. 7 O 127/03, in: Entscheidungen zum Wirtschaftsrecht 2004, S. 767–768 (zit.: *Beyerlein*, EWiR 2004, 767).

Biedenkopf, Kurt: Geistiges Eigentum – Prosperitätsgarantie nur für die Industriestaaten?, in: Depenheuer, Otto/Peifer, Klaus-Nikolaus (Hrsg.), Geistiges Eigentum: Schutzrecht oder Ausbeutungstitel?, Berlin, Heidelberg 2008, S. 23–37 (zit.: *Biedenkopf* in: Depenheuer/Peifer, Geistiges Eigentum, S. 23).

Bing, Friederike: Die Verwertung von Urheberrechten – Eine ökonomische Analyse unter besonderer Berücksichtigung der Lizenzvergabe durch Verwertungsgesellschaften, Berlin 2002 (zit.: *Bing*, Verwertung von Urheberrechten).

Blank, Hubert/Börstinghaus, Ulf: Miete, Kommentar, 3. Aufl., München 2008 (zit.: *Bearbeiter* in: Blank/Börstinghaus, Miete).

de Boor, Hans Otto: Vom Wesen des Urheberrechts – Kritische Bemerkungen zum Entwurf eines Gesetzes über das Urheberrecht an Werken der Literatur, der Kunst und der Photographie, Marburg 1933 (zit.: *de Boor*, Vom Wesen des Urheberrechts).

Brandi-Dohrn, Matthias: Sukzessionsschutz bei der Veräußerung von Schutzrechten, in: Gewerblicher Rechtsschutz und Urheberrecht 1983, S. 146–150 (zit.: *Brandi-Dohrn*, GRUR 1983, 146).

Brandt, Sven: Softwarelizenzen in der Insolvenz – unter besonderer Berücksichtigung der Insolvenz des Lizenzgebers, in: Neue Zeitschrift für das Recht der Insolvenz und Sanierung 2001, S. 337–343 (zit.: *Brandt*, NZI 2001, 337).

Brauer, Tillman/Sopp, Michael: Sicherungsrechte an Lizenzrechten; eine unsichere Sicherheit?, in: Zeitschrift für Urheber- und Medienrecht 2004, S. 112–122 (zit.: *Brauer/Sopp*, ZUM 2004, 112).

Braun, Eberhard (Hrsg.): Insolvenzordnung, Kommentar, 5. Aufl. München 2012 (zit.: *Bearbeiter* in: Braun, InsO).

Brehm, Wolfgang: Filmrecht. Das Handbuch für die Praxis, 2. Aufl., Konstanz 2008 (zit.: *Brehm*, Filmrecht).

Brehm, Wolfgang/Berger, Christian: Sachenrecht, 2. Aufl., Tübingen 2006 (zit.: *Brehm/Berger*, Sachenrecht).

Breuer, Isaac: Die rechtliche Natur der Patentlizenz, Berlin 1912 (zit.: *Breuer*, rechtliche Natur der Patentlizenz).

Brinkmann, Moritz: Schiedsverfahren über Lizenzen in der Insolvenz des Lizenzgebers – eine Gleichung mit drei Unbekannten, in: Neue Zeitschrift für das Recht der Insolvenz und Sanierung 2012, S. 735–741 (zit.: *Brinkmann*, NZI 2012, 735).

Brox, Hans/Walker, Wolf-Dietrich: Zwangsvollstreckungsrecht, 8. Aufl., Köln, München 2008 (zit.: *Brox/Walker*, Zwangsvollstreckungsrecht).

Bühling, Jochen: Die Markenlizenz im Rechtsverkehr, in: Gewerblicher Rechtsschutz und Urheberrecht 1998, S. 196–200 (zit.: *Bühling*, GRUR 1998, 196).

Bullinger, Winfried/Garbers-von Boehm, Katharina: Google-Bildersuche – Schlichte Einwilligung des Urhebers als Lösung?, in: Gewerblicher Rechtsschutz und Urheberrecht, Praxis im Immaterialgüter- und Wettbewerbsrecht 2010, S. 257 (zit.: *Bullinger/Garbers-von Boehm*, GRUR-Prax 2010, 257).

Bullinger, Winfried/Hermes, Kai: Insolvenzfestigkeit von Lizenzen im zweiten Anlauf einer Insolvenzrechtsreform?, in: Neue Zeitschrift für das Recht der Insolvenz und Sanierung 2012, S. 492–498 (zit.: *Bullinger/Hermes*, NZI 2012, 492).

Büscher, Wolfgang/Dittmer, Stefan/Schiwy, Peter (Hrsg.): Gewerblicher Rechtsschutz, Urheberrecht, Medienrecht, 2. Aufl., Köln 2011 (zit.: *Bearbeiter* in: Büscher/Dittmer/Schiwy, GewRS/UrhR/MedienR).

Bußmann, Kurt: Der Persönlichkeitsschutz des Künstlers als Ausfluß seines Persönlichkeitsrechts, in: Bußmann, Kurt/Haff, Karl (Hrsg.), Festschrift Karl Haff zum siebzigsten Geburtstag, Innsbruck 1950, S. 247–262 (zit.: *Bußmann* in: FS Haff, S. 247).

Canaris, Claus-Wilhelm: Die Verdinglichung obligatorischer Rechte, in: Jakobs, Horst (Hrsg.), Festschrift für Werner Flume zum 70. Geburtstag, Bd. I, Köln 1978, S. 371–427 (zit.: *Canaris* in: FS Flume, Bd. I, S. 371).

—: Grundrechte und Privatrecht, in: Archiv für die civilistische Praxis Bd. 184 (1984), S. 201–246 (zit.: *Canaris*, AcP 184 (1984), 201).

—: Grundrechte und Privatrecht, Berlin 1998 (zit.: *Canaris*, Grundrechte und Privatrecht).

Castendyk, Oliver: Lizenzverträge und AGB-Recht, in: Zeitschrift für Urheber- und Medienrecht 2007, S. 169–178 (zit.: *Castendyk*, ZUM 2007, 169).

Cebulla, Mario: Die Pacht nichtsächlicher Gegenstände: Rechtspacht und Pacht besonderer Gegenstände im Wirtschaftsleben, Berlin, New York 1999 (zit.: *Cebulla*, Pacht nichtsächlicher Gegenstände).

Cepl, Philipp: Lizenzen in der Insolvenz des Lizenznehmers – unter besonderer Berücksichtigung des Kündigungsrechts des Lizenzgebers, in: Neue Zeitschrift für das Recht der Insolvenz und Sanierung 2000, S. 357–362 (zit.: *Cepl*, NZI 2000, 357).

—: BGH: Erlöschen der Hauptlizenz führt in der Regel nicht zum Erlöschen der Unterlizenz – „M2Trade“ und „Take Five“, in: Gewerblicher Rechtsschutz und Urheberrecht, Praxis im Immaterialgüter- und Wettbewerbsrecht 2012, S. 393 (zit.: *Cepl*, GRUR-Prax 2012, 393).

Chrocziel, Peter: Insolvenz des Lizenzgebers – Dinglichkeit der Lizenz?, in: Krause, Rüdiger/Veelken, Winfried/Vieweg, Klaus (Hrsg.), Recht der Wirtschaft und der Arbeit in Europa, Gedächtnisschrift für Wolfgang Blomeyer, Berlin 2004, S. 303–322 (zit.: *Chrocziel* in: GS Blomeyer, S. 303).

Czychowski, Christian/Nordemann, Jan Bernd: Die Entwicklung der Gesetzgebung und Rechtsprechung zum Urheberrecht in den Jahren 2006 und 2007, in:

Neue Juristische Wochenschrift 2008, S. 1571–1579 (zit.: *Czychowski/Nordemann*, NJW 2008, 1571).

—: Die Entwicklung der unter- und obergerichtlichen Rechtsprechung zum Urheberrecht in den Jahren 2010 und 2011 (Teil II), in: Gewerblicher Rechtsschutz und Urheberrecht Rechtsprechungs-Report 2012, S. 233–242 (zit.: *Czychowski/Nordemann*, GRUR-RR 2012, 233).

Dahl, Michael/Schmitz Jan: Der Lizenzvertrag in der Insolvenz des Lizenzgebers und die geplante Einführung des § 108a InsO, in: Neue Zeitschrift für das Recht der Insolvenz und Sanierung 2007, S. 626–631 (zit.: *Dahl/Schmitz*, NZI 2007, 626).

Dammler, Markus/Melullis, Klaus-Jürgen: Störung in der patentrechtlichen Lizenzkette, in Gewerblicher Rechtsschutz und Urheberrecht 2013, S. 781–789 (zit.: *Dammler/Melullis*, GRUR 2013, 781).

Degenhart, Christoph: Verfassungsfragen urheberrechtlicher Geräteabgaben nach dem „2. Korb“, in: Kommunikation und Recht 2006, S. 388–393 (zit.: *Degenhart*, K&R 2006, 388).

Depenheuer, Otto: Der Mieter als Eigentümer? – Anmerkungen zum Beschluß des BVerfG vom 26.5.1993, NJW 1993, 2035, in: Neue Juristische Wochenschrift 1993, S. 2561–2564 (zit.: *Depenheuer*, NJW 1993, 2561).

Dieselhorst, Jochen: Zur Dinglichkeit und Insolvenzfestigkeit einfacher Lizenzen – Kritische Betrachtungen auf Grundlage des BGH-Urteils „Reifen Progressiv“, in: Computer und Recht 2010, S. 69–75 (zit.: *Dieselhorst*, CR 2010, 69).

Dietrich, Nils/Szalai, Stephan: Anmerkung zu BGH, Urteil v. 19.07.2012, Az. I ZR 70/10, in: Multimedia und Recht 2012, S. 684–689 (zit.: *Dietrich/Szalai*, MMR 2012, 684).

Dietz, Adolf: Urheberrecht im Wandel. Paradigmenwechsel im Urheberrecht?, in: Dittrich, Robert (Hrsg.), Woher kommt das Urheberrecht und wohin geht es?, Wien 1988, S. 200–213 (zit.: *Dietz* in: Dittrich, Urheberrecht, S. 200).

—: Das Urhebervertragsrecht in seiner rechtspolitischen Bedeutung, in: Beier, Friedrich-Karl u. a. (Hrsg.), Urhebervertragsrecht, Festgabe für Gerhard Schricker zum 60. Geburtstag, München 1995, S. 53–75 (zit.: *Dietz* in: FS Schricker I, S. 1).

Dittrich, Robert: Der Werkbegriff – sinnvolle Ausdehnung oder Denaturierung?, in: Dittrich, Robert (Hrsg.), Woher kommt das Urheberrecht und wohin geht es?, Wien 1988, S. 214–237 (zit.: *Dittrich* in: Dittrich, Urheberrecht, S. 214).

Dölemeyer, Barbara: „Das Urheberrecht als ein Weltrecht“ Rechtsvergleichung und Immaterialgüterrecht bei Josef Kohler, in: Wadle, Elmar (Hrsg.), Historische Studien zum Urheberrecht in Europa: Entwicklungslinien und Grundfragen, Berlin 1993, S. 139–150 (zit.: *Dölemeyer* in: Wadle, Historische Studien zum UrhR in Europa, S. 139).

Donle, Christian: Die Bedeutung des § 31 Abs. 5 UrhG für das Urhebervertragsrecht, München 1993 (zit.: *Donle*, Bedeutung des § 31 V UrhG).

Dörner, Heinrich: Dynamische Relativität – Der Übergang vertraglicher Rechte und Pflichten, München 1985 (zit.: *Dörner*, Dynamische Relativität).

Dreier: Grundgesetz, Kommentar, Bd. 1: Präambel, Art. 1–19, 2. Aufl., Tübingen 2004 (zit.: *Bearbeiter* in: Dreier, GG/Bd. 1).

Dreier, Thomas: Urheberrecht an der Schwelle des 3. Jahrhunderts – Einige Gedanken zur Zukunft des Urheberrechts, in: Computer und Recht 2000, S. 45–50 (zit.: *Dreier*, CR 2000, 45).

Dreier, Thomas/Schulze, Gernot (Hrsg.): Urheberrechtsgesetz, Kommentar, 4. Aufl., München 2013 (zit.: *Bearbeiter* in: Dreier/Schulze, UrhG).

Dreyer, Gunda/Kotthoff, Jost/Meckel, Astrid (Hrsg.): Urheberrecht, Kommentar, 2. Aufl., Heidelberg 2009 (zit.: *Bearbeiter* in: Dreyer/Kotthoff/Meckel, UrhR).

Dulckeit, Gerhard: Die Verdinglichung obligatorischer Rechte, Tübingen 1951 (zit.: *Dulckeit*, Verdinglichung obligatorischer Rechte).

Ehle, Kristina/Schwiddessen, Sebastian: Urheberrechtliches Rückrufsrecht in der Insolvenz – Rückruf von Nutzungsrechten durch den Urheber wegen Nichtausübung in der Insolvenz des Lizenznehmers, in: Multimedia und Recht 2012, S. 355–359 (zit.: *Ehle/Schwiddessen*, MMR 2012, 355).

Eidenmüller, Horst: Effizienz als Rechtsprinzip, 3. Aufl., Tübingen 2005 (zit.: *Eidenmüller*, Effizienz als Rechtsprinzip).

Eisenhardt, Ulrich: Die Entwicklung des Abstraktionsprinzips im 20. Jahrhundert, in: Köbler, Gerhard (Hrsg.), Wirkungen europäischer Rechtskultur: Festschrift für Karl Kroeschell zum 70. Geburtstag, München 1997, S. 215–232 (zit.: *Eisenhardt* in: FS Kroeschell, S. 215).

Elster, Alexander: Lizenzen an urheberrechtlich geschützten Werken, in: Archiv für Urheber, Film- und Theaterrecht 1928, S. 195–208 (zit.: *Elster*, UFITA, 1925, 195).

Emmerich, Volker: Kommentar zu EuGH, Urteil v. 06.04.1995, verb. RS C-241/91 P und C 242/91 P, in: Juristische Schulung 1995, S. 840–841 (zit.: *Emmerich*, JuS 1995, 840).

Empting, Tobias: Immaterialgüterrechte in der Insolvenz, Frankfurt a.M. 2003 (zit.: *Empting*, Immaterialgüterrechte in der Insolvenz).

Enneccerus, Ludwig/Nipperdey, Hans Carl: Allgemeiner Teil des Bürgerlichen Rechts, Bd. 1, Allgemeine Lehren, Personen, Rechtsobjekte, 15. Aufl., Tübingen 1959 (zit.: *Enneccerus/Nipperdey*, BGB AT/Bd. 1).

—: Allgemeiner Teil des Bürgerlichen Rechts, Bd. 2, Entstehung, Untergang und Veränderung der Rechte, Ansprüche und Einreden, Ausübung und Sicherung der Rechte, 15. Aufl., Tübingen 1960 (zit.: *Enneccerus/Nipperdey*, BGB AT/Bd. 2).

Ensthaler, Jürgen/Blanz, Harald: Leistungsschutzrecht für Presseverleger. Notwendiger Schutz von Presseverlagen im Internet oder systemwidriger Eingriff in die Informationsfreiheit?, in: Gewerblicher Rechtsschutz und Urheberrecht 2012, S. 1104–1110 (zit.: *Ensthaler/Blanz*, GRUR 2012, 1104).

Epping, Volker/Hillgruber, Christian (Hrsg.): Beck'scher Online-Kommentar GG, München, Stand: 15.05.2013, Edition: 18 (zit.: *Bearbeiter* in: Epping/Hillgruber, BeckOK GG).

Erman: Handkommentar Bürgerliches Gesetzbuch, 13. Aufl., Köln 2011 (zit.: *Bearbeiter* in: Erman, BGB).

Ermecke, Gustav: Die Verantwortung von Staat und Gesellschaft für das geistige Schöpfertum, in: Internationale Gesellschaft für Urheberrecht e.V., Schriftenreihe, Bd. 2, Berlin 1956, S. 17–51 (zit.: *Ermecke* in: INTERGU Bd. 2, S. 17).

Esser, Heinrich Philipp: Urheberrechtliche Lizenzen in der Insolvenz, Baden-Baden 2009 (zit.: *Esser*, Urheberrechtliche Lizenzen in der Insolvenz).

—: BGH: Fortbestand der urheberrechtlichen Unterlizenz trotz Erlöschens der Hauptlizenz infolge der Insolvenz des Hauptlizenznehmers, in: Fachdienst Insolvenzrecht 2012, 336622 (zit.: *Esser*, FD-InsR 2012, 336622).

Fabiani, Mario: Der Schutz der Persönlichkeit im Urheberrecht, in: Forkel, Hans/Kraft, Alfons (Hrsg.), Beiträge zum Schutz der Persönlichkeit und ihrer schöpferischen Leistung, Festschrift für Heinrich Hubmann zum 70. Geburtstag, Frankfurt a.M. 1985, S. 87–92 (zit.: *Fabiani* in: FS Hubmann, S. 87).

Fabricius, Fritz: Zur Dogmatik des „sonstigen Rechts" gemäß § 823 Abs. 1 BGB, in: Archiv für die civilistische Praxis Bd. 160 (1961), S. 273–336 (zit.: *Fabricius*, AcP 160 (1961), 273).

Fechner, Frank: Geistiges Eigentum und Verfassung, Tübingen 1999 (zit.: *Fechner*, Geistiges Eigentum und Verfassung).

Fehrenbacher, Oliver: Der Lizenzvertrag, in: Juristische Rundschau 2001, S. 309–315 (zit.: *Fehrenbacher*, JR 2001, 309).

Fezer, Karl-Heinz: Nochmals: Kritik an der ökonomischen Analyse des Rechts, in: Juristenzeitung 1988, S. 223–228 (zit.: *Fezer*, JZ 1988, 223).

—: Lizenzrechte in der Insolvenz des Lizenzgebers – Zur Insolvenzfestigkeit der Markenlizenz, in: Wettbewerb in Recht und Praxis 2004, S. 793–809 (zit.: *Fezer*, WRP 2004, 793).

Fikentscher, Wolfgang/Heinemann, Andreas: Schuldrecht, 10. Aufl., Berlin 2006 (zit.: *Fikentscher/Heinemann*, Schuldrecht).

Fink, Florika: Beendigung von Dauerschuldverhältnissen im Urheberrecht unter besonderer Berücksichtigung des Kündigungsrechts, Berlin 1988 (zit.: *Fink*, Beendigung von Dauerschuldverhältnissen).

Fischer, Ernst: Schadensersatz für den nichtausschließlichen Lizenznehmer, in: Gewerblicher Rechtsschutz und Urheberrecht 1980, S. 374–379 (zit.: *Fischer*, GRUR 1980, 374).

Fischer, Walther: Der dingliche Charakter des Patentrechts und der Lizenzvertrag, in: Gewerblicher Rechtsschutz und Urheberrecht 1927, S. 738–745 (zit.: *Fischer*, GRUR 1927, 738).

Fitzner, Uwe/Petri, Lars: Leistungsstörungen bei Lizenzverträgen, in: Wackerbarth, Ulrich/Vormbaum, Thomas/Marutschke, Hans-Peter (Hrsg.), Festschrift für Ulrich Eisenhardt zum 70. Geburtstag, München 2007, S. 219–234 (zit.: *Fitzner/Petri* in: FS Eisenhardt, S. 219).

Forkel, Hans: Gebundene Rechtsübertragungen: Ein Beitrag zu den Verfügungsgeschäften über Patent-, Muster-, Urheber- und Persönlichkeitsrechte, Köln 1977 (zit.: *Forkel,* Gebundene Rechtsübertragungen).

—: Zur dinglichen Wirkung einfacher Lizenzen, in: Neue Juristische Wochenschrift 1983, S. 1764–1768 (zit.: *Forkel,* NJW 1983, 1764).

v. Frentz, Wolfgang Freiherr Raitz/Marrder, Larissa: Insolvenz des Filmrechtehändlers, in: Zeitschrift für Urheber- und Medienrecht 2001, S. 761–770 (zit.: *v. Frentz/Marrder,* ZUM 2001, 761).

—: Filmerechtehandel mit Unternehmen in der Krise, in: Zeitschrift für Urheber- und Medienrecht 2003, S. 94–109 (zit.: *v. Frentz/Marrder,* ZUM 2003, 94).

v. Frentz, Wolfgang Freiherr Raitz/Masch, Christian: Rechtehandelsunternehmen und Unternehmenskauf, in: Zeitschrift für Urheber- und Medienrecht 2009, S. 354–367 (zit.: *v. Frentz/Masch,* ZUM 2009, 354).

—: Die Insolvenzfestigkeit von einfachen und ausschließlichen Nutzungsrechten an Schutzrechten (Patentlizenzen, Markenlizenzen und urheberrechtlichen Nutzungsrechten), in: Zeitschrift für Wirtschaftsrecht 2011, S. 1245–1250 (zit.: *v. Frentz/Masch,* ZIP 2011, 1245).

—: Lizenzverträge in der Insolvenz des Lizenzgebers nach den Entscheidungen Reifen Progressiv, Vorschaubilder, M2Trade und Take Five des Bundesgerichtshofs – insolvenzfester Fortbestand der Lizenzen, in: Zeitschrift für Urheber- und Medienrecht 2012, S. 886–888 (zit.: *v. Frentz/Masch,* ZUM 2012, 886).

Frey, Dieter/Rudolph, Matthias: EU-Richtlinie zur Durchsetzung der Rechte des geistigen Eigentums, in: Zeitschrift für Urheber- und Medienrecht 2004, S. 522–530 (zit.: *Frey/Rudolph,* ZUM 2004, 522).

—: Verfügungen über unbekannte Nutzungsarten: Anmerkungen zum Regierungsentwurf des Zweiten Korbs, in: Zeitschrift für Urheber- und Medienrecht 2007, S. 13–23 (zit.: *Frey/Rudolph,* ZUM 2007, 13).

Friauf, Karl Heinrich: Eigentumsgarantie, Leistung und Freiheit – Bemerkungen zur verfassungsrechtlichen Funktion der Eigentumsgarantie, in: Gemper, Bodo B. (Hrsg.), Marktwirtschaft und soziale Verantwortung, Köln 1973, S. 438–456 (zit.: *Friauf* in: Gemper, Marktwirtschaft und soziale Verantwortung, S. 438).

Fromm, Friedrich Karl/Nordemann, Wilhelm (Hrsg.): Urheberrecht, Kommentar, 10. Aufl., Stuttgart 2008 (zit.: *Bearbeiter* in: Fromm/Nordemann, UrhR).

v. Gamm, Otto-Friedrich: Urheberrechtsgesetz, Kommentar, München 1968 (zit. *v. Gamm,* UrhG).

Geiger, Christoph: Der urheberrechtliche Interessenausgleich in der Informationsgesellschaft – Zur Rechtsnatur der Beschränkungen des Urheberrechts, in: Gewerblicher Rechtsschutz und Urheberrecht Internationaler Teil 2004, S. 815–821 (zit.: *Geiger*, GRUR Int. 2004, 815).

Genthe, Barbara: Der Umfang der Zweckübertragungstheorie im Urheberrecht, Frankfurt a.M. 1980 (zit.: *Genthe*, Zweckübertragungstheorie).

Gerhardt, Walter: Vorausabtretung und § 17 KO, in: Gerhardt, Walter u.a. (Hrsg.), Festschrift für Franz Merz zum 65. Geburtstag, Köln 1992, S. 117–132 (zit.: *Gerhardt* in: FS Merz, S. 117).

Gleiss, Alf-Olav: Fehlen und Wegfall des Schutzrechtes bei Lizenz- und Nutzungsverträgen – Patent- und Urheberrecht, Regensburg 1994 (zit.: *Gleiss*, Fehlen und Wegfall des Schutzrechtes).

Goldhammer, Michael: Die Begründung des Geistigen Eigentums in der US-amerikanischen Rechtswissenschaft und ihre Bedeutung für die deutsche Diskussion, in: Zeitschrift für Geistiges Eigentum/Intellectual Property Journal 1 (2009), S. 139–166 (zit.: *Goldhammer*, ZGE 1 (2009), 139).

Goldschmidt, J.: Das Schicksal der Filmlizenz bei Zahlungsunfähigkeit des Filmverleihers, in: Archiv für Urheber-, Film- und Theaterrecht Bd. 2 (1929), S. 1–28 (zit.: *Goldschmidt*, UFITA 2 (1929), 1).

Götting, Horst-Peter: Urheberrechtliche und vertragsrechtliche Grundlagen, in: Beier, Friedrich-Karl u.a. (Hrsg.), Urhebervertragsrecht, Festgabe für Gerhard Schricker zum 60. Geburtstag, München 1995, S. 53–75 (zit.: *Götting* in: FS Schricker I, S. 53).

—: Der Begriff des Geistigen Eigentums, in: Gewerblicher Rechtsschutz und Urheberrecht 2006, S. 353–358 (zit.: *Götting*, GRUR 2006, 353).

Göttlich, Walter: Die Zwangsvollstreckung in Schutzrechte, in: Monatsschrift für deutsches Recht 1957, S. 11–13 (zit.: *Göttlich*, MDR 1957, 11).

Gottwald, Peter (Hrsg.): Insolvenzrechts-Handbuch, 4. Aufl., München 2010 (zit.: *Bearbeiter* in: Gottwald, InsR-Hdb.).

Graf, Ulrich/Wunsch, Irene: Gegenseitige Verträge im Insolvenzverfahren – Zugleich Besprechung von BGH, Urt. v. 25.4.2002 – IX ZR 313/99, ZIP 2002, 1093 ff., in: Zeitschrift für Wirtschaftsrecht 2002, S. 2117–2122 (zit.: *Graf/Wunsch*, ZIP 2002, 2117).

Graf-Schlicker, Marie Luise/Kexel, Thomas: Erneute Reformen im Insolvenzrecht – der Regierungsentwurf eines Gesetzes zur Entschuldung mittelloser Personen, zur Stärkung der Gläubigerrechte sowie zur Regelung der Insolvenzfestigkeit von Lizenzen, in: Zeitschrift für Wirtschaftsrecht 2007, S. 1833–1837 (zit.: *Graf-Schlicker/Kexel*, ZIP 2007, 1833).

Groß, Michael: Der Lizenzvertrag, 9. Aufl., Frankfurt a.M. 2007 (zit.: *Groß*, Lizenzvertrag).

Grundmann, Stefan: Methodenpluralismus als Aufgabe. Zur Legalität von ökonomischen und rechtsethischen Argumenten in Auslegung und Rechtsanwendung, in: Rabels Zeitschrift für ausländisches und internationales Privatrecht 1997, S. 423–451 (zit.: *Grundmann*, RabelsZ 1997, 423).

Grützmacher, Malte: Anmerkung zu LG Mannheim, Urteil v. 27.06.2003, Az. 7 O 127/03, in: Computer und Recht 2004, S. 811, 813–815 (zit.: *Grützmacher*, CR 2004, 811).

—: Insolvenzfeste Softwarelizenz- und Softwarehinterlegungsverträge – Land in Sicht?, in: Computer und Recht 2006, S. 289–296 (zit.: *Grützmacher*, CR 2006, 289).

Grzeszick, Bernd: Geistiges Eigentum und Art. 14 GG, in: Zeitschrift für Urheber- und Medienrecht 2007, S. 344–354 (zit.: *Grzeszick*, ZUM 2007, 344).

Haberstumpf, Helmut: Verfügungen über urheberrechtliche Nutzungsrechte im Verlagsrecht, in: Forkel, Hans/Kraft, Alfons (Hrsg.), Beiträge zum Schutz der Persönlichkeit und ihrer schöpferischen Leistung, Festschrift für Heinrich Hubmann zum 70. Geburtstag, Frankfurt a.M. 1985, S. 127–144 (zit.: *Haberstumpf* in: FS Hubmann, S. 127).

—: Handbuch des Urheberrechts, 2. Aufl., Neuwied 2000 (zit.: *Haberstumpf*, Hdb. UrhR).

—: Wem gehören Forschungsergebnisse? Zum Urheberrecht an Hochschulen, in: Zeitschrift für Urheber- und Medienrecht 2001, S. 819–828 (zit.: *Haberstumpf*, ZUM 2001, 819).

Haberstumpf, Helmut/Hintermeier, Jürgen: Einführung in das Verlagsrecht, Darmstadt 1985 (zit.: *Haberstumpf/Hintermeier*, Einf. Verlagsrecht).

Haedicke, Maximilian: Rechtskauf und Rechtsmängelhaftung, Tübingen 2003 (zit.: *Haedicke*, Rechtskauf und Rechtsmängelhaftung).

—: Die Gewährleistungshaftung bei Patentveräußerungs- und Patentlizenzverträgen und das neue Schuldrecht, in: Gewerblicher Rechtsschutz und Urheberrecht 2004, S. 123–127 (zit.: *Haedicke*, GRUR 2004, 123).

—: Dingliche Wirkungen und Insolvenzfestigkeit von Patentlizenzen in der Lizenzkette, in: Zeitschrift für Geistiges Eigentum/Intellectual Property Journal 3 (2011), S. 377–402 (zit.: *Haedicke*, ZGE 3 (2011), 377).

Hahn, Richard: Das Verbotsrecht des Lizenznehmers im Urhebervertragsrecht: Grundlagen, Inhalt, Einräumung und Reichweite, Baden-Baden 2007 (zit.: *Hahn*, Verbotsrecht des Lizenznehmers).

Hansen, Gerd: Warum Urheberrecht? Die Rechtfertigung des Urheberrechts unter besonderer Berücksichtigung des Nutzerschutzes, Baden-Baden 2009 (zit.: *Hansen*, Warum Urheberrecht).

v. Hartlieb, Horst: Die Auswirkungen der Kündigung eines Lizenzvertrages, in: Rehbinder, Manfred (Hrsg.), Beiträge zum Film- und Medienrecht, Festschrift für

Wolf Schwarz zum 70. Geburtstag, Baden-Baden 1988, S. 121–130 (zit.: *v. Hartlieb* in: FS Schwarz I, S. 121).

v. Hartlieb/Schwarz: Handbuch des Film-, Fernseh- und Videorechts, 5. Aufl., München 2011 (zit.: *Bearbeiter* in: v. Hartlieb/Schwarz, Hdb. Film-, Fernseh-, Videorecht).

v. Hase, Andreas: Der Musikverlagsvertrag, München 1961 (zit.: *v. Hase*, Musikverlagsvertrag).

Hauck, Ronny: Die Verdinglichung obligatorischer Rechte am Beispiel einfacher immaterialgüterrechtlicher Lizenzen, in: Archiv für die civilistische Praxis Bd. 211 (2011), S. 626–664 (zit.: *Hauck*, AcP 211 (2011), 626).

Haupt, Stefan: Anmerkung zu OLG Köln, Urteil v. 14.07.2006, Az. U 224/05, in: Juris Praxis Report Wettbewerbs- und Immaterialgüterrecht 12/2006, Anm. 6 (zit.: *Haupt*, jurisPR-WettbR 12/2006, Anm. 6).

—: Anmerkung zu BGH, Urteil v. 26.03.2009, Az. I ZR 153/06, in: Juris Praxis Report Wettbewerbs- und Immaterialgüterrecht 11/2009, Anm. 3 (zit.: *Haupt*, jurisPR-WettbR 11/2009, Anm. 3).

Haupt, Stefan/Ullmann, Loy: Zum Umfang der Nutzungsrechte an Schnitt- und Restmaterial im Lichte von § 89 UrhG, in: Zeitschrift für Urheber- und Medienrecht 2005, S. 883–888 (zit.: *Haupt/Ullmann*, ZUM 2005, 883).

Hausmann, Rainer: Auswirkungen der Insolvenz des Lizenznehmers auf Filmlizenzverträge nach geltendem und künftigem Insolvenzrecht, in: Becker, Jürgen/Schwarz, Mathias (Hrsg.), Aktuelle Rechtsprobleme der Filmproduktion und Filmlizenz, Festschrift für Wolf Schwarz zu seinem 80. Geburtstag, Baden-Baden 1999, S. 88–105 (zit.: *Hausmann* in: FS Schwarz II, S. 81).

—: Insolvenzklauseln und Rechtefortfall nach der neuen Insolvenzordnung, in: Zeitschrift für Urheber- und Medienrecht 1999, S. 914–923 (zit.: *Hausmann*, ZUM 1999, 914).

Heermann, Peter: Leistungsschutzrecht für Sportveranstalter de lege ferenda?, in: Gewerblicher Rechtsschutz und Urheberrecht 2012, S. 791–799 (zit.: *Heermann*, GRUR 2012, 791).

Heim, Sebastian: Lizenzverträge in der Insolvenz – Anmerkungen zu § 108a InsO-E, in: Neue Zeitschrift für das Recht der Insolvenz und Sanierung 2008, S. 338–345 (zit.: *Heim*, NZI 2008, 338).

Heim, Sebastian: Anmerkung zu BGH „Cross Patent License Agreement“, Beschluss v. 30.06.2011, Az. III ZB 59/10, in: Gewerblicher Rechtsschutz und Urheberrecht 2012, S. 95 – 99 (zit.: *Heim*, GRUR 2012, 95).

Heimberg, Dominik: Lizenzen und Lizenzverträge in der Insolvenz, München 2011 (zit.: *Heimberg*, Lizenzen in der Insolvenz).

Held, Christoph: Weiterübertragung von Verlagsrechten – Zur Weitergeltung von § 28 VerlG, in: Gewerblicher Rechtsschutz und Urheberrecht 1983, S. 161–166 (zit.: *Held*, GRUR 1983, 161).

Henn, Günter: Patent- und Know-how-Lizenzvertrag. Handbuch für die Praxis, 5. Aufl., Heidelberg 2003 (zit.: *Henn*, Patent- und Know-how-Lizenzvertrag).

Herbst, Reimer: Die rechtliche Ausgestaltung der Lizenz und ihre Einordnung in das System des Bürgerlichen Rechts, Göttingen 1968 (zit.: *Herbst*, Rechtliche Ausgestaltung der Lizenz).

Hess, Harald: Insolvenzrecht, Großkommentar in drei Bänden, Bd. I, §§ 1–112 InsO, Heidelberg 2007 (zit.: *Hess*, InsR Bd. I).

Heussen, Benno: Urheber- und lizenzrechtliche Aspekte bei der Gewährleistung für Computersoftware – Zugleich zum Problem der Rechtsnatur von Lizenzverträgen, in: Gewerblicher Rechtsschutz und Urheberrecht 1987, S. 779–791 (zit.: *Heussen*, GRUR 1987, 779).

Hilty, Reto: Lizenzvertragsrecht, Bern 2001 (zit.: *Hilty*, Lizenzvertragsrecht).

—: Unübertragbarkeit urheberrechtlicher Befugnisse: Schutz des Urhebers oder dogmatisches Ammenmärchen?, in: Becker, Jürgen/Hilty, Reto/Stöckli, Jean-Fritz (Hrsg.), Recht im Wandel seines sozialen und technologischen Umfeldes, Festschrift für Manfred Rehbinder, München, Bern 2002, S. 259–284 (zit.: *Hilty* in: FS Rehbinder, S. 259).

—: Urheberrecht in der Informationsgesellschaft: „Wer will was von wem woraus?" – Ein Auftakt zum „zweiten Korb", in: Zeitschrift für Urheber- und Medienrecht 2003, S. 983–1006 (zit.: *Hilty*, ZUM 2003, 983).

—: Verbotsrecht vs. Vergütungsanspruch: Suche nach den Konsequenzen der tripolaren Interessenlage im Urheberrecht, in: Ohly, Ansgar (Hrsg.), Perspektiven des geistigen Eigentums und Wettbewerbsrechts, Festschrift für Gerhard Schricker zum 70. Geburtstag, München 2005, S. 325–352 (zit.: *Hilty* in: FS Schricker II, S. 325).

—: Vergütungssystem und Schrankenregelungen – Neue Herausforderungen an den Gesetzgeber, in: Gewerblicher Rechtsschutz und Urheberrecht 2005, S. 819–828 (zit.: *Hilty*, GRUR 2005, 819).

Hirte, Heribert/Knof, Béla: Wem „gehört" die Lizenz? – Plädoyer für eine Dekonstruktion des Haftungsrechts in der Insolvenz, in: Juristen Zeitung 2011, S. 889–901 (zit.: *Hirte/Knof*, JZ 2011, 889).

Hoeren, Thomas: Die Kündigung von Softwareerstellungsverträgen und deren urheberrechtliche Auswirkungen, in: Computer und Recht 2005, S. 773–777 (zit.: *Hoeren*, CR 2005, 773).

Hoeren, Thomas/Sieber, Ulrich: Handbuch Multimedia-Recht, 35. Ergl., München 2013 (zit.: *Bearbeiter* in: Hoeren/Sieber, Multimedia-Recht).

Hoffmann, Willy: Der Lizenzvertrag im Urheberrecht, in: Juristische Wochenschrift 1938, S. 1576–1579 (zit.: *Hoffmann*, JW 1938, 1576).

Hölder, Niels/Schmoll, Andrea: Patentlizenz- und Know-how-Verträge in der Insolvenz – Teil II: Insolvenz des Lizenzgebers, in: Gewerblicher Rechtsschutz und Urheberrecht 2004, S. 830–836 (zit.: *Hölder/Schmoll*, GRUR 2004, 830).

Honnefelder, Gottfried/Leenen, Anne-Katrin: Das „Volk der Dichter und Denker" ohne Schutz seines geistigen Eigentums?, in: Depenheuer, Otto/Peifer, Klaus-Nikolaus (Hrsg.), Geistiges Eigentum: Schutzrecht oder Ausbeutungstitel?, Berlin, Heidelberg 2008, S. 47–56 (zit.: *Honnefelder/Leenen* in: Depenheuer/Peifer, Geistiges Eigentum, S. 47).

Hösch, Ulrich: Eigentum und Freiheit. Ein Beitrag zur inhaltlichen Bestimmung der Gewährleistung des Eigentums durch Art. 14 Abs. 1 Satz 1 GG, Tübingen 2000 (zit.: *Hösch*, Eigentum und Freiheit).

Hubmann, Heinrich: Geistiges Eigentum, in: *Bettermann, Karl August/Nipperdey, Hans Carl/Scheuner, Ulrich* (Hrsg.), Die Grundrechte, Handbuch der Theorie und Praxis der Grundrechte, Vierter Band, 1. Halbband: Grundrechte und institutionelle Garantien, 2. Aufl., Berlin 1972, S. 1–36 (zit.: *Hubmann* in: Bettermann/Nipperdey/Scheuner, Grundrechte, Bd. IV/1, S. 1).

—: Die Idee vom geistigen Eigentum, die Rechtsprechung des Bundesverfassungsgerichts und die Urheberrechtsnovelle von 1985, in: Zeitschrift für Urheber- und Medienrecht 1988, S. 4–13 (zit.: *Hubmann*, ZUM 1988, 4).

—: Die Zwangsvollstreckung in Persönlichkeits- und Immaterialgüterrechte, in: Nipperdey, Hans (Hrsg.), Das deutsche Privatrecht in der Mitte des 20. Jahrhunderts, Festschrift für Heinrich Lehmann zum 80. Geburtstag, Bd. 2, Berlin 1956, S. 812–836 (zit.: *Hubmann* in: FS Lehmann, Bd. 2, S. 812).

Hunziker, Manfred: Urheberrecht nach beendetem Arbeitsverhältnis, in: Archiv für Urheber- und Medienrecht Bd. 101 (1985), S. 49–74 (zit.: *Hunziker*, UFITA 101 (1986), 49).

Hüsken, Stefanie: Informationsfreiheit und urheberrechtlicher Schutz des geistigen Eigentums – Eine verfassungsrechtlichen Untersuchung unter Berücksichtigung rechtsökonomischer Diskussionsansätze, Essen 2003 (zit.: *Hüsken*, Informationsfreiheit und urheberrechtlicher Schutz).

Ilzhöfer, Volker/Engels, Rainer: Patent-, Marken- und Urheberrecht, 8. Aufl., München 2010 (zit.: *Ilzhöfer/Engels*, PatR/MarkenR/UrhR).

Ipsen, Jörn: Staatsrecht II Grundrechte, 12. Aufl., Köln 2009 (zit.: *Ipsen*, Staatsrecht II).

Jani, Ole: Der Buy-Out-Vertrag im Urheberrecht, Berlin 2003 (zit.: *Jani*, Buy-Out-Vertrag).

Jänich, Volker: Geistiges Eigentum – eine Komplementärerscheinung zum Sacheigentum?, Tübingen 2002 (zit.: *Jänich*, Geistiges Eigentum).

Jarass, Hans D./Pieroth, Bodo (Hrsg.): Grundgesetz für die Bundesrepublik Deutschland, Kommentar, 11. Aufl., München 2011 (zit.: *Bearbeiter* in: Jarass/Pieroth, GG).

Jauernig: Bürgerliches Gesetzbuch, Kommentar, 14. Aufl., München 2011 (zit.: *Bearbeiter* in: Jauernig, BGB).

Jauernig, Othmar: Trennungsprinzip und Abstraktionsprinzip, in: Juristische Schulung 1994, S. 721–727 (zit.: *Jauernig*, JuS 1994, 721).

Kant, Immanuel: Critik der reinen Vernunft, Riga 1781 (zit.: *Kant*, Kritik der reinen Vernunft).

Karow, Lutz: Die Rechtsstellung des Subverlegers im Musikverlagsvertrag, München 1970 (zit.: *Karow*, Rechtsstellung des Subverlegers).

Katzenberger, Paul: Beteiligung des Urhebers an Ertrag und Ausmaß der Werkverwertung – Altverträge, Drittwirkung und Reform des § 36 UrhG, in: Gewerblicher Rechtsschutz und Urheberrecht Internationaler Teil 1983, S. 410–421 (zit.: *Katzenberger*, GRUR Int. 1983, 410).

Kellenter, Wolfgang: Schutzrechtslizenzen in der Insolvenz des Lizenzgebers, in: Keller, Erhard/Plassmann, Clemens/v. Falck, Andreas (Hrsg.), Festschrift für Winfried Tilmann zum 65. Geburtstag, Köln u. a. 2003, S. 807–825 (zit.: *Kellenter* in: FS Tilmann, S. 807).

Kelsen, Hans: Reine Rechtslehre, Studienausgabe der 1. Auflage 1934, Herausgegeben von Matthias Jestaedt, Tübingen 2008 (zit.: *Kelsen*, Reine Rechtslehre).

Kirchhof, Hans-Peter: Lizenznehmer als Widerspruchsberechtigte nach § 771 ZPO, in: Gerhardt, Walter u. a. (Hrsg.), Festschrift für Franz Merz zum 65. Geburtstag, Köln 1992, S. 283–302 (zit.: *Kirchhof* in: FS Merz, S. 283).

Kirchhof, Paul: Der verfassungsrechtliche Gehalt des geistigen Eigentums, in: Festschrift für Wolfgang Zeidler, Bd. II, Berlin 1987, S. 1639–1661 (zit.: *Kirchhof* in: FS Zeidler, Bd. II, S. 1639).

Kirchner, Christian: Innovationsschutz und Investitionsschutz für immaterielle Güter, in: Gewerblicher Rechtsschutz und Urheberrecht Internationaler Teil 2004, S. 603–607 (zit.: *Kirchner*, GRUR Int. 2004, 603).

Kitz, Volker: Die unbekannte Nutzungsart im Gesamtsystem des urheberrechtlichen Interessengefüges, in: Gewerblicher Rechtsschutz und Urheberrecht 2006, S. 548–552 (zit.: *Kitz*, GRUR 2006, 548).

Klass, Nadine: Die zivilrechtliche Einwilligung als Instrument zur Disposition über Persönlichkeitsrechte, in: Zeitschrift für Medien- und Kommunikationsrecht 2005, S. 507–518 (zit.: *Klass*, AfP 2005, 507).

Klauze, Andreas: Urheberrechtliche Nutzungsrechte in der Insolvenz, Köln 2006 (zit.: *Klauze*, Nutzungsrechte in der Insolvenz).

Klawitter, Christian: Fortgeltung der Unterlizenz nach Wegfall der Hauptlizenz, in: Gewerblicher Rechtsschutz und Urheberrecht, Praxis im Immaterialgüter- und Wettbewerbsrecht 2012, S. 425–428 (zit.: *Klawitter*, GRUR-Prax 2012, 425).

Klawitter, Christian/Hombrecher, Lars: Gewerbliche Schutzrechte und Urheberrechte als Kreditsicherheiten, in: Wertpapiermitteilungen, Zeitschrift für Wirtschafts- und Bankrecht 2004, S. 1213–1219 (zit.: *Klawitter/Hombrecher*, WM 2004, 1213).

Klippel, Diethelm: Historische Wurzeln und Funktionen von Immaterialgüter- und Persönlichkeitsrechten im 19. Jahrhundert, in: Zeitschrift für neuere Rechtsgeschichte 1982, S. 132–155 (zit.: *Klippel*, ZNR 1982, 132).

—: Die Idee des geistigen Eigentums in Naturrecht und Rechtsphilosophie des 19. Jahrhunderts, in: Wadle, Elmar (Hrsg.), Historische Studien zum Urheberrecht in Europa: Entwicklungslinien und Grundfragen, Berlin 1993, S. 121–138 (zit.: *Klippel* in: Wadle, Historische Studien zum UrhR in Europa, S. 121).

Knap, Karel: Der Lizenzvertrag als ein besonderer Vertragstypus, in: Gewerblicher Rechtsschutz und Urheberrecht Internationaler Teil 1973, S. 226–229 (zit.: *Knap*, GRUR Int. 1973, 226).

Knauer, Florian: Neue juristische Publikationsformate im Internet – Stand, Perspektiven und Auswirkungen von Open Access, Wikis, Blogs, Twittern und Podcasts, in: Neue Juristische Online-Zeitschrift 2009, S. 3004–3017 (zit.: *Knauer*, NJOZ 2009).

Koehler, Philipp/Ludwig, Daniel: Die „insolvenzfeste" Gestaltung von Lizenzverträgen, in: Wettbewerb in Recht und Praxis 2006, S. 1342–1347 (zit.: *Koehler/Ludwig*, WRP 2006, 1342).

—: Die Behandlung von Lizenzen in der Insolvenz, in: Neue Zeitschrift für das Recht der Insolvenz und Sanierung, S. 2007, 78–84 (zit.: *Koehler/Ludwig*, NZI 2007, 79).

Kohler, Josef: Die Idee des geistigen Eigentums, in: Archiv für die civilistische Praxis Bd. 82 (1894), S. 141–242 (zit.: *Kohler*, AcP 82 (1894), 141).

—: Handbuch des deutschen Patentrechts in rechtsvergleichender Darstellung, Mannheim 1900 (zit.: *Kohler*, Hdb. des deutschen Patentrechts).

—: Das Immaterialgüterrecht und seine Gegner, in: Archiv für Urheber- und Medienrecht Bd. 123 (1993), S. 81–97 (zit.: *Kohler*, UFITA 123 (1993), 81).

Kohnen, Clemens: Die Beendigung von Nutzungsrechten im US-amerikanischen und deutschen Urheberrecht, Göttingen 2004 (zit.: *Kohnen*, Beendigung von Nutzungsrechten).

Kohte, Wolfhard: Die rechtfertigende Einwilligung, in: Archiv für civilistische Praxis Bd. 185 (1985), S. 105–161 (zit.: *Kohte*, AcP 185 (1985), 105).

Kraßer, Rudolf: Der Schutz vertraglicher Rechte gegen Eingriffe Dritter, Köln u. a. 1971 (zit.: *Kraßer*, Schutz vertraglicher Rechte).

—: Verpflichtung und Verfügung im Immaterialgüterrecht, in: Gewerblicher Rechtsschutz und Urheberrecht Internationaler Teil 1973, S. 230–238 (zit. *Kraße*r, GRUR Int. 1973, 230).

—: Die Wirkung der einfachen Patentlizenz, in: Gewerblicher Rechtsschutz und Urheberrecht Internationaler Teil 1983, S. 537–547 (zit.: *Kraßer*, GRUR Int. 1983, 537).

—: Urheberrecht in Arbeits-, Dienst- und Auftragsverhältnissen, in: Beier, Friedrich-Karl u. a. (Hrsg.), Urhebervertragsrecht, Festgabe für Gerhard Schricker zum 60. Geburtstag, München 1995, S. 77–115 (zit.: *Kraßer* in: FS Schricker I, S. 77).

—: Patentrecht, 6. Aufl., München 2010 (zit. *Kraßer,* Patentrecht).

Kraßer, Rudolf/Schmid, Hans Dieter: Der Lizenzvertrag über technische Schutzrechte aus der Sicht des deutschen Zivilrechts, in: Gewerblicher Rechtsschutz und Urheberrecht Internationaler Teil 1982, S. 324–341 (zit.: *Kraßer/Schmid*, GRUR Int. 1982, 324).

Kraus, Wilhelm: Der patentrechtliche Lizenzvertrag, München 1910 (zit.: *Kraus*, patentrechtlicher Lizenzvertrag).

Krause, Ernst: Der urheberrechtliche Lizenzvertrag, Leipzig 1938, (zit.: *Krause*, urheberrechtlicher Lizenzvertrag).

Krebs, Peter: Sonderverbindung und außerdeliktische Schutzpflichten, München 2000 (zit.: *Krebs*, Sonderverbindung).

Krebs, Peter/Becker, Maximilian: Die Teilverdinglichung und ihre Anwendung auf Internetdomains, in: Juristen Zeitung 2009, S. 932–943 (zit.: *Krebs/Becker*, JZ 2009, 932).

Kreft, Gerhart (Hrsg.): Insolvenzordnung, Kommentar, 5. Aufl., Heidelberg 2008 (zit.: *Bearbeiter* in: Kreft, InsO).

Krüger-Nieland, Gerda: Zur außerordentlichen Kündigung eines Musikverlagsvertrages aus wichtigem Grund seitens des Komponisten, in: Archiv für Urheber- und Medienrecht Bd. 89 (1981), S. 17–44 (zit.: *Krüger-Nieland*, UFITA 89 (1981), 17).

Kühnen, Thomas/Geschke, Eva: Die Durchsetzung von Patenten in der Praxis: Von der Abmahnung bis zur Zwangsvollstreckung, 3. Aufl., Köln, München 2008 (zit.: *Kühnen/Geschke*, Durchsetzung von Patenten).

Kunze, Klaudia: Die gewerbliche Weitervermietung, in: Neue Zeitschrift für Miet- und Wohnungsrecht 2012, S. 740–751 (zit.: *Kunze*, NZM 2012, 740).

Lachmann, Andreas: Gläubigerrechte in Krise und Insolvenz, 2. Aufl., Köln 2010 (zit.: *Lachmann*, Insolvenz).

Landes, William/Posner, Richard: An Economic Analysis of Copyright Law, in: Journal of Legal Studies 1989, Vol. 18, No. 2, S. 325–363 (zit.: *Landes/Posner*, Journal of Legal Studies 1989, Vol. 18, No. 2, S. 325).

—: The economic structure of intellectual property law, United States of America 2003 (zit.: *Landes/Posner*, The economic structure of intellectual property law).

Lange, Hans Peter: Der Lizenzvertrag im Verlagswesen, Bern 1979 (zit.: *Lange*, Lizenzvertrag im Verlagswesen).

Larenz, Karl: Lehrbuch des Schuldrechts, Bd. I, Allgemeiner Teil, 14. Aufl., München 1987 (zit.: *Larenz*, Schuldrecht Bd. I).

Larenz, Karl/Canaris, Claus-Wilhelm: Lehrbuch des Schuldrechts, Bd. II/2, Besonderer Teil, 13. Aufl., München 1994 (zit.: *Larenz/Canaris*, Schuldrecht Bd. II/2).

Larenz, Karl/Wolf, Manfred: Allgemeiner Teil des Bürgerlichen Rechts, 9. Aufl., München 2004 (zit.: *Larenz/Wolf*, BGB AT).

Lehmann, Heinrich: Über das Wesen des Urheberrechts, in: Internationale Gesellschaft für Urheberrecht e.V., Schriftenreihe, Bd. 2, Berlin 1956, S. 7–16 (zit.: *Lehmann* in: INTERGU Bd. 2, S. 7).

Lehmann, Michael: Der neue Europäische Rechtsschutz von Computerprogrammen, in: Neue Juristische Wochenschrift 1991, S. 2112–2117 (zit.: *Lehmann*, NJW 1991, 2112).

Leinemann, Felix: Die Sozialbindung des „Geistigen Eigentums". Zu den Grundlagen der Schranken des Urheberrechts zugunsten der Allgemeinheit, Baden-Baden 1998 (zit.: *Leinemann*, Sozialbindung des „Geistigen Eigentums").

Leistner, Matthias: Der Beitrag ökonomischer Forschung zum Urheberrecht – Bestandsaufnahme und interdisziplinäre Ideenskizze, in: Zeitschrift für Geistiges Eigentum/Intellectual Property Journal 1 (2009), S. 403–456 (zit.: *Leistner*, ZGE 1 (2009), 403).

—: „Immaterialgut" als Flucht aus dem Sachbegriff?, in: Leible, Stefan/Lehmann, Matthias/Zech, Herbert (Hrsg.), Unkörperliche Güter im Zivilrecht, Tübingen 2011, S. 201–217 (zit.: *Leistner* in: Leible/Lehmann/Zech, Unkörperliche Güter im Zivilrecht, S. 201).

Leistner, Matthias/Hansen, Gerd: Die Begründung des Urheberrechts im digitalen Zeitalter – Versuch einer Zusammenführung von individualistischen und utilitaristischen Rechtfertigungsbemühungen, in: Gewerblicher Rechtsschutz und Urheberrecht 2008, S. 479–490 (zit.: *Leistner/Hansen*, GRUR 2008, 479).

Lerche, Peter: Aktuelle Grundfragen der Informationsfreiheit, in: Juristische Ausbildung 1995, S. 561–566 (zit.: *Lerche*, JURA 1995, 561).

Leßmann, Herbert: Übertragbarkeit und Teilübertragung urheberrechtlicher Befugnisse – Ein Beitrag zu den Rechten im Rechtsverkehr, Münster 1967 (zit.: *Leßmann*, Übertragbarkeit urheberrechtlicher Befugnisse).

—: Weitergeltung von Lizenzen bei Veräußerung des zugrundeliegenden Schutzrechts bzw. anderweitiger Lizenzierung, in: Der Betrieb 1987, S. 145–154 (zit.: *Leßmann*, DB 1987, 145).

Leuze, Dieter: Ghostwriter im Abhängigkeitsverhältnis – Bemerkungen zum Urteil des OLG Frankfurt a.M. „betriebswirtschaftlicher Aufsatz", in: Gewerblicher Rechtsschutz und Urheberrecht 2010, S. 307–308 (zit.: *Leuze*, GRUR 2010, 307).

Lichtenstein, Erich: Zum Abwehranspruch des einfachen Lizenznehmers, in: Gewerblicher Rechtsschutz und Urheberrecht 1965, S. 344–346 (zit.: *Lichtenstein*, GRUR 1965, 344).

Lisch, Karsten: Das Abstraktionsprinzip im deutschen Urheberrecht, Frankfurt a.M. 2007 (zit.: *Lisch*, Abstraktionsprinzip im UrhR).

Locke, John: Two Treatises of Government, London 1764 (zit.: *Locke*, Two Treatises of Government).

Loewenheim, Ulrich (Hrsg.): Handbuch des Urheberrechts, 2. Aufl., München 2010 (zit.: *Bearbeiter* in: Loewenheim, Hdb. UrhR).

Lößl, Wolfgang: Rechtsnachfolge in Verlagsverträge, Frankfurt a.M. 1997 (zit.: *Lößl*, Rechtsnachfolge in Verlagsverträge).

Lüdecke, Wolfgang: Zur rechtlichen Natur der Lizenz, in: Neue Juristische Wochenschrift 1966, S. 815–817 (zit.: *Lüdecke*, NJW 1966, 815).

Lunze, Anja: Haftet der Lizenzgeber für den Bestand des lizenzierten Immaterialgüterrechts?, in: Zeitschrift für Geistiges Eigentum/Intellectual Property Journal 3 (2011), S. 282–303 (zit.: *Lunze*, ZGE 3 (2011), 282).

Mager, Heinrich: Einfache Lizenz bei Veräußerung des Schutzrechts, in: Gewerblicher Rechtsschutz und Urheberrecht 1983, S. 51 (zit.: *Mager*, GRUR 1983, 51).

Malitz, Michael/Coumont, Nina: Lizenzketten in der Insolvenz des Urhebers unter Berücksichtigung von BGH „Reifen Progressiv", in: Zeitschrift für Insolvenzverwaltung und Sanierungsberatung 2010, S. 83–87 (zit.: *Malitz/Coumont*, InsVZ 2010, 83).

Manz, Friederike/Ventroni, Stefan/Schneider, Inge: Auswirkungen der Schuldrechtsreform auf das Urheber(vertrags)recht, in: Zeitschrift für Urheber- und Medienrecht 2002, S. 409–423 (zit.: *Manz/Ventroni/Schneider*, ZUM 2002, 409).

Marotzke, Wolfgang: Sukzessionsschutz für Lizenzen im Immaterialgüterrecht – dargestellt am Beispiel der Patentlizenz, in: Zeitschrift für Geistiges Eigentum/Intellectual Property Journal 2 (2010), S. 233–272 (zit.: *Marotzke*, ZGE 2 (2010), 233).

—: Das M2Trade-Urteil des BGH v. 19.7.2012 (ZInsO 2012, 1611): ein Stolperstein auf dem Weg zur gesetzlichen Regelung der Insolvenzfestigkeit von Lizenzen?, in: Zeitschrift für das gesamte Insolvenzrecht 2012, S. 1737–1750 (zit.: *Marotzke*, ZInsO 2012, 1737).

Marwitz: Die Übertragung des Urheberrechts nach geltendem Recht, in: Archiv für Urheber-, Film- und Theaterrecht 1928, S. 389–405 (zit.: *Marwitz*, UFITA 1928, 389).

Maunz, Theodor: Das geistige Eigentum aus verfassungsrechtlicher Sicht, in: Gewerblicher Rechtsschutz und Urheberrecht 1973, S. 107–115 (zit.: *Maunz*, GRUR 1973, 107).

Maunz/Dürig: Grundgesetz, Kommentar, 69. Ergl., München 2013 (zit.: *Bearbeiter* in: Maunz/Dürig, GG).

McGuire, Mary-Rose: Nutzungsrechte an Computerprogrammen in der Insolvenz – Zugleich eine Stellungnahme zum Gesetzentwurf zur Regelung der Insolvenzfestigkeit von Lizenzen, in: Gewerblicher Rechtsschutz und Urheberrecht 2009, S. 13–22 (zit.: *McGuire*, GRUR 2009, 13).

—: Lizenzen in der Insolvenz: ein neuer Anlauf zu einer überflüssigen Reform, in: Gewerblicher Rechtsschutz und Urheberrecht 2012, S. 657–664 (zit.: *McGuire*, GRUR 2012, 657).

—: Die Lizenz, Tübingen 2012 (zit.: *McGuire*, Lizenz).

McGuire, Mary-Rose/v. Zumbusch, Ludwig/Joachim, Björn: Verträge über Schutzrechte des geistigen Eigentums (Übertragung und Lizenzen) und dritte Parteien (Q 190), in: Gewerblicher Rechtsschutz und Urheberrecht Internationaler Teil 2006, S. 682–697 (zit.: *McGuire/v. Zumbusch/Joachim*, GRUR Int. 2006, 682).

Merkel, Jörg: Möglichkeiten und Grenzen einer Anwendung der Zweckübertragungstheorie im Erfinder-, Patent- und Gebrauchsmusterrecht, Berlin 1974 (zit.: *Merkel*, Zweckübertragungstheorie im Erfinderrecht).

Mes, Peter: Patentgesetz, Gebrauchsmustergesetz, 3. Aufl., München 2011 (zit.: *Mes*, PatG/GebrMG).

Meyer-van Raay, Oliver: Der Fortbestand von Unterlizenzen bei Erlöschen der Hauptlizenz – Auswirkungen der BGH-Entscheidungen Take Five und M2Trade auf die Gestaltung von Lizenzverträgen, in: Neue Juristische Wochenschrift 2012, S. 3691–3694 (zit.: *Meyer-van Raay*, NJW 2012, 3691).

Mitlehner, Stephan: § 108a InsO RegE – Insolvenzfestigkeit von Lizenzverträgen kraft Gesetzes?, in: Zeitschrift für Wirtschaftsrecht 2008, S. 450 (zit.: *Mitlehner*, ZIP 2008, 450).

Möhring, Philipp: Urheberrechtsverwertungsverträge in der Sicht der Urheberrechtsreform, in: Hodeige, Fritz (Hrsg.), Das Recht am Geistesgut, Festschrift für Walter Bappert, Freiburg 1964, S. 129–148 (zit.: *Möhring* in: FS Bappert, S. 129).

—: Das Recht der Patentlizenzverträge nach österreichischem und deutschem Recht, in: Festschrift für Günther Wilde zum 70. Geburtstag, München 1970, S. 99–111 (zit.: *Möhring* in: FS Wilde, S. 99).

Möhring/Nicolini: Urheberrechtsgesetz, Kommentar, 2. Aufl., München 2000 (zit.: *Bearbeiter* in: Möhring/Nicolini, UrhG).

Möller, Hauke: Art. 14 GG und das „geistige Eigentum“, in: JurPC Web-Dok. 225/2002, Abs. 1–58 (zit. *Möller*, JurPC Web-Dok. 225/2002).

Möller, Ulrich: Die Unübertragbarkeit des Urheberrechts in Deutschland – Eine überschießende Reaktion auf Savignys subjektives Recht, Berlin 2007 (zit.: *Möller*, Unübertragbarkeit des Urheberrechts).

Mugdan, Benno (Hrsg.): Die gesamten Materialien zum Bürgerlichen Gesetzbuch für das Deutsche Reich, III. Band: Sachenrecht, Berlin 1899 (zit.: *Mugdan*, Materialien zum BGB, III. Bd.: Sachenrecht).

Münchner Kommentar zum Bürgerlichen Gesetzbuch:

Bd. 1 – Allgemeiner Teil, §§ 1–240 BGB, ProstG, AGG, 6. Aufl., München 2012

Bd. 2 – Schuldrecht Allgemeiner Teil, §§ 241–432 BGB, 6. Aufl., München 2012

Bd. 3 – Schuldrecht Besonderer Teil, §§ 433–610 BGB, Finanzierungsleasing, HeizkostenV, BetriebskostenV, CISG, 6. Aufl., München 2012

Bd. 4 – Schuldrecht Besonderer Teil II, §§ 611–704 BGB, EFZG, TzBfG, KSchG, 6. Aufl., München 2012

Bd. 5 – Schuldrecht Besonderer Teil III, §§ 705–853 BGB, PartGG, ProdHaftG, 6. Aufl., München 2013

Bd. 6 – Sachenrecht, §§ 854–1296 BGB, WEG, ErbbauRG, 6. Aufl., München 2013

Bd. 9 – Erbrecht, §§ 1922–2385 BGB, §§ 27–35 BeurkG, 6. Aufl., München 2013

(zit.: *Bearbeiter* in: MüKo, BGB/Bd./Jahr).

Münchener Kommentar zur Insolvenzordnung:

Bd. 1 – §§ 1–79, InsVV, 3. Aufl., München 2013

Bd. 2 – §§ 80–269, 3. Aufl., München 2013

(zit.: *Bearbeiter* in: MüKo, InsO/Bd./Jahr).

Münchener Kommentar zur Zivilprozessordnung: Bd. 2 – §§ 355–1024 ZPO, 4. Aufl., München 2012 (zit.: *Bearbeiter* in: MüKo, ZPO/Bd. 2/2012).

Munk, Leo: Die patentrechtliche Licenz: eine Studie, Berlin 1897 (zit.: *Munk*, patentrechtliche Lizenz).

Musiol, Christian: BGH: Rückruf eines ausschließlichen Nutzungsrechts hat keine Auswirkungen auf abgeleitetes einfaches Nutzungsrecht, in: Fachdienst Gewerblicher Rechtsschutz 20/2009, Urteilsanmerkungen (zit.: *Musiol*, FD-GewRS 2009, 290122).

Nabrotzki, Stefanie: Lizenzen an Immaterialgüterrechten als Mittel der Kapitalaufbringung, Köln u. a. 2008 (zit.: *Nabrotzki*, Lizenzen als Mittel der Kapitalaufbringung).

Nerlich, Jörg/Kreplin, Georg (Hrsg.): Münchner Anwaltshandbuch Sanierung und Insolvenz, 2. Aufl., München 2012 (zit.: *Bearbeiter* in: Nerlich/Kreplin, MAH Sanierung und Insolvenz).

Nirk, Rudolf: Die Einordnung der Gewährleistungsansprüche und Leistungsstörungen bei Verträgen über Patente in das Bürgerliche Gesetzbuch, in: Gewerblicher Rechtsschutz und Urheberrecht 1970, S. 329–340 (zit.: *Nirk*, GRUR 1970, 329).

Nirk, Rudolf/Ullmann, Eike: Patent-, Gebrauchsmuster- und Sortenschutzrechte, 3. Aufl., Heidelberg u. a. 2007 (zit.: *Nirk/Ullmann*, PatR/GebrMR/SortSchR).

Nogueira Dias, Gabriel: Rechtspositivismus und Rechtstheorie, Tübingen 2005 (zit.: *Nogueira Dias*, Rechtspositivismus und Rechtstheorie).

Nolden, Christoph: Das Abstraktionsprinzip im urheberrechtlichen Lizenzverkehr, Göttingen 2005 (zit.: *Nolden*, Abstraktionsprinzip im UrhR).

Nordemann, Wilhelm: Die Rechtsstellung des Lizenznehmers bei vorzeitiger Beendigung des Hauptvertrags im Urheberrecht, in: Gewerblicher Rechtsschutz und Urheberrecht 1970, S. 174–176 (zit.: *Nordemann*, GRUR 1970, 174).

—: Das Taschenbuchrecht, in: Neue Juristische Wochenschrift 1992, S. 1372 (zit.: *Nordemann*, NJW 1992, 1372).

Obergfell, Eva Inés: Filmverträge im deutschen materiellen und internationalen Privatrecht, Köln u. a. 2001 (zit.: *Obergfell*, Filmverträge).

—: Urheberpersönlichkeitsrechte als Exklave der Privatautonomie, in: Zeitschrift für Geistiges Eigentum/Intellectual Property Journal 3 (2011), S. 202–226 (zit.: *Obergfell*, ZGE 3 (2011), 202).

Oeter, Stefan/Ruttig, Markus: Filmrechteverwertung in der Insolvenz, in: Zeitschrift für Urheber- und Medienrecht 2003, S. 611–631 (zit.: *Oeter/Ruttig*, ZUM 2003, 611).

Ohl, Albert: Wegfall der Lizenz vor Ablauf des Patents, in: Gewerblicher Rechtsschutz und Urheberrecht 1992, S. 78–82 (zit.: *Ohl*, GRUR 1992, 78).

Ohly, Ansgar: „Volenti non fit iniuria" – Die Einwilligung im Privatrecht, Tübingen 2002 (zit.: *Ohly*, Einwilligung).

—: Geistiges Eigentum?, in: Juristenzeitung 2003, S. 545–554 (zit.: *Ohly*, JZ 2003, 545).

—: Gibt es einen Numerus clausus der Immaterialgüterrechte?, in: Ohly, Ansgar (Hrsg.), Perspektiven des geistigen Eigentums und Wettbewerbsrechts, Festschrift für Gerhard Schricker zum 70. Geburtstag, München 2005, S. 105–121 (zit.: *Ohly* in: FS Schricker II, S. 105).

—: Urheberrecht als Wirtschaftsrecht, in: Ohly, Ansgar/Klippel, Diethelm (Hrsg.), Geistiges Eigentum und Gemeinfreiheit, Heidelberg 2007, S. 1–17 (zit.: *Ohly* in: Ohly/Klippel, Geistiges Eigentum und Gemeinfreiheit, S. 1).

—: Urheberrecht als Wirtschaftsrecht, in: Depenheuer, Otto/Peifer, Klaus-Nikolaus (Hrsg.), Geistiges Eigentum: Schutzrecht oder Ausbeutungstitel?, Berlin, Heidelberg 2008, S. 141–161 (zit.: *Ohly* in: Depenheuer/Peifer, Geistiges Eigentum, S. 141).

—: Zwölf Thesen zur Einwilligung im Internet. Zugleich Besprechung zu BGH, Urt. v. 19. 10. 2011 – I ZR 140/10 – Vorschaubilder II, in: Gewerblicher Rechtsschutz und Urheberrecht 2012, S. 983–993 (zit.: *Ohly*, GRUR 2012, 983).

v. Olenhusen, Albrecht Götz: „Ewiges geistiges Eigentum" und Sozialbindung" des Urheberrechts in der Rechtsentwicklung und Diskussion im 19. Jahrhundert in Frankreich und Deutschland, in: Herschel, Wilhelm u. a. (Hrsg.), Festschrift für Georg Roeber zum 10. Dezember 1981, Freiburg 1982, S. 83–111 (zit.: *v. Olenhusen* in: FS Roeber, S. 83).

Osterrieth, Christian: Patentrecht, 4. Aufl., München 2010 (zit.: *Osterrieth*, Patentrecht).

Ott, Klaus/Schäfer, Hans-Bernd (Hrsg.): Die ökonomische Analyse des Rechts – Irrweg oder Chance wissenschaftlicher Rechtserkenntnis?, in: Juristen Zeitung 1988, S. 213–264 (zit.: *Ott/Schäfer*, JZ 1988, 213).

Pahlow, Louis: Das einfache Nutzungsrecht als schuldrechtliche Lizenz – Zur Auslegung des § 31 II UrhG, in: Zeitschrift für Urheber- und Medienrecht 2005, S. 865–874 (zit.: *Pahlow*, ZUM 2005, 865).

—: Lizenz und Lizenzvertrag im Recht des Geistigen Eigentums, Tübingen 2006 (zit.: *Pahlow*, Lizenz).

—: „Intellectual properts", „propriété intellectuelle" und kein „Geistiges Eigentum"? Historisch-kritische Anmerkungen zu einem umstrittenen Rechtsbegriff, in: Archiv für Urheber- und Medienrecht Bd. 115 (2006), S. 705–726 (zit.: *Pahlow*, UFITA 115 (2006), 705).

—: Lizenz und Lizenzvertrag in der Insolvenz – Von einer unbefriedigenden Rechtslage und einer verbesserungsbedürftigen Reform, in: Wertpapiermitteilungen, Zeitschrift für Wirtschafts- und Bankrecht 2008, S. 2041–2049 (zit.: *Pahlow*, WM 2008, 2041).

—: Rückruf – Entfernung – Überlassung. Herausgabeansprüche im Recht des Geistigen Eigentums?, in: Pahlow, Louis/Eisfeld, Jens (Hrsg.), Grundlagen und Grundfragen des Geistigen Eigentums, Tübingen 2008, S. 251–274 (zit.: *Pahlow* in: Pahlow/Eisfeld, Geistiges Eigentum, S. 251).

—: Von Müttern, Töchtern und Enkeln – Zu Rechtscharakter und Wirkung des urhebervertraglichen Rückrufs, in: Gewerblicher Rechtsschutz und Urheberrecht 2010, S. 112–119 (zit.: *Pahlow*, GRUR 2010, 112).

Palandt: Bürgerliches Gesetzbuch, Kommentar, 72. Aufl., München 2013 (zit.: *Palandt*, BGB).

Pape, Gerhard/Uhlenbruck, Wilhelm/Voigt-Salus, Joachim: Insolvenzrecht, 2. Aufl., München 2010 (zit.: *Pape/Uhlenbruck*, Insolvenzrecht).

Park, Walter: The Copyright Dilemma: Systems, Innovation and Economic Development, in: Journal of International Affairs 2010, Vol. 64, No. 1, S. 53–68 (zit.: *Park*, Journal of International Affairs 2010, Vol. 64, No. 1, S. 53).

Peifer, Karl-Nikolaus: Individualität im Zivilrecht, Tübingen 2011 (zit.: *Peifer*, Individualität im Zivilrecht).

—: Wissenschaftsmarkt und Urheberrecht: Schranken, Vertragsrecht, Wettbewerbsrecht, in: Gewerblicher Rechtsschutz und Urheberrecht 2009, S. 22–28 (zit.: *Peifer*, GRUR 2009, 22).

—: Anmerkung zu OLG Frankfurt a.M., Urteil v. 01.09.2009, Az. 11 U 51/08, in: Gewerblicher Rechtsschutz und Urheberrecht, Praxis im Immaterialgüter- und Wettbewerbsrecht 2010, S. 105 (zit.: *Peifer*, GRUR-Prax 2010, 105).

Petzold: Zum urheberrechtlichen Lizenzvertrag, in: Archiv für Urheber-, Film- und Theaterrecht Bd. 12 (1939), S. 114–119 (zit.: *Petzold*, UFITA 12 (1939), 114).

Peukert, Alexander: Der Schutzbereich des Urheberrechts und das Werk als öffentliches Gut. Insbesondere: Die urheberrechtliche Relevanz des privaten Werkgenusses, in: Hilty, Reto/Peukert, Alexander (Hrsg.), Interessenausgleich im Urheberrecht, Baden-Baden 2004, S. 11–46 (zit.: *Peukert* in: Hilty/Peukert, Interessenausgleich im Urheberrecht, S. 11).

—: Das Sacheigentum in der Informationsgesellschaft, in: Ohly, Ansgar (Hrsg.), Perspektiven des geistigen Eigentums und Wettbewerbsrechts, Festschrift für Gerhard Schricker zum 70. Geburtstag, München 2005, S. 149–163 (zit.: *Peukert* in: FS Schricker II, S. 149).

—: Güterzuordnung und Freiheitsschutz, in: Hilty, Reto/Jaeger, Thomas/Kitz, Volker (Hrsg.), Geistiges Eigentum: Herausforderung und Durchsetzung, Berlin, Heidelberg 2008, S. 47–84 (zit.: *Peukert* in: Hilty/Jaeger/Kitz, Geistiges Eigentum, S. 47).

—: „Sonstige Gegenstände" im Rechtsverkehr, in: Leible, Stefan/Lehmann, Matthias/Zech, Herbert (Hrsg.), Unkörperliche Güter im Zivilrecht, Tübingen 2011, S. 95–121 (zit.: *Peukert* in: Leible/Lehmann/Zech, Unkörperliche Güter im Zivilrecht, S. 95).

Pfaff, Dieter/Osterrieth, Christian (Hrsg.): Lizenzverträge, Formularkommentar, 3. Aufl., München 2010 (zit.: *Bearbeiter* in: Pfaff/Osterrieth, Lizenzverträge).

Picot, Henriette: Abstraktion und Kausalabhängigkeit im deutschen Immaterialgüterrecht, Baden-Baden 2007 (zit.: *Picot*, Abstraktion- und Kausalabhängigkeit).

Pieroth, Bodo/Schlink, Bernhard: Grundrechte – Staatsrecht II, 28. Aufl., Heidelberg 2012 (zit.: *Pieroth/Schlink*, Staatsrecht II).

Pierson, Matthias/Ahrens, Thomas/Fischer, Karsten (Hrsg.): Recht des geistigen Eigentums, 2. Aufl., München 2010 (zit.: *Bearbeiter* in: Pierson/Ahrens/Fischer, Recht des geistigen Eigentums).

Pinzger, G.: Der Schadensersatz des einfachen Lizenznehmers, in: Gewerblicher Rechtsschutz und Urheberrecht 1938, S. 148–153 (zit.: *Pinzger*, GRUR 1938, 148).

Pitz, Johann: Patentverletzungsverfahren, 2. Aufl., München 2010 (zit.: *Pitz*, Patentverletzungsverfahren).

Plassmeier, Guido/Steden, Robin: Lizenzverträge in der Praxis, Bonn 2007 (zit.: *Plassmeier/Steden*, Lizenzverträge).

Platho, Rolf: Rückfall, Rück- und Weiterübertragung von Nutzungsrechten und erteilte Unterlizenzen im Urheberrecht, in: Film und Recht 1984, S. 135–139 (zit.: *Platho*, FuR 1984, 135).

Plesser, Markus: Lizenzen in der Insolvenz des Lizenzgebers, in: Jacobs, Rainer (Hrsg.), Festschrift für Peter Raue zum 65. Geburtstag, Köln 2006, S. 611–631 (zit.: *Plesser* in: FS Raue, S. 611).

Posner, Richard: Intellectual Property: The Law an Economics Approach, in: Journal of Economic Perspectives 2005, Vol. 19, No. 2, S. 57–73 (zit.: *Posner*, Journal of Economic Perspectives, Vol. 19, No. 2, S. 57).

Preu, Albert: Das Erfinderpersönlichkeitsrecht und das Recht auf das Patent, in: Forkel, Hans/Kraft, Alfons (Hrsg.), Beiträge zum Schutz der Persönlichkeit und ihrer schöpferischen Leistung, Festschrift für Heinrich Hubmann zum 70. Geburtstag, Frankfurt a.M. 1985, S. 349–358 (zit.: *Preu* in: FS Hubmann, S. 349).

Prütting, Hanns: Sachenrecht, 34. Aufl., München 2010 (zit.: *Prütting*, Sachenrecht).

Radbruch, Gustav: Gesetzliches Unrecht und übergesetzliches Recht, in: Süddeutsche Juristenzeitung 1946, S. 105–107 (zit.: *Radbruch*, SJZ 1946, 105).

Raiser, Ludwig: Der Stand der Lehre vom subjektiven Recht im Deutschen Zivilrecht, in: Juristenzeitung 1961, S. 465–473 (zit.: *Raiser*, JZ 1961, 465).

Rauda, Christian: Der Rückruf wegen gewandelter Überzeugung nach § 42 UrhG – Von Web 2.0 aus dem Dornröschenschlaf geweckt?, in: Gewerblicher Rechtsschutz und Urheberrecht 2010, S. 22–27 (zit.: *Rauda*, GRUR 2010, 22).

Rauer, Nils/Ettig, Diana: Zum Fortbestand von Unterlizenzen bei Wegfall der Hauptlizenz – Zugleich Anmerkung zu BGH, Urteil vom 19.07.2012 – I ZR 24/11 – Take Five, in: Wettbewerb in Recht und Praxis 2012, S. 1198–1203 (zit.: *Rauer/Ettig*, WRP 2012, 1198).

Reber, Nikolaus: Das neue Urhebervertragsrecht, in: Zeitschrift für Urheber- und Medienrecht 2000, S. 729–736 (zit.: *Reber*, ZUM 2000, 729).

Reber, Ulrich: Anmerkung zu BGH, Urteil v. 26.03.2009, Az. I ZR 153/06, in: Zeitschrift für Urheber- und Medienrecht 2009, S. 855–857 (zit.: *Reber*, ZUM 2009, 855).

Redeker, Helmut: Softwareüberlassungsverträge in der Insolvenz des Softwarelieferanten, in: IT-Rechts-Berater 2005, S. 263–265, (zit.: *Redeker*, ITRB 2005, 263).

Rehbinder, Manfred: Urheberrecht, 16. Aufl., München 2010 (zit.: *Rehbinder*, Urheberrecht).

Reich, Michael: Die ökonomische Analyse des Urheberrechts in der Informationsgesellschaft, München 2006 (zit.: *Reich,* Ökonomische Analyse des Urheberrechts).

Reichsgericht: Bericht über die Zeit vom 28. Juli bis 10. August, in: Juristische Wochenschrift 1901, S. 649–668 (zit.: RG, JW 1901, 649).

Reimer, Eduard: Patentgesetz und Gebrauchsmustergesetz, 3. Aufl., Köln u. a. 1968 (zit.: *Bearbeiter* in: Reimer, PatG/GebrMG).

Reinhard, Tim: Kommentar zu BGH, Urteil v. 26.3.2009 – I ZR 153/06 – „Reifen Progressiv", in: Kommunikation und Recht 2009, S. 712–717 (zit.: *Reinhard*, K&R 2009, 712).

Reinhard, Tim/Lober, Andreas: The show must go on: Lizenzverträge in der Insolvenz, in: Kommunikation und Recht 2003, S. 126–130 (zit.: *Reinhard/Lober*, K&R 2006, 126).

Rodríguez-Rosado, Bruno: Abstraktionsprinzip und redlicher Erwerb als Mittel zum Schutze des Rechtsverkehrs, Frankfurt a. M. 2009 (zit.: *Rodríguez-Rosado*, Abstraktionsprinzip).

Rosenberger, Hans-Peter: Nochmals: Zur Frage des Fortbestands der einfachen Lizenz bei Übertragung des Patents, in: Gewerblicher Rechtsschutz und Urheberrecht 1983, S. 203–209 (zit.: *Rosenberger*, GRUR 1983, 203).

Roth, Katja: Filmrechte in der Insolvenz, Hamburg 2007 (zit.: *Roth*, Filmrechte in der Insolvenz).

Rüfner, Thomas: Savigny und der Sachbegriff des BGB, in: Leible, Stefan/Lehmann, Matthias/Zech, Herbert (Hrsg.), Unkörperliche Güter im Zivilrecht, Tübingen 2011, S. 33–48 (zit.: *Rüfner* in: Leible/Lehmann/Zech, Unkörperliche Güter im Zivilrecht, S. 33).

Runkel, Hans Peter (Hrsg.): Anwalts-Handbuch Insolvenzrecht, 2. Aufl., Köln 2008 (zit.: *Bearbeiter* in: Runkel, AH InsR).

Sack, Rolf: Computerprogramme und Arbeitnehmer-Urheberrecht, in: Betriebs-Berater 1991, S. 2165–2173 (zit.: *Sack*, BB 1991, 2165).

—: Arbeitnehmerurheberrechte an Computerprogrammen nach der Urheberrechtsnovelle, in: Archiv für Urheber- und Medienrecht Bd. 121 (1993), S. 15–44 (zit.: *Sack*, UFITA 121 (1993), 15).

v. Savigny, Friedrich Karl: System des heutigen römischen Rechts, Bd. 1, Berlin 1840 (*v. Savigny*, System des heutigen römischen Rechts, Bd. 1).

Schack, Haimo: Wem gebührt das Urheberrecht, dem Schöpfer oder dem Produzenten?, in: Zeitschrift für Urheber- und Medienrecht 1990, S. 59–62 (zit.: *Schack*, ZUM 1990, 59).

—: Zur Rechtfertigung des Urheberrechts als Ausschließlichkeitsrecht, in: Depenheuer, Otto/Peifer, Klaus-Nikolaus (Hrsg.), Geistiges Eigentum: Schutzrecht oder Ausbeutungstitel?, Berlin, Heidelberg 2008, S. 123–140 (zit.: *Schack* in: Depenheuer/Peifer, Geistiges Eigentum, S. 123).

—: Urheber- und Urhebervertragsrecht, 5. Aufl., Tübingen 2010 (zit.: *Schack*, Urheber- und Urhebervertragsrecht).

Scherenberg, Oliver: Anmerkung zu OLG Köln, Urteil v. 14.07.2006, Az. 6 U 224/05, in: Computer und Recht 2007, S. 7–10 (zit.: *Scherenberg*, CR 2007, 7).

Scheuermann, Andreas: Urheber- und vertragsrechtliche Probleme der Videoauswertung von Filmen, München 1990 (zit.: *Scheuermann*, Videoauswertung).

Schindler, Gösta: Grenzen der „dinglichen Aufspaltbarkeit" urheberrechtlicher Nutzungsrechte. Ein Beitrag zur Neuorientierung des Urhebervertragsrechts, Berlin, Münster 2009 (zit.: *Schindler*, Grenzen der „dinglichen Aufspaltbarkeit").

Schleich, Thorsten/Götz, Florian: Gesetzesentwurf zur Änderung der Insolvenzordnung – Zur Insolvenzfestigkeit von Lizenzverträgen, in: Deutsche Zeitschrift für Wirtschafts- und Insolvenzrecht 2008, S. 58–62 (zit.: *Schleich/Götz*, DZWIR 2008, 58).

Schmid, Gregor/Kampshoff, Matthias: Lizenzen in der Insolvenz – (Wie) kann sich der Lizenznehmer in der Insolvenz des Lizenzgebers absichern?, in: Gewerblicher Rechtsschutz und Urheberrecht, Praxis im Immaterialgüter- und Wettbewerbsrecht 2009, S. 50 (zit.: *Schmid/Kampshoff*, GRUR-Prax 2009, 50).

Schmidt, Andreas (Hrsg.): Hamburger Kommentar zum Insolvenzrecht, 3. Aufl., Münster 2009 (zit.: *Bearbeiter* in: Schmidt, HambKomm InsR).

Schmidt, Holger: Urheberrechte als Kreditsicherheit nach der gesetzlichen Neuregelung des Urhebervertragsrechts, in: Wertpapiermitteilungen, Zeitschrift für Wirtschafts- und Bankrecht 2003, S. 461–473 (zit.: *Schmidt*, WM 2003, 461).

—: Auf dem Weg zur vollen Anerkennung immaterieller Vermögenswerte als Kreditsicherheiten?, in: Wertpapiermitteilungen, Zeitschrift für Wirtschafts- und Bankrecht 2012, S. 721–768 (zit.: *Schmidt*, WM 2012, 721).

Schmoll, Andrea/Hölder, Niels: Patentlizenz- und Know-how-Verträge in der Insolvenz – Teil I: Insolvenz des Lizenznehmers, in: Gewerblicher Rechtsschutz und Urheberrecht 2004, S. 743–748 (zit.: *Schmoll/Hölder*, GRUR 2004, 743).

Scholz, Jochen: Zum Fortbestand abgeleiteter Nutzungsrechte nach Wegfall der Hauptlizenz – Zugleich Anmerkung zu BGH „Reifen Progressiv", in: Gewerblicher Rechtsschutz und Urheberrecht 2009, S. 1107–1112 (zit.: *Scholz*, GRUR 2009, 1107).

Scholz, Susanne: Lizenzen in der Insolvenz. Kritische Würdigung der aktuellen Rechtslage unter besonderer Berücksichtigung der Erforderlichkeit einer Gesetzesänderung, Aachen 2010 (zit.: *Scholz*, Lizenzen in der Insolvenz).

Schön, Wolfgang: Zur Analogiefähigkeit des § 571 BGB, in: Juristenzeitung 2001, S. 119–127 (zit.: *Schön*, JZ 2001, 119).

Schricker, Gerhard: Kurzkommentar zu LG Hamburg, Urteil v. 15.01.1999, Az. 308 O 229/98 – „Sesamstraße", in: Entscheidungen zum Wirtschaftsrecht 1999, S. 275–276 (zit.: *Schricker*, EWiR 1999, 275).

—: Verlagsrecht, 3. Aufl., München 2001 (zit.: *Schricker*, Verlagsrecht).

—: (Hrsg.): Urheberrecht, Kommentar, 3. Aufl., München 2006 (zit.: *Bearbeiter* in: Schricker, Urheberrecht).

Schricker, Gerhard/Loewenheim, Ulrich (Hrsg.): Urheberrecht, Kommentar, 4. Aufl., München 2010 (zit.: *Bearbeiter* in: Schricker/Loewenheim, UrhR).

Schulte, Hans: Die Erfindung als Eigentum, in: Gewerblicher Rechtsschutz und Urheberrecht, 1985, S. 772–778 (zit.: *Schulte*, GRUR 1985, 772).

Schulze, Gernot: Die Einräumung unbekannter Nutzungsrechte nach neuem Urheberrecht, in: Archiv für Urheber- und Medienrecht 2007/Bd. III, S. 641–714 (zit.: *Schulze*, UFITA 2007/Bd. III, 641).

—: Anmerkung zu BGH, Urteil v. 18.12.2008, Az. I ZR 23/06 – „Klingeltöne für Mobiltelefone", in: Gewerblicher Rechtsschutz und Urheberrecht 2009, S. 395–402 (zit.: *Schulze*, GRUR 2009, 395).

—: Die Übertragungszwecklehre – Auslegungsregel und Inhaltsnorm? Zugleich Besprechung zu BGH, Urt. v. 31.5.2012 – I ZR 73/10 – Honorarbedingungen Freie Journalisten, in: Gewerblicher Rechtsschutz und Urheberrecht 2012, S. 993–996 (zit.: *Schulze*, GRUR 2012, 993).

Schumann: Schicksal der Unterlizenz bei Fortfall der Hauptlizenz oder beim Wechsel der Patentinhaberschaft, in: Gewerblicher Rechtsschutz und Urheberrecht 1932, S. 539–542 (zit.: *Schumann*, GRUR 1932, 539).

Schürnbrand, Jan: Gestaltungsrechte als Verfügungsgegenstand, in: Archiv für die civilistische Praxis Bd. 204 (2004), S. 177–207 (zit.: *Schürnbrand*, AcP 204 (2004), 177).

Schwarz, Ewald: Der Lizenzvertrag im Patentrecht, Köln 1940 (zit.: *Schwarz*, Lizenzvertrag im Patentrecht).

Schwarz, Mathias/Klinger, Norbert: Rechtsfolgen der Beendigung von Filmlizenzverträgen – zugleich eine Erwiderung auf Wente/Härle, GRUR 1997, 96 ff., in: Gewerblicher Rechtsschutz und Urheberrecht 1998, S. 103–113 (zit.: *Schwarz/Klinger*, GRUR 1998, 103).

—: Mittel der Finanzierungs- und Investitionssicherung im Medien- und Filmbereich, in: Archiv für Urheber- und Medienrecht Bd. 138 (1999), S. 29–62 (zit. *Schwarz/Klinger*, UFITA 138 (1999), 29).

Schweikart, Philipp: Die Interessenlage im Urheberrecht, Regensburg 2004 (zit.: *Schweikart*, Interessenlage im Urheberrecht).

Schweyer, Stefan: Die Zweckübertragungstheorie im Urheberrecht, München 1982 (zit.: *Schweyer*, Zweckübertragungstheorie).

Seifert, Josef: Die Medienentwicklungen und ihre Folgen für Kultur und Gesellschaft, in: Rehbinder, Manfred (Hrsg.), Schutz von Kultur und geistigem Eigentum in der Informationsgesellschaft, XIII. INTERGU-Kongreß, Wien 1997, Baden-Baden 1998, S. 35–58 (zit.: *Seifert* in: Rehbinder, Schutz von Kultur und geistigem Eigentum, S. 35).

Sieger, Ferdinand: Sukzessionsschutz im Urheberrecht – Fortbestand des Taschenbuch-Lizenzrechts bei Beendigung des Hauptrechts seines Lizenzgebers, in: Film und Recht 1983, S. 580–591 (zit.: *Sieger*, FuR 1983, 580).

Slopek, David: Die Lizenz in der Insolvenz des Lizenzgebers – Endlich Rettung in Sicht?, in: Wettbewerb in Recht und Praxis 2010, S. 616–623 (zit.: *Slopek*, WRP 2010, 616).

Smith, Pamela u. a.: How Do Copyrights Affect Economic Development and International Trade?, in: The Journal of World Intellectual Property 2009, Vol. 12,

No. 3, S. 198–218 (zit.: *Smith u.a.*, The Journal of World Intellectual Property 2009, Vol. 12, No. 3, S. 198).

Solmecke, Christian/Dam, Annika: Wirksamkeit der Nutzungsbedingungen sozialer Netzwerke – Rechtskonforme Lösung nach dem AGB- und dem Urheberrecht, in: Multimedia und Recht 2012, S. 71–74 (zit.: *Solmecke/Dam*, MMR 2012, 71).

Sodan, Helge (Hrsg.): Grundgesetz, Beck'scher Kompakt-Kommentar, München 2009 (zit.: *Bearbeiter* in: Sodan, GG).

Sosnitza, Olaf: Wo bleibt das Allgemeine Immaterialgüterrecht?, in: Forkel, Hans/ Sosnitza, Olaf (Hrsg.), Zum Wandel beim Recht der Persönlichkeit und ihrer schöpferischen Leistungen, Würzburg 2004, S. 33–45 (zit.: *Sosnitza* in: Forkel/ Sosnitza, Recht der Persönlichkeit und ihre schöpferischen Leistungen, S. 33).

—: Gedanken zur Rechtsnatur der ausschließlichen Lizenz, in: Ohly, Ansgar (Hrsg.), Perspektiven des geistigen Eigentums und Wettbewerbsrechts, Festschrift für Gerhard Schricker zum 70. Geburtstag, München 2005, S. 183–196 (zit.: *Sosnitza* in: FS Schricker II, S. 183).

Speyer, Wolff: Der verfassungsrechtliche Schutz der Betriebs- und Geschäftsgeheimnisse, in: Neue Juristische Wochenschrift 1997, S. 98–101 (zit.: *Speyer*, NJW 1997, 98).

Spies, Stefan: Zur Neuregelung der Insolvenzfestigkeit von Lizenzen nach § 108a InsO-Entwurf, Hamburg 2010 (zit.: *Spies*, Insolvenzfestigkeit von Lizenzen).

Spindler, Gerald: Bildersuchmaschinen, Schranken und konkludente Einwilligung im Urheberrecht – Besprechung der BGH-Entscheidung „Vorschaubilder", in: Gewerblicher Rechtsschutz und Urheberrecht 2010, S. 785–792 (zit.: *Spindler*, GRUR 2010, 785).

Spindler, Gerald/Schuster, Fabian (Hrsg.): Recht der elektronischen Medien, Kommentar, 2. Aufl., München 2011 (zit.: *Bearbeiter* in: Spindler/Schuster, Recht der elektronischen Medien).

Srocke, Marc-Oliver: Das Abstraktionsprinzip im Urheberrecht, Frankfurt a.M. 2008 (zit.: *Srocke*, Abstraktionsprinzip im UrhR).

—: Das Abstraktionsprinzip im Urheberrecht, in: Gewerblicher Rechtsschutz und Urheberrecht 2008, S. 867–873 (zit.: *Srocke*, GRUR 2008, 867).

Stadler, Astrid: Gestaltungsfreiheit und Verkehrsschutz durch Abstraktion, Tübingen 1996 (zit.: *Stadler*, Abstraktion).

Stallberg, Christian: Urheberrecht und moralische Rechtfertigung, Berlin 2006 (zit.: *Stallberg*, Urheberrecht und moralische Rechtfertigung).

—: Ist das Urheberrecht das moralische Recht des Urhebers? Eine Kritik der populären Arbeits- und Persönlichkeitsrhetoriken als Rechtfertigungsbasis des Urheberrechts, in: Archiv für Urheber- und Medienrecht 2007, S. 109–134 (zit.: *Stallberg*, UFITA 2007, 109).

Staudinger: Kommentar zum Bürgerlichen Gesetzbuch mit Einführungsgesetz und Nebengesetzen (zit.: *Bearbeiter* in: Staudinger, BGB/Buch/Bearbeitungsstand).

Stickelbrock, Barbara: Urheberrechtliche Nutzungsrechte in der Insolvenz – Von der Vollstreckung nach §§ 113 ff. UrhG bis zum Kündigungsverbot des § 112 InsO, in: Wertpapiermitteilungen, Zeitschrift für Wirtschafts- und Bankrecht 2004, S. 549–563 (zit.: *Stickelbrock*, WM 2004, 549).

Stöckel, Oliver/Brandi-Dohrn, Anselm: Der dingliche Charakter von Lizenzen, in: Computer und Recht 2011, S. 553–560 (zit.: *Stöckel/Brandi-Dohrn*, CR 2011, 553).

Straßer, Robert: Gestaltung internationaler Film-/Fernsehverträge, in: Zeitschrift für Urheber- und Medienrecht 1999, S. 928–934 (zit.: *Straßer*, ZUM 1999, 928).

Strenkert, Andreas: Die Beendigung des Lizenzvertrages, Berlin 2011 (zit.: *Strenkert*, Beendigung des Lizenzvertrages).

Szalai, Stephan: Anmerkung zu BGH, Urteil vom 19. Juli 2012 – I ZR 24/11 – Take Five, in: Zeitschrift für Urheber- und Medienrecht 2012, S. 790–793 (zit.: *Szalai*, ZUM 2012, 790).

Thormann, Martin: Abstufungen in der Sozialbindung des Eigentums: zur Bestimmung von Inhalt und Schranken des Eigentums nach Art. 14 Absatz 1 Satz 2 GG im Spannungsfeld von Eigentumsfreiheit und Gemeinwohl, Stuttgart u. a. 1996 (zit.: *Thormann*, Sozialbindung des Eigentums).

v. Thur, Andreas: Der Allgemeine Teil des Deutschen Bürgerlichen Rechts, Zweiter Band, Erste Hälfte, München, Leipzig 1914 (zit.: *v. Thur*, BGB AT, Bd. II/1).

Timmann, Tobias: Das Patentrecht im Lichte von Art. 14 GG, Tübingen 2008 (zit.: *Timmann,* Patentrecht im Lichte von Art. 14 GG).

Tintelnot, Albrecht: Die gegenseitigen Verträge im neuen Insolvenzverfahren, in: Zeitschrift für Wirtschaftsrecht 1995, S. 616–623 (zit.: *Tintelnot*, ZIP 1995, 616).

Todt, Horst: Freiheit und Utilitarismus, in: Ott, Claus/Schäfer, Hans-Bernd (Hrsg.), Ökonomische Probleme des Zivilrechts, Berlin, Heidelberg, New York 1991, S. 1–38 (zit.: *Todt* in: Ott/Schäfer, Ökonomische Probleme des Zivilrechts, S. 1).

Trips-Hebert, Roman: Lizenzen in der Insolvenz – die deutsche Insolvenzordnung als Bremsklotz, in: Zeitschrift für Rechtspolitik 2007, S. 225–228 (zit.: *Trips-Hebert*, ZRP 2007, 225).

Uhlenbruck, Wilhelm (Hrsg.): Insolvenzordnung, Kommentar, 13. Aufl., München 2010 (zit.: *Bearbeiter* in: Uhlenbruck, InsO).

v. Ungern-Sternberg, Joachim: Die Rechtsprechung des Bundesgerichtshofs zum Urheberrecht und zu den verwandten Schutzrechten in den Jahren 2008 und 2009 (Teil I), in: Gewerblicher Rechtsschutz und Urheberrecht 2010, S. 273–282 (zit.: *v. Ungern-Sternberg*, GRUR 2010, 273).

Ulmer, Eugen: Urheber- und Verlagsrecht, 3. Aufl., Berlin u. a. 1980 (zit.: *Ulmer*, Urheber- und Verlagsrecht).

–: Anmerkung zu BGH, Urteil v. 15.04.1978, Az. I ZR 31/57, in: Schulze, Erich (Hrsg.), Rechtsprechung zum Urheberrecht, BGHZ Nr. 83, S. 1–19 (zit.: *Ulmer* in: Schulze, RzU, BGHZ 83, 1).

Verweyen, Urs: Update: Lizenzen in der Insolvenz des Lizenzgebers, in: Kommunikation und Recht 2012, S. 563–566 (zit.: *Verweyen*, K&R 2012, 563).

Völp, Fromut: Weitergeltung der Lizenz bei Veräußerung des Schutzrechts, in: Gewerblicher Rechtsschutz und Urheberrecht 1983, S. 45–51 (zit.: *Völp*, GRUR 1983, 45).

Wallner, Jürgen: Insolvenzfeste Nutzungsrechte und Lizenzen an Software, in: Neue Zeitschrift für das Recht der Insolvenz und Sanierung 2002, S. 70–79 (zit.: *Wallner*, NZI 2002, 70).

–: Softwarelizenzen in der Insolvenz des Lizenzgebers, in: Zeitschrift für Wirtschaftsrecht 2004, S. 2073–2081 (zit.: *Wallner*, ZIP 2004, 2073).

Wandtke, Artur-Axel: Zur kulturellen und sozialen Dimension des Urheberrechts, in: Archiv für Urheber- und Medienrecht Bd. 121 (1993), S. 5–13 (zit.: *Wandtke*, UFITA 121 (1993), 5).

–: Reform des Arbeitnehmerurheberrechts?, in: Gewerblicher Rechtsschutz und Urheberrecht 1999, S. 390–396 (zit.: *Wandtke*, GRUR 1999, 390).

–: Kurzkommentar zu OLG Hamburg, Urteil v. 15.03.2001, Az. 3 U 57/99 – „Kinderfernseh-Sendereihe", in: Entscheidungen zum Wirtschaftsrecht 2001, S. 643–644 (zit.: *Wandtke*, EWiR 2001, 643).

–: Copyright oder Droit d'auteur im technologischen Zeitalter, in: Becker, Jürgen/ Hilty, Reto/Stöckli, Jean-Fritz (Hrsg.), Recht im Wandel seines sozialen und technologischen Umfeldes, Festschrift für Manfred Rehbinder, München, Bern 2002, S. 389–404 (zit.: *Wandtke* in: FS Rehbinder, S. 389).

Wandtke, Artur-Axel/Bullinger, Winfried (Hrsg.): Praxiskommentar zum Urheberrecht, 3. Aufl., München 2009 (zit.: *Bearbeiter* in: Wandtke/Bullinger, UrhR).

Weber, Christian/Hötzel, Gerrit: Das Schicksal der Softwarelizenz in der Lizenzkette bei Insolvenz des Lizenznehmers, in: Neue Zeitschrift für das Recht der Insolvenz und Sanierung 2011, S. 432–437 (zit.: *Weber/Hötzel*, NZI 2011, 432).

Weinmann, Conrad: Die Rechtsnatur der Lizenz, Bern 1996 (zit.: *Weinmann*, Rechtsnatur der Lizenz).

Wente, Jürgen K./Härle, Philipp: Rechtsfolgen einer außerordentlichen Vertragsbeendigung auf die Verfügungen in einer „Rechtekette" im Filmlizenzgeschäft und ihre Konsequenzen für die Vertragsgestaltung, in: Gewerblicher Rechtsschutz und Urheberrecht 1997, S. 96–102 (zit.: *Wente/Härle*, GRUR 1997, 96).

Wernicke, Nina/Kockentiedt, Florian: Das Rückrufsrecht aus § 34 Abs. 3 UrhG, in: Zeitschrift für Urheber- und Medienrecht, 2004, S. 348–356 (zit.: *Wernicke/ Kockentiedt*, ZUM 2004, 348).

v. Westerholt, Margot Gräfin/Joppich, Brigitte: Insolvenz des Lizenznehmers bei Film- und Fernsehlizenzen, in: Zeitschrift für Urheber- und Medienrecht 2003, S. 262–269 (zit.: *v. Westerholt/Joppich*, ZUM 2003, 262).

Westermann, Harm: BGB, Sachenrecht, 11. Aufl., Heidelberg, 2005 (zit.: *Westermann*, Sachenrecht).

Wiedemann, Markus: Lizenzen und Lizenzverträge in der Insolvenz, Köln 2006 (zit.: *Wiedemann*, Lizenzen in der Insolvenz).

Wieling, Hans Josef: Sachenrecht, 5. Aufl., Berlin, Heidelberg 2007 (zit.: *Wieling*, Sachenrecht).

Wilhelm, Jan: Sachenrecht, 4. Aufl., Berlin, New York 2010 (zit.: *Wilhelm*, Sachenrecht).

von Wilmowsky, Peter: Gegen einen § 108 a InsO für Lizenzverträge – Die Pflichten des Lizenzgebers (Vermieters, Verpächters) nach Überlassung des Gegenstands zur Nutzung, in: Neue Zeitschrift für das Recht der Insolvenz und Sanierung 2013, S. 377–384 (zit.: *Wilmowsky*, NZI 2013, 377).

Wimmer, Klaus (Hrsg.): Frankfurter Kommentar zur Insolvenzordnung, 5. Aufl., Köln 2009 (zit.: *Bearbeiter* in: Wimmer, FK-InsO).

Windisch, Ernst: Persönlichkeitsbezogene Komponenten in Immaterialrechten, in: Gewerblicher Rechtsschutz und Urheberrecht 1993, S. 352–359 (zit.: *Windisch*, GRUR 1993, 352).

Witz, Wolfgang: Patentlizenzen in der Insolvenz des Lizenzgebers – eine Bestandsaufnahme, in: Grosch, Marcus/Ullmann, Eike (Hrsg.), Gewerbliche Schutzrechte und ihre Durchsetzung, Festschrift für Tilman Schilling zum 70. Geburtstag am 29. Juli 2007, Köln 2007, S. 393–413 (zit.: *Witz* in: FS Schilling, S. 393).

Woeste, Cordula: Immaterialgüterrechte als Kreditsicherheit im deutschen und US-amerikanischen Recht, Osnabrück 2002 (zit.: *Woeste*, Immaterialgüterrechte als Kreditsicherheit).

Wohlfarth, Cornelia: Das Taschenbuchrecht – seine Entstehung und das Problem der Fortgeltung des Taschenbuch-Lizenzrechts bei Beendigung des Stammrechts des Lizenzgebers, Frankfurt a.M. 1991 (zit.: *Wohlfarth*, Taschenbuchrecht).

Wolf, Manfred/Wellenhofer, Marina: Sachenrecht, 24. Aufl., München 2008 (zit.: *Wolf/Wellenhofer*, Sachenrecht).

Wündisch, Stephan/Bauer, Sebastian: Patent-Cross-Lizenzverträge – Terra incognita?, in: Gewerblicher Rechtsschutz und Urheberrecht Internationaler Teil 2010, S. 641–649 (zit.: *Wündisch/Bauer*, GRUR Int. 2010, 641).

Zech, Herbert: Unkörperliche Güter im Zivilrecht – Einführung und Überblick, in: Leible, Stefan/Lehmann, Matthias/Zech, Herbert (Hrsg.), Unkörperliche Güter im Zivilrecht, Tübingen 2011, S. 1–5 (zit.: *Zech* in: Leible/Lehmann/Zech, Unkörperliche Güter im Zivilrecht, S. 1).

Zeising, Jörg: Lizenzverträge im Insolvenzverfahren, Mitteilung der deutschen Patentanwälte 2001, S. 240–250 (zit.: *Zeising*, MittdtPatA 2001, 240).

Internetquellen

BITKOM: Software-Markt wächst in Deutschland um 4,4 Prozent, Presseinformation v. 02.03.2012, abgerufen am 23.10.2012 unter: http://www.bitkom.org/de/presse/8477_71369.aspx

Blind, Knut u. a.: Forschungsbericht Nr. 579: Die volkswirtschaftliche Bedeutung geistigen Eigentums und dessen Schutzes mit Fokus auf den Mittelstand, herausgegeben vom Bundesministerium für Wirtschaft und Technologie, Stand Februar 2009, abgerufen am 23.10.2012 unter: http://www.bmwi.de/BMWi/Redaktion/PDF/Publikationen/Dokumentationen/forschungsbericht-579,property=pdf,bereich=bmwi,sprache=de,rwb=true.pdf

Dickey, Josh: „Avatar's" True Cost – and Consequences, veröffentlicht am 03.12.2009, abgerufen am 23.10.2012, unter: http://www.thewrap.com/movies/article/avatars-true-cost-and-consequences-11206

Facebook: Erklärung der Rechte und Pflichten, abgerufen am 17.10.2012, unter: http://www.facebook.com/legal/terms

GEMA: Muster-Berechtigungsvertrag, Fassung 2010, abgerufen am 17.10.2012, unter: https://www.gema.de/fileadmin/user_upload/Musikurheber/Informationen/Berechtigungsvertrag.pdf

GÜFA: Muster-Berechtigungsvertrag für Produzenten, abgerufen am 17.10.2012, unter: http://www.guefa.de/pdf/mustervertr/mv_3_bv_produzenten.pdf

GVL: Muster-Wahrnehmungsvertrag für ausübende Künstler, Fassung: 01.02.2012, abgerufen am 17.10.2012, unter: https://www.gvl.de/pdf/WV_Kuenstler_blanko.pdf

Peukert, Alexander/Hilty, Reto: Europäisches Immaterialgütervertragsrecht: Förderung von Innovation und Kreativität, Tätigkeitsbericht 2006, abgerufen am 23.10.2012 unter: http://www.mpg.de/470413/pdf.pdf

Söndermann, Michael u. a.: Forschungsbericht Nr. 577 – Gesamtgesellschaftliche Perspektiven der Kultur- und Kreativwirtschaft in Deutschland, Stand Februar 2009, abgerufen am 23.10.2012 unter: http://www.kultur-kreativ-wirtschaft.de/Dateien/KuK/PDF/doku-577-gesamtwirtschaftliche-perspektiven-kultur-und-kreativwirtschaft-kurzfassung,property=pdf,bereich=kuk,sprache=de,rwb=true.pdf

VFF: Muster-Wahrnehmungsvertrag für Filmhersteller, Fassung v. 06.09.2012, abgerufen am 17.10.2012, unter: http://www.vffvg.de/static/images/fckfiles/file/WahrnVertrag_Filmhersteller_Homepage_aktuell.pdf

VG Bild-Kunst: Muster-Wahrnehmungsvertrag für die Berufsgruppen I und II, abgerufen am 17.10.2012, unter: http://www.bildkunst.de/uploads/media/WV_BG_I-II_Muster.pdf

YouTube: Nutzungsbedingungen, abgerufen am 17.10.2012, unter: http://www.youtube.com/t/terms

Gesetzesmaterialien

Begründung zum Entwurf eines Gesetzes über das Verlagsrecht, Verhandlungen des Reichstags, 10. Legislaturperiode, II. Session, 1900/1901, Nr. 97 der Drucksachen (Reichstag, Drucks. Nr. 97).

Entwurf eines Gesetzes über Urheberrecht und verwandte Schutzrechte (Urheberrechtsgesetz) v. 23.03.1962, Regierungsentwurf (BT-Drucks. IV/270).

Schriftlicher Bericht des Rechtsausschusses über den von der Bundesregierung eingebrachten Entwurf eines Gesetzes über Urheberrecht und verwandte Schutzrechte (Urheberrechtsgesetz) v. 14.05.1965 (BT-Drucks. IV/3401).

Beschlussempfehlung und Bericht des Rechtsausschusses zu dem von der Bundesregierung eingebrachten Entwurf eines Gesetzes zur Änderung des Gebrauchsmustergesetzes (Drucks. 10/3903) v. 23.06.1986 (BT-Drucks. 10/5720).

BGBl. Nr. 46 v. 04.09.1986, S. 1446: Gesetz zur Änderung des Gebrauchsmustergesetzes.

Entwurf eines Zweiten Gesetzes zur Änderung des Urheberrechtsgesetzes v. 18.12.1992, Regierungsentwurf (BT-Drucks. 12/4022).

Entwurf eines Gesetzes zur Stärkung der vertraglichen Stellung von Urhebern und ausübenden Künstlern v. 26.06.2001, Entwurf der Fraktion SPD und der Fraktion BÜNDNIS 90/DIE GRÜNEN (BT-Drucks. 14/6433).

Entwurf eines Gesetzes zur Stärkung der vertraglichen Stellung von Urhebern und ausübenden Künstlern v. 23.11.2001, Regierungsentwurf (BT-Drucks. 14/7564).

Beschlussempfehlung und Bericht des Rechtsausschusses zum Gesetzentwurf der Bundesregierung (Drucks. 14/7564: Entwurf eines Gesetzes zur Stärkung der vertraglichen Stellung von Urhebern und ausübenden Künstlern) v. 23.01.2002 (BT-Drucks. 14/8058).

Entwurf eines Gesetzes zur Stärkung der vertraglichen Stellung von Urhebern und ausübenden Künstlern (Stand: 22.05.2000), in: Gewerblicher Rechtsschutz und Urheberrecht 2000, S. 765–778 (zit.: *Professorenentwurf*, GRUR 2000, 765).

Entwurf eines Gesetzes zur Verbesserung der Durchsetzung von Rechten des geistigen Eigentums v. 20.04.2007, Regierungsentwurf (BT-Drucks. 16/5048).

Entwurf eines Zweiten Gesetzes zur Regelung des Urheberrechts in der Informationsgesellschaft, v. 15.06.2006, Regierungsentwurf (BT-Drucks. 16/1828).

Beschlussempfehlung und Bericht des Rechtsausschusses zu dem Gesetzentwurf der Bundesregierung (Drucks. 16/1828) v. 04.07.2007 (BT-Drucks. 16/5939).

Entwurf eines Gesetzes zur Entschuldung mittelloser Personen, zur Stärkung der Gläubigerrechte sowie zur Regelung der Insolvenzfestigkeit von Lizenzen v. 31.08.2007, Regierungsentwurf (BR-Drucks. 600/07).

Entwurf eines Gesetzes zur Entschuldung mittelloser Personen, zur Stärkung der Gläubigerrechte sowie zur Regelung der Insolvenzfestigkeit von Lizenzen v. 05.12.2007, Regierungsentwurf (BT-Drucks. 16/7416).

Referentenentwurf des BMJ für ein Gesetz zur Verkürzung des Restschuldbefreiungsverfahrens, zur Stärkung der Gläubigerrechte und zur Insolvenzfestigkeit von Lizenzen v. 18.01.2012, abgerufen am 14.10.2012 unter: http://www.bmj.de/SharedDocs/Downloads/DE/pdfs/RefE_InsoII.pdf?__blob=publicationFile.

Regierungsentwurf des BMJ für ein Gesetz zur Verkürzung des Restschuldbefreiungsverfahrens und zur Stärkung der Gläubigerrechte, v. 12.07.2012, abgerufen am 14.10.2012 unter: http://www.bmj.de/SharedDocs/Downloads/DE/pdfs/RE_Restschuldbefreiungsverfahren.pdf?__blob=publicationFile.

Schriften zum Medien-, Urheber- und Wirtschaftsrecht

Herausgegeben von Prof. Dr. Georgios Gounalakis

Band 1 Thomas Lang: Immaterialgüterrechtliche Lizenzierung und kartellrechtliche Verhaltenskontrolle. Eine Untersuchung der Reichweite gemeinschaftskartellrechtlicher Eingriffsbefugnisse in Immaterialgüterrechtspositionen vor dem Hintergrund der schutzrechtsspezifischen wettbewerblichen Ausschließlichkeit. 2009.

Band 2 Anna-Karina Bonacker: Der Widerruf von Fernabsatzverträgen am Beispiel der Internetauktion eBay. 2009.

Band 3 Rainer Jürgen Scharf: Der unbefristete Widerruf internetbasierter Verträge. Zugleich ein Beitrag zur Dogmatik des § 355 BGB. 2009.

Band 4 Sebastian Gorski: Effizienz, Wahlfreiheit und Gleichbehandlung? Eine Untersuchung der Einführung von Wettbewerb zwischen musikalischen Verwertungsgesellschaften durch die Europäische Kommission. 2009.

Band 5 Daniel Walter: Die rechtliche Behandlung der Erbringung unbestellter Leistungen nach § 241a BGB. 2009.

Band 6 Richard Helwig: Die Kompetenz der Europäischen Gemeinschaft zur Schaffung eines europäischen Medienkonzentrationsrechts. Notwendigkeit, Voraussetzungen und Reichweite einer möglichen Regulierung zur Sicherung von Medien- und Meinungsvielfalt in Europa. 2009.

Band 7 Bettina Yunis: Alternative Streitbeilegung über elektronische Datennetze. 2011.

Band 8 Andreas Walter: Störerhaftung bei Handeln Dritter. 2011.

Band 9 Andreas Zenner: Die zivilrechtliche Verantwortlichkeit des Abschlussprüfers für den Bestätigungsvermerk. 2011.

Band 10 Kristine Wagner: Die Privatkopie als urheberrechtliche Schrankenregelung. 2011.

Band 11 Ina Lutz: Testierfreiheit und Pflichtteilsrecht im spanischen *Código Civil* im Vergleich mit dem deutschen Bürgerlichen Gesetzbuch. Unter besonderer Berücksichtigung von Immobilienerbschaften. 2011.

Band 12 Heiko Drebes: „Datenschutz“ für Unternehmen im B2B? Schutz der Daten des geschäftlichen E-Business im Spannungsfeld zwischen technisch-organisatorischer und rechtlicher Regulierung. 2012.

Band 13 Heiko Zimmer: Zugriff auf Internetzugangsdaten. Unter besonderer Berücksichtigung der Verhältnismäßigkeit einer verdachtsunabhängigen Vorratsdatenspeicherung. Eine Interessenabwägung zwischen Datenschutz, Strafverfolgung und Urheberrecht im Internet. 2012.

Band 14 Ricarda Leffler: Der strafrechtliche Schutz des Rechts am eigenen Bild vor dem neuen Phänomen des Cyber-Bullying. Eine Untersuchung der Normanwendungs- und Auslegungsprobleme der strafrechtlichen Bildnisschutzvorschriften bei deren Verletzung im Rahmen von Internetdelikten. 2012.

Band 15 Nadine Kristin Keil: Verdachtsberichterstattung. Medienberichterstattung über Straftatverdächtige. 2013.

Band 16 Alexandra Sommerhoff: Meinungsvielfalt und Medienkonvergenz. Die Sicherung der Meinungsvielfalt in Deutschland und Großbritannien. 2013.

Band 17 Christoph Wege: Roman und Persönlichkeitsrecht. Ein partikulardogmatischer Entwurf. 2013.

Band 18 Florian Jäkel: Netzneutralität im Internet. Verfassungsrechtliche Aspekte und Sicherungsmechanismen. Zugleich ein Beitrag zu Kommunikations- und Medienfreiheiten im Internet. 2013.

Band 19 Lars Querndt: Selektivvertrieb und eBay-Versteigerungen. Die kartellrechtliche Zulässigkeit des eBay-Ausschlusses aus dem Selektivvertrieb in Vertragshändlerverträgen und Markenlizenzen unter besonderer Berücksichtigung des Markenrechts. 2014.

Band 20 Catherine M. Manley: The Trademark Paradox. Trademarks and Their Conflicting Legal and Commercial Boundaries. 2015.

Band 21 Arne Neubauer: Internetvertrieb im Kartellrecht. Eine kritische Auseinandersetzung mit herstellerseitigen Vertriebsbeschränkungen. 2015.

Band 22 Kristin Grimm: Lizenzketten im Urheberrecht. Zum Schicksal der Unterlizenz nach Beendigung des Hauptlizenzvertrages. 2016.

www.peterlang.com

www.ingramcontent.com/pod-product-compliance
Ingram Content Group UK Ltd.
Pitfield, Milton Keynes, MK11 3LW, UK
UKHW021828290926
8980IPUK00004B/323

9 783631 666388